제3판 머리말

「K-IFRS 회계원리」 초판을 출간한 지도 어느덧 6년이 지나고 있다. 그동안 본서를 강의교재로 채택해 주신 교수님들과 본서에 대해 많은 조언을 아끼지 않으신 독자들께 감사드린다.

제3판의 개정에서는 저자들이 본서를 강의하면서 학생들에게 받았던 질문이나 설명이 명확하지 못한 부분을 보완하고, 각 장에 있는 오・탈자 및 어색한 표현을 전반적으로 수정하였다. 주요 개정내용은 다음과 같다. 제2장에서 '재무보고를 위한 개념체계'를 개정된 K-IFRS 내용에 부합하도록 수정하였다. 제11장에서 금융자산 유형별(AC금융자산, FVOCI금융자산, FVPL금융자산)로 소개했던 기존의 회계처리를 금융자산 상품별(지분증권, 채무상품)로 재구성하여 설명하였다. 그리고 각 장에서 회계원리 수준을 넘는 것으로 판단되는 내용을 상당히 축소하였으며, 남아 있는 내용에 대해서는 보다 상세한 설명을 각주 등으로 보완하였다.

본서의 목적은 회계학을 처음 접하는 독자들에게 회계의 기초를 논리적으로 설명하는 데에 있다. 처음 배우는 언어는 낯설고 어렵듯이, 회계 역시 처음 접하는 이들에게 어려울 수 있다. 하지만 외국어를 배워 가듯이 차근차근 반복하다 보면 회계의 원리를 깨우치고 회계정보를 통하여 기업의 과거와, 현재와, 미래를 평가하는 혜안을 가질 수 있을 것이다.

본 개정판의 출간에는 많은 분들의 도움과 배려가 바탕이 되었다. 사랑과 믿음으로 힘이 되어준 가족들에게 감사하며, 저자들의 부족함을 일깨워 주신 동료 교수님들께 감사드린다. 특히 저자들 이상으로 본서를 꼼꼼하게 살피며 보완이 필요한 부분을 하나하나 언급해 주신 김문철 교수님께 무한한 감사의 말씀을 드린다. 마지막으로 본서의 개정에 많은 도움을 주신 교육과학사의 이정호 편집실장님과 직원 여러분들에게 감사드린다.

2024년 2월

저자 정혜영, 황문호, 이준일, 최승욱

초판 머리말

기초가 튼튼해야 높은 탑을 쌓을 수 있듯이 모든 학문분야에서 입문서만큼 중요한 도서는 없을 것이다. 좋은 입문서라면 해당 학문분야의 전반을 조망할 수 있도록 체계적인 틀을 갖추고, 세부 주제별 핵심적인 내용을 이해하기 쉽게 전달하며, 독자들의 호기심과 지적 욕구를 충족시켜주는 책이라고 할 것이다. 부족하나마, 저자들은 독자들이 회계를 보다 쉽고 흥미롭게 이해하는 데 조력하고자 이 책을 출판하였다.

본서는 회계학(재무회계)의 입문서로서 회계를 논리적이면서 쉽게 설명하는 것에 초점을 맞추었다. 이를 위해, 회계의 기본 개념과 구조를 소개함에 있어서 논리적인 연결고리를 충실히 기술하도록 노력하였다. 그리고 본문 내용은 기본에 충실하면서 핵심내용이 누락되지 않도록 구성하였다. 본서는 재무회계의 전반적인 구조를 이해할 수 있도록 크게 4개의 부(section)로 나누어 집필하였다.

제1부는 재무회계의 기초개념을 소개하며, 독자들이 '재무회계는 무엇인가'를 이해하는 데 도움을 주도록 하였다. 구체적으로 회계의 의의 및 사회적 역할(제1장)과 회계정보의 전달수단인 재무제표(제2장)를 소개한다.

제2부에서는 재무회계의 기술적(technical) 원리를 설명하기 위하여 거래의 기록과 회계순환과정을 논의한다. 이는 회계원리 교과서에서 가장 중요한 내용에 해당한다. 여기서는 기업에서 발생하는 매일의 거래를 어떻게 측정하고 기록하며(제3장), 어떠한 절차를 거쳐 재무제표에 표시되는지(제4장)를 설명한다. 그리고 제5장에서는 상품매매기업의 회계순환(제5장)을 소개한다.

제3부는 주요 계정별로 인식과 측정, 그리고 회계처리방법을 소개한다. 즉, 제2부에서 설명한 거래의 기록과 회계처리절차를 재무제표의 주요 항목별로 적용하는 과정을 논의한다. 주요 주제는 현금 및 수취채권(제6장), 재고자산(제7장), 유형자산과 무형자산(제8장), 부채(제9장), 자본(제10장), 지분상품과 채무상품(제11장)으로 구분한다.

마지막으로, 제4부에서는 현금흐름표의 작성과 재무제표 분석방법을 설명한다. 기업의 현금창출과 사용에 관한 보고서인 현금흐름표는 제12장에서 다루며, 재무제표(재무상태표, 포괄손익계산서, 자본변동표, 현금흐름표 등)로부터 유용한 정보를 어떻게 산출할 수 있는지는 제13장에서 설명한다.

「회계원리」의 학습은 책을 읽는 것만으로는 충분하지 않다. 수학 공부처럼 스스로 풀어보고 확인하는 작업을 반복해야만 학습효과가 크다. 이를 위해, 본서는 매 장마다 10개 내외의 연습문제를 제시하고 모범답안을 부록으로 수록하였다. 아무쪼록 회계학을 처음 접하는 학생들과 오늘날의 필수적인 교양으로서 회계의 이해가 필요한 독자들에게 본서가 회계학의 입문 · 교양서로서 역할을 다할 수 있기를 기대한다. 더불어 독자 여러분들이 주시는 비판과 조언을 통해 본서의 부족함도 지속적으로 보완해 나갈 수 있기를 기대한다.

삶에서 도움 받은 수많은 이들의 얼굴이 주마등처럼 지나간다. 베풀기보다는 주변의 도움 속에 살아온 빚진 인생이다. 본서의 출간에도 많은 분들의 도움과 배려가 바탕이 되었다. 사랑과 믿음으로써 힘이 되어준 가족들에게 감사하며, 저자들의 부족함을 일깨워 주신 동료 교수님들과 학생 여러분에게도 감사를 드린다. 특히, 원고의 교정과 편집 작업에 큰 도움을 준 경희대학교 염승훈 회계사, 신지훈 회계사, 이준혁 회계사, 그리고 전해나 양에게 고마운 마음을 전한다. 또한 이 책의 출간을 흔쾌히 맡아주시고 고품격의 책을 만들어 주신 교육과학사의 한정주 사장님과 이정호 편집실장님을 비롯한 직원 여러분들께도 깊은 감사의 말씀을 드린다.

2018년 2월

저자 정혜영

황문호

차례

제2부 회계순환

제3부 주요계정별 회계

제4부 현금흐름표와 재무제표분석

제1부

재무회계의 기초개념

제1장
회계의 기초개념

제1절 | 회계의 의의

제2절 | 회계정보의 이용자

제3절 | 회계의 사회적 역할

제4절 | 회계의 분류

제5절 | 우리나라의 회계기준과 회계감사제도

본 장에서는 회계학을 처음으로 접하는 학생들에게 회계가 무엇이고, 누가 어떤 용도로 회계정보를 이용하고 있는지, 그리고 회계가 우리 사회에서 어떠한 역할을 수행하는지를 소개한다. 또한 우리나라가 2011년에 도입한 한국채택국제회계기준(K-IFRS)과 회계감사제도에 대해 설명한다.

회계의 기초개념

- **회계의 의의**
  - 회계란
  - 회계의 기능과 역할
- **회계정보의 이용자**
  - 투자자
  - 채권자
  - 경영자
  - 종업원
  - 정부기관
  - 고객 및 기타 이용자
- **회계의 사회적 역할**
  - 사회적 자원의 효율적 배분
  - 사회적 통제의 합리화
- **회계의 분류**
  - 재무회계
  - 관리회계
- **우리나라의 회계기준과 회계감사제도**
  - 일반적으로 인정된 회계원칙
  - 우리나라의 회계기준
  - 회계감사제도

제1절 회계의 의의

회계는 기업이나 회계전문가뿐 아니라 경제 활동을 수행하는 모든 주체들이 하고 있는 활동이다. 회계를 글자 그대로 풀이하면 '모아서 셈하다'라는 의미를 가진다. 일정기간 동안 발생한 사실을 모아서 셈하는 활동이 곧 회계인 것이다. 예를 들어, 한 달 동안의 지출내역을 모아서 정리하거나 가계부를 작성하는 것은 모두 회계를 하는 것이다.

1.1 회계란

인간은 자원의 소비를 통한 만족, 즉 효용(utility)을 높이기 위해 다양한 경제 활동을 수행한다. 이 과정에서 자원은 무한하지 않으므로 한정된 자원을 효율적으로 배분하는 의사결정(decision making)이 필요하다.

합리적인 의사결정을 내리기 위해서는 각 선택대안이 가져올 결과를 사전에 예측할 수 있도록 도와주는 경제적 정보(economic information)가 필요하다. 경제적 정보의 원천은 다양하게 존재하지만, 그중에서 가장 널리 활용되는 정보가 바로 회계정보이다.

그렇다면 회계(accounting)란 무엇인가? 회계의 본질에 관해서는 여러 가지 관점(예: 이념, 언어, 역사적 기록, 경제적 현실의 반영 수단, 상품, 정보시스템 등)이 있지만 그중에서 정보시스템(information system) 관점이 가장 널리 수용되고 있다. 정보시스템 관점에서는 회계를 "정보이용자가 적절한 판단과 의사결정을 내릴 수 있도록 경제적 정보를 식별, 측정 및 보고하는 과정"으로 정의한다. 이는 역사적으로 1966년 미국회계학회가 제시한 회계의 개념에 근거를 두고 있다.[1)]

회계의 본질을 정보시스템으로 간주할 경우 회계는 개인, 학교, 기업, 정부 등 조직의 형태에 관계없이 경제활동이 있는 어느 곳에나 존재하게 된다. 예를 들어, 학생들이 용돈기입장을 기록하거나 가정에서 가계부를 쓰고 있다면 이들은 모두 회계활동을 하는 것이다. 다만 오늘날의 경제사회에서 가장 대표적인 조직형태는 기업이므로 회계는

1) A Statement of Basic Accounting Theory, 1966, American Accounting Association, The Committee to Prepare a Statement of Basic Accounting Theory: p.1

일반적으로 기업경영에 대한 경제적 정보를 식별, 측정하여 보고하는 과정으로 설명된다. 이러한 관점에서 회계는 기업의 언어(language of business)라고도 불린다.

기업의 언어로서 회계는 기업과 기업에 이해관계를 갖고 있는 정보이용자들이 합리적인 판단과 의사결정을 할 수 있도록 도와주는 것에 그 목적을 두고 있다. 예를 들어, 은행에서의 신용대출담당자는 기업에 대한 대출의사결정 시 안정적인 상환가능성을 검토하고자 기업의 재무상황에 대한 정보를 필요로 하며, 주식시장에서 투자자들은 투자 성과의 미래 불확실성을 해소하고자 투자대상기업의 경영성과에 관한 정보를 필요로 한다. 이러한 이해관계자들의 정보수요에 부응하고자 회계는 기업의 재무상태와 경영성과에 관한 정보를 제공하는 것을 그 기본목적으로 삼고 있다. 따라서 오늘날의 회계는 다음과 같이 정의할 수 있다.

회계(accounting)란 정보이용자들이 기업에 대한 합리적인 의사결정을 내릴 수 있도록 기업의 재무상태와 경영성과에 관한 정보를 제공하기 위해 기업의 활동에 관한 거래나 경제적 사건을 측정하여 보고하는 정보시스템(information generating system)이다.

1.2 회계의 기능과 역할

정보시스템으로서의 회계의 기능과 역할을 요약하면 [그림 1-1]과 같다.

[그림 1-1] 정보시스템으로서의 회계의 기능과 역할

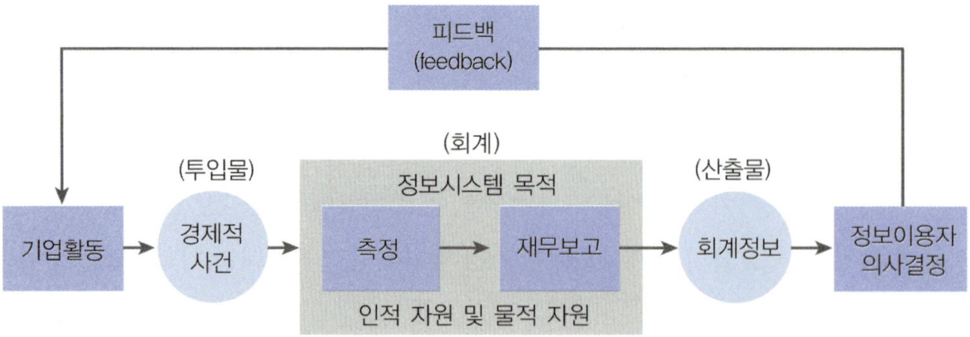

일반적으로 시스템은 일정한 목적을 달성하기 위하여 상호 유기적으로 결합된 인적 및 물적 자원의 집합체로 설명된다. 회계는 정보시스템 운영을 위한 인적 자원(예: 회계담당자) 및 물적 자원(예: 회계장부, 컴퓨터, 소프트웨어 등)을 동원하여 시스템의 투입물인 '기업활동에 관한 거래나 경제적 사건을 측정'하고, 그 결과물로서 '회계정보를 산출'하여 정보이용자에게 제공하는 역할을 한다. 즉 회계는 기업의 활동과 정보이용자를 상호 연결하는 역할을 수행한다.

기업에 이해관계를 가진 다양한 회계정보이용자가 이 정보를 이용하여 의사결정을 한다면 우리 사회의 한정된 자원이 효율적으로 배분될 수 있으며, 그 결과는 기업으로 다시 피드백되어 미래의 기업활동에 영향을 미친다. 이처럼 회계정보시스템은 한정된 사회적 자원의 효율적 배분 과정에 유용한 정보를 제공하는 역할을 한다(제3절에서 다시 논의).

제2절 회계정보의 이용자

회계시스템을 통해 제공되는 정보를 회계정보(accounting information)라고 하며, 이러한 회계정보를 전달하는 주요 수단이 재무제표(financial statements)이다.

경영자는 기업에 경제적 자원을 제공해 준 이해관계자들을 대신하여 기업을 책임 있게 경영하고 그 성과를 보고할 책임이 있다. 이를 경영자의 수탁책임(stewardship)이라고 하는데, 경영자는 기업에 자본을 제공한 여러 이해관계자들에게 정기적으로 재무제표를 작성하여 보고할 일차적 책임이 있다는 것이다.

그러나 경제환경이 점점 복잡해지고 자본시장이 발달하면서 특정 기업과 직접적인 이해관계를 맺지 않은 상황이라도 그 기업에 관련된 경제적 의사결정을 해야 하는 경우가 있다. 예를 들면, 자본시장의 투자자는 어느 기업의 주식을 사야 할지, 사지 말아야 할 것인지를 결정하기 위해 여러 기업의 회계정보를 필요로 하게 된다. 또한 경영자 입장에서도 기업경영에 필요한 자본을 조달하기 위해서는 현재의 투자자뿐만 아니라 잠재적 투자자에게도 회계정보를 제공할 유인이 존재한다.

현대의 회계는 기업을 둘러싼 여러 이해관계자들의 의사결정과 정보수요에 대응하여 이들에게 유용한 정보(useful information)를 제공하는 것에 그 목적을 두고 있다. 이러한 점에서 수탁책임의 이행 여부만을 강조하던 전통적인 회계와는 차별된다. 다시 말하면, 회계정보의 보고대상이 되는 정보이용자의 범위가 현재의 투자자와 채권자를 넘어서 잠재적인 투자자나 채권자, 정보중개인, 소비자, 투자자, 정부기관 등으로 계속 확대되고, 이들의 다양한 정보욕구를 충족시키기 위해 회계의 역할도 과거보다 한층 강조되고 있는 것이다.

본 절에서는 회계정보를 필요로 하는 다양한 이용자와 그들의 정보수요를 살펴본다.

(1) 투자자

기업 회계정보의 주된 이용자는 투자자와 채권자이다. 넓게 보아 투자자에 채권투자자를 포함하기도 하지만, 여기서는 기업이 발행하는 지분증권(주식) 투자자(investors)에 대해 살펴본다.

주식 투자자는 투자수익을 극대화하고 투자위험을 최소화하기 위하여 기업의 위험, 성과, 배당, 유동성 등을 분석하여 투자의사결정을 하는데, 이러한 의사결정을 위해 회계정보를 이용한다. 또한 소유와 경영이 분리된 주식회사의 주주(투자자)는 경영자의 행위를 감시하고 그들의 행위를 자신의 이해와 일치시키는 방향으로 유도하기 위하여 회계정보를 이용한다. 즉, 주주는 자신이 출자한 자본을 경영자가 안전하게 보전하고 효율적으로 활용하고 있는지를 감시하기 위해 경영자에게 수탁책임의 이행을 요구한다. 그러므로 경영자는 주주로부터 위탁받은 자원의 보유 현황과 사용내역을 밝히기 위하여 정기적으로 회계정보를 공시해야 한다.

(2) 채권자

채권자(creditors)는 기업에 자금을 대여하는데, 대표적으로 기업에 자금을 빌려주는 은행과 기업이 발행한 채권에 투자하는 증권회사 등이 있다. 주식 투자자의 수익은 기업의 성과에 연동되는 반면 채권자는 일정한 이자수익을 얻고 만기에 원금을 상환받는 것을 목적으로 한다.

금융기관은 대출의사결정을 내릴 때 기업의 신용위험(채무불이행위험)을 평가하기 위해 회계정보를 이용한다. 즉, 신용대출 여부, 대출금액, 대출기간, 이자율, 담보제공과 같은 신용조건 등을 결정하기 위해서는 기업의 현금유동성, 장기지급능력, 재무적 건전성 등을 파악하는 것이 필요한데, 이를 회계정보로부터 얻을 수 있다.

오늘날 기업 간 거래는 현금으로 즉시 결제하는 대신 나중에 지불하기로 하는 신용거래(외상)가 주를 이루는데, 기업에 상품이나 원자재 등을 외상으로 판매한 거래기업(공급자)도 받을 돈이 있으니 채권자의 범주에 포함된다. 원자재 등을 외상으로 제공한 공급자(suppliers)는 공급대금의 안전한 회수에 관심이 높다. 거래상대방 기업이 거래대금을 약속한 기한 내에 지불할 능력이 있는지, 거래를 축소하거나 확대할 필요가 있는지 등에 관한 의사결정을 위하여 회계정보를 이용한다.

(3) 경영자

경영자(management)는 기업 외부에 회계정보를 공급하는 책임자이지만, 다른 한편으로는 회계정보의 이용자이기도 하다. 경영자는 기업의 인적 및 물적 자원을 활용하여 기업활동을 계획하고, 조정하며, 통제하는 역할을 담당한다. 경영자는 이러한 역할을 수행하기 위해 기업의 영업활동, 투자활동, 재무활동과 관련된 다양한 의사결정을 내려야 하며 이 과정에서 회계정보를 필요로 한다. 구체적으로, 경영자는 과거 경영의사결정의 결과를 평가하고, 미래의 재무상태와 경영성과를 예측하고, 신규 자금조달의 필요성에 대한 분석과 자금조달방법을 결정하고, 기업 성장전략의 일환으로 다른 기업을 인수합병할 것인지를 판단하고, 배당정책을 수립하며, 기업을 파산 또는 정리할 것인지의 결정 등을 위해 회계정보를 이용한다.

(4) 종업원

종업원(employees)은 기업과의 고용계약에 따라 일정한 보수를 받고 근로용역을 제공하는 기업구성원이다. 종업원은 기업의 재무적 안전성과 수익성에 직접적인 이해관계를 가지고 있다. 왜냐하면 기업의 재무적 안전성은 종업원의 고용 안정성과 직결되어 있고, 기업의 수익성은 종업원에 대한 급여 지급능력과 직결되어 있기 때문이다. 따라서 종업원은 기업의 고용 안정성과 급여 지급능력을 평가하기 위해 그리고 고용주와의 임금협상을 위해 회계정보를 이용한다.

(5) 정부기관

기업에 공공서비스를 제공하고 기업 이해관계자들을 보호하는 기능을 담당하는 정부기관(taxing, regulatory and registration authorities)도 주요한 회계정보 이용자이다. 예를 들면, 국세청은 조세를 부과하거나 징수하기 위하여, 공정거래위원회는 특정 기업에 의한 시장의 독과점 및 초과이윤을 감시하기 위하여, 조달청은 관급공사 및 납품 계약 시 업체를 선정하고 계약금액을 결정하기 위하여, 기획재정부 등은 전기・철도・전화・가스 등의 공익산업의 요금수준을 통제하기 위하여 기업의 회계정보를 이용한다.

그리고 금융감독원 및 증권거래소 역시 기업의 회계정보를 이용하는 기관이다. 이들 기관은 기업이 발행한 주식의 신규 상장과 상장 폐지를 결정하고, 특정 주식의 거래를 일시적으로 정지시키거나 제한하는 의사결정을 한다. 또한 재무보고 이외에 기업이 추가로 공시해야 할 정보항목을 결정하거나 현행 회계실무의 적정성을 판단하는 경우도 있다. 금융감독원은 금융기관의 부실가능성을 감시하는 일도 한다. 따라서 금융감독원 및 증권거래소는 이같은 의사결정이나 감시활동의 기초자료로서 기업의 회계정보를 이용한다.

(6) 고객

기업이 생산한 제품의 수요자인 고객(customers)은 보다 합리적인 가격으로 원활하게 제품을 구매할 수 있는 거래처를 탐색하기 위해 회계정보를 이용한다. 또한 기업과 고객 간의 관계는 최소한의 제품보증기간 이상으로 지속될 수 있다. 기업은 판매한 제품에 결함이 발생할 경우 사후서비스를 제공할 의무(제품보증의무)를 부담하고 있기 때문이다. 고객은 구매한 제품에 대한 사후서비스를 지속적으로 제공할 수 있는 능력을 평가하기 위하여 회계정보를 이용한다.

(7) 기타 이용자

기업의 재무상태와 경영성과에 관심을 갖는 기타 이해관계자로는 언론기관, 학계, 업종별 협회, 시민단체, 환경보호단체 등이 있다. 언론기관은 신문이나 방송의 기사나 뉴스 작성에 필요한 자료의 수집과 분석을 위해, 학자들은 연구자료의 수집과 분석을 위해, 기업이 소속한 협회나 경제단체는 업종별 통계자료의 수집과 분석을 위해, 환경보호단체는 공해 방지와 환경보존활동에 대한 감시를 위해, 그리고 시민단체는 기업의 사회공헌활동의 감시를 위해 각각 회계정보를 이용한다.

[그림 1-2] 회계정보의 이용자와 용도

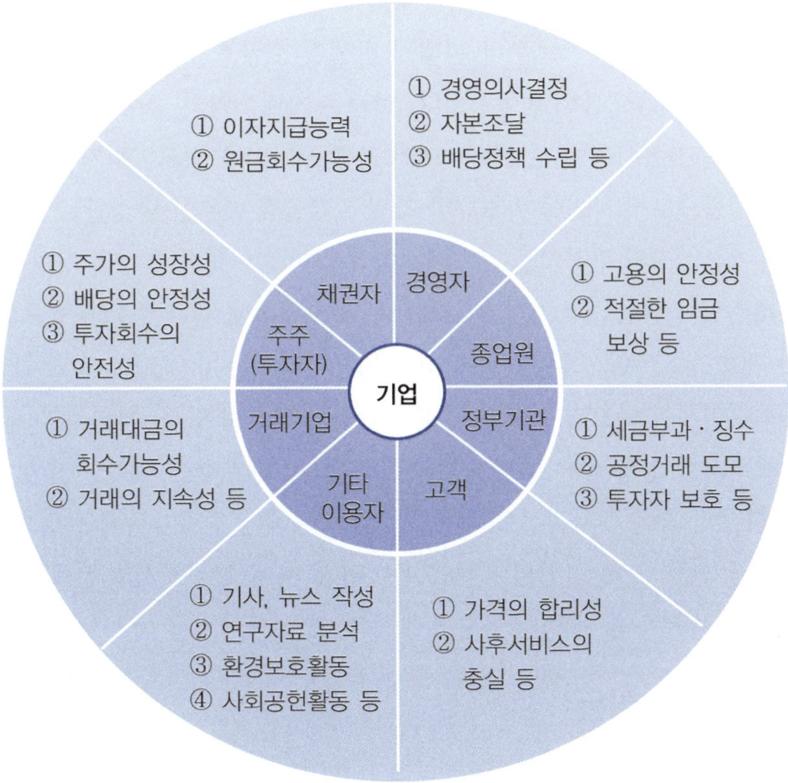

제3절 회계의 사회적 역할

회계는 사회적 자원의 효율적 배분을 도모하며, 기타 여러 사회적 기능을 담당한다.

3.1 사회적 자원의 효율적 배분

제2절에서 논의한 바와 같이, 회계정보를 이용하는 이해관계자집단은 다양하다. 그 중에서도 가장 중요한 집단은 투자자와 채권자라고 할 수 있다. 투자자는 주식시장을 통하여, 그리고 채권자는 채권시장을 통하여 기업이 필요로 하는 자금을 각각 공급한

다. 주식시장과 채권시장을 통틀어 자본시장(capital markets)이라고 부른다. 투자자와 채권자의 의사결정기준은 투자나 자금 대여에 따른 기대수익과 위험이다. 기대수익(expected return)은 투자안으로부터 미래에 발생할 현금흐름의 기대치이며, 위험(risk)은 미래에 발생할 현금흐름의 변동성이다. 이들은 기대수익의 극대화와 동시에 위험의 최소화를 목표로 자본시장에 존재하는 여러 가지 투자안을 비교·평가한 후 최적의 투자집합을 구성함으로써 자신들이 보유한 자원의 효율적 배분을 달성할 수 있다.

그렇다면 자본시장의 투자자들은 기대수익과 위험을 어떻게 측정할 것인가? 개별 투자안의 기대수익과 위험을 측정하기 위해서는 투자대상에 관한 정보가 필요한데, 이러한 정보를 제공하는 주체가 바로 회계이다. 자본시장에는 수익성이 높고 위험이 낮은 우량기업과 수익성이 낮고 위험이 높은 불량기업이 뒤섞여 있다. 투자자와 채권자들은 우량기업에 투자할 경우 높은 투자수익을 획득할 수 있는 반면, 불량기업에 투자할 경우 낮은 투자수익 혹은 투자손실을 입을 수 있다. 회계는 투자자들에게 필요한 정보를 제공하여 우량기업과 불량기업의 구분을 용이하게 해 줌으로써 사회 전체적으로 한정된 자원의 효율적인 배분을 달성할 수 있도록 도와준다.

3.2 기타 사회적 기능

사회적 자원의 효율적 배분과 더불어 회계정보는 여러 사회적 조정이나 통제기능에 활용된다. 예를 들어, 노사 간의 원활한 임금협상, 특정 기업에 의한 시장 독과점과 초과이윤의 감시, 공익산업의 요금(서비스가격) 수준의 통제, 우량기업 주식의 신규 상장과 불량기업 주식의 상장 폐지, 금융기관의 부실가능성 감시, 조세 징수의 공평성 달성, 기업의 환경보존활동에 대한 감시 등과 같이 국가기관이나 시민단체에 의한 사회적 통제에 회계정보가 활용된다.

노사 간의 임금협상 시 가장 기본이 되는 정보는 기업의 재무상태와 경영성과를 나타내는 재무제표이며, 기업이나 개인이 부담해야 할 세금의 결정이나 공공요금의 책정 등 관련된 국가정책이 합리적으로 이루어지기 위해서는 회계정보를 이용하지 않을 수 없다.

제4절 회계의 분류

재무보고(financial reporting)는 회계정보이용자의 합리적 의사결정을 위해 기업의 재무상태, 경영성과, 현금흐름, 자본변동 등에 관한 재무정보를 제공하는 것을 말한다. 그런데 정보이용자마다 필요한 정보에는 차이가 있다. 예를 들어, 주식투자자는 기업이 미래에 얼마나 높은 이익을 얻을 것인지에 관심이 높은 반면 채권자는 기업이 안정적으로 이자를 지급하고 원금을 상환할 수 있을지에 관심을 가진다. 누구에게 정보를 보고하는지, 즉 보고대상이 누구인가에 따라 회계의 유형이 구분될 수 있다.

회계정보이용자는 크게 기업을 중심으로 투자자, 채권자, 거래기업, 정보기관 등의 외부이용자와, 경영자와 같은 내부이용자로 구분할 수 있다. 기업 외부이용자의 의사결정에 유용한 정보를 제공하는 회계를 재무회계(financial accounting)라고 하고, 내부이용자의 의사결정에 유용한 정보를 제공하는 회계를 관리회계(management accounting)라고 한다.

한편 기업 외부의 정보이용자 중에서도 국세청의 조세 부과 및 징수 목적에 유용한 정보를 제공하는 회계를 특별히 세무회계(tax accounting)라고 명명하여 회계의 분야를 세 가지로 나누기도 한다. 세무회계는 정보이용자가 기업의 외부이해관계자이기 때문에 크게는 재무회계에 포함될 수 있지만, 세무수익(익금)과 세무비용(손금)의 인식 및 측정원칙이 재무회계와 차이를 보이기 때문에 재무회계에서 분리하여 별도로 구분할 수도 있다.

재무회계와 관리회계의 본질 및 주요 특성을 비교하면 다음과 같다.

4.1 재무회계

일반적으로 기업의 외부정보이용자들은 다음과 같은 의사결정을 위해 기업의 회계 정보를 필요로 한다.

- 기업의 경영성과와 재무상태가 어떠한가?
- 기업에 추가로 투자할 것인가 아니면 지분을 처분할 것인가?
- 기업은 부채에 대한 상환능력을 가지고 있는가?
- 기업의 수익성과 안전성은 어떠한가?
- 안정적인 경제성장을 위한 기업의 투자와 고용정책은 적절한가?
- 소비자가 원하는 제품과 용역을 지속적으로 제공할 수 있는가?
- 고용을 창출하고 사회발전에 도움이 되는가?

재무회계는 위와 같은 의사결정에 필요한 정보제공 역할을 담당한다. 그런데 외부정보이용자들이 개별적으로 원하는 정보는 서로 상이하고 때로는 상충될 수 있다. 채권자는 기업이 원금을 상환할 수 있을지에 관심을 가져 보수적인 입장에서 작성한 정보를 원하는 반면, 투자자는 미래에 기업이 벌어들일 이익을 예측하는 데에 도움이 되는 정보를 원할 수 있다. 모든 이들의 정보욕구를 충족시키는 것은 현실적으로 가능하지 않다. 따라서 재무회계에서는 일반목적의 재무제표(general purpose financial statements)를 작성하여 보고한다. 일반목적의 재무제표는 다음과 같은 특징을 가진다.

① 재무회계정보는 표준화된 양식의 재무제표를 통해 제공되며, 기업의 경영자는 회계기준을 적용하여 재무제표를 작성한다.
② 재무제표는 매 보고기간 말에 정기적으로 작성한다.
③ 재무제표는 기업이 생산하는 개별 제품이나 사업부별로 작성하지 않고, 기업 전체를 하나로 묶어 포괄적으로 작성한다.
④ 재무회계정보는 과거에 실제로 발생한 거래를 바탕으로 작성한다.
⑤ 재무회계정보는 기본적으로 양적(quantitative) 정보로 구성된다.

4.2 관리회계

내부정보이용자인 경영자가 내리는 다음과 같은 의사결정에 관리회계 정보가 도움을 줄 수 있다.

- 얼마만큼의 자금을 언제, 어떤 원천을 통해 조달해야 할 것인가?
- 기업의 수익성과 유동성을 어떻게 유지할 것인가?
- 기업목표 달성에 필요한 시설은 무엇인가?
- 경영계획을 어떻게 실행할 것인가?
- 어떠한 재화나 용역을 생산할 것인가?
- 재화나 용역을 누구에게 판매할 것인가?
- 가격은 얼마로 할 것인가?
- 규칙적인 배당금지급정책을 유지할 것인가? 배당을 하지 않고 이익유보를 통해 기업활동을 확대시킬 것인가?

관리회계는 경영자의 빈번하고 다양한 의사결정을 위한 회계이므로 다음과 같은 특징을 가진다.

① 관리회계정보는 보고양식이 규정되어 있지 않고 회계기준에 구속받지 않는다.
② 관리회계정보는 경영자의 필요에 따라 수시로 작성된다.
③ 관리회계정보는 기업 내부의 다양한 의사결정에 이용되기 때문에 포함 범위를 기업 전체는 물론, 기업을 구성하는 개별 제품, 부서, 또는 사업부별로 작성할 수 있다.
④ 관리회계정보는 과거정보는 물론이고 현재 및 미래정보까지도 포함할 수 있다.
⑤ 관리회계는 양적 정보는 물론이고 경영의사결정에 유용하다면 화폐단위로 측정이 불가능한 질적(qualitative) 정보까지도 포함한다.

재무회계와 관리회계의 차이점을 요약하여 비교하면 〈표 1－1〉과 같다.

〈표 1-1〉 재무회계와 관리회계의 비교

구분	재무회계	관리회계
보고대상	외부정보이용자(투자자 및 채권자 등)	내부정보이용자(경영자)
보고시점	정기보고(분기말, 반기말, 연말)	필요에 따라 수시보고
작성기준과 보고수단(양식)	회계기준을 준수한 재무제표	회계기준에 구속되지 않으며 다양한 형식으로 보고
정보의 속성	기업의 과거활동	과거활동 및 미래 예측정보
보고범위	기업 전체	개별제품, 부서, 사업, 기업 전체 등
정보제공의 강제성과 외부감사 여부	일정 규모 이상의 회사는 재무제표 공시와 외부감사가 의무임	경영자의 필요에 따라 정보를 제공하며 외부감사가 요구되지 않음

제5절 우리나라의 회계기준과 회계감사제도

회계는 거래나 사건을 측정하여 보고하는 것이기 때문에, 그 과정에서 회계담당자(또는 경영자)의 주관적 판단(예: 측정 · 보고 방법의 선택)과 개인적 요인이 개입될 소지가 있다. 이러한 현실적 문제점으로 인해 재무제표는 기업의 재무상태와 경영성과를 적정하게 측정 · 보고하지 못할 가능성이 있으며, 더 나아가 중대한 오류나 부정이 포함될 수도 있다. 따라서 재무제표가 기업의 재무상태와 경영성과를 적정하게 표시하도록 규제하는 사회적 합의를 도출할 필요가 있다. 또한 기업의 여러 이해관계자들은 다양하고 서로 상충되는 정보수요를 가지므로 이들의 이해관계를 조정하기 위해서는 보편적이고 신뢰성 있는 회계정보가 제공되어야 한다.

이러한 두 가지 목적을 달성하기 위해서는 먼저, 경영자가 회계처리를 수행하고 재무제표를 작성함에 있어서 반드시 준수해야 할 회계원칙(accounting principles)이 마련되어야 하고, 다음으로 기업 외부전문가로 하여금 경영자가 작성한 재무제표가 회계기준을 준수하고 있는지를 확인하게 하는 회계감사(auditing)제도가 필요하다.

본 절에서는 일반적으로 인정된 회계원칙의 의의와 우리나라의 회계기준체계, 그리고 회계감사제도를 설명한다.

5.1 일반적으로 인정된 회계원칙

회계원칙(accounting principles)은 경영자가 거래나 기타 사건이 기업에 미치는 영향을 판단, 측정, 보고할 때 반드시 준수해야 할 기본적 지침으로서 기업의 회계실무를 이끌어가는 지도원리이다. 따라서 회계원칙은 모든 기업에 적용 가능한 보편타당성을 가지고 있고 최선의 회계실무가 이루어질 수 있도록 방향을 제시하는 규범적 성격을 가진다. 이러한 성격의 회계원칙을 회계실무에 적용하기 위하여 구체화시킨 것이 일반적으로 인정된 회계원칙(generally accepted accounting principles: GAAP)이다. 일반적으로 인정된 회계원칙은 많은 사람들에 의해 광범위하게 수용될 수 있는 것으로 권위 있는 전문가의 합의에 의해 제정된 회계원칙이다. 여기서 '일반적'이란 말에는 회계원칙이 불변의 진리가 아니고 환경변화에 따라 얼마든지 변화할 수 있으므로 현행 회계원칙은 현재의 상황에 한하여 보편타당성을 갖는다는 의미가 숨어 있다. 따라서 실무에서는 이를 원칙이라고 하지 않고 회계기준(accounting standards)이라고 한다.

5.2 우리나라의 회계기준

현재 우리나라에서 일반적으로 인정된 회계원칙은 상장기업에 적용되는 한국채택국제회계기준(Korean International Financial Reporting Standards: K-IFRS)과 비상장기업에 적용되는 일반기업회계기준(K-GAAP)이 있다.

〈표 1-2〉 우리나라의 회계기준 적용 체계

구분	회계기준	제정기관
상장기업 (비상장 금융기업 포함)	한국채택국제회계기준 (K-IFRS)	국제회계기준위원회 (IASB)
비상장기업	일반기업회계기준	한국회계기준원

우리나라의 회계기준은 1958년에 처음 제정되었으며, 오랜 기간 정부가 주도하는 기업회계기준 체계를 유지하여 왔다. 그러다가 회계정보의 신뢰성과 투명성 제고를 위해서는 민간 주도의 독립된 회계기준 제정기구가 필요하다는 사회적 요구에 따라 1999년에 한국회계기준원(Korea Accounting Institute: KAI)이 설립되었고, 국제회계기준 도입 이전까지 우리나라 회계기준의 제정업무를 담당하였다.

한편 자본시장이 세계화됨에 따라 국제적으로 통일된 회계기준의 필요성이 부각되고, 유럽연합(EU)을 중심으로 많은 국가들이 국제회계기준위원회(International Accounting Standards Board: IASB)가 제정한 국제회계기준(International Financial Reporting Standards: IFRS)을 자국의 회계기준으로 채택하면서, 전 세계적으로 회계기준을 단일화하는 추세가 가속되고 있다. 이러한 움직임에 발맞추고자, 우리나라도 2011년부터 국제회계기준을 도입하여 모든 상장기업이 의무적으로 적용하도록 규정하고 있다. 우리나라가 채택한 국제회계기준을 한국채택국제회계기준(K-IFRS)이라고 부른다. K-IFRS는 국제회계기준을 한국어로 번역한 것이기 때문에 국제회계기준의 형태를 그대로 따르고 있으며, 한국회계기준원이 공표하고 있다.

국제회계기준은 상대적으로 복잡하고 엄격한 회계기준이기 때문에 한국회계기준원은 일반기업회계기준(K-GAAP)을 제정하여 비상장기업들이 보다 편리하게 사용할 수 있도록 하고 있다. 따라서 우리나라는 상장기업들이 사용하는 K-IFRS와 비상장기업들이 사용하는 K-GAAP의 두 회계기준이 존재한다. 본서는 한국채택국제회계기준(K-IFRS)을 기반으로 설명하며, 이하에서는 K-IFRS로 표현한다.

5.3 회계감사제도

회계정보가 정보이용자들의 의사결정에 유용한 정보로 활용되기 위해서는 기본적으로 신뢰성(reliability)을 가져야 한다. 하지만 회계정보가 신뢰성을 갖기 위해서는 회계기준의 제정만으로는 충분하지 않다. 경영자가 재무제표를 작성・보고하는 과정에서 의도하지 않은 오류가 포함될 수 있으며, 경우에 따라서는 경영자가 의도적으로 왜곡된 정보를 포함할 수도 있기 때문이다.

따라서 재무제표의 신뢰성을 제고하기 위해서는 기업과는 독립적인 회계전문가로 하여금 경영자가 작성한 재무제표를 검증하는 과정이 필요하다. 회계감사(auditing)는 기업의 재무제표가 일반적으로 인정된 회계원칙에 따라 작성되었는지를 외부 전문가가 확인함으로써 회계정보의 신뢰성을 높여 주는 사회적 제도이다.

우리나라에서 회계감사는 정부가 주관하는 시험을 통해 전문자격을 부여받은 공인회계사(certified public accountants: CPA)만이 수행할 수 있다. 그리고 공인회계사들이 회계감사를 수행할 때에는 기본 지침이 되는 회계감사기준(Generally Accepted Auditing Standards: GAAS)을 준수해야 한다.

익힘문제

1. 회계의 본질에 관한 설명 중에서 정보시스템 관점이 가장 널리 수용되고 있다. 정보시스템 관점에 따라 회계의 정의를 제시하라.

2. 자본시장이 발달한 국가에서는 기업의 이해관계자 중 투자자가 가장 중요한 회계정보이용자 집단이라고 한다. 이들의 회계정보 이용목적은 무엇인가?

3. 금융기관을 포함한 채권자와 원자재 공급자는 기업에 대하여 수취채권을 보유하고 있는 이해관계자집단이다. 이들이 회계정보를 이용하는 목적은 무엇인가?

4. 노동조합 활동이 보편화되고 인적 자원이 중요시되는 오늘날 기업의 주요 이해관계자로서 종업원의 중요성이 점점 더 커지고 있다. 종업원의 회계정보 이용목적은 무엇인가?

5. 정부기관은 기업과 여러 측면에서 이해관계를 갖고 있다. 각종 정부기관의 회계정보 이용목적은 무엇인가?

6. 회계는 자원의 효율적 배분 및 여러 사회적 기능을 한다. 이를 구체적으로 설명하라.

7. 회계는 정보의 보고 대상을 기준으로 재무회계와 관리회계로 분류할 수 있다. 재무회계와 관리회계를 비교 설명하라.

8. 국가마다 그 국가의 회계실무를 규제하는 회계원칙이 있다. 일반적으로 인정된 회계원칙이란 무엇인가?

9. 한국채택국제회계기준의 의미를 설명하라.

10. 자본시장이 발달한 국가일수록 회계감사의 필요성은 더 커진다. 회계감사제도는 왜 필요한지를 설명하라.

연습문제

1-1 기본개념의 이해

아래 문장이 맞으면 O, 틀리면 ×를 표시하라.

(1) 회계의 주요 목적은 정보이용자들의 경제적 의사결정에 도움이 될 수 있도록 기업의 재무상태와 경영성과에 관한 정보를 제공하는 것이다. ( )

(2) 경영자는 기업에 경제적 자원을 제공해 준 이해관계자를 대신하여 기업을 책임 있게 경영하고 그 성과를 성실히 보고해야 하는데, 이를 경영자의 수탁책임이라 한다. ( )

(3) 채권자는 대출신청기업에 대한 신용제공 의사결정을 할 때 기업의 신용위험을 평가하기 위해 회계정보를 이용한다. ( )

(4) 경영자는 기업 외부에 회계정보를 제공하는 공급자이므로 회계정보의 이용자 그룹에는 포함되지 않는다. ( )

(5) 회계는 투자자들에게 필요한 정보를 제공하여 우량기업과 불량기업의 구분을 용이하게 해 줌으로써 사회 전체적으로 한정된 자원의 효율적인 배분을 유도한다. ( )

(6) 투자자, 채권자, 종업원, 정부기관 등과 같이 기업 외부정보이용자의 의사결정에 유용한 정보를 보고하는 회계를 관리회계라고 한다. ( )

(7) 기업의 이해관계자들이 필요로 하는 정보는 대동소이하므로 일반목적의 재무제표를 통해 회계정보가 제공된다. ( )

(8) 재무회계정보는 기본적으로 양적 정보로 구성되는 반면, 관리회계정보는 양적 정보뿐만 아니라 질적 정보까지 포함한다. ( )

(9) 회계원칙 또는 회계기준은 회계담당자가 거래나 경제적 사건이 기업에 미치는 영향을 판단하고 측정·보고할 때 반드시 준수해야 할 기본적 지침으로서 기업의 회계실무를 이끌어 가는 지도원리이다. ( )

(10) 우리나라 기업은 주식의 상장여부와 관계없이 모두 한국채택국제회계기준에 따라 재무제표를 작성·보고하여야 한다. ( )

(11) 재무제표가 일반적으로 인정된 회계원칙에 따라 작성되고, 이를 감사한 공인회계사가 적정하다는 의견을 표명하면, 그 재무제표는 신뢰성이 있는 것으로 볼 수 있다. ( )

(12) 회계감사기준은 감사인이 회계감사를 수행함에 있어서 따라야 할 기본 지침서이다. ( )

제2장
재무제표의 이해

본 장에서는 먼저 재무회계의 여러 기본개념과 이론을 체계적으로 정리한 개념체계(conceptual framework)를 소개한다. 재무회계 개념체계는 재무보고의 목적, 재무회계의 기본가정, 재무보고의 핵심 수단인 재무제표의 의미와 구성요소, 재무제표 요소의 인식과 측정에 대한 설명을 담고 있다. 다음으로 재무제표(재무상태표, 포괄손익계산서, 자본변동표, 현금흐름표, 주석)를 구체적으로 소개하고 이들 간의 연계관계 등에 대해 설명한다.

재무제표의 이해

- 재무보고를 위한 개념체계
  - 개념체계의 구조
  - 재무보고의 목적
  - 재무정보의 질적 특성
  - 재무제표 요소
- 수익 · 비용의 인식과 발생기준 회계
  - 수익 · 비용의 인식
  - 발생기준 회계
- 재무제표의 종류와 표시
  - 재무상태표
  - 포괄손익계산서
  - 자본변동표
  - 현금흐름표
  - 재무제표에 대한 주석
- 재무제표의 연계관계
- 개별재무제표와 연결재무제표

제1절 재무보고를 위한 개념체계

회계기준은 다양한 정보이용자들의 이해관계와 상충된 정보수요를 조정해 줄 필요가 있으며, 여러 기업과 산업의 재무보고에 공통적으로 적용될 수 있어야 한다. 따라서 재무제표의 작성에 관한 기초개념들을 체계적으로 정립해 두면 그 논리적인 틀 안에서 회계기준을 개정하거나 새로이 출현한 거래에 대해 기존의 회계기준과 일관성 있는 회계기준을 마련하는 데 도움이 될 것이다.

이에, 국제회계기준위원회(IASB)는 재무보고를 위한 개념체계(the conceptual framework for financial reporting)를 통해 재무보고의 목적, 유용한 재무정보의 질적 특성, 재무제표의 기본가정과 요소, 재무제표 요소의 인식과 측정 등에 관한 기초개념을 정리하고 있다. 재무보고를 위한 개념체계(이하 '개념체계')는 회계기준을 이해하고 해석하는 데 도움을 주며 회계기준의 제 · 개정을 뒷받침하는 이론적 틀이라고 할 수 있다.

1.1 개념체계의 구조

개념체계는 재무회계의 근간이 되는 여러 개념들이 논리적으로 연결된 기본적 틀로서 유용한 재무보고서 작성을 위해 어떤 기본 개념과 가정이 전제되어야 하며, 어떤 요소들을 포함해야 하는지를 체계적으로 제시하고 있다. [그림 2-1]은 개념체계의 구조를 요약하고 있다.

[그림 2-1] 재무보고 개념체계의 구조

재무보고의 목적	정보이용자의 의사결정에 유용한 재무정보를 제공
↓	
재무정보의 질적 특성	근본적 질적 특성: 목적적합성, 표현충실성 보강적 질적 특성: 비교가능성, 검증가능성, 적시성, 이해가능성
↓	
재무제표 요소	재무제표 작성의 기본가정 재무제표 요소: 자산, 부채, 자본, 수익, 비용 재무제표 요소의 인식과 측정

[그림 2－1]에서 보는 바와 같이, 개념체계는 크게 세 개의 계층으로 구성되어 있다. 제1계층에서는 재무보고의 목적을 제시한다. 즉, '누구를 위해' 그리고 '어떤 의사결정을 위해' 재무보고를 해야 하는지를 기술함으로써 회계기준의 기본방향을 제시하고 있다. 제2계층에서는 재무보고의 목적을 달성하기 위해서, 즉 재무정보가 유용하기 위해서는 어떠한 질적 특성을 갖추어야 하는지를 제시한다. 그리고 제3계층에서는 재무보고의 핵심 수단인 재무제표에 어떠한 정보(요소)가 포함되어야 하는지와 각 요소가 어떻게 표현되어야 하는지를 설명하고 있다.

그러면 각 계층별 내용을 좀 더 구체적으로 살펴보자.

1.2 재무보고의 목적

개념체계에서는 재무보고의 목적(objective of financial reporting)을 다음과 같이 제시하고 있다.

> 재무보고의 목적은 현재 및 잠재적 투자자와 대여자 및 기타 채권자가 기업에 자원을 제공하는 것에 대한 의사결정을 하는 데 유용한 정보를 제공하는 것이다.

개념체계는 다양한 회계정보이용자 중에서 특히 투자자와 채권자의 정보수요를 강조하고 있다. 투자자와 채권자는 자본시장(주식시장 및 채권시장)을 통하여 기업에 자금을 제공하는 경제주체로서 이들의 의사결정이 곧 우리 사회의 전체적인 자원을 배분하는데 중요한 영향을 미치는 의사결정이기 때문이다. 따라서 재무보고의 목적을 이들의 투자 및 대여 의사결정에 유용한 정보(useful information)를 제공하는 것으로 설정하고 있다.

물론 정부기관, 종업원, 고객 등과 같은 다른 이해관계자들 역시 중요한 정보이용자들이다. 다만, 여러 이해관계자 중에서 투자자와 채권자는 기업에 자본을 제공하고 투자와 대여에 따른 위험을 감수하고 있기 때문에 이들의 정보수요를 충족시킨다면 그 밖의 이해관계자들의 정보수요를 상당 부분 충족할 수 있을 것이다.[1)]

1) 또한 이해관계자들의 정보수요 및 욕구는 서로 다르며 상충되기도 한다. 따라서 전체 이해관계자들 중 다수를 구성하는 주요이용자의 정보수요에 초점을 두는 것이다.

그러면 투자자와 채권자 등에게 어떤 정보를 제공해야 유용하게 사용할 것인가? 이를 위해서는 투자자와 채권자가 어떤 정보를 원하는지를 검토할 필요가 있다. 투자자는 주식가격 상승에 따른 자본이득이나 배당금 수취와 같은 현금흐름에 관심이 있으며, 채권자는 그들이 대여한 원금과 이자의 회수와 같은 현금흐름에 관심이 있다. 따라서 재무정보의 유용성을 높이는 길은 기업이 언제, 얼마나 확실하게, 얼마의 현금을 창출할 수 있는지에 관한 정보를 측정하여 보고하는 것이다.

그러나 투자자나 채권자의 관심 사항인 주식가격 상승, 배당금 수취, 원금과 이자의 회수가능성 등을 직접 예측하기란 쉽지 않다. 다만 그들에게 기업이 현재 보유하고 있는 경제적 자원과 청구권의 성격은 어떠하고 금액은 어느 정도인지, 그리고 그 경제적 자원과 청구권을 변동시키는 거래와 사건은 무엇인지에 관한 정보를 제공한다면 이를 근거로 기업의 현금창출능력을 예측하고 더 나아가 자신들의 관심 사항인 미래 현금회수의 크기, 시기 및 불확실성을 평가할 수 있을 것이다. 즉, 개념체계는 재무보고서가 다음의 정보를 제공하여 정보이용자의 의사결정을 돕는다고 본다.

기업의 재무상태(경제적 자원 및 청구권)와 경영성과(경제적 자원 및 청구권의 변동) 등에 관한 정보는 기업에 대한 자원 제공과 관련된 의사결정에 유용하게 사용된다.

1.3 재무정보의 질적 특성

재무정보의 질적 특성(qualitative characteristics)이란 정보이용자의 의사결정에 유용하게 사용되기 위해 재무정보가 갖추어야 할 속성이다. 개념체계에서는 재무정보의 질적 특성을 크게 근본적 질적 특성(fundamental qualities)과 보강적 질적 특성(enhancing qualities)으로 구분하여 제시하고 있다. 여기서 근본적 질적 특성은 재무정보(예, 숫자 또는 설명)가 정보이용자들의 의사결정 목적에 적합해야 할 뿐만 아니라, 기업과 관련하여 발생한 경제적 사건의 실질을 충실하게 표현해야 한다는 것이다. 또한 보강적 질적 특성은 근본적 질적 특성을 갖춘 재무정보가 정보이용자들에게 더욱 유용하게 쓰이기 위해서는 그 정보가 비교 가능하고, 검증 가능하며, 적시성 있고, 이해 가능해야 한다는 것이다.

[그림 2-2] 유용한 재무정보 질적 특성

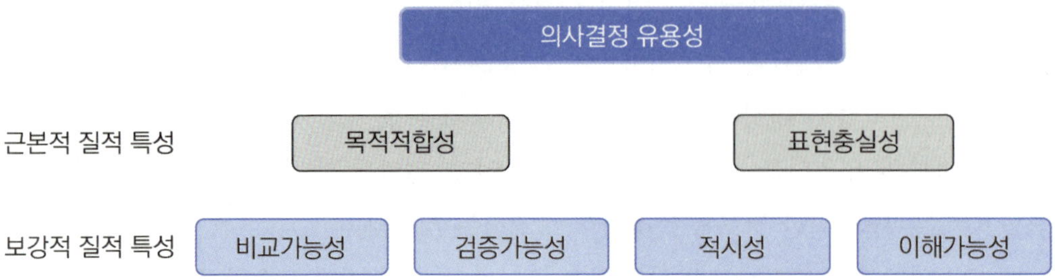

(1) 근본적 질적 특성

근본적 질적 특성은 재무정보 자체가 근본적으로 갖추어야 할 속성이기 때문에, 그 정보를 생산하는 기업이 정보생산과정에서 염두에 두어야 할 속성이다. 개념체계에서 제시하는 근본적 질적 특성은 목적적합성과 표현충실성이다.

목적적합성(relevance)은 재무정보가 정보이용자의 의사결정 목적과 관련성이 있어야 한다는 특성으로 목적적합한 재무정보는 정보이용자의 의사결정에 차이가 나도록 할 수 있다는 의미이다. 다시 말해, 정보이용자가 회계정보에 기초하여 내린 의사결정과 그 정보 없이 내린 의사결정에 차이가 있다면 그 회계정보는 목적적합한 회계정보라고 할 수 있다.

표현충실성(faithful representation)은 측정된 정보가 측정대상인 거래나 사건을 충실하게 표현함으로써 서로 일치하는 것을 의미한다. 재무보고서는 경제적 현상을 숫자나 말로 표현한 것이다. 따라서 재무정보가 유용하기 위해서는 그 정보가 기업과 관련하여 발생한 모든 경제적 사건을 완전하고, 중립적인 시각에서 오류 없이 표현해야 한다는 것이다.

(2) 보강적 질적 특성

보강적 질적 특성은 근본적 질적 특성을 갖춘 재무정보가 정보이용자들에게 더욱 유용하게 쓰이기 위해서 갖춰야 할 특성으로 비교가능성, 검증가능성, 적시성, 이해가능성으로 구성된다.

비교가능성(comparability)은 정보이용자들이 항목 간의 유사점과 차이점을 식별하고 이해할 수 있게 하는 질적 특성이다. 예를 들어, 재무정보가 기업의 다른 시점에 대한 유사한 정보와 비교할 수 있고(기간 간 비교가능성), 다른 기업의 유사한 정보와 비교할 수 있다면(기업 간 비교가능성) 더욱 유용할 수 있다는 의미이다. 따라서 비교가능성을 높이려면 기업은 유사한 거래나 사건의 재무적 영향을 측정 및 표시할 때 기간별로 일관된 회계처리방법을 적용해야 하고, 동일 산업 내의 기업들과 유사한 회계처리방법을 적용해야 한다. 검증가능성(verifiability)은 특정 경제적 현상이 충실히 표현되었는지를 정보이용자가 확인할 수 있어야 한다는 것이다. 예를 들어, 서로 독립적인 측정자가 동일한 방법을 적용하여 측정할 경우 유사한 결과를 얻어야 검증가능성이 높은 것이다. 적시성(timeliness)은 의사결정에 미치는 영향력이 소멸되기 전에 정보이용자가 이용 가능하도록 제때에 제공해야 한다는 것이다. 아무리 목적적합하고 충실하게 표현된 정보일지라도 뒤늦게 제공한다면 그 정보는 유용할 수 없기 때문이다. 이해가능성(understandability)은 정보이용자가 쉽게 이해할 수 있도록 정보를 제공한다면 유용성이 높아진다는 것이다. 예를 들어, 정보를 명확하고 간결하게 분류하여 표시한다면 이해가능성이 높아진다.

어떠한 정보가 근본적으로 목적적합하지 않거나 충실하게 표현되지 않았으면 보강적 질적 특성만으로는 그 정보를 유용하게 만들 수 없다. 하지만 근본적인 질적 특성을 갖춘 정보라면 보강적 질적 특성이 높아질수록 유용한 정보가 될 수 있다.

1.4 재무제표 요소

앞 절에서는 재무보고의 목적을 달성하기 위해 어떤 질적 특성을 가진 정보를 제공해야 하는지를 살펴보았다. 본 절에서는 재무보고의 목적을 효과적으로 달성하기 위해서는 그 핵심수단인 재무제표(financial statements)가 어떤 내용을 담고 있어야 하는지를 논의한다.

(1) 재무제표의 기본가정: 계속기업의 가정

회계거래를 기록하고 재무제표를 작성하는 것은 일정한 가정(전제)하에서 이루어지는데, 개념체계는 재무제표 작성의 기본가정으로 계속기업의 가정(going concern assumption)을 제시하고 있다. 즉, 재무제표는 일반적으로 '기업이 예상 가능한 미래기간 동안 영업을 계속할 것이라는 가정'하에서 작성한다는 것이다.

계속기업의 가정: 재무제표는 기업이 예상 가능한 미래기간 동안 영업을 계속할 것이라는 가정하에 작성된다.

실제로 기업은 설립 후 수년 내에 파산하거나 영업활동을 중단할 수 있다. 따라서 여기서 계속(going)의 의미는 영구적이라는 뜻이 아니라 예상 가능한 충분한 기간을 의미한다. 계속기업을 가정함으로써 기업은 토지나 건물 같은 유형자산을 취득원가로 기록할 수 있는 정당성을 얻는다.

만약 가까운 시일 내 기업활동을 청산할 의도가 존재한다면 계속기업의 가정과는 다른 가정(예, 청산기업 가정)을 적용하여 재무제표를 작성해야 하며, 이때 적용한 기준은 별도로 공시해야 한다.

(2) 재무제표 요소

재무제표는 기업의 재무정보(재무상태, 경영성과 등)를 전달하는 핵심 수단으로서, 이러한 재무제표가 포함해야 할 항목을 재무제표 요소라고 한다.

재무상태를 표시하는 요소는 자산, 부채, 자본이며, 경영성과를 표시하는 요소는 수익과 비용이다. 본 소절에서는 다섯 가지 재무제표 요소의 의미를 간략히 소개하고, 보다 상세한 내용과 표시 방법은 제3절(재무제표 종류와 표시)에서 설명하기로 한다.

① 자산

자산(assets)은 기업이 소유 또는 통제하고 있는 가치 있는 것들로서, K-IFRS에서는 "과거사건의 결과로 기업이 통제하는 현재의 경제적 자원"으로 정의하고 있다. 여기서 경제적 자원은 현금, 재화, 용역을 수취할 권리, 유리한 조건으로 다른 당사자와 경제적 자원을 교환할 권리 등을 포함한다.

대부분의 자산은 법적 소유권과 결부되어 있다. 그러나 소유권이 없는 자산도 회계적 자산으로 분류할 수 있다. 예를 들어, 장기간 리스한 자동차는 소유권이 없다 해도 경제적 자원에 대한 통제력을 행사할 수 있어서 기업의 자산으로 분류한다.

② 부채

부채(liabilities)는 기업이 미래에 갚아야 할 빚 또는 부담으로서, K-IFRS에서는 "과거사건의 결과로 경제적 자원을 이전해야 하는 현재의무"로 정의하고 있다.

예를 들어, 은행에서 빌린 자금이나, 재화나 용역을 외상으로 구입하고 아직 대금을 지급하지 않은 금액은 부채이다. 의무는 주로 현금 지급이나 기타 자산의 이전, 용역의 제공 등으로 이행되므로 경제적 자원의 이전을 수반한다.

③ 자본

자본(stockholders' equity)은 "기업의 자산에서 모든 부채를 차감한 후의 잔여지분"이다. 잔여지분은 기업의 소유주에게 귀속되기 때문에, 자본을 소유주 지분 혹은 주주지분이라고도 부른다. 지분(equity)이란 기업에 자금을 제공한 소유주와 채권자들이 갖게 되는 기업의 자산에 대한 청구권을 의미하는데, 채권자의 지분을 부채라고 부르고 소유주의 지분을 자본이라고 부른다. 자본은 주주들이 투자한 금액과 유보이익으로 구성된다.

④ 수익

일정 기간에 대한 기업의 경영성과는 포괄손익계산서에서 이익(profit)으로 요약되며, 이익은 수익에서 비용을 차감하여 계산한다.

수익(revenue)은 "자본의 증가를 가져오는 자산의 증가나 부채의 감소"를 말한다. 단, 자본청구권 보유자의 출자와 관련된 것은 제외한다. 재화의 판매나 서비스 제공으로 벌어들이는 매출액이 대표적인 수익이다.

광의의 개념으로 수익(income)은 협의의 수익(revenue)과 차익(gain)으로 구분하기도 한다. 수익(revenue)은 기업의 일반적인 영업활동에서 발생한 것으로서 매출액, 이자수익, 배당금수익, 임대료수익 등이 있으며, 차익(gain)은 기업의 일반적 영업활동 이외의 활동에서 발생하는 것으로서 유형자산의 처분에서 발생하는 처분이익과 금융자산의 평가로 인한 평가이익 등이 있다. 차익도 경제적 효익의 증가를 가져온다는 점에서는 협의의 수익과 차이가 없다.

⑤ 비용

수익을 얻기 위해서는 재화의 판매나 서비스의 제공 등이 이루어져야 한다. 이 과정에서 기업이 보유한 경제적 자원이 감소한다. 비용(expense)은 "자본의 감소를 가져오는 자산의 감소나 부채의 증가"를 말한다. 단, 자본청구권 보유자에 대한 분배와 관련된 것은 제외한다.

비용에는 협의의 비용과 차손이 포함된다. 협의의 비용은 기업의 일반적 영업활동에서 발생하며, 매출원가, 급여, 감가상각비, 임차료, 이자비용 등으로 구성된다. 이에 비하여 차손(loss)은 기업의 일반적 영업활동 이외의 활동에서 발생하는 것으로 유형자산 처분에서 발생하는 처분손실, 금융자산의 평가로 인한 평가손실 등이 있다. 차손도 경제적 효익의 감소를 초래한다는 점에서는 협의의 비용과 차이가 없다.

(3) 재무제표 요소의 인식과 측정

기업에서 일어나는 모든 거래나 사건을 기록할 수는 없다. 기업은 자산, 부채, 자본, 수익, 비용과 관련하여 발생한 일을 선별하여 금액으로 기록한다. 재무제표 요소의 정의에 부합하는 항목을 재무제표에 기록(계상)하는 것을 인식(recognition)이라고 하며, 재무제표 요소의 화폐금액을 결정하는 것을 측정(measurement)이라고 한다. 다시 말해, '인식과 측정'이란 특정 거래나 사건이 발생하면 이를 설명하는 계정명칭과 화폐액으로 기술하여 재무상태표(자산, 부채, 자본) 또는 포괄손익계산서(수익, 비용)에 포함시키는 과정을 의미한다.

거래 및 사건의 발생 ➡ 인식과 측정 ➡ 재무제표

제2절 수익 · 비용의 인식과 발생기준 회계

재무제표 요소의 정의에 근거하여 수익과 비용의 인식기준을 더 자세히 살펴보자.

2.1 수익 · 비용의 인식

수익은 기본적으로 자산의 증가 또는 부채의 감소와 동시에 인식된다. 예를 들어, 현금 100만원을 받고 상품을 판매하면 증가된 현금 100만원을 자산으로 인식하는 동시에 매출수익 100만원을 인식한다.

반대로 비용은 자산의 감소 또는 부채의 증가와 동시에 인식된다. 예를 들면, 차입금에 대한 이자 100만원을 현금으로 지급하면 지출된 현금 100만원을 자산의 감소로 인식하는 동시에 이자비용 100만원을 인식한다.

수익과 비용의 인식은 자산이나 부채의 변동과 연계되어 결과적으로 자본(=자산−부채)이 변동하게 된다. 즉, 수익의 발생으로 자본이 증가하는 반면에 비용의 발생으로 자본이 감소한다. 따라서 수익에서 비용을 차감한 순이익(포괄이익)은 회계기간 동안의 자본의 순변동을 나타낸다.

2.2 발생기준 회계

수익과 비용의 차이로 순이익이 측정되고 순이익만큼 소유주의 지분이 변동한다면, 수익과 비용은 언제 인식되어야 하는가? 개념체계에서는 기본적으로 수익이나 비용의 정의를 충족하면 인식하도록 요구하고 있다.[2] 이러한 기준은 곧 발생기준 회계를 가리킨다.

발생기준 회계(accrual basis of accounting)는 기업의 경제적 거래나 사건에 대해 관련된 수익과 비용을 그 현금유출입과 상관없이 당해 거래나 사건이 발생한 기간에 인식하는 회계절차를 말한다. 즉, 현금의 수입이 없더라도 재화가 판매(인도)되었거나 또는 용역이 제공되었을 때 수익을 인식한다. 또한 비용의 경우도 현금이 지출되지 않았더라도 수익 획득을 위해 발생되었다면 비용으로 인식한다.

한편 발생기준 회계에 상대되는 개념으로서 현금을 수취할 때 수익을 인식하고 현금을 지출할 때 비용을 인식하는 회계절차를 현금기준 회계(cash basis of accounting)라고 한다.

〈표 2-1〉 발생기준 회계와 현금기준 회계의 비교

인식시기	발생기준 회계	현금기준 회계
수익	재화가 인도되거나 또는 용역이 제공된 때	현금의 수입이 있을 때
비용	수익을 획득하기 위해 발생되었을 때	현금의 지출이 있을 때

아래의 예를 통해 두 개념의 차이점을 살펴보자.

예 서울택배(주)는 20×1년 4월에 거래처에 택배용역을 제공하였다. 택배기사에 대한 급여 ₩5,000은 즉시 현금으로 지급하였으나, 택배용역대금 ₩8,000은 다음 달인 20×1년 5월에 수취하였다.

2) 좀더 구체적으로 설명하면, 재무제표 요소(자산, 부채, 자본, 수익, 비용)의 정의를 충족하는 항목만이 재무제표에 인식될 수 있으며, 이들 항목을 재무제표 요소로 인식하는 것이 재무제표이용자들에게 유용한 정보를 제공(목적적합성과 표현충실성을 만족)하는 경우에만 인식한다.

위 거래에 대해 현금기준 회계와 발생기준 회계를 적용한 순이익은 다음과 같이 산출된다.

	현금기준 회계		발생기준 회계	
	20×1년 4월	20×1년 5월	20×1년 4월	20×1년 5월
수익	–	₩8,000	₩8,000	–
비용	₩5,000	–	5,000	–
순이익(손실)	₩(5,000)	₩8,000	₩3,000	–

현금기준 회계에서는 현금의 수입과 지출시점에 각각 수익과 비용을 인식하므로 20×1년 4월에는 ₩5,000의 순손실을, 5월에는 ₩8,000의 순이익을 보고한다. 하지만 현금수지와 관계없이 용역을 제공한 시점에 수익과 비용을 인식하는 발생주의 회계에서는 20×1년 4월에 ₩3,000의 순이익이 보고되는 한편 20×1년 5월의 순이익은 ₩0이다.

그럼 어느 방법에 따른 순이익 수치가 각 달의 경영성과를 잘 나타낸다고 볼 수 있는가? 택배용역이라는 수익창출활동이 4월에 있었음에도 오히려 ₩5,000의 순손실을 보고하고, 택배용역이 없었던 5월에는 ₩8,000의 순이익을 보고하는 현금주의 회계는 서울택배(주)의 매 기간별 경영성과를 제대로 보여주지 못한다고 할 것이다. 이에 비해, 택배용역의 제공시점을 기준으로 수익과 비용을 인식하는 발생주의 회계는 매 기간의 경영성과를 적절하게 보여주고 있다. 이렇듯, 발생기준을 적용하여 작성한 재무제표는 현금의 유출입을 수반한 과거의 거래뿐만 아니라 미래에 현금을 지급해야 하는 의무와 현금의 수취가 기대되는 자원에 대한 정보를 함께 제공함으로써 정보이용자의 의사결정에 가장 유용한 형태의 정보를 제공할 수 있다.

제3절 재무제표의 종류와 표시

재무제표(financial statements)는 기업에 관한 재무정보를 정보이용자에게 전달하는 핵심적 수단으로서 기업의 재무상황이나 경영성과 등을 알려주는 여러 가지 표와 추가적인 정보를 말한다. 제1절에서 논의한 바와 같이, 재무보고의 목적은 정보이용자(특히 투자자와 채권자)에게 기업의 재무상태, 경영성과 및 재무상태 변동에 관한 정보를 제공함으로써 그들의 경제적 의사결정에 도움을 주기 위한 것이다.

이러한 목적을 달성하기 위해 재무제표는 크게 재무상태표, 포괄손익계산서, 자본변동표, 현금흐름표 그리고 주석으로 구성된다. 재무상태표는 기업의 일정 시점에서의 재무상태를 보여주고, 포괄손익계산서는 일정 기간의 경영성과를 나타내며, 자본변동표는 일정 기간의 자본변동 내역을 포함하고, 현금흐름표는 일정 기간의 현금흐름에 관한 정보를 제공한다. 그리고 주석은 재무제표 본문에 표시된 항목에 대한 구체적인 설명이나 세분화된 정보 등을 말한다.

3.1 재무상태표

재무상태표(statement of financial position)는 특정 시점(회계기간 말) 현재 기업의 재무상태, 즉 자산(assets), 부채(liabilities), 자본(stockholders' equity)에 대한 정보를 제공하는 재무제표이다.

재무상태표의 기본구조는 다음과 같다.

[그림 2-3] 재무상태표의 기본구조

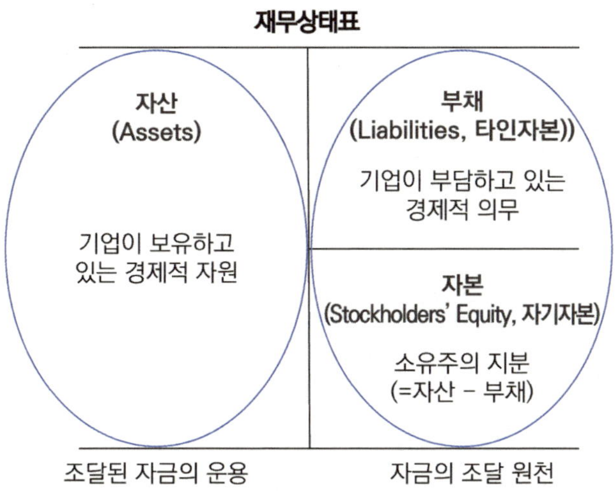

(1) 회계등식

재무상태표의 구조는 회계등식(accounting equation)에 의해 결정된다.

기업은 제품의 생산에 필요한 자금을 주주(소유주)와 채권자로부터 조달한 후, 그 자금으로 생산활동에 필요한 자원을 취득한다. 소유주와 채권자는 기업에 자금을 제공한 대가로 기업이 보유한 자원에 대한 청구권을 갖는다. 예를 들어, 서울중공업(주)는 소유주의 출자액 10억원과 금융기관 차입금 5억원으로 기업활동을 시작하였다고 가정하자. 회사는 이 15억원의 자금으로 공장설비를 12억원에, 원자재를 3억원에 각각 취득하였다. 이 경우 서울중공업(주)가 보유하고 있는 경제적 자원(자산)은 15억원(공장설비 12억원+원자재 3억원)이고, 이 자원에 대한 소유주의 청구권(자본)은 10억원, 채권자의 청구권(부채)은 5억원이다. 따라서 기업이 보유한 자원(자산)과 그 자원에 대한 청구권(부채 및 자본)은 각각 15억원으로서 그 크기가 동일하다. 즉 다음과 같은 등식이 성립한다.

	기업의 경제적 자원	=	경제적 자원에 대한 청구권		
		=	채권자 청구권	+	소유주 청구권
회계등식:	(자산)	=	(부채)	+	(자본)

위의 등식을 회계등식이라고 부른다. 재무상태표는 이러한 회계등식의 원리에 따라 등호의 왼편인 차변(debit)에 자산을, 오른편인 대변(credit)에 부채와 자본을 표시함으로써 기업의 재무상태에 관한 정보를 제공한다. 재무상태표는 차변과 대변이 균형을 이루고 있다는 점에서 대차대조표(balance sheet)라고도 부른다.

회계등식에서 중요한 것은 왼편의 자산합계액과 오른편의 부채 및 자본의 합계액은 항상 일치한다는 것이다. 따라서 자본을 기준으로 등식관계를 표현하면 다음과 같다.

자산합계 − 부채합계 = 자본합계

이 등식은 자산합계액에서 부채합계액을 차감하면 남은 금액이 자본합계액임을 보여주고 있다. 이러한 의미에서 자본은 '기업의 자산에서 부채를 차감한 잔여지분(residual equity)'으로 정의되며, 다른 표현으로 순자산(net asset)이라고도 부른다.

예제 2-1

다음은 강원상사(주)가 20×1년, 20×2년 및 20×3년 말에 보유한 자산, 부채 및 자본의 합계에 관한 자료이다.

	자산	부채	자본
20×1년 12월 31일	₩450,000	(①)	₩200,000
20×2년 12월 31일	570,000	270,000	(②)
20×3년 12월 31일	(③)	320,000	370,000

| 물음 |

(1) 회계등식의 원리를 이용하여 괄호 속의 ①, ②, ③에 알맞은 숫자를 각각 계산하라.

(2) 20×1년 12월 31일부터 20×2년 12월 31일까지(1년간) 변동한 자산, 부채, 자본의 변동금액을 각각 계산하라. 그리고 자산, 부채, 자본의 변동금액에 대해서도 회계등식이 성립함을 보여라.

| 풀이 |

(1) 회계등식의 원리에 의하여 괄호 속의 금액을 계산하면 다음과 같다.

자산 합계(₩450,000) = 부채 합계(①) + 자본 합계(₩200,000) → ① = ₩250,000
자산 합계(₩570,000) = 부채 합계(₩270,000) + 자본 합계(②) → ② = ₩300,000
자산 합계(③) = 부채 합계(₩320,000) + 자본 합계(₩370,000) → ③ = ₩690,000

(2) 20×1년 12월 31일부터 20×2년 12월 31일까지의 연간 변동금액

자산 변동금액 = ₩570,000 − ₩450,000 = ₩120,000
부채 변동금액 = ₩270,000 − ₩250,000 = ₩20,000
자본 변동금액 = ₩300,000 − ₩200,000 = ₩100,000
여기서 자산 변동금액(₩120,000) = 부채 변동금액(₩20,000) + 자본 변동금액(₩100,000)
따라서 회계등식 "자산 변동 = 부채 변동 + 자본 변동"이 성립한다.

마찬가지로, 20×2년 12월 31일부터 20×3년 12월 31일까지(1년간) 변동한 자산, 부채, 자본의 변동 금액에 대해서도 회계등식이 성립한다.

(2) 재무상태표에 표시되는 정보

재무상태표를 구성하는 재무제표 요소는 자산, 부채, 자본이고, 각 요소는 다시 여러 항목으로 세분되어 표시된다. 재무상태표의 일반적인 양식은 〈표 2-2〉와 같다.

〈표 2-2〉 재무상태표 양식

재무상태표			
OO회사	20×1년 12월 31일		(단위: 원)
자산		부채	
유동자산	×××	유동부채	×××
현금 및 현금성자산	×××	단기차입금	×××
단기금융상품	×××	매입채무	×××
매출채권	×××	미지급금	×××
미수금	×××	선수금	×××
대여금	×××	기타유동부채	×××
선급금	×××		
재고자산	×××	비유동부채	×××
기타유동자산	×××	사채	×××
		장기차입금	×××
비유동자산	×××	충당부채	×××
장기금융자산	×××	기타비유동부채	×××
관계기업투자	×××		
유형자산	×××	부채총계	×××
무형자산	×××		
기타비유동자산	×××	자본	
		자본금	×××
		주식발행초과금	×××
		이익잉여금	×××
		기타자본항목	×××
		자본총계	×××
자산총계	×××	부채 및 자본총계	×××

① 자산의 분류와 표시

자산을 재무상태표에 표시할 때는 원칙적으로 유동 · 비유동 구분법을 적용하여 유동자산과 비유동자산을 구분 표시한다. 유동(流動)이란 '흐른다'는 의미로서 회계에서는 빨리 현금화되는 것을 의미한다.

□ 유동자산

유동자산(current assets)은 재무상태표일(회계기말)로부터 12개월 이내 또는 정상적 영업주기(operating cycle)[3] 내에 현금화되거나 판매, 소비 또는 사용될 것으로 예상되는 자산을 가리킨다. 유동자산이 많으면 그만큼 1년 이내에 현금으로 들어올 수 있는 금액이 많다는 것을 의미한다. 〈표 2－2〉에서 보는 바와 같이, 유동자산에는 현금 및 현금성자산, 매출채권, 재고자산 등이 포함된다.

각 항목의 의의와 구체적인 회계처리는 후술하는 제6장부터 자세히 다뤄지겠지만, 여기서 미리 간략히 소개하면 다음과 같다.

- 현금 및 현금성자산(cash and cash equivalents)은 현금 및 현금과 크게 차이가 없는 자산으로서 보통예금, 당좌예금, 취득 당시 만기가 3개월 이내에 도래하는 금융상품 등을 말한다.
- 여유자금을 현금으로 보유하는 경우 이자가 발생하지 않기 때문에 기업은 여유자금을 금융기관 등에 예치한다. 단기금융상품(short-term financial instruments)은 결산일 현재 1년 이내에 만기가 도래하는 금융상품을 말한다.
- 기업간 거래는 대부분 현금결제가 아닌 외상거래(신용거래)로 이루어진다. 외상으로 물건을 판매하는 경우 그 대가로 대금을 받을 권리가 생기는데 이를 매출채권(trade receivables)이라고 한다. 매출채권은 다시 외상매출금과 받을어음으로 나뉘는데, 전자는 외상판매한 상품이나 용역에 대한 대금지급의 구두약속인 반면 후자는 서면약속이라는 차이가 있다. 참고로, 미수금(other receivables)은 기업의 주요 영업활동 이외의 거래에서 발생한 수취채권을 의미하며, 대여금(loans)은 기업이 제3자에게 현금을 일정 기간 빌려주고 추후에 상환받기로 한 채권을 가리킨다.
- 선급금(advance payments)은 기업이 상품, 원재료 등의 재고자산을 미래에 공급받기로 계약하고 매입대금을 미리 지급한 것이다.
- 재고자산(inventory)은 영업활동을 통해 판매하거나 생산과정에 투입할 목적으로 보유하는 자산으로서 상품, 제품, 원재료, 소모품 등을 말한다.

〈표 2－2〉에서 예시되지 않은 유동자산 항목으로는 미수수익과 선급비용이 있다. 이들 항목은 제4장에서 소개된다.

3) 기업의 영업주기는 영업활동을 위한 자산의 취득시점부터 그 자산이 현금이나 현금성자산으로 실현되는 시점까지 소요되는 기간을 의미한다.

□ 비유동자산

비유동자산(non-current assets)은 유동자산에 속하지 않는 자산항목으로서, 유동자산이 1년 이내 또는 영업주기 내에 현금화가 기대되는 자산을 의미한다면 비유동자산은 그 이후 기간에 실현될 자산을 의미한다. 장기금융자산, 관계기업투자, 유형자산, 무형자산 등이 포함된다.

- 장기금융자산(long-term financial assets)은 여유자금을 활용하여 수익을 얻거나 다른 기업에 대한 장기적 투자를 목적으로 보유하는 금융자산을 말한다. 장기성 예・적금, 장기보유 목적의 주식(지분증권)이나 채권 등이 대표적이다. 한편 타 기업의 주식을 보유하는 경우에는 의결권 행사를 통해 피투자기업의 의사결정에 관여할 수 있는데, 피투자기업의 경영의사결정에 유의한 영향력을 행사할 수 있을 정도로 많은 주식을 취득한 경우에는 해당 투자자산을 장기금융자산과 분리하여 관계기업투자(investments in associates)로 보고한다.
- 유형자산(tangible assets)은 영업활동에 장기간 사용할 목적으로 보유하는 물리적 형태가 있는 자산을 말한다. 유형자산의 예로는 토지, 건물, 기계장치, 차량운반구, 비품 등이 있다.
- 무형자산(intangible assets)은 물리적 형태는 없지만 식별 가능한 자산이며, 유형자산과 마찬가지로 기업활동에 장기간 사용할 수 있는 자산을 말한다. 무형자산의 예로는 산업재산권, 각종 라이선스(license), 개발비 등이 있다.

② 부채의 분류와 표시

부채도 자산과 마찬가지로 유동부채와 비유동부채로 구분 표시한다.

□ 유동부채

유동부채(current liabilities)는 재무상태표일(회계기말)로부터 12개월 이내 또는 정상적 영업주기 내에 결제하거나 소멸할 것으로 예상되는 부채를 가리키며, 단기차입금, 매입채무, 미지급금, 선수금 등이 포함된다.

- 차입금(loan payable)은 은행에서 빌려 온 대출금과 같이 이자를 부담하는 차입채무를 말하며, 회계기말로부터 1년 이내에 상환기일이 도래하면 단기차입금으로, 1년을 초과하면 장기차입금으로 분류한다.

- 매입채무(trade payables)는 재고자산을 외상으로 매입할 때 발생하는 외상매입금과 지급어음을 말한다. 또한 미지급금(other payables)은 재고자산 이외의 자산(예: 건물, 토지, 비품)을 외상으로 취득하고 아직 대금을 지급하지 않은 지급채무이다.
- 선수금(advance received)은 선급금과 반대 개념으로 기업이 재고자산 또는 용역을 미래에 제공하기로 약속하고 대금을 미리 받은 것이다.

〈표 2-2〉에서 예시되지 않은 유동부채의 항목으로는 미지급비용, 미지급법인세, 선수수익, 예수금, 유동성장기부채 등이 있다.

□ 비유동부채

비유동부채(non-current liabilities)는 유동부채에 속하지 않는 부채로서 사채, 장기차입금, 장기충당부채 등이 포함된다.

- 사채(bonds)는 기업이 증권시장에서 회사채를 발행함으로써 조달한 차입부채를 말한다.
- 장기충당부채(long-term provisions)는 기업이 과거 사건이나 거래의 결과에 의해 현재 부담하고 있는 의무로서, 미래에 지출시기 또는 지출금액이 불확실한 채무를 말한다. 장기충당부채의 예로는 제품보증충당부채, 지급보증충당부채 등이 있다.

③ 자본의 분류와 표시

재무상태표에서 자본은 크게 납입자본, 이익잉여금, 그리고 기타자본구성요소로 분류할 수 있다.[4)]

- 납입자본(paid-in capital)은 소유주가 기업에 납입한 금액을 말하며, 일반적으로 자본금과 주식발행초과금의 두 항목으로 나누어 표시된다. 자본금(share capital)은 소유주의 납입액 중 기업이 발행한 주식의 액면금액(par value)에 해당하는 부분을 의미하며, 주식발행초과금(paid-in capital in excess of par value)은 액면금액을 초과하여 납입한 금액을 말한다.

4) K-IFRS는 자본 내 각 항목의 정의나 분류 방법을 구체적으로 명시하고 있지 않다. 이에, 우리나라의 기업들은 여러 다양한 방법으로 자본을 구분표시하고 있다. 예를 들어, 삼성전자(주)는 자본을 '자본금, 주식발행초과금, 이익잉여금, 기타자본항목'으로 구분표시하고 있으며, 현대자동차(주)는 자본을 '자본금, 자본잉여금, 기타자본항목, 기타포괄손익누계액, 이익잉여금'으로 구분표시하고 있다. 보다 자세한 내용은 제10장에서 설명하기로 한다.

- 이익잉여금(retained earnings)은 기업이 수익창출활동을 통하여 벌어들인 당기순이익 중에서 배당 등으로 분배되지 않고 기업 내에 유보된 부분을 말한다.
- 기타자본구성요소(other components of equity)는 납입자본과 이익잉여금 이외의 자본항목으로서 기타포괄손익누계액이나 자본조정 등이 포함될 수 있다. 기타포괄손익누계액(accumulated other comprehensive income)은 당기순이익에 포함되지 않는 '기타포괄손익'의 누계액을 기록한 항목으로 재평가잉여금, 기타포괄손익-공정가치측정금융자산평가손익(FVOCI금융자산평가손익) 등을 말한다. 그리고 자본조정(capital adjustments)은 당해 항목의 성격상 주주와의 거래에 해당하지만, 납입자본으로 즉시 분류하기 어려운 항목이다. 예를 들면, 자기주식, 자기주식처분손실, 미교부 주식배당금 등이 해당된다.

예제 2-2

다음은 원주상사(주)가 20×1년 12월 31일 현재 보유하고 있는 자산, 부채, 자본항목을 나열한 것이다.

(단위: 원)

항목	금액	항목	금액
• 현금	₩40,000	• 상품	₩180,000
• 차량운반구	100,000	• 자본금	400,000
• 소모품	10,000	• 선수금	20,000
• 미지급금	20,000	• 단기차입금	140,000
• 매입채무	90,000	• 매출채권	100,000
• 장기차입금	250,000	• 토지	420,000
• 건물	400,000	• 이익잉여금	130,000
• 사채	160,000	• 미지급비용	40,000

| 물음 |

(1) 위의 자료에 의할 경우 20×1년 12월 31일의 자산 합계는 얼마인가?

(2) 위의 자료에 의할 경우 20×1년 12월 31일의 부채 합계는 얼마인가?

(3) 위의 자료에 의할 경우 20×1년 12월 31일의 자본 합계는 얼마인가?

(4) 위의 자료에 의할 경우 회계등식이 유지되는지를 보여라.

(5) 위의 자료에 의하여 20×1년 12월 31일의 재무상태표(유동 · 비유동 구분법 적용)를 작성하라.

| 풀이 |

(1) 자산 합계=현금(₩40,000)+상품(₩180,000)+차량운반구(₩100,000)+소모품(₩10,000)+매출채권(₩100,000)+토지(₩420,000)+건물(₩400,000)=₩1,250,000

(2) 부채 합계=선수금(₩20,000)+미지급금(₩20,000)+단기차입금(₩140,000)+매입채무(₩90,000)+장기차입금(₩250,000)+사채(₩160,000)+미지급비용(₩40,000)=₩720,000

(3) 자본 합계=자본금(₩400,000)+이익잉여금(₩130,000)=₩530,000

(4) 회계등식: 자산(₩1,250,000)=부채(₩720,000)+자본(₩530,000)

(5) 원주상사(주)의 20×1년도 재무상태표는 다음과 같다.

재무상태표

원주상사(주)		20×1년 12월 31일			(단위: 원)
자산			부채		
유동자산		₩330,000	유동부채		₩310,000
현금	₩40,000		단기차입금	₩140,000	
매출채권	100,000		매입채무	90,000	
상품	180,000		미지급금	20,000	
소모품	10,000		미지급비용	40,000	
비유동자산		920,000	선수금	20,000	
차량운반구	100,000		비유동부채		410,000
토지	420,000		사채	160,000	
건물	400,000		장기차입금	250,000	
			부채총계		720,000
			자본		
			자본금		400,000
			이익잉여금		130,000
			자본총계		530,000
자산총계		₩1,250,000	부채 및 자본총계		₩1,250,000

3.2 포괄손익계산서

포괄손익계산서(statement of comprehensive income)는 일정 기간(회계기간)의 기업의 경영성과를 보여주는 재무제표로서 기업의 수익성과 미래 현금흐름을 예측하는 데 유용한 정보를 제공한다. 앞서 설명한 바와 같이, 순이익(net income)은 일정 기간에 발생한 수익에서 비용을 차감한 잔액으로, 재무정보이용자들이 가장 많은 관심을 보이는 회계정보 중 하나이다.

포괄손익서의 기본 구조는 [그림 2-4]와 같다(가상의 수치를 사용하였다). 가장 기본이 되는 수익인 매출액에서 각종 비용(수익)을 차감(가산)하는 형태로 구성된다. 이 과정을 표로 정리한 것이 포괄손익계산서이다.

[그림 2-4] 포괄손익계산서의 기본 구조

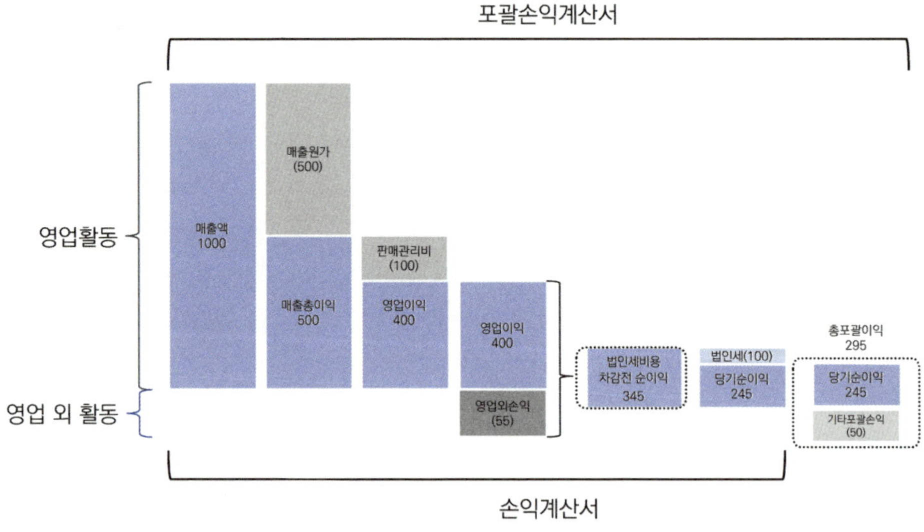

포괄손익계산서의 일반적인 양식(기능별)은 〈표 2-3〉과 같다.[5)]

5) 포괄손익계산서에서 비용항목은 성격별로 구분하여 표시하거나, 기능별로 구분하여 표시할 수 있다. 성격별 표시방법은 비용을 상품매입액, 종업원급여, 감가상각비 등의 성격별로 구분하여 표시하는 방법이며, 기능별 표시방법은 〈표 2-3〉과 같이 비용을 매출원가, 판매비, 일반관리비 등의 기능별로 표시하는 방법이다. 실무적으로는 기능별 표시방법이 널리 사용되고 있는 바, 본서에서는 기능별 표시방법에 따른 포괄손익계산서 양식을 소개하고 있다.

〈표 2-3〉 포괄손익계산서 양식

포괄손익계산서		
OO회사	20×1년 1월 1일부터 20×1년 12월 31일까지	(단위: 원)
매출액	×××	
매출원가	(×××)	
매출총이익	×××	
판매비	(×××)	
관리비	(×××)	
영업이익	×××	
기타수익	×××	
기타비용	(×××)	
금융수익	×××	
금융비용	(×××)	
법인세비용차감전순손익	×××	
법인세비용	(×××)	
당기순이익	×××	
기타포괄손익	×××	
총포괄이익	×××	

〈표 2-3〉과 같이, 포괄손익계산서는 다단계 형태로 표시한다. 먼저, 매출액(수익)에서 매출원가(비용)를 차감하여 매출총이익을 표시하고, 매출총이익에 판매비(물류비)와 관리비를 차감하여 영업이익을 표시한다.[6] 그런 다음 기타수익과 금융수익을 가산하고 기타비용과 금융비용을 차감하여 법인세비용차감전순이익을 표시한다. 법인세비용차감전순이익에서 법인세비용을 차감하면 당기순이익이 산출되고 마지막으로 기타포괄손익을 당기순이익에 가감하여 총포괄손익을 표시한다.

포괄손익계산서를 이처럼 다단계 형태로 작성하는 이유는 수익과 비용이 기업의 다양한 활동에서 발생하기 때문에 정보이용자들이 순이익의 발생원천을 용이하게 파악할 수 있도록 하기 위함이다. 포괄손익계산서를 구성하고 있는 주요 항목을 설명하면 다음과 같다.

6) 금융회사와 같이 영업의 특수성으로 인해 매출원가를 구분하기 어려운 경우에는 영업수익에서 영업비용을 차감하여 영업이익을 표시할 수 있다.

- 매출액(sales revenue)은 기업의 주된 영업활동에서 발생한 제품, 상품, 용역 등의 총매출액에서 매출할인과 매출환입 및 에누리를 차감한 금액이다. 매출원가(cost of sales)는 매출액에 대응되는 원가로서 판매된 제품이나 상품 등에 대한 제조원가 또는 매입원가이다.
- 판매비(selling expenses)와 관리비(administrative expenses)는 상품 등의 판매활동과 기업의 관리활동에서 발생하는 비용으로서 매출원가에 속하지 아니하는 영업성 비용을 총칭한다. 예를 들면, 종업원에 대한 급여, 감가상각비, 보험료, 임차료 등이 있다. 따라서 매출액(수익)에서 매출원가 및 판매비와 관리비를 차감한 영업이익(operating income)은 기업의 주된 영업활동에서 발생한 성과를 보여주는 지표가 된다.
- 기타수익(other income)과 기타비용(other expenses)은 기업의 주된 영업활동이 아닌 활동으로부터 발생한 차익과 차손을 말하며, 유형자산처분손익, 금융자산처분손익 등이 있다.
- 금융수익(financial income)은 기업이 여유자금을 운용함에 따라 발생한 이자수익, 배당금수익 등을 말하며, 반대로 금융비용(financial expenses)은 기업이 타인자본을 사용함에 따라 발생하는 이자비용 등을 말한다. 법인세비용(income tax expenses)은 기업의 이익에 부과되는 세금비용으로서 세전이익이 결정된 후에 법인세가 산출되므로 다른 손익항목과는 구분하여 표시된다. 매출액으로부터 법인세비용까지 수익과 비용을 가감한 잔여액은 당기순이익(net income)으로 표시되며, 이는 금번 회계기간의 경영성과를 가장 직접적으로 보여주는 이익지표이다.
- 기타포괄손익(other comprehensive income)은 회계기준상 당기순이익 산정에 포함하지 않는 손익으로서 유형자산에 대한 자산재평가잉여금, 장기금융상품에 대한 공정가치평가손익 등이 있다. 이러한 손익도 자본(순자산)의 변동을 가져오지만 기업의 경영활동과는 관련성이 낮으며 대부분 미실현손익이라는 점에서 당기순이익과 구별하여 표시하고 있다. 마지막으로, 당기순이익에 기타포괄손익을 가산한 총포괄이익(total comprehensive income)은 금번 회계기간 중에 발생한 자본(순자산)의 순증가를 의미한다.

예제 2-3

다음은 인천상사(주)의 20×1년에 발생한 수익과 비용 항목을 나열한 것이다.

(단위: 원)

매출액	₩400,000	매출원가	₩150,000	이자수익	₩10,000
종업원급여	60,000	소모품비	9,000	통신비	5,000
임차료비용	50,000	운송비	12,000	임대료수익	32,000
배당금수익	13,000	이자비용	20,000	감가상각비	20,000
보험료	8,000	광고선전비	12,000	법인세비용	16,000

| 물음 |

(1) 20×1년에 발생한 수익 합계는 얼마인가?

(2) 20×1년에 발생한 비용 합계는 얼마인가?

(3) 20×1년의 당기순이익은 얼마인가?

(4) 위의 자료에 의하여 20×1년의 포괄손익계산서를 작성하라.

| 풀이 |

(1) 수익 합계 = 매출액(₩400,000) + 이자수익(₩10,000) + 임대료수익(₩32,000)
+ 배당금수익(₩13,000) = ₩455,000

(2) 비용 합계 = 매출원가(₩150,000) + 종업원급여(₩60,000) + 소모품비(₩9,000)
+ 통신비(₩5,000) + 임차료비용(₩50,000) + 운송비(₩12,000) + 이자비용(₩20,000)
+ 감가상각비(₩20,000) + 보험료(₩8,000) + 광고선전비(₩12,000)
+ 법인세비용(₩16,000) = ₩362,000

(3) 당기순이익 = 수익 합계 − 비용 합계 = ₩455,000 − ₩362,000 = ₩93,000

(4) 인천상사(주)의 20×1년도 포괄손익계산서는 다음과 같다.

포괄손익계산서		
인천상사(주)	20×1년 1월 1일부터 20×1년 12월 31일까지	(단위: 원)
매출액		₩400,000
매출원가		(150,000)
매출총이익		250,000
판매비와 관리비		(176,000)
종업원급여	60,000	
소모품비	9,000	
통신비	5,000	
임차료비용	50,000	
운송비	12,000	
감가상각비	20,000	
보험료	8,000	
광고선전비	12,000	
영업이익		74,000
기타수익		32,000
임대료수익	32,000	
금융수익		23,000
배당수익	13,000	
이자수익	10,000	
금융비용		(20,000)
이자비용	20,000	
법인세비용차감전이익		109,000
법인세비용		(16,000)
당기순이익		93,000
기타포괄이익		0
총포괄이익		₩93,000

3.3 자본변동표

주주는 재무정보의 주된 이용자이다. 이들은 자본에 대한 청구권이 있으므로 자본의 변동에 많은 관심을 가진다. 자본변동표(statement of changes in equity)는 일정 기간(회계기간) 동안 발생한 자본(소유주 지분)의 변동내역을 표시하는 재무제표이다. 자본변동표는 자본의 각 구성요소인 납입자본, 이익잉여금, 기타포괄손익누계액, 기타자본항목 등에 대하여 기초잔액이 얼마였는지, 어떠한 이유로 기중에 변동하였는지, 그 결과 기말잔액은 얼마인지를 일목요연하게 보여준다.

자본변동표의 일반적인 양식은 〈표 2-4〉와 같다.

〈표 2-4〉 자본변동표 양식

자본변동표

○○회사 20×1년 1월 1일부터 20×2년 12월 31일까지 (단위: 원)

구분	자본금	주식발행초과금	이익잉여금	기타포괄손익누계액	기타자본항목	총계
20×1. 1. 1(기초잔액)	×××	×××	×××	×××	×××	×××
연차배당			(×××)			(×××)
유상증자	×××	×××				×××
자기주식처분					×××	×××
당기순이익			×××			×××
기타포괄손실				(×××)		(×××)
20×1. 12. 31(기말잔액)	×××	×××	×××	×××	×××	×××

자본변동표에 대한 보다 자세한 내용은 제10장 제6절에서 다시 설명하기로 한다.

3.4 현금흐름표

전통적으로 기업은 재무상태표와 포괄손익계산서를 주요 재무제표로 작성하여 왔다. 재무상태표는 일정 시점의 재무상태 정보를 제공하는 한편 포괄손익계산서는 일정 기간 동안의 경영성과 정보를 제공한다. 하지만 이들 재무제표는 기업의 현금흐름에 관한 직접적인 정보를 제공하지 못한다.

현금흐름표(statement of cash flows)는 일정 기간(회계기간) 동안 기업의 현금유입액과 현금유출액에 대한 재무정보를 제공하는 재무제표이다. 현금흐름표는 기업의 경영활동을 영업활동, 투자활동, 재무활동의 세 가지로 구분하여 각 활동별 현금유입과 사용 내역을 제공하는데, 이로써 정보이용자들은 기업의 현금흐름정보뿐만 아니라 미래의 현금창출능력과 채무이행능력을 평가하는 데 유용한 정보를 얻을 수 있다. 현금흐름표의 기본적인 구조는 〈표 2-5〉와 같다.

〈표 2-5〉 현금흐름표 양식

현금흐름표		
○○회사 20×1년 1월 1일부터 20×1년 12월 31일까지 (단위: 원)		
Ⅰ. 영업활동 현금흐름		×××
1. 현금유입액	×××	
2. 현금유출액	×××	
Ⅱ. 투자활동 현금흐름		×××
1. 현금유입액	×××	
2. 현금유출액	×××	
Ⅲ. 재무활동 현금흐름		×××
1. 현금유입액	×××	
2. 현금유출액	×××	
Ⅳ. 현금의 증가(감소)(Ⅰ+Ⅱ+Ⅲ)		×××
Ⅴ. 기초의 현금		×××
Ⅵ. 기말의 현금(Ⅳ+Ⅴ)		×××

현금흐름표의 작성방법 등의 보다 구체적인 내용은 제12장에서 설명하기로 한다.

3.5 재무제표에 대한 주석

지금까지 소개한 재무제표(본문)는 정리된 표의 형태로 되어 있다. 기본적으로 양적 정보만을 요약하여 제공하므로 중요한 정보를 모두 공시하지 못하는 제약이 있다. 주석(footnotes)은 재무제표에 표시되는 항목에 관한 추가적인 설명이나 금액의 세부내역, 재무제표에 표시되지 않는 항목에 관한 계량적 또는 비계량적 정보 등을 서술식 혹은 도표 형식으로 기술한 것을 말한다. 주석은 재무제표 본문 다음에 별지로 첨부되지만, 재무제표 본문의 내용을 이해하는 데 필요하므로 재무제표의 일부로 간주된다.

주석을 통해 공시되는 정보의 예는 다음과 같다.

- 재무제표가 한국채택국제회계기준을 준수하였다는 사실

- 기업이 재무제표 작성에 적용한 주요 회계정책(예: 재고자산 매매기록방법)
- 재무제표 본문에 표시된 항목에 대한 보충정보(예: 재고자산 세부항목별 내역)
- 우발부채와 재무제표에서 인식하지 않은 계약상 약정사항
- 비재무적 공시항목(예: 기업의 재무위험 관리목적과 정책)

제4절 재무제표의 연계관계

재무상태표는 특정 시점의 재무상태를 나타내는 재무제표이다. 이에 비해 포괄손익계산서는 일정 기간의 경영성과를 표시하는 재무제표이고, 현금흐름표는 일정 기간의 현금유·출입을 보여주는 재무제표이며, 자본변동표는 일정 기간의 자본항목의 변동내역을 설명하는 재무제표이다. 재무상태표는 기초와 기말이라는 특정 시점에서 기업이 보유하고 있는 자원의 저량(貯量, stock)을 표시하는 반면, 다른 세 가지 재무제표는 일정 기간을 단위로 측정된 자원의 유량(流量, flow)을 표시한다. 저량은 쌓여 있는 양, 유량은 흐른 양을 의미한다. 예를 들면 20×1년 1월 1일에 현금이 얼마나 있는지는 저량에 해당하고, 20×1년 1월 1일부터 1월 31일 사이에 얼마만큼의 현금을 벌어들였는지는 유량에 해당된다.

이러한 상이한 성격의 네 가지 재무제표는 상호 간의 연계성(articulation)을 가지고 있다. 다시 말해서 재무제표는 각각 일정한 재무항목을 연결 고리로 하여 서로 긴밀한 관계를 맺고 있다. 예를 들어, 기초 재무상태표의 자본에 자본변동표의 자본 순증가를 가산한 금액이 기말 재무상태표의 자본과 일치한다. 또한 자본변동표에서 자본 증가의 주요 원천이 되는 순이익(포괄이익)은 포괄손익계산서에 표시되어 있다. 여기에 추가적으로 자본을 증가시키는 요소인 주주의 추가출자와 자본을 감소시키는 주주에 대한 배당을 고려하면, 기초자본과 기말자본의 관계는 다음과 같이 표현할 수 있다.

기초자본	+	포괄이익	+	추가출자	−	배당	=	기말자본
⇑		⇑		⇑		⇑		⇑
기초시점의 재무상태표		포괄 손익계산서		자본변동표		자본변동표		기말시점의 재무상태표

재무제표의 연계성을 포괄적으로 요약하면 [그림 2-5]와 같다.

[그림 2-5] 재무제표의 연계관계

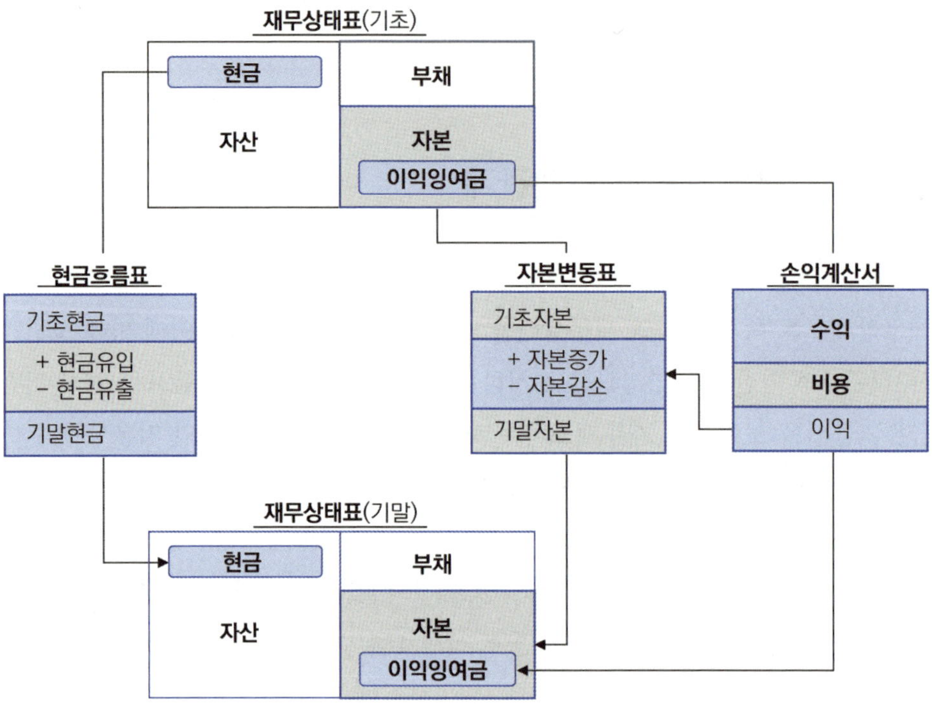

제5절 개별재무제표와 연결재무제표

지금까지 논의한 재무제표는 기업이 자신만을 하나의 독립된 경제실체로 간주하여 작성하는 개별재무제표이다. 그런데 기업이 다른 기업의 지분(주식)을 취득하는 경우에는 그 기업의 경영에 참여할 수 있는 의결권이 생긴다. 의결권은 보유지분에 비례하므로 투자기업이 피투자기업의 지분을 얼마나 취득했는지에 따라 피투자회사의 의사결정에 미칠 수 있는 영향의 크기도 다르다. 만약 한 기업이 다른 기업의 지분을 매우 높은 비율로 보유하고 있어서 단독으로 의사결정을 수행할 수 있는 경우라면, 법적으로는 서로 다른 기업이지만 경제적으로는 사실상 하나의 기업으로 볼 수 있다. 따라서 기업이 다른 기업을 지배(control)하고 있는 경우에는 피지배기업의 재무정보를 포함한 연결재무제표를 작성·공시하여야 한다. K-IFRS는 연결재무제표를 주된 재무제표로 규정하고 있다.

연결재무제표(consolidated financial statements)는 지배기업이 지배·종속관계에 있는 모든 기업들을 하나의 경제적 실체(economic entity)로 간주하여 작성하는 재무제표이다. 예를 들어, [그림 2-6]과 같이, 대한(주)와 서울(주)는 서로 다른 기업이지만 대한(주)가 서울(주) 발행주식 중 60%를 취득함으로써 서울(주)에 대한 지배력을 보유하고 있다면, 대한(주)는 자신의 재무제표와 서울(주)의 재무제표를 결합하여 연결재무제표를 작성한 후 이를 주된 재무제표로 외부에 공시하는 것이다. 이때 종속기업을 보유한 대한(주)가 종속기업을 제외한 자신만의 재무제표를 작성하면 이를 별도재무제표라고 하고, 서울(주)와 같이 종속기업이 없는 기업이 자신만의 재무제표를 작성하면 이를 개별재무제표라고 부른다.

[그림 2-6] 개별재무제표와 연결재무제표

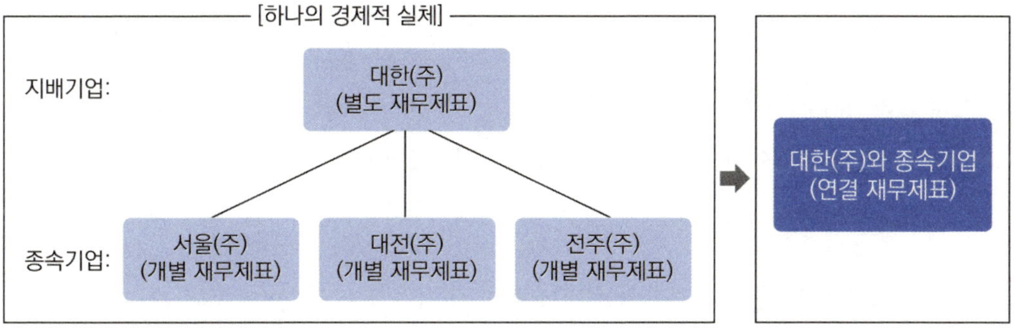

연결재무제표의 구체적인 내용과 작성방법은 고급회계 교재를 참고하기 바란다.

익힘문제

1. 재무보고의 목적을 설명하라.

2. 근본적 질적 특성의 구성요소를 설명하라.

3. 보강적 질적 특성의 구성요소를 설명하라.

4. 재무제표 작성의 기본 전제로 계속기업 가정이 있다. 이를 설명하라.

5. 재무제표를 구성하는 5가지 요소를 설명하라.

6. 발생기준 회계를 설명하라. 그리고 현금기준 회계와의 차이를 설명하라.

7. 재무상태표와 포괄손익계산서를 설명하라.

8. 재무상태표 작성원리는 회계등식에 근거를 두고 있다. 회계등식은 무엇인지 설명하라.

9. 유동자산과 유동부채를 설명하라.

10. 매출총이익, 영업이익, 당기순이익, 총포괄이익을 설명하라.

11. 재무제표 주석을 설명하라.

12. 개별재무제표와 연결재무제표를 설명하라.

연습문제

2-1 기본개념의 이해

아래 문장이 맞으면 O, 틀리면 ×를 표시하라.

(1) 재무보고의 목적은 현재 및 잠재적 투자자, 대여자 및 기타 채권자가 기업에 자원을 제공하는 것에 대한 의사결정을 하는 데 유용한 재무정보를 제공하는 것이다. ( )

(2) 재무정보의 질적 특성은 크게 근본적 질적 특성과 보강적 질적 특성으로 구분된다. ( )

(3) 보강적 질적 특성으로는 비교가능성, 검증가능성, 적시성, 그리고 충실한 표현이 있다. ( )

(4) 어떠한 정보가 근본적으로 목적적합하지 않거나 충실하게 표현되지 않았더라도 보강적 질적 특성만으로도 그 정보를 유용하게 만들 수 있다. ( )

(5) 계속기업의 가정이란 '기업이 영구적으로 영업을 계속할 것이라는 가정'을 의미한다. ( )

(6) 회계적 자산으로 분류되기 위해서는 법적 소유권이 필수적이다. ( )

(7) 자산합계액은 부채합계액에 자본합계액을 가산한 금액과 동일하다. ( )

(8) 과거 거래나 사건이 발생되지 않았더라도 자산이나 부채가 될 수 있다. ( )

(9) 수익은 자본의 증가를 가져오는 자산의 증가나 부채의 감소이다. ( )

(10) 재무제표 요소의 정의에 부합하는 항목을 재무제표에 기록(계상)하는 것을 측정이라 한다. ( )

(11) 발생기준 회계는 기업의 경제적 거래나 사건에 대해 관련된 수익과 비용을 그 현금유출입과 상관없이 당해 거래나 사건이 발생한 기간에 인식하는 회계절차를 말한다. ( )

(12) 포괄손익계산서는 일정 기간 동안의 기업의 경영성과를 나타내며, 재무상태표는 일정 시점 현재 기업의 재무상태를 나타낸다. ( )

(13) 비유동자산은 재무상태표일(회계기말)로부터 12개월 또는 정상적 영업주기 이내에 현금화되거나 판매 · 소비할 의도가 있는 자산을 말한다. ( )

(14) 자본변동표는 일정 기간 동안 발생한 자본의 변동내역을 표시하는 재무제표이고, 현금흐름표는 일정 기간 동안 기업의 현금유입액과 현금유출액에 대한 재무정보를 제공하는 재무제표이다. ( )

(15) 연결재무제표는 지배기업이 지배 · 종속관계에 있는 모든 기업들을 하나의 경제적 실체로 간주하여 작성하는 재무제표이다. ( )

2-2 유용한 회계정보의 질적 속성

다음 문항은 재무회계 정보의 질적 속성을 설명한 것이다. 해당하는 속성을 〈보기〉에서 골라 쓰시오.

〈보기〉

(a) 목적적합성	(b) 표현의 충실성	(c) 비교가능성
(d) 검증가능성	(e) 적시성	(f) 이해가능성

(1) 정보이용자가 항목 간의 유사점과 차이점을 식별하고 이해할 수 있게 하는 질적 특성이다.
(2) 의사결정에 미치는 영향력이 소멸되기 전에 정보이용자가 이용 가능하도록 제때에 제공해야 한다.
(3) 정보이용자가 어떤 재무정보에 의거하여 의사결정한 것이 그 재무정보 없이 의사결정한 것과 차이가 있어야 한다.
(4) 재무정보가 유용하기 위해서는 그 정보가 기업과 관련하여 발생한 모든 경제적 사건을 중립적인 시각에서 오류 없이 충실하게 표현해야 한다는 것이다.
(5) 정보이용자가 쉽게 이해할 수 있도록 정보를 제공한다면 유용성이 높아진다.
(6) 서로 독립적인 측정자가 동일한 방법을 적용하여 측정할 경우 유사한 결과를 얻을 수 있어야 한다.

2-3 재무제표의 요소

다음 문항은 재무제표 요소에 관한 설명이다. 해당하는 요소를 〈보기〉에서 골라 쓰시오.

〈보기〉

(a) 자산	(b) 부채	(c) 자본	(d) 수익	(e) 비용

(1) 기업의 자산에서 모든 부채를 차감한 후의 잔여 지분이다.
(2) 과거사건의 결과로 기업이 통제하는 현재의 경제적자원이다.
(3) 자본의 감소를 가져오는 자산의 감소나 부채의 증가로서, 자본청구권 보유자에 대한 분배와 관련된 것은 제외된다.
(4) 과거사건의 결과로 기업의 경제적자원을 이전해야 하는 현재의무이다.
(5) 자본의 증가를 가져오는 자산의 증가나 부채의 감소로서, 자본청구권 보유자의 출자와 관련된 것은 제외된다.

2-4 재무제표의 종류

다음 문항은 재무제표 요소에 관한 설명이다. 해당하는 요소를 〈보기〉에서 골라 쓰시오.

〈보기〉

(a) 재무상태표 (b) 포괄손익계산서 (c) 자본변동표 (d) 현금흐름표 (e) 주석

(1) 기업의 일정 기간의 경영성과를 보여 주는 재무제표이다.
(2) 기업의 일정 기간의 현금흐름에 관한 정보를 제공하는 재무제표이다.
(3) 재무제표에 표시된 항목에 대한 구체적인 설명이나 세분화된 정보 등을 표시하는 재무제표의 구성요소이다.
(4) 기업의 일정 시점에서의 재무상태를 보여 주는 재무제표이다.
(5) 기업의 일정 기간의 자본변동 내역을 보여 주는 재무제표이다.

2-5 회계등식(Ⅰ)

다음은 각기 다른 세 개 기업의 자료를 세로로 열거한 것이다.

	서울(주)	부천(주)	성남(주)
현금	₩20,000	₩25,000	₩100,000
매출채권	(①)	350,000	600,000
상품	200,000	500,000	350,000
기계장치	500,000	350,000	1,200,000
매입채무	250,000	150,000	450,000
장기차입금	300,000	400,000	(③)
자본금	500,000	(②)	1,000,000

| 물음 | 회계등식의 원리에 따라 위의 빈칸에 알맞은 금액을 기입하라.

2-6 회계등식(Ⅱ)

| 물음 | 회계등식의 원리에 따라 아래의 빈칸에 알맞은 금액을 기입하라.

	자산	부채	자본
안양전자(주)	400,000	200,000	(①)
수원전자(주)	(②)	300,000	250,000
성남전자(주)	375,000	(③)	210,000

2-7 재무제표

다음 자료는 원주(주)의 20×1년도와 20×2년도의 포괄손익계산서와 재무상태표이다.

(단위: 원)

		20×1년	20×2년
〈포괄손익계산서〉	수익	₩42,300	₩58,400
	비용	28,900	(②)
	당기순이익	(①)	29,800
〈재무상태표〉	자산	62,400	(④)
	부채	17,200	20,100
	자본	(③)	60,600

| 물음 | 빈칸에 알맞은 수치를 기입하라.

2-8 자산, 부채, 자본 요소의 구분

다음 자료는 부산상사(주)가 20×1년 12월 31일 현재 보유하고 있는 재무항목들이다.

현금	₩31,400	자본금	( )	매입채무	₩57,200
이익잉여금	250,800	미지급비용	42,800	장기차입금	154,000
토지	150,000	비품	14,200	건물	300,000
매출채권	67,200	상품	32,000	차량운반구	210,000

| 물음 |

(1) 위의 자료를 사용하여 자산, 부채, 자본 합계를 각각 계산하라.

(2) 회계등식에 의할 경우, 부산상사(주)의 자본금은 얼마인가?

(3) 위의 자료를 사용하여 재무상태표를 작성하라.

2-9 재무상태표의 작성

다음은 안양상사(주)의 20X1년 자료이다.

미지급운임	30,000	자본금	50,000
현금	150,000	단기금융자산	10,000
차량운반구	40,000	미지급법인세	25,000
건물	100,000	퇴직급여채무	110,000
미지급급여	120,000	상품	20,000
기계장치	80,000	토지	55,000
이익잉여금	50,000	단기차입금	60,000
외상매출금	60,000	장기차입금	70,000

| 물음 |

(1) 위의 자료를 사용하여 자산, 부채, 자본 합계를 각각 계산하라.

(2) 위의 자료를 사용하여 재무상태표를 작성하라.

2-10 수익과 비용의 구분(I)

울산플라자(주)의 20×1년 9월 1일부터 9월 30일까지의 수익과 비용에 관한 재무자료는 다음과 같다.

용역수익	₩327,000	원재료비	₩98,200
종업원급여	43,400	통신비	9,700
광고선전비	37,200	운송비	22,400
임차료	19,000	감가상각비	50,000
이자수익	11,420	이자비용	17,280
법인세비용	10,000	유형자산처분이익	17,300

| 물음 |

(1) 20×1년 9월에 발생한 수익 합계는 얼마인가?

(2) 20×1년 9월에 발생한 비용 합계는 얼마인가?

(3) 20×1년 9월의 당기순이익은 얼마인가?

위의 자료에 의하여 20×1년 9월의 포괄손익계산서를 작성하라.

2-11 수익과 비용의 구분(II)

안양시멘트(주)의 20×1년 1월 1일부터 12월 31일까지의 수익과 비용에 관한 재무자료는 다음과 같다.

시멘트판매수익	₩300,000	근로비용	₩20,000	매출원가	₩140,000
이자비용	30,000	이자수익	50,000	세금과공과	10,000
보험료	15,000	광고선전비	20,000	유형자산처분손실	21,000

| 물음 |

(1) 20×1년에 발생한 수익은 총 얼마인가?

(2) 20×1년에 발생한 비용은 총 얼마인가?

(3) 20×1년에 발생한 당기순이익은 총 얼마인가?

2-12 유동과 비유동 구분

다음은 재무상태표 항목들이다.

〈보기〉

현금 및 현금성자산	단기금융상품	선급금	이익잉여금
무형자산	장기차입금	매입채무	유형자산
재고자산	선수금	장기충당부채	매출채권

| 물음 |

(1) 위의 보기 중에서 유동자산을 골라라.

(2) 위의 보기 중에서 유동부채를 골라라.

2-13 재무제표의 연계성(I)

아래 제시된 물음은 상호 간 독립적이다.

| 물음 |

(1) 기초자본이 ₩1,000,000, 총수익이 ₩2,500,000, 총비용이 ₩1,950,000이면 기말자본은 얼마인가?

(2) 총수익이 ₩1,500,000, 총비용이 ₩1,750,000, 기말자본이 ₩600,000이면, 기초자본은 얼마인가?

(3) 기초자본이 ₩2,000,000, 당기순이익이 ₩1,200,000, 배당금 지급액이 ₩700,000이면 기말자본은 얼마인가?

(4) 기초자본이 ₩1,500,000, 당기순이익이 ₩350,000, 주주 추가출자액이 ₩500,000이면 기말자본은 얼마인가?

(5) 기초자본이 ₩1,080,000, 총수익이 ₩750,000, 총비용이 ₩830,000, 주주 추가출자액이 ₩360,000이면 기말자본은 얼마인가?

(6) 기초자본이 ₩700,000, 총수익이 ₩600,000, 총비용이 ₩400,000, 주주 추가출자액이 ₩300,000, 배당금 지급액이 ₩120,000이면 기말자본은 얼마인가?

(7) 기초자산이 ₩500,000, 기초자본이 ₩200,000이며 기중 부채만 ₩150,000 증가하였고 자산은 ₩300,000 증가하였다면 기말부채와 기말자본은 얼마인가?

2-14 재무제표의 연계성(Ⅱ)

다음은 각기 다른 세 개 기업의 자료를 가로로 열거한 것이다. (단위: 천원)

회사명	기초자산	기초부채	기말자산	기말부채	총수익	총비용	배당금
충주(주)	₩6,400	₩4,600	₩6,800	①	₩3,500	₩1,900	₩300
청주(주)	②	3,000	8,200	3,400	4,000	2,600	500
성남(주)	6,800	3,200	3,500	2,200	③	4,200	0

| 물음 |

위 표의 빈칸에 적합한 금액을 기입하라.

제2부

회계순환

제3장
거래의 기록

본 장에서는 회계순환과정의 첫 단계인 거래를 기록하는 방법에 대해 살펴본다. 거래가 발생하면 먼저 그 거래가 회계거래인지 여부를 확인하는 단계가 필요하다. 왜냐하면 우리가 일상적으로 알고 있는 거래 중에는 회계거래가 될 수 없는 것이 존재하기 때문이다. 다음 회계거래로 판단된 사항을 장부에 기록하기 위해서는 거래의 최초 분석에 해당하는 분개(journal entry)를 실시하고, 그 다음 단계로 계정과목별 기록절차인 전기(posting)가 필요하다. 본 장에서는 회계거래의 본질과 구체적인 기록방법으로서 분개와 전기를 설명하고, 최종 재무제표를 작성하는 과정은 제4장에서 다루기로 한다.

거래의 기록

- 거래의 정의와 식별
  - 회계거래의 정의
  - 거래의 식별
  - 거래의 유형
- 거래의 분석과 기록
  - 단식부기와 복식부기
  - 거래의 이중성
  - 거래의 효과분석과 기록
- 계정
  - 의의와 구조
  - 계정 기록방법
- 분개와 전기
  - 분개와 분개장
  - 전기와 원장

제1절 거래의 정의와 식별

1.1 회계거래의 정의

제1장에서 우리는 회계를 '기업의 재무상태와 경영성과에 관한 정보를 제공하기 위하여 기업의 활동에 관한 거래나 기타 사건을 측정하여 보고하는 정보시스템'으로 정의하였다. 이에 따르면, 회계의 가장 기본적인 측정대상은 기업에서 발생한 거래(transactions)나 기타 사건이다.

다만 우리가 일상적으로 사용하고 있는 거래의 의미와 회계거래는 다소간 차이가 있다. 우리가 일상적으로 사용하는 거래는 여러 경제주체들 사이에 이루어지는 재화나 용역의 매매 혹은 계약행위이다. 이에 비해, 회계거래(accounting transactions)는 '기업의 재무상태와 경영성과에 영향을 미치는 경제적 사건'으로 정의된다. 여기서 재무상태는 일정 시점의 자산, 부채, 자본의 크기와 구성을 의미하고, 경영성과는 일정 기간 발생한 수익과 비용의 차이인 이익을 의미한다. 그런데 이익은 기업의 자본을 증가시키는 원천 중 하나이므로, 회계거래는 '기업의 자산, 부채 또는 자본에 영향을 미치는 경제적 사건'으로 정의할 수 있다.

기업의 자산, 부채, 자본 중 하나 이상의 변동을 초래하는 경제적 사건에는 기업이 수행하는 재화나 용역의 매매행위뿐만 아니라 기업이 통제할 수 없는 외부환경의 변화도 포함된다. 예를 들어, 화재나 자연재해가 발생하면 자산이 멸실되거나 손상되기도 한다. 또한 급격한 기술발달로 보유하는 자산이 진부화되면 자산가치가 하락할 수도 있다. 이러한 기업 외부환경의 변화는 일상적 거래는 아니지만 자산, 부채, 자본의 변동을 초래하므로 회계거래에 포함된다. 또한 기업이 보유하는 자산은 사용을 통해서도 그 가치가 감소할 수 있다. 건물, 기계장치 등의 유형자산은 기업의 영업활동에 사용됨에 따라 노후화되고 마모되어 잠재적인 경제적 효익이 감소한다. 일정 기간 동안 유형자산을 사용하여 수익을 창출함에 따라 이에 대응하여 감소하는 경제적 효익을 비용으로 인식하는 것을 감가상각(depreciation)이라고 부르는데, 감가상각은 재화와 용역의 매매행위는 아니지만 기업의 자산 및 자본에 영향을 미치기 때문에 회계거래에 포함된다.

한편 회계에서는 기업 상호 간 혹은 기업과 개인 간에 이루어지는 재화나 용역의 매매 및 계약행위라 하더라도 이를 전부 회계거래로 보지는 않는다. 예를 들어, 재화를 구매하기 위해 주문을 내는 행위는 일상적 거래로 간주할 수 있지만 회계거래는 아니다. 왜냐하면, 아직 구매가 이루어지지 않은 상태에서는 기업의 재무상태와 경영성과에 아무런 영향을 미치지 않기 때문이다.[1)]

이렇게 본다면 일상적 거래가 아닌 경제적 사건이 회계거래가 될 수 있는 반면(예를 들어, 감가상각, 자산의 평가손실 등), 일상적 거래 중에서 회계거래가 될 수 없는 경우(예를 들어, 미이행계약 등)도 있다. 따라서 회계의 측정대상인 회계거래는 다음과 같이 요약할 수 있다.

> 회계거래: 기업의 재무상태(자산, 부채, 자본 중 하나 이상)에 변동을 초래하면서, 그 변동의 크기를 화폐액으로 측정할 수 있는 경제적 거래와 사건

1.2 거래의 식별

어떤 경제적 사건이 회계거래가 될 수 있는지의 여부를 선별하는 것을 거래의 식별(identification)이라고 한다. 결론적으로 자산, 부채 또는 자본의 변동을 초래하는 경제적 사건만이 회계거래로 식별된다.

경제적 사건이 재무제표에 기록되기 위해서는 그 경제적 사건으로 인해 새로 나타나는 재무항목(예를 들어, 매출채권, 상품, 토지, 건물 등)이 재무제표 요소(자산, 부채, 자본, 수익, 비용)의 정의를 충족해야 한다. 즉, 경제적 사건에 수반된 특정 재무항목이 재무제표 요소의 정의를 충족하면 그것을 화폐단위로 측정한 후 적절한 과목을 부여하여 재무제표에 반영하는 것이다.

1) 계약당사자가 상호 이행해야 할 의무를 아직 이행하지 않은 상태의 계약을 미이행계약(executory contracts)이라고 부른다. 계약이 미이행상태에 있을 때는 그 계약상의 권리와 의무를 재무제표에 표시하지 않는다. 다만 그 계약이 취소불능계약이어서 의무를 이행하지 않을 경우 상당한 위약금을 지급해야 한다면 미래에 자산 및 부채 변동에 영향을 줄 수 있기 때문에 회계거래로 분류하는 경우도 있다.

1.3 거래의 유형

회계거래는 여러 구분기준에 따라 다양하게 나뉠 수 있지만, 일반적으로 그 거래가 수익・비용 발생을 수반하는지 여부에 따라 다음의 세 가지로 분류한다.

첫째, 손익거래는 수익・비용의 발생과정을 거쳐 자산, 부채 또는 자본에 변동을 가져오는 거래이다. 손익거래의 예로는 급여의 지급, 감가상각비의 인식, 예금이자의 수입 등이 있다. 둘째, 교환거래는 수익・비용의 발생 없이 자산, 부채 또는 자본에 직접적인 변동을 가져오는 거래이다. 교환거래의 예로는 기계장치의 현금 구입, 은행 차입, 차입금의 만기상환 등이 있다. 마지막으로, 혼합거래는 위 두 가지 거래가 동시에 발생하는 거래이다. 혼합거래의 예로는 상품의 판매, 유형자산의 폐기 등이 있다.

제2절 거래의 분석과 기록

2.1 단식부기와 복식부기

거래를 식별한 다음에는 그것을 회계장부에 기록해야 한다. 거래를 회계장부에 기록하는 것을 기장(또는 부기, bookkeeping)이라 하는데, 기장방법에는 단식부기와 복식부기가 있다.

단식부기는 초보적인 기장방식으로서 대부분의 거래가 현금의 수입이나 지출로 이루어지는 가정이나 소규모 비영리단체에서 주로 사용한다. 단식부기(single-entry bookkeeping system)는 현금출납장 등과 같은 장부에 거래를 발생순서에 따라 단순하게 기록해 나가는 방법이다.

복식부기(double-entry bookkeeping system)는 거래의 이중성과 회계등식을 이용하여, 단일의 거래를 이중(즉, 차변과 대변)으로 기록하는 방법이다. 여기서 차변(debtor 또는 debit, Dr.)은 장부의 왼쪽을 의미하고 대변(creditor 또는 credit, Cr.)은 장부의 오른쪽을 가리킨다.

복식부기는 거래의 이중성과 회계등식을 이용하기 때문에 장부기록의 오류를 예방하거나 쉽게 찾아낼 수 있도록 해 준다. 이를 복식부기의 자기검증기능(self-control function)이라고 하는데, 이 때문에 복식부기는 다른 어느 기록방법보다 더 우수한 것으로 평가되며 오늘날 대부분의 기업, 관공서, 대규모 비영리단체가 사용하고 있다.

2.2 거래의 이중성

복식부기는 거래의 이중성과 회계등식 등을 이용하여 거래를 분석하고, 그 분석 결과를 차변과 대변에 이중으로 기록하는 방법이다. 합계가 같은 금액을 차변과 대변에 기입하므로 차변금액과 대변금액의 합은 항상 일치하게 된다.

자산, 부채 또는 자본의 변동을 가져오는 회계거래는 항상 그 거래의 원인에 해당하는 요소와 거래의 결과에 해당하는 요소를 동시에 가지고 있다. 예를 들어, 상품 ₩10,000을 외상으로 매입한 거래를 분석해 보면, 상품의 매입이라는 '자산의 증가' 요소(원인)와 외상매입금의 발생이라는 '부채의 증가' 요소(결과)가 동시에 포함되어 있다. 이러한 거래의 속성을 거래의 이중성(duality of transactions)이라고 한다.

① 상품 ₩10,000을 외상으로 매입하다.

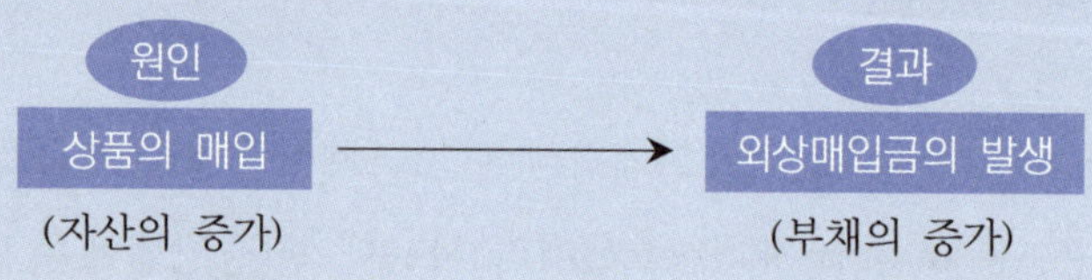

이제 ₩10,000에 사들인 상품을 ₩12,000에 현금으로 판매한 거래를 분석해 보자. 여기에는 상품의 판매라는 '자산의 감소' 요소(원인) 및 상품판매이익이라는 '수익의 발생' 요소(원인)와 동시에 현금의 수입이라는 '자산의 증가' 요소(결과)가 포함되어 있다.

② 상품 ₩10,000을 ₩12,000에 현금으로 판매하다.

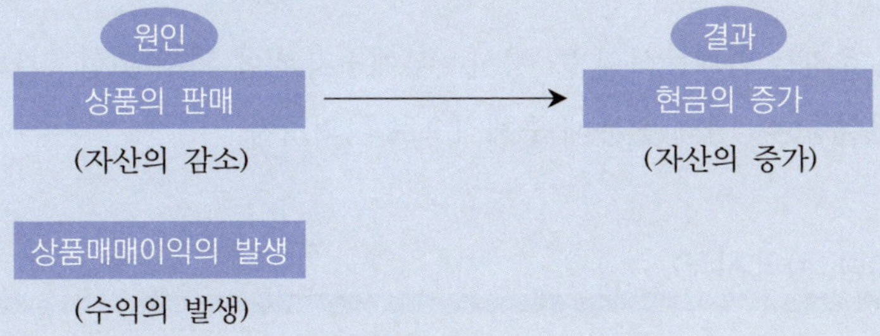

거래의 원인과 결과가 재무제표에 영향을 주는 경우의 수를 따져보면, [그림 3－1]과 같이 8가지가 있다. 이를 거래의 8요소라 한다.

[그림 3-1] 거래의 8요소와 그들의 결합관계

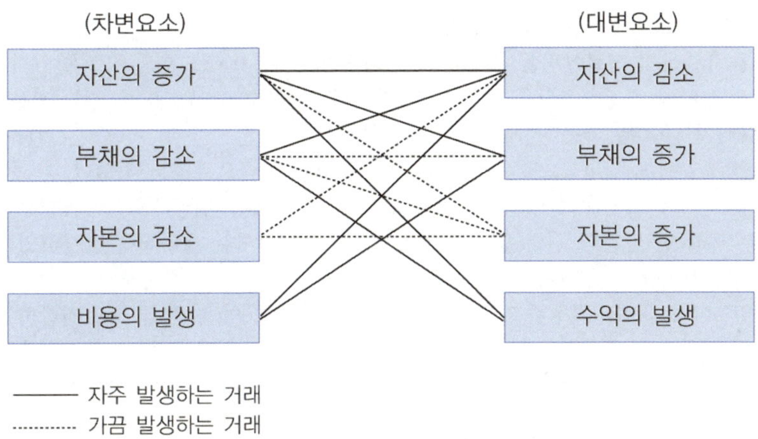

[그림 3－1]에서 각 차변요소는 여러 대변요소와 결합될 수 있고, 각 대변요소는 여러 차변요소와 결합될 수 있다. 예를 들어, 차변에서 자산이 증가할 때 동일한 금액으로 차변의 다른 자산이 감소하거나, 대변에서 부채나 자본이 증가하거나, 수익이 발생하면 거래효과가 반영되기 전 · 후에 걸쳐 차변금액과 대변금액이 일치한다. 이렇게 거래의 이중성과 회계등식을 활용한 방법이 바로 복식부기이다.

복식부기는 거래가 발생하면 거래의 이중성을 활용하여 그것의 원인요소와 결과요소를 장부에 동시에, 이중으로, 동일한 금액으로 기록하기 때문에 장부기록의 오류를 쉽게 찾아낼 수 있다.

2.3 거래의 효과분석과 기록

회계거래의 효과는 회계등식의 틀 '자산=부채+자본'에 의해 분석・기록될 수 있다. 다음의 서울컨설팅(주) 사례를 통해 구체적으로 살펴보자.

〈서울컨설팅(주)의 사례〉

서울컨설팅(주)은 경영컨설팅을 제공하기 위한 목적으로 20×1년 4월 1일에 설립되었다. 설립 후 4월 한 달 동안 발생한 거래는 다음과 같다.

① 4월 1일: 주주들이 현금 ₩10,000을 출자하여 서울컨설팅(주)을 설립하였다.
② 4월 2일: 사무실 임차계약을 맺고 3개월분의 임차료 ₩6,000을 미리 지급하였다. 또한 매월 급여 ₩7,000을 지급하는 조건으로 컨설턴트 2명을 채용하였다.
③ 4월 5일: 사무용소모품 ₩1,000어치를 외상으로 구입하였다.
④ 4월 6일: 거래은행에서 연 7.3%의 이자율로 ₩10,000을 차입하였다. 차입금 원금과 이자는 3개월 후인 7월 5일에 상환할 예정이다.
⑤ 4월 15일: J사에 경영컨설팅을 제공하고 컨설팅보수 ₩5,000을 현금으로 받았다.
⑥ 4월 20일: H사에 경영컨설팅을 제공하였으며, 컨설팅보수 ₩10,000 중 ₩3,000은 현금으로 받고, 나머지 금액은 다음 달에 받기로 하였다.
⑦ 4월 25일: 5일에 구입한 소모품 외상대금 ₩1,000을 현금으로 지급하였다.
⑧ 4월 27일: 컨설턴트에 대한 4월 한 달간의 급여 ₩7,000을 현금으로 지급하였다.
⑨ 4월 30일: 4월 한 달간의 전력 및 수도사용료 ₩1,800에 대한 청구서를 수령하였다. 납부기한은 다음 달 15일까지이다.
⑩ 4월 30일: 이익배당을 결정하고 주주들에게 배당금 ₩2,000을 현금으로 지급하였다.

그러면 각 거래의 효과를 분석하고 회계등식을 이용하여 기록해 보자.

거래 ① 주주의 출자

4월 1일: 주주들이 현금 ₩10,000을 출자하여 서울컨설팅(주)을 설립하였다.

주주들이 서울컨설팅(주)라는 기업의 계좌에 현금을 입금하여 서울컨설팅(주)의 현금(자산) ₩10,000이 증가하였다. 서울컨설팅(주)에 들어온 현금은 주주들이 출자한 것이므로, 서울컨설팅(주)는 자본금(자본) ₩10,000의 증가로 기록한다. 여기서 중요한 개념은 서울컨설팅(주) 주주들과 서울컨설팅(주)라는 기업실체(entity)는 별개라는 것이다.[2] 회사의 자본을 증가시킨 원천이 영업활동으로부터의 수익이 아니라 주주들의 투자(출자)이므로 이 거래가 자본에 미치는 효과를 자본금(납입자본)으로 분류한다.

	자산	=	부채	+	자본
	현금				자본금
거래 전	₩0				₩0
	+10,000	=			+10,000
거래 후	₩10,000	=			₩10,000

위와 같이 거래의 효과를 반영하면 회계등식의 양쪽은 각각 ₩10,000으로서 등식관계가 성립한다.

거래 ② 사무실 임차 및 종업원 채용

4월 2일: 사무실 임차계약을 맺고 3개월분의 임차료 ₩6,000을 미리 지급하였다.
또한 매월 급여 ₩7,000을 지급하는 조건으로 컨설턴트 2명을 채용하였다.

사무실 임차계약을 맺고 3개월분의 임차료를 지급하면서 현금(자산)이 ₩6,000 감소한다. 동시에 향후 3개월 동안 사무실을 사용할 수 있는 권리를 얻었으므로 선급비용(자산)이 ₩6,000 증가한다. 이처럼 미래의 비용(임차료비용)을 미리 지급한 것을 선급비용(또는 선급임차료)이라고 하며, 대가를 지급하고 권리를 산 것이므로 자산항목에 속한다.

하지만 컨설턴트를 2명을 채용한 것은 아직 회계거래가 아니다. 고용계약 그 자체는 서울컨설팅(주)의 자산, 부채, 자본에 영향을 미치지 않았기 때문이다. 컨설턴트가 실제로 일을 하여 회사가 이들에게 급여를 지급해야 할 의무(부채)가 발생하거나 급여를 지급할 때 자산, 부채, 자본에 영향이 있을 것이다.

	자산		=	부채	+	자본
	현금	선급비용				자본금
거래 전	₩10,000	₩0				₩10,000
	−6,000	+6,000	=			
거래 후	₩4,000	₩6,000	=			₩10,000

2) 법인(法人, legal person, legal entity)은 실제 사람(자연인)은 아니지만 법이 인정하여 사람처럼 권리를 가지고 의무를 부담할 수 있는 존재이다. 법인은 사람과 마찬가지로 법적으로 독립적인 존재이며, 따라서 법인과 투자자는 별개의 경제주체이다.

위 거래에서는 자산 내의 두 항목인 현금과 선급비용만 영향을 주고받았다. 자산의 합계액은 여전히 ₩10,000이므로 대변의 합계액인 ₩10,000과 회계등식을 유지하고 있다.

거래 ③ 사무용소모품의 외상구입

4월 5일: 사무용소모품 ₩1,000어치를 외상으로 구입하였다.

사무용소모품을 구입하였으므로 소모품(자산)이 ₩1,000 증가한다. 또한 소모품을 구입한 대금은 추후에 지급해야 하므로 미지급금(부채)이 ₩1,000 증가한다. 그 결과, 자산의 합계액은 ₩11,000이 되고 부채와 자본의 합계액도 ₩11,000이 되어 회계등식이 여전히 유지된다.

	자산			=	부채	+	자본
	현금	선급비용	소모품		미지급금		자본금
거래 전	₩4,000	₩6,000	₩0	=	₩0		₩10,000
			+1,000	=	+1,000		
거래 후	₩4,000	₩6,000	₩1,000	=	₩1,000		₩10,000

거래 ④ 단기차입금의 차입

4월 6일: 거래은행에서 연 7.3%의 이자율로 ₩10,000을 차입하였다. 차입금 원금과 이자는 3개월 후인 7월 5일에 상환할 예정이다.

거래은행으로부터 자금을 차입하였으므로 현금(자산)이 ₩10,000 증가한다. 차입한 금액은 3개월 후에 상환해야 하므로 단기차입금(부채)이 ₩10,000이 증가한다. 이 거래로 인해 자산(현금)과 부채(단기차입금) 항목이 각각 ₩10,000씩 증가하였으며, 회계등식의 양쪽은 ₩21,000으로 균형을 유지하고 있다.

	자산			=	부채		+	자본
	현금	선급비용	소모품		미지급금	단기차입금		자본금
거래 전	₩4,000	₩6,000	₩1,000	=	₩1,000	₩0		₩10,000
	+10,000			=		+10,000		
거래 후	₩14,000	₩6,000	₩1,000	=	₩1,000	₩10,000		₩10,000

거래 ⑤ 컨설팅용역의 제공과 현금수취

4월 15일: J사에 경영컨설팅을 제공하고 컨설팅보수 ₩5,000을 현금으로 받았다.

위 거래는 서울컨설팅(주)의 주요 수익창출활동을 보고하고 있다. 컨설팅용역을 제공하고 현금을 받았으므로 현금(자산)이 ₩5,000 증가한다. 또한 증가한 자산은 소유주가 청구권을 가지므로 이익잉여금(자본)이 ₩5,000 증가한다. 결과적으로 회계등식의 양쪽은 ₩26,000으로 균형을 유지한다.

	자산			=	부채		+	자본	
	현금	선급비용	소모품		미지급금	단기차입금		자본금	이익잉여금
거래 전	₩14,000	₩6,000	₩1,000	=	₩1,000	₩10,000		₩10,000	₩0
	+5,000			=					+5,000
거래 후	₩19,000	₩6,000	₩1,000	=	₩1,000	₩10,000		₩10,000	₩5,000

제2장 3절에서 설명한 바와 같이, 수익과 비용은 포괄손익계산서에 기록되고 수익에서 비용을 차감한 순이익이 이익잉여금에 누적된다. 본 절에서는 거래의 효과를 회계등식의 구조를 이용하여 직접 기록하고 있으므로 수익과 비용의 발생을 이익잉여금에 반영하고 있다.

거래 ⑥ 컨설팅용역의 외상제공

4월 20일: H사에 경영컨설팅을 제공하였으며, 컨설팅보수 ₩10,000 중 ₩3,000은 현금으로 받고, 나머지 금액은 다음 달에 받기로 하였다.

컨설팅용역을 제공하여 수익이 발생하였으므로 이익잉여금(자본)이 ₩10,000 증가한다. 용역대금 중 ₩3,000은 현금으로 받았으므로 현금(자산)이 ₩3,000 증가하고, 잔액 ₩7,000은 다음 달에 받기로 하였으므로 매출채권(자산)이 ₩7,000 증가한다.

	자산				=	부채		+	자본	
	현금	매출채권	선급비용	소모품		미지급금	단기차입금		자본금	이익잉여금
거래 전	₩19,000	₩0	₩6,000	₩1,000	=	₩1,000	₩10,000		₩10,000	₩5,000
	+3,000	+7,000			=					+10,000
거래 후	₩22,000	₩7,000	₩6,000	₩1,000	=	₩1,000	₩10,000		₩10,000	₩15,000

⑤와 동일하게, 이 거래도 서울컨설팅(주)의 주요 수익창출활동이다. 다만 용역대가 중 일부(₩7,000)를 아직 현금으로 받지 않았을 뿐이다. 컨설팅용역을 제공한 대가로서 다음 달에 ₩7,000을 받을 권리가 생겼으므로 발생기준 회계에 따라 용역대가 ₩10,000을 모두 수익으로 인식하고 외상대금 ₩7,000은 자산(매출채권)으로 인식한다. 즉, 수익의 발생으로 자산(현금과 매출채권)이 ₩10,000 증가하고 자본(이익잉여금)이 ₩10,000 증가하여 회계등식의 양변은 모두 ₩36,000이 된다.

거래 ⑦ 미지급금의 지급

4월 25일: 5일에 구입한 소모품 외상대금 ₩1,000을 현금으로 지급하였다.

외상대금을 현금으로 지급하였으므로 현금(자산)이 ₩1,000 감소하고, 미지급금(부채) ₩1,000이 감소한다. 그 결과 자산의 합계액은 ₩35,000이 되고 부채와 자본의 합계액도 ₩35,000이 되어 회계등식이 유지된다.

	자산				=	부채		+	자본	
	현금	매출채권	선급비용	소모품		미지급금	단기차입금		자본금	이익잉여금
거래 전	₩22,000	₩7,000	₩6,000	₩1,000	=	₩1,000	₩10,000		₩10,000	₩15,000
	−1,000				=	−1,000				
거래 후	₩21,000	₩7,000	₩6,000	₩1,000	=	₩0	₩10,000		₩10,000	₩15,000

거래 ⑧ 종업원급여의 지급

4월 25일: 컨설턴트에 대한 4월 한 달간의 급여 ₩7,000을 현금으로 지급하였다.

종업원급여를 현금으로 지급하였으므로 현금(자산)이 ₩7,000 감소하고, 종업원에게 지급한 급여는 비용항목이므로 이익잉여금(자본)이 ₩7,000 감소한다. 그 결과 회계등식의 양변은 각각 ₩28,000이 된다.

	자산				=	부채	+	자본	
	현금	매출채권	선급비용	소모품		단기차입금		자본금	이익잉여금
거래 전	₩21,000	₩7,000	₩6,000	₩1,000	=	₩10,000		₩10,000	₩15,000
	−7,000				=				−7,000
거래 후	₩14,000	₩7,000	₩6,000	₩1,000	=	₩10,000	=	₩10,000	₩8,000

거래 ⑨ 미지급비용의 발생

4월 30일: 4월 한 달간의 전력 및 수도사용료 ₩1,800에 대한 청구서를 수령하였다. 납부기한은 다음 달 15일까지이다.

위 거래는 서울컨설팅(주)이 4월의 전력・수도 사용량에 대한 요금청구서를 받은 거래이다. 4월의 사용량에 대한 요금이므로 발생기준 회계에 따라 4월의 비용으로 인식한다. 따라서 이익잉여금(자본)이 ₩1,800 감소한다. 또한 회사는 5월 15일까지 요금을 납부해야 할 의무가 있으므로 부채를 인식한다. 즉 미지급비용(부채)이 ₩1,800 증가한다. 이처럼 발생한 비용이지만 아직 지급하지 않은 경우의 의무를 미지급비용이라고 한다.

위 거래는 자산항목에는 아무런 영향을 미치지 않는 한편 부채(미지급비용)를 ₩1,800 증가시키고 자본(이익잉여금)을 ₩1,800 감소시킴으로써 회계등식을 유지하고 있다.

	자산				=	부채		+	자본	
	현금	매출채권	선급비용	소모품		단기차입금	미지급비용		자본금	이익잉여금
거래 전	₩14,000	₩7,000	₩6,000	₩1,000	=	₩10,000	₩0		₩10,000	₩8,000
					=		+1,800			−1,800
거래 후	₩14,000	₩7,000	₩6,000	₩1,000	=	₩10,000	₩1,800		₩10,000	₩6,200

거래 ⑩ 배당금의 지급

4월 30일: 이익배당을 결정하고 주주들에게 배당금 ₩2,000을 현금으로 지급하였다.

이익배당을 실시하였으므로 이익잉여금(자본)이 ₩2,000 감소하고, 현금을 지급하였으므로 현금(자산)이 ₩2,000 감소한다.

	자산				=	부채		+	자본	
	현금	매출채권	선급비용	소모품		단기차입금	미지급비용		자본금	이익잉여금
거래 전	₩14,000	₩7,000	₩6,000	₩1,000	=	₩10,000	₩1,800		₩10,000	₩6,200
	−2,000				=					−2,000
거래 후	₩12,000	₩7,000	₩6,000	₩1,000	=	₩10,000	₩1,800		₩10,000	₩4,200

주주에 대한 배당금의 지급은 주주에 의한 출자와는 반대로 자산(현금)의 감소와 함께 자본(이익잉여금)의 감소가 발생한다. 배당(dividends)은 기업이 벌어들인 순이익을 소유주에게 다시 분배하는 것으로서 비용이 아니다. 따라서 배당은 포괄손익계산서를 거치지 않고 자본(이익잉여금)을 직접 감소시킨다.

위 거래를 통해 자산(현금)과 자본(이익잉여금)이 각각 ₩2,000 감소하였으며, 회계등식의 양변은 각각 ₩26,000으로 등식관계가 유지되고 있다.

〈표 3－1〉은 위에서 분석한 10개의 거래가 서울컨설팅(주)의 자산, 부채, 자본에 미친 효과를 요약하여 보여주고 있다. 표에서 보는 바와 같이, 각 거래의 누적효과를 모두 반영한 이후에도 여전히 회계등식이 성립되고 있음을 알 수 있다.

〈표 3-1〉 거래의 분석과 기록 요약

	자산				=	부채			+	자본	
거래	현금	매출채권	선급비용	소모품		미지급금	단기차입금	미지급비용		자본금	이익잉여금
월초	₩0	₩0	₩0	₩0		₩0	₩0	₩0		₩0	₩0
①	+10,000									+10,000	
②	−6,000		+6,000								
③				+1,000		+1,000					
④	+10,000						+10,000				
⑤	+5,000										+5,000
⑥	+3,000	+7,000									+10,000
⑦	−1,000					−1,000					
⑧	−7,000										−7,000
⑨								+1,800			−1,800
⑩	−2,000										−2,000
월말	₩12,000	₩7,000	₩6,000	₩1,000		₩0	₩10,000	₩1,800		₩10,000	₩4,200

₩26,000 (자산) — 균형유지 — ₩26,000 (부채 + 자본)

회계등식을 이용한 거래의 기록은 각 거래가 기업의 자산, 부채, 자본에 미친 개별적 및 누적적 효과를 파악하는 데 유용하다. 그러나 거래의 수가 많거나 거래로 인해 영향을 받는 재무항목의 수가 많은 경우에는 이 기록방법은 매우 불편하다. 거래의 수가 많은 경우에는 거래분석표가 여러 쪽(page)에 걸쳐 나타나며, 재무항목의 수가 많은 경우에는 그것을 전부 하나의 행에 나열하기가 어렵다. 또한 이 기록방법은 개별 재무항목의 잔액을 파악하기는 쉽지만 일정 기간 증가(감소)총액이나 증감 원인을 파악하기는 어렵다. 특히 포괄손익계산서를 작성하려면 이익잉여금을 증감시킨 모든 거래를 각각의 수익과 비용항목으로 구분해야 하는데 이는 매우 불편하고 시간도 많이 소요된다. 따라서 보다 효율적으로 거래를 기록할 수 있는 방법을 강구하는 것이 필요한데, 이는 계정(accounts)이라는 계산 및 기록 수단을 이용함으로써 해결할 수 있다.

제3절 계정

3.1 의의와 구조

회계거래가 발생하면 기업의 자산, 부채, 자본이 변동한다. 회계기간 중에 발생하는 수많은 거래가 기업의 자산, 부채, 자본에 미치는 효과를 체계적으로 기록하기 위해서는 자산, 부채, 자본, 수익, 비용을 구성하는 세부항목별로 계산단위가 필요하다. 이 계산단위를 회계에서는 계정(accounts)이라고 부른다.

계정(accounts)은 자산, 부채, 자본, 수익, 비용의 세부항목별로 그 증가 · 감소를 기록하는 계산단위이다.

앞 절의 거래기록에서 나타난 현금, 매출채권, 미지급금, 단기차입금, 자본금, 이익잉여금 등이 바로 계정이다. 〈표 3－1〉에서 보는 바와 같이, 현금, 매출채권, 선급비용, 소모품은 자산에 속하는 계정이며, 미지급금, 단기차입금, 미지급비용은 부채에 속하는 계정이고, 자본금과 이익잉여금은 자본에 속하는 계정이다.

계정은 크게 계정과목, 차변, 대변이라는 세 가지 요소로 구성되어 있다. 계정과목(title of account)은 계정의 명칭을 나타내며, 차변(debit, debtor, Dr.)은 계정의 왼쪽을, 그리고 대변(credit, creditor, Cr.)은 계정의 오른쪽을 지칭하는 회계용어이다. 계정의 형식을 약식(略式)과 표준식으로 표시하면 [그림 3－2]와 같다.

[그림 3-2] T-계정(약식계정)과 표준식 계정

〈T-계정〉

계정과목

차변 (Debit, Dr.) (왼쪽)	대변 (Credit, Cr.) (오른쪽)

〈표준식 계정〉

계정과목 계정번호: xx

일자		설명	분면	차변	대변

약식계정은 계정과목, 차변 및 대변을 "T"자 형태의 선으로 구분하여 표시하기 때문에 T-계정이라고 불리며, 일반적으로 학교 교육에서 활용된다. 이에 비해, 표준식 계정은 일자, 설명, 분면(分面), 금액 등을 기록하는 난(column)을 가지고 있다. 설명란에는 거래의 내용을 간략하게 서술하고, 분면란에는 이 거래가 기록된 분개장의 쪽(page) 수가 기재된다.

3.2 계정 기록방법

거래의 효과를 계정에 기록하는 방법을 살펴보자. 먼저, [그림 3-3]은 서울컨설팅(주)에서 발생한 20×1년 4월 중 현금 수지내역을 T-계정으로 옮긴 사례이다.

[그림 3-3] 계정 기록의 예시: 현금계정

현금 수입 · 지출내역

① 4월 1일	₩10,000
② 4월 2일	-6,000
④ 4월 6일	+10,000
⑤ 4월 15일	+5,000
⑥ 4월 20일	+3,000
⑦ 4월 25일	-1,000
⑧ 4월 27일	-7,000
⑩ 4월 30일	-2,000
	₩12,000

⇨

[계정 기록의 예]

현금

(차변)		(대변)	
① 4월 1일	10,000	② 4월 2일	6,000
④ 4월 6일	10,000	⑦ 4월 25일	1,000
⑤ 4월 15일	5,000	⑧ 4월 27일	7,000
⑥ 4월 20일	3,000	⑩ 4월 30일	2,000
잔액	12,000		

회계등식(자산=부채+자본)에서 자산은 등식의 왼쪽에, 부채와 자본은 등식의 오른쪽에 표시된다. 이러한 회계등식의 구조를 그대로 활용하여, 자산항목인 현금계정에서 현금의 증가는 왼쪽(차변)에 기록한다. 다만 현금의 감소는 현금계정의 왼쪽(차변)에 음(−)의 수치로 기록하지 않고 반대편인 오른쪽에 양(+)의 수치로 기록한다. 복식부기에서는 일반적으로 음(−)의 수치는 기록하지 않는다. 계정의 차변(대변)에 음의 수치를 기록해야 할 경우에는 그 대신에 반대편인 대변(차변)에 양의 수치로 기록한다.

그러면 현금계정의 차변합계액은 현금의 증가액을 나타내고, 대변합계액은 현금의 감소액을 나타내며, 이들의 차액인 차변잔액은 기말시점의 현금잔액을 표시하게 된다.

이와 같이, 현금을 포함한 자산은 계정의 차변에 해당 자산의 증가를 기록하고 대변에 해당 자산의 감소를 기록한다. 반대로 부채와 자본은 해당 항목의 증가를 대변에 기록하고 해당 항목의 감소를 차변에 기록한다. 수익은 자본의 증가요소이고 비용은 자본의 감소요소이기 때문에, 수익의 발생은 자본의 증가와 동일한 대변에, 비용의 발생은 자본의 감소와 동일한 차변에 기입한다.

위와 같은 방식으로 자산계정, 부채계정, 자본계정, 수익계정, 비용계정의 증감을 기록하는 방식을 계정기록 법칙이라 한다. 계정기록 법칙을 그림으로 표현하면 [그림 3-4]와 같다.

[그림 3-4] 계정기록 법칙의 요약

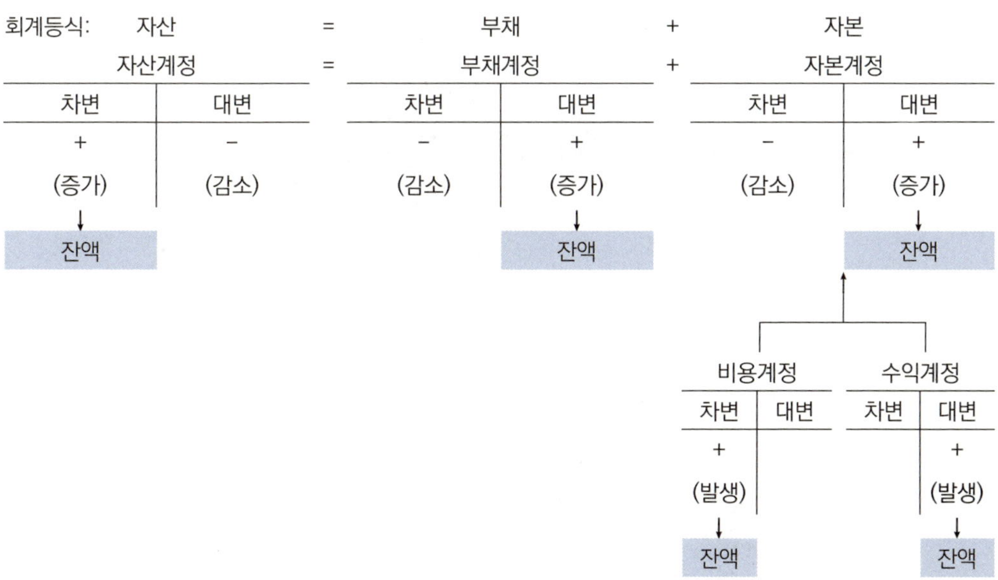

각 계정의 차변기입액과 대변기입액은 서로 반대의 의미를 가지므로 어느 시점에서든 차변기입액 합계와 대변기입액 합계의 '차이'는 그 계정의 잔액을 의미한다. 그리고 자산계정의 잔액은 차변에, 그리고 부채계정과 자본계정의 잔액은 대변에 나타난다. 마찬가지로 수익계정의 잔액은 대변에, 비용계정의 잔액은 차변에 나타난다.

각 계정과 재무제표의 연결관계는 [그림 3−5]와 같다. 회계기간 말에 재무상태표의 차변에는 자산계정의 잔액이, 대변에는 부채계정과 자본계정의 잔액이 표시된다. 마찬가지로 수익은 포괄손익계산서의 대변에, 비용은 포괄손익계산서의 차변에 표시된다. 수익에서 비용을 차감한 잔액인 순이익은 포괄손익계산서의 대변에 나타나며 재무상태표의 자본(이익잉여금)으로 전환된다.

[그림 3-5] 계정과 재무제표의 연결관계

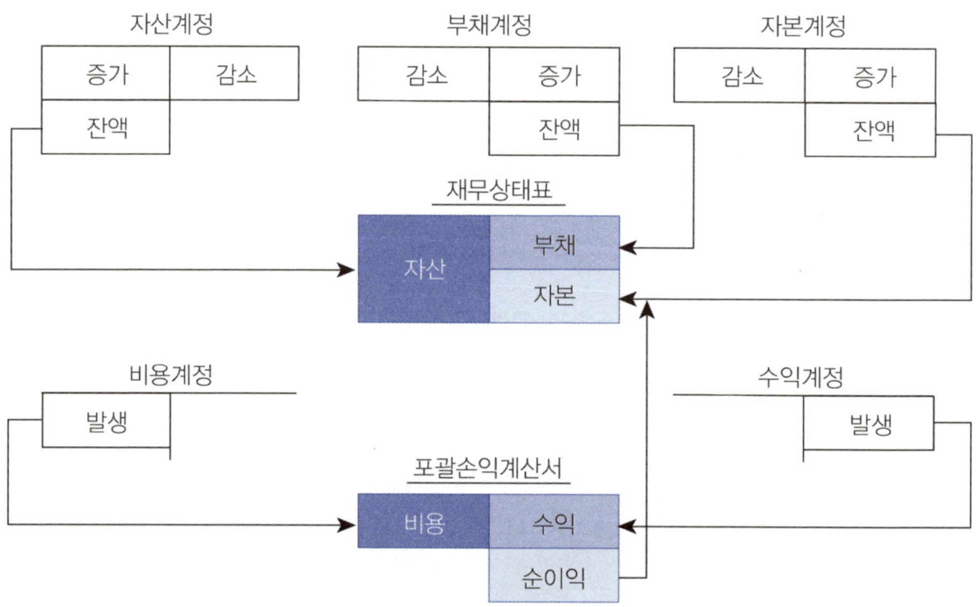

제4절 분개와 전기

계정을 이용하여 거래를 기록하는 방법을 구체적으로 살펴보자.

4.1 분개와 분개장

재무제표의 작성은 거래의 분개에서 출발한다. 분개(journal entry)는 거래의 효과분석을 근거로 관련된 차변계정과 대변계정을 선택한 후 이를 회계장부에 기록하는 것을 말한다. 제2절에서 다루었던 서울컨설팅(주)의 사례를 이용하여 분개를 설명하면 다음과 같다.

거래 ① 주주의 출자

4월 1일: 주주들이 현금 ₩10,000을 출자하여 서울컨설팅(주)을 설립하였다.

[거래분석] • 현금(자산)이 ₩10,000 증가 → 현금계정의 차변에 기록
• 자본금(자본)이 ₩10,000 증가 → 자본금계정의 대변에 기록

[분개]	(차) 현금	10,000	(대) 자본금	10,000

위와 같이, 분개는 거래의 효과분석에 근거하여 관련 계정에 측정금액을 기록하는 것이다. 여기서 중요한 점은 분개에서 차변의 합계금액과 대변의 합계금액은 항상 일치해야 한다는 것이다.

거래 ② 사무실 임차 및 종업원 채용

4월 2일: 사무실 임차계약을 맺고 3개월분의 임차료 ₩6,000을 미리 지급하였다.
또한 매월 급여 ₩7,000을 지급하는 조건으로 컨설턴트 2명을 채용하였다.

[거래분석] • 현금(자산)이 ₩6,000 감소 → 현금계정의 대변에 기록
• 선급비용(자산)이 ₩6,000 증가 → 선급비용계정의 차변에 기록

[분개] (차) 선급비용 6,000 (대) 현금 6,000

거래 ③ 사무용소모품의 외상구입

4월 5일: 사무용소모품 ₩1,000어치를 외상으로 구입하였다.

[거래분석]
- 소모품(자산)이 ₩1,000 증가 → 소모품계정의 차변에 기록
- 미지급금(부채)이 ₩1,000 증가 → 미지급금계정의 대변에 기록

[분개] (차) 소모품 1,000 (대) 미지급금 1,000

거래 ④ 단기차입금의 차입

4월 6일: 거래은행에서 연 7.3%의 이자율로 ₩10,000을 차입하였다. 차입금 원금과 이자는 3개월 후인 7월 5일에 상환할 예정이다.

[거래분석]
- 현금(자산)이 ₩10,000 증가 → 현금계정의 차변에 기록
- 단기차입금(부채)이 ₩10,000 증가 → 단기차입금계정의 대변에 기록

[분개] (차) 현금 10,000 (대) 단기차입금 10,000

거래 ⑤ 컨설팅용역의 제공과 현금수취

4월 15일: J사에 경영컨설팅을 제공하고 컨설팅보수 ₩5,000을 현금으로 받았다.

[거래분석]
- 현금(자산)이 ₩5,000 증가 → 현금계정의 차변에 기록
- 용역수익(수익)이 ₩5,000 발생 → 용역수익계정의 대변에 기록

[분개] (차) 현금 5,000 (대) 용역수익 5,000

이 거래는 수익이 발생한 거래이다. 앞서 거래분석에서는 이익잉여금의 증가로 직접 기록하였으나, 분개에서는 이익잉여금계정 대신 해당 수익계정의 대변에 기록한다. 아래의 거래에서도 손익거래는 해당 수익과 비용계정에 기록한다.

거래 ⑥ 컨설팅용역의 외상제공

4월 20일: H사에 경영컨설팅을 제공하였으며, 컨설팅보수 ₩10,000 중 ₩3,000은 현금으로 받고, 나머지 금액은 다음 달에 받기로 하였다.

[거래분석] • 현금(자산)이 ₩3,000 증가 → 현금계정의 차변에 기록
• 매출채권(자산)이 ₩7,000 증가 → 매출채권계정의 차변에 기록
• 용역수익(수익)이 ₩10,000 발생 → 용역수익계정의 대변에 기록

[분개]	(차) 현금	3,000	(대) 용역수익	10,000
	매출채권	7,000		

거래 ⑦ 미지급금의 지급

4월 25일: 5일에 구입한 소모품 외상대금 ₩1,000을 현금으로 지급하였다.

[거래분석] • 현금(자산)이 ₩1,000 감소 → 현금계정의 대변에 기록
• 미지급금(부채)이 ₩1,000 감소 → 미지급금계정의 차변에 기록

[분개]	(차) 미지급금	1,000	(대) 현금	1,000

거래 ⑧ 종업원급여의 지급

4월 27일: 컨설턴트에 대한 4월 한 달간의 급여 ₩7,000을 현금으로 지급하였다.

[거래분석] • 현금(자산)이 ₩7,000 감소 → 현금계정의 대변에 기록
• 종업원급여(비용)이 ₩7,000 발생 → 종업원급여계정의 차변에 기록

[분개]	(차) 종업원급여	7,000	(대) 현금	7,000

거래 ⑨ 미지급비용의 발생

4월 30일: 4월 한 달간의 전력 및 수도사용료 ₩1,800에 대한 청구서를 수령하였다. 납부기한은 다음 달 15일까지이다.

[거래분석] • 수도광열비(비용)이 ₩1,800 발생 → 수도광열비계정의 차변에 기록
• 미지급비용(부채)이 ₩1,800 증가 → 미지급비용계정의 대변에 기록

[분개] (차) 수도광열비 1,800 (대) 미지급비용 1,800

전력, 수도, 도시가스 등의 사용요금은 일반적으로 수도광열비(또는 전력료, 수도료, 가스료)계정을 사용한다.

거래 ⑩ 배당금의 지급

4월 30일: 이익배당을 결정하고 주주들에게 배당금 ₩2,000을 현금으로 지급하였다.

[거래분석] • 현금(자산)이 ₩2,000 감소 → 현금계정의 대변에 기록
• 이익잉여금(자본)이 ₩2,000 감소 → 이익잉여금계정의 차변에 기록

[분개] (차) 이익잉여금 2,000 (대) 현금 2,000

지금까지 서울컨설팅(주)에서 20×1년 4월에 발생한 거래를 기록하는 방법으로서 분개를 설명하였다. 이러한 분개는 일반적으로 분개장(journal)이라는 회계장부에 기록된다. 분개장은 회계거래를 발생순서별로 분개하여 기입하는 회계장부이다. 회계거래에 대한 분석내용을 최초로 기입하는 장부이기 때문에 원시기입장이라고도 한다. 회계를 공부한 사람이라면 분개장만 보더라도 기업에 어떤 거래가 발생하였는지를 파악할 수 있어 분개장은 기업 내 회계담당자 간의 커뮤니케이션 역할을 한다. 또한 분개장에는 특정 거래와 관련된 차변정보, 대변정보 및 추가 설명 등이 표시되므로 거래에 관한 기초적인 정보를 얻고자 할 때 언제든지 추적할 수 있도록 하는 장점이 있다.

서울컨설팅(주)에서 20×1년 4월 중에 발생한 거래의 분개를 일목요연하게 기록한 분개장은 〈표 3-2〉와 같다.

〈표 3-2〉 서울컨설팅(주)의 분개장

일자	거래설명 및 계정과목	차변	대변
20×1. 4. 1	① 소유주가 현금 ₩10,000을 출자		
	현금	10,000	
	자본금		10,000
2	② 3개월분 사무실 임차료를 선급		
	선급비용	6,000	
	현금		6,000
5	③ 사무용 소모품을 외상으로 구입		
	소모품	1,000	
	미지급금		1,000
6	④ 은행으로부터 단기운영자금을 차입		
	현금	10,000	
	단기차입금		10,000
15	⑤ 컨설팅용역을 제공하고 현금수취		
	현금	5,000	
	용역수익		5,000
20	⑥ 용역을 제공하고 대금 중 일부만 현금수취		
	현금	3,000	
	매출채권	7,000	
	용역수익		10,000
25	⑦ 소모품 외상대금을 현금지급		
	미지급금	1,000	
	현금		1,000
27	⑧ 컨설턴트에 대한 4월 급여 지급		
	종업원급여	7,000	
	현금		7,000
30	⑨ 4월 전력 및 수도료 발생		
	수도광열비	1,800	
	미지급비용		1,800
30	⑩ 주주에 이익배당 지급		
	이익잉여금	2,000	
	현금		2,000

4.2 전기와 원장

거래를 분개장에 기록한 후에는 그 기록 내용을 관련 계정에 모아서 분류하는 과정이 필요하다. 이 과정을 전기(轉記, posting)라고 부른다. 구체적으로 분개장에 기록된 내용을 각각의 계정에 옮겨 적어서 해당 계정에 관련된 거래를 한눈에 알아볼 수 있도록 한다. 거래량이 많은 경우 거래가 발생할 때마다 전기를 하게 되면 번거로울 수 있으므로 일정한 기간(예를 들어, 1주)을 단위로 그동안 발생한 거래를 모아서 한꺼번에 입력할 수도 있다.

분개장의 분개 내용을 각 계정별 분류하여 전기한 장부를 원장(元帳, ledger)이라고 한다. 원장은 기업이 사용하는 모든 계정을 한곳에 모아 놓은 것이기 때문에 총계정원장(general ledger)이라고도 부른다.

분개장에서 원장(T-계정 원장)으로 전기하는 방법을 살펴보자.

거래 ①에서 서울컨설팅(주)의 주주들이 20×1년 4월 1일에 현금 ₩10,000을 출자한 거래의 분개는 다음과 같다.

(차) 현금	10,000	(대) 자본금	10,000

〈T-계정에 전기〉

현금	
① 4/1 자본금 10,000	

자본금	
	① 4/1 현금 10,000

이 거래의 차변계정은 현금이다. 따라서 현금계정 차변에 거래일자와 금액 ₩10,000을 기록한다. 또한 어떤 거래로 인해 변동이 발생하였는지를 쉽게 파악할 수 있도록 상대계정인 자본금도 함께 기록해둔다. 분개장에 기록된 대변분개의 내용과 금액 ₩10,000은 자본금계정의 대변에 옮겨 적는다.

거래 ②에서 서울컨설팅(주)가 3개월분 사무실 임차료 ₩6,000을 현금으로 지급한 거래의 분개는 다음과 같다.

(차) 선급비용	6,000	(대) 현금	6,000

〈T-계정에 전기〉

선급비용 (차변)	선급비용 (대변)
② 4/2 현금 6,000	

현금 (차변)	현금 (대변)
① 4/1 10,000	② 4/2 선급비용 6,000

이 거래에서 차변계정은 선급비용이다. 따라서 선급비용계정 차변에 분개 내용과 금액 ₩6,000을 기록한다. 또한 대변계정은 현금이므로 현금계정의 대변에 분개 내용과 금액 ₩6,000을 기록한다.

이러한 절차에 따라 서울컨설팅(주)에서 발생한 4월의 거래들을 모두 전기한 결과와 4월 20일 현재 각 계정의 잔액은 [그림 3-6]과 같다. 편의상 거래일자와 상대계정 표시는 생략하기로 한다.

[그림 3-6] 서울컨설팅의 20×1년 4월 거래에 대한 원장 기록

현금 (차변)	현금 (대변)
① 10,000	② 6,000
④ 10,000	⑦ 1,000
⑤ 5,000	⑧ 7,000
⑥ 3,000	⑩ 2,000
잔액 12,000	

매출채권 (차변)	매출채권 (대변)
⑥ 7,000	
잔액 7,000	

선급비용 (차변)	선급비용 (대변)
② 6,000	
잔액 6,000	

소모품 (차변)	소모품 (대변)
③ 1,000	
잔액 1,000	

단기차입금 (차변)	단기차입금 (대변)
	④ 10,000
	잔액 10,000

미지급금 (차변)	미지급금 (대변)
⑦ 1,000	③ 1,000
	잔액 0

미지급비용 (차변)	미지급비용 (대변)
	⑨ 1,800
	잔액 1,800

자본금 (차변)	자본금 (대변)
	① 10,000
	잔액 10,000

이익잉여금 (차변)	이익잉여금 (대변)
⑩ 2,000	
잔액 2,000	

용역수익		종업원급여		수도광열비	
	⑤ 5,000	⑧ 7,000		⑨ 1,800	
	⑥ 10,000				
	잔액 15,000	잔액 7,000		잔액 1,800	

원장으로의 전기가 모두 이루어지면 각각의 계정은 해당 기간 동안 이루어진 관련된 모든 거래를 모아서 제공한다. 이를 요약하기 위하여 각 계정의 차변과 대변을 비교하여 잔액을 계산한다. 자산계정은 차변에, 부채와 자본계정은 대변에 잔액이 남아 있고, 이들 계정의 잔액은 앞서 〈표 3-1〉의 월말잔액과 일치한다. 다만 이익잉여금계정은 일치하지 않는데, 이는 수익과 비용을 별도의 계정에 기록하였기 때문이다. 수익(용역수익)계정과 비용(종업원급여, 수도광열비)계정에 기록된 금액을 이익잉여금계정으로 옮기면 계정잔액은 〈표 3-1〉의 금액인 ₩4,200과 일치하게 된다.

이익잉여금			
⑧	7,000	⑤	5,000
⑨	1,800	⑥	10,000
⑩	2,000		
		잔액	4,200

그럼 이제 각 계정별 원장의 잔액을 재무상태표와 포괄손익계산서에 표시하면, 이 재무제표는 서울컨설팅(주)의 20×1년 4월 경영성과와 20×1년 4월 말 현재시점의 재무상태를 적절히 표현하고 있는 것일까?

아직은 그렇지 않다. 거래 ②에서 서울컨설팅(주)은 3개월분의 사무실 임차료 ₩6,000을 선급하고 이를 선급비용(자산)으로 기록한 바 있다. 서울컨설팅(주)은 4월 한 달간 사무실을 사용하였기 때문에 이제 남은 사용(권리)기간은 2개월이다. 따라서 선급비용(자산)은 ₩4,000으로 감소되어야 하고 ₩2,000은 발생기준 회계에 따라 4월의 임차료 비용으로 인식되어야 한다.

또한 거래 ④에서 서울컨설팅(주)은 연 7.3%의 이자율로 ₩10,000을 차입한 바 있다. 차입금에서는 이자비용이 발생하고 있지만 회사는 아직 이자비용을 인식하지 않았다. 따라서 서울컨설팅(주)은 발생기준 회계를 적용하여 4월 중에 발생한 이자 ₩50(=₩10,000×7.3%×25/365일)을 비용으로 인식해야 한다. 이 외에도, 4월 중에 사용한 소모품을 파악하여 비용으로 인식해야 4월의 순이익이 적정하게 측정될 수 있다. 이처럼 보고기간 말이 되면 발생기준 회계에 따른 수익과 비용의 금액을 결정하고 각 계정의 잔액을 확정하는 절차가 필요하다. 이를 결산(決算, closing)절차라고 하는데, 다음의 제4장에서 자세히 설명하기로 한다.

종합예제

서울솔루션(주)는 컴퓨터 소프트웨어 개발 및 판매를 목적으로 20×1년 10월 1일 설립되었다. 설립 후 발생한 거래는 다음과 같다.

- 10월 1일, 현금 ₩300,000을 출자하여 서울솔루션(주)를 설립하였다.
- 10월 2일, 사무실을 임차하고 매 3개월마다 ₩30,000을 지급(후급)하기로 계약하였다. 또한 사무실 화재보험에 가입하면서 1년어치 보험료 ₩12,000을 현금으로 지급하였다.
- 10월 4일, 사무실 책상 등의 비품을 ₩50,000에 취득하였다. 구입대금 중 ₩5,000은 현금으로 지급하고, 잔액은 외상으로 하였다.
- 10월 7일, 사무용 소모품 ₩10,000을 현금으로 구매하였다.
- 10월 16일, 수원물류(주)에 전사적 자원관리(ERP) 시스템을 개발하여 판매하였다. 판매대금 ₩20,000은 다음 달 5일에 수취할 예정이다.
- 10월 18일, 부산은행(주)에 ₩100,000의 정기예금(만기 1년)을 가입하였다.
- 10월 20일, 원주전자(주)에 전사적 자원관리(ERP) 시스템을 개발하여 ₩19,000에 판매하고 판매 대금을 현금으로 수취하였다.
- 10월 25일, 10월분 종업원급여 ₩15,000을 현금으로 지급하였다.
- 10월 28일, 10월 4일에 발생한 외상대금 중 ₩20,000을 현금으로 지급하였다.

| 물음 |

(1) 위의 각 거래를 분개하라.
(2) 위의 각 분개를 원장(T-계정)에 전기하라.
(3) 10월 31일 현재 각 계정의 잔액이 얼마인지 산출하라.

| 풀이 |

(1) 서울솔루션(주)의 거래를 분개하면 다음과 같다.

- 10월 1일 (소유주의 출자)

[거래분석] • 현금(자산)이 ₩300,000 증가 → 현금계정의 차변에 기록
• 자본금(자본)이 ₩300,000 증가 → 자본금계정의 대변에 기록

[분 개]	(차) 현금	300,000	(대) 자본금	300,000

- 10월 2일 (사무실 임차 및 화재보험료 선급)

사무실 임차계약 체결은 아직 회사의 재무상태에 변동을 유발하지 않았으므로 회계거래가 아니다.

[거래분석] • 선급비용(자산)이 ₩12,000 증가 → 선급비용계정의 차변에 기록
• 현금(자산)이 ₩12,000 감소 → 현금계정의 대변에 기록

[분 개] (차) 선급비용 12,000 (대) 현금 12,000

• 10월 4일 (비품 구입)

[거래분석] • 집기비품(자산)이 ₩50,000 증가 → 집기비품계정의 차변에 기록
• 현금(자산)이 ₩5,000 감소 → 현금계정의 대변에 기록
• 미지급금(부채) ₩45,000 증가 → 미지급금계정의 대변에 기록

[분 개] (차) 집기비품 50,000 (대) 현금 5,000
미지급금 45,000

• 10월 7일 (소모품 구입)

[거래분석] • 소모품(자산)이 ₩10,000 증가 → 소모품계정의 차변에 기록
• 현금(자산)이 ₩10,000 감소 → 현금계정의 대변에 기록

[분 개] (차) 소모품 10,000 (대) 현금 10,000

• 10월 16일 (용역수익 발생)

[거래분석] • 매출채권(자산)이 ₩20,000 증가 → 매출채권계정의 차변에 기록
• 용역수익(수익) ₩20,000 발생 → 용역수익계정의 대변에 기록

[분 개] (차) 매출채권 20,000 (대) 용역수익 20,000

• 10월 18일 (정기예금 예치)

[거래분석] • 정기예금(자산)이 ₩100,000 증가 → 정기예금계정의 차변에 기록
• 현금(자산)이 ₩100,000 감소 → 현금계정의 대변에 기록

[분 개] (차) 정기예금 100,000 (대) 현금 100,000

• 10월 20일 (용역수익 발생)

[거래분석] • 현금(자산)이 ₩19,000 증가 → 현금계정의 차변에 기록
• 용역수익(수익) ₩19,000 발생 → 용역수익계정의 대변에 기록

[분 개] (차) 현금 19,000 (대) 용역수익 19,000

• 10월 25일 (종업원급여와 통신비 지급)

[거래분석] • 종업원급여(비용) ₩15,000 발생 → 종업원급여계정의 차변에 기록
• 현금(자산) ₩15,000 감소 → 현금계정의 대변에 기록

[분 개] (차) 종업원급여 15,000 (대) 현금 15,000

• 10월 28일 (외상대금 지급)

[거래분석] • 미지급금(부채) ₩20,000 감소 → 미지급금계정의 차변에 기록
• 현금(자산) ₩20,000 감소 → 현금계정의 대변에 기록

[분 개] (차) 미지급금 20,000 (대) 현금 20,000

(2) 서울솔루션(주)의 분개장 기록을 원장에 전기하면 다음과 같다.

현금

10/1	300,000	10/2	12,000
10/20	19,000	10/4	5,000
		10/7	10,000
		10/18	100,000
		10/25	15,000
		10/28	20,000

정기예금

10/18	100,000		

매출채권

10/16	20,000		

선급비용

10/2	12,000		

소모품

10/7	10,000		

집기비품

10/4	50,000		

미지급금

10/28	20,000	10/4	45,000

자본금

		10/1	300,000

용역수익

		10/16	20,000
		10/20	19,000

종업원급여

10/25	15,000		

(3) 서울솔루션(주)의 10월 31일 현재 계정별 잔액은 다음과 같다.

자산－현금: ₩157,000 정기예금: ₩100,000 매출채권: ₩20,000
선급비용: ₩12,000 소모품: ₩10,000 집기비품: ₩50,000

부채－미지급금: ₩25,000

자본－자본금: ₩300,000

수익－용역수익: ₩39,000

비용－종업원급여: ₩15,000

익힘문제

1. 회계거래란 무엇인지 설명하라.

2. 미이행계약은 회계거래가 될 수 없는 이유를 설명하라.

3. 거래의 식별이란 무엇이며, 거래로 식별되기 위한 요건은 무엇인지 설명하라.

4. 복식부기란 무엇인지 설명하라.

5. 거래의 이중성이란 무엇인지 설명하라.

6. 계정이란 무엇이며, 왜 필요한가? 그리고 계정의 구성요소에는 어떤 것이 있는가?

7. 분개란 무엇인지 설명하라.

8. 전기란 무엇이며, 전기가 이루어지는 장부는 무엇이라고 부르는가?

9. 손익거래, 교환거래, 혼합거래란 무엇인지 설명하라.

10. 복식부기의 자기검증기능이란 무엇인지 설명하라.

연습문제

3-1 기본개념의 이해

아래 문장이 맞으면 ○, 틀리면 ×를 표시하라.

(1) 회계거래란 기업의 자산, 부채, 자본항목 중 하나 이상의 변동을 초래하면서, 그 변동의 크기를 화폐액으로 측정할 수 있는 경제적 거래와 사건을 의미한다. ( )

(2) 기업의 자산, 부채, 자본 중 하나 이상의 변동을 초래하는 경제적 사건에는 기업이 수행하는 재화나 용역의 매매행위뿐만 아니라 기업이 통제할 수 없는 외부환경의 변화도 포함된다. ( )

(3) 미이행계약도 법률상 계약이기 때문에 재무제표에 표시하여야 한다. ( )

(4) 어떤 경제적 사건이 회계거래가 될 수 있는지의 여부를 선별하는 것을 거래의 식별이라 한다. ( )

(5) 교환거래는 수익·비용의 발생과정을 거쳐 자산, 부채 또는 자본에 변동을 가져오는 거래이다. ( )

(6) 대변은 장부의 왼쪽을 의미하고, 차변은 장부의 오른쪽을 의미한다. ( )

(7) 자산이 증가하는 경우 부채가 감소할 수도 있다. ( )

(8) 현금으로 건물을 구입하는 거래는 자산을 증가시킨다. ( )

(9) 현금으로 차입금을 상환하는 경우 자본은 감소한다. ( )

(10) 배당은 기업이 벌어들인 순이익을 소유주에게 다시 분배하는 것으로서 비용이 아니다. 따라서 배당은 포괄손익계산서를 거치지 않고 자본을 직접 감소시킨다. ( )

(11) 손익거래의 예로는 급여의 지급, 감가상각의 인식, 은행 차입이 있다. ( )

(12) 거래를 식별한 다음 그것을 회계장부에 기록하는 것을 기장이라고 한다. ( )

(13) 자기검증기능이란 복식부기가 거래의 이중성과 회계등식을 이용하기 때문에 장부의 오류를 예방하거나 쉽게 찾아낼 수 있게 하는 기능을 의미한다. ( )

(14) 전기할 모든 계정을 하나의 장부로 만든 것을 원장이라고 하며, 원장은 기업이 사용하는 모든 계정을 한곳에 모아 놓은 것이기 때문에 총계정원장이라고도 부른다. ( )

3-2 거래의 식별

다음 항목은 서울전자(주)에서 발생한 9월 중의 거래이다. 이 중 회계거래가 아닌 것을 모두 선택하라.

① 9월 1일, 원주은행(주)로부터 현금 ₩50,000을 5개월간 차입하였다.

② 9월 3일, 강릉상사(주)와 사무실을 3년간 임차하기로 계약을 체결하고, 임차료는 매월 말 ₩4,000씩 지급하기로 하였다.

③ 9월 7일, 1인당 급여로 월 ₩2,000씩을 지급하기로 하고 종업원 5명을 채용하였다.
④ 9월 10일, 임대료 ₩50,000 절감을 위해 부동산에 연락하여 매물을 찾아보기로 하였다.
⑤ 9월 11일, 대구화재보험(주)와 화재보험계약을 체결하고 2년치 공장 보험료로 ₩6,000을 지급하였다.
⑥ 9월 15일, 충주광고(주)로부터 광고선전비 ₩30,000이 발생하였는데 나중에 지급하기로 했다.
⑦ 9월 17일, TV 5대에 대한 제품보증서비스로 ₩10,000의 수리비가 발생하였다.
⑧ 9월 19일, 부산전기(주)로부터 공장 및 사무실의 전기료 ₩5,000의 납부고지서를 받고 즉시 납부하였다.
⑨ 9월 20일, 장부금액 ₩1,000인 컴퓨터가 구식화되어 업무에 이용하는 것이 비효율적이어서 회사는 이 컴퓨터를 조만간 폐기처분하기로 결정하였다.
⑩ 9월 23일, 9월분 종업원급여 ₩4,000을 급여지급일에 자금 부족으로 지급 연기하였다.
⑪ 9월 24일, 기술개발자를 다음 달부터 고용하기로 하였고 미리 선지급으로 ₩3,000을 지급하였다.
⑫ 9월 26일, 거래처로부터 TV 10대를 대당 ₩10,000에 주문받았다.
⑬ 9월 27일, 제주전자(주)로부터 TV부품을 ₩2,500에 공급받았다.
⑭ 9월 28일, 안양상사(주)가 TV 5대를 대당 ₩10,000에 판매대행하는 계약을 맺고 TV를 적송하였다.
⑮ 9월 30일, 광주철강(주)로부터 냉연강판 5t을 ₩15,000에 매입하고 대금은 1개월 후에 지급하기로 하였다.

3-3 거래의 분석

다음의 항목들은 자산, 부채, 자본, 수익, 비용 계정의 증가와 감소를 나열한 것이다.

〈보기〉

(a) 자산의 증가	(b) 자산의 감소	(c) 부채의 감소	(d) 부채의 증가
(e) 자본의 감소	(f) 자본의 증가	(g) 비용의 발생	(h) 수익의 발생

| 물음 |

다음 각 거래는 〈보기〉의 여덟 가지 거래요소 중 어느 것에 속하는지를 모두 골라 답하라.

(1) 현금 ₩7,000,000을 기업에 출자하였다.
(2) 건물을 ₩1,800,000에 취득하고, 대금은 6개월 후에 지급할 예정이다.
(3) 원자재 ₩210,000을 취득하고, 대금 중 ₩60,000은 현금으로, 나머지는 1개월 후에 지급하기로 하였다.
(4) 보험료 ₩100,000을 현금으로 지급하였다.
(5) 종업원에 대한 급여 ₩330,000을 현금으로 지급하였다.
(6) 사무실 임차료 ₩100,000을 현금으로 지급하였다.
(7) 차입금에 대한 이자 ₩40,000을 현금으로 지급하였다.

(8) 매입채무 ₩600,000을 현금으로 지급하였다.
(9) 다른 기업에 ₩200,000을 대여하였다.
(10) 은행으로부터 현금 ₩1,000,000을 차입하였다.
(11) 매출채권 ₩50,000을 현금으로 회수하였다.
(12) 은행에서 차입했던 ₩500,000에 대하여, 같은 금액의 건물을 지급하여 갚았다.
(13) 소유하고 있던 차량의 감가상각비 ₩55,000이 발생하였다.
(14) 주주들에게 배당금으로 총 ₩220,000을 지급하였다.
(15) 거래처에 원가 ₩200,000인 상품을 ₩300,000에 판매하고 ₩100,000은 현금으로 받고 나머지는 1개월 후에 받기로 하였다.
(16) 유상증자를 실시하여 현금 ₩400,000만큼의 주식을 발행하였다.

3-4 거래의 분개

창원크리닝(주)는 세탁용역업을 사업목적으로 20×1년 6월 1일 설립되었다. 설립 이후 발생한 거래는 다음과 같다.

- 6월 1일, 소유주가 현금 ₩500,000을 기업에 출자하였다.
- 6월 4일, 대구화학(주)와 세탁용역 제공에 관한 계약을 체결하였다. 이 회사의 종업원은 300명으로, 작업복을 매주 1회씩 세탁해 주기로 하고 1벌당 세탁비로 ₩400씩 받기로 결정하였다.
- 6월 9일, 세탁소에 필요한 소모품을 ₩30,000에 구입하기로 약속하였다.
- 6월 13일, 세탁소 건물 및 기계의 임차계약을 체결하고 매달 ₩100,000씩 지급하기로 약속하였다.
- 6월 16일, 세탁기술자 1명을 고용하고 매월 25일에 ₩120,000씩 월급을 지급하기로 약속하였다.
- 6월 17일, 소모품 ₩30,000을 구입하였다. 구입 시 현금 ₩10,000을 지급하고, 잔액 ₩20,000은 한 달 후에 지급하기로 합의하였다.
- 6월 18일, 제주산업(주)으로부터 작업복 100벌에 대한 세탁을 실시하였고 용역대금 ₩150,000은 수취하지 못했다.
- 6월 19일, 성남은행으로부터 현금 ₩80,000을 차입하였다.
- 6월 22일, 대구화학(주)의 종업원 작업복 300벌에 대한 세탁을 완료하고, 세탁용역대금으로 ₩120,000을 현금으로 수취하였다.
- 6월 23일, 전주기획(주)로부터 광고선전비 ₩200,000이 발생하였는데 나중에 지급하기로 했다.
- 6월 25일, 세탁기술자의 월급 ₩40,000을 현금으로 지급하였다.
- 6월 28일, 대여금에 대한 이자 ₩12,000을 현금으로 수취하였다.
- 6월 30일, 세탁소 건물 및 기계의 임차계약에 대한 임차료 ₩10,000을 지급하였다.

| 물음 |

6월에 발생한 거래를 분개하라.

3-5 거래의 분개와 전기(I)

서울운수(주)는 화물운송업을 목적으로 20×1년 7월 1일 설립되었다. 설립 후 발생한 거래는 다음과 같다. 회계기간은 7월 1일부터 7월 31일까지 1개월이다.

① 7월 1일, 소유주가 현금 ₩300,000을 기업에 출자하였다.
② 7월 2일, 업무용 건물을 ₩50,000에 구입하고 대금 중 ₩20,000은 현금으로 지급하고, 나머지는 1개월 후에 지급하기로 하였다.
③ 7월 4일, 트럭 10대를 ₩20,000에 현금 매입하였다.
④ 7월 10일, 은행으로부터 ₩40,000을 차입하였다. 차입금의 만기는 2년이다.
⑤ 7월 13일, 수원전자(주)의 제품을 운송하고 운임 ₩4,000을 현금으로 수취하였다.
⑥ 7월 16일, 청주철강(주)의 제품을 운송하고 운임 ₩7,000은 1개월 후 받기로 합의하였다.
⑦ 7월 19일, 유류비 ₩1,000을 현금으로 지급하였다.
⑧ 7월 22일, 소모품 ₩2,000을 구입하고 대금은 현금으로 지급하였다.
⑨ 7월 25일, 청주철강(주)로부터 운임 미수액 ₩7,000 중 ₩5,000을 현금으로 받았다.
⑩ 7월 30일, 건물 구입대금 미지급액 ₩30,000 중 ₩20,000을 현금으로 지급하였다.
⑪ 7월 30일, 7월분 급여 ₩4,000을 현금으로 지급하였다.

| 물음 |

(1) 위 거래를 분개하라.
(2) 각 분개를 원장(T-계정)에 전기하고, 7월 31일 현재 각 계정의 잔액을 계산하라.

3-6 거래의 분개와 전기(II)

부천전자(주)는 전자제품 수리업을 목적으로 20×1년 1월 1일 설립되었다. 설립 후 발생한 거래는 다음과 같다. 회계기간은 1월 1일부터 1월 31일까지 1개월이다.

- 1월 1일, 소유주가 현금 ₩500,000을 기업에 출자하였다.
- 1월 2일, 기계 ₩60,000을 외상으로 구입하고 대금은 3개월 후 지급하기로 합의하였다.
- 1월 2일, 1월분 화재보험료 ₩5,000을 현금으로 지급하였다.
- 1월 4일, 소모품 ₩30,000을 외상으로 매입하였다.
- 1월 4일, 트럭을 ₩120,000에 구입하고, 대금은 3개월 후에 지급하기로 합의하였다.
- 1월 9일, 1월분 임차료 ₩36,000을 현금으로 지급하였다.
- 1월 12일, 트럭에 대한 유류비 ₩4,000을 현금으로 지급하였다.
- 1월 13일, 1월 중 제공한 수리용역의 대금으로 현금 ₩240,000을 받았다.
- 1월 14일, 1월 2일에 발생한 외상매입대금 ₩60,000을 현금으로 조기 지급하였다.
- 1월 15일, 1월분 수도광열비(전기료 및 가스료) ₩5,000을 현금으로 지급하였다.

- 1월 18일, 1월분 광고선전비 ₩9,000을 현금으로 지급하였다.
- 1월 21일, 1월분 종업원 급여 ₩45,000을 현금으로 지급하였다.
- 1월 24일, 냉장고를 수리해주고 수리비 ₩10,000을 다음 달에 지급받기로 하였다.
- 1월 26일, 거래처에 대한 접대비 ₩5,400을 현금으로 지급하였다.
- 1월 28일, 통신비(전화요금, 인터넷 사용료 등)로 ₩6,000을 현금으로 지급하였다.

| 물음 |

(1) 위 거래를 분개하라.

(2) 각 분개를 원장(T-계정)에 전기하라.

3-7 분개오류의 수정

다음 자료는 컨설팅용역을 제공하는 안양기획(주)의 20×1년 6월 중 거래의 일부를 분개한 것이다.

① 집기비품 ₩500,000을 외상매입하였다.

(차) 집기비품 500,000 (대) 매입채무 500,000

② 용역 ₩200,000을 제공하고 대금은 한 달 후에 받기로 하였다.

(차) 미수금 200,000 (대) 용역수익 200,000

③ 이번 달 사무실 임차료 ₩500,000을 현금으로 지급하였다.

(차) 현금 500,000 (대) 임차료 500,000

④ 용역 ₩150,000을 제공하고 거래처로부터 현금 ₩150,000을 받았다.

(차) 현금 150,000 (대) 매출채권 150,000

⑤ 장부금액이 ₩200,000인 집기비품을 ₩200,000에 매각하고 대금은 1개월 후에 받기로 합의하였다.

(차) 미지급금 200,000 (대) 집기비품 200,000

⑥ 향후 거래처에 용역 ₩800,000을 공급하기로 계약하였다.

(차) 매출채권 800,000 (대) 용역수익 800,000

⑦ 소유주가 현금 ₩300,000을 출자하였다.

(차) 자본금 300,000 (대) 현금 300,000

⑧ 거래처의 기술자를 다음 달부터 ₩150,000에 고용하기로 약속했다.

(차) 근로계약금 150,000 (대) 미지급금 150,000

⑨ 거래처에 용역 ₩120,000을 제공하고 현금 ₩40,000을 수취하고 나머지는 다음 달에 받기로 하였다.

(차) 현금 40,000 (대) 용역수익 40,000

| 물음 |

위 분개 중 옳지 않은 부분을 지적하고 올바른 분개를 제시하라.

3-8 거래의 추정

다음은 서울기획(주)의 2월 중 거래를 분개한 것이다.

(1)	(차)	소모품	₩500,000	(대)	미지급금	w500,000
(2)	(차)	광고선전비	100,000	(대)	현금	100,000
(3)	(차)	현금	700,000	(대)	매출채권	700,000
(4)	(차)	여비교통비	120,000	(대)	현금	120,000
(5)	(차)	미지급금	400,000	(대)	현금	400,000
(6)	(차)	급여	450,000	(대)	현금	450,000
(7)	(차)	현금	300,000	(대)	단기차입금	300,000
(8)	(차)	건물	800,000	(대)	미지급금	800,000
(9)	(차)	현금	550,000	(대)	특허권	550,000
(10)	(차)	수도광열비	100,000	(대)	현금	100,000
(11)	(차)	현금	300,000	(대)	자본금	300,000
(12)	(차)	현금	130,000	(대)	매출수익	200,000
		매출채권	70,000			
(13)	(차)	매입채무	10,000	(대)	현금	10,000

| 물음 |

어떤 거래가 발생했는지 추정하라.

제4장

회계순환과 재무제표 작성

제3장에서는 회계상의 거래개념과 복식부기 기록방법을 설명하였다. 본 장에서는 회계기말에 이루어지는 결산절차를 설명한다. 기업은 회계기간 중 발생한 거래를 식별 및 기록한 후, 이를 근거로 기말에 시산표 작성, 수정분개, 재무제표 작성, 장부마감 등으로 이어지는 결산절차를 적용한다. 이러한 일련의 회계절차를 회계순환이라고 부른다. 본 장에서는 기말 결산절차를 집중적으로 논의하며, 아울러 재무제표 작성 및 표시와 관련된 일반사항을 간단히 설명한다.

회계순환과 재무제표 작성

- 회계순환
- 결산절차
  - 수정전시산표 작성
  - 수정분개
  - 수정후시산표 작성
  - 재무제표의 작성
  - 장부의 마감
  - 마감후시산표의 작성
- 재무제표 작성 및 표시의 일반원칙
  - 공정한 표시
  - 계속기업 가정과 발생기준 회계
  - 중요성과 통합표시
  - 상계표시 금지
  - 보고빈도와 비교정보
  - 표시의 계속성
- 정산표를 이용한 재무제표 작성

제1절 회계순환

기업은 주기적으로 회계기간마다 재무제표를 작성하고 보고해야 한다. 적절한 시점에 재무정보가 제공되어야 정보이용자들이 제때 활용할 수 있기 때문이다. 우리나라의 대다수(80% 이상) 기업들은 매년 1월 1일부터 12월 31일까지(1년)를 회계기간으로 선택하고 있다.

회계기간 종료일이 12월 31일인 기업을 '12월 결산기업', 9월 30일인 기업을 '9월 결산기업' 등으로 부른다. 회계기간의 개시일(예, 1월 1일)을 기초(또는 기초시점)라고 부르고, 종료일(예, 12월 31일)을 기말(또는 기말시점) 또는 결산일이라고 부르며, 기초와 기말 사이의 회계기간을 기중이라고 부른다. 회계기간은 통상 1년이지만, 1년을 반으로 나눈 6개월 기간(반기)이나, 1년을 4개 기간으로 나눈 3개월 기간(분기), 또는 1년을 12개 기간(월)으로 나누어 결산을 진행할 수도 있다.

재무제표를 작성하는 과정은 기업과 관련된 수많은 사건 중에서 기록의 대상이 되는 거래를 판별하고, 체계적으로 기록하고, 분류하고, 요약하는 과정이다. 제3장에서 설명한 바와 같이, 회계기간 중에 거래가 발생하면 회계담당자는 그 거래가 회계거래인지를 식별하고 회계거래에 해당하면 분개와 전기를 통하여 장부에 기록한다. 이후 기말이 도래하면 결산을 하여 재무제표를 작성・보고하고, 회계장부를 마감함으로써 한 회계연도의 회계업무를 종료한다. 이와 같은 일련의 회계절차는 다음 회계연도에도 반복된다. 이러한 의미에서 거래의 식별, 분개, 전기, 시산표 작성, 기말 수정분개, 재무제표 작성, 계정의 마감 등으로 이루어진 일련의 회계절차를 회계순환(accounting cycle)이라고 부른다.

회계순환과정은 [그림 4-1]과 같다. 일반적으로 회계순환과정은 총 8단계로 구성되며, 이 중 (1) 거래의 식별, (2) 분개 및 전기, (4) 수정분개 및 전기, (6) 재무제표 작성, (7) 마감분개 및 전기의 다섯 개 단계는 재무제표를 작성하기 위한 필수적 절차이고, 나머지 (3) 수정전시산표 작성, (5) 수정후시산표 작성, (8) 마감후시산표 작성과 같은 시산표 작성은 선택적 절차이다.

전기는 매번 거래가 발생할 때마다 분개와 함께 실시하거나 일정 기간 취합하여 한꺼번에 정기적으로 실시한다. 이에 비하여 수정전시산표 작성, 수정분개와 전기, 수정후시산표 작성, 재무제표 작성 등은 재무제표 작성시점에서 실시한다. 재무제표는 월

말, 분기말, 반기말, 혹은 회계연도 말에 작성할 수 있다. 그리고 마감분개 및 전기와 마감후시산표 작성은 회계기간 말에 실시한다.

[그림 4-1] 회계순환(accounting cycle)

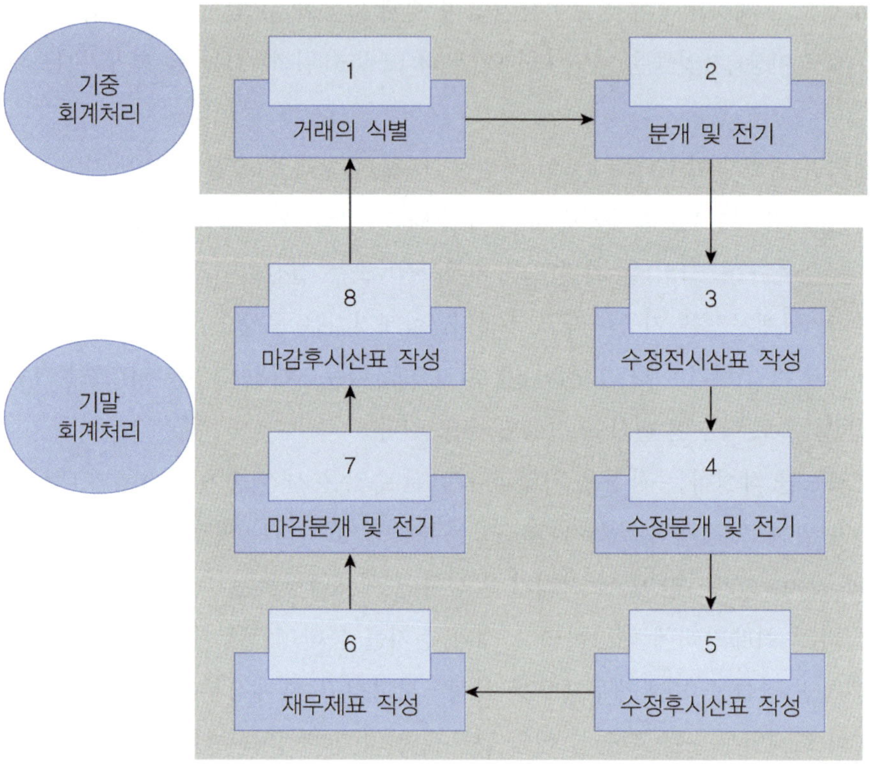

제2절 결산절차

기중에는 경제적 사건을 식별하여 분개장에 기재하고, 주기적으로 원장에 전기를 한다. 기말이 되면 결산절차를 거쳐서 재무제표를 작성한다. 결산(決算, closing)이란 회계기말에 회계장부(분개장과 원장)를 마감하고, 각 계정의 잔액을 이용하여 재무제표를 작성하는 일련의 절차를 말한다. [그림 4-1]에 표시된 회계순환과정 중 수정전시산표 작성부터 마감후시산표 작성까지의 절차를 결산절차라고 부른다.

2.1 수정전시산표 작성

(1) 시산표의 의의

결산절차의 목적은 재무제표 작성에 있으나, 재무제표를 작성하기 전에 먼저 기중에 이루어진 거래의 기록이 정확하게 이루어졌는지 검토할 필요가 있다. 시산표(試算表, trial balance)란 결산을 확정하기 전에 분개장에 기록된 모든 분개가 총계정원장의 각 계정으로 정확하게 전기되었는지를 확인하기 위해 작성하는 표로서 원장의 각 계정잔액을 차변과 대변으로 구분하여 집계한 표이다. 제대로 전기가 되었다면 회계등식에 의하여 차변합계액과 대변합계액이 같을 것이다. 이처럼 재무제표 작성 전에 차변과 대변 합계액의 일치 여부를 확인하기 위해 작성한 표를 시산표라고 한다. 일부 계정의 경우는 그 잔액이 확정되기 위해서는 추가적 조정(예, 수정분개)이 필요하기 때문에 수정분개(추후 설명) 이전에 작성되는 시산표를 수정전시산표(unadjusted trial balance)라고 부른다.

시산표 작성 시 계정과목의 열거는 일반적으로 자산, 부채, 자본, 수익, 비용의 순으로 이루어진다. 제3장에서 제시한 서울컨설팅(주)의 사례를 이용하여 수정전시산표를 작성하면 〈표 4-1〉과 같다.

〈표 4-1〉 수정전시산표

서울컨설팅(주)	수정전시산표 20×1년 4월 30일 현재	(단위: 원)
차변	계정과목	대변
₩12,000	현금	
7,000	매출채권	
6,000	선급비용	
1,000	소모품	
	단기차입금	₩10,000
	미지급금	0
	미지급비용	1,800
	자본금	10,000
2,000	이익잉여금	
	용역수익	15,000
7,000	종업원급여	
1,800	수도광열비	
₩36,800	합계	₩36,800

〈표 4−1〉의 시산표에는 서울컨설팅(주)의 총계정원장에 있는 모든 계정의 차변잔액과 대변잔액이 나열되어 있다. 차변잔액의 합계는 ₩36,800으로서 대변잔액의 합계인 ₩36,800과 일치한다. 이 금액이 일치해야만 기중의 기록이 일단 제대로 이루어졌다고 판단할 수 있다.

(2) 시산표의 기능 및 한계

특정 거래를 분개할 때 차변에 기록되는 계정들의 금액 합계와 대변에 기록되는 계정들의 금액 합계는 항상 일치한다는 것이 회계등식의 원리이다. 회계등식의 원리에 따라 모든 계정의 집합체인 시산표의 차변금액과 대변금액도 당연히 일치해야 한다. 만일 일치하지 않는다면 분개의 차변을 원장의 대변에 전기하거나 금액을 잘못 기입하는 등의 오류가 발생하였다는 것을 의미한다.

제3장에서 소개한 회계등식(자산=부채+자본)에 일정 기간의 거래결과를 모두 반영하면 다음과 같은 등식이 성립한다. 이를 시산표등식이라고 부른다.

시산표등식: 자산+비용=부채+자본+수익

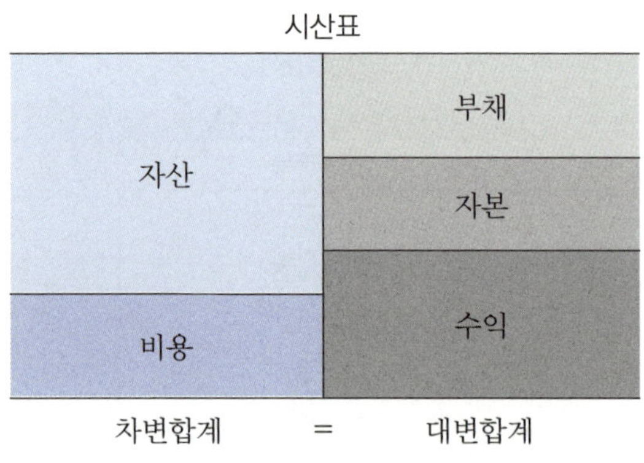

복식부기가 가지고 있는 자기검증기능은 시산표 작성을 통해 확인할 수 있다. 하지만 시산표는 오류의 존재만을 알려 줄 뿐 오류의 발생원천에 대해서는 아무런 정보를 제공하지 못한다. 그리고 시산표의 차변합계와 대변합계가 일치한다 하더라도 오류가 없다는 것을 보증해 주지는 못한다. 다음의 세 가지 경우를 예로 들어 보자.

첫째, 분개 단계에서 차변 계정과목과 대변 계정과목이 서로 바뀌었다면 오류가 발생했더라도 시산표를 통해서는 오류 발생 사실을 파악할 수 없다. 예를 들어, 상품의 현금매입거래에 대한 분개에서 차변에 상품, 대변에 현금을 기입해야 할 것을 반대로 차변에 현금, 대변에 상품을 기입한 경우이다.

둘째, 특정 거래에 대한 분개 자체를 누락했거나, 중복해서 기록하였다면 시산표의 차변과 대변에 동일한 영향을 미치기 때문에 오류 발생 사실을 파악할 수 없다.

셋째, 분개장에서 원장으로 전기하는 과정에서 차변에 잔액을 가지는 계정(자산계정과 비용계정) 상호 간에, 혹은 대변에 잔액을 가지는 계정(부채계정, 자본계정, 수익계정) 상호 간에 계정명이 바뀌어 기록된 경우에도 오류 발생 사실이 파악되지 않는다. 예를 들어, 분개장의 차변 기록을 원장에 전기하는 과정에서 현금계정에 기입해야 할 것을 매출채권계정에 기입한 경우이다.

요약하면, 거래의 식별과 분개 단계에서 발생한 오류는 수정전시산표를 작성하더라도 그 오류를 발견하기 어렵다. 다만 분개장에서 원장으로 옮겨 적는 과정(즉, 전기 과정)에서 발생한 오류는 두 장부의 세심한 대조를 통하여 찾아낼 수 있을 것이다.

2.2 수정분개

기업활동에서 거래나 사건은 지속적으로 발생한다. 반면에 회계는 일정한 기간(예를 들어, 1년, 6개월, 3개월, 1개월)을 단위로 재무상태와 경영성과를 집계한다. 기업활동에서 발생한 거래가 그 회계기간의 재무상태 및 경영성과에만 영향을 미친다면 수정전시산표를 작성한 후 바로 재무제표를 작성할 수 있다. 그러나 현실적으로 하나의 거래가 둘 이상의 회계기간에 걸쳐 영향을 주는 경우도 있다. 이 경우에 일정 시점 및 기간의 정확한 재무상태와 경영성과를 집계하기 위해서는 기말시점에서 이들 거래의 기중 회계기록을 조정 또는 수정할 필요가 있다. 이를 수정분개(adjusting entries)라고 부른다.

(1) 수정분개의 목적

수정분개(adjusting entries)는 회계기간의 기말 또는 재무제표 작성시점에 당해 재무제표에 표시되는 금액이 발생기준 회계에 따른 적절한 수치가 될 수 있도록 조정해 주는 분개이다. 이를 통해, 포괄손익계산서에는 적절한 수익과 비용이 보고되고, 재무상태표에는 자산, 부채, 자본이 적절하게 보고될 수 있다.

제3장 4절에서 언급한 바와 같이, 서울컨설팅(주)의 20×1년 4월 말 현재 원장잔액은 서울컨설팅(주)의 재무상태와 4월의 경영성과를 보여주기에 적절하지 않다. 아직 4월에 발생한 임차료비용과 이자비용을 인식하지 않았으며, 소모품 사용액도 파악되지 않았기 때문이다(제3장 4.2절 참조). 이처럼 수정전시산표는 다음과 같은 이유로 완전한 자료를 포함하지 않고 있을 가능성이 높다.

- 일부 경제적 사건은 매일 분개하는 것이 불편하기 때문에 일별로 분개하지 않는다. 예를 들면, 소모품의 일상적인 소비, 종업원급여의 발생, 이자비용이나 이자수익의 발생 등이 해당된다.
- 일부 원가는 직접적인 소비 행위의 결과로 소멸하기보다는 시간의 경과에 따라 비용으로 인식되기 때문에 회계기간 중에는 분개하지 않는다. 감가성 자산(건물, 구축물, 비품 등)의 원가가 대표적이다.
- 일부 비용항목은 상대방으로부터 대금이 청구될 때까지 장부에 기록되지 않는다. 예를 들면, 수도료, 전기료, 가스료 등이 해당된다.

적정한 기간손익을 계산하기 위해서는 위의 수익과 비용 항목들에 대한 수정분개가 필요하다. 즉, 수정분개는 계정별 원장잔액에 '지금 기록되어 있는 금액'을 발생기준 회계에 따른 재무보고를 위해 최종적으로 '기록되어야 할 금액'으로 전환하는 과정이라 할 수 있다.

(2) 수정분개의 유형

재무제표 작성시점에 필요한 수정분개는 여러 가지 종류가 있다. 본 절에서는 가장 기본적인 수정분개 대상으로 발생항목과 이연항목을 소개하고, 그 외 수정분개 사항들은 제6장부터 다뤄지는 주요 계정별 회계에서 순차적으로 설명한다.

발생항목(accruals)은 수익이 발생(예, 용역의 제공 또는 이자수익의 발생)하였으나 아직 현금을 수취하지 않은 경우, 또는 비용이 발생(예, 종업원 근무 또는 이자비용의 발생) 하였으나 아직 현금을 지급하지 않은 경우를 말한다. 발생항목에 대한 수정분개는 당기에 발생하였지만 아직 장부에 기록되지 않은 수익과 비용을 인식하고, 동시에 그 상대 계정과목으로 미수수익 또는 미지급비용을 인식한다.

이연항목(deferrals)은 수익이 발생(예, 용역의 제공 또는 이자수익의 발생)하기 전에 미리 현금을 수취한 경우 또는 비용이 발생(예, 종업원 근무 또는 이자비용의 발생)하기 전에 미리 현금을 지급한 경우에 나타난다. 이연항목에 대한 수정분개는 미리 수취한 금액(선수액) 중 당기의 수익에 해당하는 부분 또는 미리 지급한 금액(선급액) 중 당기의 비용에 해당하는 부분을 분리하여 수익과 비용으로 인식하고, 동시에 그 상대 계정과목인 선수수익 또는 선급비용을 감소시킨다.

〈표 4-2〉 수정분개의 유형

수정 유형		수정 사유	수정분개
발생 항목	미수수익	수익이 발생하였으나 아직 현금을 수취하지 않은 경우	(차) 미수수익 ××× (대) ○○수익 ×××
	미지급비용	비용이 발생하였으나 아직 현금을 지급하지 않은 경우	(차) ○○비용 ××× (대) 미지급비용 ×××
이연 항목	선수수익	현금을 수취하였으나 아직 수익이 실현되지 않은 경우	(차) 선수수익 ××× (대) ○○수익 ×××
	선급비용	현금을 지급하였으나 아직 비용이 발생되지 않은 경우	(차) ○○비용 ××× (대) 선급비용 ×××

각 수정분개 항목을 구체적으로 살펴보기 위해 서울컨설팅(주) 사례를 이용한다. 편의상, 서울컨설팅(주)의 회계기간은 1개월이고, 4월 30일이 결산일이라고 가정하자.

① 미수수익

미수수익(accrued revenues)은 회계기간 말 현재 발생하였지만 아직 현금으로 회수되지 않은 수익이다. 미수수익은 이자수익이나 임대료수익처럼 단순히 시간의 경과에 따라 발생하거나, 혹은 수수료수익이나 용역수익처럼 관련 용역이 제공되었지만 대금이 회수되지 않은 경우에 나타난다. 미수수익이 존재함에도 불구하고 수정분개를 실시하지 않는다면 자산과 수익이 과소표시된다. 따라서 미수수익을 위한 수정분개는 자산계정의 차변과 수익계정의 대변에 기록되어 이들 계정의 금액을 증가시킨다.

서울컨설팅(주)의 사례에서 회사가 4월 30일 이전에 사무실 공간의 일부를 재임대하고 아직 대금을 청구하지 않은 임대료수익이 ₩800 있다고 가정하자. 그러면 서울컨설팅(주)는 4월 30일에 다음과 같은 수정분개를 실시하여 장부에 반영해야 한다.

(차) 미수수익	800	(대) 임대료수익	800

위의 수정분개를 T-계정에 전기하면 다음과 같다.

미수수익			
4/30	800		

임대료수익			
		4/30	800

서울컨설팅(주)은 미수수익계정과 임대료수익계정을 추가로 만들어 4월 중에 발생한 임대료수익 ₩800과 4월 말 현재 임차인으로부터 받을 채권(미수수익) ₩800을 인식한다. 만일 수정분개가 이루어지지 않았다면 서울컨설팅(주)의 재무상태표에는 자산과 자본이 과소표시되고, 포괄손익계산서에는 수익과 이익이 과소표시될 것이다.

② 미지급비용

미지급비용(accrued expenses)은 회계기간 말 현재 이미 발생하였지만 아직 현금을 지급하지 않은 비용이다. 예를 들어, 서울컨설팅(주)의 사례에서 사무실 임대로 발생한 미수수익 ₩800은 그 사무실을 임차한 상대방에게는 미지급비용이 된다.

미지급비용이 존재함에도 불구하고 수정분개를 실시하지 않는다면 부채와 비용이 과소표시된다. 따라서 미지급비용을 위한 수정분개는 부채계정의 대변과 비용계정의 차변에 기록되어 이들 계정의 금액을 증가시킨다. 미지급비용을 자주 발생시키는 항목으로는 이자비용, 임차료비용, 법인세비용, 종업원급여 등이 있다. 서울컨설팅(주)의 사례에서 회사는 4월 6일에 연 7.3%의 이자율로 ₩10,000을 차입한 바 있으며, 이 차입금에서 발생한 4월의 이자비용은 ₩50(=₩10,000×7.3% × 25/365일)이다. 따라서 4월 30일에 서울컨설팅(주)는 이자비용 ₩50을 인식하고 동시에 아직 지급하지 않은 미지급비용(부채) ₩50을 인식해야 한다.

(차) 이자비용	50	(대) 미지급비용	50

위의 수정분개를 T-계정에 전기하면 다음과 같다.

이자비용

4/30	50		

미지급비용

		4/30	1,800
		4/30	50

서울컨설팅(주)의 미지급비용계정에는 이미 4월 30일에 전력 및 수도요금 청구서를 받고 기록한 ₩1,800이 보고되어 있다. 여기에 이자비용 수정분개에 따른 미지급비용 ₩50을 추가로 기입한 것이다. 또한 이자비용계정을 새로 만들어 ₩50이 당월 중에 발생한 비용임을 기록한다. 이러한 수정분개를 수행하지 않는다면 서울컨설팅(주)의 이자비용과 부채(미지급비용)는 과소표시되고, 이익과 자본은 과대표시된다.

③ 선수수익

선수수익(unearned revenue)은 회계기간 말 현재 이미 현금을 수취(선수)하였지만 아직 수익이 실현(예, 용역의 제공)되지 않은 경우에 나타난다. 예를 들면, 건물 임대료나 정기간행물 구독료는 대체로 미리 현금을 받고 추후에 서비스를 제공하기 때문에 미리 받은 현금을 선수수익으로 회계처리한다.[1)]

선수수익은 미래에 용역이나 제품을 제공해야 할 의무이기 때문에 부채로 인식한다. 이후 고객에게 용역을 제공하거나 제품을 인도할 때 비로소 수익으로 바뀐다. 따라서 결산일에는 기중에 발생한 수익을 인식하고 남아 있는 선수수익 부채를 감소시키는 수정분개를 실시해야 한다. 만약 선수수익에 대한 수정분개를 실시하지 않으면 부채(선수수익)가 과대표시되고, 수익(용역수익)이 과소표시된다.

서울컨설팅(주) 사례에서 회사는 4월 23일에 K사로부터 ₩6,000의 컨설팅용역대금을 수취(선수)하였으며, 5월 31일까지 용역을 제공할 예정이라고 가정하자. 그러면 서울컨설팅(주)은 4월 23일에 다음과 같은 분개를 수행했을 것이다.

(차) 현금	6,000	(대) 선수수익	6,000

1) 실무에서는 종종 현금을 수취하는 시점에 선수수익(부채)으로 회계처리하지 않고 곧바로 수익으로 인식하기도 한다. 이 경우에는 기말시점에 아직 실현되지 않은 수익을 취소(차변)하고 같은 금액을 선수수익으로 계상(대변)하는 수정분개가 이루어져야 한다.

현금을 수취하는 시점에는 아직 용역을 제공하지 않았으므로 현금수취를 현금계정(자산)의 차변에 기록하고, 같은 금액을 선수수익(부채)으로 대변에 기록한 것이다.

이제 서울컨설팅(주)이 4월 중에 K사에 제공한 용역금액(수익의 발생)은 ₩1,000 상당이었다고 가정하자. 그러면 4월 30일에 서울컨설팅은 4월의 용역수익 ₩1,000을 인식하고, 동시에 같은 금액만큼의 선수수익(부채)을 감소시키는 수정분개를 실시하여야 한다. 만일 이러한 수정분개가 이루어지지 않는다면 서울컨설팅(주)의 부채가 과대표시되고 이익과 자본은 과소표시된다.

(차) 선수수익	1,000	(대) 용역수익	1,000

4월 23일의 분개와 기말 수정분개를 T-계정에 전기하면 다음과 같다.

현금

4/1	10,000	4/2	6,000
4/6	10,000	4/25	1,000
4/15	5,000	4/27	7,000
4/20	3,000	4/30	2,000
4/23	6,000		

선수수익

4/30	1,000	4/23	6,000

용역수익

		4/15	5,000
		4/20	10,000
		4/30	1,000

현금계정은 4월 23일에 용역대금을 선수한 사실(₩6,000)이 반영되어 잔액이 ₩18,000(=차변 합계−대변 합계)이다. 또한 선수수익계정의 잔액은 ₩5,000(=₩6,000−₩1,000)으로서 5월에 제공될 것으로 기대되는 컨설팅용역의 금액을 표시한다. 마지막으로 용역수익은 4월 중에 발생한 수익합계가 ₩16,000임을 보여주고 있다. 즉, 4월 15일과 4월 20일에 각각 ₩5,000과 ₩10,000의 용역수익을 인식하였으며, 위 수정분개를 통해 ₩1,000의 용역수익을 추가로 인식했기 때문이다.

④ 선급비용

선급비용(prepaid expenses)은 회계기간 말 현재 이미 현금을 지급(선급)하였지만 아직 비용이 발생하지 않은 경우에 나타난다. 즉 선급비용은 선수수익과 상반된 개념이다. 예를 들어, 부동산 임대기업의 선수임대료는 임차기업의 선급임차료가 된다.[2] 선급비용에는 보험료, 임차료 등의 경우처럼 시간의 경과를 통해서 소멸하는 것이 있는 한편, 광고선전비처럼 광고용역을 제공받음에 따라 소멸하는 것도 있다. 어떤 경우이든 이러한 소멸에 대해서는 일반적으로 회계기간 말에 당기에 소멸된 부분(비용 발생)을 비용으로 인식하고, 미래에 소멸될 부분은 계속 자산(선급비용)으로 남기기 위한 수정분개가 필요하다. 따라서 선급비용이 존재하는 경우 기말에 수정분개를 실시하지 않으면 자산(선급비용)이 과대표시되고, 비용이 과소표시된다.

서울컨설팅(주)의 사례에서 회사는 4월 2일에 3개월분의 사무실 임차료 ₩6,000을 선급하고, 이를 선급비용(자산)으로 기록한 바 있다. 따라서 4월 말 시점에서는 4월 한 달 동안 사무실을 사용한(임차료비용 발생) 것이고 향후 사무실을 사용할 권리는 2달분(₩4,000)밖에 남지 않은 셈이다. 따라서 서울컨설팅(주)은 4월 30일에 다음과 같은 수정분개를 수행해야 한다.

(차) 임차료비용	2,000	(대) 선급비용	2,000

위의 수정분개를 T-계정에 전기하면 다음과 같다.

임차료비용

4/30	2,000		

선급비용

4/2	6,000	4/30	2,000

선급비용계정의 잔액은 ₩6,000에서 ₩2,000만큼 감소하여 ₩4,000이 되고, 임차료비용계정 ₩2,000이 추가적인 비용으로 인식된다.

⑤ 선급비용 유사 항목: 소모품비

기업은 영업활동에 필요한 소모품(supplies; 종이, 문구, 전산용품 등)을 가끔씩 대량 구입하게 되는데, 그 소모품은 사용되기 이전까지는 자산이므로 소모품계정의 차변에 기록된다. 이후 소모품이 사용되면서 사용액만큼의 소모품비(비용)가 발생한다. 이러한

2) 회계에서는 제3자에게 자산을 빌려주고 그 대가로 받은 사용료를 임대료라고 하고, 반대로 제3자로부터 자산을 빌리고 그 대가로 지급한 사용료를 임차료라고 한다. 따라서 임대료는 수익이며 임차료는 비용이다.

소모품비는 사용시점마다 장부에 기록하기보다는 결산 시에 해당 회계기간 중에 사용된 소모품 전체를 비용으로 인식하는 것이 일반적이다. 기말시점에 소모품 재고를 조사하면 회계기간 동안의 사용액을 파악할 수 있기 때문이다.

소모품비에 대한 수정분개는 선급비용의 경우와 매우 유사하다. 먼저 현금을 지급하고 자산을 계상한 후에 시간의 경과 또는 자산의 사용에 따라 비용을 인식한다는 점에서 사실상 동일한 유형의 수정분개로 분류되기도 한다. 따라서 소모품에 대한 수정분개를 실시하지 않으면 자산(소모품)이 과대표시되고, 비용이 과소표시된다.

서울컨설팅(주)의 사례에서 회사는 4월 5일에 ₩1,000어치의 소모품을 구입하고 이를 자산(소모품)으로 계상하고 있다. 4월 말에 소모품 재고를 조사한 결과, 보유 중인 소모품은 ₩600어치로 가정하자. 그러면 4월 중에 사용된 소모품은 ₩400(=₩1,000−₩600)이다. 따라서 다음의 수정분개를 통해 4월 중에 소비된 ₩400을 소모품비(비용)로 인식하고, 동시에 소모품(자산)을 ₩400만큼 감소시킨다.

(차) 소모품비	400	(대) 소모품	400

위의 수정분개를 T-계정에 전기하면 다음과 같다.

소모품비			
4/30	400		

소모품			
4/5	1,000	4/30	400

4월 말 현재 소모품계정의 잔액은 실제로 남아 있는 소모품 금액인 ₩600(=₩1,000−₩400)으로 표시되며, 소모품비계정은 ₩400으로 4월 중에 사용된 소모품의 금액과 동일하다.

(3) 수정분개 및 전기

20×1년 4월 30일에 실시한 서울컨설팅(주)의 수정분개 사항들을 분개장에 기록해 놓은 것이 〈표 4−3〉이고, 이를 총계정원장에 전기한 것이 [그림 4−2]이다. 자본항목인 이익잉여금계정의 잔액이 차변에 나타나고 있는 것은 아직 수익계정과 비용계정에 기록된 금액이 이익잉여금계정으로 옮겨지지 않았기 때문이다(제3장 4절 참조).

〈표 4-3〉 수정분개를 기록한 서울컨설팅(주)의 분개장

일자	계정과목 및 설명	차변	대변
20×1.	임대료수익 발생을 기록		
4. 30	미수수익	800	
	임대료수익		800
30	차입금에 대한 이자비용 발생액을 기록		
	이자비용	50	
	미지급비용		50
30	제공한 용역에 대한 수익의 기록		
	선수수익	1,000	
	용역수익		1,000
30	소멸된 선급비용(임차료)을 기록		
	임차료비용	2,000	
	선급비용		2,000
30	사용된 소모품을 기록		
	소모품비	400	
	소모품		400

[그림 4-2] 수정분개 후 서울컨설팅의 총계정원장

현금			
4/1	10,000	4/2	6,000
4/6	10,000	4/25	1,000
4/15	5,000	4/27	7,000
4/20	3,000	4/30	2,000
4/23	6,000		
잔액	18,000		

매출채권			
4/20	7,000		
잔액	7,000		

미수수익			
4/30	800		
잔액	800		

선급비용			
4/2	6,000	4/30	2,000
잔액	4,000		

소모품			
4/5	1,000	4/30	400
잔액	600		

단기차입금			
		4/16	10,000
		잔액	10,000

미지급금			
4/25	1,000	4/5	1,000
		잔액	0

미지급비용			
		4/30	1,800
		4/30	50
		잔액	1,850

선수수익			
4/30	1,000	4/23	6,000
		잔액	5,000

자본금			
		4/1	10,000
		잔액	10,000

이익잉여금			
4/30	2,000		
잔액	2,000		

용역수익			
		4/15	5,000
		4/20	10,000
		4/30	1,000
		잔액	16,000

임대료수익			
		4/30	800
		잔액	800

종업원급여			
4/27	7,000		
잔액	7,000		

수도광열비			
4/30	1,800		
잔액	1,800		

소모품비			
4/30	400		
잔액	400		

임차료비용			
4/30	2,000		
잔액	2,000		

이자비용			
4/30	50		
잔액	50		

2.3 수정후시산표 작성

수정분개와 전기를 마치면 이제 모든 계정의 잔액이 확정되었으므로, 이를 이용하여 수정후시산표(adjusted trial balance)를 작성한다. 수정후시산표의 목적은 모든 수정이 끝난 후 총계정원장의 차변잔액 합계와 대변잔액 합계가 같은지를 검증하는 것이다. 수정후시산표는 재무제표 작성에 필요한 모든 정보를 담고 있어 재무제표 작성의 기초자료로 사용된다.

서울컨설팅(주)의 수정후시산표를 작성하면 〈표 4-4〉와 같다. 이 표는 [그림 4-2]의 총계정원장을 근거로 작성한 것이다.

〈표 4-4〉 수정후시산표

수정후시산표

서울컨설팅(주) 20×1년 4월 30일 현재 (단위: 원)

차변	계정과목	대변
₩18,000	현금	
7,000	매출채권	
800	미수수익	
4,000	선급비용	
600	소모품	
	단기차입금	₩10,000
	미지급금	0
	미지급비용	1,850
	선수수익	5,000
	자본금	10,000
2,000	이익잉여금	
	용역수익	16,000
	임대료수익	800
7,000	종업원급여	
1,800	수도광열비	
400	소모품비	
2,000	임차료비용	
50	이자비용	
₩43,650	합계	₩43,650

수정후시산표의 차변 합계는 ₩43,650으로서 대변 합계와 여전히 일치하고 있다.

2.4 재무제표의 작성

이제 수정후시산표에 근거하여 서울컨설팅(주)의 재무제표를 작성해 보자. 수정후시산표상의 수익계정과 비용계정의 잔액을 이용하여 포괄손익계산서를 작성하면 다음과 같다.

〈표 4-5〉 서울컨설팅(주)의 포괄손익계산서

포괄손익계산서		
서울컨설팅(주)	20×1년 4월 1일~20×1년 4월 30일	(단위: 원)
수익		₩16,800
용역수익	₩16,000	
이자수익	800	
비용		11,250
종업원급여	7,000	
수도광열비	1,800	
소모품비	400	
임차료비용	2,000	
이자비용	50	
당기순이익		5,550
기타포괄손익		0
총포괄손익		₩5,550

포괄손익계산서는 수정후시산표의 수익계정과 비용계정을 이용하여 작성한다. 즉, 수익에 속하는 항목(예, 용역수익, 임대료수익)을 나열한 후 각 금액의 합계를 계산한다. 서울컨설팅(주)의 수익 합계는 ₩16,800이다. 마찬가지 방법으로 비용에 속하는 항목(예, 종업원급여, 수도광열비, 소모품비 등)을 나열한 후 각 금액의 합계를 계산한다. 서울컨설팅(주)의 비용 합계는 ₩11,250이다. 마지막으로 수익합계와 비용합계의 차이로 당기순이익을 계산하여 표시한다. 서울컨설팅(주)의 당기순이익은 ₩5,550(=₩16,800 −₩11,250)이다. 이 금액은 서울컨설팅(주)의 20×1년 4월의 경영성과를 양적으로 표시한 것이다.

수정후시산표에 있는 자산, 부채, 자본계정의 금액을 이용하여 재무상태표를 작성한 결과는 〈표 4-6〉과 같다.

〈표 4-6〉 서울컨설팅(주)의 재무상태표

재무상태표			
서울컨설팅(주)	20×1년 4월 30일		(단위: 원)
자산		부채	
현금	₩18,000	단기차입금	₩10,000
매출채권	7,000	미지급비용	1,850
미수수익	800	선수수익	5,000
선급비용	4,000	부채총계	16,850
소모품	600	자본	
		자본금	10,000
		이익잉여금	3,550
		자본총계	13,550
자산총계	₩30,400	부채와 자본총계	₩30,400

재무상태표를 작성하기 위하여 먼저 수정후시산표의 자산에 속하는 항목(예, 현금, 매출채권, 미수수익, 선급비용, 소모품 등)을 나열한 후 각 금액의 합계를 계산한다. 서울컨설팅(주)의 자산 합계는 ₩30,400이다. 마찬가지 방법으로 부채에 속하는 항목(예, 단기차입금, 미지급비용, 선수수익 등)을 나열한 후 각 금액의 합계를 계산한다. 서울컨설팅(주)의 부채 합계는 ₩16,850이다. 이제 마지막으로 자본에 속하는 계정(예, 자본금, 이익잉여금)을 나열한다.

그런데 이 시점에서 우리는 시산표등식을 다시 상기할 필요가 있다. 제2절에서 소개한 시산표등식은 "자산+비용=부채+자본+수익"이었다. 이 등식은 다시 "자산=부채+자본+(수익-비용)"으로 표현할 수 있다. 여기에서 "(수익-비용)"은 포괄손익계산서에서 계산한 당기순이익 ₩5,550이다. 그리고 이 당기순이익은 자본항목의 이익잉여금에 반영된다.

이제 당기순이익을 이익잉여금에 포함시키면, 자본항목은 자본금 ₩10,000과 이익잉여금 ₩3,550(=당기순이익 ₩5,550-배당 ₩2,000)으로 구성되고, 자본합계는 ₩13,550(=₩10,000+₩3,550)이 된다.

위와 같은 절차를 마치면 재무상태표가 완성된다. 〈표 4-6〉에 의하면, 서울컨설팅(주)이 20×1년 4월 30일에 보유한 자산합계는 ₩30,400, 부채합계는 ₩16,850, 자본합계는 ₩13,550이다. 그리고 부채와 자본의 합계는 ₩30,400(=₩16,850+₩13,550)으로 자산합계와 일치한다. 즉, 회계등식이 성립한다.

제2장 4절에서 설명한 바와 같이, 포괄손익계산서와 재무상태표는 이익잉여금계정을 통해 서로 연결되어 있다. 이를 회계에서는 "재무제표가 톱니바퀴처럼 서로 연계(articulation)되어 있다"고 말한다.

[그림 4-3] 재무상태표와 포괄손익계산서의 관계

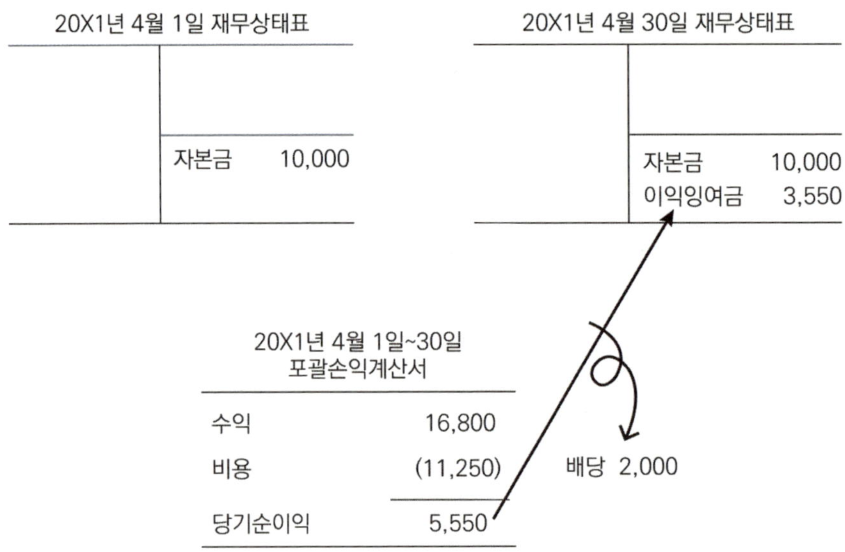

2.5 장부의 마감

(1) 마감분개의 의의

자동차에는 차량이 그동안 운행한 누적거리를 나타내는 총주행거리계와, 버튼을 눌러 0으로 설정한 이후 얼마나 주행했는지를 나타내는 구간거리계가 있다. 매월 자동차를 얼마나 주행하는지 알고 싶은 경우에 매월 1일에 구간거리계를 0으로 설정하면, 어느 때라도 1일 이후 얼마나 달렸는지를 쉽게 파악할 수 있다.

자동차의 구간거리계를 0으로 설정하는 것과 유사하게, 재무제표를 작성한 후 다음 단계로 장부를 마감한다. 장부 마감(closing the books)은 회계기말에 수익계정과 비용계정의 잔액을 이익잉여금계정에 반영하면서 그 잔액을 ₩0으로 만드는 과정 등을 말한다.

〈20×1년 4월 1일〉

누적주행거리:
처음 사서 지금까지 자동차를 탄 총 거리

구간주행거리:
버튼을 누르면 0이 됨.
그 시점부터 지금까지 탄 거리
ex) 한 달에 얼마나 타는지 알고 싶으면 매월 1일에 버튼을 눌러 0으로 만들고 월말에 확인하면 됨.

〈20×1년 4월 30일〉

20×1년 4월 1일 누적주행거리 30,000km
20×1년 4월 1일~4월 30일 구간주행거리 800km

→ 20×1년 4월 30일 누적주행거리 30,800km

재무상태표: 누적된 주행거리와 같이 회사설립부터 특정 시점까지의 정보를 누적

포괄손익계산서: 구간주행거리처럼 특정 기간의 성과를 보여줌

수익과 비용계정을 마감하는 이유는 두 가지이다. 첫째, 일정 회계기간의 경영성과를 측정하기 위해서 수익과 비용계정은 다음 회계기간에는 ₩0에서 새로 출발해야 하기 때문이다. 이에 비하여 재무상태표에 속하는 자산, 부채, 자본계정들은 각각의 잔액을 여전히 유지해야 하므로 마감하여 ₩0으로 만들어서는 안 된다. 이러한 의미에서 수익과 비용항목의 계정들을 임시계정이라고 부르고, 자산, 부채, 자본항목의 계정들을 영구계정이라고 부른다. 임시계정(temporary accounts)은 특정 회계기간에만 관련됨으로써 기말에 잔액이 ₩0으로 바뀌어 폐쇄되는 계정을 의미하며, 영구계정(permanent accounts)은 계정이 하나 이상의 회계기간과 관련을 가짐으로써 당기말 잔액이 이월되어 다음 회계기간의 기초잔액으로 사용되는 계정을 의미한다.

둘째, 수익과 비용의 차이로 계산된 당기순이익을 재무상태표의 이익잉여금에 반영해야 하기 때문이다. 마감분개를 통해 수익과 비용계정의 잔액을 모두 이익잉여금으로 이동(즉, 대체)시킨다.

마감대상이 되는 장부는 총계정원장이다. 원장은 모든 계정들로 구성되어 있으므로 장부의 마감을 계정의 마감이라고도 부른다.

(2) 마감분개와 전기

수익과 비용계정의 잔액을 ₩0으로 만들기 위해서는 각각의 계정잔액 반대편에 계정잔액과 동일한 금액을 기입하는 분개를 해주면 된다. 상대편에는 집합손익(income summary account)이라는 계정을 사용한다. 이를 마감분개(closing entries)라고 한다. 그리고 마감분개를 실시한 후에는 그 내용을 모두 관련된 원장에 전기한다.

수익계정과 비용계정의 마감절차를 그림으로 표시하면 [그림 4－4]와 같다.

[그림 4-4] 수익계정과 비용계정의 마감절차

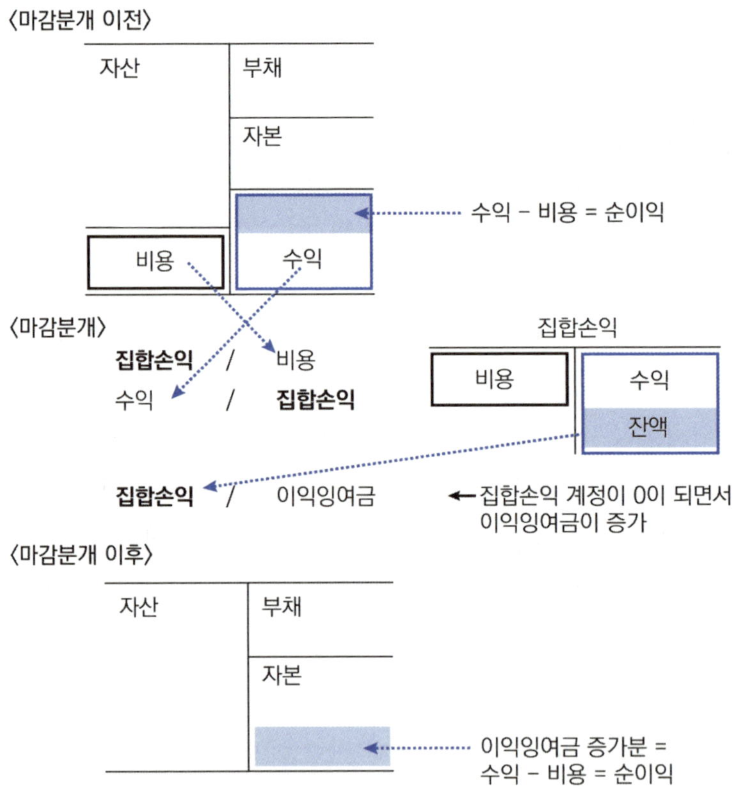

수익계정의 경우에는 개별 수익계정의 잔액은 대변에 기록되어 있으므로, 잔액을 ₩0으로 만들기 위해서 동일한 금액을 당해 계정의 차변에 기록한다. 대변에 기록할 상대계정은 집합손익계정이다.

(차) ○○수익	×××	(대) 집합손익	×××

또한 비용계정의 경우에는 개별 비용계정의 잔액은 차변에 기록되어 있으므로, 잔액을 ₩0으로 만들기 위해서 동일한 금액을 당해 계정의 대변에 기록하고 집합손익계정을 차변으로 사용한다.

(차) 집합손익	×××	(대) ○○비용	×××

그러면 집합손익계정의 대변에는 모든 수익계정의 잔액이 기입되고 차변에는 모든 비용계정의 잔액이 기입된다. 그 결과, 집합손익계정의 대변잔액(=대변합계−차변합계)은 곧 당기순이익(=수익합계−비용합계)이 된다. 마지막으로 집합손익의 대변잔액을 차변에 기록하고 동일한 금액을 이익잉여금 계정의 대변에 기록한다. 만일 당기순손실이 발생한 경우에는 반대로 분개한다.

결국 집합손익계정은 '수익−비용=순이익'을 계산하고, 이 순이익을 이익잉여금으로 대체하는 과정을 분개로 표현할 때 사용되는 임시계정에 불과하다.

(차) 집합손익	×××	(대) 이익잉여금	×××

재무상태표 계정은 잔액이 누적적으로 증감되는 계정이므로 기말에 ₩0으로 조정하지 않는다. 다만 단순히 회계기간이 종료되고 새로운 회계기간의 시작을 나타내기 위하여 다음과 같은 마감분개를 할 수 있다.

(차) 전기이월	×××	(대) 차기이월	×××

〈재무상태표계정의 마감후원장 예시: 현금〉

현금

일자	차변		일자	대변	
4/1		10,000	4/2		6,000
4/6		10,000	4/25		1,000
4/15		5,000	4/27		7,000
4/20		3,000	4/30		2,000
4/23		6,000	4/30	차기이월	18,000
		34,000			34,000
5/1	전기이월	18,000			

서울컨설팅(주)의 사례를 들어 마감분개를 기록하면 다음과 같다.

① 수익계정의 마감

(차) 용역수익	₩16,000	(대) 집합손익	₩16,800
임대료수익	800		

② 비용계정의 마감

(차) 집합손익	11,250	(대) 종업원급여	7,000
		수도광열비	1,800
		소모품비	400
		임차료비용	2,000
		이자비용	50

③ 집합손익계정의 마감

(차) 집합손익	5,550	(대) 이익잉여금	5,550

위 마감분개를 관련 T-계정에 전기하면 다음과 같다.

종업원급여

4/27	7,000	②	7,000
잔액	0		

집합손익

②	11,250	①	16,800
③	5,550		
		잔액	0

용역수익

①	16,000	4/15	5,000
		4/20	10,000
		4/30	1,000
		잔액	0

수도광열비

4/30	1,800	②	1,800
잔액	0		

이익잉여금

4/30	2,000	③	5,550
		잔액	3,550

임대료수익

①	800	4/30	800
		잔액	0

소모품비

4/30	400	②	400
잔액	0		

임차료비용

4/30	2,000	②	2,000
잔액	0		

이자비용

4/30	50	②	50
잔액	0		

2.6 마감후시산표의 작성

마감분개와 전기를 마친 후에는 마감후시산표를 작성한다. 마감후시산표(post-closing trial balance)는 마감분개를 분개장에 기록하고 원장에 전기한 후 영구계정들과 그 잔액들을 순서에 따라 나열해 놓은 표이다. 모든 임시계정의 잔액이 0이 되었으므로 마감후시산표에는 영구계정인 재무상태표계정만 남게 된다.

마감후시산표의 작성 목적은 첫째, 마감분개의 분개장 기록과 전기가 정확하게 이루어졌음을 확인하고, 둘째, 다음 회계기간으로 이월되는 영구계정의 차변잔액 합계와 대변잔액 합계가 동일한지를 검증하려는 것이다.

서울컨설팅(주)의 마감후시산표를 작성하면 〈표 4-7〉과 같다.

〈표 4-7〉 서울컨설팅(주)의 마감후시산표

마감후시산표 서울컨설팅(주)	20×1년 4월 30일 현재	(단위: 원)
차변	계정과목	대변
₩18,000	현금	
7,000	매출채권	
800	미수수익	
4,000	선급비용	
600	소모품	
	단기차입금	₩10,000
	미지급비용	1,850
	선수수익	5,000
	자본금	10,000
	이익잉여금	3,550
₩30,400	합계	₩30,400

제3절 재무제표 작성 및 표시의 일반원칙

기업의 경영자는 재무제표를 작성하여 공시할 책임이 있으며 그 재무제표는 정보이용자들이 기업의 재무상태, 경영성과, 현금흐름 등을 잘 파악할 수 있도록 작성되어야 할 것이다. 이를 위해, K-IFRS(제1001호 재무제표 표시)는 '일반목적 재무제표'의 작성 및 표시에 관한 원칙을 다음과 같이 제시하고 있다.

(1) 공정한 표시

재무제표는 기업의 재무상태, 경영성과 및 현금흐름을 공정하게 표시해야 한다.

공정한 표시를 위해서는 '재무보고를 위한 개념체계'에서 정한 자산, 부채, 수익 및 비용에 대한 정의와 인식요건에 따라 거래, 그 밖의 사건과 상황의 효과를 충실하게 표현해야 한다. 「한국채택국제회계기준(K-IFRS)」에 따라 작성된 재무제표는 공정하게 표시된 재무제표로 본다.

(2) 계속기업 가정과 발생기준 회계

경영진은 재무제표를 작성할 때 계속기업으로서의 존속가능성을 평가해야 한다. 경영진이 기업을 청산하거나 경영활동을 중단할 의도를 가지고 있거나, 청산 또는 경영활동의 중단 외에 다른 현실적 대안이 없는 경우가 아니면 계속기업(going concern)을 전제로 재무제표를 작성한다. 또한 기업은 현금흐름정보를 제외하고는 발생기준 회계(accrual basis of accounting)를 사용하여 재무제표를 작성한다.

(3) 중요성과 통합 표시

재무제표에 보고할 항목은 중요성을 고려하여 결정해야 한다. 유사한 항목은 중요성 분류에 따라 재무제표에 구분하여 표시하고, 상이한 성격이나 기능을 가진 항목은 구분하여 표시한다. 다만 중요하지 않은 항목은 성격이나 기능이 유사한 다른 항목과 통합하여 표시할 수 있다.

(4) 상계표시 금지

K-IFRS에서 요구하거나 허용하지 않는 한 자산과 부채, 그리고 수익과 비용은 서로 상계하지 아니한다. 예를 들어, 기업이 특정 거래처로부터 받을 매출채권이 10억원이고 지급해야 할 매입채무가 7억원일 경우 매출채권(자산) 10억원과 매입채무(부채) 7억원을 모두 재무상태표에 표시하는 것이 총액표시 방법이고, 그 차이인 3억원만을 매출채권(자산)으로 표시하는 것이 상계표시 방법이다. 이러한 상계표시는 회계정보의 유용성을 감소시킬 수 있으므로 원칙적으로 허용되지 않는다.

(5) 보고 빈도와 비교정보

비교정보를 포함하는 전체 재무제표는 적어도 1년마다 작성한다. 또한 K-IFRS에서 달리 허용하거나 요구하는 경우를 제외하고는 당기 재무제표에 보고되는 모든 금액에 대해 전기 비교정보를 표시한다. 당기 재무제표를 이해하는 데 목적적합하다면 서술형 정보의 경우에도 비교정보를 포함한다.

(6) 표시의 계속성

재무제표의 기간별 비교가능성을 높이기 위하여 재무제표 항목의 표시와 분류는 매기 동일하여야 한다. 다만, 사업내용의 유의적인 변화 등으로 다른 표시나 분류방법을 적용하는 것이 더 적절한 것이 명백한 경우, K-IFRS에서 표시방법의 변경을 요구하는 경우에는 예외가 허용된다.

[보론] 정산표를 이용한 재무제표 작성

본 장에서 우리는 기말 결산절차의 각 단계별로 재무제표 작성과정을 살펴보았다. 보론에서는 정산표를 이용하여 재무제표를 작성하는 방법에 대해 살펴보자.

정산표(worksheet)란 재무제표 작성에 필요한 정보를 한 곳에 모아 결산을 편리하게 하도록 고안된 양식을 말한다. 즉, 수정전시산표로부터 출발하여 수정분개 내용을 반영한 후 수정후시산표를 작성하고, 이 수정후시산표로부터 포괄손익계산서와 재무상태표를 작성하기까지의 내용을 일목요연하게 보여주는 양식이다. 정산표는 재무제표 작성을 위한 일시적 작업도구일 뿐 공식적인 재무보고서의 일부는 아니다. 다만 정산표를 이용하면 재무제표 작성의 모든 과정이 하나의 표 위에서 진행되기 때문에 수정사항을 요약적으로 파악하거나 재무제표 작성과정에서의 오류를 쉽게 발견할 수 있는 장점이 있다.

정산표의 양식은 〈표 A4－1〉과 같다.

〈표 A4-1〉 정산표의 양식

계정과목	수정전시산표		수정분개		수정후시산표		포괄손익계산서		재무상태표	
	차변	대변	차변	대변	차변	대변	차변	대변	차변	대변
현금										
매출채권										
…										
합계	×××	×××								
…										
합계			×××	×××	×××	×××				
당기순이익										
합계							×××	×××	×××	×××

정산표의 작성절차는 다음과 같다.

1단계: 수정전시산표의 작성

시산표 작성방법에 따라 필요한 계정과목과 각 계정의 잔액을 차변과 대변에 옮겨 적은 후, 금액 합계를 시산표의 하단에 기록한다. 차변금액 합계와 대변금액 합계를 비교하여 일치 여부를 확인한다.

2단계: 수정분개의 기록

수정분개를 한 후 해당 계정과목을 찾아서 차변금액 혹은 대변금액을 기록한다. 만약 필요한 계정과목이 수정전시산표에 존재하지 않는다면 계정과목에 추가로 기입한 후 금액을 기록한다. 그리고 차변금액 합계와 대변금액 합계를 비교하여 일치 여부를 확인한다.

3단계: 수정후시산표의 작성

수정전시산표의 각 계정별 금액에 수정분개 금액을 반영하여 수정후시산표에 기록한다. 만약 두 금액이 같은 변(차변 혹은 대변)에 기록되어 있으면 합산한 금액을 해당 변에 기록하고, 두 금액이 서로 다른 변에 기록되어 있으면 큰 금액에서 작은 금액을 차감한 잔액을 큰 금액이 기록되어 있는 변에 기록한다. 차변금액 합계와 대변금액 합계를 비교하여 일치 여부를 확인한다.

4단계: 수정후시산표 잔액을 포괄손익계산서와 재무상태표에 옮겨 적음

수정후시산표에 금액이 기록되어 있는 계정 중 수익과 비용계정의 금액은 포괄손익계산서에, 그리고 자산계정, 부채계정, 자본계정은 재무상태표에 옮겨 적는다.

5단계: 당기순이익 계산 및 정산표 완성

포괄손익계산서와 재무상태표의 차변금액 합계와 대변금액 합계를 계산한 후 이를 비교한다. 두 금액은 통상 일치하지 않는다. 포괄손익계산서의 대변금액 합계(수익 합계)가 차변금액 합계(비용 합계)보다 크면(작으면) 당기순이익(당기순손실)이 발생한 것이다. 마찬가지로, 재무상태표의 차변금액 합계(자산 합계)가 대변금액 합계(부채와 자본 합계)보다 크면(작으면) 당기순이익(당기순손실)이 발생한 것이다. 이를 조정하기 위하여 계정과목에 '당기순이익(당기순손실)'이라고 기록하고 그 금액을 포괄손익계산서의 차변과 재무상태표의 대변에 기록하면 정산표가 완성되며, 차변금액 합계와 대변금액 합계가 일치하게 된다.

서울컨설팅(주)의 총계정원장 자료를 이용하여 정산표를 작성하면 〈표 A4－2〉와 같다.

〈표 A4-2〉 서울컨설팅(주)의 정산표

정산표

서울컨설팅(주) 20×1년 4월 1일~20×1년 4월 30일 (단위: 원)

계정과목	수정전시산표		수정분개		수정후시산표		포괄손익계산서		재무상태표	
	차변	대변	차변	대변	차변	대변	차변	대변	차변	대변
현금	12,000		6,000		18,000				18,000	
매출채권	7,000				7,000				7,000	
선급비용	6,000			2,000	4,000				4,000	
소모품	1,000			400	600				600	
단기차입금		10,000				10,000				10,000
미지급비용		1,800		50		1,850				1,850
자본금		10,000				10,000				10,000
이익잉여금	2,000				2,000					(2,000)
용역수익		15,000		1,000		16,000		16,000		
종업원급여	7,000				7,000		7,000			
수도광열비	1,800				1,800		1,800			
합계	36,800	36,800								
미수수익			800		800				800	
임대료수익				800		800		800		
이자비용			50		50		50			
선수수익			1,000	6,000		5,000				5,000
임차료비용			2,000		2,000		2,000			
소모품비			400		400		400			
합계			10,250	10,250	43,650	43,650	11,250	16,800	30,400	24,850
당기순이익							5,550			5,550
							16,800	16,800	30,400	30,400

종합예제

제3장 종합예제에서 다뤘던 서울솔루션(주)의 사례를 다시 살펴보자. 서울솔루션(주)는 컴퓨터 소프트웨어 개발 및 판매를 목적으로 20×1년 10월 1일에 설립되었으며, 설립 이후 10월 중에 발생한 거래는 다음과 같았다. 서울솔루션(주)의 결산일은 10월 31일이라고 가정하자.

- 10월 1일, 현금 ₩300,000을 출자하여 서울솔루션(주)를 설립하였다.
- 10월 2일, 사무실을 임차하고 매 3개월마다 ₩30,000을 지급(후급)하기로 계약하였다. 또한 사무실 화재보험에 가입하면서 1년어치 보험료 ₩12,000을 현금으로 지급하였다.
- 10월 4일, 사무실 책상 등의 비품을 ₩50,000에 취득하였다. 구입대금 중 ₩5,000은 현금으로 지급하고, 잔액은 외상으로 하였다.
- 10월 7일, 사무용 소모품 ₩10,000을 현금으로 구매하였다.
- 10월 16일, 수원물류(주)에 전사적 자원관리(ERP) 시스템을 개발하여 판매하였다. 판매대금 ₩20,000은 다음 달 5일에 수취할 예정이다.
- 10월 18일, 부산은행(주)에 ₩100,000의 정기예금(만기 1년)을 가입하였다.
- 10월 20일, 원주전자(주)에 전사적 자원관리(ERP) 시스템을 개발하여 ₩19,000에 판매하고 판매대금을 현금으로 수취하였다.
- 10월 25일, 10월분 종업원급여 ₩15,000을 현금으로 지급하였다.
- 10월 28일, 10월 4일에 발생한 외상대금 중 ₩20,000을 현금으로 지급하였다.

서울솔루션(주)의 20×1년 10월 31일 현재 수정전시산표는 다음과 같다(위 거래에 대한 분개와 원장전기는 제3장 종합예제를 참조).

수정전시산표

서울솔루션(주) 20×1년 10월 31일 현재 (단위: 원)

차변	계정과목	대변
₩157,000	현금	
100,000	정기예금	
20,000	매출채권	
12,000	선급비용	
10,000	소모품	
50,000	집기비품	
	미지급금	₩25,000
	자본금	300,000
	용역수익	39,000
15,000	종업원급여	
₩364,000	합계	₩364,000

또한, 20×1년 10월의 재무제표 작성을 위한 수정분개사항은 다음과 같다.

① 결산일까지 정기예금에서 발생한 이자수익은 ₩500이다. ② 선급비용(보험료) ₩12,000 중 10월분 보험료는 ₩1,000이다. ③ 10월 말 현재 남아 있는 소모품의 구입가격은 ₩7,000이다. ④ 집기비품에 대한 10월 감가상각비는 ₩2,000이다. ⑤ 10월분 통신비가 ₩4,000 발생하였으나 아직 청구되지 않고 있다. ⑥ 10월 중에 발생한 사무실 임차료비용 ₩10,000이 아직 지급되지 않았다.

| 물음 |

(1) 재무제표 작성에 필요한 수정분개를 하라.
(2) 수정후시산표를 작성하라.
(3) 20×1년 10월의 포괄손익계산서 및 20×1년 10월 31일 현재의 재무상태표를 작성하라.
(4) 마감분개를 실시하라.
(5) 정산표를 이용하여 재무제표를 작성하라.

| 풀이 |

(1) 서울솔루션(주)의 기말수정분개는 다음과 같다.

① 18일에 가입한 정기예금에서 이자수익이 ₩500 발생하였으므로, 미수수익(자산) ₩500을 인식(차변)하고 이자수익(수익) ₩500을 인식한다(대변).

(차) 미수수익	500	(대) 이자수익	500

② 1년간의 화재보험료 선급액 ₩12,000 중에서 10월분 보험료는 ₩1,000(=₩12,000/12월)이므로, 보험료비용(비용) ₩1,000을 인식하고(차변) 같은 금액의 선급비용(자산)을 감소시킨다(대변).

(차) 보험료비용	1,000	(대) 선급비용	1,000

③ 10월 말 현재 남아 있는 소모품은 ₩7,000이므로, 10월 중의 소모품 사용액 ₩3,000(=₩10,000−₩7,000)이다. 따라서 소모품비(비용) ₩3,000을 인식하고(차변) 그만큼 소모품(자산)을 감소시킨다(대변).

(차) 소모품비	3,000	(대) 소모품	3,000

④ 유형자산인 집기비품에서 감가상각비 ₩2,000이 발생하였으므로, 이를 감가상각비(비용)로 인식하고(차변) 동액만큼 집기비품을 감액시킨다(대변). 일반적으로 유형자산 감가상각비는 감가상각누계액이라는 평가계정을 이용하여 간접적으로 차감하는 분개를 수행하지만 이 방법은 제8장에서 설명하기로 하고, 본 예제에서는 해당 집기비품을 직접 차감하는 방법으로 분개한다.

(차) 감가상각비	2,000	(대) 집기비품	2,000

⑤ 10월분 통신비 ₩4,000이 발생하였으나 아직 지급되지 않았으므로 ₩4,000을 통신비(비용)으로 인식하고(차변) 동액만큼 미지급비용(부채)을 계상한다(대변).

(차) 통신비	4,000	(대) 미지급비용	4,000

⑥ 10월분 사무실 임차료비용 ₩10,000이 발생하였으므로 이를 임차료비용(비용)으로 인식하고(차변), 아직 현금으로 지급되지 않았으므로 ₩10,000을 미지급비용(부채)으로 계상한다(대변).

(차) 임차료비용	10,000	(대) 미지급비용	10,000

(2) 위 수정분개가 반영된 서울솔루션(주)의 수정후시산표는 다음과 같다.

수정후시산표

서울솔루션(주) 20×1년 10월 31일 현재 (단위: 원)

차변	계정과목	대변
₩157,000	현금	
100,000	정기예금	
20,000	매출채권	
500	미수수익	
11,000	선급비용	
7,000	소모품	
48,000	집기비품	
	미지급금	₩25,000
	미지급비용	14,000
	자본금	300,000
	용역수익	39,000
	이자수익	500
15,000	종업원급여	
1,000	보험료비용	
3,000	소모품비	
2,000	감가상각비	
4,000	통신비	
10,000	임차료비용	
₩378,500	합계	₩378,500

계정잔액의 변동내역은 다음과 같다.

- 미수수익: 수정분개 ① ₩500
- 선급비용: 수정전시산표 ₩12,000 − 수정분개 ② ₩1,000＝₩11,000
- 소모품: 수정전시산표 ₩10,000 − 수정분개 ③ 3,000＝₩7,000
- 집기비품: 수정전시산표 ₩50,000 − 수정분개 ④ 2,000＝₩48,000
- 미지급비용: 수정분개 ⑤ ₩4,000＋수정분개 ⑥ 10,000＝₩14,000
- 이자수익: 수정분개 ① ₩500

• 보험료비용: 수정분개 ② ₩1,000
• 소모품비: 수정분개 ③ ₩3,000
• 감가상각비: 수정분개 ④ ₩2,000
• 통신비: 수정분개 ⑤ ₩4,000
• 임차료비용: 수정분개 ⑥ ₩10,000

(3) 수정후시산표를 이용하여 포괄손익계산서와 재무상태표를 작성하면 다음과 같다.

포괄손익계산서

서울솔루션(주)	20×1년 10월 1일~20×1년 10월 31일	(단위: 원)
수익		₩39,500
용역수익	₩39,000	
이자수익	500	
비용		35,000
종업원급여	15,000	
보험료비용	1,000	
소모품비	3,000	
감가상각비	2,000	
통신비	4,000	
임차료비용	10,000	
당기순이익		4,500
기타포괄손익		0
총포괄손익		₩4,500

재무상태표

서울솔루션(주) 20×1년 10월 31일 (단위: 원)

자산		부채	
현금	₩157,000	미지급금	₩25,000
정기예금	100,000	미지급비용	14,000
매출채권	20,000		
미수수익	500	부채총계	39,000
선급비용	11,000	자본	
소모품	7,000	자본금	300,000
집기비품	48,000	이익잉여금	4,500
		자본총계	304,500
자산총계	₩343,500	부채와 자본총계	₩343,500

(4) 마감분개는 다음과 같다.

① 수익계정의 마감

(차) 용역수익	39,000	(대) 집합손익	39,500
이자수익	500		

② 비용계정의 마감

(차) 집합손익	35,000	(대) 종업원급여	15,000
		보험료	1,000
		소모품비	3,000
		감가상각비	2,000
		통신비	4,000
		임차료	10,000

③ 집합손익계정의 마감

(차) 집합손익	4,500	(대) 이익잉여금	4,500

(5) 정산표를 이용하여 재무제표를 작성하면 다음과 같다.

정산표

서울솔루션(주) 20×1년 10월 1일~20×1년 10월 31일 (단위: 원)

계정과목	수정전시산표		수정분개		수정후시산표		포괄손익계산서		재무상태표	
	차변	대변	차변	대변	차변	대변	차변	대변	차변	대변
현금	157,000				157,000				157,000	
정기예금	100,000				100,000				100,000	
매출채권	20,000				20,000				20,000	
선급비용	12,000			1,000	11,000				11,000	
소모품	10,000			3,000	7,000				7,000	
집기비품	50,000			2,000	48,000				48,000	
미지급금		25,000				25,000				25,000
자본금		300,000				300,000				300,000
용역수익		39,000				39,000		39,000		
종업원급여	15,000				15,000		15,000			
합계	364,000	364,000								
미수수익			500		500				500	
이자수익				500		500		500		
보험료비용			1,000		1,000		1,000			
소모품비			3,000		3,000		3,000			
감가상각비			2,000		2,000		2,000			
통신비			4,000		4,000		4,000			
미지급비용				14,000		14,000				14,000
임차료비용			10,000		10,000		10,000			
합계			20,500	20,500	378,500	378,500	35,000	39,500	343,500	339,000
당기순이익							4,500			4,500
							39,500	39,500	343,500	343,500

익힘문제

1. 회계순환과정에 대하여 간략히 설명하라.

2. 회계순환과정의 주요 단계를 설명하라.

3. 시산표란 무엇이며, 이를 작성하는 이유를 설명하라.

4. 시산표의 한계는 무엇인지 설명하라.

5. 수정분개가 필요한 이유를 설명하라.

6. 수정분개 대상항목의 주요한 유형을 제시하라.

7. 수정후시산표를 이용한 재무제표의 작성 방법을 설명하라.

8. 계정은 성격에 따라 임시계정과 영구계정으로 구분된다. 두 계정을 비교 설명하라.

9. 포괄손익계산서에서 계산된 당기순이익은 재무상태표에 어떻게 반영되는지를 설명하라.

10. 마감분개의 절차를 설명하라.

연습문제

4-1 기본개념의 이해

아래 문장이 맞으면 ○, 틀리면 ×를 표시하라.

(1) 시산표는 오류의 존재만을 알려줄 뿐 오류의 발생원천에 대해서는 아무런 정보를 제공하지 못한다. ( )

(2) 시산표의 차변합계와 대변합계가 일치한다면 오류가 없다는 것을 의미한다. ( )

(3) 수정분개는 발생기준회계를 채택하는 기업이 경영성과를 적절하게 보고하기 위해 수행한다. ( )

(4) 회계기간 말 현재 용역을 제공하였지만 현금으로 회수되지 않은 용역수익을 인식하기 위한 수정분개를 하면 자산이 증가한다. ( )

(5) 현재 이미 발생하였지만 아직 현금으로 지급하지 않은 종업원급여는 인식하기 위한 수정분개를 하면 자산이 감소한다. ( )

(6) 고객으로부터 미리 받았던 선수금이 당기에 재화나 용역을 제공함으로써 실현되어 이를 인식하기 위한 수정분개를 하면 부채는 증가한다. ( )

(7) 미수수익이 존재함에도 수정분개를 통하여 수정하지 않는다면 자산과 수익이 과소계상된다. ( )

(8) 미지급비용이 존재함에도 수정분개를 통하여 수정하지 않는다면 비용과 자산은 과소계상된다. ( )

(9) 선수수익에 대한 수정분개를 실시하지 않으면 기말 자산이 과대표시된다. ( )

(10) 자산으로 계상한 선급비용(예: 선급보험료)에 대해 기말 수정분개를 실시하지 않으면 비용이 과소표시된다. ( )

(11) 수정후시산표는 포괄손익계산서와 재무상태표의 작성에 필요한 모든 정보가 적절한 양식과 금액으로 분류되어 있으므로 쉽게 재무제표를 작성할 수 있다. ( )

(12) 수익과 비용항목의 계정들을 영구계정이라고 부르고, 자산, 부채, 자본항목의 계정들을 임시계정이라고 부른다. ( )

(13) 결산시점에서는 모든 수익과 비용계정의 잔액을 0으로 만들고, 다음 회계연도를 시작하기 위해 마감분개를 수행한다. ( )

(14) 집합손익계정은 장부의 마감단계에서만 일시적으로 필요한 임시계정이다. ( )

(15) 이익잉여금계정은 매 결산시점에 마감되어, 자본계정으로 대체되므로 다음 회계연도 초의 잔액은 0에서 시작된다. ( )

(16) 기업이 회계기간 동안 순이익을 낸 경우, 마감분개는 집합손익계정에 차변기입하고 이익잉여금계정에 대변기입한다. ( )

(17) 정산표는 수정전시산표로부터 재무제표를 작성하기까지 필요한 정보를 요약하여 보여 주는 양식으로서 공식적인 재무보고서의 일부이다. (　)

4-2 시산표 작성(Ⅰ)

다음 자료는 공주택배(주)의 20×1년 12월 31일 현재 총계정원장의 계정잔액들이다.

(단위: 원)

현금	130,000	토지	2,600,000	장기차입금	1,600,000
소모품	40,000	미지급금	100,000	급여	400,000
자본금	500,000	용역수익	1,500,000	수도광열비	30,000
유류비	512,000	광고선전비	40,000	차량운반구	300,000
미수수익	400,000	선급비용	48,000	이익잉여금	?

| 물음 |

위의 자료를 이용하여 수정전시산표를 작성하라. 그리고 이익잉여금은 얼마인가?

4-3 시산표 작성(Ⅱ)

다음 계정들에 기입된 금액은 경영컨설팅을 목적으로 하는 남원컨설팅(주)의 20×1년 5월 중 거래기록이다.

현금			
5/1	100,000	5/3	25,000
5/28	8,000	5/20	4,600
		5/25	4,000

미수수익			
5/15	20,000	5/28	8,000

소모품			
5/7	7,000	5/31	1,400

비품			
5/3	25,000		

미지급금			
5/20	4,600	5/7	7,000

자본금			
		5/1	100,000

급여			
5/25	4,000		

용역수익			
		5/15	20,000

소모품비			
5/31	1,400		

그리고 다음 자료는 5월 31일 현재 남원컨설팅(주)의 시산표이다.

시산표

남원컨설팅(주) 20×1년 5월 31일 현재 (단위: 원)

차변	계정과목	대변
₩74,400	현금	
12,000	미수수익	
6,500	소모품	
25,000	비품	
	미지급금	3,400
	자본금	100,000
	용역수익	20,000
4,000	급여	
1,400	소모품비	
₩123,400	합계	₩123,400

| 물음 |

(1) 이 시산표에 포함되어 있는 기록오류를 지적하라.

(2) 정확한 시산표를 작성하라.

4-4 미수, 미지급, 선수, 선급계정의 식별

다음은 현금의 미수, 미지급, 선수, 선급과 관련된 계정과목들을 나열한 것이다.

미수수익	미지급비용	선수수익	선급비용
미수금	미지급금	선수금	선급금

| 물음 |

위의 계정과목들을 자산과 부채로 구분하라.

4-5 기말수정분개(I)

문제 [4－2]에 제시된 계정잔액을 가진 공주택배(주)는 20×1년 12월 31일 현재 다음과 같은 기말수정사항을 가지고 있다.

① 선급비용 ₩48,000은 20×1년 9월 1일에 1년간의 보험료를 미리 지급한 것이다.

② 결산일 현재 소모품 재고액을 조사한 결과 ₩10,000이 남아 있다.

③ 용역수익 ₩1,500,000 중에는 당기에 제공하지 않은 택배용역의 현금수취액 ₩200,000이 포함되어 있다.

④ 종업원급여 지급일은 매월 25일로서 12월 31일 현재 발생하였으나 지급하지 않은 급여가 ₩60,000이다.

⑤ 차량운반구에 대한 20×1년도의 감가상각비는 ₩60,000이다(단, 논의의 편의상 자산에서 직접 차감한다).

| 물음 |

(1) 필요한 수정분개를 실시하라.

(2) 수정후시산표를 작성하라.

4-6 기말수정분개(II)

다음의 분개는 청원기업(주)가 실시한 기말수정분개이다.

① (차) 보험료비용	100,000	(대) 선급비용	100,000
② (차) 선수수익	200,000	(대) 임대료수익	200,000
③ (차) 미수수익	80,000	(대) 이자수익	80,000
④ (차) 이자비용	120,000	(대) 미지급비용	120,000
⑤ (차) 소모품비	50,000	(대) 소모품	50,000

| 물음 |

각 수정분개 내용이 무엇이었는지를 추정하라.

4-7. 기말수정분개(III)

영천기획(주)의 회계담당자는 업무 미숙으로 다음 사항들에 대한 기말수정분개를 누락한 후, 회사의 당기순이익을 ₩4,000,000으로 보고하였다.

① 종업원급여 미지급액: ₩1,200,000

② 정기예금 이자 미수액: ₩400,000

③ 선급비용계정 잔액 중 기간이 경과한 금액: ₩600,000

④ 선수수익계정 잔액 중 기간이 경과한 금액: ₩900,000

| 물음 |

(1) 위의 네 가지 수정분개 사항의 누락이 각각 회사의 당기순이익을 과대표시하는가? 아니면 과소표시하는가?

(2) 회사의 정확한 당기순이익은 얼마인가?

4-8 기말수정분개(IV)

다음 자료는 성남기획(주)의 20×1년도 결산 직전 기말수정사항이다.

① 광고용역대금으로 ₩500,000을 수취하여 용역수익계정에 기록한 금액 중에서 아직 용역이 제공되지 않은 부분이 ₩100,000 포함되어 있다.

② 보험료계정 잔액은 ₩300,000이고, 이 중 차기분 보험료가 ₩250,000 포함되어 있다.

③ 소모품계정 잔액은 ₩200,000이고, 기말 현재 소모품 재고액을 조사한 결과 ₩40,000으로 밝혀졌다.

④ 기말 현재 사무실 임차료 ₩100,000의 지급기일이 도래하였으나 아직 지급하지 않았다.

⑤ 기말 현재 발생하였지만 아직 장부에 기록하지 않은 정기예금 이자가 ₩40,000 있다.

| 물음 |

위의 각 항목에 필요한 수정분개를 제시하라.

4-9 기말수정분개(V)

태백크리닝(주)는 청소용역을 제공하는 회사로서 20×1년 6월 1일에 개업하였다. 1개월간 영업을 한 후에 6월 30일 현재 시산표에는 다음과 같은 계정이 포함되어 있다.

선급비용	₩8,400
청소설비자산	48,000
미지급금	35,000
선수수익	12,000
용역수익	3,600

위의 각 계정을 분석한 결과 다음과 같은 추가 자료가 밝혀졌다.

(1) 선급비용 8,400원은 회사가 청소설비자산을 보험에 가입하고 보험료를 선급한 것으로서 6월 1일부터 2년간 유효한 보험기간을 가지고 있다.

(2) 미지급금은 청소설비자산을 취득하고 6개월 후에 대금을 지급하기로 약속한 것으로서 만기일에는 미지급금의 원금과 이자(연간 6%의 이자율)를 지급해야 한다.

(3) 회사는 6월 2일에 10명의 고객을 대상으로 향후 6개월간 청소용역을 제공하기로 계약하고, 용역대금으로 고객당 1,200원씩 12,000원을 수취하였다.

(4) 회사는 6월 중 기타 고객에게 청소용역 3,000원을 제공하였지만, 6월 30일 현재 대금을 회수하지 않았다.

| 물음 | 6월 30일 현재 회사가 해야 할 각 항목의 수정분개를 제시하라.

4-10 재무제표 작성과 마감분개

문제 [4-5]에서 작성한 공주택배(주)의 20×1년 12월 31일 현재 수정후시산표를 이용하여 다음 물음에 답하라.

| 물음 |

(1) 포괄손익계산서를 작성하라.

(2) 재무상태표를 작성하라.

(2) 마감분개를 실시하라.

4-11 재무제표 작성 종합(I)

다음 자료는 울산투자자문(주)의 20×1년 11월 30일 현재 수정전시산표와 기말수정사항이다. 회사의 회계기간은 1개월이다.

수정전시산표

울산투자자문(주) 20×1년 11월 30일 현재 (단위: 원)

차변	계정과목	대변
₩136,000	현금	
12,000	매출채권	
48,000	선급비용	
10,000	장기금융상품	
	단기차입금	₩20,000
	미지급금	30,000
	선수수익	6,000
	자본금	100,000
	용역수익	79,000
20,000	급여	
4,000	통신비	
5,000	소모품비	
₩235,000	합계	₩235,000

〈기말수정사항〉

① 선급비용 ₩48,000은 1년치 보험료를 11월 1일에 지급한 것이다.

② 11월분 사무실 임차료 ₩12,000은 12월 중에 지급할 예정이다.

③ 단기차입금 ₩20,000은 11월 1일에 차입하였다. 이자율은 연 12%, 상환기간은 1년이다. 원금과 이자는 내년 10월 31일에 지급할 예정이다.

④ 11월 30일에 광주전자(주)에 경영컨설팅을 제공하였는데, 용역대금 ₩20,000은 다음달에 회수할 예정이다. 울산투자자문(주)은 기중에 용역수익에 관하여 현금주의로 회계 처리하고 있다.

⑤ 11월분의 광고선전비 ₩10,000을 아직 지급하지 않았다. 울산투자자문(주)은 기중에 광고선전비에 관하여 현금주의로 회계처리하고 있다.

⑥ 장기금융상품은 은행 정기예금이다. 정기예금에 대한 이자수익 ₩500이 발생하였으나 추후 회수할 예정이다. 울산투자자문(주)은 이자수익에 관하여 현금주의로 회계 처리하고 있다.

⑦ 선수수익 중 기간이 경과함으로써 발생한 임대료수익은 ₩1,000이다.

| 물음 |

(1) 위의 각 항목에 대하여 기말수정분개를 실시하라.

(2) 수정후시산표를 작성하라.

(3) 포괄손익계산서를 작성하라.

(4) 재무상태표를 작성하라.

(5) 마감분개를 실시하라.

4-12 재무제표 작성 종합(II)

다음 자료는 여주크리닝(주)의 20×1년 12월 31일 현재 수정전시산표와 기말수정사항이다.

수정전시산표

여주크리닝(주) 20×1년 12월 31일 현재 (단위: 원)

차변	계정과목	대변
₩5,000	현금	
6,000	매출채권	
2,000	소모품	
480	선급비용	
10,000	장기금융상품	
18,000	토지	
	미지급금	₩3,000
	선수수익	600
	장기차입금	12,000
	자본금	20,000
	용역수익	15,150
8,000	급여	
500	수도광열비	
320	통신비	
450	광고선전비	
₩50,750	합계	₩50,750

〈기말수정사항〉

① 장기차입금에 대한 이자비용이 ₩800이 발생하였으나 추후 지급예정이다.

② 장기금융상품은 은행 정기예금이다. 정기예금에 대한 이자수익이 ₩600 발생하였으나 추후 회수할 예정이다.

③ 선급비용 중 기간이 경과함으로써 발생한 보험료비용은 ₩360이다.

④ 선수수익 중 기간이 경과함으로써 발생한 임대료수익은 ₩400이다.

| 물음 |

(1) 필요한 기말수정분개를 실시하라.

(2) 정산표를 작성하라.

제5장
상품매매기업의 회계순환

앞 장에서는 서비스업을 중심으로 거래기록과 재무제표 작성절차를 설명하였다. 상품매매기업의 경우 회계시스템 측면에서 서비스업과 근본적인 차이가 없지만, 상품매매기업의 고유한 영업특성이 회계시스템에 미치는 영향으로 인하여 몇 가지 부분에서 차이가 발생한다. 본 장에서는 상품매매기업의 거래기록(특히 매입, 매출, 매출원가의 기록)과 재무제표 작성절차를 설명한다.

- **상품매매기업의 회계순환**
  - 상품매매기업의 영업활동과 포괄손익계산서의 구조
    - 상품매매기업의 영업활동
    - 포괄손익계산서 구조
  - 상품매매거래의 기록방법
    - 계속기록법
    - 실지재고조사법
  - 상품매매거래의 기중 회계처리
    - 계속기록법의 기중 회계처리
    - 실지재고조사법의 기중 회계처리
    - 매입과 매출의 부대비용
  - 상품매매기업의 회계순환
    - 수정전시산표 작성
    - 수정분개
    - 재무제표 작성
    - 계정의 마감

제1절 상품매매기업의 영업활동과 포괄손익계산서의 구조

기업을 주요 영업활동의 성격에 따라 업종으로 분류하면 서비스기업, 상품매매기업, 제조기업 등으로 구분할 수 있다. 서비스기업은 고객에게 용역(서비스)을 제공하고 수익을 얻는다. 휴대폰과 인터넷 같은 통신망, 네이버, 구글, 넷플릭스, 게임과 같은 온라인 서비스, 보험, 은행 등이 서비스를 제공하는 기업이다. 상품매매기업은 상품의 매입과 판매를 통해 수익을 얻고, 제조기업은 제품을 생산, 판매하여 수익을 얻는 영업특성을 가진다.

우리는 제3장과 제4장에서 영업활동이 비교적 단순한 서비스기업의 사례를 들어 거래의 기록방법과 재무제표 작성절차를 논의하였다. 본 장에서는 상품매매기업의 회계를 설명한다. 상품매매기업의 회계는 상품을 구입한 후 판매하기 전까지 보유하는 재고자산이 있기 때문에 서비스업의 회계보다는 조금 복잡하다.[1)]

1.1 상품매매기업의 영업활동

상품매매기업(merchandising company)은 제조기업이나 도매상으로부터 상품을 매입하여 보유한 후, 이를 다시 소매상이나 최종소비자에게 판매하는 기업이다. 예를 들면, 종합상사, 백화점, 할인점, 편의점, 온라인 판매점, 홈쇼핑업 등이 상품매매기업에 해당한다.

[그림 5－1]과 같이, 상품매매기업의 영업활동은 크게 상품매입 및 대금지급과 상품매출 및 대금회수의 두 단계로 구분된다. 먼저 거래처로부터 상품을 매입하여 보유한다. 매입은 현금매입과 신용매입(외상매입)으로 구분되지만 오늘날은 신용경제사회이기 때문에 대부분이 신용매입으로 이루어진다. 즉, 상품을 먼저 받고 금액은 나중에 지급하는 것이 일반적이다. 이 과정에서 상품이라는 자산(재고자산)이 유입되고 매입채무(또는 외상매입금)라는 부채가 발생한다. 매입채무는 지급기일이 도래하면 현금으로 지급한다.

고객으로부터 상품판매 요청을 받으면 매출이 이루어진다. 매출 역시 현금매출과 신

1) 제조기업의 회계(예를 들어, 원가 계산)는 주로 관리회계 교과서에서 다룬다.

용매출(외상매출)로 구분되지만 대부분 신용매출로 이루어진다. 이 과정에서 매출채권(또는 외상매출금)이라는 자산이 발생하며, 매출채권의 회수기일이 도래하면 현금회수가 이루어진다.

[그림 5-1] 상품매매기업의 영업활동 과정

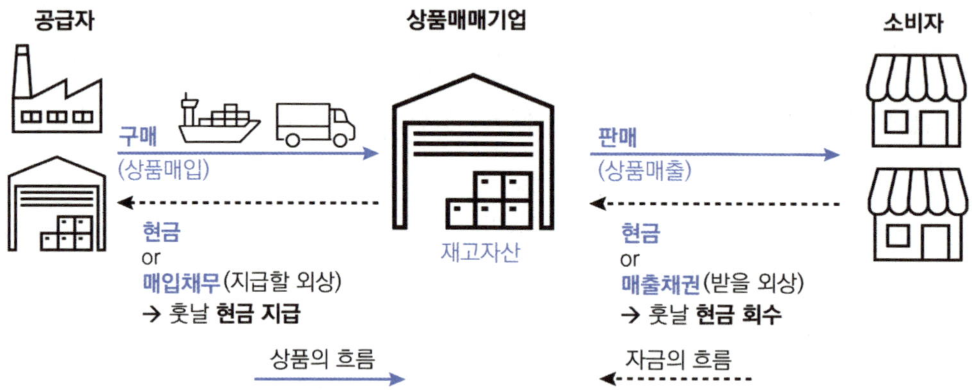

상품매매기업의 영업활동에는 서비스기업과 달리 상품의 매입단계가 존재하므로 상품의 매입과 기말재고의 기록에 필요한 계정이나 분개가 추가로 필요하다. 본 장에서는 상품의 매입과 기말재고의 회계처리를 중심으로 상품매매업의 회계순환을 설명한다.

1.2 상품매매기업 포괄손익계산서의 구조

포괄손익계산서는 매출액에서부터 각종 비용을 차감(수익은 가산)하면서 순이익에 이르는 과정을 일목요연하게 보여주는 재무제표이다. 일반적으로 사용되는 주요 계정들은 유사하지만 산업이나 기업의 성격에 따라서 보다 적합한 다른 계정들이 사용될 수 있다.

상품매매기업에서는 상품의 매입과 매출에 관한 거래가 가장 대표적이자 빈번하게 발생하는 거래이다. 상품의 판매로부터 발생하는 매출수익은 상품매매기업의 주된 수익항목이며, 판매된 상품의 원가로 측정되는 매출원가는 상품매매기업의 가장 큰 비용이다. 따라서 상품매매기업의 재무보고에서는 회계기간 동안 판매를 통해 획득한 매출수익과 이를 달성하기 위해 발생한 비용을 잘 측정하여 보고하는 것이 가장 중요한 사항이라고 할 수 있다.

상품매매기업과 서비스기업의 손익계산서 구조를 요약·비교하면 〈표 5-1〉과 같다.

〈표 5-1〉 상품매매기업과 서비스기업의 포괄손익계산서 비교(예시)

상품매매기업의 포괄손익계산서			서비스기업의 포괄손익계산서		
매출액		×××	용역수익		
매출원가		×××	컨설팅수익	×××	
매출총이익		×××	…	×××	×××
판매비와 관리비			영업비용		
급여	×××		급여	×××	
판매수수료	×××		임차료	×××	
…	×××	×××	…	×××	×××
영업이익		×××	영업이익		×××
…			…		

상품매매기업에서 상품판매에 따른 수익은 매출액(sales)으로 표시되며, 판매된 상품의 총원가는 매출원가(cost of goods sold)라는 비용으로 표시된다. 매출원가는 매출액과 인과 관계를 형성하는 가장 직접적인 비용이다. 예를 들어, 상품을 ₩10,000에 매입한 후 ₩15,000에 판매하였다면, 매출액(수익)은 ₩15,000이고 매출원가(비용)는 ₩10,000이 된다. 매출액에서 매출원가를 차감하면 매출총이익이 산출된다. 위 예시에서 매출총이익은 ₩5,000(=₩15,000−₩10,000)이다.

상품매매기업이 영업활동을 수행하기 위해서는 판매된 상품의 원가 외에도 여러 추가적인 비용이 발생한다. 이러한 비용을 영업비용이라고 한다. 다시 말해, 영업비용(operating expenses)은 제품판매활동과 일반관리활동(또는 지원활동)에서 발생하는 비용이다. 예를 들어, 제품의 판매 및 마케팅활동에서는 판매운임, 판매수수료, 판매직원의 수당, 광고비 등과 같은 판매비(sales expenses)가 발생한다. 그리고 기업의 일반적 관리활동에서는 종업원급여, 복리후생비, 임차료, 감가상각비, 세금과공과, 연구비, 대손상각비 등의 관리비(general and administrative expenses)가 발생한다.

일반적으로 포괄손익계산서에서는 판매비와 관리비를 묶어서 판매비와 관리비(또는 영업비용)라는 항목으로 표시한다. 그리고 매출총이익에서 판매비와 관리비를 차감하면 영업이익이 계산된다. 즉 영업이익은 매출에서 매출원가 및 판매비와 관리비를 차감하여 측정한다. 영업이익은 기업의 주요 활동(영업활동)에서 발생된 이익이므로 정보이

용자들이 매우 관심을 가지는 이익 수치이다.[2)]

참고로 서비스기업의 주요 수익은 용역수익(service revenue)으로 표시된다. 서비스기업의 상품은 재화가 아니라 용역이므로 매출액 대신 용역수익(또는 영업수익)이라는 용어를 사용하는 것이다. 그리고 서비스기업은 상품의 매입이나 판매활동이 없으므로 매출원가라는 비용항목을 사용하지 않고, 용역수익에서 바로 영업비용을 차감하여 영업이익을 계산한다.

영업이익에서 총포괄손익에 이르기까지는 상품매매기업과 서비스기업 간에 차이가 없다.

제2절 상품매매거래의 기록방법

상품매매기업은 상품의 매입과 판매, 그리고 기말까지 판매되지 않고 남아 있는 재고에 관한 회계처리가 필요하다. 상품매매기업이 기중의 상품매매거래를 기록하는 방법에는 크게 계속기록법과 실지재고조사법이라는 두 가지 방법이 있다.

2.1 계속기록법

계속기록법(perpetual inventory system)은 상품의 매입과 매출이 발생할 때마다 상품의 원가와 수량에 관한 세부적인 기록을 유지하는 방법이다. 즉, 계속기록법은 상품매매거래가 발생할 때마다 상품의 증감을 상품계정에 기록하고 판매된 상품의 원가를 매출원가로 기록하는 방법이다.

예를 들어, 전자제품 판매점(하이마트나 전자랜드 등)에서는 창고나 진열대에 보관 중인 상품(TV, 냉장고, 에어컨 등)의 수량과 원가에 관한 기록을 일상적으로 유지하고 있으

---

2) 기업에는 제품이나 상품의 판매, 서비스 제공과 같은 주요 활동으로부터 발생하는 수익과 비용 이외에도 주요 사업 활동과 관계가 적은 다양한 형태의 수익과 비용이 존재한다. 여유자금 대여로 발생하는 이자수익이나, 여유자금 투자로 얻는 투자수익, 사용하지 않는 자산의 매각, 외부로부터의 증여와 같은 이익항목은 주요 사업 활동으로부터 획득하는 이익이 아니다. 자금조달로 인한 이자비용, 여유자금 투자 실패로 인한 손실, 기부금 등은 영업활동과 직접적인 관련이 낮은 비용의 예이다.

며, 상품의 바코드와 스캐너 등을 이용하여 매매한 상품의 수량과 원가를 실시간으로 기록하고 있다. 이처럼 상품별로 거래기록이 유지될 경우 해당 상품의 매입・매출・기말재고의 수량과 금액을 수시로 파악할 수 있어 재고관리에 매우 유용하다.

전산시스템이 갖춰지지 않았던 과거의 수작업 회계시스템에서는 계속기록법을 적용하게 되면 지속적인 기록관리를 위해 상당 수준의 회계비용이 발생하는 단점이 있었다. 하지만 최근의 전산회계시스템에서는 그리 큰 비용이 소요되지 않기 때문에 대부분 계속기록법을 적용하고 있다.

2.2 실지재고조사법

(1) 의의

단가가 낮고 거래가 매우 빈번하게 일어나는 상품(예, 문방구, 철물)을 취급하는 기업은 판매할 때마다 그 상품의 매입원가와 수량을 추적하여 일일이 기록하기 힘들며 그럴 필요도 없다. 왜냐하면 단위당 판매이익이 높지 않은 상황에서 회계기록비용이 너무 많이 소요되기 때문이다. 이런 상품매매기업은 실지재고조사법(또는 실사법, 일괄 기록법)을 적용하는 것이 적절하다.

실지재고조사법(periodic inventory system)은 판매된 상품을 기록하지 않다가 기말에 남아 있는 상품을 파악한 후, 이를 이용하여 판매된 상품의 매출원가를 한번에 기록하는 방법이다. 실지재고조사법을 적용하는 경우에도 상품판매시에 매출액(수익)을 기록하는 방법은 계속기록법과 동일하다. 다만, 상품매입시에는 상품계정 대신에 매입(purchase)이라는 임시계정을 활용하여 상품매입액을 기록하고, 판매시에는 해당 감소분에 대해 매출원가를 기록하지 않는다. 대신 기말에 실지재고조사를 수행하여 남아 있는 상품을 파악하고, 남아 있지 않은 상품은 판매된 것으로 간주하여 매출원가를 한번에 기록한다.[3)]

(2) 매출원가 산정

상품의 매출원가를 산정하기에 앞서 몇 가지 용어를 먼저 살펴보자. 첫째, 포괄손익

3) 실지재고조사는 상품매매기록방법과 상관없이 기업이 기말시점의 재고를 파악하기 위해 반드시 수행해야 하는 절차이다.

계산서에 기록되는 매출원가는 당기에 판매된 상품(또는 재고자산)의 금액(취득원가)이다. 둘째, 상품의 기말재고액(ending inventory)은 기말에 아직 팔리지 않고 기업에 남아 있는 상품의 금액으로서 회계기간 말 재무상태표의 상품계정(자산)에 기록된다. 셋째, 상품의 기초재고액(beginning inventory)은 회계기간의 기초에 기업이 보유하고 있던 상품의 금액으로서 전년도 말 재무상태표의 상품계정(자산)에 기록되어 있던 것이다. 넷째, 당기매입액은 당년도에 취득(매입)한 상품의 금액을 말한다.

예를 들어, 기초재고액이 100만원이고 당기매입액이 700만원이라고 가정해 보자. 이들 두 금액의 합계액인 800만원은 기업이 당기에 판매할 수 있는 상품의 총액(판매가능액)일 것이다. 그런데 만약 기말재고액이 200만원으로 조사되었다면 당기에 얼마의 상품이 팔렸다고 추정할 수 있는가? 그 답은 600만원(=100만원+700만원−200만원)일 것이다. 이 600만원이 바로 매출원가이다. 만약 당기에 상품을 900만원에 판매하였다면 매출액은 900만원이고 매출원가는 600만원이다.

위에서 설명한 기초재고액, 당기매입액, 매출원가, 기말재고액 사이에는 다음과 같은 방정식이 성립한다.

기초재고액 + 당기매입액	=	매출원가	+	기말재고액
∣← 판매가능총액 →∣		(판매된 상품액)		(남아 있는 상품액)

[그림 5-2] 상품계정의 정보

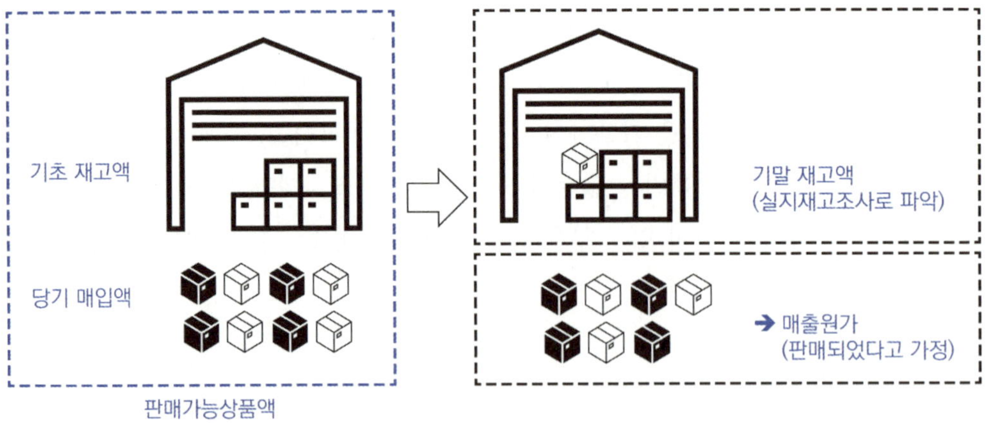

그리고 위의 방정식을 매출원가에 대해서 다시 정리하면 다음과 같다.

매출원가 = 기초재고액 + 당기매입액 - 기말재고액

예제 5-1

다음은 울산주유소(주)의 20×1년 기초부터 기말까지의 휘발유 상품의 기초재고, 당기매입, 판매 및 기말재고와 관련된 자료이다.

(1) 기초재고량=800리터

(2) 당기매입량=12,000리터

(3) 기말재고량=500리터

| 물음 |

(1) 울산주유소(주)가 당기 중에 판매한 휘발유는 몇 리터인가? 그리고 리터당 휘발유의 취득원가가 ₩100이라면 매출원가와 기말재고액은 각각 얼마인가?

(2) 만약 리터당 휘발유의 판매가격이 ₩150이었다면 당기 매출액은 얼마인가?

(3) 위 자료에 의할 경우, 울산주유소(주)의 당기 매출총이익(=매출액-매출원가)은 얼마인가?

| 풀이 |

(1) 매출원가 산정공식은 수량 추정에도 그대로 적용할 수 있다.
즉, 당기 판매량=기초재고량+당기매입량-기말재고량
=800리터+12,000리터-500리터=12,300리터
또한 리터당 휘발유의 취득원가가 ₩100이기 때문에,
매출원가=12,300리터(판매량) × ₩100(단위당 취득원가)=₩1,230,000
기말재고액=500리터(기말재고량) × ₩100(단위당 취득원가)=₩50,000

(2) 매출액=12,300리터(판매량) × ₩150(단위당 판매가격)=₩1,845,000

(3) 매출총이익=매출액-매출원가
=₩1,845,000-₩1,230,000=₩615,000

울산주유소(주)의 20×1년 매출액은 ₩1,845,000, 매출원가는 ₩1,230,000이며, 20×1년 말 재무상태표의 상품(자산)은 ₩50,000으로 기록된다.

제3절 상품매매거래의 기중 회계처리

본 절에서는 상품매매거래에 대한 계속기록법과 실지재고조사법의 회계기간 중 회계처리를 살펴본다. 거래의 기록을 원장으로 전기하는 내용은 제3장의 내용과 유사하므로 본 절에서는 회계처리(분개)에 초점을 맞추어 설명하기로 한다.

3.1 계속기록법의 기중 회계처리

계속기록법에서는 상품의 매입과 판매가 일어날 때마다 이를 상품계정(자산)에 기록한다. 즉, 상품의 매입이 발생하면 상품계정의 차변에 기록하고(자산의 증가), 판매가 이루어지면 상품계정의 대변에 기록한다(자산의 감소).

상품매입은 통상 거래처(공급자)로부터 상품을 인수하였을 때 장부에 기록된다. 상품은 현금으로 매입하거나 혹은 신용(외상)으로 매입한다. 일반적으로 상품은 정가(list price, 표시가격)로 거래되지만 때로는 정가에서 일정한 금액을 할인받기도 한다. 이러한 가격할인을 거래할인(trade discounts)이라고 부른다. 거래할인이 있는 경우에는 그 할인액을 차감한 순액으로 장부에 기록한다. 즉, 최종적인 매입가격으로 기록한다.

예를 들어, 대전상사(주)는 4월 1일에 정가 ₩10,000의 상품을 ₩500 할인받아 ₩9,500에 외상으로 매입하였다고 가정하자. 이때 구매자인 대전상사(주)는 최종가격 ₩9,500을 상품계정(자산)의 차변과 매입채무계정(부채)의 대변에 각각 기록한다.

(차) 상품	9,500	(대) 매입채무	9,500

상품은 현금으로 판매되거나 혹은 신용(외상)으로 판매된다. 상품판매의 경우는 현금 수취와 관계없이 판매시점에 수익으로 인식한다. 상품매입에서 설명한 바와 같이, 상품매출의 경우에도 거래할인이 있으면 정가에서 거래할인액을 차감한 가격으로 매출액(수익)을 기록한다.

예를 들어, 대전상사(주)가 4월 1일에 취득한 상품 중 원가 ₩5,000어치의 상품을 4월 15일에 ₩8,000에 외상으로 판매하였다고 가정하자. 그러면 다음과 같이 분개한다.

(차) 매출채권	8,000	(대) 매출	8,000
매출원가	5,000	상품	5,000

위에서 첫 번째 분개는 외상매출 사실을 분개한 것이다. 즉, 차변에 매출채권 증가를 기록하고 대변에 매출이라는 수익을 기록한다. 두 번째 분개는 매출에 대응하여 매출원가라는 비용을 인식한 것이다. 즉, 차변에 상품의 취득원가인 ₩5,000을 매출원가(비용의 발생)로 기록하고 대변에는 상품의 감소를 기록한다.

이처럼 계속기록법에서는 상품이 판매될 때마다 매출원가를 기록하므로 매출원가계정의 합계는 곧 회계기간 중에 판매된 상품 전체의 매출원가를 나타낸다. 또한 상품계정의 차변잔액은 항상 남아 있는 상품의 금액을 보여주게 된다.

3.2 실지재고조사법의 기중 회계처리

계속기록법에서는 상품판매시마다 매출액(수익)을 인식하면서 매출원가(비용)를 인식하였다. 또한 상품계정에 상품판매(감소) 사실을 기록함으로써 보유 중인 상품의 수량과 금액을 수시로 파악할 수 있었다. 그러나 실지재고조사법에서는 상품판매시에 매출원가와 상품계정의 감소를 기록하지 않는다. 또한 상품매입시에도 상품계정에 직접 기록하지 않고, 별도로 '매입'이라는 임시계정에 기록하는 방법을 택한다.

예를 들어, 대전상사(주)가 4월 1일에 상품을 ₩9,500에 외상으로 매입한 거래를 실지재고조사법으로 분개하면 다음과 같다. 차변에는 상품계정 대신에 매입계정으로 ₩9,500을 기록하고, 대변에는 계속기록법과 마찬가지로 매입채무계정에 ₩9,500을 기록한다.

(차) 매입	9,500	(대) 매입채무	9,500

실지재고조사법에서 상품을 판매한 경우에 매출을 인식하는 회계처리는 계속기록법과 동일하다. 즉, 판매자가 상품을 신용(외상)매출한 경우 매출채권계정의 차변에 기록하고 매출계정의 대변에 기록한다. 다만 계속기록법과는 달리 매출원가를 기록하는

분개는 수행하지 않는다.

예를 들어, 대전상사(주)가 4월 15일에 상품 ₩5,000어치를 ₩8,000에 외상 판매한 거래를 실지재고조사법으로 분개하면 다음과 같다. 실지재고조사법에서는 "(차) 매출원가 ××× (대) 매입(또는 상품) ×××"이라는 분개를 추가할 필요 없이 매출 사실만을 분개한다.

(차) 매출채권	8,000	(대) 매출	8,000

다시 말하면, 실지재고조사법을 적용하여 매출을 기록할 경우 매출 사실만을 기록할 뿐, 판매된 상품의 취득원가를 일일이 찾아서 매출원가(비용)로 기록하지 않는다. 대신 기말에 실지재고조사를 통해 일괄적으로 매출원가를 기록한다.

3.3 매입과 매출의 부대비용

(1) 운송비 등

상품을 매입하거나 판매할 때에는 일반적으로 운송비가 발생한다. 이러한 운송비를 판매자가 부담할지 혹은 구매자가 부담할지에 대해서는 서로 합의하여 매매계약서에 명시해야 한다. 예를 들면, 매매계약서상 'FOB[4] 도착지' 혹은 'FOB 선적지'라는 조건이 명시된다. 만일 매매계약이 FOB 선적지 조건으로 체결된 경우라면 구매자가 운송비를 부담한다. 그리고 이 운송비는 상품 취득원가의 일부가 된다. 따라서 운송비를 지급할 때는 상품(실지재고조사법의 경우에는 매입)계정을 증가시키고 현금계정을 감소시킨다. 즉, 매입활동과 관련하여 운송비, 보험료, 통관료 등을 별도로 지급하였다면 이들 지출은 비용계정으로 기록하지 않고 상품(또는 매입)계정의 차변에 합산하여 상품의 취득원가를 증가시킨다.

예를 들어, 대전상사(주)가 세종상사(주)로부터 4월 1일의 상품을 매입하였고, 그 과정에서 대전상사(주)가 운송비로 ₩700을 별도의 현금으로 지급했다고 가정하자. 그러

4) FOB는 "free on board"의 약자로서 우리말로 '본선(本船) 인도조건'으로 번역된다. FOB 선적지(FOB shipping point) 조건은 운송비를 구매자가 부담하는 한편, FOB 도착지(FOB destination) 조건은 판매자가 부담한다.

면 대전상사(주)는 다음과 같이 분개한다.

• 계속기록법을 사용하는 경우

(차) 상품	700	(대) 현금	700

• 실지재고조사법을 사용하는 경우

(차) 매입	700	(대) 현금	700

반면에 매매계약이 FOB 도착지조건으로 체결되어 판매자가 운송비 등을 부담할 경우는 상품판매자의 판매비용으로 회계처리된다. 예를 들어, 위 거래에서 운송비 ₩700을 판매자가 지급하였다면 상품판매자인 세종상사(주)는 다음과 같이 분개한다.

(차) 운송비	700	(대) 현금	700

위 세종상사(주)의 분개에서 운송비는 포괄손익계산서에 판매비로 분류되는 비용항목이다. 다시 말해, 포괄손익계산서에 나타나는 운송비(또는 판매운임)는 판매과정에서 지급한 것이며 매입과정에서 지급한 것은 포함되지 않는다(재무상태표의 상품계정에 가산).

(2) 매입에누리와 환출, 매출에누리와 환입

상품구매자는 매입한 상품에 하자가 있는 경우(즉, 상품이 손상되었거나 결함이 있는 경우) 판매자에게 반품할 수 있다. 이를 매입환출(purchase returns)이라고 부른다. 구매자는 하자가 있는 상품을 반환하는 대신 가격의 일부를 할인받을 수도 있는데, 이를 매입에누리(purchase allowance)라고 부른다.

매입에누리나 매입환출이 발생한 경우는 그만큼의 상품매입을 취소하는 것으로 간주하여 상품의 매입분개와는 반대 방향으로 분개한다. 즉 매입채무계정을 차변에 기록하고 상품(또는 매입)계정을 대변에 기록한다. 예를 들어, 대전상사(주)는 4월 1일에 매입한 상품 중 일부에서 하자를 발견하고, ₩900어치의 상품을 반품하였다고 가정하자. 그러면 다음과 같이 분개한다.

(차) 매입채무	900	(대) 상품*	900

* 실지재고조사법을 적용하는 경우에는 '매입' 등의 계정에 기록한다.[5]

반면에 상품판매자 입장에서 판매된 상품이 하자 등을 사유로 반품된 경우를 매출환입(sales returns)이라고 부르며, 반품 대신에 가격의 일부를 할인해 주는 경우를 매출에누리(sales allowance)라고 부른다. 매출에누리와 매출환입은 매입에누리나 매입환출과 마찬가지로 그만큼의 상품판매를 취소하는 것이므로 매출분개와 반대 방향으로 분개한다.[6] 예를 들어, 위 거래에서 상품판매자는 ₩900의 매출환입을 다음과 같이 분개 한다.

(차) 매출(매출환입)	900	(대) 매출채권	900

(3) 매입할인과 매출할인

외상으로 상품거래를 하는 경우, 판매자는 매출채권의 빠른 회수를 위해 대금을 일찍 지급할 경우 할인혜택을 주는 신용조건을 제시하기도 한다. 이때 신용조건(credit terms)이란 현금할인의 금액과 기간에 관한 조건으로서 "2/10, n/30" 등으로 표시된다. 이 조건은 구매일로부터 30일까지를 신용기간으로 제공하되, 10일 이내에 외상대금을 지급하면 2%만큼 할인해 주겠다는 것을 의미한다.

구매자 입장에서 매입대금의 조기지급을 통해 할인혜택을 받는다면, 이를 매입할인(purchase discount)이라고 부른다. 예를 들어, 대전상사(주)가 4월 8일(할인기간 내)에 현금 ₩8,428을 지급함으로써 매입채무를 조기상환했다고 가정하자. 여기서 ₩8,428은 매입채무 ₩8,600(=₩9,500−₩900)에서 2%인 ₩172(=₩8,600×2%)을 할인한 금액이다. 그러면 다음과 같이 분개한다. 매입채무 ₩8,600을 모두 제거하고(차변), 현금지급액 ₩8,428을 대변에 기록하며, 할인액 ₩172은 상품(또는 매입)계정의 대변에 기록한다. 즉, 상품을 ₩172만큼 싸게 구입한 것으로 간주하는 것이다.

---

5) 실지재고조사법에서는 매입계정 외에 매입운임, 매입환출, 매입에누리, 매입할인 등을 각각 별도의 계정으로 만들어 회계처리할 수도 있다. 이 경우 별도로 만들어진 계정의 잔액은 기말에 매입계정으로 대체시킨다.

6) 매출환입이나 매출에누리를 매출계정에서 직접 차감(차변으로 회계처리)하는 대신 별도의 계정을 만들어 회계처리할 수도 있다. 이 경우 매출환입이나 매출에누리계정의 잔액은 기말에 매출계정으로 대체시킨다.

(차) 매입채무	8,600	(대) 현금	8,428
		상품*	172

* 실지재고조사법을 적용하는 경우에는 '매입' 등의 계정에 기록한다.

반면에 상품판매자 입장에서 판매대금이 조기 회수되는 경우에 부여하는 할인혜택을 매출할인(sales discount)이라고 부른다. 매출할인이 발생하는 경우에는 매출에누리와 유사하게 매출을 감소시키는 분개를 수행한다.[7)] 예를 들어, 위 거래에서 상품판매자가 보유하던 매출채권 ₩8,600이 현금 ₩8,428으로 조기에 회수되었다면 다음과 같이 회계처리한다.

(차) 현금	8,428	(대) 매출채권	8,600
매출(매출할인)	172		

예제 5-2

다음 자료는 전자제품 유통기업인 대구전자(주)의 상품 매매거래이다.

- 5월 1일, 서울전자(주)로부터 TV 100대를 대당 ₩1,000에 외상으로 매입하였다. 대금지급조건은 2/10, n/30이다. 또한 매입운임 ₩3,000을 배송업체에 별도로 현금 지급하였다.
- 5월 3일, 매입한 TV에 일부 하자가 발견되어 총 매입대금에서 ₩5,000을 할인받기로 하였다.
- 5월 9일, TV 매입대금 ₩93,100[=(₩100,000−₩5,000)×(1−0.02)]을 현금으로 지급하였다.
- 5월 12일, 창원유통(주)에 TV 50대를 대당 ₩1,200에 현금 판매하였다. 또한 판매운임 ₩2,000을 배송업체에 별도로 현금 지급하였다.
- 5월 20일, 부산유통(주)에 TV 30대를 대당 ₩1,200에 외상으로 판매하였다. 대금지급조건은 3/5, n/20이다. 판매운임은 부산유통(주)이 부담하기로 하였다.
- 5월 23일, 부산유통(주)으로부터 TV 판매대금 ₩34,920[=₩36,000×(1−0.03)]을 현금으로 수령하였다.

| 물음 |

(1) 계속기록법을 사용하여 위의 상품매매거래를 분개하라.

(2) 대구전자(주)의 20×1년 5월의 매출총이익은 얼마인가?

(3) 실지재고조사법을 사용하여 위의 상품매매거래를 분개하라.

7) 매출할인을 매출계정의 감소로 회계처리하는 대신 매출할인계정을 별도로 만들어 회계처리할 수도 있다. 매출할인계정의 잔액은 기말에 매출계정으로 대체시킨다.

| 풀이 |

(1) 계속기록법을 사용한 거래분개

5월 1일	(차) 상품	103,000	(대) 매입채무	100,000
			현금	3,000
3일	(차) 매입채무	5,000	(대) 상품*	5,000
9일	(차) 매입채무	95,000	(대) 현금	93,100
			상품*	1,900
12일	(차) 현금	60,000	(대) 매출	60,000
	매출원가	48,050*	상품	48,050
	(차) 판매비	2,000	(대) 현금	2,000
	* (₩103,000 − ₩5,000 − ₩1,900)/100대 × 50대 = ₩48,050			
20일	(차) 매출채권	36,000	(대) 매출	36,000
	매출원가	28,830*	상품	28,830
	* (₩103,000 − ₩5,000 − ₩1,900)/100대 × 30대 = ₩28,830			
23일	(차) 현금	34,920	(대) 매출채권	36,000
	매출(매출할인)	1,080		

* 계속기록법에서는 매입에누리와 매입할인을 상품계정에서 바로 조정한다.

(2) 20×1년 5월에 발생한 대구전자(주)의 매출 및 매출원가의 합계는 다음과 같다.

매출 = ₩60,000 + ₩36,000 − ₩1,080(매출할인) = ₩94,920

매출원가 = ₩48,050 + ₩28,830 = ₩76,880

따라서 매출총이익 = 매출 − 매출원가 = ₩94,920 − ₩76,880 = ₩18,040

(3) 실지재고조사법을 사용한 거래분개

5월 1일	(차) 매입	103,000	(대) 매입채무	100,000
			현금	3,000
3일	(차) 매입채무	5,000	(대) 매입(매입에누리)	5,000
9일	(차) 매입채무	95,000	(대) 현금	93,100
			매입(매입할인)	1,900
12일	(차) 현금	60,000	(대) 매출	60,000
	(차) 판매비	2,000	(대) 현금	2,000
20일	(차) 매출채권	36,000	(대) 매출	36,000
23일	(차) 현금	34,920	(대) 매출채권	36,000
	매출(매출할인)	1,080		

이상의 논의를 기초로 하여 계속기록법과 실지재고조사법에 따른 기중 회계처리를 요약・비교하면 〈표 5-2〉와 같다.

〈표 5-2〉 계속기록법과 실지재고조사법의 회계처리 비교

<table>
<tr><th colspan="2">거래</th><th colspan="4">계속기록법</th><th colspan="4">실지재고조사법</th></tr>
<tr><td colspan="2">매입1)</td><td>상품</td><td>×××</td><td>매입채무</td><td>×××</td><td>매입</td><td>×××</td><td>매입채무</td><td>×××</td></tr>
<tr><td rowspan="3">매입
부대
비용</td><td>매입운임 등</td><td>상품</td><td>×××</td><td>현금</td><td>×××</td><td>매입[2]</td><td>×××</td><td>현금</td><td>×××</td></tr>
<tr><td>매입에누리
와 환출</td><td>매입채무</td><td>×××</td><td>상품</td><td>×××</td><td>매입채무</td><td>×××</td><td>매입[2]</td><td>×××</td></tr>
<tr><td>매입할인</td><td>매입채무</td><td>×××</td><td>현금
상품</td><td>×××
×××</td><td>매입채무</td><td>×××</td><td>현금
매입[2]</td><td>×××
×××</td></tr>
<tr><td colspan="2">매출1)</td><td>매출채권
매출원가</td><td>×××
×××</td><td>매출
상품</td><td>×××
×××</td><td>매출채권</td><td>×××</td><td>매출</td><td>×××</td></tr>
<tr><td rowspan="3">매출
부대
비용</td><td>매출운임 등</td><td>운송비</td><td>×××</td><td>현금</td><td>×××</td><td colspan="4">- 좌동 -</td></tr>
<tr><td>매출에누리
와 환입</td><td>매출[3]</td><td>×××</td><td>매출채권</td><td>×××</td><td colspan="4">- 좌동 -</td></tr>
<tr><td>매출할인</td><td>현금
매출[3]</td><td>×××
×××</td><td>매출채권</td><td>×××</td><td colspan="4">- 좌동 -</td></tr>
</table>

1) 신용매입과 신용매출을 가정함.
2) 금액이 중요할 경우, 매입운임계정, 매입에누리와 환출계정, 매입할인계정을 각각 별도로 사용할 수 있음. 다만 기말에 각 계정을 매입계정에 포함시키는 수정분개를 해주어야 함.
3) 금액이 중요할 경우, 매출에누리와 환입계정, 매출할인계정을 각각 별도로 사용할 수 있음. 다만 기말에 각 계정을 매출계정에서 차감시키는 수정분개를 해주어야 함.

제4절 상품매매기업의 회계순환

본 절에서는 [예제 5-2]에 제시된 대구전자(주)의 상품매매거래를 이용하여 기말 결산절차를 설명한다. 매출원가에 관련된 수정분개를 다루기 위해, 대구전자(주)는 실지재고조사법을 사용하여 상품매매거래를 기록한다고 가정한다.

4.1 수정전시산표 작성

결산절차의 출발점은 수정전시산표의 작성이다. [예제 5-2]에 제시된 20×1년 5월의

상품매매거래(매출 ₩94,920, 매입 ₩96,100)와 기타 자료(임의로 가정)를 이용하여 기말(5월 31일) 현재 수정전시산표를 작성한 결과는 〈표 5-3〉과 같다고 가정하자. 대구전자(주)의 회계기간은 20×1년 5월 1일부터 5월 31일까지이다.

〈표 5-3〉 수정전시산표

수정전시산표 대구전자(주) 20×1년 5월 31일 현재 (단위: 원)		
차변	계정과목	대변
₩16,600	현금	
40,000	단기금융상품	
57,000	매출채권	
6,000	선급비용	
15,000	상품	
	매입채무	₩35,500
	자본금	100,000
	이익잉여금	12,380
	매출	94,920
96,100	매입	
7,800	종업원급여	
2,000	운송비	
1,500	광고선전비	
800	통신비	
₩242,800	합계	₩242,800

기말의 수정분개사항에 대해서는 다음의 추가 자료가 주어져 있다.

〈추가 자료〉

① 단기금융상품 ₩40,000은 20×1년 5월 1일에 가입한 정기예금으로 만기는 1년, 연 이자율은 12%이다. 이자는 만기일에 지급된다.

② 선급비용계정 잔액 ₩6,000은 5월 1일에 1년간의 화재보험료를 지급한 것이다.

③ 사무실에 대한 5월분 임차료 ₩2,500이 아직 지급되지 않았다.

④ 수정전시산표상의 상품계정 잔액은 기초의 상품재고액이며, 기말의 상품재고액을 실지조사한 결과 ₩34,220의 상품이 남아 있음을 확인하였다.

4.2 수정분개

대구전자(주)의 사례에서 발생항목으로는 정기예금의 미수이자와 사무실에 대한 미지급임차료가 있고 이연항목으로는 보험료에 대한 선급비용이 있다. 그리고 실지재고조사법을 사용하고 있으므로 매출원가를 산정하여 기록하고 상품계정을 기말상품재고액으로 수정할 필요가 있다.

(1) 미수이자

정기예금에서 당 회계기간인 5월에 1개월분 이자수익이 발생되었지만 아직 현금으로 수취하지 못하고 있다. 미수이자를 인식하기 위하여 다음과 같은 수정분개가 필요하다.

(차) 미수수익	400*	(대) 이자수익	400

* ₩40,000 × 12% × 1/12 = ₩400

(2) 선급비용

회사는 5월 초에 1년간의 화재보험료 ₩6,000을 선납한 바 있다. 따라서 5월분 보험료비용은 ₩500(=₩6,000÷12개월)으로 계산된다. 보험료비용을 인식하기 위하여 다음과 같은 수정분개가 필요하다.

(차) 보험료비용	500	(대) 선급비용	500

(3) 미지급임차료

사무실에 대한 5월분 임차료 ₩2,500이 발생하였지만 아직 지급하지 않고 있다. 따라서 임차료비용 발생에 대하여 다음과 같은 수정분개가 필요하다.

(차) 임차료비용	2,500	(대) 미지급비용	2,500

(4) 매출원가와 기말 상품재고액

대구전자(주)는 실지재고조사법을 사용하여 상품매매거래를 기록하고 있으므로(즉, 당기의 상품매입을 상품계정이 아닌 매입계정에 기록하고 있으므로) 기중에 상품계정의 잔액은 변함이 없다. 그 결과 수정전시산표상의 상품계정 잔액은 기초상품재고액을 나타내며, 매입계정의 잔액은 당기매입액의 합계액이다.

상품

5/1	15,000		
잔액	15,000		

매입

5/1	103,000	5/3	5,000
		5/9	1,900
잔액	96,100		

추가 자료 ④에서 실지조사를 수행한 기말의 상품재고액은 ₩34,220이므로, 이들 정보를 이용하여 당기 매출원가를 계산하면 ₩76,880으로 산정된다.

매출원가 = 기초재고액 + 당기매입액 − 기말재고액
= ₩15,000 + ₩96,100 − ₩34,220 = ₩76,880

이제 위의 부등식을 분개로 표현하여 재무제표에 반영하는 과정을 알아보자. 기초재고액과 당기매입액을 매출원가 계정에 더하고, 기말재고액을 매출원가 계정에서 빼면 그 차액이 실제 팔린 상품금액(매출원가)이 될 것이다. 다음과 같은 세 단계의 수정분개로 표현할 수 있다. 그러면 계속기록법을 사용하는 경우와 동일한 재무제표를 작성할 수 있다.

1) 상품계정의 기초재고액을 매출원가계정의 차변으로 옮긴다.
(차) 매출원가 15,000 (대) 상품(기초재고액) 15,000

2) 당기매입액을 매출원가계정의 차변으로 옮긴다.
(차) 매출원가 96,100 (대) 매입 96,100

3) 기말상품재고액을 상품계정의 차변과 매출원가계정의 대변에 기록한다.
(차) 상품(기말재고액) 34,220 (대) 매출원가 34,220

위의 분개를 T-원장에 전기하면 다음과 같다.

상품

날짜	금액	날짜	금액
5/1	15,000	5/31	15,000
5/31	34,220		
잔액	34,220		

매입

날짜	금액	날짜	금액
5/1	103,000	5/3	5,000
		5/9	1,900
		5/31	96,100
잔액	0		

매출원가

날짜	금액	날짜	금액
5/31	15,000	5/31	34,220
5/31	96,100		
잔액	76,880		

위 세 가지 수정분개를 통해, 매출원가(비용)는 ₩76,880으로 기록되고, 상품계정의 잔액은 ₩15,000(기초시점 금액)에서 ₩34,220(기말시점 금액)으로 수정되며, 매입계정의 잔액은 0이 되어 마감된다. 이 금액들이 곧 수정후시산표 금액이 된다.

한편 위 세 가지 수정분개를 결합하여 다음과 같이 요약 수정분개를 할 수도 있다.

차변	금액	대변	금액
(차) 매출원가	76,880	(대) 매입	96,100
상품	19,220		

4.3 재무제표 작성

수정분개를 모두 반영하였으면 이제 계정의 잔액이 최종적으로 확정된다. 이 계정잔액을 이용하여 수정후시산표를 작성하면 〈표 5-4〉와 같다.

〈표 5-4〉 수정후시산표

수정후시산표 대구전자(주) 20×1년 5월 31일 현재 (단위: 원)		
차변	계정과목	대변
₩16,600	현금	
40,000	단기금융상품	
57,000	매출채권	
400	미수수익	
5,500	선급비용	
34,220	상품	
	매입채무	₩35,500
	미지급비용	2,500
	자본금	100,000
	이익잉여금	12,380
	매출	94,920
	이자수익	400
76,880	매출원가	
7,800	종업원급여	
2,000	운송비	
1,500	광고선전비	
800	통신비	
500	보험료비용	
2,500	임차료비용	
₩245,700	합계	₩245,700

수정전시산표와 비교하여 수정후시산표의 계정과 잔액이 달라진 부분에 대한 설명은 다음과 같다. 선급비용 ₩5,500은 수정전시산표의 선급비용계정 잔액 ₩6,000에서 기말수정분개를 통해 당기비용으로 처리된 보험료 ₩500을 차감한 후의 잔액이다. 미수수익 ₩400, 이자수익 ₩400, 미지급비용 ₩2,500, 보험료비용 ₩500, 임차료비용 ₩2,500 등은 기말수정분개를 통해 새로 생긴 계정이다.

수정후시산표의 수익계정과 비용계정의 금액을 이용하여 포괄손익계산서를 작성하면 〈표 5-5〉와 같다.

〈표 5-5〉 대구전자(주)의 포괄손익계산서

포괄손익계산서		
대구전자(주)	20×1년 5월 1일~20×1년 5월 31일	(단위: 원)
매출액		₩94,920
매출원가		76,880
매출총이익		18,040
판매비와 관리비		
종업원급여	₩7,800	
운송비	2,000	
광고선전비	1,500	
통신비	800	
보험료비용	500	
임차료비용	2,500	15,100
영업이익		2,940
금융수익		
이자수익	400	400
당기순이익		3,340
기타포괄손익		0
총포괄손익		₩3,340

〈표 5-5〉에서와 같이 포괄손익계산서에 표시된 당기순이익은 ₩3,340이다. 이 금액을 수정후시산표의 이익잉여금 ₩12,380에 더하면 재무상태표의 이익잉여금은 ₩15,720이 된다.

수정후시산표의 자산계정, 부채계정 및 자본계정의 금액을 이용하여 재무상태표를 작성하면 〈표 5-6〉과 같다.

〈표 5-6〉 대구전자(주)의 재무상태표

재무상태표 대구전자(주) 20×1년 5월 31일 (단위: 원)			
자산		부채	
현금	₩16,600	매입채무	₩35,500
단기금융상품	40,000	미지급비용	2,500
매출채권	57,000	부채총계	38,000
미수수익	400	자본	
선급비용	5,500	자본금	100,000
상품	34,220	이익잉여금	15,720
		자본총계	115,720
자산총계	₩153,720	부채와 자본총계	₩153,720

4.4 계정의 마감

재무제표를 작성한 후에는 장부(또는 계정)를 마감한다. 마감분개는 수익계정 및 비용계정과 이익잉여금계정을 대상으로 이루어진다. 마감분개는 다음과 같은 순서로 이루어진다.

① 수익계정을 마감한다.
수익계정의 대변잔액을 집합손익계정의 대변에 옮겨 적는다.

② 비용계정을 마감한다.
비용계정의 차변잔액을 집합손익계정의 차변에 옮겨 적는다.

③ 집합손익계정을 마감한다.
당기순이익이 발생한 경우 집합손익계정의 잔액은 대변에 존재한다. 따라서 집합손익계정의 대변잔액을 이익잉여금계정의 대변에 옮겨 적는다. 반면에 당기순손실이 발생한 경우 집합손익계정의 잔액은 차변에 존재한다. 따라서 집합손익계정의 차변잔액을 이익잉여금계정의 차변에 옮겨 적는다.

대구전자(주)의 사례를 이용하여 장부를 마감하면 다음과 같다.

① 수익계정의 마감

(차)	매출	94,920	(대) 집합손익	95,320
	이자수익	400		

② 비용계정의 마감

(차)	집합손익	91,980	(대) 매출원가	76,880
			종업원급여	7,800
			운송비	2,000
			광고선전비	1,500
			통신비	800
			보험료비용	500
			임차료비용	2,500

③ 집합손익계정의 마감

(차)	집합손익	3,340	(대) 이익잉여금	3,340

위의 마감분개를 원장에 전기하면 수익계정과 비용계정의 잔액은 모두 ₩0이 된다. 원장에 표시된 수익계정과 비용계정의 기록은 생략하고, 여기서는 집합손익계정과 이익잉여금계정에 대한 기록만 제시한다.

집합손익

② 5/31	91,980	① 5/31	95,320
③ 5/31	3,340		

이익잉여금

		5/1	12,380
		③ 5/31	3,340

집합손익계정의 대변잔액 ₩3,340은 〈표 5－5〉의 포괄손익계산서에 표시된 당기순이익과 일치한다. 그리고 이 금액을 이익잉여금계정으로 옮기면 이익잉여금계정의 대변잔액은 ₩15,720이 되고, 이는 〈표 5－6〉의 재무상태표에 표시된 이익잉여금과 일치한다.

종합예제

전자제품을 판매하는 KR마트(주)의 회계기간은 20×1년 7월 1일부터 7월 31일까지이다.

(1) KR마트(주)의 20×1년 7월 중 상품매매거래는 다음과 같다.

- 7월 1일, 기초상품재고액은 ₩100,000이다.
- 7월 6일, 상품 ₩200,000을 신용매입하였다.
- 7월12일, 상품을 ₩220,000에 신용판매하였다.
- 7월18일, 상품 ₩250,000을 신용매입하고, 운송비 ₩5,000을 현금 지급하였다.
- 7월23일, 상품을 ₩270,000에 신용판매하였다.
- 7월31일, 기말에 상품재고액을 조사한 결과, ₩200,000이 남아 있는 것으로 밝혀졌다.

(2) KR마트(주)의 20×1년 7월 31일의 수정전시산표와 추가 자료는 다음과 같다.

수정전시산표

KR마트(주) 20×1년 7월 31일 현재 (단위: 원)

차변	계정과목	대변
₩170,000	현금	
490,000	매출채권	
100,000	상품(기초)	
60,000	선급비용	
	매입채무	₩450,000
	자본금	350,000
	이익잉여금	50,000
	매출	490,000
455,000	매입	
50,000	급여	
5,000	여비교통비	
10,000	통신비	
₩1,340,000	합계	₩1,340,000

〈추가 자료〉

① 선급비용계정 ₩60,000은 7월 1일에 1년간의 화재보험료로 지급한 것이다.

② 매장과 창고에 대한 7월분 임차료 ₩40,000이 지급되지 않았다.

| 물음 |

(1) 실지재고조사법을 사용하여 7월의 상품매매거래를 분개한 후 전기하라.
(2) 실지재고조사법을 사용하여 7월의 매출원가를 산정하라.
(3) 기말수정분개를 실시하라(매출원가 산정을 위한 수정분개 포함).
(4) 수정후시산표를 작성하라.
(5) 포괄손익계산서와 재무상태표를 작성하라.

| 풀이 |

(1) 상품매매거래의 분개 및 전기

7월 6일	(차) 매입	200,000	(대) 매입채무	200,000
12일	(차) 매출채권	220,000	(대) 매출	220,000
18일	(차) 매입	255,000	(대) 매입채무	250,000
			현금	5,000
23일	(차) 매출채권	270,000	(대) 매출	270,000

상품 (차)	상품 (대)	매입 (차)	매입 (대)	매출 (차)	매출 (대)
7/1 100,000		7/6 200,000			7/12 220,000
		7/18 255,000			7/23 270,000

* 매출채권계정과 매입채무계정의 전기는 생략함.

위의 분개사항은 이미 수정전시산표에 반영된 것이다. 수정전시산표에서 보는 바와 같이, 상품계정(기초재고액)은 ₩100,000, 매출계정은 ₩490,000, 매입계정은 ₩455,000이며, 매출채권계정은 ₩490,000, 그리고 매입채무계정은 ₩450,000이다. 나머지 계정들의 잔액은 임의로 가정한 것이다.

(2) 매출원가 산정
매출원가 = 기초재고액 + 당기매입액 − 기말재고액(실지조사 결과)
= ₩100,000 + ₩455,000 − ₩200,000 = ₩355,000

(3) 기말수정분개

① 선급보험료	(차) 보험료	5,000*	(대) 선급비용	5,000
	* ₩60,000÷12 = ₩5,000			
② 미지급임차료	(차) 임차료	40,000	(대) 미지급비용	40,000
③ 매출원가	(차) 매출원가	100,000	(대) 상품	100,000
	(차) 매출원가	455,000	(대) 매입	455,000
	(차) 상품	200,000	(대) 매출원가	200,000

(4) 수정후시산표

수정후시산표		
KR마트(주)	20×1년 7월 31일 현재	(단위: 원)
차변	계정과목	대변
₩170,000	현금	
490,000	매출채권	
200,000	상품(기말)	
55,000	선급비용	
	매입채무	₩450,000
	미지급비용	40,000
	자본금	350,000
	이익잉여금	50,000
	매출	490,000
355,000	매출원가	
50,000	급여	
40,000	임차료	
5,000	보험료	
5,000	여비교통비	
10,000	통신비	
₩1,380,000	합계	₩1,380,000

(5) 포괄손익계산서와 재무상태표

포괄손익계산서		
KR마트(주)	20×1년 7월 1일부터 20×1년 7월 31일까지	(단위: 원)
매출액		₩490,000
매출원가		(355,000)
매출총이익		135,000
판매비와 관리비		
급여	₩50,000	
임차료	40,000	
보험료	5,000	
여비교통비	5,000	
통신비	10,000	(110,000)
당기순이익		₩25,000

재무상태표

KR마트(주)	20×1년 7월 31일 현재		(단위: 원)
자산		부채	
현금	₩170,000	매입채무	₩450,000
매출채권	490,000	미지급비용	40,000
상품	200,000	부채총계	490,000
선급비용	55,000	자본	
		자본금	350,000
		이익잉여금*	75,000
		자본총계	425,000
자산총계	₩915,000	부채와 자본총계	₩915,000

* 기말 이익잉여금(₩75,000) = 기초 이익잉여금(₩50,000) + 당기순이익(₩25,000)

익힘문제

1. 서비스기업과 상품매매기업의 포괄손익계산서 구조의 차이점을 설명하라.

2. 상품매매업의 영업주기의 구조를 설명하고, 서비스업과의 차이점을 서술하라.

3. 상품매매거래의 재고자산 기록방법으로서 계속기록법과 실지재고조사법을 비교 설명하라.

4. 매입에누리와 환출이란 무엇인가? 매입에누리와 환출이 발생하면 어떻게 분개하는가?

5. 매출할인이란 무엇인가? 매출할인이 발생하면 어떻게 분개하는가?

6. 계속기록법과 실지재고조사법에서 상품매입거래 분개의 차이점을 설명하라.

7. 계속기록법과 실지재고조사법에서 상품매출거래 분개의 차이점을 설명하라.

8. 상품을 매입할 때 운임과 보험료를 매입자가 부담할 경우, 그 운임과 보험료의 지급을 어떻게 분개하나?

9. 상품을 매입할 때 운임과 보험료를 판매자가 부담할 경우, 그 운임과 보험료의 지급을 어떻게 분개하나?

10. 계속기록법을 사용하면 기말에 매출원가 산정을 위한 수정분개가 필요 없다. 그 이유를 설명하라.

11. 실지재고조사법을 사용하면 기말에 매출원가 산정을 위한 수정분개가 필요하다. 어떤 수정분개가 필요한지를 설명하라.

연습문제

5-1 기본개념의 이해

아래 문장이 맞으면 ○, 틀리면 ×를 표시하라.

(1) 매출액에서 매출원가를 차감하면 매출총이익이 산출되며, 매출총이익에서 판매비와 관리비를 차감하면 영업이익이 계산된다. ( )

(2) 매출원가계정은 매출이라는 상품판매수익을 얻기 위해 희생된 원가를 의미하므로 비용계정으로 분류된다. ( )

(3) 계속기록법으로 재고자산을 관리하면 판매 시마다 매출원가를 계산할 수 있다. ( )

(4) 실지재고조사법을 적용하게 되면 지속적인 장부기록의 유지를 위해 상당 수준의 회계비용이 발생한다는 단점이 있다. ( )

(5) 기업이 실지재고조사법으로만 기말재고자산을 결정하면 회계기간 중에는 매출원가를 알 수 없다. ( )

(6) 계속기록법을 적용하는 경우 상품매입 시에는 상품계정 대신에 매입이라는 임시계정을 활용하여 상품매입액을 기록한다. ( )

(7) 상품판매의 경우는 현금을 수취하는 시점에 수익으로 인식한다. ( )

(8) 판매자가 판매한 상품의 운임을 부담하면, 판매자의 포괄손익계산서상에 매출원가로 처리한다. ( )

(9) 실지재고조사법을 적용하는 경우 매출원가는 기말에 일괄적으로 기록한다. ( )

(10) 실지재고조사법을 채택하면 매출원가계정을 기말에 신설한 후 기초재고자산계정을 제거하고, 기말 실사에 의해 파악된 기말 재고자산을 재무상태표에 계상하는 분개를 한다. ( )

(11) 매입활동과 관련하여 운송비, 보험료, 통관료 등을 별도로 지급하였다면 이들 지출은 비용계정으로 기록하지 않고 상품(또는 매입)계정의 차변에 합산하여 상품의 취득원가를 증가시킨다. ( )

(12) 구매자 입장에서 매입대금의 조기지급을 통해 할인혜택을 받는다면, 이를 매입에누리라고 부른다. ( )

(13) 대급지급조건이 '2/10, n/30'이라 하면, 총신용기간은 30일이며, 2일 이내에 대금을 지급하면 10%의 할인 혜택이 있음을 의미한다. ( )

5-2 계정과목의 이해

다음은 기업에서 발생하는 거래이다.

① 이자수익 등의 수익이 발생하였지만 아직 현금을 회수하지 않았다. ( )
② 상품을 판매하였지만 아직 현금을 회수하지 않았다. ( )
③ 급여 등의 비용이 발생하였지만 아직 현금을 지급하지 않았다. ( )
④ 소모품, 토지, 건물 등을 취득하였지만 아직 현금을 지급하지 않았다. ( )
⑤ 상품을 매입하였지만 아직 현금을 지급하지 않았다. ( )
⑥ 토지, 건물 등을 매각하였지만 아직 현금을 회수하지 않았다. ( )
⑦ 미래에 보험서비스 등을 받기 위해 현금을 미리 지급하였다. ( )
⑧ 미래 일정기간 동안 용역서비스를 제공하기로 약속하고 현금을 미리 받았다. ( )
⑨ 미래에 상품을 제공받기 위해 현금을 미리 지급하였다. ( )
⑩ 미래에 상품을 제공하기로 약속하고 현금을 미리 받았다. ( )

| 물음 |

위의 각 거래는 어떤 계정에 기록해야 하나? 아래 보기에서 해당 계정을 찾아라.

미수수익	미지급비용	선수수익	선급비용
미수금	미지급금	선수금	선급금
매출채권	매입채무		

5-3 매출원가와 매출총이익의 계산

다음은 서귀포상사(주)의 20×1년도 상품매매자료이다.

매출액	₩31,000	기말상품재고액	₩6,000	기초상품재고액	₩4,500
판매비와 관리비	4,000	당기상품매입액	21,500	이자비용	1,800

| 물음 |

(1) 판매가능상품액은 얼마인가?
(2) 매출원가를 계산하라.
(3) 매출총이익을 계산하라.

5-4 상품매매기업의 포괄손익계산서

다음 자료는 포천(주)의 20×1년 12월 31일 현재 존재하는 계정잔액들이다.

(단위: 원)

급여	₩160,000	매출채권	₩360,000
보험료	40,000	소모품비	20,000
매입채무	400,000	수도광열비	25,000
매출	1,300,000	이자비용	45,000
매출원가	740,000	임차료	100,000

| 물음 |

(1) 매출총이익을 계산하라.

(2) 포괄손익계산서를 작성하라.

5-5 포괄손익계산서의 구조(Ⅰ)

다음의 자료는 세 개 회사의 포괄손익계산서이다.

항목	A사	B사	C사
매출액	₩4,600	(④)	₩3,200
매출원가	(②)	2,560	(⑧)
기초재고액	(①)	360	480
당기매입액	3,200	2,600	(⑦)
기말재고액	720	(⑤)	520
매출총이익	800	560	⑨
판매비와 관리비	480	(⑥)	400
영업이익	(③)	200	160

| 물음 |

빈칸에 알맞은 금액을 기입하라.

5-6 포괄손익계산서의 구조(Ⅱ)

다음의 자료는 두 개 회사의 포괄손익계산서이다.

	광주상사(주)	부산상사(주)
매출액(총액)	₩300,000	(7) ( )
매출환입 및 에누리	10,000	8,900
매출할인	600	500
매출액(순액)	(1) ( )	(8) ( )
기초재고자산	20,500	44,500
매입액(총액)	126,000	366,000
매입환출 및 에누리	3,300	12,000
매입할인	400	800
매입운임	4,500	13,300
매입액(순액)	(2) ( )	(9) ( )
판매가능액	(3) ( )	(10) ( )
기말재고자산	25,500	54,000
매출원가	(4) ( )	(11)( )
매출총이익	(5) ( )	223,600
광고선전비	3,000	12,000
급여	2,600	4,800
당기순이익	(6) ( )	(12) ( )

| 물음 | (1)부터 (12)까지의 빈칸에 알맞은 금액을 기입하라.

5-7 매입할인

다음은 한양상사(주)의 상품매입에 관련된 자료이다. 매입한 상품에 하자가 발생한 경우, 매입대금을 지급하기 전에 일부를 판매자에게 반품하거나 에누리를 받았다.

(단위: 원)

상황	매입액	계약조건	운임	에누리와 반품	현금할인 조건
A	₩400,000	FOB 선적지	₩20,000	₩50,000	2/10, n/30
B	600,000	FOB 도착지	−	40,000	1/10, n/30
C	200,000	FOB 선적지	15,000	−	2/10, n/30
D	1,000,000	FOB 선적지	40,000	100,000	1/10, n/30

| 물음 |

한양상사(주)가 할인기간 내에 상품매입대금을 지급했다고 가정하고, 위의 각 상황에 대하여 (1) 현금할인액과 (2) 현금지급액을 계산하라.

5-8 거래의 기록(Ⅰ) - 계속기록법과 실지재고조사법의 회계처리

다음은 원주상사(주)의 당기 상품매매거래에 대한 내역이며, 아래의 모든 거래는 현금 거래이다.

	수량	단가
기초상품재고	100개	₩100
매입	600개	100
매출	400개	200

| 물음 |

(1) 기말상품재고의 수량 및 금액은 얼마인지 계산하라.

(2) 계속기록법을 적용하여 당기 상품매매거래를 분개하고 당기 매출액, 매출원가, 매출총이익을 계산하라.

(3) 기말에 재고자산 실사를 수행한 결과 상품잔액은 ₩30,000으로 결정되었다. 당기 상품 매매거래(결산수정분개 포함)를 분개하고 당기 매출액, 매출원가, 매출총이익을 계산하라.

5-9 거래의 기록(Ⅱ) - 계속기록법

다음 자료는 영광전자(주)의 20×1년 10월 1일(기초) 현재의 계정잔액이다. 당사의 회계기간은 10월 1일부터 10월 31일까지이다.

현금	₩100,000	매입채무	₩160,000	매출채권	₩240,000
자본금	400,000	상품	300,000	이익잉여금	120,000
선급비용	40,000				

20×1년 10월 중 발생한 거래는 다음과 같다.

- 3일, 취득원가 ₩120,000의 상품을 ₩180,000에 현금으로 판매하였다.
- 8일, 기계 고장으로 수리비 ₩80,000을 현금으로 지급하였다.
- 10일, 상품 ₩80,000을 신용매입하고 대금은 2개월 후에 지급하기로 하였다.
- 13일, 매입채무 ₩120,000을 현금으로 지급하였다.
- 18일, 취득원가 ₩160,000의 상품을 ₩240,000에 신용판매하고 대금은 1개월 후에 받기로 합의하였다.
- 20일, 매출채권 ₩200,000을 현금으로 회수하였다.
- 23일, 종업원 급여 ₩60,000을 현금으로 지급하였다.
- 28일, 상품 ₩120,000을 신용매입하고 대금은 1개월 후에 지급하기로 하였다.

| 물음 |

(1) 10월의 상품매입액은 얼마인가?
(2) 계속기록법을 사용하여 각 거래를 분개하라.
(3) 10월 말 기말상품재고액은 얼마인가?
(4) 10월의 매출총이익은 얼마인가?

5-10 거래의 기록(III) - 실지재고조사법

문제 [5-7]에서 제시한 영광전자(주)의 계정잔액과 거래자료를 이용하여 다음 물음에 답하라.

| 물음 |

(1) 실지재고조사법을 적용하여 각 거래를 분개하라.
(2) 10월 말에 기말상품재고액을 실지조사한 결과는 ₩220,000이었다. 10월 매출원가는 얼마인가?

5-11 거래의 기록과 재무제표 작성

20×1년 10월 1일 현재의 부산기업(주)의 기초 재무상태표는 다음과 같다. 회사의 회계기간은 20×1년 10월 1일부터 10월 31일까지이다. 회사는 상품매매거래의 기록방법으로 실지재고조사법을 채택하고 있다.

재무상태표

부산기업(주) 20×1년 10월 1일 (단위: 원)

자산		부채	
현금	₩300,000	매입채무	₩350,000
매출채권	440,000	부채총계	350,000
상품	150,000	자본	
		자본금	400,000
		이익잉여금	140,000
		자본총계	540,000
자산총계	₩890,000	부채와 자본총계	₩890,000

10월 중 발생한 거래는 다음과 같다.

일자	거래내역
10월 5일	₩200,000의 상품을 현금으로 매입하였다.
10월 12일	상품을 ₩250,000에 현금으로 판매하였다.
10월 20일	₩300,000의 상품을 외상으로 매입하였다.
10월 25일	상품을 ₩750,000에 외상으로 판매하였다.

10월 31일에 상품에 대한 실사를 실시한 결과 기말상품재고액은 ₩250,000이었다.

| 물음 |

(1) 10월 중 발생한 거래를 분개하라.

(2) 기말 수정분개와 마감분개를 실시하라.

(3) 20×1년 10월의 포괄손익계산서와 20×1년 10월 31일 현재의 재무상태표를 작성하라.

5-12 상품매매기업의 결산

다음은 실지재고조사법을 사용하여 상품매매거래를 기록하고 있는 전주마트(주)의 20×1년 12월 31일 현재의 수정전시산표와 기말수정분개를 위한 자료이다. 회사의 회계기간은 1월 1일부터 12월 31일까지이다.

수정전시산표

전주마트(주) 20×1년 12월 31일 현재 (단위: 원)

차변	계정과목	대변
₩235,000	현금	
50,000	매출채권	
75,000	상품	
40,000	선급비용	
	매입채무	₩100,000
	자본금	300,000
	이익잉여금	25,000
	매출	475,000
425,000	매입	
40,000	급여	
25,000	광고선전비	
10,000	통신비	
₩900,000	합계	₩900,000

〈추가 자료〉

① 12월 31일에 실지재고조사를 한 결과 남아 있는 상품은 ₩200,000으로 확인되었다.

② 12월 31일 현재 기간이 경과하지 않은 선급비용은 ₩30,000이다. 선급비용은 보험료 선급액이다.

③ 12월분 광고비 ₩50,000을 아직 지급하지 않고 있다.

④ 12월 31일에 거래처에 현금 ₩50,000을 1개월간 대여하였는데, 이것이 장부에 기록되지 않았다.

| 물음 |

(1) 위의 〈추가 자료〉에 근거하여 재무제표 작성에 필요한 수정분개를 각각 실시하라.

(2) 정산표를 작성하라.

(3) 포괄손익계산서와 재무상태표를 작성하라.

(4) 필요한 마감분개를 하라.

5-13 재무제표의 작성

다음은 청주전자(주)의 20×1년도 12월 31일 현재 총계정원장의 수정 후 계정잔액이다. 단, 이익잉여금 금액은 수정 전 자료이다.

(단위: 원)

현금	₩290,000	매출	₩10,736,000	상품	₩580,000
자본금	?	광고선전비	240,000	급여	1,120,000
운반비	152,000	이자수익	50,000	매입채무	712,000
수도광열비	360,000	매출채권	222,000	이익잉여금	180,000
보험료	90,000	선급비용	50,000	매출원가	7,268,000
토지	1,900,000	임차료	480,000	이자비용	72,000

| 물음 |

위의 계정잔액을 이용하여 자본금 금액을 계산하고, 포괄손익계산서와 재무상태표를 작성하라.

제3부

주요계정별 회계

제6장

금융자산 I: 현금 및 수취채권

제3부(6~11장)에서는 제2장에서 설명한 재무상태표와 포괄손익계산서의 분류체계에 따라 주요계정별 회계처리방법을 논의한다. 먼저 이 장에서는 현금 및 현금성자산, 매출채권 등에 대해 설명한다. 현금 및 현금성자산은 기말시점에 별도의 평가를 수행하지 않기 때문에 회계처리가 비교적 간단하다. 이에 비해 매출채권은 기말시점에 기대신용손실을 추정하고 그 결과를 재무상태표에 반영해야 하므로 회계처리가 비교적 복잡하다. 따라서 본 장의 핵심적 주제는 매출채권의 기말평가와 그에 따른 대손충당금 인식에 관한 것이다.

금융자산 I :
현금 및 수취채권

- 금융자산의 의의
- 현금 및 현금성자산
  - 현금
  - 현금성자산
  - 당좌예금과 은행거래
  - 소액현금제도
- 수취채권
  - 수취채권의 의의와 종류
  - 매출채권의 인식
  - 매출채권의 평가와 대손상각비의 인식
  - 매출채권의 양도와 제거

제1절 금융자산의 의의

제품의 생산과 판매활동을 영위하는 기업은 기본적으로 세 가지 종류의 자산을 보유한다. 첫째는 생산 및 판매시설을 주축으로 한 유형자산, 둘째는 판매 목적의 재고자산, 그리고 셋째는 현금, 매출채권 등의 금융자산이다.

이 중 금융자산(financial assets)은 현금을 비롯하여, 금융기관 예・적금, 매출채권, 대여금, 유가증권 등을 모두 포괄하는 자산개념이다.[1] 회계상 금융자산은 다음과 같이 분류된다.

〈표 6-1〉 회계상 금융자산의 분류

금융자산의 분류	내용 및 세부항목
현금 및 현금성자산	현금, 요구불예금 현금성자산
수취채권	매출채권: 외상매출금, 받을어음 비매출채권: 대여금, 미수금, 미수수익 등
기타금융상품	유가증권: 지분증권, 채무상품 금융기관 취급상품: 정기예금, 정기적금, 연금 및 보험상품 등 파생금융상품: 선물, 옵션 등

첫째, 현금 및 현금성자산은 본원적인 금융자산으로서의 현금(통화)과 현금으로 전환하는 데 어려움이 없는 단기금융상품을 의미한다.

둘째, 수취채권은 거래상대방으로부터 현금 등의 금융자산을 받을 수 있는 계약상 권리로서, 기업이 재화나 용역을 외상으로 판매하고 그 대가로 획득한 채권(매출채권)과 제3자에게 자금을 대여하거나(대여금) 고유 영업활동 이외의 거래에서 발생한 채권(미수금, 미수수익 등)을 의미한다.

셋째, 기타금융상품은 위의 두 항목을 제외한 금융상품으로서 유가증권(다른 기업의 지분증권과 채무상품)과 금융기관의 취급상품 등으로 구성된다.

1) 국제회계기준에서는 금융자산을 (1) 현금, (2) 다른 기업의 지분상품, (3) 거래상대방으로부터 현금 등 금융 자산을 수취할 계약상 권리, (4) 일정 요건의 파생금융상품 등으로 정의하고 있다.

본 장에서는 현금 및 현금성자산(제2절)과 수취채권(제3절)에 대해 논의하고, 기타금융상품은 제11장에서 설명한다.

제2절 현금 및 현금성자산

2.1 현금

기업은 원활한 경영을 위하여 항상 일정한 수준의 현금을 보유해야 한다. 예를 들면, 원재료 구입, 인건비 등 각종 비용의 지급, 부채 상환 등을 위하여 현금을 보유할 필요가 있다. 또한 장래에 더 좋은 투자기회를 얻기 위해서도 현금보유가 필요하다. 회계상 현금(cash)은 통화(자국 및 외국의 지폐와 동전)와 통화대용증권[2]을 말한다. 또한 기업은 현금의 대부분을 당좌예금(checking account)이나 보통예금과 같은 요구불예금의 형태로 보유하는데, 이들 예금은 언제든 현금인출이 가능하므로 사실상 현금과 차이는 없다. 따라서 재무상태표에 표시할 때는 현금과 요구불예금을 구분하지 않으며, 다음 절에서 설명하는 현금성자산까지 포함하여 현금 및 현금성자산(cash and cash equivalents)으로 통합 표시한다.

〈표 6-2〉 현금 및 현금성자산의 구성

재무상태표 표시	계정과목	내용 및 범위
현금 및 현금성자산	현금	통화, 통화대용증권
	당좌예금	수표나 어음을 발행하여 자유롭게 인출할 수 있는 요구불예금
	보통예금	예금자가 언제든 인출할 수 있는 요구불예금
	현금성자산	취득 당시 만기가 3개월 이내인 금융상품

2) 통화대용증권은 언제든 통화와 교환할 수 있는 타인발행수표, 자기앞수표, 우편환증서, 만기가 도래한 채권의 이자표, 배당지급통지표 등을 의미한다.

2.2 현금성자산

현금 관리에서 중요한 사안 중 하나는 현금보유가 너무 많은지 또는 적은지를 검토하는 것이다. 현금(당좌예금 포함)을 너무 많이 보유하면 투자수익을 얻을 수 있는 기회를 스스로 포기하는 셈이 되므로 잉여현금(excess cash)은 이자가 붙거나 가격상승이 예상되는 금융자산에 투자하는 것이 좋다. 이후 현금이 필요하면 이들 자산을 처분해서 현금으로 전환하면 되기 때문이다.

따라서 회계에서는 현금으로 즉시 전환하는 데 어려움이 없는 금융상품을 아예 현금성자산(cash equivalents)으로 분류하여 '현금 및 현금성자산' 계정에 통합하여 보고한다. 구체적으로 (1) 큰 거래비용 없이 쉽게 현금으로 전환할 수 있고, (2) 이자율변동에 따른 가치변동의 위험이 중요하지 않으며, (3) 취득시점에서 만기가 3개월 이내에 도래하는 금융자산을 현금성자산으로 분류한다.[3] 예를 들어, 취득 당시에 만기가 3개월 이내에 도래되는 국채, 환매조건부 채권(repurchase agreements, RP), 양도성 예금증서(certificate of deposit, CD), 기업어음(commercial paper, CP) 등이 현금성자산으로 분류된다.[4]

현금성자산의 분류조건에 부합하지 않는 금융상품으로 기업이 단기적인 자금운용을 목적으로 보유하거나 결산일 현재 1년 이내에 만기가 도래하는 것은 단기금융상품(유동자산)으로 분류하며, 나머지는 장기금융상품(비유동자산)으로 분류한다.

예제 6-1

다음은 20×1년 말에 서울상사(주)가 보유한 금융자산이다.

① 환매채(취득 당시 만기가 150일)	② 만기가 2년 남은 정기적금
③ 당좌예금	④ 취득 당시 만기가 2개월인 기업어음
⑤ 우편환증서	⑥ 결산일 현재 만기가 8개월 남은 정기예금

| 물음 |

위의 각 자산을 현금 및 현금성자산, 단기금융상품, 그리고 장기금융상품으로 분류하시오.

3) 보고기간 말 현재 만기가 3개월 이내에 도래하는 것이 아니라 '취득 당시' 만기가 3개월 이내에 도래하여야 한다.

4) RP는 금융기관이 일정 기간 후에 확정금리를 주고 되사는 것을 조건으로 발행한 채권을 말하며, CD는 은행이 발행한 무기명의 정기예금증서로서 금융시장에서 자유로운 매매가 가능하다. CP는 신용이 좋은 기업이 자금을 조달하기 위해 발행하는 어음 형식의 단기 채권이다.

| 풀이 |

③, ④, ⑤는 현금 및 현금성자산, ①과 ⑥은 단기금융상품, ②는 장기금융상품으로 분류한다.

2.3 당좌예금과 은행거래

당좌예금(checking account)은 기업이 수시로 입금과 출금을 할 수 있는 요구불예금이면서 어음이나 수표를 발행하고자 할 때 이용하는 은행예금이다.

기업이 당좌거래를 하기 위해서는 먼저, 은행과 당좌거래약정을 체결한 후 당좌예금통장에 현금을 예입한다. 그런 다음, 당좌예금 잔고 내에서 언제든 수표나 어음을 발행하여 현금을 인출하거나 상품매입대금 등을 지급할 수 있다. 예를 들어, 회사가 상품을 매입한 대가로 거래처에 약속어음을 발행하면 거래처는 어음만기일에 해당 어음을 은행에 제시하게 되고, 은행은 회사의 당좌예금 잔고 내에서 제시된 어음의 액면금액과 이자를 거래처에 지급하는 것이다.

기업이 현금이나 타인발행수표를 예입하면 당좌예금 잔고가 증가하며, 수표를 발행하거나 약속어음이 만기일에 제시되어 해당 금액이 지급되면 당좌예금 잔고가 감소한다. 기업은 이러한 거래가 발생할 때마다 당좌예금계정에 기록한다. 또한 현금의 내부통제를 위해서 정기적으로 은행의 당좌예금 거래내역서(bank statement)를 받아서 회사의 기록과 비교한다.[5)]

한편 기업이 발행한 어음과 수표에 대해 은행은 당좌예금의 잔고 내에서만 지급할 수 있지만 사전약정을 통해 예금잔고를 초과한 금액을 지급할 수 있다. 이 경우 초과지급된 금액을 당좌차월(bank overdraft)이라고 한다. 당좌차월은 은행이 기업에게 결제 자금을 빌려준 것에 해당하므로 기업은 당좌차월을 단기차입금(유동부채)으로 기록한다.

예제 6-2

서울상사(주)는 20×1년 5월에 당좌예금을 개설하고 다음의 거래를 하였다.

5) 회사의 장부상 예금거래내역과 은행이 제시하는 거래내역을 대조하고, 정확한 계정잔액을 산출하기 위해 작성하는 표를 은행계정조정표(bank reconciliation)라고 한다. 본서는 은행계정조정표의 구체적인 작성법은 다루고 있지 않다.

- 5월 1일: 거래은행에 당좌예금 계좌를 개설하고 현금 ₩50,000을 예입하였다.
- 5월 5일: 거래처에서 상품을 구매하고 무이자부 약속어음을 발행하여 지급하였다. 동 약속어음의 액면금액은 ₩10,000이며, 만기일은 5월 31일이다.
- 5월 10일: 지난 달에 매입한 상품의 매입대금 ₩30,000을 수표로 발행하여 지급하였다.
- 5월 15일: 거래처로부터 매출채권 ₩20,000에 대한 수표를 받은 후, 당좌예금 계좌에 예입하였다.
- 5월 31일: 5월 5일에 발행한 약속어음이 은행에 제시되어 은행은 현금 ₩10,000을 지급하였다.

| 물음 |

위의 각 거래에 대한 회계처리(분개)를 수행하시오.

| 풀이 |

5월 1일:	(차) 당좌예금	50,000	(대) 현금	50,000
5월 5일:	(차) 상품	10,000	(대) 매입채무	10,000
5월 10일:	(차) 매입채무	30,000	(대) 당좌예금	30,000
5월 15일:	(차) 당좌예금	20,000	(대) 매출채권	20,000
5월 31일:	(차) 매입채무	10,000	(대) 당좌예금	10,000

2.4 소액현금제도

기업에서 현금을 지급하는 행위는 일반적으로 회계부서(자금부서 포함)가 담당한다. 그런데 기업 내 여러 부서에서 일상적으로 발생하는 소액경비지출(예: 교통비, 소모품구입비, 회식비 등)까지도 회계부서를 통하게 하는 것은 매우 번거로운 일이다. 그래서 많은 기업들은 일정 금액을 각 부서장에게 미리 지급(이를 전도금이라고 부른다)한 후에 정기적으로 사용금액을 보고받아 부족한 금액을 다시 채워주는 방법을 채택하고 있다. 이를 소액현금제도(petty cash system)라고 부른다.[6] 마치 부모님이 아이들에게 정기적으로 지급하는 용돈과 비슷한 제도이다.

다음의 예를 통해 소액현금제도를 살펴보자. 20×1년 3월 1일에 서울상사(주)의 회계부장은 영업부장에게 1개월분의 영업부서 운영비로 ₩500,000을 수표로 지급하였다. 이에 대한 회계처리는 다음과 같다.

6) 최근 신용카드 사용이 보편화되면서 다수의 기업들은 소액현금제도 대신 법인신용카드 결제를 활용하고 있다.

(차) 소액현금	500,000	(대) 당좌예금	500,000

위 분개로 소액현금이라는 계정이 ₩500,000 증가하고, 당좌예금계정이 ₩500,000 감소하였다. 하지만 두 계정 모두 '현금 및 현금성자산'에 속하는 항목으로서 동일계정 내 재분류에 불과하므로 합계액에는 변화가 없다.

그 후, 20×1년 3월 31일에 영업부장은 3월의 부서운영비 지출을 아래와 같이 보고하였다.

문구류 등 소모품 지출	₩75,000
우편요금	120,000
부서직원의 교통비	155,000

회계부장은 영업부장이 제출한 사용내역과 영수증을 확인한 후에 3월의 사용금액인 ₩350,000을 다시 수표로 보충하여 주었다. 그러면 영업부서의 소액현금 잔액은 다시 ₩500,000이 될 것이다. 따라서 회계부서는 다음과 같이 회계처리한다.

(차) 소모품비	75,000	(대) 당좌예금	350,000
통신비	120,000		
교통비	155,000		

소액현금제도를 활용하면 각 부서는 자율적으로 소액 경비를 지출할 수 있어서 회계부서의 업무를 크게 줄일 수 있을 뿐만 아니라 현금통제에도 도움을 받을 수 있다. 각 부서는 대체로 매월 말에 소액현금의 사용결과를 보고하고 그 사용액을 보충받는다. 물론 회계기말에 재무상태표를 작성할 때에는 각 부서가 보유하고 있는 소액현금을 모두 '현금 및 현금성자산' 계정에 포함시켜야 한다.

제3절 수취채권

3.1 수취채권의 의의와 종류

수취채권(receivables)은 기업이 다른 실체로부터 현금을 받을 수 있는 계약상 권리를 포괄적으로 지칭한다. 수취채권은 그 발생원천에 따라 크게 두 가지 유형으로 구분할 수 있다. 하나는 기업이 주된 영업활동에서 재화나 용역을 외상으로 판매하고 그 대가로 획득하는 매출채권(trade receivables)이며, 다른 하나는 주된 영업활동 이외의 다양한 거래에서 발생하는 비매출채권(nontrade receivables)이다.

〈표 6-3〉 수취채권의 분류

수취채권	매출채권	외상매출금
		받을어음
	비매출채권	미수금, 미수수익, 대여금 등*

* 단, 선급금과 선급비용은 수취채권에 포함되지 않는다.

매출채권은 외상매출금(accounts receivables)과 받을어음(notes receivables)으로 구성된다. 외상매출금은 고객에게 재화나 용역을 순수 신용으로 외상매출한 경우에 발생하며, 받을어음은 외상매출의 증명서로서 약속어음이라는 유가증권을 받은 경우이다. 여기서 약속어음(promissory notes, 줄여서 '어음' 또는 notes)이란 미래 특정일(즉, 만기일)에 일정 금액을 지급하기로 약속한 증서이다.

외상매출을 회계처리할 때에는 일반적으로 외상매출금과 받을어음 계정을 구분하여 사용하지만, 재무상태표를 작성할 때에는 두 계정금액을 통합하여 매출채권이라는 단일계정으로 표시한다. 본서에서는 어음의 존재 여부와 관계없이 외상매출한 경우에는 모두 매출채권이라는 단일계정을 사용하기로 한다.

매출채권 = 외상매출금 + 받을어음

주된 영업활동 이외의 거래에서 발생하는 비매출채권에는 미수금, 미수수익, 대여금 등이 있다. 미수금은 우리가 일상생활에서 사용하는 미수금의 개념보다는 좁은 의미로 사용되는데, 기업이 재고자산 이외의 자산(예: 건물, 토지, 비품 등)을 외상으로 판매할 때 발생하는 채권을 미수금이라고 부른다. 미수수익은 제4장의 회계순환에서 설명한 바와 같이, 이자수익, 수수료수익, 임대료수익 등이 발생하였으나 아직 현금을 회수하지 못한 경우에 인식하는 수취채권이다. 미수수익은 그 발생원천에 따라 미수이자, 미수수수료, 미수임대료 등으로 세분되기도 한다. 대여금은 기업이 제3자에게 현금을 일정 기간 빌려주고 추후에 상환받기로 한 수취채권이다.

이러한 수취채권은 보고기간 말(재무상태표일)로부터 1년 이내에 회수가 예상되는 경우에는 재무상태표에 유동자산으로 분류하며, 보고기간 말로부터 1년을 넘어서 회수가 예상되는 경우에는 비유동자산(장기매출채권, 장기미수금, 장기대여금 등의 계정과목을 사용)으로 분류한다.

한편 재무상태표의 유동자산에 포함되는 기타 계정과목으로 선급금은 기업이 상품, 원재료 등의 재고자산을 미래에 공급받기로 계약하고 매입대금을 미리 지급한 것이다. 또한 선급비용은 선급보험료, 선급이자, 선급임차료 등과 같이 추후에 발생할 비용을 미리 지급한 것이다. 이들 항목은 미래에 재고자산을 공급받거나 보험서비스, 임차서비스 등을 제공받을 수 있는 권리에 해당하므로 자산으로 분류된다. 다만 미래에 현금을 수취할 수 있는 권리는 아니므로 수취채권(금융자산)에는 포함되지 않는다. 따라서 비금융자산으로 분류한다.

아래에서는 매출채권을 중심으로 수취채권의 인식과 기말평가, 그리고 양도에 관한 회계처리를 살펴보자.

3.2 매출채권의 인식

기업 입장에서는 현금매출(cash sales)이 가장 바람직하지만, 경쟁이 치열한 시장에서 현금매출만을 고집한다면 판매부진으로 이어질 가능성이 높다. 따라서 대부분의 기업들은 외상으로 상품을 판매하는 신용매출(credit sales)을 활용하고 있다.

앞서 설명한 바와 같이, 신용매출에는 두 가지 유형이 있다. 첫째는 신용에 의존하는 순수한 외상매출이고, 둘째는 약속어음이라는 증서를 받고 판매하는 경우이다.

[그림 6-1] 약속어음 예시

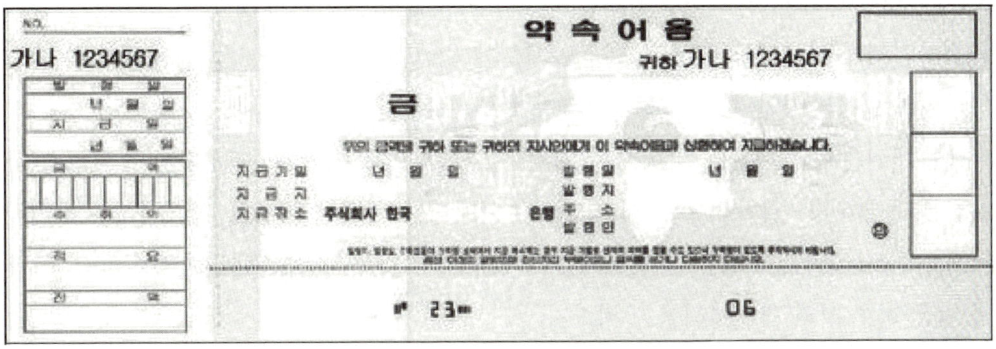
NO.
가나 1234567
약 속 어 음
귀하 가나 1234567
금
위의 금액을 귀하 또는 귀하의 지시인에게 이 약속어음과 상환하여 지급하겠습니다.
지급기일 년 월 일
지 급 지
지급장소 주식회사 한국 은행
발행일 년 월 일
발행지
주 소
발행인

약속어음은 이자부어음과 무이자부어음으로 나눌 수 있다. 이자부어음은 어음발행인이 만기일에 액면금액과 함께 일정 금액의 이자지급을 약속한 어음이고, 무이자부어음은 만기일에 별도의 이자 없이 액면금액만을 지급하는 어음이다. 실무에서는 이자부어음보다 무이자부어음이 주로 사용된다.

이자부 약속어음의 특성을 살펴보자([그림 6-2] 참조). 약속어음의 앞면에는 액면금액, 액면이자율, 어음 발행일, 만기일 등이 기재되어 있고, 뒷면에는 양도될 경우에 대비하여 양도인과 양수인이 서명할 수 있는 공간이 마련되어 있다.

[그림 6-2] 이자부 약속어음의 형태

약속어음

- 액면금액: ₩1,000,000
- 발행일: 20×1년 3월 9일
- 지급장소: 대한은행 강남지점
- 액면이자율: 연 12%
- 만기일: 20×1년 9월 8일
- 발행인: 서울전자주식회사

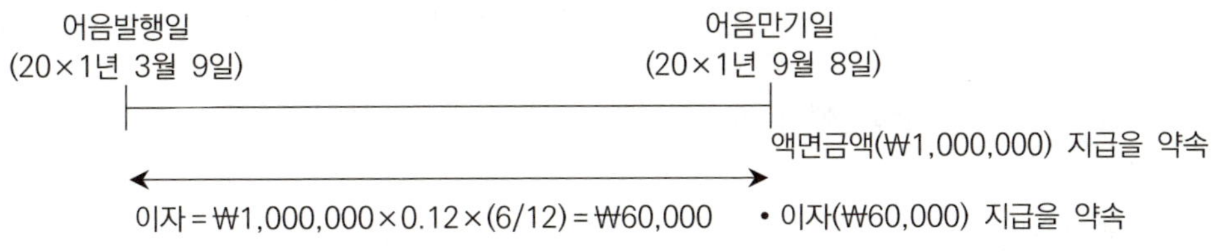

위 약속어음의 발행일은 20×1년 3월 9일이며, 만기일은 발행일로부터 6개월 후인 20×1년 9월 8일이다. 따라서 만기일에 원금(액면금액) ₩1,000,000과 함께 발행일부터

만기일까지 6개월간의 이자(연 12%)를 지급하겠다는 약속증서이다. 6개월간의 이자는 ₩1,000,000×0.12×(6/12)=₩60,000이므로, 어음발행인은 만기일에 ₩1,060,000을 어음소지인에게 지급해야 한다.[7] 만약 만기일에 원금 또는 이자를 지급하지 않으면 부도처리되며 어음발행인의 신용도는 심각하게 훼손될 수 있다.

매출채권은 신용매출이 발생하는 시점에 인식하므로 매출채권과 매출(수익)의 인식시점은 동일하다. 일반적으로 재고자산이 판매되는 시점에 매출을 인식하고 거래가격(transaction price)으로 측정한다. 다음의 [예제 6-4]를 통해 매출채권(받을어음)의 인식과 현금 회수 시의 회계처리를 살펴보자.

예제 6-3

20×1년 3월 9일에 부산기업(주)은 반도체원료를 서울전자(주)에게 판매하고 [그림 6-2]와 같은 조건의 약속어음을 받았다. 이후 만기일인 20×1년 9월 8일에 부산기업(주)은 약속어음을 지급장소(대한은행)에 제시하고 액면금액과 이자를 합쳐 ₩1,060,000을 현금으로 수취하였다.

| 물음 |

(1) 20×1년 3월 9일에 부산기업(주)이 매출과 매출채권을 인식하는 회계처리는?

(2) 20×1년 9월 8일에 부산기업(주)이 현금을 수취하는 시점에 필요한 회계처리는?

(3) 20×1년 9월 8일에 서울전자(주)가 수행해야 할 회계처리는?

| 풀이 |

(1) (차) 매출채권 1,000,000 (대) 매출 1,000,000

(2) 부산기업(주)은 어음의 액면금액과 이자 회수분을 분리하여 다음과 같이 분개한다.

(차) 현금	1,060,000	(대) 매출채권	1,000,000
		이자수익	60,000

(3) 서울전자(주)의 당좌예금에서 어음의 액면금액과 이자가 지급되었으므로 다음과 같이 분개한다.

(차) 매입채무	1,000,000	(대) 당좌예금	1,060,000
이자비용	60,000		

7) 일반적으로 어음을 발행한 기업은 어음만기일 전에 거래은행에 어음금액을 입금하고, 어음을 수취한 기업은 어음만기일에 해당 은행에 어음을 제시하고 현금을 지급받는다.

3.3 매출채권의 평가와 대손상각비의 인식

신용매출은 기업의 매출확대를 위한 불가피한 선택이지만 외상대금이 제대로 회수되지 않는다면 오히려 큰 어려움을 만날 수 있다. 일반적으로 제조기업은 도매상 등에 제품을 외상으로 대량공급하는데 거래처로부터 상품대금을 제때 받지 못하면 현금유동성이 나빠져 부도(bankruptcy)가 발생하기도 한다. 이처럼 신용매출에서 가장 심각한 문제는 구매자들로부터 약정기한 내에 외상대금을 회수하지 못하는 것이며, 심지어는 영구히 회수하지 못하는 경우도 있다.

따라서 재무제표이용자들은 매출채권이 얼마나 회수 가능한지에 대한 정보를 얻고자 하며, 기업은 이러한 정보를 제공하기 위해 기말시점에 매출채권의 회수가능성을 평가하여야 한다. K-IFRS는 보고기말의 매출채권에 대해 기대신용손실(expected credit losses)을 측정하도록 규정하고 있다.

(1) 기대신용손실의 추정

매출채권의 전부 또는 일부를 회수할 수 없을 것으로 예상되는 상황을 손상(impairments)의 발생 또는 대손(bad debts)의 발생이라고 부른다. 기업은 매 회계기간 말 현재 매출채권 잔액에 대해서 미래 기간 동안 채무불이행으로 인해 예상되는 손실 금액을 추정하고 이를 대손충당금(또는 손실충당금)으로 설정한다. 즉 회사는 각 거래처별로 채무불이행이 발생할 확률과 채무불이행으로 인해 회수하지 못할 것으로 예상되는 금액을 고려하여 기대신용손실을 추정한 후, 이를 모두 합산하여 매출채권에 대한 기대신용손실 총액을 측정한다.

> 기대신용손실 = 채무불이행이 발생할 확률
> × 채무불이행으로 인해 회수하지 못할 것으로 예상되는 금액

매출채권을 구성하는 거래처 수가 많지 않으면 각 거래처별로 기대신용손실을 추정하는 것이 어렵지 않을 수 있다. 하지만 다수의 구매자를 상대로 거래하는 기업은 개별 거래처마다 신용손실 추정에 필요한 정보를 수집하는 것이 매우 어려울 수 있다. 따라서 실무에서는 기대신용손실을 추정하는 간편법으로 연령분석법(aging methods)을 많이

사용하고 있다. 이 방법은 매출채권을 인식한 시점부터 경과된 기간(또는 연체기간)을 기준으로 몇 개의 그룹으로 나눈 다음 각 그룹별로 다른 예상손실률을 적용하여 기대신용손실을 추정하는 방법이다. 예를 들면, 만기일이 경과하지 않은 채권은 손실률 1%, 만기일 이후 30일 이내 채권은 손실률 4% 등과 같이 예상손실률을 설정하고 각 그룹별 매출채권금액에 예상손실률을 곱하여 기대신용손실을 추정하는 것이다. 이는 매출채권의 회수가능성이 대체로 경과기간이 길수록 떨어진다는 점에 착안하고 있다. 이때 각 그룹별 예상손실률은 과거의 매출채권에서 발생한 손실률(경험률)을 이용하되 현재 및 미래의 경제상황에 대한 예측정보를 반영하여 설정한다.

예제 6-4

강원상사(주)는 매출채권에 대한 기대신용손실을 추정하기 위해 연령분석법을 사용하고 있다. 20×1년 말 현재 강원상사(주)가 보유하고 있는 매출채권 금액과 경과기간별 예상손실률은 다음과 같다. 회사는 과거 5년간의 매출채권 회수현황을 기초로 내년의 경제상황이 좋아질 것을 전망하여 경과기간별 예상손실률을 설정하였다.

매출채권의 경과기간	채권금액	예상손실률
만기일이 경과하지 않음	₩800,000	1%
만기일 이후 30일 이내	30,000	4%
만기일 이후 31~90일 경과	40,000	10%
만기일 이후 91일 이상 경과	10,000	50%
	₩880,000	

| 물음 |

20×1년 말 현재 강원상사(주)의 매출채권에 대한 기대신용손실과 회수가능액은 각각 얼마로 추정되는가?

| 풀이 |

다음 표와 같이 각 경과기간별 기대신용손실을 추정하여 보자.

매출채권의 경과기간	채권금액	예상손실률	기대신용손실
만기일이 경과하지 않음	₩800,000	1%	₩8,000
만기일 이후 30일 이내	30,000	4%	1,200
만기일 이후 31~90일 경과	40,000	10%	4,000
만기일 이후 91일 이상 경과	10,000	50%	5,000
	₩880,000		₩18,200

강원상사(주)의 매출채권 총액은 ₩880,000이며, 기대신용손실은 ₩18,200이다. 따라서 회수가능액은 ₩861,800(=₩880,000−₩18,200)이다.

(2) 대손충당금 설정과 대손상각비의 인식

매출채권의 기대신용손실과 회수가능액이 추정되었으면 이를 재무제표에 반영하는 회계처리와 재무제표 표시방법을 살펴보자.

앞의 [예제 6−4]와 같이, 20×1년 12월 31일(회계기말)에 강원상사(주)의 매출채권 총액은 ₩880,000이고 기대신용손실은 ₩18,200이라고 가정하자. 그리고 재무상태표상 대손충당금 잔액이 ₩0임을 전제하면, 강원상사(주)는 다음과 같이 회계처리(수정분개)한다.

(차) 대손상각비	18,200	(대) 대손충당금	18,200

위 수정분개에서 차변의 대손상각비(bad debt expense)는 기대신용손실을 인식하는 비용항목으로서 '매출채권 손상차손'이라는 계정과목을 사용할 수도 있다. 강원상사(주)는 20×1년의 매출활동을 통해 매출채권 ₩880,000을 보유하고 있지만, 이 중 ₩18,200은 회수되지 않을 것이라 예상되므로 이를 20×1년의 비용으로 인식해야 한다. 만약 20×1년의 매출에 대한 매출채권이 모두 회수되기를 기다리다가 실제 채무불이행이 확정되는 시점에 비용을 인식하면 20×1년의 경영성과는 상대적으로 과대 포장되는 반면 이후기간의 경영성과에는 악영향을 미치게 된다. 따라서 20×1년의 경영성과를 적정하게 측정하기 위해서는 ₩18,200을 20×1년의 비용으로 인식해야 한다.

위 수정분개에서 대변의 대손충당금(provisions for impairment losses) 계정은 기말 매출채권 중에서 회수가 어려울 것으로 추정되는 기대신용손실로서 매출채권에 대한 차감계정(contra accounts)이다. 자산에 대한 차감계정은 원래 대변항목이지만 재무상태표에 표시할 때는 모계정인 자산 밑에 나란히 기록하기 위해 차변으로 이동시킨 다음 차감하는 형식으로 표시(즉, 괄호 표시)한다. 즉 강원상사(주)의 20×1년 말 재무제표에는 다음과 같이 표시된다.

재무상태표(20×1/12/31)	
유동자산:	
매출채권	880,000
대손충당금	(18,200)
	861,800

포괄손익계산서(20×1년도)	
판매비와 관리비:	
대손상각비	18,200

이러한 표시방법을 '충당금설정법'이라고 하는데, 이를 통해 재무제표이용자는 강원상사(주)가 기말에 보유한 매출채권 총액은 ₩880,000이지만 기대신용손실이 ₩18,200이어서 회수가능액이 ₩861,800이라는 사실을 알 수 있다. 대손충당금을 설정하여 간접적으로 차감표시하는 또 다른 이유는 ₩18,200이 회수가 어려울 것으로 예상되는 금액일 뿐, 완전히 회수 불가능한 금액은 아니기 때문이다. 즉 예상과 달리 내년에 회수될 수도 있으므로 재무상태표에서 완전히 제거하지 않고 괄호로 차감표시한다.

(3) 대손확정 판단과 매출채권의 제거

대손충당금은 회수 불가능으로 확정된 금액이 아니라 회수가 어려울 것으로 예상되는 금액이다. 그러면 매출채권을 실질적으로 회수할 수 없다고 확정적으로 판단하는 경우(이를 대손확정이라고 부른다)에는 어떤 회계처리를 해야 할까?

예를 들어, 다음 연도인 20×2년 2월 1일에 강원상사(주)의 거래처 한 곳이 도산하여 매출채권 ₩10,000을 포기해야 하는 것으로 확정되었다고 가정하자. 강원상사(주)는 이러한 사태에 대비하여 미리 전년도에 대손충당금 ₩18,200을 설정해두었기 때문에 대손충당금을 조정하는 방법으로 회계처리한다. 즉 전년도 말에 기대신용손실을 ₩18,200으로 추정하였는데, 그 범위 내에서 ₩10,000이 대손확정되었으므로 이제 기대신용손실이 ₩8,200(=₩18,200−₩10,000)으로 감소되었다고 보고 대손충당금을 ₩10,000만큼 줄이면 된다.

또한 강원상사(주)는 매출채권 ₩10,000의 회수를 포기하기로 결정하였으므로 재무상태표에서 그 매출채권을 완전히 제거(write off)해야 한다. 즉 대손이 확정된 경우 대손충당금과 매출채권을 각각 ₩10,000씩 제거하는 다음의 회계처리를 수행한다.

(차) 대손충당금	10,000	(대) 매출채권	10,000

위 분개에 의하여 매출채권과 대손충당금은 각각 ₩10,000씩 감소되어 20×2년 2월 1일 현재 강원상사(주)의 재무상태표는 다음과 같이 변화한다.

대손확정 전(20×1/12/31)		⇒	대손확정 후(20×2/2/1)	
유동자산:			유동자산:	
매출채권	880,000		매출채권	870,000
대손충당금	(18,200)		대손충당금	(8,200)
	861,800			861,800

여기에서 재미있는 사실은 재무상태표의 매출채권 회수가능금액은 여전히 ₩861,800으로서 전년도 말과 동일하다는 것이다. 다만 매출채권이 ₩880,000에서 ₩870,000으로 감소하였고, 대손충당금이 ₩18,200에서 ₩8,200으로 감소하였을 뿐이다. 또 하나 재미있는 사실은 매출채권의 회수불능처리가 포괄손익계산서에 영향을 주지 않는다는 점이다. 위 회계처리에서 대손충당금과 매출채권은 모두 재무상태표계정이며 포괄손익계산서계정이 아니기 때문이다. 다시 말하면, 매출채권의 기대신용손실은 전년도 재무제표에 이미 반영되었고 그 범위 내에서 회수불능이 확정되었기 때문에 금년도 포괄손익계산서에는 영향이 없다.

그 후 20×2년 9월 7일에 또 다른 거래처가 도산하여 매출채권 ₩10,200을 포기하기로 결정(즉, 대손확정 판단)하였다고 가정하자. 이 경우는 대손확정금액 ₩10,200이 남아 있는 대손충당금 장부금액 ₩8,200보다 ₩2,000만큼 크다. 즉 전년도 말의 예상을 초과하여 대손이 발생한 경우이다. 이때는 남아 있는 대손충당금 ₩8,200을 우선적으로 모두 감소시키고 초과액 ₩2,000은 하는 수 없이 당기의 대손상각비로 인식하는 분개를 수행한다.

(차) 대손충당금	8,200	(대) 매출채권	10,200
대손상각비	2,000		

위 회계처리를 반영하면 강원상사(주)의 재무상태표와 포괄손익계산서는 다음과 같이 변화할 것이다.

재무상태표(20×2/9/7)	
유동자산:	
매출채권	859,800
대손충당금	(0)
	859,800

포괄손익계산서(20×2년도)	
판매비와 관리비:	
대손상각비	2,000

재무상태표의 매출채권 금액은 ₩10,200이 감소하여 ₩859,800이 되고, 대손충당금 ₩8,200은 전액 제거되어 ₩0이 되며, 대손충당금 잔액을 초과한 금액 ₩2,000은 대손상각비로 포괄손익계산서에 계상된다. 따라서 이 경우에는 20×2년도의 포괄손익계산서에 영향을 미친다.

(4) 대손확정 판단으로 제거한 매출채권의 회수

회수불능을 사유로 매출채권을 장부에서 제거하는 회계처리는 경영자의 대손확정 판단에 따른 것이다. 그런데 만일 과거에 대손확정으로 판단하여 제거했던 매출채권이 추후에 일부라도 회수되는 경우가 있다면 어떻게 회계처리해야 할까?

이 경우에는 과거에 회수불능으로 처리한 분개를 잘못한 것으로 간주하여, 이를 수정하는 분개를 수행한 다음 매출채권의 회수를 기록하는 분개를 한다. 예를 들어, 20×2년 10월 8일에 과거에 회수불능으로 처리했던 ₩10,000의 매출채권 중에서 ₩7,000이 회수되었다고 가정하자. 그러면 먼저 과거에 실시했던 대손확정 분개에서 ₩7,000만큼을 취소시키는 분개를 하고, 이후 회복된 매출채권 ₩7,000이 다시 현금으로 회수된 사실을 기록한다.

취소분개:	(차) 매출채권	7,000	(대) 대손충당금	7,000
회수분개:	(차) 현금	7,000	(대) 매출채권	7,000

위 취소분개로 인하여 매출채권 ₩7,000과 대손충당금 ₩7,000이 각각 회복되며, 회복된 매출채권 ₩7,000은 다시 현금 ₩7,000으로 회수된다. 따라서 위의 2단계 회계처리는 다음과 같이 하나의 분개로 처리할 수 있다.

(차) 현금	7,000	(대) 대손충당금	7,000

위 회계처리를 반영하면 강원상사(주)의 재무상태표와 포괄손익계산서는 다음과 같이 변한다. 20×1년 9월 7일의 재무상태표와 비교하면, 매출채권의 대손충당금이 ₩7,000만큼 다시 증가한 모습이 나타난다.

재무상태표(20×2/10/8)		포괄손익계산서(20×2년도)	
유동자산:		판매비와 관리비:	
현금	+7,000	대손상각비	2,000
매출채권	859,800		
대손충당금	(7,000)		
	852,800		

(5) 매출채권의 기말평가와 대손충당금 재설정

기업은 매 기말시점에 보유한 매출채권에 대하여 다시 기대신용손실을 추정해야 한다. 예를 들어, 20×2년 말 현재 강원상사(주)의 매출채권 보유액은 ₩920,000이고 이에 대해 기대신용손실을 새로이 추정한 금액은 ₩24,000이라고 가정하자. 그러면 이 ₩24,000은 강원상사(주)의 20×2년 말 재무상태표에 표시되어야 할 대손충당금 금액이다. 그런데 위 재무상태표(20×2년 10월 8일)에서 보듯이, 대손충당금은 아직 ₩7,000이 남아 있다. 따라서 대손충당금 ₩17,000(=₩24,000−₩7,000)을 추가로 설정하고, 이 추가 설정액을 20×2년도의 대손상각비로 인식한다. 즉 차변에 대손상각비 ₩17,000을 인식하고 동시에 대변에 대손충당금 ₩17,000을 기록한다.

(차) 대손상각비	17,000	(대) 대손충당금	17,000

여기에서 주의할 사항은 기말 재무상태표에 표시되는 대손충당금은 ₩24,000이라는 점이다. 그리고 비용으로 인식하는 대손상각비는 기말 대손충당금 ₩24,000이 아니라 기말 대손충당금 잔액이 ₩24,000이 될 수 있도록 추가 설정한 ₩17,000이라는 점이다.

위의 분개를 강원상사(주)의 기말 재무제표에 반영하면 다음과 같다. 재무상태표의 대손충당금은 ₩17,000만큼 추가되어 ₩24,000이 되고, 포괄손익계산서의 대손상각비는 이전에 인식된 ₩2,000에 ₩17,000이 추가되어 ₩19,000이 된다.

재무상태표(20×2/12/31)		포괄손익계산서(20×2년도)	
유동자산:		판매비와 관리비:	
매출채권	920,000	대손상각비	19,000
대손충당금	(24,000)		
	896,000		

위의 예시는 기말의 기대신용손실 추정액(₩24,000)이 수정 전의 대손충당금 잔액(₩7,000)보다 많은 경우이다. 그러나 반대로 기말의 기대신용손실이 수정 전의 대손충당금 잔액보다 적은 경우도 있을 수 있다. 예를 들어, 기말의 기대신용손실이 ₩6,000으로 추정되었다고 가정해 보자. 이때는 오히려 대손충당금을 ₩1,000만큼 감소시켜야 기말 재무상태표의 대손충당금이 ₩6,000(=₩7,000−₩1,000)으로 맞춰지게 된다. 따라서 이 경우에는 차변에 대손충당금 ₩1,000을 기록하여 대손충당금 잔액을 ₩6,000으로 감소시키고 대변에는 대손충당금환입(또는 매출채권손상차손환입) ₩1,000을 인식한다. 대손충당금환입은 기타수익으로 분류한다.

(차) 대손충당금	1,000	(대) 대손충당금환입 (기타수익)	1,000

이상의 방법을 매 보고기간마다 반복하여 적용함으로써 매년 재무상태표의 대손충당금과 포괄손익계산서의 대손상각비 등이 적절히 보고된다.

3.4 매출채권의 양도와 제거

일반적으로 매출채권은 약속된 상환일에 현금으로 회수된다. 그러나 기업이 자금을 미리 회수하고 싶은 경우에는 매출채권을 전문금융회사(예: 캐피탈기업) 등에 양도(또는 이전)할 수 있다. 이를 매출채권의 팩토링(factoring)이라고 부른다. 또한 어음형태의 매출채권(받을어음)을 만기일 이전에 금융기관 등에 양도하는 것은 받을어음의 할인(discount)이라고 한다.

(1) 매출채권 양도의 경제적 실질

기업이 매출채권을 금융기관에 양도한다고 해서 항상 재무제표에서 매출채권을 제거할 수 있는 것은 아니다. K-IFRS는 매출채권 양도의 경제적 실질에 따라 매출채권 제거 여부를 결정하도록 규정하고 있다. 양도를 통해 매출채권 소유에 따른 위험과 보상이 대부분 이전된 경우에는 실질적인 매각거래로 보아 매출채권을 장부에서 제거하지만, 그렇지 않은 경우에는 매출채권을 담보로 제공하고 자금을 차입한 것으로 보아 차입거래로 인식한다.

예를 들어, 강원상사(주)가 보유하고 있던 매출채권 ₩10,000을 금융기관에 양도하고 현금 ₩9,500을 회수하였다고 하자. 이후 양도한 매출채권에서 대손이 발생하더라도 그러한 위험을 모두 금융기관이 부담하는 조건이라면, 이는 실질적으로 매출채권을 처분한 것으로 볼 수 있다. 따라서 강원상사(주)는 다음과 같이 매출채권을 제거하는 분개를 한다. 여기서 매출채권처분손실은 포괄손익계산서에 기타비용으로 분류된다.

(차) 현금	9,500	(대) 매출채권	10,000
매출채권처분손실	500		

그러나 양도한 매출채권에서 대손이 발생하는 경우에 이를 강원상사(주)가 부담하는 조건이라면, 이러한 경우는 매출채권 소유에 따른 위험을 여전히 강원상사(주)가 보유하는 것으로 볼 수 있다. 따라서 매출채권을 장부에서 제거하지 않고 단기차입금을 추가로 인식하는 분개를 수행한다.

(차) 현금	9,500	(대) 단기차입금	10,000
이자비용	500		

(2) 받을어음의 할인

받을어음을 할인하는 경우에도 거래의 경제적 실질에 따라 매각거래 또는 차입거래로 구분하여 분개한다.

[예제 6-3]에서 다뤘던 받을어음의 사례를 다시 논의하여 보자. 20×1년 3월 9일에 부산기업(주)은 반도체 원료를 서울전자(주)에게 판매하고 약속어음을 수취하였다. 어음의 만기일은 6개월 후이며, 만기일에는 원금 ₩1,000,000과 함께 6개월분의 이자(연리 12% 적용)를 지급받기로 약정한 것이었다. 그런데 부산기업(주)은 2개월이 지난 시점에서 회사 자금사정으로 이 어음을 경기캐피탈(주)에 완전히 매각하고 현금 ₩1,010,000

을 회수하였다고 가정하자. 서울전자(주)의 어음이 만기에 지급되지 않더라도 부산기업(주)은 책임을 지지 않는다는 조건이다.

먼저 받을어음을 2개월 보유한 시점에서 어음(이자 포함)의 장부상 금액은 원금 ₩1,000,000과 2개월분의 이자수익 ₩20,000(=₩1,000,000×0.12×2/12)을 합친 ₩1,020,000(=1,000,000+20,000)이다. 따라서 부산기업(주)은 ₩1,020,000의 어음(이자 포함)을 ₩1,010,000에 할인하였기 때문에 ₩10,000(=₩1,020,000−₩1,010,000)의 매각손실(즉, 매출채권처분손실)을 보게 된다. 따라서 부산기업(주)은 다음과 같이 분개한다.

(차) 현금	1,010,000	(대) 매출채권	1,000,000
매출채권처분손실	10,000	이자수익	20,000

우선 매출채권 ₩1,000,000이 양도되었으므로 이를 제거하고(대변), 2개월 보유로 인한 이자수익 ₩20,000을 인식한다(대변). 그리고 양도로 인한 현금 ₩1,010,000의 유입(차변)과 매출채권처분손실 ₩10,000을 인식한다(차변). 이 분개에서 중요한 사실은 매출채권의 원금(액면)과 이자수익을 분리하여 재무제표에 인식한다는 사실이다. 이자가 발생하지 않는 무이자부어음의 경우는 이자수익을 별도로 인식할 필요가 없다.

종합예제

매출채권의 기대신용손실 추정과 회계처리

회계기말이 12월 31일인 광주상사(주)의 20×1년 말 매출채권 보유상황과 예상손실률 자료는 다음과 같다. 당시 대손충당금 잔액은 ₩0이라고 가정한다.

매출채권의 경과기간	금액	예상손실률
신용거래 후 30일이 경과되지 않은 매출채권	₩5,000,000	1%
신용거래 후 30~90일이 경과된 매출채권	1,000,000	20%
신용거래 후 91일 이상이 경과된 매출채권	1,000,000	50%
	₩7,000,000	

| 물음 |

(1) 위 매출채권에 대한 20×1년 말 현재 기대신용손실은 얼마로 추정되는가?

(2) 대손충당금 설정과 관련된 광주상사(주)의 20×1년 12월 31일의 수정분개는?

(3) 20×2년 7월 1일에 거래처(채무자)가 도산함에 따라 매출채권 ₩600,000을 포기하기로 결정(대손확정)하였다. 이에 대한 분개는?

(4) 20×2년 9월 7일에 또 다른 거래처(채무자)가 도산하여 매출채권 ₩250,000이 회수불능인 것으로 판단(대손확정)하였다. 이에 대한 분개는?

(5) 20×2년 11월 16일에 광주상사(주)는 이전에 대손확정 판단으로 장부에서 제거하였던 매출채권 중 ₩175,000을 회수하였다. 이에 대한 분개는?

(6) 20×2년 12월 31일에 광주상사(주)가 보유하고 있는 매출채권 총액과 기대신용손실을 추정하기 위한 자료는 다음과 같다. 대손충당금 설정과 관련된 수정분개는?

매출채권의 경과기간	금액	예상손실률
신용거래 후 30일이 경과되지 않은 매출채권	₩8,000,000	1%
신용거래 후 30~90일이 경과된 매출채권	1,500,000	20%
신용거래 후 91일 이상이 경과된 매출채권	500,000	50%
	₩10,000,000	

(7) 광주상사(주)의 매출채권과 관련된 20×2년도 요약재무상태표와 포괄손익계산서를 작성하라.

| 풀이 |

(1) 20×1년 말 현재 기대신용손실:

(₩5,000,000×0.01)+(₩1,000,000×0.20)+(₩1,000,000×0.50)=₩750,000

(2) 20×1년도 재무상태표에 대손충당금을 ₩750,000으로 표시하고 동시에 그 금액을 대손상각비로 인식한다.

(차) 대손상각비	750,000	(대) 대손충당금	750,000

(3) 대손확정액(₩600,000)만큼을 각각 대손충당금 및 매출채권계정에서 제거한다.

(차) 대손충당금	600,000	(대) 매출채권	600,000

(4) 대손확정액 ₩250,000은 남아 있는 대손충당금 ₩150,000(=₩750,000−₩600,000)보다 많으므로 부족분 ₩100,000은 당기의 대손상각비로 인식한다.

(차) 대손충당금	150,000	(대) 매출채권	250,000
대손상각비	100,000		

(5) 과거에 제거했던 대손충당금과 매출채권을 각각 ₩175,000만큼 회복시킨 후, 매출채권의 현금회수를 인식한다.

(차) 매출채권	175,000	(대) 대손충당금	175,000
(차) 현금	175,000	(대) 매출채권	175,000

위 (1)~(5)의 분개를 반영할 경우, 재무상태표의 대손충당금은 ₩175,000이고 포괄손익계산서의 대손상각비는 ₩100,000이다.

(6) 20×2년 말 매출채권의 기대신용손실은 다음과 같이 계산한다.
(₩8,000,000×0.01)+(₩1,500,000×0.20)+(₩500,000×0.50)=₩630,000

위 (5)에서 보는 바와 같이, 기말 수정분개 전의 대손충당금 잔액은 ₩175,000이다. 따라서 기말 재무상태표에 표시해야 할 대손충당금 ₩630,000과 수정 전 잔액 ₩175,000의 차이인 ₩455,000을 새로이 보충한다.

(차) 대손상각비	455,000	(대) 대손충당금	455,000

(7) 20×2년 말 재무상태표의 매출채권 잔액은 ₩10,000,000(물음 6)이고, 대손충당금 잔액은 ₩630,000(물음 6)이다. 포괄손익계산서의 대손상각비는 기중에 인식한 ₩100,000(물음 4)와 기말에 인식한 ₩455,000(물음 6)을 합산한 ₩555,000이다.

재무상태표 (20×2/12/31)		포괄손익계산서 (20×2년도)	
유동자산:		판매비와 관리비:	
매출채권	10,000,000	대손상각비	555,000
대손충당금	(630,000)		
	9,370,000		

익힘문제

1. 금융자산에는 어떤 것들이 있는지 세 가지만 제시하라.

2. 재무상태표의 '현금 및 현금성자산'에 포함되는 계정과목은 어떤 것들이 있는가?

3. 소액현금제도의 도입 목적은 무엇인가?

4. 수취채권은 매출채권과 비매출채권으로 구분된다. 비매출채권에 속하는 계정을 두 가지만 제시하라.

5. 약속어음에 표시되는 액면금액과 액면이자율의 의미를 각각 설명하라.

6. 수취채권의 기대신용손실의 의미를 설명하라.

7. 재무상태표에 표시되는 대손충당금과 포괄손익계산서에 표시되는 대손상각비의 의미를 각각 설명하라.

8. 수취채권을 실제로 회수할 수 없다고 확정적으로 판단하는 경우를 대손이 확정되었다고 말한다. 대손확정 판단을 내렸을 경우의 분개는 어떻게 하나?

9. 과거에 대손확정 판단으로 인하여 제거하였던 수취채권을 다시 회수한 경우의 분개는 어떻게 하나?

10. 매출채권을 양도할 때 발생하는 매출채권처분손실(또는 이익)은 어떻게 계산하는지 설명하라.

연습문제

6-1 기본개념의 이해

아래 문장이 맞으면 ○, 틀리면 ×를 표시하라.

(1) 취득 당시 만기가 3개월 이내인 국채는 현금성자산으로 분류한다. ( )

(2) 기업이 발행한 어음과 수표에 대해 은행이 기업의 당좌예금의 잔고를 초과하여 지급하였다면, 기업은 이 당좌차월을 현금성자산으로 기록한다. ( )

(3) 성주상사(주)는 사용하던 컴퓨터를 매각하고 대금은 6개월 후에 받기로 합의하였다. 이때 성주상사(주)의 재무상태표에는 매출채권이라는 유동자산이 기록된다. ( )

(4) 미수금과 선급금은 비매출 수취채권으로서 금융자산에 해당한다. ( )

(5) 경주상사(주)가 거래처에 상품 ₩100,000을 외상판매하였다면 동 금액을 미수금(자산)으로 기록한다. ( )

(6) 회사는 기말에 매출채권을 구성하는 각 거래처별로 채무불이행이 발생할 확률과 채무불이행으로 인해 회수할 수 있을 것으로 예상되는 금액을 곱한 금액을 모두 합하여 기대신용손실 총액을 추정한다. ( )

(7) 이자부어음은 만기일 전에 결산일이 도래하면 수정분개를 통하여 발생이자를 매출채권에 가산한다. ( )

(8) 기말시점의 매출채권 금액 중에서 손상금액은 재무상태표에 매출채권에 대한 차감계정으로서 대손충당금 계정으로 표시한다. ( )

(9) 서울상사(주)의 20×1년도 재무상태표에는 매출채권이 ₩100,000, 대손충당금이 ₩10,000 계상되어 있다. 이는 20×1년 말에 보유하고 있는 매출채권의 회수가능액을 ₩90,000으로 평가하고 있음을 의미한다. ( )

(10) 매출채권을 구성하는 거래처 수가 많은 경우에는 개별 거래처마다 신용손실 추정에 필요한 정보를 수집하는 것이 매우 어려우므로 실무에서는 기대신용손실을 추정하는 간편법으로 연령분석법이 널리 활용되고 있다. ( )

(11) 특정 거래처가 도산하여 매출채권 회수불능이 확정되었을 경우 해당 매출채권을 제거하고 기인식한 대손충당금을 초과하는 금액은 대손상각비로 인식한다. ( )

(12) 양도를 통해 매출채권 소유에 따른 위험과 보상이 대부분 이전된 경우에는 매출채권을 담보로 자금을 차입한 것으로 보아 차입거래로 인식한다. ( )

(13) 20×1년 9월 말 현재 춘천상사(주)는 작년에 대손확정 판단으로 제거하였던 수취채권 12,000원을 회수하는 데 성공하였다. 이 회수로 인하여 재무상태표의 대손충당금은 12,000원만큼 증가한다. ( )

6-2 현금 및 현금성자산의 분류

다음은 강릉상사(주)가 20×1년 말에 보유하고 있는 자산들이다. 아래에서 현금 및 현금성자산으로 분류해야 하는 항목에는 O표 하라.

(1) 우표 및 수입인지 ( )
(2) 만기가 2년 남은 정기적금 ( )
(3) 소액현금 ( )
(4) 만기가 4개월 남은 정기예금 ( )
(5) 배당금지급통지표 ( )
(6) 당좌예금 ( )
(7) 당좌예금 개설보증금(3년 계약)( )
(8) 우편환증서 ( )
(9) 취득 당시 만기가 150일 남은 양도성예금증서 ( )
(10) 취득 당시 만기가 2개월 남은 환매조건의 채권 ( )
(11) 만기가 도래한 채권이자표 ( )

6-3 소액현금제도

진주상사(주)는 각 부서에 매월 정액의 전도금을 제공하는 제도를 운영하고 있다. 20×1년 10월 초에 진주상사(주)의 각 부서가 보유한 소액현금의 합계는 ₩2,000,000이었다. 그 후 한 달이 지난 20×1년 10월 말에 각 부서로부터 보고받은 10월의 소액현금 사용내역을 집계한 결과는 다음과 같았다.

문구류 등 소모품 지출	₩150,000	우편요금	₩320,000
컴퓨터수리비	300,000	부서직원교통비	150,000
부서 회식비	500,000	영수증이 없는 현금부족액	30,000

진주상사(주)는 각 부서의 사용액 ₩1,450,000을 현금으로 다시 보충하여 주었다.

| 물음 |

소액현금의 보충을 분개하라. 단, 영수증이 없는 현금부족액은 잡손실로 처리한다.

6-4 매출채권(받을어음)의 회계처리

문경상사(주)는 20×1년 11월 1일에 김천상사(주)에 상품을 ₩100,000에 매출하고 3개월 만기의 약속어음을 받았다(액면이자율 연 12%). 매출한 상품의 취득원가는 ₩70,000이다. 두 기업은 모두 상품매매거래를 계속기록법으로 기록하고 있다.

| 물음 |

(1) 20×1년 11월 1일의 문경상사(주)의 상품매출거래를 분개하라.
(2) 20×1년 12월 31일(결산일)의 문경상사(주)의 이자수익 인식을 분개하라.

(3) 20×1년 12월 31일(결산일)의 김천상사(주)의 이자비용 인식을 분개하라.

(4) 20×2년 2월 1일에 문경상사(주)는 김천상사(주)로부터 무사히 원금과 이자를 모두 회수하였다. 문경상사(주) 입장에서의 현금 회수를 분개하라.

(5) 김천상사(주) 입장에서 현금 지급을 분개하라.

6-5 연령분석법에 의한 수취채권의 기대신용손실추정

(주)대구산업의 20×2년 말 기말수정 전 매출채권 잔액은 ₩540,000이고, 대손충당금 잔액은 ₩50,000이다. (주)대구산업의 대손충당금 차감 전 매출채권 ₩540,000을 경과기간과 연령별로 분류한 후 다음과 같이 회수불능채권액을 추정하였다.

경과기간	매출채권	손상발생률
정상회수일 미경과분	₩200,000	2%
1～ 30일	150,000	6%
31～ 90일	75,000	10%
91～150일	15,000	15%
151일 이상	100,000	30%
합 계	₩540,000	

| 물음 |

(1) (주)대구산업의 20×2년 말 대손충당금 설정과 관련한 회계처리를 제시하시오.

(2) (주)대구산업의 20×2년 말 재무상태표에 계상될 ① 매출채권과 ② 대손충당금을 구하시오.

유동자산	
매출채권	(①)
대손충당금	(②)

6-6 수취채권의 손상(I)

다음 자료를 보고 물음에 답하라.

- 〈자료 1〉 20×2년 1월 1일에 매출채권에 대한 대손충당금은 ₩200,000이었다.
- 〈자료 2〉 20×2년 중에 회수불능으로 판단하여 장부에서 제거한 매출채권 금액은 ₩180,000이었다.
- 〈자료 3〉 작년에 회수불능으로 장부에서 제거한 매출채권 중에서 금년에 회수한 금액은 ₩10,000이었다.
- 〈자료 4〉 20×2년 말의 매출채권 금액은 ₩3,000,000이며, 회수가능성과 연령에 대한 분석자료는 다음과 같다.

구성 비율	연령(경과기간)	회수가능성
80%	만기일 미경과분	95%
20%	만기일 경과분	80%

| 물음 |

(1) 〈자료 2〉의 대손확정 판단을 분개하라.

(2) 위의 회수불능 판단으로 인하여 20×2년도 당기순이익은 ₩(　　　) 감소하고, 순매출채권(=매출채권－대손충당금)은 ₩(　　　) 감소한다.

(3) 〈자료 3〉의 매출채권 회수를 분개하라.

(4) 20×2년 말의 재무상태표의 대손충당금은 얼마이어야 하나?

(5) 20×2년 말의 대손상각비 인식을 위한 수정분개는?

6-7 수취채권의 손상(II)

영덕상사(주)의 20×1년 말 재무상태표의 매출채권 관련 계정은 다음과 같다.

매출채권	₩420,000
대손충당금	(10,000)
	₩410,000

그리고 영덕상사(주)의 20×2년 중의 관련 거래는 다음과 같다.

- 2월 8일: 고천상사(주)로부터 회수할 매출채권 ₩1,000을 회수불능으로 판단하여 계정에서 제거하였다.
- 6월 9일: 서구상사(주)로부터 회수할 매출채권 ₩12,000을 회수불능으로 판단하여 계정에서 제거하였다.
- 10월 7일: 회수불능 판단으로 계정에서 제거하였던 서구상사(주)의 매출채권 중에서 ₩4,000이 현금으로 회수되었다.
- 12월 31일: 20×2년 말의 매출채권 총액은 ₩500,000이며, 이 중에서 ₩20,000을 기대신용손실로 추정하였다.

| 물음 |

(1) 20×2년 2월 8일의 영덕상사(주)의 분개는?

(2) 20×2년 6월 9일의 영덕상사(주)의 분개는?

(3) 20×2년 10월 7일의 영덕상사(주)의 분개는?

(4) 20×2년 12월 31일의 영덕상사(주)의 수정분개(대손충당금 설정에 관한 분개)는?

(5) 20×2년 말에 영덕상사(주)의 재무상태표의 대손충당금은 ₩(　　　)이고, 20×2년도 포괄손익계산서의 대손상각비는 ₩(　　　)이다.

6-8 수취채권의 손상(Ⅲ)

칠곡기업(주)의 20×1년 12월 31일 현재 수정 전 대손충당금 잔액은 ₩9,000이었다. 한편, 칠곡기업(주)은 기말 현재 보유하고 있는 매출채권을 다음과 같이 분석하였다.

매출채권의 경과기간	금액	예상손실률
90일이 경과되지 않은 매출채권	₩100,000	1%
90～180일이 경과된 매출채권	30,000	10%
181일 이상이 경과된 매출채권	5,000	100%(대손확정 판단)

| 물음 |

(1) 기말 시점에서 대손확정으로 판단한 매출채권의 제거를 분개하라.

(2) 기말 시점에서 대손충당금 설정을 위한 수정분개는?

(3) 위의 자료를 모두 반영할 경우, 칠곡기업(주)의 재무상태표에 표시될 매출채권(총액)과 대손충당금은 각각 얼마인가?

6-9 매출채권의 회수와 현금흐름

다음은 울산상사(주)의 20×1년도 매출 및 매출채권 자료이다.

1월 1일 매출채권 금액	₩14,000	12월 31일 매출채권 금액	₩11,000
1월 1일 대손충당금 금액	750	12월 31일 대손충당금 금액(수정후)	500
20×1년도 연간 매출액(모두 외상매출임)			₩100,000
20×1년에 대손확정 판단으로 계정에서 제거한 금액			1,600

| 물음 |

(1) 울산상사(주)의 20×1년도 매출채권과 관련된 현금회수액은 얼마인가?

(2) 울산상사(주)의 20×1년도 포괄손익계산서의 대손상각비는 얼마인가?

6-10 수취채권의 양도

다음은 20×1년 3월 11일에 발생한 안동상사(주)의 수취채권 양도와 관련된 두 가지 자료이다.

- 〈자료 1〉 순수 신용의 매출채권(액면금액 ₩400,000)을 ₩388,000의 현금을 받고 현대캐피탈(주)에 매각하였다.
- 〈자료 2〉 매출의 대가로 받은 받을어음(액면금액 ₩500,000, 액면이자율 연 12%, 만기 4개월)을 2개월간 보유하다가 ₩505,000의 현금을 받고 현대캐피탈(주)에 매각하였다.

| 물음 |

(1) 〈자료 1〉의 매출채권 처분을 분개하라.

(2) 〈자료 2〉의 매출채권 처분을 분개하라.

6-11 종합문제: 재무상태표 작성

다음은 포항상사(주)의 20×1년도 거래내역이다.

① 20×1년 말의 현금 및 당좌예금계정의 합계액은 ₩13,200이었다.

② 20×1년 말의 소액현금 합계액은 ₩400이었다.

③ 포항상사(주)는 120일 만기의 양도성예금증서(금융상품) ₩10,000을 보유하고 있다.

④ 20×1년 말의 매출채권 총액은 ₩44,000이었으며, 수정 전 대손충당금 잔액은 ₩340이었다. 포항상사(주)는 매출채권 총액의 3%를 회수불능액으로 추정하였다.

⑤ 20×1년 12월 1일에 포항상사(주)는 사용하던 토지를 매각하고 연 이자율 12%, 만기 3개월의 약속어음 ₩6,000을 받았다. 따라서 20×1년 말 현재, 이 약속어음의 만기는 2달이 남았으며, 회수가능성은 100%로 평가한다.

| 물음 |

(1) 기말시점에서의 거래 ④를 분개하라.

(2) 기말시점에서의 거래 ⑤를 분개하라.

(3) 위의 거래를 모두 반영하여 포항상사(주)의 20×1년도 부분 재무상태표를 작성하라(다음 표의 괄호 안에 적절한 숫자를 기입하라).

재무상태표		
포항상사(주)	20×1년 12월 31일	(단위: 원)
유동자산		
현금 및 현금성자산		( )
단기금융상품		( )
매출채권	( )	
대손충당금	( )	( )
미수금		( )
미수수익		( )
합계		( )

제7장
재고자산

재고자산은 기업이 판매 목적으로 보유하거나(예: 상품, 제품) 생산과정에 투입하기 위하여 보유하는(예: 원재료) 유동자산이다. 기업은 재고자산의 특성에 따라 계속기록법이나 실지재고조사법을 적용하여 매매거래를 기록한다. 뿐만 아니라, 재고자산의 원가흐름가정에 따라 개별법, 선입선출법, 평균법 중의 하나를 선택하여 판매된 재고자산의 매출원가와 남아 있는 재고자산의 금액을 측정한다. 또한 기말시점에는 추가적으로 저가기준을 적용하여 재고자산을 평가하고 평가손실의 인식 여부를 판단해야 한다.

- 재고자산
  - 재고자산의 의의와 취득원가
    - 재고자산의 의의와 종류
    - 재고자산의 인식
    - 재고자산의 취득원가
  - 재고자산 매매거래의 기록방법
  - 재고자산 원가흐름의 가정
    - 원가흐름의 가정이란
    - 선입선출법
    - 평균법
    - 개별법
    - 선입선출법과 평균법의 경제적 효과 비교
  - 재고자산의 기말평가
    - 재고자산의 수량 파악
    - 수량부족과 재고자산감모손실
    - 재고자산의 기말평가: 저가기준
  - 추정에 의한 재고자산 평가

제1절 재고자산의 의의와 취득원가

1.1 재고자산의 의의와 종류

재고자산(inventory)은 기업이 정상적 영업활동과정에서 생산 또는 판매를 목적으로 보유하고 있는 자산이다. 현대자동차(주)가 판매목적으로 보유하고 있는 자동차, (주)이마트가 판매목적으로 보유하고 있는 다양한 상품 등은 모두 재고자산이다. 그러나 현대자동차(주)가 임직원 출퇴근용으로 보유하고 있는 자동차는 판매목적으로 보유한 것이 아니기 때문에 재고자산이 아니다(유형자산으로 분류). 재고자산은 1년 또는 정상적인 영업주기 내에 제품 생산에 투입되거나 최종소비자들에게 판매될 것으로 예상되는 자산이므로 재무상태표에는 유동자산으로 분류한다.

〈표 7-1〉 기업형태별 재고자산의 종류

기업의 형태	재고자산의 종류와 의의
상품매매기업	상품: 판매를 목적으로 외부에서 구입한 재고자산
제조기업	제품: 생산이 완료된 완성품
	재공품: 생산공정 중에 있는 미완성품
	원재료: 제품을 만들기 위해 보유하는 원료와 재료

기업이 보유하고 있는 재고자산은 기업의 특성에 따라 조금씩 다르다. 〈표 7-1〉에서 보는 바와 같이, 상품매매기업이 판매를 목적으로 외부에서 구입한 재고자산을 회계에서는 상품(merchandise)이라고 부른다. 이에 비하여 제조기업이 보유한 재고자산은 제품을 만들기 위해 보유하고 있는 원재료(raw materials), 미완성 상태로 생산공정 중에 있는 재공품(work in process), 그리고 완성된 제품(finished goods) 등으로 구성된다. 다시 말하면, 상품은 다른 기업이 만든 것을 팔기 위하여 매입한 물건이고, 제품은 기업이 외부에 팔기 위하여 직접 만든 물건이다. 재무상태표에는 재고자산 종류별 표시보다는 하나로 묶어 '재고자산'으로 표시하며, 상세 내역은 주석에 공시한다.

1.2 재고자산의 인식

재고자산은 일반적으로 법적 소유권을 가질 때 인식한다. 따라서 누가 보관하고 있는지는 중요하지 않은데, 이와 관련하여 미착상품과 위탁상품의 예를 들어 보자. 미착상품(goods in transit)은 보고기간 말 현재 운송 중인 상품이다. 기업이 상품을 주문하였으나 운송 중이어서 아직 기업이 지정한 장소까지 도착하지 않은 상품을 말한다. 운송 중의 상품은 어느 시점에서 소유권이 이전되었는지를 판단하는 것이 중요하다. 왜냐하면 소유권이 이미 매입기업으로 이전되었다면 그 상품은 매입기업의 재고자산에 포함되어야 하며, 아직 소유권이 이전되지 않았다면 판매기업의 재고자산이기 때문이다.

소유권 이전 여부의 판단은 대체로 운송계약조건에 따른다. 계약조건이 선적지인도기준(FOB shipping point)인 경우는 이미 선적시점에 소유권이 이전되기 때문에 해당 미착상품은 매입기업의 재고자산에 포함되어야 한다. 반면에 운송계약조건이 도착지인도기준(FOB destination)인 경우는 도착시점에 소유권이 이전되므로 그 미착상품은 매입기업의 재고자산이 아니다.

위탁상품(consigned goods)은 기업이 제3자에게 판매를 위탁한 후 그 상품을 수탁기업에 발송한 경우이다. 이 경우는 위탁상품을 수탁기업에게 보냈다고 하더라도 아직 소유권이 이전된 것이 아니기 때문에(즉 수탁기업에게 판매된 것이 아니기 때문에) 계속 위탁기업의 재고자산에 포함시켜야 한다. 추후 수탁기업이 그 위탁상품을 제3자에게 판매하였다고 보고하면(판매조건과 함께), 그 시점에 위탁기업은 그 상품을 재고자산에서 제외시킨다.

1.3 재고자산의 취득원가

재고자산의 취득원가는 당해 재고자산을 판매 가능한 상태로 보유하는 데까지 지급한 모든 금액을 포함한다. 즉 재고자산을 구입하는 데 지급한 매입가격은 물론이고 재고자산 구입에 직접 관련된 거래원가(예: 매입운임, 통관료, 보험료 등)를 모두 포함한다. 이렇게 직접 거래원가를 재고자산의 취득원가에 포함시키는 이유는 매입가격과 마찬가지로 자산을 취득하기 위한 필수불가결한 지출이기 때문이다.

제5장에서 논의한 바와 같이, 상품을 매입하는 과정에서 가격할인을 받거나(매출에

누리), 매입한 상품을 반품하는 경우(매입환출)가 발생하였다면 그 해당 금액은 상품의 취득원가에서 차감한다. 요약하면, 재고자산의 취득원가는 매입가격(purchase costs) 총액에 직접 거래원가를 가산하고 매입환출 및 에누리를 차감한 금액이다.

재고자산의 취득원가 = 매입가격 총액 + 직접 거래원가 - 매입환출 및 에누리

한편 제조기업에서 제품을 직접 제조할 때의 제조원가(즉, 취득원가) 계산은 좀 더 복잡하다. 다만 그 계산원리는 기본적으로 동일하다. 즉 제품을 판매 가능한 상태로 만들기까지 투입한 원재료, 인건비, 기타 경비를 모두 합친 금액이 제조원가이다. 여기서 기타 경비는 제품을 만들기 위하여 사용한 생산시설의 사용액(예: 감가상각비), 전기료 등과 같은 공장운영비를 모두 합한 것이다. 제조기업에서 제품의 제조원가를 계산하는 것은 원가회계(또는 관리회계)에서 본격적으로 다루기 때문에 본서에서는 자세한 논의를 생략한다.

예제 7-1

다음은 여성 의류(상품)를 매입하여 판매하는 롯데상사(주)의 20×1년도 재고자산 매입에 관한 거래 자료이다.

매입가격 총액: ₩4,500,000 (1년간 매입영수증 합계)
매입운임 합계: ₩600,000
매입환출 및 에누리 합계: ₩500,000

| 물음 |

롯데상사(주)의 20×1년의 재고자산 취득원가는 얼마인가?

| 풀이 |

재고자산 취득원가 = 매입가격 총액 + 매입운임 − 매입환출 및 에누리
= ₩4,500,000 + ₩600,000 − ₩500,000 = ₩4,600,000

제2절 재고자산 매매거래의 기록방법

기업이 기초부터 보유하거나 당기에 추가로 매입한 재고자산은 외부로 판매되거나 기말에 재고자산으로 남는다. 기초재고자산과 당기에 매입한 재고자산의 합을 판매가능재고자산이라고 한다. 판매가능재고자산 중 당기에 판매된 재고자산은 당기 매출원가(비용)가 되며, 판매되지 않고 남아있는 재고자산은 기말재고자산이 된다.

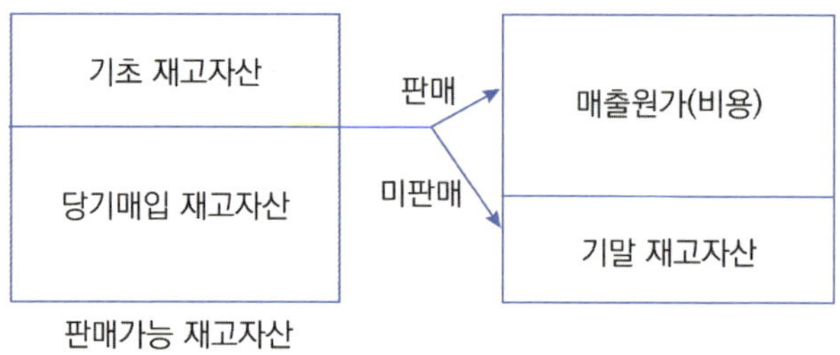

재고자산의 매매거래를 기록하는 방법에는 계속기록법과 실지재고조사법이 있다. 이는 이미 제5장에서 설명한 바가 있으므로, 여기서는 본 장의 내용 설명을 위하여 필요한 부분만을 간단히 요약한다.

계속기록법(perpetual inventory system)은 주로 고가품이면서 거래가 빈번하지 않은 재고자산에 적용하는 방법으로서, 상품이 매매될 때마다 매매내역을 상품(또는 재고자산)계정과 매출원가계정에 기록하는 방법이다. 즉, 상품을 매입하면 상품계정에 매입한 만큼의 취득원가를 기록하며, 판매하면 상품계정에서 판매한 상품의 취득원가만큼을 차감하고 동시에 같은 금액을 매출원가계정에 기록한다. 이렇게 상품의 모든 매매거래를 계속 기록하기 때문에 기말에 상품 원장의 잔액(차변)은 기말 현재의 상품재고액을 나타내며, 매출원가 원장의 잔액(차변)은 회계기간 전체의 매출원가를 나타낸다.
실지재고조사법(실사법, periodic inventory system)은 주로 저가품이면서 거래가 빈번한 재고자산에 적용하는 방법으로서, 상품의 매입 시에는 매입계정에 취득원가를 기록하는 반면 상품의 판매 시에는 상품의 감소에 대한 기록을 남기지 않는다. 다만, 기말이 되면 남아 있는 상품을 실지조사하여 기말재고자산을 측정하고 당기매입액과 기초재고자산 금액을 가감하여 회계기간 전체의 매출원가를 확정한다. 즉, 다음의 매출원가 계산공식을 통해 당기 매출원가를 산정한다.

당기 매출원가 = 기초재고자산 + 당기 매입액 - 기말재고자산

한편 기업에 따라서는 거래처 관리 등을 목적으로 거래처별로 당기 총매입액, 매입운임, 매입환출 및 에누리 등이 각각 얼마나 발생했는지를 파악하고 싶은 경우가 있다. 이렇게 구분된 자료를 집계하기 위해서는 계정과목을 처음부터 매입(또는 상품), 매입운임, 매입환출 및 에누리 등의 계정으로 나누어 유지하는 것이 좋다. 즉, 위의 세 가지 계정별로 1년간 각각의 금액을 집계한 다음, 기말에 당기 매입액(=매입총액+매입운임－매입환출 및 에누리)을 계산한다.

예제 7-2

울산상사(주)의 연간 재고자산 매입 및 매출 자료는 다음과 같다.

	수량	단가	금액
기초재고	200	₩500	₩100,000
당기매입	800	500	400,000
당기매출	900	800	720,000

| 물음 |

울산상사(주)가 계속기록법을 적용하는 경우와 실지재고조사법을 적용하는 경우의 회계처리를 비교하라(매입과 매출은 모두 현금으로 거래되었다고 가정한다). 단, 실지재고조사법을 적용하는 경우 실지조사를 통해 기말재고자산이 ₩50,000임을 확인하였다고 가정한다.

| 풀이 |

계속기록법을 적용하는 경우와 실지재고조사법을 적용하는 경우의 단계별 분개는 다음과 같다.

구분	계속기록법	실지재고조사법
재고자산 매입	(차) 재고자산 400,000 (대) 현금 400,000	(차) 매입 400,000 (대) 현금 400,000
재고자산 판매	(차) 현금 720,000 (대) 매출 720,000 (차) 매출원가 450,000 (대) 재고자산 450,000	(차) 현금 720,000 (대) 매출 720,000
기말 수정분개	수정분개 없음	(차) 매출원가 450,000 재고자산(기말) 50,000 (대) 재고자산(기초) 100,000 매입 400,000

제3절 재고자산 원가흐름의 가정

3.1 원가흐름의 가정이란

재고자산 매입가격은 수시로 변동할 수 있다. 이는 기업이 보유하고 있는 동일한 재고자산이라도 그 취득원가가 서로 다를 수 있다는 것을 의미한다. 예를 들어, 사과를 판매하는 강릉상사(주)는 사과 3개를 보유하고 있는데, 각 사과의 취득원가가 ₩1,000, ₩2,000, ₩3,000이라고 가정하자. 이때 고객에게 사과 2개를 팔았다면, 어떤 것을 팔았는지에 따라 매출원가와 기말시점의 재고자산 금액이 달라진다.

만약 ₩1,000짜리와 ₩2,000짜리를 팔았다면 매출원가는 ₩3,000(=₩1,000+₩2,000)으로 기록되고, 기말 재고자산(남아 있는 사과)은 ₩3,000으로 기록된다. 반면, 만약 ₩2,000짜리와 ₩3,000짜리를 팔았다면, 매출원가는 ₩5,000(=₩2,000+₩3,000)으로 기록되고, 기말 재고자산은 ₩1,000으로 기록된다.

그런데 사과의 종류가 다른 것이라면 판매된 사과의 취득원가를 매출원가로 기록하는 것이 당연하지만, 동일한 사과인 경우는 어떻게 기록해야 하나? 재고자산 매입가격이 변동하는 상황에서는 어떤 것이 판매되었다고 가정하는지에 따라 매출원가와 기말 재고자산 금액이 크게 달라질 수 있기 때문에, 회계에서는 일반적으로 다음의 세 가지 가정을 적용하고 있으며, 이를 재고자산의 원가흐름 가정(cost flow assumptions)이라고 부른다.

첫째는 선입선출법(first-in first-out method, FIFO)이다. 선입선출법은 먼저 취득한 것을 먼저 팔았다고 가정하고 매출원가를 계산하는 방법이다. 위의 사과 판매의 경우 ₩1,000짜리와 ₩2,000짜리가 먼저 취득된 것이라면, 그것들이 팔렸다고 가정하여 매출원가는 ₩3,000(=₩1,000+₩2,000)이 되고, 기말 재고자산은 남아 있는 사과의 취득원가인 ₩3,000이 된다.

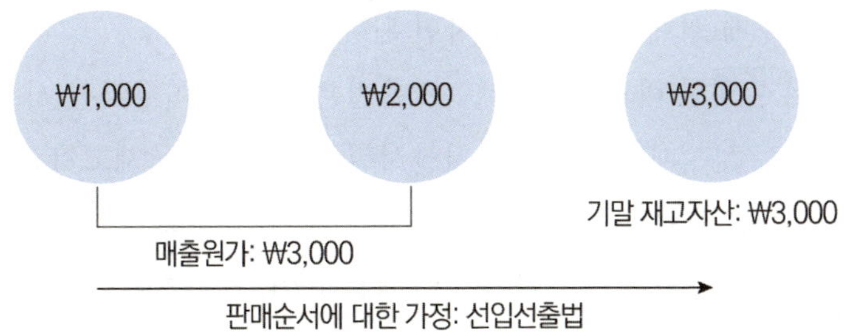

둘째는 평균법(average cost method)이다. 평균법은 재고자산의 평균 취득원가로 판매되었다고 가정하는 방법이다. 위 사과 판매의 경우, 사과의 평균 취득원가는 ₩2,000[=(₩1,000+₩2,000+₩3,000)/3]이므로 매출원가는 ₩4,000(=₩2,000×2개)이고 기말 재고자산은 ₩2,000이다.

셋째는 후입선출법(last-in first-out method, LIFO)이다. 후입선출법은 가장 나중에 취득한 것부터 먼저 팔았다고 가정하는 방법이다. 위의 사과 판매의 경우, ₩3,000짜리와 ₩2,000짜리가 나중에 취득된 것이기 때문에, 매출원가는 ₩5,000(=₩3,000+₩2,000)이고, 기말 재고자산은 ₩1,000이 된다.

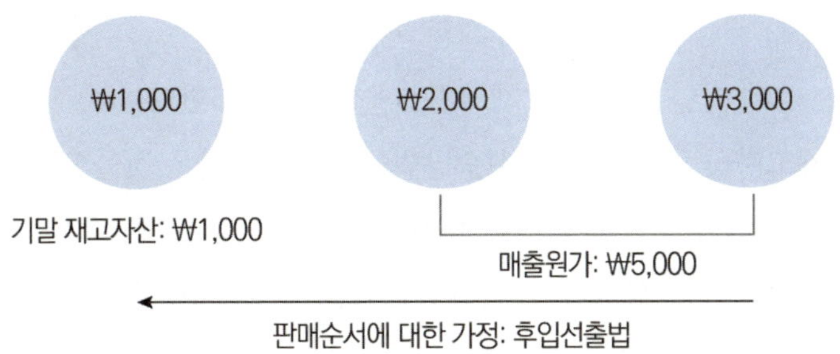

이러한 각 방법은 단지 장부상으로 매출원가와 기말 재고자산을 산정하는 방법일 뿐, 재고자산의 실제 판매순서를 지정하는 것은 아니다. 즉 선입선출법을 적용한다고 해서 재고자산을 먼저 구입한 것부터 골라서 판매해야 하는 것은 아니다. 판매는 자유롭게 하되, 회계상으로 매출원가와 기말 재고자산을 측정하기 위해 선입선출법을 가정한다는 의미이다.

후입선출법은 가장 최근에 매입한 재고자산을 가장 먼저 판매한다는 가정 때문에 실제 재고자산의 실물흐름을 신뢰성 있게 반영하지 못하는 단점이 있다. 이에 K-IFRS는 후입선출법 적용을 금지하고 있다. 따라서 기업은 선입선출법과 평균법 중에서 한 가지 방법을 선택하여 매 회계기간에 적용하면 된다.

위의 제2절에서 논의한 바와 같이, 계속기록법은 판매가 이루어진 시점에서 매번 매출원가를 기록하고, 실지재고조사법은 기말시점에 남아 있는 재고자산의 실지조사를 통해 매출원가를 확정한다. 따라서 원가흐름의 가정에 의한 측정결과는 어떤 기록방법을 적용하느냐에 따라 차이가 있을 수 있다. 예를 들어, 계속기록법을 적용하는 상황에서 평균법을 채택하는 경우와 실지재고조사법을 적용하는 상황에서 평균법을 채택하는 경우 매출원가가 다를 수 있다. 즉, 아래와 같은 네 가지 조합은 서로 다른 결과를 초래할 수 있다.

원가흐름의 가정 / 매매기록방법	선입선출법	평균법
계속기록법	○	○
실지재고조사법	○	○

3.2 선입선출법

선입선출법은 먼저 매입한(first-in) 재고자산을 먼저 판매한다(first-out)고 가정하여 매출원가와 기말 재고자산 금액을 결정하는 방법이다. '먼저 사온 것을 먼저 판다'는 가정은 물량의 흐름을 자연스럽게 반영해 준다는 점에서 합리적인 방법으로 인정받고 있다.

계속기록법을 사용하는 상황에서 선입선출법을 적용하면, 판매시점마다 당시 판매가능재고자산 중에서 가장 먼저 매입한 순서대로 판매되었다고 가정한다. 이에 비하여 실지재고조사법을 사용하는 상황에서 선입선출법을 적용하면, 기말시점에서 일괄적으로 매출원가를 측정하므로 기말시점 기준으로 가장 먼저 매입한 순서대로 판매되었다고 가정한다. 따라서 계속기록법을 사용하는 경우와 실지재고조사법을 사용하는 경우는 결과적으로 동일한 매출원가와 기말재고자산 금액을 측정하여 준다. 다음 예제를 통하여 이를 확인하여 보자.

예제 7-3

다음은 영천상사(주)의 20×1년도 재고자산 매입 및 매출에 관한 자료이다.

일자	거래	수량	매입단가	판매단가	잔여수량
1월 1일	기초재고	100	₩80		100
3월 5일	매입	20	100		120
5월 22일	판매	(80)	?	200	40
6월 10일	매입	80	150		120
12월 10일	판매	(50)	?	300	70

| 물음 |

(1) 계속기록법을 사용하는 상황에서, 선입선출법을 적용하여 20×1년도의 매출원가와 기말재고자산을 각각 계산하라.

(2) 실지재고조사법을 사용하는 상황에서, 선입선출법을 적용하여 20×1년도의 매출원가와 기말재고자산을 각각 계산하라.

| 풀이 |

(1) 계속기록법을 적용하는 경우에는 판매시점마다 당시 판매가능재고자산 중에서 가장 먼저 매입한 것부터 판매한다고 가정한다.

① 5월 22일에 판매된 80개는 기초재고의 일부가 판매되었다고 가정한다.

매출원가 = 80개 × ₩80 = ₩6,400

그리고 12월 10일에 판매된 50개는 기초재고 20개, 3월 5일 매입분 20개, 그리고 6월 10일 매입분 10개로 구성된다.

매출원가 = (20개 × ₩80) + (20개 × ₩100) + (10개 × ₩150) = ₩5,100

따라서 매출원가 합계는 ₩11,500(= ₩6,400 + ₩5,100)이다.

② 기말 재고량 70개는 모두 6월 10일에 매입한 것으로 구성된다.

기말재고자산 = 70개 × ₩150 = ₩10,500

또는 다음의 작업표를 작성하여 매출원가와 기말재고자산을 계산할 수 있다.

일자	매입			판매			잔액			설명
	수량	단가	총원가	수량	단가	총원가	수량	단가	총원가	
1/1	100	80	8,000				100	80	8,000	* 기초재고
3/5	20	100	2,000				100 20	80 100	8,000 2,000	* 기초재고 * 3/5 매입
5/22				80	80	6,400	20 20	80 100	1,600 2,000	* 기초재고 * 3/5 매입
6/10	80	150	12,000				20 20 80	80 100 150	1,600 2,000 12,000	* 기초재고 * 3/5 매입 * 6/10 매입
12/10				20 20 10	80 100 150	1,600 2,000 1,500	70	150	10,500	* 6/10 매입
합계	200		22,000	130		11,500				

(2) 영천상사(주)의 20×1년도 연간 판매량은 130개(=80+50)이다. 가장 먼저 매입한 순서대로 팔았다고 가정하면, 연간 판매량 130개는 기초재고 100개, 3월 5일에 매입한 것 20개, 그리고 6월 10일에 매입한 것 10개로 구성된다. 따라서

매출원가=(100개×₩80)+(20개×₩100)+(10개×₩150)=₩11,500

또한 기말에 남아 있는 재고량 70개는 가장 최근에 매입한 것 70개(6월 10일 매입)로 구성된다. 따라서

기말재고자산=70개×₩150=₩10,500

위의 매출원가와 기말재고자산이 정확히 계산되었는지를 검산하려면, 앞의 2.2절에서 소개한 매출원가 계산공식을 이용하면 된다. 즉,

매출원가=기초 재고자산+당기 매입액−기말 재고자산

₩11,500=₩8,000+₩14,000−₩10,500

이제 위의 [예제 7−3]에서 계속기록법을 적용하는 경우, 각 매입 및 매출시점에서 필요한 분개를 실시하여 보자. 위의 매입 및 매출은 모두 신용거래로 가정하여 분개한다.

계속기록법

매입(3/5):	(차)	재고자산	2,000	(대)	매입채무	2,000
매출(5/22):	(차)	매출채권	16,000*	(대)	매출	16,000*
		매출원가	6,400		재고자산	6,400
	* 판매량 80개 × 판매단가 ₩200 = ₩16,000					
매입(6/10):	(차)	재고자산	12,000	(대)	매입채무	12,000
매출(12/10):	(차)	매출채권	15,000*	(대)	매출	15,000*
		매출원가	5,100		재고자산	5,100
	* 판매량 50개 × 판매단가 ₩300 = ₩15,000					

위에서 5월 22일 분개의 매출원가 ₩6,400과 12월 10일 분개의 매출원가 ₩5,100은 모두 [예제 7－3]의 풀이에서 계산한 결과를 그대로 기록한 것이다. 위와 같이 분개하면 매출원가계정의 합계 ₩11,500(＝₩6,400＋₩5,100)이 곧 당기 매출원가이다. 또한 위의 분개를 재고자산(또는 상품)계정에 전기하면 재고자산계정의 차변잔액 ₩10,500(＝₩8,000＋₩2,000－₩6,400＋₩12,000－₩5,100)은 기말시점의 재고자산이 된다.

[예제 7－3]에서 실지재고조사법을 적용하는 경우, 각 매입 및 매출시점, 그리고 기말 시점에서 필요한 분개는 다음과 같다.

실지재고조사법

매입(3/5):	(차)	매입	2,000	(대)	매입채무	2,000
매출(5/22):	(차)	매출채권	16,000	(대)	매출	16,000
매입(6/10):	(차)	매입	12,000	(대)	매입채무	12,000
매출(12/10):	(차)	매출채권	15,000	(대)	매출	15,000
기말(12/31):	(차)	매출원가	11,500	(대)	매입	14,000
		재고자산(기말)	10,500		재고자산(기초)	8,000

위와 같이 실지재고조사법에서는 각 매입시점에서 재고자산계정 대신에 임시로 매입계정을 사용한다. 그리고 각 매출시점에서는 매출원가를 인식하지 않는다. 그 대신 기말에 당기 매출원가와 기말재고자산을 한꺼번에 측정한 후, 그 결과를 이용하여 위의 기말수정분개를 실시한다.

기말수정분개에서 대변의 매입 ₩14,000은 당기 매입액을 합산한 것으로서 ₩2,000(3월 5일 분개)과 ₩12,000(6월 10일 분개)의 합계이다. 이 분개에 의하여 앞에 나타났던 매입계정의 잔액은 ₩0이 되어 마감된다. 그리고 대변의 재고자산(기초) ₩8,000은 전년 말의 재고자산을 의미하고, 차변의 재고자산(기말) ₩10,500은 당년도의 실사결과에 근거한 금액이다. 이러한 기말수정분개를 통하여 비로소 매출원가계정에 ₩11,500이 기록된다. 기말시점의 수정분개는 「매출원가=기초재고+당기매입−기말재고」라는 매출원가 계산공식을 적용한 것이나 다름없다.

3.3 평균법

평균법은 재고자산이 평균원가로 판매되었다고 가정하는 방법으로서 우리나라 기업들이 가장 많이 적용하고 있는 재고자산 회계처리방법이다. 그런데 실지재고조사법을 적용하면서 평균법을 가정하는 경우와 계속기록법을 적용하면서 평균법을 가정하는 경우는 서로 다른 매출원가와 기말 재고자산 금액을 산출한다. 왜냐하면, 실지재고조사법에서는 그 해의 모든 판매가능재고자산(즉, 기초재고와 당기매입분)이 평균원가로 판매되었다고 가정하는 데 비하여, 계속기록법에서는 판매시점마다 당시의 판매가능재고자산이 평균원가로 판매되었다고 가정하기 때문이다.

요약하면, 실지재고조사법에서는 기말시점에서 하나의 연간 평균원가만 계산하기 때문에 총평균법(weighted average cost method)이라고 부르며, 계속기록법에서는 판매시점마다 평균원가를 새롭게 계산하기 때문에 이동평균법(moving average cost method)이라고 부른다. 아래의 예제에서 두 방법에 따라 계산되는 매출원가와 기말 재고자산을 비교하여 보자.

예제 7-4

[예제 7−3]에 제시된 영천상사(주)의 20×1년도 매입 및 매출 자료를 이용하여 다음 물음에 답하라.

| 물음 |

(1) 총평균법을 적용하여 매출원가와 기말재고자산을 각각 계산하라.

(2) 이동평균법을 적용하여 매출원가와 기말재고자산을 각각 계산하라.

| 풀이 |

(1) 총평균법에서의 연간 평균원가는 다음과 같이 계산한다.

평균원가 = 당년도 판매가능총원가 / 당년도 판매가능수량

여기서, 판매가능수량 = 기초재고량 + 당기매입량 = 100 + 20 + 80 = 200(개)
판매가능총원가 = 기초재고자산 + 당기매입액
= (100개 × ₩80) + (20개 × ₩100) + (80개 × ₩150) = ₩22,000
따라서 평균원가 = ₩22,000/200개 = ₩110
평균원가 ₩110으로 130개를 판매하였으므로,
① 매출원가 = 평균원가 × 판매량 = ₩110×(80 + 50)개 = ₩14,300
그리고 단위당 평균원가 ₩110으로 70개의 재고가 남았으므로,
② 기말재고자산 = 단위당 평균원가 × 기말재고량 = ₩110×70개 = ₩7,700

(2) 이동평균법에서는 판매시점마다 평균원가를 새롭게 계산해야 한다.
① 5/22일 판매분:
평균원가 = 당시 판매가능총원가 / 당시 판매가능수량
= [(100×₩80) + (20×₩100)]/120개 = ₩10,000/120개 = ₩83.3
따라서 매출원가 = ₩83.3 × 80개 = ₩6,664
12/10일 판매분:
평균원가 = [(40×₩83.3) + (80×₩150)]/120개 = ₩127.8
따라서 매출원가 = ₩127.8 × 50개 = ₩6,390
따라서 매출원가 합계는 ₩13,054(= ₩6,664 + ₩6,390)이다.

② 기말재고자산 금액 = ₩127.8 × 70개 = ₩8,946

또는 다음의 작업표를 작성하여 매출원가와 기말재고자산을 계산할 수 있다.

일자	매입			판매			잔액		
	수량	단가	총원가	수량	평균원가	총원가	수량	평균원가	총원가
1/1	100	80	8,000				100	80	8,000
3/5	20	100	2,000				120	83.3	10,000
5/22				80	83.3	6,664	40	83.3	3,336
6/10	80	150	12,000				120	127.8	15,336
12/10				50	127.8	6,390	70	127.8	8,946
합계	200		22,000	130		13,054			

평균법을 적용한 경우의 분개사항 역시 앞에서 설명한 선입선출법 예제와 유사하다. 다만, 각 계정의 금액에 평균법을 적용하여 계산한 결과를 삽입하면 된다.

3.4 개별법

선입선출법과 평균법은 일반적으로 균일한 재고자산(예: 표준화된 제품)을 취급하는 경우에 적용된다. 그러나 선박, 주택, 중고자동차와 같은 재고자산은 조금씩 다른 사양을 가지고 있어서 재고자산마다 매입원가와 판매가격이 다를 수 있다. 이러한 경우에는 선입선출법이나 평균법을 일괄적으로 적용할 수 없다. 그 대신 구체적으로 어떤 재고자산이 판매되었는지를 확인하여 그 판매된 재고자산의 취득원가를 매출원가로 기록하고, 기말에 남아 있는 재고자산 역시 해당 재고자산의 취득원가를 기말재고 자산금액으로 기록해야 한다. 이와 같은 회계처리방법을 개별법(specific identification method)이라고 부른다.

개별법은 판매된 바로 그 재고자산의 취득원가가 매출과 직접 대응되고 물적 흐름과 원가흐름이 동일할 뿐만 아니라 기말재고 역시 실제원가로 보고되기 때문에 가장 이상적인 방법이라고 할 수 있다. 하지만 개별 재고자산의 추적에 큰 비용이 소요된다는 단점도 뚜렷한 방법이다.

3.5 선입선출법과 평균법의 경제적 효과 비교

[예제 7－3]과 [예제 7－4]의 계산결과에 의하면, 선입선출법의 경우에는 계속기록법을 적용할 때나 실지재고조사법을 적용할 때 모두 동일한 매출원가가 산출된다. 그러나 평균법의 경우에는 계속기록법을 적용할 때와 실사법을 적용할 때의 결과가 동일하지 않다. 앞의 예제에서 계산한 네 가지 경우의 매출원가를 비교해 보면 다음과 같다.

	선입선출법		평균법
계속기록법 적용 시 매출원가	₩11,500	<	₩13,054
실사법 적용 시 매출원가	11,500	<	14,300

위 표에서 보다 중요한 사실은 선입선출법을 가정하는 경우보다 평균법을 가정하는 경우에 매출원가가 모두 큰 금액으로 기록된다는 점이다. 다시 말하면, 앞의 예제에서와 같이 물가가 지속적으로 오르는 상황(재고자산의 매입원가 상승)에서는 상대적으로

단가가 낮은 초기의 매입상품을 판매한 것으로 가정하는 선입선출법이 평균적인 판매를 가정하는 평균법보다 작은 매출원가를 보고한다. 따라서 매출총이익(=매출액－매출원가)은 반대로 선입선출법이 크고 평균법이 작다. 왜냐하면 매출액은 원가흐름 가정과 관계없이 동일하기 때문이다. 또한 재무상태표의 기말재고자산 금액도 선입선출법이 평균법보다 크다. 물론 물가가 지속적으로 내리는 상황에서는 반대의 결과를 보일 것이다.

요약하면, 물가상승 기간에 선입선출법을 적용하면 다른 방법에 비하여 포괄손익계산서의 이익과 재무상태표의 재고자산이 모두 크게 나타난다. 그렇다면 많은 기업들이 선입선출법을 적용하지 않고 평균법을 선택하는 이유가 무엇일까? 이를 논의하기 위하여 우선 다음 예제를 살펴보자.

예제 7-5

다음은 상품매매업을 영위하는 김대한 씨의 20×1년도 매입과 매출에 관한 자료이다. 김대한 씨는 실지재고조사법을 적용하여 거래를 기록하며, 김대한 씨가 상품매매를 통해 얻는 소득(매출총이익)에는 30%의 세금이 부과된다.

일자	거래	수량	매입단가	판매단가	금액
1월 1일	기초재고	20	₩100		₩2,000
4월 2일	판매	(10)		₩180	1,800
7월 22일	매입	30	200		6,000
11월 10일	판매	(20)		260	5,200
12월 31일	기말재고	20			?

| 물음 |

(1) 선입선출법과 총평균법을 채택하는 경우, 각각의 매출총이익과 세금 납부 후 이익을 계산하라.

(2) 재고자산 회계방법에 따른 기말재고자산은 각각 얼마인가?

(3) 선입선출법과 총평균법을 적용했을 경우, 20×1년도 김대한 씨의 현금수지(=현금수입－현금지출)를 각각 계산하라. 상품의 매입과 판매, 세금 납부는 모두 현금으로 이루어졌다고 가정한다.

| 풀이 |

(1) 선입선출법(FIFO)과 총평균법(AV)을 적용하였을 때의 손익계산서는 각각 다음과 같다.

	FIFO	AV	설명
매출액	₩7,000	₩7,000	동일: ₩1,800+₩5,200=₩7,000
매출원가	(4,000)	(4,800)	FIFO: ₩100×10+(₩100×10+₩200×10) =₩4,000 AV: ₩160×30=₩4,800
매출총이익	3,000	2,200	매출총이익=매출액−매출원가
세금(30%)	(900)	(660)	세금=매출총이익×30%
세후이익	₩2,100	₩1,540	세후이익=매출총이익−세금

판매와 매입에서의 현금흐름은 두 방법 사이에 차이가 없다. 그러나 세금을 계산할 때 기준금액인 과세소득(taxable income, 여기서는 매출총이익)은 어느 방법을 적용하느냐에 따라 달라질 수 있다. 선입선출법을 적용하면 매출총이익이 커지게 되어 더 많은 세금을 납부해야 한다. 결과적으로, 선입선출법을 적용할 경우의 세후이익은 ₩2,100으로 총평균법을 적용할 경우의 ₩1,540보다 높게 표시된다.

(2) 선입선출법(FIFO)과 총평균법(AV)을 적용하였을 때의 기말재고자산 금액은 각각 다음과 같다.

	FIFO	AV	설명
기말재고자산	₩4,000	₩3,200	FIFO: ₩200×20=₩4,000 AV: ₩160×20=₩3,200

재고자산 매입원가가 상승하는 기간에 선입선출법을 적용하면, 세후이익과 기말재고자산 금액 모두 총평균법에 비해 크게 표시된다.

(3) 선입선출법(FIFO)과 총평균법(AV)을 적용하였을 때의 현금수지는 각각 다음과 같다.

	FIFO	AV	설명
현금수입: 판매	₩7,000	₩7,000	동일: ₩1,800+₩5,200=₩7,000
현금지출: 매입	(6,000)	(6,000)	동일: ₩6,000
세금	(900)	(660)	다름: 물음 (1)의 세금액 참조
현금수지	₩100	₩340	현금수지=현금수입−현금지출

기말에 남아 있는 재고자산 20개의 실질가치는 선입선출법이나 총평균법에 관계없이 동일하다. 현금의 차이는 세금의 차이 ₩240(=₩900−₩660)에서 비롯된 것이다.

위 예제에서 논의한 바와 같이, 물가상승기간에는 선입선출법이 총평균법보다 장부상으로(즉, 재무상태표와 포괄손익계산서) 더 큰 이익과 자산을 표시하여 주지만, 반면에 더 많은 세금을 납부해야 하므로 현금흐름 면에서는 불리하다.

그러면 위 예제에서 김대한 씨는 어떤 회계처리방법을 선택할까? 아마도 세금을 적게 내는 총평균법을 선택할 것이다. 왜냐하면 이익이 적게 났다고 비난할 사람이 없기 때문이다. 그러나 주주, 채권자 등 다양한 이해관계자가 존재하는 기업에서는 장부상의 이익이나 자산 금액이 중요할 때가 있다. 예를 들어, 금융기관에서 자금을 차입하고자 할 때, 주식 및 채권가격이 떨어질지도 모른다는 우려가 있을 때, 경영자 및 종업원들의 보너스가 회계이익에 비례하여 결정될 때 등의 경우에는 총평균법의 선택을 꺼릴 가능성이 있다. 결국, 기업은 여러 요인을 고려하여 자사에 가장 유리한 회계처리방법을 선택하는 전략이 필요하다.

지금까지의 논의를 기반으로 물가 상승 시 선입선출법과 평균법에 따른 각 계정과목의 크기를 비교하면 다음과 같다(물가 하락 시에는 부호가 정반대).

기말재고자산	선입선출법 > 평균법
매출원가	선입선출법 < 평균법
세금	선입선출법 > 평균법
당기순이익	선입선출법 > 평균법

제4절 재고자산의 기말평가

4.1 재고자산의 수량 파악

기업이 보유하고 있는 재고자산의 수량, 무게, 부피 등은 물론이고 그 품질상태와 판매가능가격 등을 일일이 파악하고 평가하여 기록하는 과정을 재고자산 실사(실제 조사)라고 부른다. 기업이 보고기간 말에 재무제표를 작성하기 위해서는 재고자산 실사작업이 선행되어야 한다. 실지재고조사법을 적용하는 기업은 매출원가를 측정하기 위해서 필수적으로 수행되어야 하며, 계속기록법을 적용하는 기업도 재고자산의 장부상 수량과 실제 수량을 비교하기 위해서는 실사가 필요하다. 특히, 백화점이나 도・소매업과 같이 최종소비자들과 접촉이 많은 기업에서는 재고자산 실사가 매우 중요한 업무 중의 하나이다. 이들 기업은 재고자산의 정확한 수량과 상태를 파악하기 위하여 수시로 점검하는 것이 바람직하다.

재고자산 실사 결과는 재고자산별 실사표에 기재하여 정확한 수량과 상태를 일목요연하게 정리한다. 그리고 재고자산별로 단위당 원가가 결정되면 그 수량에 단가를 곱하여 재고자산별 장부금액을 계산한다.

4.2 수량부족과 재고자산감모손실

재고자산의 도난 또는 파손 등으로 인하여 실제 재고수량이 장부상의 수량보다 적을 때 발생하는 손실을 재고자산감모손실(inventory shrinkage losses)이라고 부른다. 재고자산의 감모가 발생하면 그것이 정상적인 수준의 손실인지 또는 비정상적인 손실인지를 판단해야 한다. 예를 들어, 일상적으로 발생할 수 있는 수준의 감모손실은 정상적인 것으로 판단하고 화재 등에 의한 재고자산감모손실은 비정상적인 것으로 판단한다. K-IFRS에서는 감모손실의 분류에 대해 명확하게 언급하고 있지 않으나, 영업활동에서 정상적으로 일어날 수 있는 수준의 감모손실은 포괄손익계산서의 매출원가에 포함시키고, 비정상적인 감모손실은 재고자산감모손실(기타비용)이라는 별도의 계정으로 인식하는 것이 타당할 것이다.

계속기록법을 적용하는 기업의 경우 감모손실이 발생하면 즉시 회계처리한다. 예를 들어, 원주상사(주)에서 재고자산 15개가 파손되었으며, 그 파손액은 취득원가 기준으로 ₩30,000이라고 가정하자. 원주상사(주)는 ₩30,000 중에서 ₩20,000은 정상적인 손실로 판단하고(매출원가에 흡수) 나머지 ₩10,000은 비정상적인 손실로 판단(재고자산감모손실 인식)하였다. 그러면 다음과 같은 분개를 실시한다.

(차) 매출원가	20,000	(대) 재고자산	30,000
재고자산감모손실 (기타비용)	10,000		

반면에, 실지재고조사법을 적용하는 경우는 기말 실사를 통해 파악한 재고자산을 기말 재고자산으로 기록하기 때문에 재고자산감모손실이 별도로 식별되지 않으며 자동적으로 매출원가에 포함된다. 다만 상품판매 시에 매출원가를 기록하지 않더라도 판매수량을 별도로 기록해 왔다면, 재고자산 실사를 통해 부족한 수량(재고자산감모손실)을 파악할 수 있을 것이다.

4.3 재고자산의 기말평가: 저가기준

(1) 저가기준에 의한 재고자산 평가

일반적으로 재무상태표의 기말 재고자산 금액은 취득원가로 표시된다. 취득원가는 객관적으로 형성된 교환가격에 기초한 것이기 때문에 자산의 금액을 취득원가로 측정하면 회계정보의 신뢰성을 높일 수 있다.

그런데 자산가치의 변동으로 인해 기말에 보유하고 있는 재고자산의 시장가격이 하락하였다면 취득원가 정보는 유용성을 상실할 가능성이 있다. 예를 들어, 판매기회를 놓친 컴퓨터 등의 첨단제품을 ₩2,000,000(취득원가 기준) 보유하고 있는데 기말시점에서의 실질적인 판매가능금액이 ₩1,000,000에 지나지 않는다면, 취득원가로 기록된 재고자산 금액은 재무제표이용자들에게 잘못된 정보를 전달할 위험이 있다.

이와 같은 문제점을 해결하기 위하여, K-IFRS에서는 기말에 저가기준(lower of cost or market, LCM)을 적용하여 재고자산을 표시하도록 의무화하고 있다. 저가기준이란 취득원가와 기말시점의 순실현가능가치(NRV, net realizable value) 중에서 낮은 금액으로 재고자산을 기록하는 방법이다. 여기서 순실현가능가치는 추정 판매가격에서 추정 판매비용을 차감한 금액이며 정상적인 영업활동과정에서 실현(즉 판매에 의한 현금 유입)될 것으로 기대되는 금액이다.

저가기준에 의한 기말재고자산 = Min. [취득원가, 순실현가능가치]

예를 들어, 기말에 어느 재고자산의 취득원가는 ₩1,000인데 기말시점의 순실현가능가치는 ₩400밖에 되지 않는다면, 재무상태표의 재고자산 금액을 ₩400으로 수정하고 취득원가와 순실현가능가치의 차이인 ₩600은 재고자산평가손실(losses on inventory valuation)로 인식한다.

반면, 순실현가능가치가 취득원가 이상으로 오른 경우에는 취득원가를 그대로 두고 재고자산평가이익은 인식하지 않는다. 이는 저가기준을 적용하기 때문이다. 전통적으로 회계에서는 재무상태표에 자산의 가액을 표시할 때 보수적 회계처리(accounting conservatism)를 적용하고 있는데, 재고자산의 저가기준 평가는 보수주의가 적용되는 대표적인 사례이다.

재고자산의 순실현가능가치 합계는 재고자산의 판매가능금액 하락에 의해 영향을 받지만 재고자산의 수량감소에 의해서도 영향을 받게 된다. 따라서 혼란을 피하기 위하여 재고자산감모손실을 먼저 인식하고 그 다음에 재고자산평가손실을 인식하는 것이 바람직하다. 왜냐하면 도난 및 파손 등으로 인하여 실제로 존재하지도 않는 재고자산에 대하여 순실현가능가치를 적용할 필요는 없기 때문이다.

요약하면, 선입선출법이나 평균법 등을 적용하여 일단 취득원가 기준으로 기말 재고자산을 측정한 후 재고자산감모손실을 먼저 인식하고, 그 다음 단계로 저가기준을 적용하여 재고자산평가손실을 인식한다.

(2) 저가기준 평가의 회계처리

재고자산평가손실이 발생하면 그 금액만큼의 재고자산을 감액시켜야 한다. 그런데 추후에 물가가 변동하면 감액된 재고자산의 순실현가능가치가 다시 상승할 수도 있다. 따라서 재고자산을 직접 감액시키기보다는 재고자산평가충당금(allowance to reduce inventory to market) 계정을 설정하여 재고자산을 간접적으로 차감하는 회계처리가 일반적이다.[1] 이는 제6장에서 논의한 매출채권의 대손충당금 회계처리와 유사하다.

그러면 저가기준에 의한 재고자산 평가를 어떻게 회계처리하는지 구체적으로 논의하여 보자. 예를 들어, 20×1년 말 현재 재고자산감모손실 인식 후의 재고자산의 장부금액은 ₩1,000이었으나 순실현가능가치는 ₩400이라고 가정하자. 이 정보를 재무제표 이용자들에게 알려주기 위해 20×1년 말 재무제표에는 다음과 같이 표시한다.

1) 이에 비하여, 재고자산감모손실은 추후 회복될 가능성이 없기 때문에(이미 파손) 충당금을 설정하지 않고 재고자산을 직접 감액한다.

재무상태표(20×1/12/31)		포괄손익계산서(20×1년도)	
유동자산:		매출원가:	
재고자산	1,000	재고자산평가손실	600
재고자산평가충당금	(600)		
	400		

위 재무상태표에서 재고자산의 취득원가는 ₩1,000이지만 저가기준에 의한 가치하락액이 ₩600이어서 기말 재고자산 평가액은 ₩400임을 보여주고 있다. 재고자산평가충당금은 재고자산의 차감계정으로 대손충당금과 같이 대변항목이다. 또한 재고자산평가손실은 비용항목으로 포괄손익계산서의 매출원가에 포함(가산)하는 것이 일반적이다.

위와 같이 재무상태표와 포괄손익계산서에 표시하려면 기말에 다음의 수정분개를 실시해야 한다.

(차) 매출원가(재고자산평가손실) 600 (대) 재고자산평가충당금 600

이제 다음 연도(20×2년)의 회계기말로 이동하여 보자. 20×2년 말 현재 재고자산의 장부금액은 ₩1,200이고 순실현가능가치는 ₩1,100이라고 가정하자. 그러면 20×2년 기말 재무상태표에는 재고자산평가충당금을 ₩100(=₩1,200−₩1,100)으로 표시해야 한다.

재무상태표(20×2/12/31)		포괄손익계산서(20×2년도)	
유동자산:		매출원가:	
재고자산	1,200	재고자산평가충당금환입	500
재고자산평가충당금	(100)		
	1,100		

그런데 전년도(20×1년) 기말의 재고자산평가충당금은 ₩600이었기 때문에 그 충당금을 오히려 ₩500(=₩600−₩100)만큼 감소시켜야 한다. 이 때에는 재고자산평가충당금환입이라는 계정과목을 사용한다. 재고자산평가충당금환입은 이익항목(대변)으로 제6장에서 설명한 대손충당금환입과 유사한 개념이다. 재고자산평가충당금환입은 재고자산평가손실과 마찬가지로 매출원가에 반영시킨다. 그러나 재고자산평가손실과는 달리 재고자산평가충당금환입은 그 금액만큼 매출원가를 줄여주게 된다.

위와 같이 재무상태표와 포괄손익계산서에 표시하려면 기말에 다음의 수정분개를 실시해야 한다.

(차) 재고자산평가충당금	500	(대) 매출원가 (재고자산평가충당금환입)	500

만약 위 사례에서 20×2년 말 현재의 재고자산의 순실현가능가치가 ₩1,400이라면 어떻게 될까? 이때는 장부금액보다 높은 부분은 인식하지 못하기 때문에(저가기준), 기말 재무상태표에는 재고자산평가충당금이 ₩0이 되도록 표시해야 한다. 따라서 전년도(20×1년) 기말의 재고자산평가충당금 ₩600을 전액 환입하는 것이 필요하다. 즉, '(차) 재고자산평가충당금 600 (대) 매출원가(재고자산평가충당금환입) 600'으로 분개한다.

여기서 주의할 점을 다시 한번 강조하면, 기말에 저가기준을 적용하여 재고자산을 평가하면 재무상태표의 재고자산 순장부금액(=재고자산－재고자산평가충당금)은 취득원가보다 높게 표시되지 않는다.

제5절 추정에 의한 재고자산 평가

보유하고 있는 재고자산의 금액이 얼마인지를 실제로 조사하는 것은 여러 가지 이유에서 필수적인 행위이다. 계속기록법에서는 장부상의 재고자산과 실제로 남아 있는 재고자산이 일치하는지를 검증(도난, 파손 등이 있었는지를 확인)하기 위해 필요하며, 실지재고조사법에서는 기말재고자산 금액을 파악하기 위해 필요하다.

그러나 뜻밖의 재해나 화재로 인하여 재고자산이 멸실된 경우는 추정을 통하여 얼마나 멸실되었는지를 짐작할 수밖에 없을 것이다. 이와 같이 보유 재고자산을 파악할 수 없는 경우에는 매출총이익률법(gross margin method)을 적용하여 추정할 수 있다. 이는 기업의 매출총이익률(=매출총이익/매출액)은 대체로 안정되어 있기 때문에, 과거의 매출총이익률이 올해에도 비슷한 수준으로 유지될 것이라는 가정에서 출발한다.

예를 들어, 과거의 매출총이익률이 30%이었다고 가정하자. 만약 올해의 매출액이 ₩10,000이라면 올해의 매출총이익은 ₩3,000(=₩10,000×30%)이라고 추정할 수 있고,

동시에 올해의 매출원가는 ₩7,000(=₩10,000−₩3,000)이라고 추정할 수 있다. 또한 만약 기초재고자산이 ₩500, 당기 매입액이 ₩8,000이라는 자료가 존재하면, 아래의 매출원가 계산공식을 이용하여 기말재고자산을 추정할 수 있다.

매출원가=기초재고자산+당기 매입액−기말재고자산

₩7,000 = ₩500 + ₩8,000 − X

위의 방정식에서 X(기말재고자산)=₩1,500이다.

예제 7-6

화마백화점(주)은 불의의 화재로 인해 보유하고 있던 재고자산의 일부가 소실되었다. 화재보험에 가입하고 있던 화마백화점(주)은 보험사와 합동으로 재고자산이 얼마나 소실되었는지를 조사하였다. 화재 관련 자료는 다음과 같다.

① 화재 후에 남아 있는 재고자산은 ₩20,000(취득원가 기준)이었다.
② 장부상으로 기초재고자산은 ₩50,000, 화재 당시까지의 당기 매입액은 ₩600,000이었다.
③ 장부상으로 화재 당시까지의 당기 매출액은 ₩800,000이었다.
④ 과거의 화마백화점(주)의 매출총이익률은 30%이었다.

| 물음 |

화재로 인한 재고자산 소실액은 얼마로 추정되는가?

| 풀이 |

당기 매출액이 ₩800,000이고 매출총이익률이 30%이므로 당기 매출원가는 ₩560,000(=₩800,000×70%)으로 추정된다. 매출원가 계산공식을 이용하여 남아 있어야 할 재고자산(X)을 다음과 같이 계산한다.

매출원가 = 기초재고 + 당기매입 − 기말재고

₩560,000 = ₩50,000 + ₩600,000 − X

위의 방정식에서 X(재고자산)=₩90,000이다. 따라서 ₩90,000의 재고자산이 남아 있어야 하는데 실제로는 ₩20,000밖에 남아 있지 않기 때문에 ₩70,000의 재고자산이 소실된 것으로 추정할 수 있다.

종합예제

재고자산의 원가흐름 가정과 기말평가

다음은 경주상사(주)의 20×1년도 재고자산(상품) 거래 자료이다.

일자	거래	수량	매입단가	판매단가
1월 1일	기초재고	100	₩12	
4월 2일	매입	200	18	
7월 9일	판매	(200)		₩30
10월 2일	매입	300	20	
12월 7일	판매	(350)	?	35
12월 31일	기말재고	50*		

* 기말 재고실사에 의해 확인한 수량

| 물음 |

(1) 계속기록법과 선입선출법을 적용할 경우의 당기 매출원가와 기말재고자산을 각각 계산하고, 각 매입 및 매출시점에서 필요한 분개를 실시하라(매입 및 매출은 신용거래로 가정한다).

(2) 실지재고조사법과 평균법을 적용할 경우의 당기 매출원가와 기말재고자산을 각각 계산하라. 그리고 각 매입 및 매출시점과 기말시점에서 필요한 분개를 실시하라(매입 및 매출은 현금 거래로 가정한다).

(3) 계속기록법과 평균법을 적용할 경우의 당기 매출원가와 기말재고자산을 각각 계산하라.

(4) 경주상사(주)는 물음 (3)과 같이, 계속기록법과 평균법을 적용하여 재고자산을 회계처리하고 있다고 가정하자. 만약 20×1년 기말시점에서 재고자산의 순실현가능가치 합계가 ₩450으로 평가되었다면, 추가적으로 어떤 분개를 실시해야 하나?

| 풀이 |

(1) 계속기록법과 선입선출법을 적용하는 경우에는 판매시점마다 당시 판매가능재고자산 중에서 가장 먼저 매입한 것부터 판매된다고 가정한다.

① 7/9일 판매분 200개: 기초재고자산 100개와 4/2일의 매입분 100개가 판매된 것으로 가정

매출원가＝(100개 × ₩12)＋(100개 × ₩18)＝₩3,000

12/7일 판매분 350개: 4/2일 매입분 100개와 10/2일 매입분 250개가 판매된 것으로 가정

매출원가＝(100개 × ₩18)＋(250개 × ₩20)＝₩6,800

당기 매출원가＝₩3,000＋₩6,800＝₩9,800

② 기말재고 50개: 10/2일 매입분 50개로 구성
기말 재고자산＝50개 × ₩20＝₩1,000

③ 각 매입 및 매출시점과 기말시점에서의 분개는 다음과 같다(신용거래 가정).

매입(4/2):	(차) 상품	3,600	(대) 매입채무	3,600
매출(7/9):	(차) 매출채권	6,000	(대) 매출	6,000
	(차) 매출원가	3,000	(대) 상품	3,000
매입(10/2):	(차) 상품	6,000	(대) 매입채무	6,000
매출(12/7):	(차) 매출채권	12,250	(대) 매출	12,250
	(차) 매출원가	6,800	(대) 상품	6,800

위의 분개에서, 당기 매출원가는 ₩9,800(＝₩3,000＋₩6,800)이고, 기말재고자산은 ₩1,000(＝₩1,200(기초재고)＋₩3,600－₩3,000＋₩6,000－₩6,800)이다.

(2) 실지재고조사법을 적용할 경우의 평균법은 총평균법이다.

① 총평균법에서의 단위당 평균원가와 매출원가는 다음과 같다.
단위당 평균원가＝당년도 판매가능 총원가 / 당년도 판매가능 수량
＝[(100 × ₩12)＋(200 × ₩18)＋(300 × ₩20)]/(100＋200＋300)개
＝₩10,800/600개＝₩18
당기 매출원가＝단위당 평균원가 × 20×1년도 판매량
＝₩18 × 550개＝₩9,900

② 기말재고자산＝단위당 평균원가 × 20×1년 기말재고량
＝₩18 × 50개＝₩900

③ 각 매입 및 매출시점과 기말시점에서의 분개는 다음과 같다(현금거래 가정).

매입(4/2):	(차) 매입	3,600	(대) 현금	3,600
매출(7/9):	(차) 현금	6,000	(대) 매출	6,000
매입(10/2):	(차) 매입	6,000	(대) 현금	6,000
매출(12/7):	(차) 현금	12,250	(대) 매출	12,250
기말(12/31):	(차) 매출원가	9,900	(대) 매입	9,600
	재고자산(기말)	900	재고자산(기초)	1,200

(3) 계속기록법을 적용할 경우의 평균법은 이동평균법이다.

① 각 판매시점에서의 단위당 평균원가와 매출원가는 다음과 같다.
7월 9일 판매분 200개 분석:
기초재고 100개(단가 ₩12)와 4/2일 매입분 200개(단가 ₩18)의 단위당 평균원가＝(100 × ₩12＋200 × ₩18)/(100＋200)개＝₩16
매출원가＝200개 × ₩16＝₩3,200

7월 9일 판매 후의 남은 재고자산 = 100개 × ₩16 = ₩1,600

12월 7일 판매분 350개 분석:

7월 9일 판매 후 남은 100개(평균단가 ₩16)와 10/2일 매입분 300개(단가 ₩20)의 단위당 평균원가 = (100 × ₩16 + 300 × ₩20)/(100 + 300)개 = ₩19

매출원가 = 350개 × ₩19 = ₩6,650

따라서 당기 매출원가 = ₩3,200 + ₩6,650 = ₩9,850

② 기말 재고자산 = 50개 × ₩19 = ₩950

(4) 이동평균법(취득원가 기준)에 의한 기말재고자산은 물음 (3)의 풀이에서와 같이 ₩950이다. 그런데 기말시점의 순실현가능가치 합계 ₩450은 취득원가 합계 ₩950보다 낮으므로 재고자산평가손실 ₩500을 매출원가에 반영하고 재무상태표에 재고자산평가충당금을 ₩500을 설정한다.

(차) 매출원가(재고자산평가손실)	500	(대) 재고자산평가충당금	500

익힘문제

1. 매입운임, 매입환출 및 에누리가 발생하였을 때, 매입한 재고자산의 취득원가는 어떻게 결정되는지 설명하라.

2. 미착상품과 위탁상품을 왜 재고자산에 포함시켜야 하는지의 이유를 설명하라.

3. 매출원가 계산공식을 설명하라.

4. 재고자산 매매거래의 기록방법인 계속기록법과 실지재고조사법의 차이를 설명하라.

5. 선입선출법은 재고자산의 원가흐름을 어떻게 가정한 것인지를 설명하라.

6. K-IFRS에서 후입선출법 적용을 허용하지 않는 이유를 설명하라.

7. 총평균법과 이동평균법의 차이를 설명하라.

8. 물가가 지속적으로 상승하는 상황에서 선입선출법과 평균법의 차이를 포괄손익계산서의 당기이익 측면과 재무상태표의 기말재고자산 측면에서 비교하라.

9. 물가가 지속적으로 상승하는 상황에서 선입선출법과 평균법의 차이를 세금 납부액 측면에서 비교하라.

10. 보유 재고자산의 기말평가에는 저가기준을 적용해야 한다. 저가기준의 의미를 설명하라.

11. 재고자산의 순실현가능가치의 의미를 설명하라.

12. 재고자산감모손실과 재고자산평가손실은 포괄손익계산서에 어떻게 표시되나?

13. 매출총이익률법에 대해 설명하라.

연습문제

7-1 기본개념의 이해

아래 문장이 맞으면 ○, 틀리면 ×를 표시하라.

(1) 재고자산 중에서 다른 기업이 만든 완성품을 매입한 것을 제품이라고 부른다면, 자신이 만든 완성품은 상품이라고 부른다. ( )

(2) '판매된 재고자산'의 취득원가는 매출원가 계정에서 집계하여 포괄손익계산서에 표시하며, '판매되지 않고 기업 내에 남아 있는 재고자산'의 취득원가는 재고자산 계정에서 집계하여 재무상태표에 표시한다. ( )

(3) 매입 후에 결함이 있는 물건을 반품한 것을 매입환출이라고 부르며, 결함이 있는 물건의 가격을 감해 받는 것을 매입에누리라고 부른다. ( )

(4) 제주상사(주)가 울릉상사(주)에 상품의 판매를 위탁하고 12월 22일 적송하였으나, 기말 현재 울릉상사(주)가 보관하고 있다면, 이 상품은 제주상사(주)의 재고자산으로 분류된다. ( )

(5) 도착지인도기준의 미착상품은 매입자의 재고자산으로, 선적지인도기준의 미착상품은 판매자의 재고자산으로 분류된다. ( )

(6) 계속기록법은 기중에 상품의 매입만을 기록하고 매출 시에는 출고기록을 하지 않기 때문에 기말에 실사를 통하여 기말재고자산을 파악하여 매출원가를 산정한다. ( )

(7) 먼저 매입한 것부터 먼저 판매한다는 가정하에서 회계처리하는 방법을 후입선출법이라고 부르며, 가장 최근에 매입한 것부터 판매한다는 가정하에서 회계처리하는 방법을 선입선출법이라고 부른다. ( )

(8) 계속기록법을 적용하면서 평균법으로 회계처리하는 것은 총평균법이라고 부른다. ( )

(9) 물가가 상승하는 기간에 평균법은 선입선출법에 비하여 당기순이익을 낮게 보고한다. ( )

(10) 물가가 상승하는 기간에 평균법은 선입선출법에 비하여 재무상태표의 재고자산을 많게 보고한다. ( )

(11) 기말시점에서 재고자산의 실제 금액은 ₩10,000인데 ₩30,000이라고 조작한 경우, 기말재고자산은 실제보다 ₩20,000 커지며, 매출총이익은 그만큼 낮아진다. ( )

(12) 파손, 도난 등에 의한 재고자산의 수량 감소로 인한 손실을 재고자산감모손실이라고 부르며, 재고자산의 가치 하락 등에 의한 손실을 재고자산평가손실이라고 부른다. ( )

7-2 재고자산의 취득원가

다음은 부여상사(주)의 20×2년도 매입, 매출 및 재고자산 관련 자료이다.

〈자료 1〉 매입 관련 자료
당기매입액: ₩200,000　매입운임 ₩2,000　매입환출 및 에누리 ₩3,000
〈자료 2〉 매출 관련 자료
당기매출액: ₩300,000　매출운임 ₩4,000　매출환입 및 에누리 ₩5,000
〈자료 3〉
전기말(20×1년) 재고자산 ₩40,000　당기말(20×2년) 재고자산 ₩50,000

| 물음 |

(1) 부여상사(주)의 20×2년도 순매입액(순매입원가)과 순매출액은 각각 얼마인가?
(2) 부여상사(주)의 20×2년도 매출원가는 얼마인가?
(3) 부여상사(주)의 20×2년도 매출총이익은 얼마인가?

7-3 기말재고자산 오류보고의 영향

다음은 고창상사(주)의 재고자산 관련 자료이다.

① 20×1년 12월 23일에 선적지 인도조건으로 인도네시아에서 수입한 상품 ₩200,000이 12월 31일 현재 아직 운송 중에 있다.
② 20×1년 12월 29일에 도착지 인도조건으로 국내에서 매입한 상품 ₩100,000이 12월 31일 현재 아직 운송 중에 있다.
③ 20×1년 12월 20일에 위탁판매한 상품 ₩50,000이 12월 31일 현재 아직 판매되지 않은 것으로 확인되었다.
④ 20×1년 12월 31일에 실제로 보관 중인 상품의 재고액은 ₩2,000,000이다.

| 물음 |

(1) 고창상사(주)의 기말 재무상태표의 재고자산은 정확히 얼마로 계상되어야 하나?
(2) 만약 회계담당자가 기말 재고자산 금액에 위의 ①, ②, ③항에 대한 정보를 누락시켰을 경우, 고창상사(주)의 당기 이익은 얼마나 [과소계상, 또는 과대계상]되나? 위의 ①, ②, ③항에 대한 매입 및 위탁 사실은 이미 수정 전 재무상태표에 기록(반영)되었다고 가정한다.

7-4 재고자산 원가흐름 가정과 회계처리: 계속기록법 적용

다음은 충주상사(주)의 20×1년도 재고자산 거래 자료이다. 충주상사(주)는 계속기록법을 적용하여 거래를 기록하고 있다.

일자	거래 내역	수량	단위당 가격	금액
1월 1일	기초재고	100	₩100	₩10,000
3월 7일	매입	200	130	26,000
5월 10일	매출	250	200	50,000
7월 15일	매입	300	140	42,000
12월 20일	매출	280	220	61,600

| 물음 |

(1) 선입선출법을 적용할 경우 기말재고자산과 매출원가는?

(2) 후입선출법을 적용할 경우 기말재고자산과 매출원가는?

(3) 이동평균법을 적용할 경우 기말재고자산과 매출원가는?

(4) 이동평균법을 적용할 경우 각 거래 일자에서의 분개는? 거래는 모두 현금으로 이루어졌다고 가정한다.

(5) 위 자료에서와 같이, 물가가 상승하는 기간에 선입선출법을 적용하면 이동평균법에 비하여 당기순이익은 [높아지며, 낮아지며], 기말재고자산 금액은 [커진다, 작아진다]. 두 개의 [ ]에 예시된 것 중에서 올바른 것을 하나씩 선택하면?

7-5 재고자산 원가흐름 가정과 회계처리: 실지재고조사법 적용

다음 자료는 20×1년도 청주상사(주)의 재고자산 매입 및 매출과 관련된 거래 자료이다. 청주상사(주)는 실지재고조사법을 적용하여 거래를 기록하고 있다.

내역	수량	단가	금액
기초재고자산	9,000	₩4.00	₩36,000
당기 매입: 2월 20일	50,000	4.10	205,000
7월 10일	30,000	4.25	127,500
11월 4일	10,000	4.60	46,000
당기 매입 합계	90,000	−	378,500
당기 매출 합계	85,000	6.00	510,000

| 물음 |

(1) 선입선출법을 적용할 경우, 기말재고자산과 매출원가는?

(2) 선입선출법을 적용할 경우, 당기 매입과 매출, 그리고 기말 시점에서 기말재고자산과 매출원가를 기록하기 위한 수정분개를 실시하라. 거래는 모두 현금으로 이루어졌다고 가정한다.

(3) 후입선출법을 적용할 경우 기말재고자산과 매출원가는?

(4) 총평균법을 적용할 경우 기말재고자산과 매출원가는?

7-6 선입선출법 적용 시의 계속기록법과 실지재고조사법

다음 자료는 20×1년도 화성상사(주)의 기초재고자산 매입 및 매출과 관련된 자료이다. 화성상사(주)는 선입선출법을 적용하고 있다. 다음 자료를 보고 물음에 답하라.

월초재고		800개	×	₩400	=	₩320,000
당월매입	12일	600개	×	500	=	300,000
	28일	500개	×	800	=	400,000
당월매출	20일	600개				
	24일	800개				

| 물음 |

(1) 계속기록법을 적용할 경우, 기말재고자산과 매출원가는?

(2) 실지재고조사법을 적용할 경우, 기말재고자산과 매출원가는?

7-7 선입선출법과 평균법의 차이

영광상사(주)는 20×1년에 창업하여 2년간 평균법을 사용하여 재고자산을 평가하여 왔다. 그런데 영광상사(주)는 20×3년부터 평균법을 선입선출법으로 변경할 것을 고려하고 있다. 다음 자료는 평균법을 적용한 경우의 기말재고자산 및 매출원가 자료이다. 영광상사(주)는 실지재고조사법을 적용하여 재고자산 거래를 기록하고 있다.

	20×1년	20×2년
평균법 적용 자료:		
기말재고자산	₩10,000	₩12,000
매출원가	48,000	55,000

만약 창업 시부터 선입선출법을 적용했다면 기말재고자산은 다음과 같았을 것이다.

	20×1년	20×2년
선입선출법 적용 자료:		
기말재고자산	₩15,000	₩18,000

| 물음 |

영광상사(주)가 창업시부터 선입선출법을 적용했다면 20×1년과 20×2년의 매출원가는 각각 얼마인가?

7-8 재고자산의 회계처리와 법인세효과

다음은 20×1년도 경주상사(주)의 재고자산 매입 및 매출거래 자료이다.

내역	수량	단가	금액
기초재고자산	20,000	₩4	₩80,000
당기 매입: 2월 20일	20,000	5	100,000
5월 10일	30,000	6	180,000
9월 4일	40,000	7	280,000
11월 24일	40,000	8	320,000
당기 매입합계	130,000	–	880,000
당기 매출합계	100,000	–	1,500,000

| 물음 |

(1) 경주상사(주)가 선입선출법을 적용하는 경우와 평균법을 적용하는 경우의 20×1년도 요약 포괄손익계산서를 아래와 같은 표로 작성하라. 경주상사(주)가 지급해야 할 법인세는 매출총이익의 30%이며, 실지재고조사법을 적용하여 거래를 기록한다고 가정한다.

구분	선입선출법을 적용하는 경우	평균법을 적용하는 경우
매출액	₩1,500,000	₩1,500,000
매출원가	(　　)	(　　)
매출총이익	(　　)	(　　)
법인세 지급액(세율: 30%)	(　　)	(　　)
법인세 지급 후 이익	(　　)	(　　)

(2) 경주상사(주)는 모든 매입, 매출 및 법인세를 현금으로 수취 또는 지급한다고 가정하자. 경주상사(주)의 20×1년도 현금창출액(=현금수입액−현금지급액)을 아래와 같은 표로 작성하라.

구분	선입선출법을 적용하는 경우	평균법을 적용하는 경우
매출로 인한 현금수입액	₩1,500,000	₩1,500,000
매입으로 인한 현금지급액	(　　)	(　　)
법인세 지급액	(　　)	(　　)
현금창출액	(　　)	(　　)

(3) 위의 자료와 같이, 물가상승 기간에 선입선출법을 적용하면 평균법에 비해 회계이익(법인세 지급 후 이익)은 [높아지며, 낮아지며], 현금창출액은 [많아진다, 적어진다]. [　　]에 예시된 것 중에서 올바른 것을 하나씩 선택하면?

7-9 재고자산의 기말평가와 회계처리

상주상사(주)는 20×1년에 창업하였다. 상주상사(주)는 항목별로 저가기준을 적용하여 재고자산을 평가한다. 다음은 상주상사(주)가 보유한 재고자산 관련 자료이다.

항목	20×1년			20×2년		
	취득원가	기말 순실현 가능가치	차이	취득원가	기말 순실현 가능가치	차이
A	₩6,400	₩5,200	−800	₩8,000	₩8,200	+200
B	5,400	4,800	−600	6,200	3,100	−100
C	9,000	10,400	+1,400	5,000	6,300	+1,300
D	7,200	6,200	−1,000	12,500	13,400	+900
E	4,500	7,000	+2,500	5,800	5,100	−700

| 물음 |

(1) 20×1년 말의 재고자산 평가와 관련된 수정분개는?

(2) 20×2년 말의 재고자산 평가와 관련된 수정분개는?

7-10 재고자산평가손실과 재고자산감모손실의 회계처리

다음은 실지재고조사법을 적용하고 있는 대전상사(주)의 20×1년도 재고자산 관련 자료이다.

① 기초재고자산 금액은 ₩20,000, 당기 매입액은 ₩150,000, 기말재고자산 금액(장부상)은 ₩40,000, 그리고 당기 매출액은 ₩250,000이었다. 당기 매입과 당기 매출거래는 모두 현금으로 이루어졌다고 가정한다.

② 기말 실사 결과 실제로 남은 재고금액은 ₩30,000으로서 재고자산감모손실 ₩10,000이 발생하였다. 이 중에서 ₩4,000은 정상적 감모손실로 간주하고, 나머지 ₩6,000은 비정상적 감모손실로 처리하기로 결정하였다.

③ 항목별로 저가법을 적용하여 재고자산을 평가한 결과, 재고자산평가손실 합계액은 ₩8,000이었다. 기말 수정분개를 반영하기 전 재고자산평가충당금 잔액은 ₩0이다.

| 물음 |

(1) 당기의 재고자산 매입과 매출을 분개하라(위의 ①항).

(2) 기말 시점에서 감모손실 및 평가손실 반영 전의 매출원가를 측정하는 수정분개를 실시하라.(위의 ①항 의거)

(3) 기말 시점에서 재고자산감모손실을 인식하는 수정분개를 실시하라(위의 ②항).

(4) 기말 시점에서 재고자산평가손실의 인식을 추가적으로 수정분개하라.

(5) 대전상사(주)의 기말 재무상태표의 재고자산은 ₩(　　　), 재고자산평가충당금은 ₩(　　　), 포괄손익계산서의 매출액은 ₩(　　　), 매출원가는 ₩(　　　), 그리고 기타비용은 ₩(　　　)으로 표시된다.

7-11 기말재고자산의 추정

구리상사(주)는 20×2년 6월 16일에 뜻밖의 화재로 인해 보유하고 있던 상품재고가 모두 소실되었다. 다행히 구리상사(주)의 서류는 화재를 면하였다. 다음 자료를 보고 물음에 답하라.

20×1년 12월 31일의 상품 재고자산	₩2,000,000
20×2년 1월 1일부터 6월 16일까지의 매입액	6,000,000
매출액	9,100,000

| 물음 |

(1) 구리상사(주)는 평균적으로 매출원가에 30%를 가산하여 매출액을 책정한다. 그렇다면 20×2년 1월 1일부터 6월 16일까지의 매출원가는 얼마로 추정되는가?

(2) 20×2년 6월 16일 현재 상품재고는 얼마가 남아 있어야 하나? 즉, 화재 피해액은 얼마로 추정되는가?

(3) 위의 화재 사건을 분개하라.

7-12 매출총이익률법

광주상사(주)의 매출총이익률은 대체로 안정되어 있기 때문에 과거의 매출총이익률 35%가 올해에도 비슷한 수준으로 유지될 것으로 예상된다. 광주상사(주)의 5월 기초재고는 20억원, 5월 중 당기매입액은 130억원이었다.

| 물음 |

광주상사(주)의 5월 중 매출액이 160억원일 때, 5월의 기말재고자산은 얼마인가?

7-13 종합문제: 재무제표 작성

다음은 여수상사(주)의 20×1년도 재고자산 거래 자료이다. 여수상사(주)는 계속기록법을 적용하여 거래를 기록하고 있다. 파손된 재고자산의 가치는 0이라고 가정한다.

일 자	거래내역	수량	단위당 가격	설명
1월 1일	기초재고	100	₩80	
3월 15일	매입	900	110	
5월 22일	매출	800	200	
8월 3일	파손	10	−	정상적 파손
9월 10일	매입	700	150	
10월 23일	파손	100	−	비정상적 파손
12월 10일	매출	600	250	
12월 31일	재고자산의 기말 평가액: ₩25,000			

| 물음 |

(1) 계속기록법과 선입선출법을 적용할 경우의 각 거래 일자 및 기말시점에서의 분개는? 거래는 모두 현금으로 이루어졌다고 가정한다.

(2) 아래에 제시된 여수상사(주)의 20×1년도 부분 재무상태표와 부분 포괄손익계산서의 괄호 속에 적절한 숫자를 기입하라.

재무상태표(20×1년 12월 31일)

재무상태표		
재고자산	( )	
재고자산평가충당금	( )	

포괄손익계산서(20×1년도)

포괄손익계산서	
매출액	( )
매출원가(합계)	( )
......	
기타비용	
재고자산감모손실	( )

제8장

유형자산과 무형자산

유형자산은 기업이 영업활동(생산 및 판매활동) 과정에서 장기간 사용하기 위해 보유하는 물리적 형체가 있는 자산이며, 무형자산은 물리적 형체가 없는 자산이다. 본 장에서는 유형자산의 의의와 취득, 감가상각비의 인식, 유형자산의 수선과 개량, 처분, 손상차손의 인식 등에 대한 회계처리를 설명한다. 아울러 이들 주제에 대한 무형자산의 회계처리도 논의한다.

유형자산과 무형자산

유형자산의 의의와 취득원가	• 유형자산의 의의와 종류 • 유형자산의 취득원가
유형자산의 감가상각	• 감가상각비란? • 감가상각방법의 종류와 선택 • 감가상각방법에 따른 법인세 차이 • 감가상각의 회계처리
유형자산의 취득 후 지출	
유형자산의 기말평가 및 처분	• 유형자산의 손상과 재평가 • 유형자산의 처분
무형자산의 회계처리	• 무형자산의 의의와 종류 • 무형자산의 취득과 상각 • 연구개발투자에 대한 회계처리

제1절 유형자산의 의의와 취득원가

1.1 유형자산의 의의와 종류

유형자산(property, plant and equipment)은 기업이 영업활동을 영위하기 위해 보유하고 있는 생산시설과 판매시설 등으로서 물리적 형체가 있으며 1년을 초과하여 사용할 것으로 예상되는 자산이다. 예를 들어, 토지, 건물, 구축물, 기계장치, 차량운반구, 비품(예: 컴퓨터), 공기구, 건설중인 자산 등은 기업이 보유하고 있는 대표적 유형자산이다. 여기서 건설중인 자산은 기업이 자체 사용을 목적으로 건설 중에 있는 건물과 구축물 등을 말한다. 유형자산의 종류는 〈표 8-1〉과 같다.

〈표 8-1〉 유형자산의 종류

종류	구성 및 포함범위
토지	토지
건물	건물 및 건물부속설비(냉난방, 전기통신설비 등)
구축물	교량, 갱도, 주차장, 기타 토목설비
기계장치	기계, 운송설비(컨베이어, 기중기 등), 기타 설비자산
건설중인 자산	자가 사용목적으로 건설 중인 유형자산
기타 유형자산	차량운반구, 선박, 비품, 공기구 등

특정 자산이 유형자산으로 분류되려면 다음 세 가지 조건을 충족해야 한다. 첫째, 유형자산은 판매용이 아닌 영업활동과정(재화나 용역의 생산 및 제공 등)에서 사용하기 위해 보유하는 자산이다. 만약 토지, 건물 등이라도 판매목적으로 보유하고 있으면(예: 아파트 건설회사) 재고자산으로 분류해야 한다. 마찬가지로 자동차회사의 판매용 자동차는 재고자산이다. 둘째, 보고기간 말로부터 1년을 초과하는 기간에 걸쳐 기업의 영업활동에 기여해야 한다. 1년 이내에 소멸되는 자산은 소모품으로 처리하여 유동자산으로 분류한다. 셋째, 유형자산은 물리적 형체를 갖는 자산이다. 물리적 형체가 없는 자산은 무형자산으로 분류한다.

유형자산에 관한 회계처리 주제는 (1) 유형자산의 취득원가 측정, (2) 유형자산 사용기간 동안의 감가상각, (3) 유형자산 취득 후의 지출, (4) 유형자산의 기말평가, (5) 유형자산 처분에 관한 회계처리 등으로 나누어 볼 수 있다. 본 절에서는 유형자산의 취득원가 결정 문제를 논의하고, 다른 주제들은 제2절부터 순차적으로 다룬다.

1.2 유형자산의 취득원가

유형자산의 취득원가는 구입가격은 물론 그 유형자산을 의도하는 대로 사용할 수 있도록 준비하는 데 소요된 모든 부대비용(예: 중개인 수수료, 운송·보관비, 등기비, 취득세, 설치비, 시운전비)을 포함한다.[1)]

> 유형자산의 취득원가 = 구입가격 + 취득 관련 부대비용

일반적으로 유형자산을 취득할 때는 다른 자산(예: 재고자산)을 취득할 때보다 상당히 많은 부대비용이 소요된다. 예를 들어, 토지나 건물을 취득할 때는 중개인 수수료, 등기비, 취득세 등을 합쳐 대체로 그 부동산 가격의 10% 정도가 소요된다고 한다.

위와 같이 유형자산의 취득에 소요된 직접 관련원가는 독립적 비용항목으로 포괄손익계산서에 인식하지 않고 유형자산의 취득원가에 포함하여 재무상태표에 기록한다. 이를 회계용어로 취득자산에 자본화(capitalize)한다고 말한다.

예를 들어, 경남기업(주)가 1,200만원을 지급하고 생산용 특수기계장치를 구입했다고 가정하자. 취득 시에 경남기업(주)는 운송비로 30만원, 설치비로 40만원을 지급하였으며, 또한 이 기계장치가 정상적으로 가동될 때까지 시운전비로 60만원을 지급하였다. 그러면 이 기계장치의 취득원가는 다음과 같다.

$$\text{취득원가} = 1{,}200 + 30 + 40 + 60 = 1{,}330(\text{만원})$$

따라서 기계장치의 취득시점에서 경남기업(주)는 다음과 같이 분개한다(단위: 만원).

(차) 기계장치	1,330	(대) 현금	1,330

1) 1년 이상의 기간에 걸쳐 유형자산을 자체 제작하는 경우, 유형자산의 제작에 필요한 자금 중 일부를 차입금으로 충당하였다면 그 차입금에 대한 이자비용 역시 유형자산의 취득원가에 포함시킨다.

제2절 유형자산의 감가상각

2.1 감가상각비란

대부분의 유형자산은 수명이 유한하기 때문에 시간이 흐름에 따라 가치가 감소하거나 유용성이 떨어져서 일정 기간 후에는 기업에 더 이상의 경제적 효익을 제공하지 못하게 된다. 즉, 유형자산은 기업의 수익창출활동에 기여하면서 그 자신의 가치는 감소한다. 따라서 기업은 유형자산이 수익창출활동에 기여한 기간에 걸쳐 그 가치감소분을 비용으로 인식해야 하는데, 이 비용을 감가상각비(depreciation expense)라고 부른다. 다만, 토지는 수명이 무한하므로 감가상각비를 인식하지 않는다.[2)]

예를 들어, 적정수명이 5년인 택시를 2,000만원에 구입하여 운수사업을 시작했다고 가정하자. 첫 연도에 택시운전 수익(매출액)으로 4,000만원을 벌었으나, 휘발유 비용으로 500만원, 운전기사 임금으로 2,000만원, 그리고 기타 경비로 600만원을 지급했다고 가정하자. 이때 첫째 연도의 이익을 900만원(=₩4,000－₩500－₩2,000－₩600)으로 측정해서는 안 된다. 첫째 연도의 택시 가치감소에 대한 감가상각비를 비용에 포함시켜야 하기 때문이다. 2,000만원짜리 택시를 5년간 운행할 경우 사용가치가 완전히 소멸하고 또 시간적으로 균등하게 가치감소가 발생한다면, 5년에 걸쳐 매년 400만원(=2,000만원/5년)을 감가상각비로 인식해야 한다. 따라서 첫째 연도 이익은 900만원이 아니라 500만원(=₩4,000－₩500－₩2,000－₩600－₩400)으로 측정되어야 한다. 다시 말하면, 감가상각비는 기간별로 정확한 이익 측정을 위해서 반드시 인식해야 한다.

감가상각은 유형자산의 가치감소분을 매 기간의 비용으로 인식하려는 것이지만, 유형자산을 사용하면서 매년 그 가치가 얼마나 감소되었는지를 측정하기는 매우 어렵다. 왜냐하면 유형자산의 물리적 소진은 관찰하기 어렵고, 사용방법에 따라 다르며, 수선 및 유지 노력에 따라 서로 다르기 때문이다. 그래서 회계에서는 매년 가치감소분을 직접 측정하는 대신 일정한 방법으로 유형자산의 취득원가를 사용가능기간(내용연수)에 걸쳐 배분하는 형태를 취한다. 이러한 의미에서 회계에서의 감가상각은 내용연수에 걸친 취득원가의 기간배분(allocation)이라고 말한다.

2) '건설중인 자산'도 감가상각비를 인식하지 않는다.

2.2 감가상각방법의 종류와 선택

기업이 감가상각비를 인식하기 위해서는 감가상각 대상자산의 내용연수(useful life)와 잔존가치(residual value)를 추정하고, 자산의 가치감소 형태를 파악하여 감가상각방법을 결정해야 한다. 여기서 내용연수는 영업활동에 사용할 수 있는 경제적 수명을 말하며, 잔존가치는 내용연수가 경과한 후 처분할 때 회수할 수 있는 금액을 의미한다. 앞에서 예로 든 택시의 경우 내용연수는 5년, 잔존가치는 ₩0으로 추정되었다.

회계에서는 유형자산의 가치감소 형태를 크게 세 가지로 가정하고 있다([그림 8-1] 참조). 첫째, 유형자산의 가치감소가 시간이 지남에 따라 균등하게 발생한다고 가정하는 경우이다. 이 경우 감가상각비는 매년 동일한 금액으로 인식한다(정액법). 둘째, 유형자산의 취득 후 초기에는 보다 많은 가치감소가 발생하지만 시간이 지날수록 가치감소가 완화된다고 가정하는 경우이다. 이 경우에는 초기 연도에 더 많은 감가상각비를 인식하고 연도가 지날수록 적은 감가상각비를 인식한다(체감상각법). 셋째, 사용량에 비례하여 유형자산의 가치가 감소한다고 가정하는 방법이다. 이 경우에는 매년의 사용량에 비례하여 감가상각비를 인식한다(생산량비례법).

[그림 8-1] 유형자산 감가상각방법의 비교

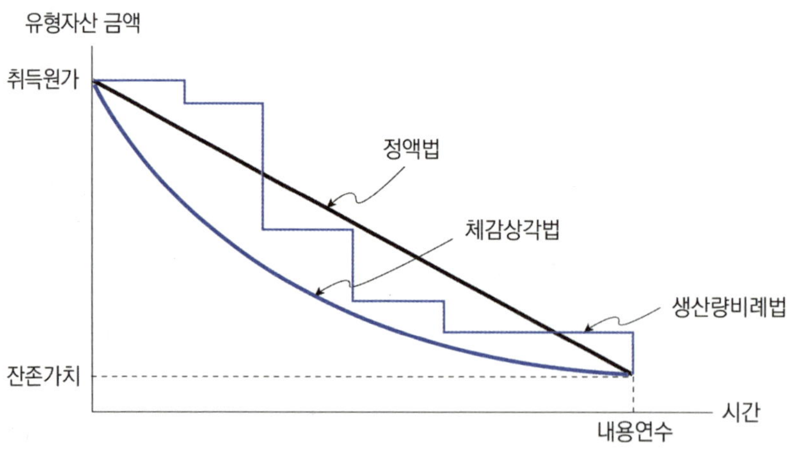

그러면 구체적으로 회계실무에서 많이 사용하고 있는 감가상각방법에는 어떤 것들이 있는지 살펴보자. 여러 감가상각방법을 비교하기 위해 서울상사(주)가 취득한 아래의 차량운반구 자료를 공통적으로 이용한다.

- 취득일: 20×1년 1월 1일
- 취득원가: 100만원
- 내용연수: 4년으로 추정
- 잔존가치: 20만원으로 추정

(1) 정액법

정액법(straight-line method)은 매 기간 동일한 금액(정액)을 상각하는 방법으로서 균등상각법이라고도 부른다. 유형자산의 가치감소가 시간의 경과에 따라 일정하게 감소하는 경우에는 정액법이 적합한 감가상각방법이다.

정액법을 적용할 경우의 연간 감가상각비는 다음과 같이 계산한다.

$$\text{연간 감가상각비} = \frac{\text{취득원가} - \text{잔존가치}}{\text{내용연수}}$$

위 공식에서 분자인 '취득원가－잔존가치'를 감가상각대상금액이라고 부른다. 이 감가상각대상금액을 내용연수로 나누면 연간 감가상각비가 계산된다.

서울상사(주)의 차량운반구에 대해 정액법을 적용하여 연도별 감가상각비를 계산하면 다음과 같다.

연도	계산	감가상각비	감가상각누계액	기말 장부금액
취득시점				₩1,000,000
20×1년	(₩1,000,000－₩200,000)/4년	₩200,000	₩200,000	800,000
20×2년	(₩1,000,000－₩200,000)/4년	200,000	400,000	600,000
20×3년	(₩1,000,000－₩200,000)/4년	200,000	600,000	400,000
20×4년	(₩1,000,000－₩200,000)/4년	200,000	800,000	200,000
합계		₩800,000		

위 표에서 감가상각누계액(accumulated depreciation)은 취득시점 이후 인식한 감가상각비의 합계(누적액)를 의미하며, 장부금액(book value)은 '취득원가－감가상각누계액'으로 매기 말 재무상태표에 기록되는 금액이다. 100만원의 차량운반구가 4년 후에는 20만원으로 감소될 것을 예상하였기에, 매년 20만원씩 동일한 금액이 감가상각비로 인

식되며 감가상각이 종료된 20×4년 말에 차량운반구의 장부금액은 잔존가치와 동일한 20만원이 된다. 즉 80만원의 감가상각대상금액을 매년 20만원씩 비용(감가상각비)으로 기간배분한 것이다.

(2) 체감상각법

체감상각법은 내용연수의 초기에는 많은 금액을 감가상각하고 기간이 지날수록 적은 금액을 감가상각하는 방법을 포괄하는 개념으로서 가속상각법 또는 체감잔액법 등으로도 불린다. 유형자산의 사용 초기에는 생산능률이 높지만 사용시간이 경과할수록 노후화 등에 따라 능률이 저하되는 경우에 체감상각법은 이러한 유형자산의 가치 소비형태를 적절히 반영할 수 있는 방법이다. 대표적인 체감상각법에는 정률법과 연수합계법이 있다.

① 정률법

정률법(fixed percentage method)은 유형자산 장부금액(book value)에 일정한 상각률(정률)을 곱하여 그 연도의 감가상각비를 계산한다. 여기서 장부금액이란 '취득원가－기초시점까지의 감가상각누계액'을 말한다. 정률법에서의 연간 감가상각비는 다음과 같이 계산한다.[3)]

$$\text{연간 감가상각비} = \text{기초 장부금액} \times \text{상각률}$$
$$= (\text{취득원가} - \text{기초시점까지의 감가상각누계액}) \times \text{상각률}$$
$$\text{상각률} = 1 - (\text{잔존가치} / \text{취득원가})^{\frac{1}{n}}$$

정률법에서는 매년 감가상각비가 달라진다는 사실에 유의해야 한다. 서울상사(주)의 차량운반구에 대해 정률법을 적용하여 연도별 감가상각비를 계산하면 다음과 같다. 위 공식에 따른 상각률은 0.331이다.

3) 공식에서 보는 바와 같이 정률법에서의 상각률 계산은 매우 복잡하다. 정률법은 유형자산의 취득원가가 n년에 걸쳐 동일 비율(r)로 감소하여 n년 후에는 잔존가치만이 남게 된다는 가정에 근거한다. 이를 방정식으로 표현하면 '취득원가 × $(1-r)^n$ = 잔존가치'이다. 따라서 이 방정식을 r에 대하여 풀면 '상각률(r) = $1 - (\text{잔존가치}/\text{취득원가})^{\frac{1}{n}}$'이 된다.

연도	계산	감가상각비	감가상각누계액	기말 장부금액
취득시점				₩1,000,000
20×1년	₩1,000,000×0.331	₩331,000	₩331,000	669,000
20×2년	(₩1,000,000－₩331,000) × 0.331	221,439	552,439	447,561
20×3년	(₩1,000,000－₩552,439) × 0.331	148,143	700,582	299,418
20×4년		99,418*	800,000	200,000
합계		₩800,000		

* 마지막 연도의 감가상각비는 '연초 장부금액－잔존가치'로 측정함

위 표와 같이, 상각률(0.331)은 매년 동일하게 적용되지만 기초 시점의 유형자산 장부금액이 매년 감소하므로 시간이 지날수록 감가상각비도 매년 줄어들게 된다.

정률법 적용에서 또 하나 유의할 점은 마지막 연도의 감가상각비이다. 20×4년의 경우, 기초 장부금액(₩299,418)에 상각률(0.331)을 적용하면 ₩99,107(＝₩299,418 × 0.331)이 계산되고 이 금액을 감가상각비로 인식하면 감가상각 후 장부금액과 잔존가치가 일치하지 않는 문제가 발생한다. 이는 매년 상각률을 적용하여 감가상각비를 계산하는 과정에서 반올림 등으로 인해 단수차이가 발생하였기 때문인데, 따라서 마지막 연도에는 상각률을 적용하지 않고 추정 잔존가치에 맞추어서 잔여 금액 ₩99,418(＝₩299,418－₩200,000)을 모두 감가상각비로 인식한다.

② 연수합계법

연수합계법(sum-of-the-years-digit method)도 초기에 많은 감가상각비를 인식하고 기간이 지날수록 감가상각비를 적게 인식하는 체감상각법의 일종이다. 예를 들어, 내용연수가 4년인 경우의 전체 내용연수의 합계는 10(＝1＋2＋3＋4)이다. 연수합계법에서의 1차연도 감가상각비는 감가상각대상금액(＝취득원가－잔존가치)의 4/10, 2차연도 감가상각비는 3/10, 3차연도 감가상각비는 2/10 등으로 계산된다.

$$\text{연간 감가상각비} = (\text{취득원가} - \text{잔존가치}) \times \frac{\text{기초시점의 잔여내용연수}}{\text{전체 내용연수 합계}}$$

서울상사(주)의 차량운반구에 대해 연수합계법을 적용하여 연도별 감가상각비를 계

산하면 다음과 같다.

연도	계산	감가상각비	감가상각누계액	기말 장부금액
취득시점				₩1,000,000
20×1년	(₩1,000,000－₩200,000) × 4/10	₩320,000	₩320,000	680,000
20×2년	(₩1,000,000－₩200,000) × 3/10	240,000	560,000	440,000
20×3년	(₩1,000,000－₩200,000) × 2/10	160,000	720,000	280,000
20×4년	(₩1,000,000－₩200,000) × 1/10	80,000	800,000	200,000
합계		₩800,000		

위에서 '(₩1,000,000－₩200,000)'은 '취득원가－잔존가치'로서 감가상각대상금액이다. 이 금액에 매년 상각률이 4/10, 3/10, 2/10, 1/10로 적용됨에 따라, 연간 감가상각비는 내용연수가 경과할수록 적게 인식된다.

(3) 생산량비례법

유형자산 중에는 물리적 사용량(또는 사용시간)에 따라서 그 가치가 감소하는 경우가 있다. 이들 유형자산은 일반적으로 제조회사가 대략적인 예상사용량을 제시하고 있다. 예를 들어, 복사기의 예상사용량이 200,000장이라면 복사기의 가치는 그 누적사용량에 비례하여 감소한다고 보는 것이 합리적일 것이다. 따라서 예상사용량 자료가 있다면 그 유형자산에는 생산량비례법(units-of-production method, 또는 사용시간비례법)을 적용하여 연간 감가상각비를 인식할 수 있다.

생산량비례법을 적용할 경우에는 사용량 단위당 감가상각비를 계산한 다음, 그 단위당 감가상각비에 연간 사용량을 곱하여 연간 감가상각비를 계산한다.

$$\text{단위당 감가상각비} = \frac{\text{취득원가} - \text{잔존가치}}{\text{예상 사용량}}$$

$$\text{연간 감가상각비} = \text{단위당 감가상각비} \times \text{연간 사용량}$$

서울상사(주)가 취득한 차량운반구의 예상주행거리는 160,000km라고 가정하자. 또한 20×1년부터 20×4년까지 연간 주행거리는 다음과 같다고 하자.

연도	20×1년	20×2년	20×3년	20×4년	합계
연간 주행거리(km)	46,000	52,000	23,000	39,000	160,000

차량운반구의 감가상각대상금액(=취득원가－잔존가치)은 80만원(=100만원－20만원)이므로 단위당(1km) 감가상각비는 ₩5(=₩800,000/160,000km)으로 계산된다. 서울상사(주)의 차량운반구에 대해 생산량비례법을 적용하여 연도별 감가상각비를 계산하면 다음과 같다.

연도	계산	감가상각비	감가상각누계액	기말 장부금액
취득시점				₩1,000,000
20×1년	₩5 × 46,000km	₩230,000	₩230,000	770,000
20×2년	₩5 × 52,000km	260,000	490,000	510,000
20×3년	₩5 × 23,000km	115,000	605,000	395,000
20×4년	₩5 × 39,000km	195,000	800,000	200,000
합계		₩800,000		

2.3 감가상각방법에 따른 법인세 차이

유형자산에 어떤 감가상각방법을 적용하느냐에 따라 감가상각비(비용)가 달라지기 때문에 기업의 세전이익(법인세 지급 전 이익)과 세전이익을 기초로 부과되는 세금 부담액(법인세)이 달라진다. 제7장에서 재고자산 회계방법에 따라 납부해야 할 세금이 달라진다는 사실을 설명한 바 있다. 감가상각방법의 선택에 따라서도 유사한 효과가 발생한다. 이를 논의하기 위해 서울상사(주)의 차량운반구 사례를 다시 살펴보자. 서울상사(주)는 20×1년 1월 1일에 차량운반구를 100만원에 취득하고, 내용연수를 4년, 잔존가치를 20만원으로 추정하였다. 서울상사(주)의 매출액은 매년 60만원이고, 감가상각비 이외의 다른 비용이나 수익은 없다고 가정하자. 그리고 세전이익에 대한 법인세율은 30%라고 가정하자.

그러면 위 차량운반구에 대한 감가상각방법으로 정액법을 선택한 경우와 연수합계법을 선택한 경우에 연도별 감가상각비와 법인세가 어떻게 달라지는지 비교하여 보자.

〈표 8-2〉 감가상각방법에 따른 법인세액 비교

(단위: 천원)

연도	매출액	정액법을 적용한 경우			연수합계법을 적용한 경우		
		감가상각비	세전이익	법인세액	감가상각비	세전이익	법인세액
20×1년	₩600	₩200	₩400	₩120	₩320	₩280	₩84
20×2년	600	200	400	120	240	360	108
20×3년	600	200	400	120	160	440	132
20×4년	600	200	400	120	80	520	156
합계				₩480			₩480

〈표 8-2〉에서 보는 바와 같이, 정액법을 적용하면 매년 동일한 감가상각비(20만원)로 인하여 매년 동일한 세전이익 40만원(=매출액-감가상각비)이 계산되고 매년 12만원(=40×30%)의 동일한 법인세를 납부하게 된다. 그러나 연수합계법을 적용하면 초기 연도에 많은 감가상각비를 인식하기 때문에 초기 연도의 이익이 상대적으로 적으며, 따라서 초기 연도의 법인세액이 적게 된다. 그 대신 후기 연도로 갈수록 법인세액이 증가한다. 〈표 8-2〉와 같이, 법인세액은 1차연도에 8.4만원, 2차연도에 10.8만원 등으로 점차 증가한다.

그런데 5년간 납부해야 할 법인세 합계액은 48만원으로 동일하다. 동일한 합계액이라면 가능한 한 늦게 납부하는 것이 기업에 유리하기 때문에(법인세 이연효과) 연수합계법을 적용하는 것이 세금 목적상으로는 유리하다.

그럼에도 불구하고 많은 기업들이 정액법을 사용하여 감가상각하는 이유는 무엇일까? 제7장에서 설명한 바와 같이, 기업에는 다양한 주주 및 채권자 등이 존재하기 때문에 세금혜택보다는 장부상의 이익 및 자산 금액이 중요한 경우가 있기 때문이다(제7장 3.5절의 설명 참조).

2.4 감가상각의 회계처리

(1) 유형자산의 취득과 감가상각 회계처리

앞 절에서는 유형자산의 감가상각비 계산방법에 대하여 설명하였다. 이제 서울상사(주)의 자료를 이용하여 유형자산의 취득 및 취득 후의 감가상각비 인식에 관한 회계처리를 살펴보자. 서울상사(주)는 감가상각방법으로 정액법을 선택하였음을 가정한다.

① 취득시점의 회계처리

서울상사(주)는 20×1년 1월 1일에 차량운반구 취득을 기록하기 위하여 다음과 같이 분개한다.

20×1/1/1	(차) 차량운반구	1,000,000	(대) 현금	1,000,000

② 1차연도 말의 감가상각비 인식

1차연도 말인 20×1년 12월 31일이 되면 감가상각비를 계산하고 이를 인식하기 위해 다음과 같은 수정분개를 실시한다.

연간 감가상각비 = (취득원가 − 잔존가치)/내용연수
= (₩1,000,000 − ₩200,000)/4년 = ₩200,000

20×1/12/31	(차) 감가상각비	200,000	(대) 감가상각누계액	200,000

위 수정분개에서 차변의 감가상각비 ₩200,000은 포괄손익계산서에 비용으로 계상한다. 그리고 대변에서는 차량운반구 금액을 직접 감소시키는 대신 감가상각누계액 계정을 통하여 간접 차감한다. 감가상각누계액 계정은 차량운반구라는 유형자산의 차감계정으로 대변항목이다. 이러한 기록방법은 대손충당금 계정을 사용하여 매출채권을 간접 차감하는 방법(제6장 3.3절) 및 재고자산평가충당금 계정을 사용하여 재고자산을 간접 차감하는 방법(제7장 4.3절)과 유사하다.

서울상사(주)의 20×1년 말 재무제표에서 차량운반구의 취득과 감가상각은 다음과 같이 표시된다.

재무상태표(20×1/12/31)	
유형자산:	
차량운반구	1,000,000
감가상각누계액	(200,000)
	800,000

포괄손익계산서(20×1년도)	
판매비와 관리비:	
감가상각비	200,000

위 재무제표를 통해 재무제표이용자들은 서울상사(주)가 차량운반구를 100만원에 취득하였다는 사실과 감가상각누계액이 20만원인 것으로 미루어 보아 취득 후의 경과 기간이 대략 1년 정도임을 추론할 수 있다. 이렇듯 유형자산의 감가상각비 인식을 감가상각누계액을 이용한 간접차감법으로 기록하면, 기업은 재무제표이용자들에게 차량운반구의 취득원가와 감가상각누계액에 관한 정보를 모두 제공할 수 있는 장점이 있다.

③ 2차연도 이후의 감가상각비 인식

서울상사(주)는 정액법을 선택하였기 때문에, 2차연도 말인 20×2년 12월 31일에도 동일한 금액의 수정분개를 통하여 감가상각비를 인식한다.

20×2/12/31	(차) 감가상각비	200,000	(대) 감가상각누계액	200,000

20×2년도 감가상각비 ₩200,000이 다시 감가상각누계액 계정에 누적되어 이제 감가상각누계액 계정은 ₩400,000이 된다. 위의 분개를 반영하면 2차연도 말의 재무상태표와 포괄손익계산서는 다음과 같이 표시된다.

재무상태표(20×2/12/31)	
유형자산:	
차량운반구	1,000,000
감가상각누계액	(400,000)
	600,000

포괄손익계산서(20×2년도)	
판매비와 관리비:	
감가상각비	200,000

2년이 지난 시점에서 차량운반구의 장부금액은 ₩600,000(=₩1,000,000−₩400,000)이며, 전년도 말에 비하여 당년도 감가상각비만큼 감소되었음을 알 수 있다. 매년 말에 위와 같은 수정분개를 반복하여 감가상각비를 인식할 경우 내용연수가 끝나는 4년 후에는 어떻게 변화하겠는가? 차량운반구의 취득원가는 ₩1,000,000이고, 감가상각누계액은 ₩800,000이 되며, 차량운반구의 장부금액은 ₩200,000(=₩1,000,000−₩800,000)이 될 것이다. 따라서 4년 후의 장부금액 ₩200,000은 취득시점에 추정하였던 잔존가치 ₩200,000과 일치한다.

앞의 2.2절에서 공부한 정률법, 연수합계법, 생산량비례법 등을 적용하는 경우에도 유사한 회계처리가 이루어진다. 정률법을 적용할 경우의 회계처리 예제는 본 장의 종합예제를 참고하기 바란다.

(2) 기중 취득한 유형자산의 감가상각비 인식

앞에서는 회계기간 초(예: 1월 1일)에 유형자산을 취득한 경우를 예로 들어 설명하였다. 그러나 유형자산은 회계기간 중에 언제라도 취득 가능하다. 만약 4월 8일에 유형자산을 취득하였다면 1차연도의 감가상각비는 얼마로 인식할 것인가? 이론적으로 첫 연도에는 4월 8일부터 12월 31일까지(즉, 268일)만을 사용하였기 때문에, 첫 연도의 감가상각비는 연간 감가상각비의 268/365만큼을 인식해야 한다. 이를 일단위(daily basis) 계산법이라고 부른다. 그러나 실무에서는 계산의 편의를 위해 월단위(monthly basis) 계산법이 주로 사용된다. 즉, 4월 8일에 취득한 경우 1차연도의 감가상각비는 연간 감가상각비의 9/12를 인식한다. 왜냐하면 4월부터 12월까지는 9개월이기 때문이다.

예제 8-1

부산상사(주)는 20×1년 4월 8일에 다음과 같은 비품을 취득하였다.

- 취득일: 20×1년 4월 8일
- 취득원가: 700만원(현금으로 취득)
- 내용연수: 2년으로 추정
- 잔존가치: 100만원으로 추정
- 감가상각방법: 연수합계법 적용

| 물음 |

(1) 월단위로 감가상각비를 계산할 경우 20×1년 12월 31일의 수정분개는?

(2) 20×2년 12월 31일에서 감가상각비를 반영하기 위한 수정분개는?

(3) 마지막 연도인 20×3년의 감가상각비를 반영하기 위한 수정분개는?

| 풀이 |

(1) 내용연수가 2년이므로 연수합계는 3년(=1+2)이다. 따라서 1차연도에는 감가상각대상금액의 2/3를 감가상각하고, 2차연도에는 1/3을 감가상각한다.

1차연도 감가상각비=(700−100)×(2/3)=400(만원)
2차연도 감가상각비=(700−100)×(1/3)=200(만원)

그런데 취득일이 4월이므로 20×1년에는 1차연도 감가상각비의 9/12인 300만원을 인식한다(4월부터 12월까지의 9개월분). 즉,

20×1년 감가상각비＝400×(9/12)＝300(만원)

따라서 20×1년 12월 31일의 감가상각에 관한 수정분개는 다음과 같다.

(차) 감가상각비	300	(대) 감가상각누계액	300

(2) 2차연도의 감가상각비는 2개 연도에 걸친 감가상각비의 합계이다(도표 참조).

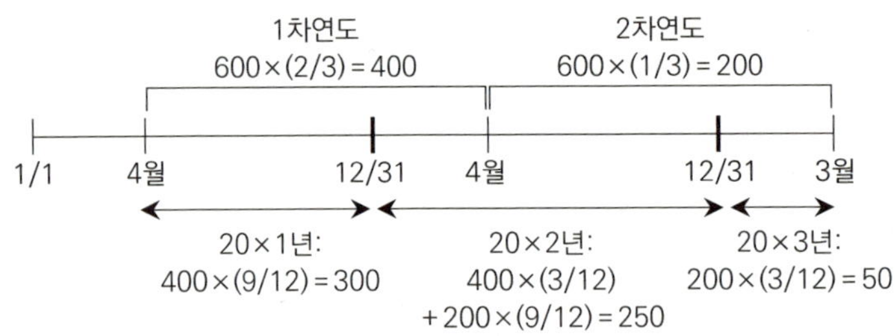

1월부터 3월까지의 감가상각비＋4월부터 12월까지의 감가상각비
＝1차연도 감가상각비의 3/12＋2차연도 감가상각비의 9/12
＝400×(3/12)＋200×(9/12)＝250(만원)

(차) 감가상각비	250	(대) 감가상각누계액	250

(3) 마지막 연도의 사용기간은 3개월이므로 2차연도 감가상각비의 3/12을 인식한다.

20×3년도 감가상각비＝200×(3/12)＝50(만원)

(차) 감가상각비	50	(대) 감가상각누계액	50

(3) 내용연수 또는 잔존가치를 변경하는 경우의 감가상각비 인식

취득시점에서 추정한 유형자산의 내용연수와 잔존가치는 매 회계연도 말에 적절한지를 재검토하여야 하며, 필요한 경우 이들을 변경할 수 있다. 예를 들어, 유형자산을 잘 수리하고 관리하는 경우에는 내용연수가 늘어날 수 있으며, 유형자산의 가격변동으로 인하여 잔존가치도 변경될 수 있다. 이처럼 내용연수나 잔존가치를 변경하는 것을 회계추정의 변경(change in estimate)이라고 부른다.

회계추정의 변경에서는 과거에 이미 인식한 감가상각비 및 감가상각누계액은 수정하지 않는다. 따라서 변경시점부터(대체로 기초시점에 변경한다고 가정) 미래에 인식할 감가상각비를 새로이 계산하면 된다. 이를 전진적 조정법(prospective method)이라고 부른 다. 다음 예제를 논의하여 보자.

예제 8-2

대전상사(주)는 20×1년 1월 1일에 다음과 같은 기계장치를 취득하였다.

• 취득일: 20×1년 1월 1일	• 취득원가: 2,200만원
• 내용연수: 5년으로 추정	• 잔존가치: 200만원으로 추정
• 감가상각방법: 정액법 적용	

대전상사(주)는 기계장치를 취득한 후 2년이 지난 시점인 20×3년 1월 1일에 기계장치의 내용연수를 5년에서 7년으로 변경하였으며, 기계장치의 잔존가치도 200만원에서 100만원으로 변경하였다. 취득 후 이미 2년이 지났으므로, 내용연수를 7년으로 변경한 것은 향후 5년을 더 사용할 수 있다고 추정한 것이다.

| 물음 |

대전상사(주)는 20×3년부터 매년 얼마의 감가상각비를 인식해야 하나?

| 풀이 |

내용연수를 변경하기 전인 20×2년까지 2년간의 감가상각누계액은 다음과 같다.

20×2년까지의 감가상각누계액＝[(2,200－200)/5년]×2년＝800(만원)

즉, 20×3년 1월 1일의 장부금액은 1,400만원(＝2,200－800)이다.
따라서 20×3년 1월 1일부터 장부금액 1,400만원, 향후 새로운 내용연수 5년, 새로운 잔존가치 100만원인 기계장치에 정액법을 적용하여 연간 감가상각비를 계산하면 다음과 같다.

20×3년부터의 연간 감가상각비＝(1,400－100)/5년＝260(만원)

제3절 유형자산의 취득 후 지출

유형자산은 장기간 사용하는 자산이기 때문에 사용기간 중에 여러 가지 지출이 발생할 수 있다. 즉, 유형자산을 수선・유지하기 위한 지출, 개량・증설하기 위한 지출 등이 발생할 수 있다. 그러면 이렇게 발생하는 지출을 당기의 비용으로 인식해야 하는가 아니면 해당 유형자산의 취득원가에 가산해야 하는가?

일반적으로 수선이나 유지를 위한 지출은 유형자산의 가치를 높이는 투자가 아니기 때문에 발생한 기간에 비용으로 처리하고, 개량이나 증설을 위한 지출은 유형자산의 가치를 높이는 투자이기 때문에 유형자산의 취득원가에 가산한다. 즉, 개량・증설을 위한 지출은 해당 자산의 성능을 향상시켜 미래 경제적 효익을 증가시키기 때문에 자산의 증가로 회계처리하는 것이다.

예를 들어, 여수상사(주)가 일상적인 기계장치의 수선을 위하여 50만원을 지출하였다면 다음과 같이 분개한다.

(차) 수선유지비	500,000	(대) 현금	500,000

수선유지비는 포괄손익계산서의 당기비용에 포함된다. 그러나 위의 지출을 기계장치의 성능개량을 위한 지출로 판단한 경우에는 다음과 같이 분개가 달라진다.

(차) 기계장치	500,000	(대) 현금	500,000

이 경우에 기계장치의 취득원가는 50만원 높아진다. 따라서 성능개량 이후의 연간 감가상각비는 증가한다. 즉, 개량을 위한 지출액은 지출 이후의 내용연수 동안 감가상각을 통해 비용으로 인식된다.

전통적으로 회계에서는 비용으로 처리하는 지출을 수익적 지출(income expenditures)이라고 부르고, 자산의 취득원가에 가산하는 지출을 자본적 지출(capital expenditures)이라고 부른다.[4] 일반적으로 〈표 8－3〉과 같은 지침에 따라 유형자산의 취득 후 지출을

4) 앞의 1.2절에서 설명한 바와 같이, 자본적 지출은 어떤 지출을 취득원가에 가산(또는 자본화)한다는 의미이다.

수익적 지출과 자본적 지출로 구분한다.

〈표 8-3〉 수익적 지출과 자본적 지출의 구분

구분	예시	회계처리
일상적인 기능 유지	페인트 및 기름칠하기	수익적 지출로 처리
사소한 수선	간단한 부품 교체	
주요 수선	대폭적인 교체	자본적 지출로 처리
증설	빌딩 및 설비 증설	

예제 8-3

인천상사(주)는 20×1년 1월 1일에 다음과 같은 기계장치를 취득하였다.

- 취득일: 20×1년 1월 1일
- 취득원가: 1,100만원
- 내용연수: 5년
- 잔존가치: 100만원
- 감가상각방법: 정액법

| 물음 |

(1) 인천상사(주)는 2년이 지난 20×3년 1월 1일에 기계장치의 개량을 위해 300만원을 현금 지출하였다. 이 정기수선을 자본적 지출로 회계처리하면 20×3년 1월 1일의 재무상태표에는 기계장치의 취득원가와 감가상각누계액이 각각 얼마로 표시되는가?

(2) 개량 이후(20×3년 및 그 이후)의 연간 감가상각비는 얼마인가? 단, 기계장치의 내용연수와 잔존가치는 변경되지 않고 생산성만 향상됐다고 가정한다.

| 풀이 |

(1) 개량을 위한 지출은 자본적 지출로 보아 기계장치의 취득원가에 가산하는 분개는 다음과 같다.

(차) 기계장치	3,000,000	(대) 현금	3,000,000

개량 전 기계장치의 연간 감가상각비는 200만원[=(1,100−100)/5년]이고, 20×2년 12월 31일의 감가상각누계액은 400만원(=200×2년)이다. 그리고 20×3년 1월 1일의 위 분개를 반영하면, 기계장치의 취득원가는 1,400만원(=1,100+300)이 되고, 감가상각누계액은 그대로 400만원이다.

재무상태표(정기수선 직전)		재무상태표(정기수선 직후)	
유형자산:		유형자산:	
기계장치	1,100	기계장치	1,400
감가상각누계액	(400)	감가상각누계액	(400)
	700		1,000

(2) 개량 이후 기계장치의 잔여 내용연수는 3년, 잔존가치는 100만원이므로
연간 감가상각비 = (1,000 − 100)/3년 = 300(만원)

즉, 개량 후의 연간 감가상각비는 300만원으로 증가한다. 이러한 감가상각비 계산방법은 앞의 2.4절에서 설명한 회계추정 변경 시의 감가상각비 계산방법과 유사하다.

제4절 유형자산의 기말평가 및 처분

4.1 유형자산의 손상과 재평가

기업 입장에서 이미 지출한 유형자산 취득금액은 향후 정상적인 영업활동을 통하여 점차 회수될 것으로 가정하고 있다. 그러나 경제환경의 변화 등의 영향으로 내용연수가 끝나기 전에 유형자산의 가치가 명백히 하락하여 단기간 내에 회복되기 어려운 상황이 발생할 수 있다.

유형자산의 손상(impairment)은 유형자산의 미래 경제적 효익이 정상적인 영업활동 이외의 원인(예: 시장가치 하락, 홍수 피해 등)에 의해 감소함으로써 자산의 회수가능액이 장부금액보다 낮아진 경우에 발생한다. 유형자산의 손상이 발생하면, 그 차이(=장부금액 − 회수가능액)를 재무상태표에 반영하기 위하여 유형자산의 장부금액을 회수가능액으로 낮추고, 포괄손익계산서에는 그 차이를 유형자산손상차손(impairment losses)으로 인식한다.

여기에서, 유형자산의 회수가능액(recoverable amount)은 그 자산을 향후 계속 사용하거나 또는 처분한다고 가정할 때 유입이 예상되는 미래현금흐름의 추정액이다. 회계에서는 사용가치(value in use)와 순공정가치(fair value less costs to sell) 중에서 큰 금액을

회수가능액으로 본다.[5)]

회수가능액 = Max. [사용가치, 순공정가치]

유형자산의 공정가치가 장부금액 이상으로 상승한 경우에 그 상승분을 기록하는 방법도 있다. 기업은 유형자산을 취득원가로 인식한 이후에 기말 평가손익을 인식하기 위하여 원가모형(cost model)과 재평가모형(revaluation model) 중에서 하나를 선택하여 적용할 수 있다. 기업이 원가모형을 선택한 경우는 감가상각비와 손상차손만을 인식한다. 이에 비하여 기업이 재평가모형을 선택한 경우는 재평가손익을 인식한다. 즉 기업은 매 기말에 감가상각비를 인식한 후 해당 유형자산을 공정가치로 평가하고, 장부금액(감가상각비 인식 후의 장부금액)과 공정가치의 차이를 포괄손익계산서에 재평가이익('공정가치>장부금액'인 경우) 또는 재평가손실('공정가치<장부금액'인 경우)로 인식한다. 아울러 재무상태표에서 장부금액을 공정가치로 변경(증액 또는 감액)시킨다. 여기서 주의할 점은 유형자산 손상차손은 회수가능액을 기준으로 그 차이를 인식하는 것이고, 재평가손익은 공정가치를 기준으로 그 차이를 인식한다는 점이다.

유형자산의 손상과 재평가에 관한 구체적인 회계처리는 본서의 범위를 벗어나므로 중급재무회계 교재를 참고하기 바란다.

4.2 유형자산의 처분

유형자산은 영업활동에 장기간 사용하기 위하여 보유하는 자산이지만, 기업은 필요할 경우 유형자산을 처분하기도 한다. 유형자산의 처분은 매각, 교체, 폐기 등의 방법으로 유형자산의 소유권을 제3자에게 이전시키는 것을 의미한다. 유형자산을 처분하면 처분으로 인한 손익을 인식해야 한다.

예를 들어, 취득원가가 1,000만원, 처분 당시 감가상각누계액이 400만원인 유형자산을 700만원을 받고 처분하였다고 가정하자. 이는 처분 당시 장부금액 600만원(=1,000

5) 유형자산의 사용가치는 향후 그 유형자산을 사용하여 기업이 벌어들일 수 있는 미래현금흐름의 현재가치를 의미하며, 순공정가치는 유형자산의 공정가치(판매가능금액)에서 예상 처분비용을 차감한 금액이다.

−400)의 유형자산을 700만원에 처분한 것이기 때문에 100만원(=700−600)의 유형자산 처분이익이 발생한다.

유형자산처분손익 = 처분대가 − 처분 당시의 장부금액

그러나 만약 위 유형자산을 450만원에 처분하였다면, 150만원(=450−600)의 유형자산처분손실이 발생한다. 유형자산처분이익은 포괄손익계산서에서 기타수익으로 분류하며, 유형자산처분손실은 기타비용으로 분류한다.

유형자산의 처분은 회계기말(예: 12월 31일)에만 일어나는 것이 아니다. 만약 기중(예: 9월 30일)에 유형자산을 처분하였다면, 처분한 해의 1월 1일부터 9월 30일까지 9개월간의 감가상각비를 먼저 인식한 다음, 처분시점의 유형자산 장부금액과 처분대가를 비교하여 유형자산처분손익을 계산하여야 한다. 이를 논의하기 위하여 다음 예제를 살펴보자.

예제 8-4

여수상사(주)는 20×1년 1월 1일에 다음과 같은 건물을 취득하였다.

- 취득일: 20×1년 1월 1일
- 취득원가: 6,000만원
- 내용연수: 10년
- 잔존가치: 1,000만원
- 감가상각방법: 정액법

| 물음 |

(1) 여수상사(주)는 취득 후 6년 9개월이 지난 20×7년 9월 30일에 현금 2,800만원을 받고 위의 건물을 처분하였다. 유형자산처분손익을 계산하라.

(2) 여수상사(주)는 건물 처분과 관련하여 어떤 분개를 실시해야 하나?

(3) 만약 위의 건물을 2,000만원을 받고 처분하였다면 처분에 관한 분개는?

| 풀이 |

(1) 처분시점까지 연간 감가상각비는 500만원[=(6,000−1,000)/10년]이므로, 취득 후 6년 9개월이 지난 20×7년 9월 30일까지의 감가상각누계액은 다음과 같다.

6년 9개월간의 감가상각누계액=500×(6+9/12)=3,375(만원)

이는 처분 당시의 장부금액이 2,625만원(=6,000−3,375)이라는 의미이다. 따라서 유형자산처분손익은 다음과 같이 계산된다.

유형자산처분이익=처분금액−처분 당시의 장부금액
=2,800−2,625=175(만원)

(2) 20×7년 1월부터 9월까지 9개월간의 감가상각비를 먼저 인식하는 분개를 한다. 그렇게 해야 감가상각누계액이 위에서 계산한 3,375만원이 되고, 처분 당시의 장부금액이 2,625만원이 된다.

9개월분의 감가상각비=연간 감가상각비 500×(9/12)=375(만원)

(차) 감가상각비	375	(대) 감가상각누계액	375

건물을 처분하면 더 이상의 소유권이 없기 때문에 처분된 건물의 취득원가 6,000만원과 감가상각누계액 3,375만원을 모두 제거해야 한다. 그리고 처분대가로 받은 현금 2,800만원(차변)과 유형자산처분이익 175만원(대변)을 인식하면 다음의 분개와 같다.

(차) 현금	2,800	(대) 건물	6,000
감가상각누계액	3,375	유형자산처분이익	175

위의 분개를 재무상태표와 포괄손익계산서에 반영하면 다음과 같다.

처분 직전의 재무상태표(20×7/9/30)		⇒	처분 직후의 재무상태표(20×7/9/30)	
유형자산:			유동자산:	
건물	6,000		현금	+2,800
감가상각누계액	(3,375)		유형자산:	
	2,625		건물	−
			감가상각누계액	−

처분 직전의 포괄손익계산서(20×7년)		⇒	처분 직후의 포괄손익계산서(20×7년)	
판매관리비:			판매관리비:	
감가상각비	375		감가상각비	375
			기타수익	
			유형자산처분이익	175

(3) 건물을 2,000만원에 처분한 경우에는 유형자산처분손실 625만원(=2,000−2,625=−625)이 발생한다. 물음 (2)의 경우와 같이, 처분된 건물의 취득원가 6,000만원을 제거하고(대변 기록) 감가상각누계액 3,375만원도 제거한다(차변 기록). 그리고 처분대가로 받은 현금 2,000만원을 차변에 기록한다. 마지막으로 유형자산처분손실은 유형자산처분이

익과는 반대로 차변에 기록한다.

(차) 현금	2,000	(대) 건물	6,000
감가상각누계액	3,375		
유형자산처분손실	625		

제5절 무형자산의 회계처리

5.1 무형자산의 의의와 종류

유형자산이 물리적 형체가 있는 비유동자산이라면, 무형자산(intangible assets)은 물리적 형체가 없는 비유동자산이다. 무형자산도 유형자산과 마찬가지로, 적어도 1년 이상 장기간에 걸쳐 기업의 영업활동(생산 및 판매활동)에 사용하기 위하여 보유하는 자산이다.

무형자산의 종류로는 특허권·실용신안권·상표권 등과 같은 산업재산권, 라이선스, 프랜차이즈, 컴퓨터 소프트웨어, 영업권, 그리고 개발비(미래 이익창출에 기여할 것으로 예상되는 것만) 등이 있다(〈표 8-4〉 참조).

〈표 8-4〉 무형자산의 종류

구분	계정과목	내용 및 구성
외부구입 무형자산	산업재산권(특허권, 상표권, 저작권 등)	일정 기간 배타적으로 이용할 수 있는 법적 권리
	라이선스, 프랜차이즈	특정 기술·상품·서비스를 일정 기간 사용·판매할 수 있는 권리
	영업권	사업결합(합병·매수)과정에서 취득한 무형의 자원, 즉 합병대가에서 피합병기업의 순자산 공정가치를 차감한 금액
	기타 무형자산	컴퓨터 소프트웨어, 광업권, 어업권 등
내부창출 무형자산	개발비	미래 경제적 효익을 창출할 것으로 기대되는 신기술·신제품 개발비

대부분의 무형자산은 독점적 이용권한을 가지거나 다른 기업보다 초과수익을 얻을 수 있는 법률적 또는 경제적 권리를 화폐액으로 표시한 것이다. 그러나 이러한 무형자산은 개별적으로 식별하거나 그 가치가 얼마인지를 평가하기가 매우 어렵다. 이 때문에 K-IFRS는 기업 외부에서 유상으로 취득한 무형자산은 재무상태표에 계상하도록 하되, 기업 내부적으로 창출한 무형자산은 자산인식요건을 만족하는 개발비를 제외하고는 대부분 자산으로 인식하지 않도록 규정하고 있다.

예를 들어, 기업이 보유하고 있는 기술력이나 종업원 능력 등은 분명 기업에 미래 경제적 효익을 주는 무형의 자원이지만 무형자산으로 인식하지 않는다. 또한 코카콜라나 나이키와 같은 상표의 가치는 어마어마하게 크지만 신뢰성 있는 측정이 어렵기 때문에 재무상태표에 상표권으로 표시할 수 없다.

이처럼 기업이 보유한 실질적인 무형의 자산을 재무상태표에 충분히 인식하지 못하는 문제점은 회계학이 추후 해결해야 할 과제이다.

예제 8-5

다음은 20×1년에 강원전자(주)에서 발생한 사건들이다.

① 내부창출한(외부에서 구입하지 않은) 상표의 기말시점에서의 평가금액은 100억원임
② 통신기술과 관련된 특허권을 출원하는 비용으로 10억원을 지급
③ 향후 500억원의 가치 창출이 확실한 신제품 개발에 200억원을 지출하여 성공
④ 향후 400억원의 가치 창출이 예상되는 상품광고를 위하여 100억원을 지출
⑤ 순자산공정가치가 120억원인 강릉산업(주)을 150억원에 인수하여 합병함

| 물음 |

위의 항목들 중에서 무형자산으로 인식하여 재무상태표에 포함시켜야 하는 것들을 고르시오.

| 풀이 |

무형자산으로 인식해야 할 항목은 ②, ③, ⑤이다. 이들 항목은 각각 ② 특허권 10억원, ③ 개발비 200억원, ⑤ 영업권 30억원으로 재무상태표에 표시된다.
그러나 내부창출한 상표권 ①과 광고활동비 ④는 신뢰성 있는 가치의 측정과 미래 경제적 효익의 유입이 불확실하다는 이유로 무형자산으로 인식하지 않는다.

5.2 무형자산의 취득과 상각

무형자산의 취득원가는 다른 자산과 마찬가지로 당해 자산의 매입가격 및 취득과정에 소요된 부대비용을 포함하여 결정한다. 또한 내용연수가 유한한 무형자산은 체계적 방법으로 내용연수에 걸쳐 상각(amortization)해야 한다.[6] 다만 유형자산과는 달리 잔존가치는 대부분 ₩0으로 간주하며, 상각누계액 계정을 사용하여 간접 차감하는 방법보다 해당 무형자산을 직접 감소시키는 방법으로 표시한다. 따라서 본서에서도 직접차감법(상각누계액 계정을 설정하지 않음)을 적용하여 설명한다. 무형자산상각비(amortization expense)는 감가상각비와 유사하게 포괄손익계산서에서 비용으로 인식한다.

예를 들어, 목포상사(주)는 20×1년 1월 1일에 1,000만원을 지급하고 신제품과 관련된 특허권(patent)을 취득하였다고 가정하자.[7] 이에 대한 분개는 다음과 같다.

(차) 특허권	1,000	(대) 현금	1,000

특허권의 법적 보호연수가 5년이어서 5년간 정액법을 적용하여 상각하기로 결정하였다면(잔존가치 없음), 연간 상각비는 200만원(=1,000/5년)이 된다. 따라서 회계기말인 20×1년 12월 31일에 다음과 같이 수정분개한다.

(차) 특허권상각비	200	(대) 특허권	200

무형자산(특허권)의 상각 회계처리는 상각누계액을 설정하지 않고 무형자산(특허권)에서 직접 차감하는 방식을 사용한다. 따라서 위 분개를 20×1년 12월 31일의 재무상태표에 반영하면 특허권 계정은 200만원 감소된 800만원이 되며, 포괄손익계산서에는 특허권상각비 200만원이 인식된다.

6) 만약 무형자산의 내용연수가 비한정(infinite)이라면, 즉 내용연수에 예측 가능한 미래 기간의 제한이 없는 경우라면, 상각하지 않는다. 대신 매년 손상검사를 수행하여 손상차손을 인식한다.
7) 기업이 특허권(다른 무형자산 포함)을 외부에서 취득하지 않고 스스로 출원하여 취득한 경우에는 특허권 출원과정에서 발생한 직접 관련비용만을 특허권 취득원가에 포함한다.

재무상태표(20×1/12/31)	
무형자산:	
특허권	800

포괄손익계산서(20×1년도)	
판매관리비:	
특허권상각비	200

위와 같은 방법으로 매년 특허권상각비를 200만원씩 인식하면, 5년 후의 특허권 자산은 ₩0이 될 것이다. 다른 무형자산의 취득 및 상각도 특허권의 경우와 유사하게 처리한다.

5.3 연구개발투자에 대한 회계처리

연구개발투자는 기업의 미래 성장을 위해서 필수적이며, 경우에 따라 기업에 엄청난 무형자산을 축적시켜 주기도 한다. 그러나 연구개발투자를 지출하는 시점에서는 그 투자효과를 객관적으로 측정하기 어렵고 장래의 실현가능성에 대한 불확실성도 높다. 이 때문에 회계에서는 일정한 요건을 충족하는 경우에만 그 지출을 무형자산으로 인식하도록 허용하고 있다.

K-IFRS(제1038호)에서는 연구개발투자를 크게 연구단계와 개발단계로 구분한다. 연구단계(research phase)는 새로운 지식을 탐색, 평가하는 등의 일반적 연구활동을 의미하며, 이 단계에서 발생하는 지출은 전액 비용(연구비)으로 처리한다. 다음 단계인 개발단계(development phase)는 새로운 기술과 관련된 설계, 제작, 시험활동 등을 수행하는 단계를 말한다. 개발단계에서 발생한 지출에 대해서는 미래의 이익창출(예: 매출증대, 원가절감)에 기여할 것이 확실히 기대되는 지출만을 '개발비'라는 무형자산으로 자본화하고, 그렇지 않은 지출은 비용(경상개발비)으로 처리한다. 여기서 주의해야 할 것은 '개발비'라는 표현이 비용항목처럼 보이지만 무형자산 계정이라는 것이다.

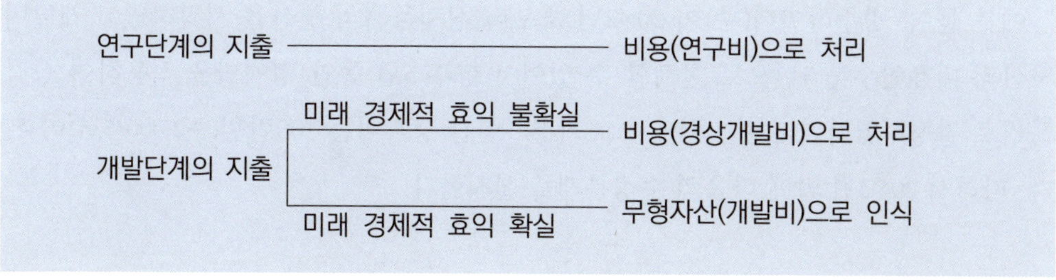

예를 들어, 광주하이텍(주)이 20×1년도에 신기술 개발을 위한 기초연구에 800만원, 신기술을 이용한 신제품 A의 개발에 2,000만원, 그리고 신제품 B의 개발에 500만원 등 모두 3,300만원을 지출하였다고 가정하자. 그런데 신제품 A의 개발은 순조롭게 진행되어 미래 이익 창출에 기여할 것이 확실시되나, 신제품 B의 개발은 개발과정에서 실패할 가능성이 높은 것으로 판단된다고 가정하자.

광주하이텍(주)은 신제품 A의 개발 투자액 2,000만원은 자산성(즉, 미래 경제적 효익에 기여)이 존재하므로 개발비라는 무형자산으로 인식할 수 있으나, 신제품 B의 개발에 관한 지출은 자산성이 없기 때문에 경상개발비로 비용처리해야 한다. 그리고 기초연구를 위한 지출은 전액 연구비라는 비용항목으로 처리한다.

(차) 연구비(비용)	800	(대) 현금	3,300
개발비(무형자산)	2,000		
경상개발비(비용)	500		

위 분개를 반영하면 광주하이텍(주)의 20×1년 말 재무제표에서 연구개발투자는 다음과 같이 표시된다.

재무상태표(20×1/12/31)	
무형자산:	
개발비	2,000

포괄손익계산서(20×1년도)	
판매비와 관리비:	
연구비	800
경상개발비	500

무형자산으로 인식된 개발비의 상각은 자산을 사용할 수 있는 때부터 시작한다. 즉 자산이 경영자가 의도하는 방식으로 운영할 수 있는 장소와 상태에 이르렀을 때부터 비용으로 인식하기 시작한다.

예를 들어, 광주하이텍(주)이 20×2년 초부터 신제품 A의 생산을 시작하였고 개발비 자산의 내용연수를 5년으로 한정할 수 있어서 향후 5년 동안 정액법을 적용하여 상각하기로 결정하였다면(잔존가치는 0으로 가정), 연간 상각비는 400만원(=2,000/5년)이 된다. 따라서 20×2년 말에 다음의 수정분개를 실시한다.

(차) 개발비상각비	400	(대) 개발비	400

특허권 상각과 마찬가지로, 개발비 상각에서도 대변에 상각누계액 계정을 사용하지 않고 개발비에서 직접 차감한다. 위의 수정분개를 반영하면 20×2년 12월 31일의 재무상태표와 포괄손익계산서는 다음과 같다.

재무상태표(20×2/12/31)	
무형자산:	
개발비	1,600

포괄손익계산서(20×2년도)	
판매비와 관리비:	
개발비상각비	400

종합예제

유형자산의 취득, 감가상각 및 처분

전주상사(주)는 생산 및 판매활동을 전산화하기 위하여 컴퓨터(비품)를 취득하였다. 취득한 컴퓨터에 관한 자료는 다음과 같다.

- 취득일: 20×1년 1월 1일
- 취득원가: ₩1,200,000(현금으로 취득)
- 내용연수: 4년
- 잔존가치: ₩200,000
- 감가상각방법: 정률법
- 상각률: 0.361

| 물음 |

(1) 20×1년부터 4년간 연간 감가상각비는 각각 얼마인가?

(2) 1차연도 말인 20×1년 12월 31일에서 감가상각비를 반영하기 위한 수정분개는?

(3) 2차연도 말인 20×2년 12월 31일에서 감가상각비를 반영하기 위한 수정분개는?

(4) 전주상사(주)는 2차연도 말인 20×2년 12월 31일에 현금 ₩510,000을 받고 컴퓨터를 처분하였다. 이에 대한 분개는?

| 풀이 |

(1) 정률법에서의 연간 감가상각비는 '기초 장부금액 × 상각률'로 계산한다. 연간 감가상각비를 계산하기 위하여 다음 표를 작성해 보자.

연도	기초 장부금액(A)(=취득원가−감가상각누계액)	상각률(B)	감가상각비(=A×B)
20×1년	₩1,200,000	0.361	₩433,200
20×2년	₩1,200,000−₩433,200=₩766,800	0.361	276,815
20×3년	₩1,200,000−₩710,015=₩489,985	0.361	176,885
20×4년	₩1,200,000−₩886,900=₩313,100	조정	113,100
		합계	1,000,000

마지막 연도의 감가상각비는 상각률을 적용하지 않고, 마지막 연도의 기초 장부금액 ₩313,100과 잔존가치 ₩200,000의 차이인 ₩113,100으로 계산한다.

(2) 1차연도인 20×1년도 감가상각비는 ₩433,200이므로 다음과 같이 분개한다.

(차) 감가상각비	433,200	(대) 감가상각누계액	433,200

(3) 2차연도인 20×2년도 감가상각비는 ₩276,815이므로 다음과 같이 분개한다.

(차) 감가상각비	276,815	(대) 감가상각누계액	276,815

(4) 20×2년 말 현재 비품(컴퓨터)의 장부금액은 ₩489,985(=₩1,200,000−₩710,015)이며, 처분대가는 ₩510,000이므로 유형자산처분이익 ₩20,015이 발생한다. 비품을 처분하였으므로 재무상태표에서 그 비품과 관련된 계정을 모두 제거해야 한다. 즉, 비품계정에서 취득원가 ₩1,200,000을 제거하고(대변 기록), 감가상각누계액 ₩710,015을 제거한다(차변 기록). 이를 정리하면 다음과 같다.

(차) 현금	510,000	(대) 비품	1,200,000
감가상각누계액	710,015	유형자산처분이익	20,015

익힘문제

1. 유형자산의 취득원가는 어떻게 결정하는지 설명하라.

2. 감가상각비의 의미를 설명하라.

3. 감가상각누계액의 의미를 설명하라.

4. 정액법에 의한 감가상각비 계산방법을 설명하라.

5. 정률법에 의한 감가상각비 계산방법을 설명하라.

6. 감가상각방법에 따라 지급해야 할 법인세 금액이 달라지는 이유를 설명하라.

7. 유형자산의 취득 후에 이루어지는 수익적 지출과 자본적 지출의 차이를 설명하라.

8. 수익적 지출과 자본적 지출의 회계처리방법의 차이를 설명하라.

9. 유형자산의 처분손익은 어떻게 계산하는지 설명하라.

10. 유형자산 처분은 어떻게 분개하는지 설명하라.

11. 무형자산의 종류를 설명하라.

12. 무형자산 상각과 유형자산 상각의 회계처리방법상의 차이점을 설명하라.

13. 연구개발투자를 위한 지출은 어떻게 회계처리하는지 설명하라.

연습문제

8-1 기본개념의 이해

아래 문장이 맞으면 ○, 틀리면 ×를 표시하라.

(1) 건물을 짓기 위해 지출한 토지의 정지비용은 건물의 취득원가에 포함한다. ( )

(2) 기계장치를 외상으로 구입하였다면, 기계장치계정에 차변기입하고 매입채무계정에 대변기입한다. ( )

(3) 기계장치를 ₩550,000에 구입하고, 운반비 ₩30,000을 지급하였으며, 취득세로 ₩70,000을 지급하였다. 기계장치를 시운전하는 과정에서 연료비가 ₩50,000 지출되었다면 취득원가로 ₩650,000을 계상한다. ( )

(4) 건물, 기계장치, 컴퓨터 등의 유형자산은 수명이 유한하기 때문에 감가상각하지만, 토지와 같은 유형자산은 수명이 무한이기 때문에 감가상각하지 않는다. ( )

(5) 회계상 감가상각은 가치평가의 개념이 아니라, 내용연수에 걸친 취득원가의 기간배분개념이다. ( )

(6) 정액법을 적용하여 감가상각하면 정률법을 적용하여 감가상각하는 경우보다 법인세 측면에서 유리하다. ( )

(7) 잔존가치와 내용연수는 매 회계기간 말 재검토하며, 새로운 추정치가 종전 추정치와 다르다면 변경해야 한다. ( )

(8) 유형자산을 사용하는 과정에서 일상적 수선비와 같이, 해당 유형자산의 원상회복 또는 능률유지 목적으로 지출한 것을 자본적 지출이라고 한다. ( )

(9) 기업은 유형자산을 취득원가로 인식한 이후에 기말 평가손익을 인식하기 위하여 항목 분류별로 원가모형과 재평가모형을 선택적으로 적용할 수 있다. ( )

(10) 유형자산 손상차손은 공정가치를 기준으로 그 차이를 인식하는 것이고, 재평가손익은 회수가능액을 기준으로 그 차이를 인식하는 것이다. ( )

(11) 유형자산을 처분하면 처분으로 인한 손익을 인식해야 한다. 이때 유형자산처분손익은 포괄손익계산서에서 영업관련손익으로 인식한다. ( )

(12) 만약 기중(예: 9월 30일)에 유형자산을 처분하였다면, 처분년도의 1월 1일부터 9월 30일까지 9개월간의 감가상각비를 먼저 인식한 다음, 처분시점의 유형자산 장부금액과 처분대가를 비교하여 유형자산 처분손익을 계산하여야 한다. ( )

(13) 유형자산과 마찬가지로 무형자산도 일반적으로 상각누계액이라는 평가계정을 사용한다. ( )

(14) 내부창출된 무형자산은 원칙적으로 자산으로 인식할 수 없지만, 연구단계를 거친 이후 개발단계의 지출은 일정한 요건을 충족하면 무형자산으로 인식한다. ( )

(15) 내용연수가 비한정인 무형자산은 가장 짧을 것으로 기대되는 내용연수 동안 상각한다. ( )

8-2 유형자산의 취득원가

속초상사(주)는 20×1년에 공장 건물과 토지를 묶어서 총 5,500만원을 지급하고 매입하였다. 속초상사(주)는 매입 후에 토지의 취득원가를 5,000만원, 건물의 취득원가를 500만원으로 분리하였다. 그리고 토지와 건물을 매입한 후의 추가적 지출은 다음과 같았다.

토지 중개수수료 및 등기이전비용:	100만원
토지 조경공사비(영구성):	200만원
대대적인 건물의 리모델링을 위한 지출:	600만원

| 물음 |

(1) 재무상태표에 인식할 토지의 취득원가는 얼마인가?
(2) 재무상태표에 인식할 건물의 취득원가는 얼마인가?
(3) 토지와 건물의 취득을 기록하는 분개는(취득 후의 지출도 포함한다)?

8-3 정액법에 의한 감가상각과 회계처리

결산일(회계기말)이 12월 31일인 강릉상사(주)는 20×1년 1월 1일에 다음과 같은 기계장치를 취득하고 정액법을 적용하여 감가상각하기로 결정하였다.

취득원가: ₩16,000	추정내용연수: 5년	추정잔존가치: ₩1,000

| 물음 |

(1) 20×1년 12월 31일에 기계장치의 감가상각과 관련된 수정분개는?
(2) 20×2년 12월 31일에 기계장치의 감가상각과 관련된 수정분개는?
(3) 20×5년 12월 31일에 기계장치의 감가상각이 완료된다. 20×5년 12월 31일에 기계장치의 취득원가와 감가상각누계액은 각각 얼마인가?

8-4 생산량비례법에 의한 감가상각과 회계처리

고성여객(주)은 20×1년도에 취득원가가 3,000만원인 버스(계정과목: 차량운반구)를 구입하여 영업에 투입하였다. 버스의 예상 주행거리는 총 100,000km이며, 그 후에는 경제성을 상실하며 잔존가치는 500만원으로 추정된다. 고성여객(주)은 생산량비례법을 적용하여 버스를 감가상각한다. 20×1년에 취득한 버스는 20×1년도에 30,000km, 그리고 20×2년도에 40,000km를 주행하였다. 고성여객(주)의 결산일은 12월 31일이다.

| 물음 |

(1) 20×1년 12월 31일에 버스의 감가상각과 관련된 수정분개는?
(2) 20×2년 12월 31일에 버스의 감가상각과 관련된 수정분개는?
(3) 20×2년 12월 31일에 버스의 장부금액은 얼마인가?

8-5 정률법에 의한 감가상각과 회계처리

결산일이 12월 31일인 태백상사(주)는 20×1년 1월 1일에 취득원가가 ₩500,000인 컴퓨터(계정과목: 비품)를 취득하였다. 이 컴퓨터의 내용연수는 4년, 잔존가치는 0, 그리고 상각률은 60%로 결정하였다. 태백상사(주)는 이 컴퓨터를 정률법으로 감가상각하기로 결정하였다.

| 물음 |

(1) 20×1년부터 4년간 연간 감가상각비를 각각 계산하라.
(2) 20×1년 12월 31일에 컴퓨터의 감가상각과 관련된 수정분개는?
(3) 20×2년 12월 31일에 컴퓨터의 감가상각과 관련된 수정분개는?
(4) 20×3년 12월 31일에 컴퓨터의 장부금액은 얼마인가?

8-6 연수합계법에 의한 감가상각과 회계처리

결산일이 12월 31일인 삼척상사(주)는 20×1년 1월 1일에 취득원가가 ₩220,000인 기계장치를 취득하였다. 이 기계장치의 내용연수는 4년, 잔존가치는 ₩20,000으로 추정된다. 삼척상사(주)는 이 기계장치에 연수합계법을 적용하여 감가상각하기로 결정하였다.

| 물음 |

(1) 20×1년부터 4년간 연간 감가상각비를 각각 계산하라.
(2) 20×1년 12월 31일에 기계장치의 감가상각과 관련된 수정분개는?
(3) 20×2년 12월 31일에 기계장치의 감가상각과 관련된 수정분개는?
(4) 20×3년 12월 31일에 기계장치의 장부금액은 얼마인가?

8-7 정액법과 연수합계법의 비교

결산일이 12월 31일인 화순상사(주)는 20×1년 1월 1일에 취득원가가 ₩420,000인 기계장치를 취득하였다. 이 기계장치의 내용연수는 4년, 잔존가치는 ₩20,000으로 추정하였다. 화순상사(주)는 이 기계장치를 3년간 사용한 후 20×4년 1월 1일에 ₩70,000의 현금을 받고 처분하였다.

| 물음 |

(1) 정액법을 적용하여 감가상각하였을 경우, 20×1년에서 20×3년까지 매년 말 인식하여야 할 감가상각비를 구하고, 20×4년 초 처분 시의 분개를 하라.

(2) 연수합계법을 적용하여 감가상각하였을 경우, 20×1년에서 20×3년까지 매년 말 인식하여야 할 감가상각비를 구하고, 20×4년 초 처분 시의 분개를 하라.

8-8 회계기간 중에 취득한 유형자산의 감가상각

원주상사(주)는 20×1년 10월 1일에 취득원가가 ₩220,000인 기계장치를 취득하였다. 이 기계장치의 내용연수는 4년, 잔존가치는 ₩20,000으로 추정된다. 원주상사(주)는 이 기계장치에 대하여 연수합계법을 적용하여 감가상각하기로 결정하였다.

| 물음 |

(1) 취득연도인 20×1년부터 감가상각 종료연도인 20×5년까지 5년간 감가상각비를 각각 계산하라.
(2) 20×1년 12월 31일에 기계장치의 감가상각과 관련된 수정분개는?
(3) 20×2년 12월 31일에 기계장치의 감가상각과 관련된 수정분개는?
(4) 20×3년 12월 31일에 기계장치의 장부금액은 얼마인가?

8-9 유형자산의 내용연수 및 잔존가치의 변경

다음 자료를 보고 물음에 답하라.

〈자료 1〉 12월 31일이 결산일인 춘천상사(주)는 2×01년 1월 1일에 건물을 1,600만원에 취득하였다. 취득 당시 내용연수는 20년, 잔존가치는 0으로 추정하였으며, 정액법을 적용하여 감가상각하기로 결정하였다.
〈자료 2〉 건물 취득 후 10년이 지난 2×11년 초에 춘천상사(주)는 이 건물의 내용연수를 10년 연장하고(따라서 다시 20년의 내용연수), 잔존가치를 200만원으로 변경하였다.

| 물음 |

(1) 2×01년부터 2×10년까지의 연간 감가상각비는 얼마인가?
(2) 건물 취득 후 10년이 지난 2×10년 12월 31일에 건물의 장부금액은?
(3) 내용연수와 잔존가치를 변경하기로 결정한 2×11년부터 연간 감가상각비는?

8-10 유형자산의 수리, 개량 및 처분

다음은 결산일이 12월 31일인 평창상사(주)에 관한 자료이다.

〈자료 1〉 평창상사(주)는 20×1년 1월 1일에 다음과 같은 기계장치를 취득하고, 정액법으로 감가상각하기로 결정하였다.
• 취득원가: ₩16,000 • 내용연수(추정): 5년 • 잔존가치(추정): ₩1,000
〈자료 2〉 20×3년 초에 평창상사(주)는 기계장치의 성능을 크게 개선하기 위하여 ₩6,000짜리 보조부품을 현금 구입하여 부착하였다. 기계장치의 내용연수와 잔존가치는 변함이 없으나 제조물의 생산량은 대폭 증가하였다.
〈자료 3〉 20×3년 중에 일상적인 수선비로 ₩1,000을 현금으로 지급하였다.

| 물음 |

(1) 20×1년과 20×2년의 연간 감가상각비는 각각 얼마인가?
(2) 20×3년도 부품 교체와 수리비 지출을 각각 분개하라.
(3) 20×3년도 감가상각비는 얼마를 인식하여야 하나? 분개하라.
(4) 20×4년 12월 31일에 이 기계장치의 취득원가와 감가상각누계액은 각각 얼마인가?
(5) 20×4년 12월 31일에 평창상사(주)는 위의 기계장치를 ₩4,000에 매각하고 현금으로 받았다. 기계장치의 처분손익은 얼마인가? 분개하라.

8-11 유형자산의 처분

동해기업(주)은 20×1년 7월 1일에 건물을 1,100만원에 취득하고 정액법을 적용하여 감가상각하기로 결정하였다. 추정 내용연수는 10년이며, 추정 잔존가치는 100만원이다. 동해기업(주)은 20×8년 3월 31일에 건물을 500만원에 매각하였다. 동해기업(주)의 결산일은 12월 31일이다.

| 물음 |

(1) 20×1년도 건물의 감가상각비는 얼마인가?
(2) 20×7년 12월 31일에 건물의 감가상각누계액은 얼마인가?
(3) 20×8년 1월 1일부터 처분시점인 20×8년 3월 31일까지 3개월간의 감가상각비를 인식하는 분개는?
(4) 처분시점인 20×8년 3월 31일에 건물의 취득원가와 감가상각누계액은 각각 얼마인가? 그리고 처분 당시의 건물의 장부금액은?
(5) 건물의 처분손익은 얼마인가?
(6) 건물의 처분을 분개하라.

8-12 외부구입 무형자산의 회계처리

다음 자료는 20×2년에 울릉상사(주)에서 발생한 사건들이다.

〈자료 1〉 울릉상사(주)는 20×2년 초에 정부로부터 5년간 독점적 어획권을 보장하는 어업권을 취득하면서 1억원을 지출하였다.
〈자료 2〉 울릉상사(주)는 브랜드 캐릭터 개발에 5,000만원을 지출하여 확고한 브랜드 이미지 구축에 성공하였다.
〈자료 3〉 울릉상사(주)는 사업결합을 통해 독도상사(주)를 취득하는 과정에서 피합병기업인 독도상사(주)의 순자산 공정가치 10억원에 대한 합병대가로 12억원을 지급하였다.

| 물음 |

(1) 〈자료 1〉에서 을릉상사(주)의 어업권 취득 시 회계처리와 20×2년 말 어업권과 관련한 수정분개를 수행하라.
(2) 〈자료 2〉와 관련하여 브랜드 이미지 구축을 위한 지출에 대한 회계처리를 수행하라.

(3) 〈자료 3〉에서 울릉상사(주)가 독도상사(주)를 취득할 시점에 계상할 영업권의 금액을 구하라.

8-13 소프트웨어의 취득과 상각

20×1년에 나주상사(주)는 컴퓨터 소프트웨어(무형자산)를 ₩500,000에 취득하였으며, 내용연수는 4년으로 추정하였다.

| 물음 |

(1) 나주상사(주)의 컴퓨터 소프트웨어 취득 시의 분개와 20×1년 말 상각 관련 분개를 제시하라.

(2) 물음 (1)과 관련하여 나주상사(주)의 20×1년 말 부분재무상태표와 부분포괄손익계산서에 반영되는 ①, ② 금액을 구하라.

재무상태표(20×1/12/31)		포괄손익계산서(20×1년도)	
무형자산:			
컴퓨터 소프트웨어	①	소프트웨어상각비	②

8-14 연구개발투자의 회계처리

다음은 20×1년 초에 설립된 홍천상사(주)의 20×1년도 연구개발 투자와 관련된 지출자료이다. 모든 지출은 현금으로 이루어졌다.

프로젝트	연구개발투자 내용	자산성 존재 여부	현금투입액
A	신제품개발 투자	없음	₩30,000
B	기초연구 투자	−	10,000
C	신제품개발 투자	있음	18,000

| 물음 |

(1) 위 자료에 의거하여 홍천상사(주) 20×1년도 연구개발 투자를 분개하라.

(2) 위에서 인식한 개발비는 비한정 내용연수의 무형자산으로 분류하였으며, 20×1년 말에는 개발비의 회수가능액이 장부금액보다 높아서 개발비손상차손이 발생하지 않았다. 그러나 20×2년 말에는 개발비의 회수가능액을 ₩16,000으로 평가하였다. 20×2년 말의 개발비 자산에 대한 수정분개는?

(3) 홍천상사(주)는 20×2년 초에 위의 프로젝트 C와 관련하여 특허권을 출원하여 취득하였다. 이 특허권 취득을 위하여 ₩2,000이 현금으로 지출되었다. 홍천상사(주)의 특허권 취득과 20×2년 말의 상각을 분개하라. 특허권의 법적 보호기간은 10년으로 가정한다.

8-15 종합문제: 재무제표 작성

다음은 20×1년도 강원기업(주)의 부분 재무상태표이다.

재무상태표		
강원기업(주)	20×1년 12월 31일	(단위: 원)
유동자산		
현금 및 현금성자산		30,000
유형자산		
토지		100,000
건물	50,000	
감가상각누계액	(22,000)	28,000
무형자산		
개발비		12,000

강원기업(주)의 20×2년도 거래 내역은 다음과 같다. 다른 거래는 없다고 가정한다.

① 취득원가 ₩50,000의 토지를 ₩90,000에 처분하고 현금으로 받았다.

② 취득원가가 ₩12,000이고 감가상각누계액이 ₩8,000인 건물을 ₩2,000에 처분하고 현금으로 받았다.

③ 건물을 리모델링하기 위하여 현금 ₩10,000을 지급하였다.

④ 연구개발투자를 위해 ₩13,000을 현금 지출하였으며 그중에서 ₩8,000은 개발비로 분류하고, 나머지 ₩5,000은 경상개발비로 분류하였다.

⑤ 20×2년도 건물의 감가상각비는 ₩5,000이고, 개발비상각비는 ₩4,000이다.

⑥ 강원기업(주)이 직접 사용할 건물을 자가 신축하기 위하여 현금 ₩20,000을 투입하였다. 기말 현재 건물은 아직 완성되지 않았다('건설 중인 자산'계정을 사용하고 감가상각은 하지 않는다).

| 물음 |

(1) 강원기업(주)의 20×2년도 거래 ①~⑥을 각각 분개하라.

(2) 강원기업(주)의 20×2년도 부분 재무상태표와 부분 포괄손익계산서를 작성하라(아래 재무제표의 괄호 속에 적절한 숫자를 기입하라).

재무상태표		
강원기업(주)	20×2년 12월 31일	(단위: 원)
유동자산		
현금 및 현금성자산		( )
유형자산		
토지		( )
건설 중인 자산		( )
건물	( )	
감가상각누계액	( )	( )
무형자산		
개발비		( )

포괄손익계산서		
강원기업(주)	20×2년 1월 1일~12월 31일	(단위: 원)
판매비와 관리비		
감가상각비		( )
개발비상각비		( )
경상개발비		( )
기타수익		
토지처분이익		( )
기타비용		
건물처분손실		( )

제9장
부채

부채는 자산과 마찬가지로 유동부채와 비유동부채로 구분한다. 또한 발생원인과 성격에 따라 금융부채와 비금융부채로 구분할 수 있다. 본 장에서는 부채의 의의와 종류, 지급채무와 기타유동부채, 사채발행과 이자비용의 인식, 그리고 충당부채에 관한 회계처리를 논의한다. 아울러 비유동부채의 현재가치를 계산하기 위한 준비과정으로 '화폐의 시간가치'에 대하여 설명한다. 본 장의 핵심주제는 사채 발행과 상환, 그리고 이자비용의 인식에 관한 회계처리이다.

부채

- 부채의 의의와 종류
- 지급채무와 기타유동부채
  - 지급채무
  - 기타유동부채
- 화폐의 시간가치
  - 화폐액의 미래가치와 현재가치
  - 연금 현금흐름의 현재가치와 미래가치
- 사채발행에 의한 자금조달과 회계처리
  - 사채란
  - 사채등급과 사채발행가격의 관계
  - 사채의 액면발행, 할인발행 및 할증발행
  - 사채 발행과 이자비용의 인식
  - 사채의 조기상환
- 충당부채
  - 우발부채와 충당부채
  - 제품보증충당부채
  - 퇴직급여부채

제1절 부채의 의의와 종류

회계에서 부채(liabilities)는 '과거사건의 결과로 기업이 경제적자원을 이전해야 하는 현재의무'로 정의된다. 따라서 부채가 존재하기 위해서는 다음의 세 가지 조건을 모두 충족하여야 한다.

(1) 기업에게 의무가 있다.

(2) 의무는 경제적자원을 이전하는 것이다.

(3) 의무는 과거사건의 결과로 존재하는 현재의무이다.

K-IFRS(제1001호)에서는 다른 표시방법이 더 신뢰성 있고 목적적합한 정보를 제공하는 경우를 제외하고는 자산과 부채를 유동(current)과 비유동(non-current)으로 구분하여 재무상태표에 표시하도록 규정하고 있다. 따라서 특수업종(예, 금융회사)을 제외한 대부분 회사는 유동·비유동 구분법을 채택하고 있다.

유동부채(current liabilities)는 보고기간 말로부터 1년(또는 정상적인 영업주기) 이내에 상환 또는 소멸될 것으로 예상되는 부채이며, 이에 속하지 않은 부채는 비유동부채(non-current liabilities)로 분류한다. 〈표 9-1〉은 부채의 종류 및 계정과목을 예시하고 있다.

〈표 9-1〉 부채의 종류 및 계정과목

부채의 구분		계정과목 예시
유동부채	금융부채(지급채무)	매입채무 미지급금, 미지급비용, 단기차입금 등
	기타유동부채	미지급법인세 선수금, 선수수익, 예수금 등
비유동부채	금융부채	사채, 장기차입금 장기매입채무, 장기미지급금 등
	충당부채	제품보증충당부채, 손해배상충당부채, 복구충당부채 등 퇴직급여부채
	기타비유동부채	장기선수금, 장기선수수익, 임대보증금 등

부채를 발생성격과 소멸방법에 따라 분류하면 금융부채와 비금융부채로 구분 할 수 있다. 금융부채(financial liabilities)는 금융자산에 대응되는 부채로서, 미래에 거래 상대

방에게 현금 등의 금융자산을 인도하기로 한 계약상 의무를 말한다. 〈표 9－1〉에서 매입채무, 미지급금, 미지급비용, 장・단기차입금, 사채 등은 계약조건에 따라 거래 상대방에게 현금 또는 금융자산을 지급해야 하므로 금융부채에 해당한다. 비금융부채(non-financial liabilities)는 금융부채에 속하지 않는 부채를 의미한다. 〈표 9－1〉에서 선수금, 선수수익, 미지급법인세, 충당부채, 이연법인세부채, 임대보증금 등은 계약상 의무가 아니거나 거래 상대방에게 현금 등의 금융자산을 인도하기로 한 의무가 아니므로 비금융부채에 해당한다. 한편 충당부채(provisions)는 미래에 지출의 시기 또는 금액이 불확실한 부채를 의미한다(제5절 참조).

제2절 지급채무와 기타유동부채

2.1 지급채무

지급채무는 제6장에서 다뤘던 수취채권에 상대되는 개념이다. 즉, 동일 거래에서 발생한 채권・채무를 채권자 입장에서는 그 권리를 수취채권(금융자산)으로 기록하며, 반대로 채무자 입장에서는 그 의무를 지급채무(금융부채)로 기록한다. 지급채무(payable)는 기업이 재화나 용역을 외상으로 제공받고 그 대가로 미래에 현금을 지급하기로 약속한 경우에 발생하는 채무를 모두 지칭한다. 따라서 지급채무도 그 발생원인에 따라 크게 두 유형으로 구분할 수 있다. 하나는 기업이 주된 영업활동에서 재고자산(예: 상품, 원재료) 등을 외상으로 매입하면서 발생하는 매입채무(trade payable)이고, 다른 하나는 주된 영업활동 이외의 구매거래에서 부담하는 기타지급채무(nontrade payable)이다.

(1) 매입채무

매입채무는 외상매입금(accounts payable)과 지급어음(notes payable)으로 구성된다. 외상매입금은 거래처로부터 재고자산을 순수 신용으로 외상매입한 경우를 의미이며, 지급어음은 외상매입대금의 지급을 위하여 어음이라는 유가증권을 발행한 경우를 의미한다. 매출채권의 경우와 마찬가지로 재무상태표에는 두 계정금액을 통합하여 매입채무라는 단일계정으로 표시한다. 따라서 본서에서는 어음의 발행 여부와 관계없이 외상매입한 경우는 모두 매입채무라는 단일계정을 사용한다.

매입채무 = 외상매입금 + 지급어음

보고기간 말로부터 1년 이내에 지급해야 할 매입채무는 재무상태표에 유동부채로 보고한다. 그러나 보고기간 말로부터 1년이 경과한 후에 지급해야 할 장기매입채무는 재무상태표에 비유동부채로 분류한다.

매입채무에 대한 회계처리는 매출채권의 경우와는 달리 그리 복잡하지 않다. 왜냐하면, 매입채무의 경우는 일반적으로 기말평가를 하지 않기 때문이다. 매입채무에 대한 회계처리는 제5장(상품매매기업의 회계순환)에서 공부한 것과 같이, 재고자산을 매입하는 시점과 대금을 결제(또는 상환하는 시점)시점에서만 필요하다.

(2) 기타지급채무

기타지급채무에는 미지급금, 미지급비용, 단기차입금 등이 있다. 미지급금은 우리가 일상생활에서 사용하는 미지급금의 개념보다는 좁은 의미로 사용된다. 회계에서는 기업이 재고자산 이외의 자산(예: 건물, 토지, 비품)을 외상으로 취득하고 아직 대금을 지급하지 않은 경우에 미지급금이라는 계정을 사용한다. 미지급비용은 이자비용, 임차료, 지급수수료 등이 발생하였으나 아직 현금을 지급하지 못한 경우에 나타나는 부채이다. 미지급비용은 미지급이자, 미지급임차료, 미지급수수료 등으로 세분되어 표시되기도 한다. 단기차입금은 금전을 타인으로부터 일정 기간 차입하고 추후에 상환하기로 약속한 채무이다. 대여금과 마찬가지로 외부로부터 순수 신용으로 돈을 빌리거나, 약속어음 등을 발행하고 돈을 빌린 경우를 구분하지 않고 차입금이라는 단일 계정으로 처리한다.

한편 기업(또는 개인)은 은행과의 사전계약에 의하여 당좌예금 잔액보다 더 많은 현금을 찾아 쓸 수 있다. 이때 예금 잔액을 초과하여 사용한 금액을 당좌차월(bank overdrafts)이라고 부르는데, 당좌차월 역시 단기차입금으로 분류해야 한다.

2.2 기타유동부채

위에서 설명한 지급채무 이외에도 유동부채로 분류되는 항목에는 선수금, 선수수익,

예수금, 미지급법인세 등이 있다.

선수금은 선급금과는 반대로 기업이 재고자산 또는 용역을 미래에 제공하기로 약속하고 대금을 미리 받은 것이다. 또한 선수수익은 선수이자, 선수임대료 등과 같이 미래 일정 기간 동안 특정 서비스(예: 자금의 대여, 건물의 임대)를 제공하기로 약속하고 대금을 미리 받은 것이다. 선수금과 선수수익은 미래에 현금지급을 통해 소멸되는 의무가 아니므로 금융부채에 해당하지 않는다.

예수금은 기업이 최종적으로 제3자(예: 국세청)에게 지급해야 할 금액을 종업원이나 거래처로부터 미리 받아 일시적으로 보관하기 위한 계정과목이다. 예를 들어, 기업이 매월 종업원급여에서 일정 금액의 소득세를 원천징수하여 보관하고 있다가 추후에 국세청에 납부하는 경우, 세금보관 기간 중에는 예수금이라는 부채로 처리하였다가 국세청에 납부하는 시점에서 예수금계정을 없애는 회계처리를 실시한다. 구체적으로, 소득세를 원천징수한 시점에서는 '(차) 현금 ××× (대) 소득세예수금 ×××'으로 분개한다. 그리고 추후 국세청에 납부하는 시점에서는 '(차) 소득세예수금 ××× (대) 현금 ×××'으로 분개한다.

미지급법인세는 법인세비용과 관련하여 향후 납부해야 하는 부채이다. 미지급법인세는 계약상 의무가 아닌 법적 의무이므로 금융부채로 분류하지 않으며, 일반적인 미지급비용과는 별도로 재무상태표에 표시한다.

지급채무와 기타 유동부채의 의의와 발생원인을 요약하면 〈표 9-2〉와 같다.

〈표 9-2〉 지급채무와 기타유동부채의 발생원인

구분	계정과목	발생원인
지급채무 (금융부채)	매입채무	재고자산(예: 상품)을 외상매입한 경우
	미지급금	재고자산 이외의 자산을 외상구매한 경우
	미지급비용	비용이 발생하였으나 아직 지급하지 않은 경우(예: 미지급이자, 미지급임차료)
	단기차입금	현금을 단기간 차입한 경우
기타유동부채	선수금	미래에 재고자산 또는 용역을 제공하기로 하고 대금을 미리 받은 경우
	선수수익	미래에 특정 서비스를 제공하기로 하고 대금을 미리 받은 경우(예: 선수임대료)
	예수금	제3자에게 지급해야 할 금액을 종업원 등으로부터 미리 받아 일시적으로 보관하는 경우
	미지급법인세	추후에 납부해야 할 법인세 등

제3절 화폐의 시간가치

부채의 정의에서 '현재의무'는 미래에 경제적자원을 이전해야 할 의무를 현재시점 기준으로 측정하는 것을 의미하므로 재무상태표에는 현재가치로 표시되어야 한다.[1] 본 절에서는 비유동부채의 현재가치를 계산하기 위한 준비과정으로서 '화폐의 시간가치'에 대해 살펴본다. 이 개념은 회계학 및 재무학을 심도 있게 공부하려면 사전적으로 이해해야 할 필수개념이다.

3.1 화폐액의 미래가치와 현재가치

화폐는 시간가치(time value)를 갖는다. 이는 현재시점의 ₩1의 가치가 미래시점의 ₩1의 가치보다 크다는 의미이다. 그 이유는 지금 ₩1을 은행에 예금하면 이자를 발생시켜 미래에는 ₩1보다 큰 금액이 되기 때문이다.

(1) 단순이자 계산법과 복리이자 계산법

단순이자(simple interest, 또는 단리) 계산법은 원금에 대해서만 이자를 계산하는 방법으로서 이자에는 이자가 붙지 않는다. 따라서 단순이자 계산법을 적용할 경우 n기간 후의 원금과 단순이자의 합계는 다음과 같다.

$$\text{원금과 단순이자의 합계} = PV_0 \times (1 + r \times n)$$

여기서 PV_0는 현재시점($t=0$)에서의 원금이며, r은 이자율, 그리고 n은 기간의 수이다. 이에 비해, 복리이자(compound interest, 또는 복리) 계산법은 원금은 물론 이자에도 이자가 붙는 계산법이다. 따라서 복리이자 계산법을 적용할 경우 n기간 후의 원금과 복리이자의 합계는 다음과 같다.

$$\text{원금과 복리이자의 합계} = PV_0 \times (1 + r)^n$$

1) 자산 역시 현재시점에서 측정된 가치로 보고되어야 하므로 재무상태표에 현재가치로 표시한다.

일반적으로 1년 이내의 기간에는 단리를 적용하고, 1년을 초과하는 기간에는 복리를 적용하여 이자를 계산하는 것이 관행이다. 그러나 1년 이내의 기간이라도 이자지급조건이 복리라면(예: 3개월 복리) 각 단위기간에 대해 복리로 이자를 계산해야 한다.

예제 9-1

(1) 현재시점에서 ₩1,000,000을 연 이자율(r) 6%의 단리로 예금한다면 10년 후에 원금과 이자의 합계는 얼마인가?

(2) 현재시점에서 ₩1,000,000을 연 이자율(r) 6%의 복리로 예금한다면 10년 후에 원금과 이자의 합계는 얼마인가?

| 풀이 |

(1) 원금과 단순이자의 합계 = ₩1,000,000×[1 + (0.06 × 10)] = ₩1,600,000
여기서 단순이자는 ₩600,000이다.

(2) 원금과 복리이자의 합계 = ₩1,000,000×$(1 + 0.06)^{10}$
= ₩1,000,000×1.7908 = ₩1,790,800

여기서 복리이자는 ₩790,800이다. 위 식에서 $(1 + 0.06)^{10}$은 계산기로 직접 계산할 수도 있으나, 본서의 부록에 제시되어 있는 '〈부표 1〉 단일금액 ₩1의 미래가치표'를 이용할 수 있다. 〈부표 1〉에서 복리이자율(r) = 0.06, 기간(n) = 10이 만나는 수치는 1.7908이다. 이는 현재 ₩1의 10년 후 미래가치가 ₩1.7908이라는 의미이다.

(2) 단일금액의 미래가치

미래가치(future value, FV)는 현재의 일정 금액을 미래시점에서 평가한 가치이다. 예를 들어, 지금 ₩1,000을 1년간 정기예금할 경우 1년 후의 원금과 이자 합계를 계산하는 것이 ₩1,000의 미래가치를 측정하는 방법이다.

현재시점(t=0)에서 단일금액 PV_0를 기간당 복리이자율 r로 예금할 경우, n기간 후의 미래가치(FV_n)는 앞서 원금과 복리이자의 합계와 같이 표현된다.

$$FV_n = PV_0 \times (1 + r)^n$$

[예제 9－1]에서 ₩1,000,000의 10년간 시간가치(time value)는 10년간의 복리이자 금액인 ₩790,800이다. 즉, 화폐의 시간가치는 미래가치 ₩1,790,800과 현재금액 ₩1,000,000의 차이이다.

(3) 단일금액의 현재가치

현재가치(present value, PV)는 미래의 일정 금액을 현재시점에서 평가한 가치로서, 미래가치와는 역의 관계에 있다. 따라서 미래시점($t=n$)의 단일금액 FV_n에 대하여 복리이자율 r을 적용하여 계산한 현재가치(PV_0)는 다음과 같이 표현된다.

$$PV_0 = \frac{FV_n}{(1+r)^n}$$

예제 9-2

10년 후의 ₩1,790,800을 연간 복리이자율(r) 6%를 적용하여 계산한 현재가치는 얼마인가?

| 풀이 |

₩1,790,800의 현재가치＝₩1,790,800/$(1+0.06)^{10}$

＝₩1,790,800×0.5584(6%, 10년)＝₩1,000,000

여기서 $1/(1+0.06)^{10}$은 계산기로 직접 계산할 수도 있으나, 본서의 부록에 제시되어 있는 '〈부표 2〉 단일금액 ₩1의 현재가치표'를 이용할 수 있다. 〈부표 2〉에서 복리이자율(r)＝0.06, 기간(n)＝10이 만나는 수치는 0.5584이다. 이는 10년 후 ₩1의 현재가치는 ₩0.5584라는 의미이다.

위 예제에서와 같이, 미래금액의 현재가치를 계산하는 것을 통상 '미래 현금흐름의 할인(discounting)'이라고 부른다. 따라서 현재가치 계산에 적용되는 이자율(r)을 할인율(discount rate)이라고 하며, 계산된 현재가치를 미래 현금흐름의 할인액이라고 부른다. 일상생활에서의 의사결정은 현재시점에서 이루어지기 때문에 미래의 각 다른 시점에 발생하는 현금흐름을 비교하기 위해서는 미래의 화폐액을 현재시점의 화폐가치로 조정한 다음에 비교 분석하는 것이 필요하다.

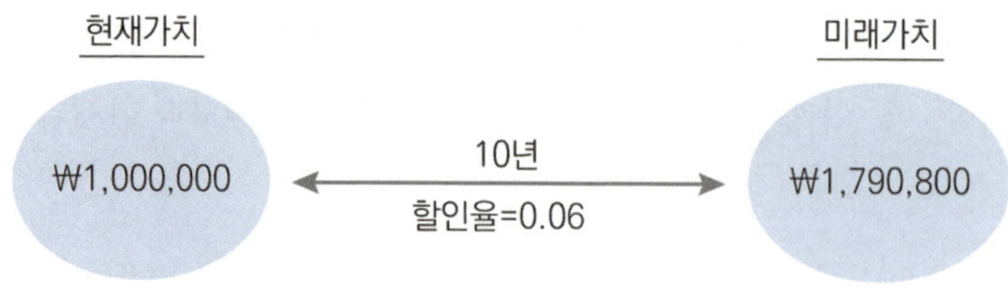

3.2 연금 현금흐름의 현재가치와 미래가치

(1) 연금 현금흐름의 현재가치

연금(annuity) 현금흐름은 일정 기간마다 동일한 금액이 연속적으로 지급되거나 수취되는 경우를 말한다. 연금의 형태 중에서 정기적금이나 임대료와 같이 매 기간 초에 동일한 금액이 지급(또는 수취)되는 연금을 이상연금 또는 선불연금(annuity due)이라 부른다.

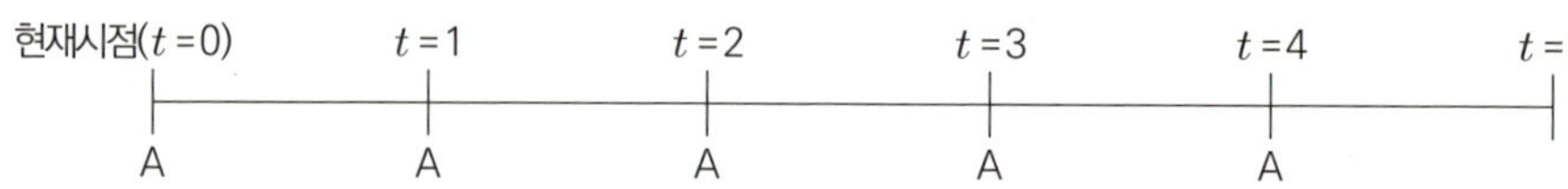

이에 비해, 할부금의 상환이나 채권의 이자지급과 같이 매 기간 말에 동일한 현금흐름이 발생하는 연금을 정상연금 또는 기말연금(ordinary annuity)이라고 부른다. 통상적으로 연금은 정상연금을 의미한다.

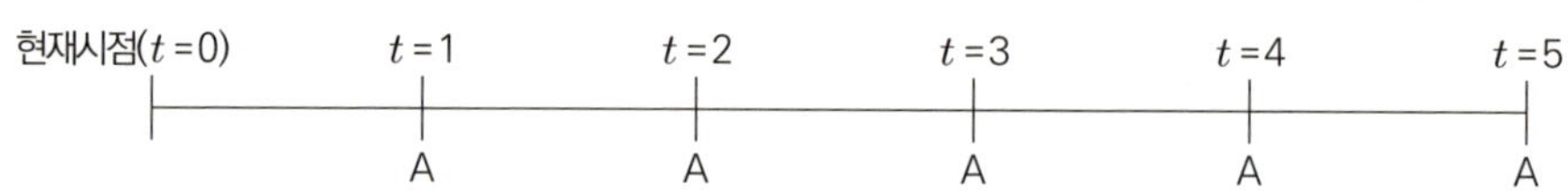

정상연금의 현재가치는 미래의 매 기간 말에 발생하는 현금흐름을 현재시점으로 통일하여 각 현금흐름의 현재가치를 계산한 다음, 그것들을 합계한 금액이다. 요약하면, 미래 n기간 동안 동일 금액 A원의 정상연금을 복리이자율 r로 할인할 경우 현재가치는 다음과 같다.

$$PV_o = \sum_{t=1}^{n} \frac{A}{(1+r)^t}$$

예제 9-3

장길산 씨는 매년 말에 ₩1,000,000씩의 퇴직연금을 3년에 걸쳐 받기로 결정하였다. 연간 할인율(r)이 6%일 때 이 정상연금의 현재가치는 얼마인가?

| 풀이 |

매년 말에 지급받는 각각의 ₩1,000,000에 대한 현재가치의 합계는 다음과 같다.

$$\frac{₩1,000,000}{(1+0.06)} + \frac{₩1,000,000}{(1+0.06)^2} + \frac{₩1,000,000}{(1+0.06)^3} = ₩1,000,000 \times \sum_{t=1}^{3} \frac{1}{(1+0.06)^t}$$

$$= ₩2,673,000$$

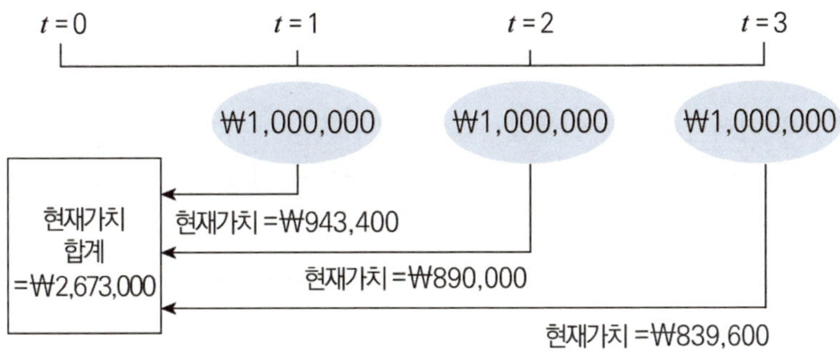

여기서 $\sum_{t=1}^{3} \frac{1}{(1+0.06)^t}$ 는 계산기로 직접 계산할 수도 있으나, 본서의 부록에 제시되어 있는 '〈부표 4〉 연금의 현재가치표'를 이용할 수 있다. 〈부표 4〉에서 복리이자율 r=0.06, 기간 n=3이 만나는 수치는 2.6730이다. 이는 미래 3년 동안 매년 말에 ₩1을 지급하는 연금의 현재가치는 ₩2.6730이라는 의미이다.

(2) 연금 현금흐름의 미래가치

정상연금의 미래가치는 매 기간 발생하는 현금흐름을 미래 일정 시점으로 통일하여 각 현금흐름의 미래가치를 계산한 다음, 그것들을 합계한 금액이다. 즉, 매 기간 말에 동일 금액 A원을 n기간 동안 복리이자율 r로 적립할 경우 n기간 말의 미래가치는 다음과 같다.

$$FV_n = A \times \sum_{t=0}^{n-1} (1+r)^t$$

예제 9-4

홍길동 씨는 추후 차입금을 상환하기 위하여 20×1년 말부터 매년 말에 ₩1,000,000씩 연간 복리이자율(r) 6%로 3년간 예금하였다. 홍길동 씨는 20×3년 말에 얼마의 금액을 찾게 되나?

| 풀이 |

매년 말에 적립하는 각각의 ₩1,000,000에 대한 미래가치의 합계는 다음과 같다.

$$₩1,000,000 \times (1+0.06)^2 + ₩1,000,000 \times (1+0.06)^1 + ₩1,000,000 \times (1+0.06)^0$$
$$= 1,000,000 \times \sum_{t=0}^{2} (1+0.06)^t = ₩3,183,600$$

여기서 $\sum_{t=0}^{2} (1+0.06)^t$는 계산기로 직접 계산할 수도 있으나, 본서의 부록에 제시되어 있는 '〈부표 3〉 연금의 미래가치표'를 이용할 수 있다. 〈부표 3〉에서 복리이자율 $r=0.06$, 기간 $n=3$이 만나는 수치는 3.1836이다. 이는 매년 말에 ₩1씩 3년간 연간 복리이자율 6%로 적립하면 3년 후에는 ₩3.1836이 된다는 말이다.

제4절 사채 발행에 의한 자금조달과 회계처리

4.1 사채(社債)란 무엇인가

기업을 원활히 경영하려면 적절한 설비와 운전자금을 확보해야 하며, 이들을 확보하기 위해서는 자금이 필요하다. 경영자는 필요한 자금을 내부적으로 조달하든지, 은행에서 차입하든지 또는 자본시장에서 회사채나 주식을 발행(주식발행은 제10장에서 논의)하여 조달해야 한다. 기업들은 대체로 단기 운전자금이 부족할 경우는 은행에서 단기차입하여 보충하지만, 장기적 설비투자를 위해서는 은행에서 장기차입하거나 또는 증권시장에서 회사채를 발행하여 조달한다. 최근에는 은행으로부터 대규모 장기차입에 한계를 느낀 기업들이 대안으로서 회사채 발행을 통한 장기자금 조달을 꾀하고 있어 그 비중이 높아지고 있다. 예를 들면 다음의 [그림 9-1]과 같다.

[그림 9-1] 기업의 다양한 자금조달 방법

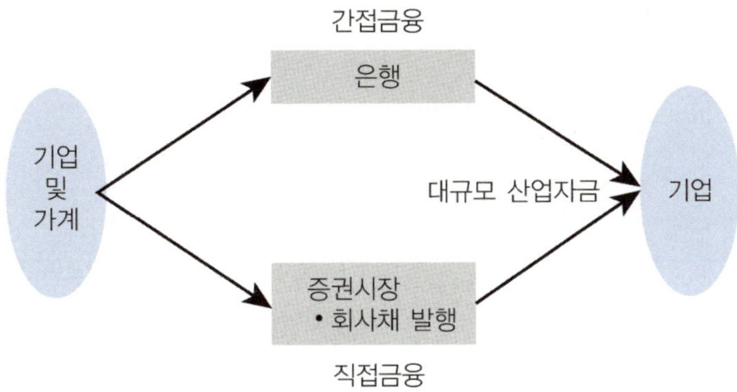

회사채(corporate bonds, 사채)는 기업이 장기자금을 차입하기 위하여 계약에 따라 일정한 이자를 지급하고 정해진 시점에 원금을 상환하기로 약속한 증권이다.[2] 기업은 일반적으로 증권시장에서 회사채를 발행하는 방법을 통하여 일반투자자로부터 자금을 차입한다.

사채는 제6장에서 설명한 약속어음과 유사하며, 전형적으로 [그림 9-2]와 같은 형태로 발행된다. 사채의 첫 면에는 액면금액, 액면이자율, 발행일, 만기일, 이자지급방법, 발행회사 등에 대한 사항이 기록되어 있다. 액면금액(face value)은 발행회사가 사채를 취득한 자에게 추후 만기일에 지급을 약속한 금액(1억원)이며, 액면이자율(face rate of interest)은 사채권자에게 향후 이자형태로 지급을 약속한 연간 이자율(연 5%)이다. 발행일은 회사채가 발행된 날짜이고(20×1년 1월 1일), 만기일은 액면금액의 지급을 약속한 날짜이다(20×3년 12월 31일). 이자지급방법은 연간 2회, 연간 1회 또는 만기일에 일시지급 등의 방법을 명시한 것이다.

2) 채권(bonds)은 발행주체에 따라 회사채와 국공채(국가 및 지방자치단체가 발행한 채권)로 나뉜다.

[그림 9-2] 회사채 발행의 예

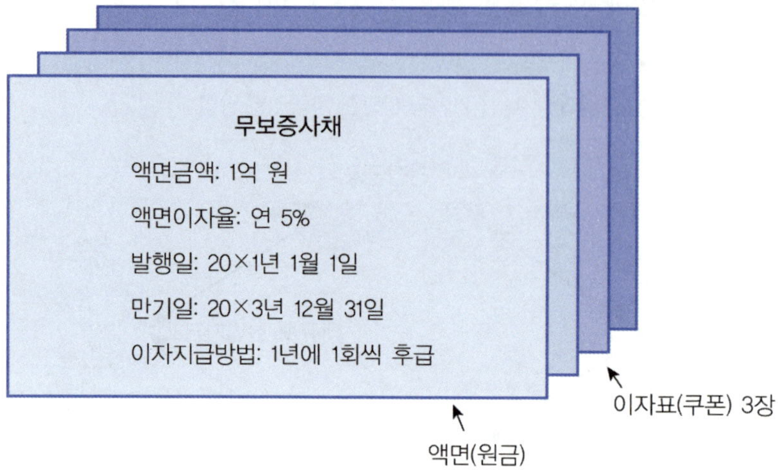

액면의 뒤에는 이자표(coupon, 쿠폰 또는 이표)가 붙어 있다. [그림 9-2]와 같이, 액면금액 1억원, 액면이자율 5% 조건의 사채라면 향후 3년에 걸쳐 매년 500만원(=1억원×5%)의 이자 지급을 약속한 것이기 때문에, 500만원짜리 이자표가 3장 붙어 있다. 사채는 일반적으로 액면과 이자표를 한 장씩 뜯어내어 독립적으로 사고팔 수 있으며, 이자 지급일이나 만기일에 증권회사에 의뢰하면 해당 금액을 이체시켜 준다.

요약하면, [그림 9-2]와 같은 사채를 발행하여 자금을 차입한 기업은 만기까지의 기간 중에 아래 [그림 9-3]과 같은 현금(이자 및 원금)을 지급해야 할 의무를 지게 된다.

[그림 9-3] 사채발행기업의 미래 지급의무

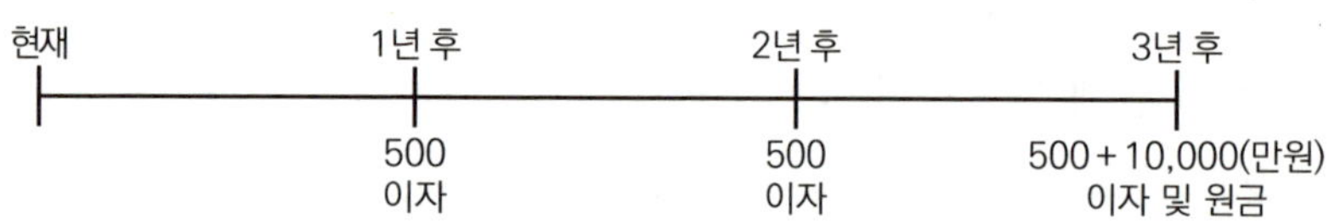

4.2 사채등급과 사채발행가격의 관계

어느 두 기업 A와 B가 각각 [그림 9-2]와 같은 사채를 발행하여 증권시장에 내놓았다고 가정하자. 그런데 기업 A는 우량기업이고 기업 B는 그렇지 않은 기업이라고 가정하자. 그렇다면 당신은 B가 발행한 사채를 A가 발행한 사채와 동일한 가격에 매입할용의가 있는가? 그렇지 않을 것이다. 아마도 기업 B가 발행한 사채를 더 낮은 가격에 사려할 것이다. 왜냐하면 기업 B는 우량기업이 아니기 때문에 약속된 원금과 이자를 제대로 받지 못할 가능성, 즉 채무불이행위험(default risk)이 높기 때문이다. 이렇듯, 사채는 발행기업의 신용도에 따라 발행가격(bond issue price)이 달라진다. 즉 신용도가 높은 우량기업일수록 높은 가격으로 거래된다.

사채등급(bond rating)은 AAA, AA, A, BBB, BB, B 등으로 표시되며 전문 신용평가기관이 사채발행기업의 원리금 상환능력을 평가한 것이다. 즉 최우량기업에는 AAA등급이 주어지며, 우량도가 낮아질수록 AA, A, BBB 등의 순으로 낮은 등급이 주어진다. 사채등급은 사채의 할인율을 결정하는 역할을 한다. 모 경제신문에 공시된 자료에 의하면, 우리나라 증권시장에서 AA등급 사채의 할인율은 연 2.5%이었으나, BBB등급 사채의 할인율은 연 8.4%이었다. 이는 무슨 의미일까? 만약 [그림 9－2]와 같은 사채를 발행하는데 신용평가기관으로부터 AA등급을 받았다면 미래 현금흐름의 현재가치 계산에서 할인율 $r=0.025$(즉, 2.5%)라는 의미이다.

$$\frac{500}{(1+0.025)}+\frac{500}{(1+0.025)^2}+\frac{500}{(1+0.025)^3}+\frac{10,000}{(1+0.025)^3}=10,714(\text{만원})$$

위의 식은 [그림 9－3]과 같은 미래 현금흐름에 대하여 할인율 $r=0.025$을 적용하여 현재가치를 계산한 것이다. 이는 사채투자자들이 증권시장에서 AA등급의 사채를 10,714만원에 취득하게 된다는 것을 의미하며, 따라서 기업은 그 금액을 사채권자로부터 차입하게 되는 셈이다.

이에 비해, BBB등급을 받은 사채는 증권시장에서 얼마에 팔리겠는가? 현재가치 계산공식에서 $r=0.084$(즉, 8.4%)를 대입하면 9,130만원이 된다. 즉,

$$\frac{500}{(1+0.084)}+\frac{500}{(1+0.084)^2}+\frac{500}{(1+0.084)^3}+\frac{10,000}{(1+0.084)^3}=9,130(\text{만원})$$

위의 두 경우를 비교하면 동일한 조건의 사채를 발행하고 AA등급의 기업은 10,714만원을 수령하지만, BBB등급의 기업은 9,130만원밖에 받지 못한다. 즉, AA등급의 기업은 BBB등급의 기업에 비하여 1,584만원(사채 액면금액의 15.84%)을 더 많이 받는 셈

이다. 이는 상당한 차이이다. 기업들이 우량기업이 되려고 노력하는 이유 중의 하나는 증권시장에서 높은 가격으로 사채를 발행할 수 있기 때문이다.

증권시장에서는 할인율(r)을 시장이자율(market rate of interest) 또는 사채수익률(bond yield)이라고도 부른다. 또한 회계에서는 현재가치 계산식을 만족시키는 실질이자율이라는 의미로 유효이자율(effective rate of interest)이라고도 부른다.

여기서 독자들이 반드시 구분해야 할 사항은 액면이자율 i와 시장이자율 r의 차이이다. 액면이자율은 사채발행기업이 향후에 지급하기로 한 현금이자율이며, 현재가치 계산식에서 분자의 금액을 결정한다. 위의 예에서, 기업이 연간 지급해야 할 이자액은 500만원(=1억원×5%)이다. 시장이자율(유효이자율)은 사채가 발행될 때 증권시장에서 결정되는 할인율이며, 현재가치 계산식에서 분모에 적용된다. 따라서 기업이 실제로 부담하는 실질이자율은 액면이자율이 아니라 시장이자율이다. 위의 예에서 AA기업이 부담하는 연간 실질이자율은 2.5%이고, BBB기업이 부담하는 연간 실질이자율은 8.4%이다. 다시 말하면 AA기업은 실질적으로 10,741만원을 연간 2.5%의 이자율로 차입한 셈이며, BBB기업은 9,130만원을 연간 8.4%의 이자율로 차입한 셈이다.

4.3 사채의 액면발행, 할인발행 및 할증발행

증권시장에서는 실제 발행가격과 액면금액을 비교하여 그 사채의 발행 형태를 분류한다. 예를 들어, 실제 발행가격과 액면금액이 동일한 경우를 액면발행(issuing at a face value)이라 부르고, 실제 발행가격이 액면금액보다 낮은 경우를 할인발행(issuing at a discount)이라 부르며, 실제 발행가격이 액면금액보다 높은 경우를 할증발행(issuing at a premium)이라 말한다. 위에서 AA기업은 할증발행되었으며, BBB기업은 할인발행되었다. 사채의 발행 특성을 이해하기 위하여 다음 예제를 다루어보자.

예제 9-5

경기상사(주)는 20×1년 1월 1일에 다음 조건의 무보증사채(debenture bonds, 은행 등의 보증이 없는 사채)를 발행하였다.

• 발행일: 20×1년 1월 1일	• 기일: 20×3년 12월 31일(만기 3년)
• 액면금액: ₩10,000	• 액면이자율: 연 5%
• 이자지급조건: 매년 말에 후급	

| 물음 |

(1) 경기상사(주)가 발행한 사채의 시장이자율(r, 유효이자율)이 5%이었다면, 사채발행가격은 얼마인가?

(2) 만약 시장이자율(r)이 7%이었다면, 사채발행가격은 얼마인가?

(3) 만약 시장이자율(r)이 4%이었다면, 사채발행가격은 얼마인가?

| 풀이 |

(1) 경기상사(주)는 향후 3년 동안 매년 말에 이자 ₩500(=₩10,000×5%), 그리고 3년 후에는 원금 ₩10,000을 지급해야 한다. 이들 금액은 현재가치 계산식에서 분자에 위치한다. 그리고 시장이자율 5%는 할인율이므로 현재가치 계산식에서 분모에 적용한다.

$$\text{발행가격} = \frac{₩500}{(1+0.05)} + \frac{₩500}{(1+0.05)^2} + \frac{₩500}{(1+0.05)^3} + \frac{₩10,000}{(1+0.05)^3} = ₩10,000$$

시장이자율과 액면이자율이 같으면 발행가격은 액면금액과 같아져 액면발행이 된다.

(2) 물음 (1)의 현재가치 계산식의 분모에 5% 대신 7%를 대입하여 계산한다.

$$\text{발행가격} = \frac{₩500}{(1+0.07)} + \frac{₩500}{(1+0.07)^2} + \frac{₩500}{(1+0.07)^3} + \frac{₩10,000}{(1+0.07)^3} = ₩9,475$$

시장이자율(7%)이 액면이자율(5%)보다 높으면 발행가격(₩9,475)은 액면금액보다 낮아져 할인발행이 된다.

(3) 물음 (1)의 현재가치 계산식의 분모에 5% 대신 4%를 대입하여 계산한다.

$$\text{발행가격} = \frac{₩500}{(1+0.04)} + \frac{₩500}{(1+0.04)^2} + \frac{₩500}{(1+0.04)^3} + \frac{₩10,000}{(1+0.04)^3} = ₩10,278$$

시장이자율(4%)이 액면이자율(5%)보다 낮으면 발행가격(₩10,278)은 액면금액보다 높아져 할증발행이 된다.

위 예제의 결과를 요약하면 다음과 같다.

- 액면발행: 발행가격 = 액면금액('발행일의 시장이자율 = 액면이자율'인 경우)
- 할인발행: 발행가격 < 액면금액('발행일의 시장이자율 > 액면이자율'인 경우)
- 할증발행: 발행가격 > 액면금액('발행일의 시장이자율 < 액면이자율'인 경우)

사채를 발행하려면 사채권의 인쇄비, 광고비, 증권회사수수료 등이 소요된다. 이들 비용을 총괄하여 사채발행비라고 부른다. 사채발행비는 사채 발행을 위하여 지급한 것이기 때문에 비용항목으로 분류하지 않으며, 사채발행가격에서 차감한다.

예를 들어, 액면금액 ₩10,000의 사채를 ₩9,551에 발행하고 사채발행비로 ₩76을 지급하였다면 실제 사채발행을 통해 조달한 금액은 ₩9,475(=₩9,551－₩76)이 된다. 그리고 이때 사채의 유효이자율은 사채발행금액 ₩9,551에 근거한 6.7%가 아니라, 사채발행비를 차감한 ₩9,475에 근거한 7%가 된다.

4.4 사채 발행과 이자비용의 인식

이제까지는 사채 발행에 대한 이해를 돕기 위하여 사채 발행의 형태, 사채등급과 발행가격 결정 등에 대하여 설명하였다. 본 소절에서는 사채발행기업 입장에서 사채 발행, 이자 지급 및 사채 상환에 관련된 회계처리를 살펴보자.

(1) 사채 액면발행의 회계처리

[예제 9－5]의 물음 (1)에서와 같이, 액면금액 ₩10,000의 사채를 현금 ₩10,000에 액면발행하면 아래와 같이 간단한 분개를 통해 재무상태표에 반영된다.

(차) 현금	10,000	(대) 사채	10,000

재무상태표 (20×1/1/1)

유동자산:		비유동부채:	
현금	+10,000	사채	10,000

또한 매년 인식해야 할 이자비용과 현금지급이자가 동일하기 때문에, 매년 말에 아

래와 같이 이자비용을 인식하는 분개를 실시한다.

(차) 이자비용	500	(대) 현금	500

그리고 사채 만기일인 20×3년 12월 31일이 도래하여 ₩10,000의 액면금액을 현금으로 지급하고 사채를 모두 상환하였다면 다음과 같이 분개한다.

(차) 사채	10,000	(대) 현금	10,000

위의 분개를 반영하면 20×3년 12월 31일 재무상태표의 사채계정 금액은 0이 된다.

(2) 사채 할인발행의 회계처리

[예제 9－5]의 물음 (2)에 의하면, 경기상사(주)는 액면 ₩10,000의 사채를 ₩9,475에 발행하였다. 발행일 당시(20×1년 1월 1일) 경기상사(주)는 현금 ₩10,000을 차입한 것이 아니라 ₩9,475을 차입한 셈이다. 그리고 그 차입대가로 매년 약정된 액면이자 ₩500과 3년 후의 원금 ₩10,000을 지급해야 하는 의무가 발생하였다.

회계에서는 액면금액과 할인된 발행가격의 차이를 사채할인발행차금(discount on bonds payable)이라고 부른다. 위의 예에서 사채할인발행차금은 ₩525(＝₩10,000－₩9,475)이다. 사채할인발행차금계정은 사채(bonds payable)의 차감계정이며, 분개할 때 사채계정의 반대편에 기록된다. 즉, 사채의 할인발행에 대해서는 다음과 같은 분개를 통해 재무제표에 반영한다.

(차) 현금	9,475	(대) 사채	10,000
사채할인발행차금	525		

재무상태표(20×1/1/1)

유동자산:		비유동부채:	
현금	+9,475	사채	10,000
		사채할인발행차금	(525)
			9,475

재무제표이용자들은 위의 재무상태표를 보고 '액면금액 ₩10,000의 사채가 ₩9,475에 할인발행되었다'로 해석할 수 있다.

■ 유효이자율법에 의한 사채 이자비용의 인식

위에서 설명한 바와 같이, 경기상사(주)는 20×1년 1월 1일에 액면금액 ₩10,000을 액면이자율 5%로 차입한 것이 아니라, 실질적으로는 발행금액인 ₩9,475을 시장이자율(즉, 유효이자율) 7%로 차입한 것이다. 따라서 차입금에 대한 이자비용 역시 ₩10,000이 아닌 ₩9,475을 기준으로 인식해야 한다.

① 1차연도 이자비용 인식: 경기상사(주)의 20×1년도 이자비용은 '실질차입액 × 실질이자율 = ₩9,475 × 7% = ₩663'으로 인식해야 한다. 여기서 주의해야 할 것은 연간 이자비용과 연간 현금이자 지급액이 다르다는 점이다.

- 20×1년도 이자비용 = 실질차입액 × 실질이자율(즉, 유효이자율) = ₩663
- 20×1년도 현금이자 = 액면금액 × 액면이자율 = ₩500

연간 이자비용과 연간 현금이자의 차이인 ₩163(= ₩663 − ₩500)은 발생이자 중에서 사채투자자에게 현금으로 지급되지 않고 만기일까지 지급을 연기한 것이므로 사채할인발행차금을 ₩163만큼 감소시킨다. 즉 실질이자율에 따라 발생한 이자비용은 ₩663이지만 현금으로 지급한 이자는 ₩500이므로 부족하게 지급한 ₩163을 부채로 기록하는 것이다(사채할인발행차금의 감소는 사채 장부금액의 증가를 의미한다). 따라서 사채발행 첫해 말에는 다음과 같은 이자비용 인식분개를 수행한다.

(차) 이자비용	663	(대) 현금	500
		사채할인발행차금	163

위와 같이 사채할인발행차금을 연도별로 점차 감소시키는 것을 사채할인발행차금상각(amortization)이라고 부른다. 다만 사채할인발행차금상각비라는 계정과목을 별도로 설정하지 않고 전액을 이자비용에 포함시킨다.

위의 분개를 반영하면, 경기상사(주)의 20×1년 말 재무상태표의 사채할인발행차금은 ₩525에서 ₩163만큼 감소한 ₩362이 되고, 포괄손익계산서에는 이자비용 ₩663이 표시된다.

재무상태표(20×1/12/31)				포괄손익계산서(20×1년도)	
유동자산:		비유동부채:		금융비용:	
현금	−500	사채	10,000	이자비용	663
		사채할인발행차금	(362)		
			9,638		

위 재무상태표에서 '사채액면금액−사채할인발행차금'의 금액을 사채의 장부금액(carrying value)이라고 부른다. 이는 제8장에서 설명한 유형자산의 장부금액(=취득원가−감가상각누계액)과 유사한 개념이다. 20×1년 말에 경기상사(주)의 사채 장부금액은 ₩9,638으로서 1년 전(발행시점)에 비하여 ₩163이 증가하였다.

② 2차연도 이자비용 인식: 사채발행 후 2차연도인 20×2년의 이자비용을 계산해 보자. 20×2년도 초의 실질 부채는 ₩9,638이고, 실질이자율(유효이자율)은 7%이므로 20×2년도 이자비용은 ₩9,638 × 7% = ₩675이다. 그리고 20×2년도의 현금이자는 여전히 ₩500이다.

- 20×2년도 이자비용 = ₩9,638 × 7% = ₩675
- 20×2년도 현금이자 = 액면금액 × 액면이자율 = ₩500

위와 같이 각 연도의 이자비용을 계산하는 방법을 유효이자율법(effective interest method)이라고 한다. 유효이자율법은 그 연도 초의 사채 장부금액에 실질이자율(유효이자율)을 곱하여 그 연도의 이자비용을 계산하는 방법으로서, 복리계산에 의한 현재가치 계산법과 일관성이 있기 때문에 회계기준에서 채택하고 있는 방법이다.

- 유효이자율법에 의한 이자비용 계산:
  연간 이자비용 = 기초시점의 사채 장부금액 × 유효이자율

1차연도의 경우와 동일하게, 2차연도에도 이자비용과 현금이자의 차이인 ₩175만

큼 사채할인발행차금을 감소시킨다. 즉, 다음과 같이 분개한다.

(차) 이자비용	675	(대) 현금	500
		사채할인발행차금	175

재무상태표(20×2/12/31)				포괄손익계산서(20×2년도)	
유동자산:		비유동부채:		금융비용:	
현금	−500	사채	10,000	이자비용	675
		사채할인발행차금	(187)		
			9,813		

위와 같이 재무상태표의 사채할인발행차금은 ₩362에서 다시 ₩175이 감소하여 ₩187으로 표시된다. 따라서 재무상태표의 사채 장부금액은 ₩9,813으로 1년 전에 비하여 ₩175이 증가한다. 그리고 포괄손익계산서에는 이자비용 ₩675이 표시된다.

③ 3차연도 이자비용 인식: 사채발행 후 3차연도인 20×3년의 이자비용은 20×3년도 초의 사채 장부금액 ₩9,813에 유효이자율(7%)을 곱한 ₩687(=₩9,813 × 7%)이다. 20×3년도의 현금이자는 여전히 ₩500이다.

- 20×3년도 이자비용=₩9,813 × 7%=₩687
- 20×3년도 현금이자=액면금액 × 액면이자율=₩500

따라서 3차연도 말(20×3년 12월 31일)의 분개와 재무제표 표시는 다음과 같다.

(차) 이자비용	687	(대) 현금	500
		사채할인발행차금	187

재무상태표(20×3/12/31)				포괄손익계산서(20×3년도)	
유동자산:		비유동부채:		금융비용:	
현금	−500	사채	10,000	이자비용	687
		사채할인발행차금	(0)		
			10,000		

위와 같이 사채할인발행차금은 ₩187에서 ₩187이 감소하여 ₩0이 되고, 포괄손익계산서에는 이자비용 ₩687이 표시된다. 사채발행 후 마지막 연도 말에는 사채할인발행차금이 ₩0이 되면서 사채의 장부금액은 사채의 액면금액과 일치하게 된다.

④ 사채의 상환: 만기일인 20×3년 12월 31일에 경기상사(주)는 사채발행 당시에 약속한 ₩10,000의 액면금액(원금)을 지급해야 한다. 따라서 현금 ₩10,000을 지급하고 사채상환을 완료하였다면 다음의 분개가 필요하다.

(차) 사채	10,000	(대) 현금	10,000

위 분개를 반영하면 20×3년 12월 31일의 재무상태표에는 사채와 관련된 계정이 모두 사라지게 된다.

⑤ 사채발행차금 상각표: 사채발행부터 사채상환까지 3개년에 걸친 연간 이자비용과 사채할인발행차금 상각액을 착오 없이 계산하기 위하여 다음의 사채발행차금 상각표를 활용할 수 있다.

일자	연간 이자비용 (A)	연간 현금이자 (B)	사채할인발행 차금상각 (C)	사채 장부금액 (D)
	기초D × 7%	₩10,000×5%	A−B	기초D+C
20×1/1/1	−	−	−	₩9,475
20×1/12/31	₩663	₩500	₩163	9,638
20×2/12/31	675	500	175	9,813
20×3/12/31	687	500	187	10,000

위 사채발행차금 상각표에서, 두 번째 열(A)은 연간 이자비용 금액으로서 '기초시점의 사채 장부금액(D) × 유효이자율'을 반복적으로 적용한 것이다. 세 번째 열(B)은 연간 현금이자 금액으로서 '액면금액 × 액면이자율'을 적용하여 계산한다. 네 번째 열(C)은 연간 사채할인발행차금의 감소액으로서 연간 이자비용(A)과 연간 현금이자(B)의 차이로 계산한다. 마지막 열(D)은 각 시점에서의 사채 장부금액으로서 기초시점의 사채 장부금액에 당기 사채할인발행차금 상각액(C)을 더한 것이다.

(3) 사채 할증발행의 회계처리

[예제 9－5]의 물음 (3)에 의하면, 시장이자율(4%)이 액면이자율(5%)보다 낮아서 경기상사(주)는 액면 ₩10,000의 사채를 ₩10,287에 발행하였다. 즉, 발행일 당시(20×1년 1월 1일)에 경기상사(주)는 현금 ₩10,278을 차입한 것이며, 그 대가로 매년 약정된 액면이자 ₩500과 3년 후에는 액면 ₩10,000을 지급해야 하는 부채가 발생한 것이다. 할증발행의 회계처리도 할인발행의 경우와 크게 다르지 않다. 다만 사채할인발행차금 계정과는 반대로 사채할증발행차금(premium on bonds payable) 계정이 나타난다. 즉, 액면금액 ₩10,000과 실제 발행금액 ₩10,278의 차이인 ₩278을 사채할증발행차금이라는 계정과목으로 별도 표시한다. 사채할증발행차금은 사채할인발행차금과는 반대로 사채 계정의 가산계정이다. 경기상사(주)는 사채할증발행에 대해 다음과 같이 분개한다.

(차) 현금	10,278	(대) 사채	10,000
		사채할증발행차금	278

재무상태표(20×1/1/1)

유동자산:		비유동부채:	
현금	+10,278	사채	10,000
		사채할증발행차금	278
			10,278

① 1차연도 이자비용 인식: 사채 할인발행의 경우와 마찬가지로, 연간 이자비용은 유효이자율법을 적용하여 계산하며(즉, 기초시점의 사채 장부금액×유효이자율), 연간 지급하여야 할 현금이자는 '액면금액×액면이자율'로 계산한다. 사채할증발행에서의 향후 3년간의 사채발행차금 상각표는 다음과 같다.

일자	연간 이자비용 (A)	연간 현금이자 (B)	사채할증발행 차금상각 (C)	사채 장부금액 (D)
	기초D × 4%	₩10,000×5%	B-A	기초D-C
20×1/1/1	−	−	−	₩10,278
20×1/12/31	₩411	₩500	₩89	10,189
20×2/12/31	408	500	92	10,097
20×3/12/31	403	500	97	10,000

위 상각표에서 보는 바와 같이, 20×1년도 이자비용은 ₩411(=₩10,278 × 4%)이며, 20×1년도 현금이자 지급액은 ₩500이다. 따라서 연간 현금이자와 연간 이자비용의 차이인 ₩89(=₩500−₩411)만큼 사채할증발행차금을 감소시킨다. 즉 사채할인발행과는 반대로, 발생한 이자비용(₩411)보다 ₩89만큼을 더 많이 사채권자에게 미리 지급한 것이므로 사채할증발행차금을 ₩89만큼 줄여서 실질 부채금액을 감소시킨다. 즉, 다음의 분개와 같다.

(차) 이자비용	411	(대) 현금	500
사채할증발행차금	89		

재무상태표(20×1/12/31) / 포괄손익계산서(20×1년도)

유동자산:		비유동부채:		금융비용:	
현금	−500	사채	10,000	이자비용	411
		사채할증발행차금	189		
			10,189		

위와 같이 재무상태표의 사채할증발행차금은 ₩278에서 ₩89이 감소한 ₩189이 된다. 따라서 20×1년 말의 사채 장부금액(=사채 액면금액+사채할증발행차금)은 ₩10,189이다.

② 2차연도 이자비용 인식: 연간 사채발행차금 상각표에 따르면, 20×2년도 이자비용은 ₩408(=₩10,189 × 4%)이고, 20×2년도 현금이자 지급액은 ₩500이다. 그리고 20×2년 말의 사채 장부금액은 ₩10,097으로 1년 전에 비하여 ₩92이 감소한다.

(차) 이자비용	408	(대) 현금	500
사채할증발행차금	92		

재무상태표(20×2/12/31) / 포괄손익계산서(20×2년도)

유동자산:		비유동부채:		금융비용:	
현금	−500	사채	10,000	이자비용	408
		사채할증발행차금	97		
			10,097		

③ 3차연도 이자비용 인식: 사채발행차금 상각표에 의하면, 20×3년도 이자비용은 ₩403이고(=₩10,097×4%), 현금이자 지급액은 여전히 ₩500이다. 다음의 분개를 통해 사채할증발행차금은 ₩97이 감소하여 0이 되고 사채 장부금액은 액면금액과 동일한 ₩10,000이 된다. 그리고 포괄손익계산서에는 이자비용 ₩403이 계상된다.

(차) 이자비용	403	(대) 현금	500
사채할증발행차금	97		

재무상태표(20×3/12/31)

유동자산:		비유동부채:	
현금	−500	사채	10,000
		사채할증발행차금	(0)
			10,000

포괄손익계산서(20×3년도)

금융비용:	
이자비용	403

만기일의 사채상환에 대한 회계처리는 액면발행 및 할인발행의 경우와 동일하다.

4.5 사채의 조기상환

사채는 만기일에 상환하는 것이 보통이지만, 만기일 이전이라도 일정 금액을 지급하고 조기상환(early redemption)할 수 있다. 예를 들어, 기업의 신용도가 크게 향상되어 보다 유리한 조건의 사채발행이 가능해졌다면, 예전에 불리한 조건으로 발행한 사채를 조기상환하고 새로운 사채를 발행하여 대체하는 방법을 추진할 수 있다. 일반적으로 사채의 조기상환은 사채를 보유하고 있는 사람(또는 기관)에게 접촉하여 일정 금액을 지급하고 사채를 사들인 후 소각(없애 버림)하는 방법을 취한다.

조기상환의 경우는 먼저 그 회계연도의 상환시점까지 이자비용을 인식한 후 상환시점의 사채 장부금액을 새로 계산해야 한다. 그리고 새로이 산출된 사채 장부금액과 실제 상환금액(상환비용 포함)을 비교하여 사채상환손익을 계산한다. 만약 실제 상환금액이 사채 장부금액보다 많으면 사채상환손실(기타비용)이 발생하고, 반대의 경우는 사채상환이익(기타수익)이 나타난다. 이는 제8장에서 논의한 유형자산처분손익의 인식과 유사하다.

사채상환손익 = 상환 당시의 사채 장부금액 – 실제 상환금액

[예제 9−5]에서 사채할인발행의 경우(2)로 돌아가 보자. 경기상사(주)는 사채발행 후 2년이 지난 20×2년 12월 31일에 사채 전액을 ₩9,850의 현금을 지급하고 조기상환했다고 가정하자. 상환 당시 재무제표(당기 이자비용 인식 후)는 다음과 같이 표시되어 있었다.

재무상태표(20×2/12/31)				포괄손익계산서(20×2년도)	
유동자산:		비유동부채:		금융비용:	
현금	−500	사채	10,000	이자비용	675
		사채할인발행차금	(187)		
			9,813		

위 재무상태표에서 보는 바와 같이, 당시에 사채 장부금액은 ₩9,813이었다. 그런데 장부금액(₩9,813)보다 높은 금액(₩9,850)으로 사채를 전부 상환하였기 때문에 사채상환손실 ₩37(=₩9,813−₩9,850)이 발생한다. 따라서 사채와 관련된 계정을 제거하고 사채상환손실 ₩37을 인식한다.

(차) 사채	10,000	(대) 현금	9,850
사채상환손실	37	사채할인발행차금	187

위의 분개를 재무제표에 반영하면, 20×2년 말의 재무상태표에서 사채와 사채할인발행차금 계정의 금액은 모두 ₩0이 되며, 포괄손익계산서에는 사채상환손실 ₩37이 기타비용으로 추가된다.

재무상태표(20×2/12/31)				포괄손익계산서(20×2년도)	
유동자산:		비유동부채:		금융비용:	
현금	−9,850	사채	0	이자비용	675
		사채할인발행차금	(0)	기타비용:	
			0	사채상환손실	37

제5절 충당부채

부채는 미래에 지급할 금액과 시기의 확정 여부에 따라 확정부채와 추정부채로 나눌 수 있다. 확정부채(determinable liabilities)는 사채나 장기차입금처럼 미래에 지급할 금액이 확정되었고 지급시기 역시 비교적 정확히 알 수 있는 부채이다. 이에 비하여 추정부채(estimated liabilities)는 지급금액 또는 지급시기가 확정되지 않아 그에 대한 추정이 필요한 부채이다. 추정부채는 다시 우발부채와 충당부채로 나뉜다.

5.1 우발부채와 충당부채

기업(또는 개인, 보증인)은 관련 기업(또는 친지, 피보증인)의 채무를 보증하는 서류에 서명하는 경우가 있다. 이때 만약 피보증인이 '그 채무를 상환하지 못한다면' 보증인이 그 지급의무를 대신 부담해야 한다. 이런 경우를 보증인에게 '불리한' 우발상황(contingency)이 존재한다고 말한다. 이제 반대의 경우를 예로 들어 보자. 복권(lottery)을 취득한 기업(또는 개인)은 '복권이 당첨된다면' 이득을 볼 수 있다. 이런 경우에는 복권 소유자에게 '유리한' 우발상황이 존재한다고 말한다. 이와 같이 우발상황은 현재 또는 과거사건(위의 예에서, 채무지급보증 또는 복권 구입)에 의하여 발생하였으나, 기업이 통제할 수 없는 불확실한 미래사건의 발생(위의 예에서, 피보증인의 지급능력 상실 또는 복권 당첨) 여부에 따라 미래에 손실 또는 이익이 결정되는 잠재적 상황이다.

기업(또는 개인)에 불리한 우발상황의 경우, 그 추정손실을 우발손실(loss contingency)이라고 부르며 그로 인하여 발생하는 부채(향후 지급 가능액)를 우발부채(contingent liabilities)라고 한다. 반대로 유리한 우발상황에서는 그 추정이익을 우발이익(gain contingency)이라고 부르며 그로 인하여 발생하는 자산(향후 유입 가능액)을 우발자산(contingent assets)이라고 한다.

회계에서는 보수주의 개념에 근거하여 우발손실은 그 손실 여부가 확정되기 전에 미리 비용을 인식하거나 주석으로 공시해야 하지만, 우발이익은 그 이익 여부가 완전히 확정될 때까지 수익을 인식하지 않는다. 구체적으로, 우발손실이 예상되는 상황 중에서 향후 '자원의 유출가능성'이 높고 그 '유출금액의 추정가능성'이 높은 경우는 재무제표에 직접 관련된 비용과 부채를 인식하도록 하고 있다. 그리고 이렇게 인식한 부채를 충당부채(provisions for charges)라고 한다.

〈표 9-3〉은 회계적 우발부채와 충당부채의 차이를 요약한 것이다.

〈표 9-3〉 우발부채와 충당부채의 비교

금액의 추정가능성 / 자원의 유출가능성	신뢰성 있게 추정 가능	추정 불가능
높음(확률 50% 초과)	충당부채로 재무상태표에 인식	우발부채로 주석에 공시
높지 않음	우발부채로 주석에 공시	우발부채로 주석에 공시
매우 낮음	공시하지 않음	공시하지 않음

표에서 보는 바와 같이, 미래에 자원의 유출가능성이 높고(예: 확률 50% 초과), 동시에 유출금액을 신뢰성 있게 추정할 수 있는 경우는 충당부채로 규정하여 재무제표에 인식한다. 그러나 자원의 유출가능성이 높지 않지만 신뢰성 있는 추정이 가능한 경우, 또는 자원의 유출가능성이 높지만 신뢰성 있는 추정이 불가능한 경우는 재무제표에 직접 인식하지 않고 주석공시만을 하도록 규정하고 있다. 또한, 자원의 유출가능성도 거의 없고 추정이 불가능한 경우(예: 보유 건물의 화재 가능성)는 주석공시조차 하지 않는다.

회계에서 충당부채에 해당되는 거래 및 사건의 예는 다음과 같다.

(1) 제품보증과 관련된 부채(예: 제품보증충당부채)

(2) 판매촉진을 위한 경품 또는 환불정책과 관련된 부채(예: 경품충당부채)

(3) 타인의 채무에 대한 보증(예: 채무보증충당부채)

(4) 계류 중인 소송사건(예: 손해배상충당부채)

(5) 환경보전을 위한 복구충당부채

(6) 종업원의 퇴직금 지급에 관련된 퇴직급여부채 등

다음에는 대표적인 충당부채인 제품보증충당부채와 퇴직급여부채에 대해 간략히 설명한다.

5.2 제품보증충당부채

제품보증(product warranty, 또는 판매보증)은 판매 후 일정 기간 동안 판매된 제품의 수량, 품질, 성능에 결함이 있을 경우 그 제품을 무상으로 수리 또는 교환해 주겠다는 약정으로서 기업들의 판매촉진전략으로 자주 이용되고 있다. 제품보증으로 인하여 미래에 보증청구의 발생가능성이 높고 그 의무이행을 위한 자원유출금액이 신뢰성 있게 추정된다면 기업은 제품보증충당부채를 재무상태표에 인식해야 한다.

예를 들어, 현대자동차(주)는 제품보증기간 2년으로 신형 소나타를 판매하기 시작하였으며, 올해 1,000억원의 매출을 기록하였다고 가정하자. 그리고 이 매출과 관련하여 향후 2년에 걸쳐 20억원 상당의 무상보증수리비가 발생할 것으로 예상된다고 가정하자. 이 경우 현재자동차(주)는 미래의 예상지출 20억원을 현재시점의 충당부채로 인식해야 하며, 동시에 같은 금액을 당기의 제품보증비(비용)로 인식해야 한다. 왜냐하면 올해의 매출에 기인한 미래의 예상부담이므로 매출(수익)을 인식한 연도에 그에 대응하는 비용도 함께 인식하는 것이 바람직하기 때문이다. 위 상황을 분개하면 다음과 같다.

(차) 현금(또는 매출채권)	1,000	(대) 매출	1,000
제품보증비	20	제품보증충당부채	20

요약하면 현대자동차(주)는 당기의 이익을 정확히 측정하기 위해서 1,000억원의 매출과 20억원의 제품보증비를 동시에 포괄손익계산서에 수익과 비용으로 각각 인식한다. 또한 제품보증과 관련하여 미래에 20억원의 지출이 예상되므로 재무상태표에 20억원의 충당부채를 인식한다. 제품보증충당부채와 관련하여 다음 예제를 논의하여 보자.

예제 9-6

20×1년 중에 현대자동차(주)는 향후 2년간의 제품보증을 조건으로 2만대의 소나타를 대당 1,000만원씩 현금으로 판매하였다(매출액 2,000억원). 분석 결과, 소나타 1대당 예상되는 제품보증비용은 20만원으로 추정되었다.

| 물음 |

(1) 현대자동차(주)는 판매년도인 20×1년에 소나타에 대한 제품보증서비스로 현금 16억원

(무상수리비)을 지출하였다. 현대자동차(주)의 20×1년도 소나타 매출과 제품보증비를 인식하는 분개는?

(2) 20×1년 말에 현대자동차(주)는 제품보증충당부채를 인식하기 위한 수정분개를 실시해야 한다. 그 수정분개는?

(3) 다음 연도인 20×2년도에 현대자동차(주)는 전년도 소나타 매출과 관련하여 예상대로 제품보증 서비스를 제공하고 26억원을 지출하였다. 이에 대한 분개는?

| 풀이 |

(1) 매출거래와 제품보증비를 인식하는 분개는 다음과 같다(단위: 억원).

(차) 현금	2,000	(대) 매출	2,000
(차) 제품보증비	16	(대) 현금	16

(2) 20×1년도 매출로 인하여 향후 2년간 지출이 예상되는 제품보증비 총액은 40억원(=2만대×20만원)이다. 그런데 그중 16억원은 20×1년에 이미 지출하였기 때문에, 20×2년 이후에 예상되는 제품보증비 지출액은 24억원으로 추정된다. 따라서 20×1년 말에 수정분개를 통하여 24억원의 제품보증비를 추가적으로 인식하고 동시에 제품보증충당부채를 설정해야 한다.

(차) 제품보증비	24	(대) 제품보증충당부채	24

위 분개에 의해 20×1년 말 재무상태표의 제품보증충당부채는 24억원이며, 20×1년도 포괄손익계산서의 제품보증비는 40억원(=16+24)이 된다.

(3) 20×2년의 제품보증서비스로 인한 지출액은 26억원이었다. 그러나 제품보증충당부채의 잔액은 24억원에 불과하기 때문에 2억원이 부족하다. 이 경우는 먼저 제품보증충당부채 24억원을 전액 제거하고, 나머지 부족금액 2억원은 당기 제품보증비로 인식한다. 이는 제6장에서 설명한 대손충당금이 부족한 경우와 유사한 회계처리이다.

(차) 제품보증충당부채	24	(대) 현금	26
제품보증비	2		

위 분개에 의하여 제품보증충당부채는 모두 소멸되고 20×2년도 포괄손익계산서에는 제품보증비 2억원이 인식된다.

5.3 퇴직급여부채

퇴직급여는 종업원이 퇴직한 이후에 지급해야 하는 종업원급여로서 퇴직일시금, 퇴직연금 등이 포함된다. 퇴직급여는 종업원이 기업을 위해 근무한 대가이므로 미래 시점에 종업원이 퇴직해서 퇴직급여를 지급할 때 비용으로 인식하는 것이 아니라, 종업원이 근무한 기간 동안에 나누어서 비용으로 인식해야 한다. 퇴직급여부채는 기업이 종업원들의 미래 퇴직급여 지급과 관련하여 인식하는 충당부채이다.

우리나라 기업은 퇴직급여제도로서 확정기여제도 또는 확정급여제도 중에서 하나를 선택할 수 있다. 확정기여제도(defined contribution plan)는 근로자가 선정한 별개의 실체(예: 외부금융기관)에 기업이 매년(또는 정기적으로) 고정적 기여금을 납부하면 기업의 의무가 종결되는 퇴직급여제도이다. 따라서 이 제도를 선택한 근로자는 퇴직 후에 그 금융기관으로부터 약정된 급여나 연금을 받게 된다. 확정기여제도는 회계처리가 비교적 간단하고 연간 고정기여금만 납부하면 향후 기업 부담이 없기 때문에 기업들이 선호하는 제도이다.

이에 비하여 확정급여제도(defined benefit plan)는 위의 확정기여제도 이외의 모든 퇴직급여제도를 말한다. 일반적으로 확정급여제도에서는 기업과 근로자는 사전에 퇴직급여의 규모와 내용을 약정하고, 향후 퇴직급여 지급에 대한 책임은 모두 기업이 부담한다. 따라서 이 제도를 선택하면 기업은 기말 재무상태표에 미래의 퇴직급여 지급을 위한 확정급여채무(defined benefit obligations)를 비유동부채로 계상해야 한다. K-IFRS는 퇴직급여부채를 추정함에 있어 '보험수리적 기법'을 적용하도록 규정하고 있다. 다만 이에 따른 회계처리 내용은 본서의 범위를 벗어나므로 구체적인 내용은 중급재무회계 교재를 참고하기 바란다.

종합예제

사채 할인발행의 회계처리: 사채 발행, 이자비용 인식 및 사채 상환

수원상사(주)는 20×1년 1월 1일에 다음 조건의 무보증사채를 발행하였다.

- 발행일: 20×1년 1월 1일
- 만기일: 20×4년 12월 31일(만기 4년)
- 액면금액: ₩10,000
- 액면이자율: 연 8%
- 이자지급조건: 매년 말에 후급

| 물음 |

(1) 수원상사(주)는 향후 4년간 어느 시점에서 얼마의 현금(이자 및 원금)을 지급해야 하는지를 도표로 그려 보라.

(2) 수원상사(주)가 발행한 사채의 시장이자율(r, 유효이자율)이 10%이었다면 사채발행가격은 얼마인가? 부록의 〈부표 2〉와 〈부표 4〉에 의하면, 단일금액 ₩1의 현재가치(연 10%, 4년)는 ₩0.6830이며, 정상연금 ₩1의 현재가치(연 10%, 4년)는 ₩3.1699이다.

(3) 사채발행일인 20×1년 1월 1일에 수원상사(주)의 사채발행 분개는?

(4) 사채발행일부터 상환일까지 4년간의 이자비용 계산을 위한 사채발행차금 상각표를 작성하라.

(5) 20×1년 12월 31일에 1차연도의 이자비용 인식 및 첫 번째 사채이자의 현금 지급에 대한 분개는? 위에서 작성한 사채발행차금 상각표를 참고한다.

(6) 20×2년 12월 31일에 2차연도의 이자비용 인식 및 두 번째 사채이자의 현금 지급에 대한 분개는? 위에서 작성한 사채발행차금 상각표를 참고한다.

(7) 20×3년 12월 31일에 수원상사(주)는 사채시장에서 자사가 발행한 사채를 ₩9,850의 현금을 지급하고 취득한 후 즉시 소각하였다(즉, 조기상환). 20×3년 12월 31일에 사채의 조기상환과 관련된 분개는?

| 풀이 |

(1) 연간 현금이자 = 액면금액(₩10,000) × 액면이자율(연 8%) = ₩800. 따라서 미래 현금지급 스케줄은 다음 도표와 같다.

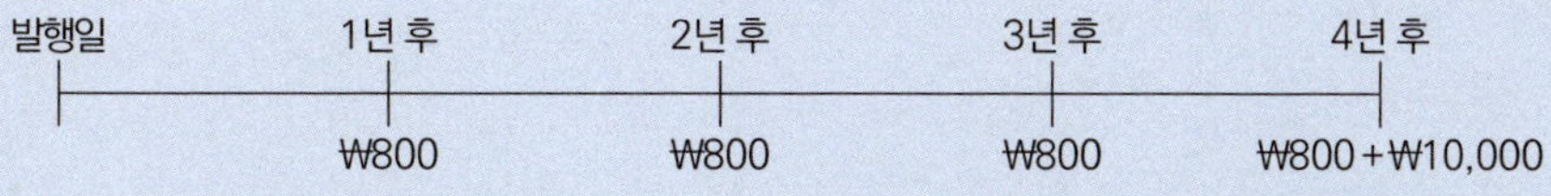

(2) 사채 발행가격 = ₩800(매년 이자) × 3.1699 + ₩10,000(원금) × 0.6830 = ₩9,366

(3) 액면금액 ₩10,000의 사채발행을 통해 현금 ₩9,366을 차입하였으므로 그 차이인 ₩634은 사채할인발행차금으로 기록한다.

(차) 현금	9,366	(대) 사채	10,000
사채할인발행차금	634		

(4) 사채발행차금 상각표

일자	연간 이자비용	연간 현금이자	사채할인발행	사채 장부금액
20×1/1/1	–	–	–	₩9,366
20×1/12/31	₩937	₩800	₩137	9,503
20×2/12/31	950	800	150	9,653
20×3/12/31	965	800	165	9,818
20×4/12/31	982	800	182	10,000

(5) 20×1년도 이자비용은 ₩937이고 현금이자는 ₩800이다. 따라서 사채할인발행차금 감소액은 ₩137이다.

(차) 이자비용	937	(대) 현금	800
		사채할인발행차금	137

(6) 20×2년도 이자비용은 ₩950이고 현금이자는 ₩800이다. 따라서 사채할인발행차금 감소액은 ₩150이다.

(차) 이자비용	950	(대) 현금	800
		사채할인발행차금	150

(7) 먼저 20×3년 12월 31일에 20×3년도 사채 이자비용과 현금지급이자에 대해 분개한다.

(차) 이자비용	965	(대) 현금	800
		사채할인발행차금	165

위 분개로 인하여 사채의 장부금액은 ₩9,818(=₩10,000−₩182)이 되었다. 따라서 장부금액 ₩9,818의 사채를 ₩9,850에 조기상환하였으므로 사채상환손실 ₩32이 발생한다. 사채상환 분개는 다음과 같다.

(차) 사채	10,000	(대) 현금	9,850
사채상환손실	32	사채할인발행차금	182

익힘문제

1. 부채의 정의와 유동부채와 비유동부채의 차이를 설명하라.

2. 부채는 금융부채와 비금융부채로 구분할 수 있다. 금융부채와 비금융부채의 차이를 설명하고, 각각에 속하는 계정을 각각 세 가지만 제시하라.

3. 미지급금, 선수금, 예수금의 발생원인을 구분하여 설명하라.

4. 미래 정상연금의 현재가치는 어떻게 계산하는지 설명하라.

5. 사채의 액면금액과 액면이자율의 의미를 각각 설명하라.

6. 유효이자율의 의미를 설명하라.

7. 사채등급과 유효이자율(또는 시장이자율)의 관계를 설명하라.

8. 사채는 어떤 경우에 할인발행 또는 할증발행되는지 설명하라.

9. 사채할인발행차금과 사채할증발행차금의 차이를 설명하라.

10. 유효이자율법을 적용한 이자비용 계산방법을 설명하라.

11. 사채의 조기상환에서 발생하는 사채상환이익(또는 손실)은 어떻게 계산하는지를 설명하라.

12. 우발부채와 충당부채의 차이를 설명하라.

13. 제품보증충당부채의 의미를 설명하라.

연습문제

9-1 기본개념의 이해

아래 문장이 맞으면 O, 틀리면 X를 표시하여라.

(1) 선수금, 선수수익은 현금이라는 금융자산을 수취하였으므로 금융부채에 해당한다. ( )

(2) 유형자산을 외상으로 구입했다면 미지급금으로 기록한다. ( )

(3) 예수금은 장래에 용역을 공급해야 할 의무이므로 유동부채로 기록한다. ( )

(4) 화폐의 시간가치는 할인율에 관계없이 미래현금유입액에 의해 결정된다. ( )

(5) 시장이자율이 12%일 때, 액면금액이 ₩100,000인 사채는 매년 ₩12,000의 이자를 현금으로 지급한다. ( )

(6) 사채가 액면 발행되면 매년 인식하는 이자비용과 실제 연간 이자 지급액은 동일하다. ( )

(7) 사채할인발행에 유효이자율법을 적용할 경우, 사채의 이자비용 금액은 매년 증가한다. ( )

(8) 할인율이 높을수록 사채 발행 시 유입되는 현금의 크기는 증가한다. ( )

(9) 사채발행비용이 지출되는 경우에는 사채 발행시점의 비용으로 인식한다. ( )

(10) 사채를 조기상환하면 반드시 사채상환손익이 발생한다. ( )

(11) 장기차입금은 잔여 만기에 상관없이 비유동부채로 분류한다. ( )

(12) 제품보증비와 같이 당기의 수익(예: 매출)에 대응되는 비용으로서 장래에 지출될 것이 거의 확실한 경우에는 그 금액을 추산하여 재무상태표에 충당부채를 인식한다. ( )

(13) 우발부채는 재무제표에 그 금액을 표시해야 한다. ( )

(14) 우발이익은 그 이익 여부가 완전히 확정될 때까지 수익을 인식하지 않는다. ( )

(15) 기업과 근로자가 사전에 퇴직급여의 규모와 내용을 약정하고, 향후 퇴직급여 지급에 대한 책임은 모두 기업이 부담하는 제도는 확정기여제도이다. ( )

9-2 단기차입금의 회계처리

부안상사(주)는 20×1년 10월 1일에 1년을 만기로 전북상사(주)로부터 ₩1,000,000을 단기 차입하였다. 차입조건은 1년분의 이자 ₩120,000을 미리 차감하고 ₩880,000만을 수취하는 것이었다.

| 물음 |

(1) 부안상사(주)가 실질적으로 부담하는 연간이자율은 얼마인가?

(2) 20×1년 10월 1일의 금전거래를 부안상사(주) 입장에서 분개하라.
(3) 20×1년 12월 31일(결산일)에 부안상사(주)의 이자비용 인식을 분개하라.
(4) 만기일인 20×2년 9월 30일에 부안상사(주)는 전북상사(주)에 차입금을 모두 상환하였다. 이 금전거래를 분개하라.

9-3 예수금

다음은 성북기업(주)의 예수금 관련 자료이다.

〈자료 1〉 20×1년 8월의 종업원에 대한 총급여액 ₩3,000,000 중에서 근로소득세 ₩300,000, 건강보험료 ₩100,000을 원천징수한 후 종업원에게는 ₩2,600,000만을 현금으로 지급하였다.
〈자료 2〉 20×1년 8월에 자사 제품을 ₩5,500,000에 현금으로 매출하였다(매출원가 ₩3,000,000). 이 매출금액 속에는 소비자에게 원천징수한 부가가치세 ₩500,000이 포함되어 있다.

| 물음 |

(1) 〈자료 1〉의 급여 지급에 대하여 분개하라.
(2) 〈자료 2〉의 매출을 분개하라.
(3) 성북기업(주)은 20×1년 9월 21일에 원천징수한 근로소득세, 부가가치세 및 건강보험료를 모두 해당 기관에 납부하였다. 이에 대한 분개는?

9-4 미지급법인세와 선급법인세

다음은 결산일이 12월 31일인 광주기업(주)의 법인세 관련 거래이다.
① 20×1년 8월 22일, 당 회계연도의 법인세로 ₩50,000을 미리 지급하였다.
② 20×1년 12월 31일, 당 회계연도의 법인세비용은 ₩200,000으로 집계되었으며 미지급법인세 ₩100,000은 다음 연도에 지급할 예정이다.

| 물음 |

(1) 8월 22일에 발생한 거래를 분개하라.
(2) 12월 31일의 법인세비용 인식을 분개하라.

9-5 정상연금의 현재가치

대구상사(주)는 상품을 매출하고, 그 대금을 향후 5년에 걸쳐 매년 말에 ₩3,000,000씩 회수하기로 합의하였다.

| 물음 |

대구상사(주)가 포괄손익계산서에 매출로 인식할 금액은 얼마인가? 이때 할인율은 연 10%를 적용한다. 즉, 할인율이 10%일 때 ₩3,000,000의 정상연금(5년)의 현재가치는 얼마인가?

9-6 이상연금의 현재가치

서울상사(주)는 상품을 매출하고, 그 대금은 판매시점에서 ₩3,000,000을 받고 나머지는 향후 4년에 걸쳐 매년 말에 ₩3,000,000씩 회수하기로 합의하였다.

| 물음 |

서울상사(주)가 포괄손익계산서에 매출로 인식할 금액은 얼마인가? 이때 할인율은 연 10%를 적용한다. 즉, 할인율이 10%일 때 ₩3,000,000의 이상연금(4년)의 현재가치는?

9-7 사채 액면발행과 만기상환

대전기업(주)는 20×1년 1월 1일에 액면금액 ₩1,000,000, 액면이자율 연 10%, 만기 3년의 사채를 발행하였다. 이자는 연 1회 후급이며 12월 31일에 지급한다. 사채 발행에 적용된 시장이자율은 액면이자율과 동일한 연 10%이었다.

| 물음 |

(1) 사채의 발행가격은 얼마인가?
(2) 20×1년 1월 1일의 사채 발행에 관련된 분개는?
(3) 20×1년 12월 31일의 이자 지급과 이자비용 인식에 관련된 수정분개는?
(4) 20×2년 12월 31일의 이자 지급과 이자비용 인식에 관련된 수정분개는?
(5) 20×3년 12월 31일의 이자 지급, 이자비용의 인식 및 사채 상환을 분개하라.

9-8 사채 할인발행과 만기상환

결산일이 12월 31일인 울산상사(주)는 20×1년 1월 1일에 다음과 같은 조건의 사채를 발행하였다.

• 액면금액: ₩1,000,000	• 만기: 3년
• 액면이자율: 연 10%	• 이자지급조건: 매년 말 1회 후급

| 물음 |

(1) 울산상사(주)는 만기일까지 매년 이자로 (₩)을 지급해야 하며, 만기일인 20×3년 12월 31일에 원금 (₩)을 지급해야 한다.
(2) 울산상사(주)의 사채는 채권시장에서 연 12%의 시장이자율을 적용하여 발행되었다. 사채발행가격은 얼마인가?
(3) 사채발행시점(20×1년 1월 1일)에서의 분개는?
(4) 1차연도 말 이자의 지급을 분개하라.
(5) 2차연도 말 이자의 지급을 분개하라.
(6) 마지막 연도 말 이자의 지급을 분개하라.
(7) 20×3년 12월 31일에서의 사채 상환을 분개하라.

9-9 사채 할증발행과 조기상환

20×1년 1월 1일에 수원기업(주)는 액면금액 ₩1,000,000, 액면이자율 10%, 만기 3년의 사채를 시장이자율 8%를 적용하여 발행하였다. 이자는 매년 말 1회 후급한다. 수원기업(주)의 결산일은 12월 31일이다.

| 물음 |

(1) 사채 발행가격은 얼마인가?
(2) 향후 3년간의 사채발행차금 상각표를 작성하라.
(3) 1차연도 말 이자의 지급을 분개하라.
(4) 2차연도 말 이자의 지급을 분개하라.
(5) 마지막 연도 말 이자의 지급을 분개하라.
(6) 20×3년 12월 31일에서의 사채 상환을 분개하라.
(7) 사채할증발행차금은 만기가 가까워질수록 [증가, 감소]하며, 사채의 장부금액은 만기가 가까워질수록 [증가, 감소]한다. [ ]에서 적절한 것을 각각 고른다면?
(8) 만약 2차연도 말(20×2년 12월 31일)에 사채를 현금 ₩1,020,000을 지급하고 조기상환하였다면 어떤 분개가 필요한가?

9-10 사채 할인발행과 조기상환

결산일이 12월 31일인 청주상사(주)는 20×1년 1월 1일에 다음과 같은 조건의 사채를 발행하였다.

• 액면금액: ₩200,000	• 만기: 5년
• 액면이자율: 연 12%	• 이자지급조건: 매년 말 1회 후급

| 물음 |

(1) 청주상사(주)의 사채등급은 BBB여서 채권시장에서 ₩188,349에 발행되었으나, 실제로는 ₩188,349에서 사채발행비 ₩8,456을 지급하고 ₩179,893의 현금을 수취하였다. 사채 발행으로 인한 미래 현금흐름(즉, 이자 및 액면금액)과 현금수취액 ₩179,893 간에는 어떤 관계(방정식)가 성립하나?
(2) 위의 방정식을 성립시키는 할인율을 ( )이라고 부른다. 위의 방정식을 푼 결과 방정식을 성립시키는 할인율은 15%라고 가정한다.
(3) 사채의 발행을 분개하라.
(4) 유효이자율법을 적용하여 향후 5년간의 사채발행차금 상각표를 작성하라.
(5) 3차연도 말(20×3년 12월 31일)에 사채 전액을 ₩190,000에 조기상환하였다. 이를 분개하라.

9-11 제품보증충당부채 (I)

경기전자(주)는 냉장고 제품의 판매촉진을 위해 제품보증제도를 도입하였다. 다음 자료를 보고 물음에 답하라. 경기전자(주)의 결산일은 12월 31일이다.

〈자료 1〉 판매된 냉장고에 대해 1년간 제품보증을 제공하며, 매출액의 3%를 제품보증과 관련된 클레임 해결비용으로 추정하였다.
〈자료 2〉 20×1년도 냉장고 매출액은 ₩5,000,000이었다. 모두 현금으로 매출되었다고 가정한다.
〈자료 3〉 20×1년 중에 냉장고의 제품보증과 관련된 클레임 해결비용으로 ₩100,000의 현금을 지급하였다.

| 물음 |

(1) 20×1년도 매출과 제품보증비 지출을 분개하라.
(2) 20×1년 말의 제품보증충당부채 설정을 분개하라.
(3) 20×1년도 경기전자(주)의 재무상태표의 제품보증충당부채는 (₩)이며, 포괄손익계산서의 제품보증비는 (₩)이다.

9-12 제품보증충당부채 (II)

울산자동차(주)는 20×1년도에 자동차의 판매촉진을 위해 제품보증제도를 새로 도입하였다. 매출은 전부 현금매출이고 제품보증비용도 모두 현금으로 지출되었다고 가정한다. 다음의 자료를 보고 물음에 답하라.

〈자료 1〉 판매된 자동차에 대해 2년간 제품보증을 제공하며, 매출액의 5%를 제품보증과 관련된 고객불만 해결비용으로 추정하였다.
〈자료 2〉 20×1년도 자동차 매출액은 10,000,000원이었다.
〈자료 3〉 20×1년도에 제품보증과 관련된 지출은 210,000원이었다.
〈자료 4〉 20×2년도 자동차 매출액은 12,000,000원이었다.
〈자료 5〉 20×2년도에 제품보증과 관련된 지출은 590,000원이었다(20×1년도 매출분에 대한 제품보증 지출 포함).

| 물음 |

(1) 20×1년도의 매출과 제품보증비 지출을 분개하라.
(2) 20×1년 말의 제품보증충당부채 설정을 분개하라.
(3) 20×1년도 울산자동차(주)의 재무상태표의 제품보증충당부채는 얼마인가? 그리고 포괄손익계산서의 제품보증비는 얼마인가?
(4) 20×2년도의 매출과 제품보증비 지출을 분개하라.
(5) 20×2년 말의 제품보증충당부채 설정을 분개하라.
(6) 20×2년 울산자동차(주)의 재무상태표의 제품보증충당부채는 얼마인가? 그리고 포괄손익계산서의 제품보증비는 얼마인가?

9-13 우발부채와 충당부채

태백기업(주)는 20×1년 말 현재 다음과 같은 세 가지 독립된 우발상황을 분석하고 있다.
① 전년도에 태백기업(주)의 공장 건물에 화재가 발생하여 건물이 소실되었으며, 이웃

기업의 공장 건물에도 상당한 피해를 입혔다. 20×1년 말 현재, 이 사고에 대하여 이웃 기업은 아직 어떤 손해배상청구도 제기하지 않았으나, 태백기업(주)의 경영자와 변호사는 도의적으로 손실보상금 20억원을 지급해야 하는 것으로 판단하였다.

② 태백기업(주)는 또 다른 공장에서 나오는 유독물질로 인하여 인근 주민들로부터 질병유발 혐의를 받아 제소되었다. 태백기업(주)의 변호사는 재판에서 패소할 가능성이 매우 높으며, 보상 비용은 1억원에서 10억원 사이가 될 것이라는 예측보고서를 제출하였으나 회계담당자는 5억원 정도가 합리적이라고 판단하였다.

③ 태백기업(주)은 당사의 원료공급업체인 철원기업(주)의 대출금 20억원을 지급보증하였다. 철원기업(주)의 재무상태가 악화되면서 20억원의 대출금 중에서 15억원을 대신 지급할 가능성이 거의 확실해졌다.

| 물음 |

(1) 위의 세 가지 우발상황을 각각 분개하라.

(2) 20×1년 말에 태백기업(주)의 재무상태표의 충당부채 합계액은 (　)억원, 포괄손익계산서의 비용 및 손실의 합계는 (　)억원으로 인식된다.

(3) 20×2년 중에 태백기업(주)은 위의 ① 및 ②와 관련된 손해배상으로 모두 26억원을 지출하였다. 이 지출로 인하여 더 이상의 손해배상은 없는 것으로 확인하였다. 이 지출에 대한 분개는?

(4) 또한 20×2년중에 태백기업(주)은 위의 ③과 관련된 채무보증으로 모두 10억원을 지출하였다. 이 지출로 인하여 더 이상의 채무보증은 없는 것으로 확인하였다. 이 지출에 대한 분개는?

9-14 종합문제: 재무제표 작성

다음은 20×1년도 충주상사(주)의 부분 재무상태표이다.

재무상태표 충주상사(주)　　20×1년 12월 31일　　(단위: 원)			
유동자산:		유동부채:	
현금	30,000	제품보증충당부채	40,000
		손해배상충당부채	25,000
		유동성장기차입금	20,000
		비유동부채:	
		장기차입금	80,000
		사채	200,000
		사채할인발행차금	(4,653)

충주상사(주)의 20×2년도 거래 내역은 다음과 같다. 다른 거래는 없다고 가정한다.

① 유동성장기차입금 ₩20,000을 예정대로 상환하였다.

② 20×2년도 매출액은 ₩20,000,000이며 모두 현금매출이다. 충주상사(주)는 매출시점

부터 1년간 제품보증에 제공하며, 과거 경험에 의하면 매출액의 2%가 제품보증과 관련된 클레임 해결비용으로 지출되었다(매출원가에 대한 회계처리는 생략한다).

③ 20×2년도에 제품보증과 관련된 클레임 해결비용으로 ₩380,000을 현금으로 지급하였다(20×1년 이전의 매출분에 대한 제품보증 지출 ₩50,000포함). 그리고 20×2년 말에는 제품보증과 관련된 충당부채를 적절하게 설정하였다.

④ 20×2년도 9월에 계류 중인 손해배상청구소송에서 패소하여 ₩18,000을 지급하였다. 향후 더 이상의 손해배상금 지출은 없을 것으로 가정한다.

⑤ 20×2년 10월에 지급보증한 또 다른 관련기업의 도산으로 ₩35,000의 채무를 대신 지급할 가능성이 높다.

⑥ 내년도에 만기가 도래하는 장기차입금은 ₩30,000이다.

⑦ 충주상사(주)가 발행한 사채에 적용된 유효이자율은 8%이다. 또한 기말에 사채이자 ₩12,000을 현금 지급하였다(미지급이자는 없는 것으로 가정한다).

| 물음 |

(1) 충주상사(주)의 20×2년도 거래 ①~⑦을 각각 분개하라.

(2) 충주상사(주)의 20×2년도 부분 재무상태표와 부분 포괄손익계산서를 작성하라(아래 재무제표의 괄호 속에 적절한 숫자를 기입하라).

재무상태표

충주상사(주)	20×1년 12월 31일		(단위: 원)
유동자산:		유동부채:	
현금	( )	제품보증충당부채	( )
		채무보증충당부채	( )
		손해배상충당부채	( )
		유동성장기차입금	( )
		비유동부채:	
		장기차입금	( )
		사채	( )
		사채할인발행차금	( )

포괄손익계산서

충주상사(주)	20×2년 1월 1일~20×2년 12월 31일 (단위: 원)
매출액	( )
손해배상충당부채환입	( )
......	
제품보증비	( )
채무보증손실	( )
이자비용	( )
......	

제10장
자본

재무상태표의 자본(stockholders' equity)은 기업의 소유주(주주) 지분을 표시하며, 납입자본, 이익잉여금, 기타자본구성요소 등으로 분류한다. 본 장에서는 주식회사제도, 주식발행을 통한 자금조달과 회계처리, 이익잉여금의 변동, 자기주식의 취득과 처분 등을 중점적으로 설명한다. 아울러 자본항목의 변동을 보고하는 자본변동표에 대해서도 논의한다.

- 자본
  - 주식회사제도와 자금조달
    - 주식회사제도란
    - 주식 발행을 통한 자금조달
    - 주식의 종류
  - 재무상태표의 자본 구성
  - 주식의 발행
    - 주식의 액면금액
    - 주식발행의 형태와 회계처리
  - 이익잉여금
    - 이익잉여금의 의의와 분류
    - 이익잉여금의 처분과 변동
  - 자기주식거래 및 주식수의 변동
    - 자기주식거래
    - 주식수의 변동: 주식배당, 무상증자, 액면분할
  - 자본변동표

제1절 주식회사제도와 자금조달

1.1 주식회사제도란

주식회사 제도는 소액으로 분할된 주식(stock)을 증권시장에서 발행하여 다수의 투자자들로부터 자금을 조달하는 회사제도이다. 주식은 기업의 소유지분을 나타내는 증권이며, 주식 보유자를 주주(stockholders)라고 부른다.

주식회사제도의 도입이 자본주의의 번영을 가져온 직접적인 이유라고 주장하는 학자들이 많다. 실제 대부분의 회사기업들은 주식회사 형태로 운용하고 있는데, 이는 주식회사가 다음과 같은 장점을 가지고 있기 때문이다.

(1) 자금조달의 편의성: 주식회사는 다수의 투자자들로부터 비교적 손쉽게 자금을 조달할 수 있다.

(2) 주주의 유한책임(limited liability): 주식회사에 손실이 발생하는 경우 주주는 자신의 투자액 범위 내에서만 손해를 부담하며 그 이상의 책임은 지지 않는다.

(3) 소유권 이전의 편의성: 상장된 주식회사의 주주는 주식시장을 통해 언제든 자신이 소유한 주식을 매각할 수 있다.

(4) 전문경영체제 확립의 용이성: 주식회사는 소유와 경영이 분리될 수 있으며, 주주의 변경과 관계없이 계속하여 존속할 수 있다.

1.2 주식발행을 통한 자금조달

사업 확장을 계획하고 있거나 운영자금의 부족이 예상되는 경우, 기업은 어떻게 그 부족자금을 조달할 것인지를 검토해야 한다. 만약 내부적으로 충분한 자금을 조성할 수 없다면 외부에서 조달해야 할 것이다. 외부자금 조달은 크게 두 가지 범주로 구분할 수 있다. 첫째는 은행차입 또는 사채발행 등의 형태로 타인자본을 차입하는 것이고(제9장), 둘째는 주식발행을 통하여 자기자본 형태로 자금을 조달하는 것이다. 〈표 10－1〉은 타인자본과 자기자본에 의한 자금조달의 차이를 요약하고 있다.

〈표 10-1〉 타인자본과 자기자본에 의한 자본조달의 차이

구분	타인자본	자기자본
조달방법	은행차입 및 회사채 발행	주식발행
재무상태표 표시	부채	자본
자금공급자의 지위	채권자	주주
자금의 사용대가	이자, 지급의무 있음	배당, 지급의무 없음
자금사용의 만기일	유한(상환만기일 존재)	무한
청산시 변제순서	먼저 상환해야 함	부채를 갚은 후에 잔여재산을 배분

기업이 은행에서 차입하거나 사채를 발행하여 자금을 조달하면 재무상태표에는 부채로 표시되며, 은행 또는 사채를 보유한 자는 채권자의 지위를 갖는다. 이들 타인자본은 상환 만기가 정해져 있으며, 기업은 만기까지의 기간 중에 정해진 이자를 지급해야 한다.

이에 비하여, 주식을 발행하여 자금을 조달하면 재무상태표에는 자본(stockholders' equity)으로 표시되며, 주식을 보유한 자는 주주의 지위를 얻는다. 주식발행에 의해 조달된 자금은 상환 만기가 존재하지 않으며, 기업은 이자와 같은 확정대가를 지급할 의무가 없다. 다만 기업의 이익은 모두 주주들의 몫이기 때문에 주주들은 이익의 일부를 정기적으로 배당(dividends)받을 수 있으며, 나머지 유보된 이익(이익잉여금) 역시 추후에 지급받을 권리가 있다. 기업이 이익 중에서 얼마를 배당으로 지급할 것인지는 자금사정 등을 고려하여 이사회가 결정하며 주주총회의 승인을 얻어야 한다.

1.3 주식의 종류

기업이 발행하는 주식의 종류는 크게 보통주와 우선주로 나뉜다. 보통주(common stock)는 의결권이 있는 표준적인 주식이다. 실무에서 주식이라 하면 대체로 보통주를 가리킨다. 보통주를 보유한 주주(즉, 보통주주)가 의결권을 행사할 수 있는 주요 의결사항으로는 최고경영자 및 주요 임원의 선임, 주식 발행 및 기업의 주요 투자에 대한 승인 등이 있다.

우선주(preferred stock)는 이익배당이나 잔여재산 분배 등의 특정 사항에 대해 보통주보다 우선적인 권리가 부여된 주식이다. 예를 들면, 우선주주는 보통주주에게 배당하

기 전에 약정배당금을 먼저 지급받을 수 있는 권리가 있다. 그 대신 우선주주는 보통주주가 누리는 의결권(예: 경영참가권)을 행사하지 못한다. 여기서 주의할 점은 우선주라는 표현 때문에 보통주보다 모든 면에서 우선한다고 오해해서는 안 된다는 점이다. 일반적으로 우선주는 주주로서의 의결권을 행사할 수 없기 때문에 보통주보다 낮은 가치로 평가된다.[1)]

제2절 재무상태표의 자본 구성

법률적으로(예: 상법) 자본은 법정자본과 잉여금으로 구분한다. 여기서 법정자본(legal capital, 또는 상법상의 자본금)은 채권자 보호를 위하여 기업이 유지해야 할 최소한의 자산이며, 잉여금은 법정자본을 초과하는 자산이다. 물론 법정자본과 잉여금은 모두 주주의 몫이다.

그러나 회계적으로 자본의 구분은 조금 더 복잡하다. K-IFRS(제1001호)는 재무상태표에 표시되는 자본을 크게 납입자본, 이익잉여금, 기타자본구성요소의 세 가지로 분류한 예시를 제공하고 있으나, 각 항목의 정의나 분류 방법에 대해서는 구체적으로 규정하고 있지 않다.[2)] 이에 비해, 우리나라의 일반기업회계기준(제2장 재무제표의 작성과 표시 I)에서는 자본을 자본금, 자본잉여금, 자본조정, 기타포괄손익누계액, 이익잉여금(또는 결손금)의 다섯 가지로 분류하고 있으며, 각 항목에 대해 비교적 명확한 설명을 제시하고 있다.

우리나라 상장기업들은 K-IFRS가 예시하는 자본분류에 기초하여 자본항목을 자율적으로 구분 표시하는 기업도 있고, 일반기업회계기준(K-GAAP)을 준용하여 자본항목을 구분 표시하는 기업도 있다. 〈표 10-2〉는 우리나라의 대표적인 상장기업으로서 삼성전자(주), 현대자동차(주), SK(주)가 재무상태표에 자본항목을 분류하고 있는 사례이다.

1) 최근에는 다양한 조건의 우선주들이 많이 발행되고 있다. 예를 들어, 일정 기간(예: 3년) 보유하면 보통주로 전환할 수 있는 전환우선주, 약정된 배당률을 초과하여 이익배당에 참여할 수 있는 참가적우선주, 일정 기간 보유하면 약정된 가격으로 기업이 상환할 수 있는 상환우선주 등이 있다. 우선주의 다양한 종류와 회계처리에 대해서는 중급재무회계 교재를 참고하기 바란다.

2) 자본의 구분은 회계기준뿐만 아니라 각 나라의 다양한 법률이나 회계관습에 의해 영향받을 수 있으므로 하나의 분류 방법을 규정하기보다는 분류의 대원칙을 제시하고 세부 내역은 각각의 기업이 주석을 통해 공시하도록 요구하고 있다.

〈표 10-2〉 상장기업들의 자본항목 분류 예시

삼성전자(주)	현대자동차(주)	SK(주)
자본금	자본금	자본금
주식발행초과금	자본잉여금	기타불입자본
이익잉여금	기타자본항목	이익잉여금
기타자본항목	기타포괄손익누계액	기타자본구성요소
	이익잉여금	

삼성전자(주)와 SK(주)는 K-IFRS의 자본분류에 따르되 납입자본을 자본금과 주식발행초과금(또는 기타불입자본)으로 구분 표시하는 한편, 현대자동차(주)는 K-GAAP의 분류와 유사한 형태로 자본항목을 표시하고 있다. 이처럼 재무상태표에서 자본항목은 여러 형태로 보고될 수 있다. 본 서에서는 K-IFRS(제1001호)에 따른 자본 구성을 중심으로 각 항목을 설명하되, K-GAAP(제2장)에 따른 분류 항목을 참고목적으로 함께 소개한다.

먼저, 납입자본(paid-in capital)은 소유주가 출연한 자본으로서 보통주자본금, 우선주자본금, 주식발행초과금 등으로 구성된다. 여기서 자본금(capital stock)은 상법상의 법정자본에 해당되며 1주당 액면금액(par value)에 발행주식수를 곱한 금액으로 표시된다. 보통주를 발행한 경우는 보통주자본금으로 표시하고 우선주를 발행한 경우는 우선주자본금으로 표시한다. 여기서 유의할 점은 자본금과 자본(stockholders' equity)은 의미가 다르다는 것이다. 자본금은 자본의 구성항목 중의 하나이다. 주식발행초과금(paid-in capital in excess of par value)은 액면금액을 초과하여 주식을 발행하는 경우에 발행금액 중에서 액면금액을 초과하는 부분이다.

K-GAAP에서 자본금은 상법상의 법정자본금을 말하며, 자본잉여금(capital surplus)은 증자나 감자 등 주주와의 거래에서 발생하여 지분을 증가시키는 잉여금을 말한다. 예를 들면, 주식발행초과금, 감자차익, 자기주식처분이익 등이 해당된다. 따라서 주식발행초과금은 K-IFRS에서는 납입자본에 포함되는 한편 K-GAAP에서는 자본잉여금으로 분류된다.

〈표 10-3〉 K-IFRS 및 K-GAAP에 따른 재무상태표의 자본 구성

K-IFRS의 자본 구성	계정과목 예시	K-GAAP의 자본 구성	거래 구분
납입자본	자본금(보통주자본금, 우선주자본금)	자본금	자본거래
	주식발행초과금	자본잉여금	
이익잉여금	일반적립금(법정적립금, 임의적립금) 미처분이익잉여금	이익잉여금	손익거래
기타자본 구성요소	재평가잉여금 기타포괄손익인식금융자산평가손익	기타포괄손익누계액	
	자기주식(자본의 차감항목) 주식할인발행차금(자본의 차감항목)	자본조정	자본거래

이익잉여금(retained earnings, 또는 유보이익)은 기업이 벌어들인 당기순이익 중에서 배당 등을 통하여 사외에 유출되지 않고 사내에 유보된 잔액을 말한다. 이익잉여금은 일반적립금과 미처분이익잉여금으로 구성된다.

기타자본구성요소(other components of equity)는 포괄손익의 구성요소이지만 당기순이익에는 포함되지 않는 항목들과 납입자본 이외의 자본거래에서 발생한 항목들을 말한다. K-GAAP의 자본 분류상으로는 기타포괄손익누계액과 자본조정이 K-IFRS의 기타자본구성요소에 해당하지만 양자가 일치하는 것은 아니다.

기타포괄손익누계액(accumulated other comprehensive income)은 포괄손익계산서에서 당기순이익에 포함되지 않는 기타포괄손익(other comprehensive income)의 누적액을 기록하는 항목이다. 다시 말하면, 기타포괄손익누계액은 이익잉여금으로 즉시 구분하기 어려운 항목들로서 일단 기타포괄손익누계액으로 분류해 놓았다가 추후에 당기손익으로 인식하거나 이익잉여금으로 직접 전환시킨다. 기타포괄손익누계액에는 재평가잉여금, 기타포괄손익인식금융자산평가이익, 확정급여제도재측정요소 등이 있다. 이 중에서 기타포괄손익인식금융자산평가손익에 대해서는 다음의 제11장에서 논의할 예정이며, 그 외의 항목에 대한 논의는 본서의 범위를 벗어나므로 중급재무회계에서 학습하기로 하자.

자본조정(capital adjustment)은 당해 항목의 성격으로 보아 자본거래에 해당하지만 납입자본으로 즉시 분류하기는 어려운 항목들이다. 따라서 임시로 자본조정 항목으로 분류해 놓았다가 추후에 명확한 구분이 가능해지면 납입자본 등으로 전환시킨다. 예를 들면, 자기주식, 주식할인발행차금, 자기주식처분손실 등이 포함된다.[3] 여기서 자기주

식(treasury stock)은 자사가 이미 발행하여 유통 중에 있는 주식을 취득하여 보유하고 있는 주식을 말하며, 주식할인발행차금(discounts on stocks issuance)은 액면금액 미만으로 주식을 발행하는 경우에 발행금액과 액면금액의 차이에 해당하는 부분을 말한다.

한편, 자본의 구성에서 납입자본과 자본조정은 자본거래를 기록하는 항목이다. 여기서 자본거래는 주주에 의한 자본투자(예: 증자), 주주에 대한 자본환원 (예: 감자) 또는 주주와의 기타 거래 등을 말한다. 이에 비하여 이익잉여금과 기타포괄손익누계액은 자본거래가 아닌 손익거래를 통하여 자본을 변동시키는 항목이다. 여기서 손익거래는 수익과 비용을 발생시키는 거래이다.

제3절 주식의 발행

3.1 주식의 액면금액

기업은 소액으로 분할된 주식을 증권시장에서 매각하여 다수의 투자자들로부터 거액의 자금을 조달한다. 주식 역시 채권과 마찬가지로 액면금액이 있다. 그러나 다른 유가증권과는 달리 주식의 액면금액은 경제적 의미가 적다. 예를 들어, 채권이나 어음의 액면금액은 만기일에 상환의무가 있는 금액이나, 주식의 액면금액은 상환의무가 없으며 상법의 규정을 지키기 위하여 형식적으로 지정한 것에 불과하다. 우리나라에서 발행되는 주식의 액면금액은 대체로 1주당 ₩5,000 또는 그 이하이다.

3.2 주식발행의 형태와 회계처리

기업이 주식을 발행할 때 액면금액으로 발행하는 경우를 액면발행이라고 한다. 하지만 기업이 주식을 새로 발행할 때에는 증권시장에서의 주가를 고려하여 1주당 발행금액을 결정한다. 증권시장에서 주가(stock price)는 주식의 액면금액과 관계없이 발행기업의 재무상태, 수익성 및 성장가능성 등에 따라 형성된다. 따라서 대부분 기업들에서

3) K-IFRS는 자기주식의 분류방법을 명확하게 규정하고 있지 않다. 따라서 자기주식과 자기주식처분손익을 기타자본구성요소가 아닌 납입자본으로 분류하는 것도 이론적으로는 가능하다.

주식의 발행금액은 액면금액과 다르게 결정되며, 우량기업일수록 높은 금액으로 발행하게 된다. 주식의 발행금액이 액면금액보다 높은 경우를 할증발행이라고 하며, 반대로 액면금액 미만의 금액으로 발행하는 것을 할인발행이라고 한다.

주식발행의 회계처리를 논의하기 위해 다음의 예를 들어보자. 김해기업(주)이 액면금액 ₩5,000인 보통주식을 증권시장에서 ₩12,000씩 100주를 발행하여 자금을 조달했다고 가정하자. 그러면 김해기업(주)은 ₩1,200,000(=₩12,000×100)의 현금을 증권시장에서 조달한 셈이다. 여기서 ₩1,200,000은 납입자본에 해당된다. 회계에서는 납입자본(₩1,200,000)을 보통주자본금과 주식발행초과금으로 구분하여 다음과 같이 기록한다.

- 보통주자본금=1주당 액면금액×발행주식수
  =₩5,000×100주=₩500,000
- 주식발행초과금=(1주당 발행금액−1주당 액면금액)×발행주식수
  =(₩12,000−₩5,000)×100주=₩700,000

자본금은 납입자본 중에서 액면금액으로 표시된 부분이며 법정자본에 해당된다. 이에 비하여 주식발행초과금은 납입자본 중에서 액면금액을 초과하는 부분을 나타낸다. 김해기업(주)의 주식발행거래 를 분개하면 다음과 같다.

(차) 현금	1,200,000	(대) 보통주자본금	500,000
		주식발행초과금	700,000

김해기업(주)은 보통주 발행을 통하여 현금 ₩1,200,000을 조달하였으며(차변) 이로 인해 같은 금액의 자본이 증가하였는데(대변), 그중에서 ₩500,000은 액면금액으로 표시된 자본금으로 분류하고 초과금액인 ₩700,000은 주식발행초과금으로 분류한다.

한편 주식을 발행할 때에는 주식발행에 소요된 인쇄비, 광고비, 증권회사수수료 등의 지출이 발생할 수 있다. 이러한 지출을 주식발행비라고 부른다. 주식발행비가 지출된 경우에는 이를 차감한 후의 실제 발행금액(즉, 수취한 현금)으로 기록해야 한다. 이는 사채 발행의 경우와 동일하다. 위의 예에서 주식발행비로 ₩50,000을 지출하였다면 실제 발행금액은 ₩1,150,000이 되며, 따라서 주식발행초과금은 ₩650,000으로 줄어든다.

기업이 주식을 할인발행하는 경우에는 액면금액과 납입금액의 차이를 주식할인발행차금으로 인식한다. 다만, 주식발행초과금 잔액이 있는 경우에는 주식발행초과금을 먼저 상계한 후 미상계된 잔액을 주식할인발행차금으로 처리한다. 또한 기업이 우선주를 발행하는 경우에는 보통주 발행과 유사하게, 우선주 액면금액 부분을 우선주자본금 계정에 기록하고 이를 초과하는 납입금액에 대해서는 주식발행초과금으로 기록한다.[4)]

예제 10-1

부여상사(주)는 1주당 액면금액이 ₩1,000인 보통주 100주를 발행하였다.

|물음|

(1) 1주당 발행금액이 ₩1,500인 경우에 발행시점의 분개는?

(2) 1주당 발행금액은 ₩1,500이며, 주식발행비 ₩10,000이 현금지출된 경우에 분개는?

(3) 1주당 발행금액이 ₩800인 경우에 발행시점의 분개는?

|풀이|

(1) 1주당 발행금액이 ₩1,500이므로 납입자본은 ₩150,000(=₩1,500×100주)이다. 주식의 액면금액에 해당하는 ₩100,000은 보통주자본금으로 인식하고 액면금액을 초과한 ₩50,000은 주식발행초과금으로 인식한다.

(차) 현금	150,000	(대) 보통주자본금	100,000
		주식발행초과금	50,000

(2) 위 (1)의 분개에서, 주식발행비(₩10,000)가 현금지출되었으므로 납입자본은 ₩140,000(=₩150,000−₩10,000)이다. 따라서 주식발행초과금은 ₩40,000으로 감소한다.

(차) 현금	140,000	(대) 보통주자본금	100,000
		주식발행초과금	40,000

(3) 1주당 발행금액이 ₩800으로 할인발행되어 납입자본은 ₩80,000(=₩800×100주)이다. 따라서 액면금액에 미달하는 ₩20,000을 주식할인발행차금(차변)으로 인식한다.

(차) 현금	80,000	(대) 보통주자본금	100,000
주식할인발행차금	20,000		

4) 보통주와 우선주를 동시에 발행한 경우, 자본금에 해당되는 부분은 보통주자본금과 우선주자본금으로 구분표시하나, 주식발행초과금은 일반적으로 하나의 계정에 통합하여 표시한다.

제4절 이익잉여금

4.1 이익잉여금의 의의와 분류

자본금과 주식발행초과금은 주주들이 기업에 납입한 자본임에 비해, 이익잉여금(retained earnings)은 기업이 벌어들인 이익 중에서 일부를 주주들에게 배당으로 지급하지 않고 기업 내에 유보시킨 것이다. 따라서 이익잉여금을 유보이익이라고도 부른다.

주주들 중에는 유보를 줄이고 당장 현금으로 배당받기를 원하는 사람들이 있다. 이들은 "손안의 새가 숲속의 새보다 낫다(A bird in the hands is better than the one in the bush)"는 서양 속담을 인용하기도 한다. 그러나 이 같은 '손안의 새'가 좋다는 주장에 대한 학술적 논쟁(즉, 주주들 입장에서 당장 배당으로 받는 것이 유리한지, 아니면 기업 내에 유보시키는 것이 유리한지)은 아직 명확한 결론을 찾지 못하고 있다.

그런데 만약 이익을 모두 배당하게 되면 기업은 현금부족 사태에 직면하거나 또는 미래에 성장을 기대할 수 없다. 더욱이 좋은 투자기회가 생긴다면 기업은 자금을 새로이 조달해야 하는 번거로움을 감수해야 한다. 따라서 상법에서는 기업보호정책의 일환으로, 자본금의 1/2에 달할 때까지 매 결산기에 현금배당액의 1/10 이상의 금액을 적립(내부유보)하도록 의무화하고 있다. 이렇게 상법에 의하여 유보된 적립금을 이익준비금이라고 부른다. 그리고 이익준비금과 같이 법령에 따라 의무적으로 적립된 유보이익을 법정적립금이라고 부른다.

또한 주주들 스스로가 미래에 대비하여 배당을 줄이고 적립(내부유보)을 늘릴 것을 결의하는 경우도 있다. 이렇게 법령과 상관없이 기업의 정관 또는 주주총회 의결을 거쳐 적립된 이익잉여금을 임의적립금이라고 부른다. 예를 들어, 사업확장적립금(미래 사업확장에 대비), 감채적립금(미래 차입금 상환에 대비), 배당평균적립금(미래 배당지급에 대비) 등이 있다. 법정적립금과 임의적립금은 여전히 주주들의 몫이다.

이익잉여금 중에서 일반적립금(법정적립금과 임의적립금)으로 적립되지 않은 금액을 미처분이익잉여금이라고 한다. 예를 들어, 어느 기업의 이익잉여금 총액이 160억원이라고 가정하자. 그중에서 이익준비금(법정적립금)으로 90억원, 배당평균적립금(임의적립금)으로 40억원을 적립했다고 가정하면, 적립되지 않은 나머지 이익잉여금 30억원이 바로 미처분이익잉여금이다.

여기서 주의해야 할 것은 법정적립금이나 임의적립금 모두 현금을 별도로 적립해 두었다는 것이 아니라는 점이다. 적립금의 구분표시는 이익잉여금 중에서 일부는 배당이 제한된다는 것을 주주들에게 공지하는 회계적 조치에 불과하다.

4.2 이익잉여금의 처분과 변동

이제 이익잉여금의 총액과 그 구성항목들이 어떻게 변동하는지 논의해 보자. 먼저, 당기순이익이 결정되면 마감분개를 통해 미처분이익잉여금에 반영되고, 동 금액만큼 이익잉여금 총액이 증가한다. 이는 제4장(회계순환과 재무제표 작성)에서 논의한 바가 있다.

미처분이익잉여금은 주주총회의 의결을 통해 일반적립금으로 적립할 수 있으며, 이 중 임의적립금은 추후에 다시 미처분이익잉여금으로 환원시킬 수 있다. 이러한 환원을 임의적립금의 이입(移入)이라고 부른다. 다시 말하면 적립은 주주총회 결의에 의해 미처분이익잉여금을 각종 적립금으로 재분류하는 것이며, 이입은 반대로 주주총회 결의에 따라 임의적립금을 미처분이익잉여금으로 재분류하는 것이다. 적립과 이입은 이익잉여금 내에서의 재분류에 지나지 않으므로 이익잉여금 총액에는 변화가 없다.

마지막으로, 미처분이익잉여금(적립과 이입 후) 중 일부는 주주총회 의결을 통해 주주에게 배당으로 지급된다. 배당이 이루어지면 그 금액만큼 이익잉여금 총액이 감소한다. 이러한 변동을 요약하면 [그림 10-1]과 같다.

[그림 10-1] 이익잉여금의 구성과 변동

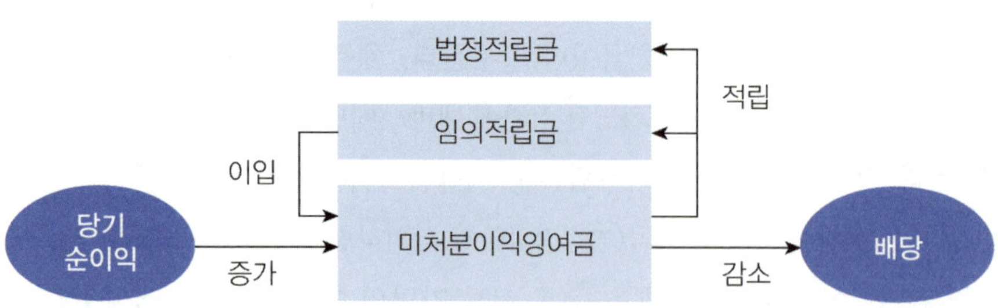

[그림 10-1]에서 살펴볼 수 있듯이, 미처분이익잉여금은 당기순이익에 따른 증가, 적립, 이입, 배당금 지급 등의 출입구 역할을 하는 계정이다. 그러면 구체적으로 미처

분이익잉여금 계정이 어떻게 변화(출입구 역할)하는지 살펴보자.

이를 설명하기 위하여 김해기업(주)의 경우를 예로 들어 보자. 김해기업(주)의 20×1년 말 현재 결산 전 재무상태표의 이익잉여금은 이익준비금(법정적립금) ₩200,000, 감채적립금(임의적립금) ₩150,000, 그리고 미처분이익잉여금 ₩170,000으로 구성되어 있다고 가정하자.

재무상태표(20×1/1/1)	
이익잉여금	
이익준비금	200,000
감채적립금	150,000
미처분이익잉여금	170,000
	520,000

이제 결산을 통해 20×1년도 당기순이익이 ₩110,000으로 확정되었다고 하자. 이 금액은 제4장에서 설명하였듯이, 집합손익계정의 대변잔액이다. 따라서 이 금액을 미처분이익잉여금에 반영시키기 위한 마감분개를 실시한다. 마감분개가 이루어지면 미처분이익잉여금은 ₩280,000(=₩170,000+₩110,000)으로 증가한다.

(차) 집합손익	110,000	(대) 미처분이익잉여금	110,000

기업의 주주총회는 일반적으로 회계연도 종료 후인 다음 연도 초에 개최된다. 주주총회에서 이익잉여금 처분결의는 이익잉여금 중에서 얼마를 적립금으로 적립하고(또는 반대로 임의적립금 중에서 얼마를 이입하고) 배당금은 얼마나 지급할 것인지를 정하는 것이다.

구체적으로 다음 연도인 20×2년 3월 16일에 개최된 김해기업(주)의 주주총회에서는 다음과 같은 '20×1년도 이익 처분'을 결의했다고 가정하자.

- 주주총회 결의사항(20×2/3/16):
  ① 감채적립금 중에서 ₩50,000을 이입하기로 결의
  ② 상법 규정에 따라 이익준비금 ₩10,000을 적립하기로 결의
  ③ 현금배당으로 주주들에게 ₩80,000을 지급하기로 결의

첫 번째 결의사항인 '감채적립금 ₩50,000 이입'은 적립과는 반대로 감채적립금 중 ₩50,000을 미처분이익잉여금으로 재분류하는 것을 의미한다. 즉, 주주총회는 이익잉여금의 적립 및 배당금 지급 결의에 앞서 필요하다면 보유하고 있던 임의적립금의 일부 또는 전부를 해제(이입)하는 조치를 취할 수 있다. 감채적립금 이입의 분개는 다음과 같다.

(차) 감채적립금	50,000	(대) 미처분이익잉여금	50,000

두 번째 결의사항인 '이익준비금 ₩10,000 적립'은 이입과는 반대로 미처분이익잉여금 ₩10,000을 이익준비금으로 재분류하는 것을 의미한다. 이를 위한 분개는 다음과 같다.

(차) 미처분이익잉여금	10,000	(대) 이익준비금	10,000

위의 두 분개를 통해 이익준비금은 ₩210,000(=₩200,000+₩10,000)으로 증가하고, 감채적립금은 ₩100,000(=₩150,000−₩50,000)으로 감소하며, 미처분이익잉여금은 ₩320,000(=₩280,000+₩50,000−₩10,000)이 된다. 여기서 주의해야 할 사항은 이입과 적립분개를 수행하더라도 이익잉여금의 합계액은 변화하지 않고 구성항목 금액만이 변화한다는 것이다.

세 번째 결의사항인 '현금배당 ₩80,000'은 주주들에게 배당금 지급을 의결한 것이다. 주주총회 직후에 배당을 현금으로 지급했다고 가정하면, 미처분이익잉여금을 ₩80,000 감소시키고(차변), 현금 ₩80,000의 지급(대변)을 기록하는 분개를 실시한다.

(차) 미처분이익잉여금	80,000	(대) 현금	80,000

위 분개로 인하여 미처분이익잉여금은 ₩240,000(=₩320,000−₩80,000)이 되며, 배당지급액(₩80,000)만큼 자본합계액이 감소한다.

요약하면, 주주총회에서 위와 같은 이입, 적립 및 배당 결의가 있은 직후에 이익잉여금의 구성은 이익준비금 ₩210,000, 감채적립금 ₩100,000, 그리고 미처분이익잉여금 ₩240,000으로 변화한다.

재무상태표 (20×2/3/16)	
이익잉여금	
이익준비금	210,000
감채적립금	100,000
미처분이익잉여금	240,000
	550,000

이제까지의 설명 중에서 중요한 사항은 이익잉여금의 증가(당기순이익 발생), 감소(배당금 지급) 및 재분류(적립 및 이입)는 모두 미처분이익잉여금 계정을 통해서 이루어진다는 점이다.

예제 10-2

다음은 20×1년의 부산상사(주)의 이익잉여금 변동과 관련된 자료이다. 부산상사(주)의 결산일은 매년 12월 31일이다.

자료 1: 20×1년 말 결산 전 재무상태표의 미처분이익잉여금과 적립금은 다음과 같다.

- 이익준비금 ₩20,000
- 배당평균적립금 100,000
- 미처분이익잉여금 1,080,000

자료 2: 20×1년의 당기순손실 ₩50,000을 보고하였다.

자료 3: 20×2년 2월 28일에 개최된 주주총회에서 결의한 이익처분사항은 다음과 같다.

- 배당평균적립금의 이입 ₩70,000
- 현금 배당 300,000 (즉시 지급)
- 이익준비금 적립 30,000

| 물음 |

(1) 20×1년도 당기순손실 ₩50,000의 보고(자료 2)를 분개하라.

(2) 20×2년 주주총회에서 결의된 전기 이익 처분사항(자료 3)을 분개하라.

(3) 20×2년 2월 28일 현재 재무상태표에 표시될 이익준비금, 임의적립금 및 미처분이익잉여금은 각각 얼마인가?

| 풀이 |

(1) 당기순손실 보고는 집합손익 계정을 마감하고(대변), 미처분이익잉여금을 감소시키는(차변) 분개이다.

(차) 미처분이익잉여금	50,000	(대) 집합손익	50,000

(2) 첫째, 배당평균적립금의 이입으로 인하여 ₩70,000의 임의적립금이 감소하고(차변), 그만큼의 미처분이익잉여금이 증가한다(대변). 둘째, 현금배당의 지급으로 인하여 미처분이익잉여금 ₩300,000이 감소한다(차변). 셋째, 이익준비금 적립으로 인하여 미처분이익잉여금 ₩30,000이 감소하고(차변) 그만큼의 이익준비금이 증가한다(대변). 이를 각각 분개하면 다음과 같다.

(차) 배당평균적립금	70,000	(대) 미처분이익잉여금	70,000
(차) 미처분이익잉여금	300,000	(대) 현금	300,000
(차) 미처분이익잉여금	30,000	(대) 이익준비금	30,000

(3) 이익준비금: ₩20,000(20×1년 말)+₩30,000(적립)=₩50,000(20×2년 2월 28일)
배당평균적립금: ₩100,000(20×1년 말)−₩70,000(이입)=₩30,000(20×2년 2월 28일)
미처분이익잉여금: ₩1,080,000(20×1년 말 결산 전)−₩50,000(20×1년도 당기순손실)
+₩70,000(임의적립금 이입)−₩300,000(배당금 지급)−₩30,000(이익준비금 적립)
=₩770,000(20×2년 2월 28일)

제5절 자기주식거래 및 주식수의 변동

5.1 자기주식거래

기업은 자기가 발행한 주식(자사주)을 일정한 사유나 특정 목적을 위해 재취득하기도 한다. 예를 들면, 기업이 자사주를 매입하여 소각(폐기)하려는 경우, 종업원들에게 보상 형태로 자사주를 분배하기 위한 경우, 다른 기업과 사업결합을 할 때 자사주를 지급하기 위한 경우 등과 같다. 이와 같이 기업이 취득한 자사주를 자기주식(treasury stock)이라고 부른다.[5)] 기업이 가지고 있는 자기주식에 대해서는 의결권을 인정하지 않으며, 배당금도 지급하지 않는다.

자기주식은 증권시장에서 거래되지 않기 때문에(금고에 보관), 발행주식수에서 자기

5) 자기주식을 treasury stock이라고 부르는 것은 주식을 취득하여 금고(treasury) 속에 보관하고 있다는 데에서 유래한다.

주식 보유수를 뺀 것을 유통주식수(number of shares outstanding)라고 부른다. 예를 들어, 발행주식수가 300주인데 20주의 자기주식을 취득하였다면 유통주식수는 280주가 된다.

(1) 자기주식의 취득

자기주식의 취득을 어떻게 회계처리하는지 논의하기 위하여 다음 예를 들어보자. K-IFRS는 자기주식 회계처리에 대한 구체적인 규정을 두고 있지 않으므로, 본 서에서는 K-GAAP에 따른 회계처리를 함께 소개한다. 청주상사(주)는 증권시장에서 자기주식(1주당 액면금액: ₩5,000) 10주를 1주당 ₩8,000씩 지급하고 취득하였다고 가정하자. 그러면 청주상사(주)는 ₩80,000(=10주×₩8,000) 의 현금을 지급하고(대변), 자기주식 ₩80,000을 보유하게 된다(차변).

(차) 자기주식	80,000	(대) 현금	80,000

그런데 여기서 유의해야 할 사항이 하나 있다. 위의 분개에서 자기주식은 차변에 있지만, 재무상태표에 표시할 때에는 자산으로 표시하지 않고 자본에서 차감하는 형식으로 표시한다는 점이다. 즉, 자기주식의 취득은 청주상사(주)가 주주들에게 현금을 지급하고 이미 발행된 주식을 되사들였기 때문에 자본의 감소(반환)가 초래된 것이다.

재무상태표

유동자산:		기타자본항목(자본조정):	
현금	−80,000	자기주식	(80,000)

요약하면, 자기주식은 자산이 아니며 자기주식을 취득하면 현금 지급액만큼 자산총액과 자본총액이 감소한다. 다만 기업이 취득한 자기주식은 추후에 다시 매각(재발행)할 수 있기 때문에 재무상태표에 표시할 때는 자본금 등에서 직접 차감하지 않고 기타자본항목(K-GAAP에서는 자본조정)으로 분류하여 자본의 차감항목으로 표시(괄호로 표시)한다.

(2) 자기주식의 재발행

기업은 취득한 자기주식을 다시 증권시장에서 처분하여 자금을 확보할 수 있다. 이를 자기주식의 재발행이라고 부른다.[6] 그리고 보유하고 있던 자기주식을 처분(즉, 재발행)하면 자기주식처분손익이 발생한다. 예를 들어, 주당 ₩8,000에 취득한 자기주식을 ₩9,000에 처분하였다면 ₩1,000(=₩9,000−₩8,000)의 자기주식처분이익이 발생하며, 반대로 ₩7,000에 처분하였다면 ₩1,000(=₩7,000−₩8,000)의 자기주식처분손실이 발생한다.

그런데 자기주식의 재발행은 자본거래(손익거래 아님)이기 때문에 자기주식처분손익을 포괄손익계산서에 포함시키지 않고, 재무상태표의 자본항목에 직접 포함시킨다. 또한 자기주식처분손실과 자기주식처분이익은 서로 상계하여 처리한다.

K-GAAP에서는 두 금액의 합계가 양(+)의 값을 가지면 상계하여 자기주식처분이익 계정으로 자본잉여금에 표시하고, 반대로 음(−)의 값을 가지면 상계하여 자기주식처분손실 계정으로 자본조정에 표시한다. 하지만 K-IFRS에서는 자기주식처분이익이나 자기주식처분손실의 표시방법을 구체적으로 언급하고 있지 않으므로, 본 서에서는 자기주식 및 자기주식처분손익을 모두 '기타자본항목'에 표시하는 방법을 사용하기로 한다.

앞 절의 사례에서, 청주상사(주)는 주당 ₩8,000에 취득한 자기주식 3주를 주당 ₩9,000에 재발행하였다고 가정하자. 그러면 모두 ₩3,000[=(₩9,000−₩8,000)×3주]의 자기주식처분이익이 발생한다. 이를 분개하면 다음과 같다.

(차) 현금	27,000	(대) 자기주식	24,000
		자기주식처분이익	3,000

자기주식 3주의 처분으로 인해 청주상사(주)의 재무상태표에 남아 있는 자기주식은 ₩56,000(7주)이다. 그리고 위에서 설명한 바와 같이, 자기주식처분이익은 포괄손익계산서에 반영하지 않고 재무상태표의 기타자본항목(K-GAAP에서는 자본잉여금)에 포함시킨다.

이후, 청주상사(주)는 다시 자기주식 5주를 주당 ₩7,000에 재발행하였다고 가정하자. 이때는 모두 ₩5,000[=(₩7,000−₩8,000)×5주]의 자기주식처분손실이 발생한다.

6) 종업원에게 인센티브로 자기주식을 지급하거나, 또는 다른 기업에 어떤 대가로 자기주식을 지급하는 경우에도 재발행에 해당된다.

그런데 재발행 당시 재무상태표에는 이미 '자기주식처분이익 ₩3,000'이 표시되어 있기 때문에, 이를 먼저 상계하고 자기주식처분이익을 초과하는 ₩2,000만 자기주식처분손실로 인식한다. 즉, 다음과 같이 분개한다.

(차) 현금	35,000	(대) 자기주식	40,000
자기주식처분이익	3,000		
자기주식처분손실	2,000		

위와 같이 자기주식 5주의 추가 처분으로 인하여 이제 청주상사(주)의 재무상태표에 남아 있는 자기주식은 ₩16,000(2주)이다. 그리고 자기주식처분이익은 모두 제거되고 그 대신 자기주식처분손실 ₩2,000이 기타자본항목(K-GAAP에서는 자본조정)에 표시된다.

재무상태표

유동자산:		기타자본항목(자본조정):	
현금	+62,000	자기주식	(16,000)
		자기주식처분손실	(2,000)

(3) 자기주식의 소각

기업은 취득한 자기주식을 영구히 소각(또는 폐기)시킬 수도 있다. 자기주식의 소각은 대체로 두 가지 목적으로 시행된다. 첫째, 일반대중에게 널리 분산되어 있는 주식을 재취득하여 소각함으로써 대주주들의 지배권을 높이려는 목적으로 시행된다. 둘째, 주주들에게 지급할 현금배당을 줄이고 그 돈으로 자기주식을 취득하여 소각함으로써 주식가격을 높이려는 목적으로 시행된다. 이같이 자기주식의 소각은 주주들의 지분율 변동에 영향을 주기 때문에 상법에서는 그 방법과 절차에 대하여 엄격히 규정하고 있다.

자기주식의 소각은 증자(주식발행)의 반대 개념으로서 감자라고 부른다. 자기주식의 소각이 이루어지면 액면금액과 자기주식의 취득금액을 비교하여 감자차익(또는 감자차손)을 인식해야 한다. 예를 들어, 어느 기업이 1주당 액면금액이 ₩5,000인 자기주식을 1주당 ₩8,000에 취득하여 소각하였다면 1주당 감자차손 ₩3,000(=₩8,000−₩5,000)이 발생한다. 이와는 반대로 자기주식을 1주당 ₩4,000에 취득하여 소각하였다면 1주당 감자차익 ₩1,000(=₩5,000−₩4,000)이 발생한다.

자기주식 소각은 자본거래이므로 감자차익과 감자차손도 자기주식처분손익과 유사한 방법으로 회계처리한다. 앞 절에서 다룬 청주상사(주)의 예로 다시 돌아가 보자. 청주상사(주)는 액면금액이 ₩5,000인 자기주식 2주를 1주당 ₩8,000에 취득하여 보유하고 있다. 따라서 이 주식을 소각하기로 결정하였다면 1주당 ₩3,000(=₩5,000−₩8,000)씩 총 ₩6,000(=₩3,000×2주)의 감자차손이 발생한다. 그런데 소각 당시 재무상태표에는 감자차익이 없으므로 별도의 상계 없이 감자차손을 모두 인식하면 된다. 즉, 재무상태표에서 2주에 해당되는 보통주자본금 ₩10,000을 감액시키고(차변), 자기주식 ₩16,000을 제거하고(대변), 감자차손 ₩6,000을 기타자본항목(K-GAAP에서는 자본조정)에 차감하는 형식으로 인식한다(차변).

(차) 보통주자본금	10,000	(대) 자기주식	16,000
감자차손	6,000		

재무상태표

	납입자본:	
	보통주자본금	−10,000
	기타자본항목(자본조정):	
	자기주식처분손실	(2,000)
	감자차손	(6,000)

5.2 주식수의 변동: 주식배당, 무상증자, 액면분할

(1) 주식배당

현금배당은 주주들에게 현금으로 배당을 지급하는 것이다. 이에 비하여 주식배당(stock dividends)은 주주들에게 현금 대신 주식으로 배당을 지급하는 것을 말한다. 현금으로 많은 배당을 지급하면 기업에 따라서는 현금 부족으로 어려움을 겪을 수 있다. 그래서 주식배당을 통하여 현금부족 위험을 덜고 동시에 미처분이익잉여금을 감소시킴으로써 주주들로부터의 배당압력을 완화시킬 수 있다. 기업들은 대체로 현금배당의 보너스 형태로 주식배당을 실시한다.

주식배당을 실시하면 그만큼의 미처분이익잉여금을 감소시키고 동시에 보통주자본금을 증가시키는 분개를 실시해야 한다. 이를 '이익잉여금의 자본금 전입'이라고 부른다.

예를 들어, 보통주 1주당 액면금액이 ₩5,000이고 발행주식수가 400주인 순천상사(주)가 1주당 0.2주의 주식배당(또는 20% 주식배당)을 실시하였다면, 주주들에게 무상으로 분배해야 할 주식 수는 80주(=400주×0.2)이다. 따라서 보통주자본금으로 전입되는 금액은 ₩400,000(=80주×₩5,000)이다. 순천상사(주)의 주주총회에서 위와 같은 주식배당을 결의한 후 곧바로 주식을 분배하였다면 다음과 같은 분개가 필요하다.

(차) 미처분이익잉여금	400,000	(대) 보통주자본금	400,000

위의 분개를 반영하면 미처분이익잉여금은 ₩400,000 감소하고, 그 대신 보통주자본금이 ₩400,000 증가한다. 그리고 총발행주식수는 400주에서 480주로 증가한다. 그러나 주식배당을 실시한 후에도 자본의 합계액은 변화가 없다. 왜냐하면 미처분이익잉여금과 보통주자본금은 모두 자본에 속하는 계정이므로 자본 내에서의 재분류에 불과하기 때문이다.

예제 10-3

마산상사(주)의 보통주 발행주식수는 200주(1주당 액면금액 ₩5,000)이다. 마산상사(주)는 20×2년 3월 25일에 주주총회를 개최하여 보통주 1주당 ₩1,200의 현금배당과 총 10주(즉, 발행주식수의 5%)의 주식배당을 실시하기로 결의하였다. 현금배당의 실제 지급과 주식배당에 따른 신주 교부는 20×2년 4월 20일에 이루어졌다.

| 물음 |

(1) 마산상사(주)가 지급해야 할 현금배당금 총액과 주식배당 금액은 각각 얼마인가?
(2) 마산상사(주)는 현금배당 및 주식배당에 관한 주주총회 결의를 어떻게 분개하나?
(3) 20×2년 4월 20일의 현금배당금의 지급과 주식배당의 교부는 어떻게 분개하나?

| 풀이 |

(1) 발행주식수가 200주이고 1주당 ₩1,200의 현금배당금을 지급해야 하므로, 지급예정 총액은 200주×₩1,200=₩240,000이다. 그리고 주식배당 금액은 10주×₩5,000(액면금액)=₩50,000이다.

(2) 주주총회에서 배당 결의가 있은 후 즉시 이행하지 않았기 때문에, 실제 이행될 때까지 현금배당금은 미지급배당금이라는 유동부채로, 주식배당은 미교부주식배당금이라는 기타자본항목(K-GAAP에서는 자본조정)으로 기록한다.

(차) 미처분이익잉여금	290,000	(대) 미지급배당금	240,000
		미교부주식배당금	50,000

(3) 현금배당금이 실제로 지급되면 미지급배당금이 소멸되고(차변) 동시에 그만큼의 현금이 감소한다(대변). 또한 주식배당에 따라 신주가 교부되면 미교부주식배당금이 소멸되고(차변) 동시에 보통주자본금이 증가한다(대변).

(차) 미지급배당금	240,000	(대) 현금	240,000
(차) 미교부주식배당금	50,000	(대) 보통주자본금	50,000

(2) 무상증자

앞의 제3절에서는 주식발행을 통하여 자금을 조달하는 방법에 대하여 설명하였다. 이와 같이 주주들로부터 현금을 납입받고 주식을 발행하는 것을 유상증자라고 부른다. 이에 비하여 주주들에게 무상으로 주식을 발행해 주는 것을 무상증자라고 부른다. 무상증자는 주주들에게 무상으로 주식을 분배하기 때문에 경제적으로 주식배당과 유사하다.

그러나 회계적으로 무상증자와 주식배당은 다른 점이 하나 있다. 주식배당은 미처분이익잉여금을 보통주자본금으로 전입시키는 것이지만, 무상증자는 주식발행초과금이나 이익준비금을 보통주자본금으로 전입시키는 것이다. 따라서 무상증자가 이루어지면, 주식발행초과금 또는 이익준비금을 감소시키고 그만큼의 보통주자본금을 증가시키는 분개를 실시한다.

예를 들어, 보통주 1주당 액면금액이 ₩5,000이고 발행주식수가 300주인 대구상사(주)가 50%의 무상증자(즉, 보통주 1주당 0.5주를 무상분배)를 실시하였다면, 주주들에게 무상으로 분배하는 주식은 150주(=300주×0.5)이다. 따라서 보통주자본금으로 전입되는 금액은 ₩750,000(=150주×₩5,000)이다. 만일 주식발행초과금 ₩750,000으로 무상증자를 실시하기로 결정하였다면, 다음과 같은 분개가 필요하다.

(차) 주식발행초과금	750,000	(대) 보통주자본금	750,000

위의 분개를 반영하면, 재무상태표에서 주식발행초과금 ₩750,000이 감소하고, 그 대신 보통주자본금이 ₩750,000 증가한다. 또한 총발행주식수는 300주에서 450주로 증가한다. 그러나 무상증자를 실시한 후에도 자본합계는 변화가 없다. 왜냐하면 주식발행초과금과 보통주자본금은 모두 자본에 속하는 계정이므로 자본 내에서 재분류한 것에 불과하기 때문이다. 이는 주식배당의 경우와 동일하다.

(3) 액면분할

액면분할(stock splits)은 액면금액을 비례적으로 줄이면서 발행주식수를 증가시키는 제도이다. 예를 들어, 전주기업(주)의 1주당 액면금액이 ₩5,000이고, 발행주식수가 400주라고 가정하자. 전주기업(주)의 주식을 1 대 10으로 액면분할하면 1주당 액면금액은 ₩500으로 줄어들고 그 대신 발행주식수는 4,000주로 증가한다. 또한 액면분할을 실시하면 증권시장에서의 1주당 주가도 그 분할비율로 떨어진다. 예를 들어, 1주당 주가가 ₩30,000인 주식을 1 대 10으로 액면분할하면 그 주식의 주가는 ₩3,000으로 떨어진다.

앞에서 설명한 무상증자의 경우에도 액면분할의 경우처럼 주가가 떨어진다. 왜냐하면 이들은 모두 현금의 납입 없이 발행주식수만 증가시켰기 때문이다.

기업이 액면분할을 실시할 경우, 자본금 총액에는 변화가 없으므로 별도의 회계처리 없이(분개가 필요하지 않음) 단지 재무상태표의 주석사항만 바꾸면 된다. 전주기업(주)의 경우, 액면분할 전의 주석사항이 '주당 액면금액 ₩5,000, 발행주식수 400주'이었다면 액면분할 후에는 '주당 액면금액 ₩500, 발행주식수 4,000주'로 바뀌게 된다.

요약하면, 주식배당, 무상증자, 액면분할은 일반적으로 실시목적과 방법이 다르기 때문에 회계처리도 다르다. 가장 중요한 차이는, 주식배당은 미처분이익잉여금을 보통주자본금으로 전입시키는 것이며, 무상증자는 주식발행초과금 또는 이익준비금을 보통주자본금으로 전입시키는 것이나, 액면분할은 그러한 전입 없이 단순히 발행주식수만을 증가시킨다는 점이다. 〈표 10-4〉는 주식배당, 무상증자 및 액면분할의 차이를 요약한 표이다.

〈표 10-4〉 주식배당, 무상증자, 액면분할의 비교

구분	보통주자본금	주식발행초과금	미처분이익잉여금	자본총계
주식배당	증가	무영향	감소	무영향
무상증자	증가	감소	무영향	무영향
액면분할	무영향	무영향	무영향	무영향

예제 10-4

다음은 부산상사(주)의 20×1년 12월 31일의 재무상태표의 자본 부분이다.

재무상태표

부산상사(주) 20×1년 12월 31일 (단위: 원)

자본		
납입자본		₩12,000,000
보통주자본금	₩5,000,000	
주식발행초과금	7,000,000	
이익잉여금		4,400,000
이익준비금	2,200,000	
배당평균적립금	1,3000,000	
미처분이익잉여금	900,000	
자본 총계		₩16,400,000

※ 주석사항: 주당 액면금액 ₩5,000, 발행주식수 1,000주

20×2년 중에 발생한 자본 변동사항은 다음과 같다.

① 3월 28일의 주주총회에서 80주의 주식배당을 의결하고 주식을 분배하였다.

② 7월 6일에 무상증자로 1,000주를 발행하였다. 무상증자의 재원으로는 주식발행초과금 ₩4,500,000과 이익준비금 ₩500,000을 사용하기로 결정하였다.

③ 10월 21일에 1 대 10으로 액면분할을 실시하였다.

| 물음 |

(1) 주식배당, 무상증자, 액면분할을 실시한 후에 발행주식수는 각각 몇 주가 되는가?

(2) 주식배당, 무상증자, 액면분할을 각각 분개하라.

(3) 주식배당, 무상증자, 액면분할을 실시한 후의 재무상태표의 자본 부분을 올바르게 표시하라.

| 풀이 |

(1) 발행주식수의 변동은 다음과 같다.
1,000주(1월 1일) → 1,080주(주식배당 후) → 2,080주(무상증자 후) → 20,800주(액면분할 후)

(2) ① 주식배당: 미처분이익잉여금을 ₩400,000(=80주×₩5,000) 줄이고(차변), 보통주자본금을 ₩400,000 늘린다(대변).

(차) 미처분이익잉여금	400,000	(대) 보통주자본금	400,000

② 무상증자: 주식발행초과금 ₩4,500,000과 이익준비금 ₩500,000을 줄이고(차변), 보통주자본금 ₩5,000,000(=1,000주×₩5,000)을 늘린다(대변).

(차) 주식발행초과금	4,500,000	(대) 보통주자본금	5,000,000
이익준비금	500,000		

③ 액면분할: 분개는 없으며, 주석사항을 다음과 같이 변경한다.
"주당 액면금액 ₩500, 발행주식수 20,800주"

(3) 주식배당, 무상증자 및 액면분할 후의 재무상태표 자본 부분

재무상태표
부산상사(주) 20×1년 12월 31일 (단위: 원)

자본		
납입자본		₩12,900,000
보통주자본금	₩10,400,000	
주식발행초과금	2,500,000	
이익잉여금		3,500,000
이익준비금	1,700,000	
배당평균적립금	1,300,000	
미처분이익잉여금	500,000	
자본 총계		₩16,400,000

※ 주석사항: 주당 액면금액 ₩500, 발행주식수 20,800주

〈설명〉 각 자본항목의 변동은 다음과 같다.

① 보통주자본금: ₩5,000,000+₩400,000(주식배당)+₩5,000,000(무상증자)
=₩10,400,000

② 주식발행초과금: ₩7,000,000−₩4,500,000(무상증자)=₩2,500,000

③ 이익준비금: ₩2,200,000−₩500,000(무상증자)=₩1,700,000

④ 배당평균적립금: ₩1,300,000(이전과 동일)
⑤ 미처분이익잉여금: ₩900,000−₩400,000(주식배당)=₩500,000

위의 재무상태표에서 보는 바와 같이 주식배당, 무상증자, 액면분할을 실시한 후에도 자본 합계는 여전히 ₩16,400,000이다.

제6절 자본변동표

재무상태표의 자본은 기업의 소유주인 주주들의 몫이다. 경영자는 주주들로부터 위임받아 기업을 경영하는 대리인(agent)이기 때문에, 정기적으로 주주들에게 주주지분의 변동 사항을 보고해야 한다. 자본변동표(statement of changes in equity)는 일정 기간에 발생한 자본 구성항목의 변동내용을 요약한 재무제표로서 재무상태표, 포괄손익계산서, 현금흐름표 등과 함께 주요 재무제표 중의 하나이다.

자본변동표는 〈표 10−5〉와 같이 행렬(matrix) 형태로 작성한다.

〈표 10-5〉 자본변동표의 예

자본변동표

충주상사(주) 20×1년 1월 1일부터 20×1년 12월 31일까지 (단위: 백만원)

구분	납입자본	이익잉여금	기타포괄 손익누계액	기타자본항목	총계
20×1. 1. 1(기초)	₩3,300	₩1,200	₩700	₩(200)	₩5,000
현금배당		(300)			(300)
유상증자	1,200				1,200
자기주식처분				100	100
당기순이익		400			400
기타포괄손실			(400)		(400)
20×1. 12. 31(기말)	₩4,500	₩1,300	₩300	₩(100)	₩6,000

〈표 10−5〉에서 첫 번째 행은 기초시점(20×1년 1월 1일)에서 자본의 각 구성요소별 합계금액이다. 즉, 20×1년 초 충주상사(주)의 재무상태표의 납입자본 합계는 33억원,

이익잉여금 합계는 12억원, 기타포괄손익누계액 합계는 7억원, 기타자본항목 합계는 −2억원(괄호는 마이너스 금액을 의미)이었다.

두 번째 행부터는 20×1년 중에 자본의 각 구성요소를 변동시킨 내역을 변동원인별로 모두 나열한 것이다. 예를 들어, 두 번째 행은 현금배당 3억원을 지급함으로써 미처분이익잉여금 3억원이 감소하였음을 나타낸다. 세 번째 행은 유상증자(현금으로 주식발행)를 실시하여 납입자본이 12억원 증가하였음을 나타내며, 네 번째 행은 자기주식을 1억원에 재발행하였음을 나타낸다. 다섯 번째 행은 20×1년도 당기순이익 4억원이 발생하여 미처분이익잉여금 4억원이 증가하였음을 나타내며, 마지막으로 여섯 번째 행은 기타포괄손실이 4억원 발생하였음을 나타낸다.

위와 같이 자본의 구성을 변동시킨 20×1년도 모든 사건들로 말미암아 각 구성요소별로 기말합계(마지막 행)가 계산된다. 각 항목의 기말합계는 각 열의 금액을 합산하면 된다. 즉, 충주상사(주)의 기말(20×1년 12월 31일) 납입자본은 45억원, 이익잉여금은 13억원, 기타포괄손익누계액은 3억원, 기타자본항목은 −1억원이며, 이들의 합계인 자본총계는 60억원이다. 물론 자본변동표의 기말금액은 기말 재무상태표의 해당 금액과 일치한다.

위의 자본변동표에 근거하여 충주상사(주)의 20×0년 및 20×1년 말 재무상태표의 자본 부문을 표시하면 다음과 같다.

재무상태표(자본부문)

충주상사(주) (단위: 백만원)

	20×1/12/31	20×0/12/31
자본		
납입자본	₩4,500	₩3,300
이익잉여금	1,300	1,200
기타포괄손익누계액	300	700
기타자본항목	(100)	(200)
자본총계	₩6,000	₩5,000

종합예제

자본 변동사항의 회계처리 및 자본변동표 작성

춘천상사(주)의 20×1년 12월 31일의 재무상태표의 자본 부분은 다음과 같다. 춘천상사(주)의 보통주 1주의 액면금액은 ₩5,000이며, 발행주식총수는 900주이다.

재무상태표

춘천상사(주)	20×1년 12월 31일	(단위: 천원)
자본		
1. 납입자본		₩7,500
(1) 보통주자본금	₩4,500	
(2) 주식발행초과금	3,000	
2. 이익잉여금		2,600
(1) 이익준비금	1,000	
(2) 사업확장적립금	800	
(3) 미처분이익잉여금	800	
3. 기타자본항목		(700)
(1) 자기주식	(800)	
(2) 자기주식처분이익	100	
자본합계		₩9,400

그리고 춘천상사(주)의 20×2년 중 거래내역은 다음과 같다.

① 1월 21일: 자기주식 100주를 주당 ₩10,000씩 현금을 지급하고 취득하였다.

② 3월 4일: 보통주 500주를 주당 ₩12,000에 현금으로 발행하였다.

③ 3월 22일: 주주총회에서 다음과 같이 이익잉여금 처분을 의결하였다.

- 사업확장적립금 이입: ₩300,000
- 이익준비금 적립: ₩600,000
- 현금배당: ₩400,000(즉시 지급하였음)

④ 9월 22일: 자기주식(취득원가 합계 ₩400,000)을 ₩250,000에 처분하였다.

⑤ 11월 4일: 주식발행초과금 ₩4,500,000과 이익준비금 ₩500,000을 재원으로 1,000주를 무상 증자하였다.

⑥ 12월 31일: 20×2년도 당기순이익은 ₩900,000이었다.

| 물음 |

(1) 20×2년 중의 거래내역을 각각 분개하라.

(2) 위 분개를 반영하여 20×2년도 재무상태표의 '자본' 부문을 작성하라.

(3) 위의 자료를 토대로 20×2년도 자본변동표를 작성하라.

| 풀이 |

(1) ① 1월 21일: 자기주식 취득액=100주×₩10,000=₩1,000,000

(차) 자기주식	1,000,000	(대) 현금	1,000,000

② 3월 4일: 유상증자 총액=500주×₩12,000=₩6,000,000

(차) 현금	6,000,000	(대) 보통주자본금	2,500,000
		주식발행초과금	3,500,000

③ 3월 22일: 주주총회 결의사항

(차) 사업확장적립금	300,000	(대) 미처분이익잉여금	300,000
(차) 미처분이익잉여금	600,000	(대) 이익준비금	600,000
(차) 미처분이익잉여금	400,000	(대) 현금	400,000

④ 9월 22일: 자기주식처분손실 ₩150,000(=₩250,000−₩400,000) 발생. 자기주식처분이익 ₩100,000이 존재하므로 이와 먼저 상계한 후 초과액 ₩50,000을 자기주식처분손실로 분개한다.

(차) 현금	250,000	(대) 자기주식	400,000
자기주식처분이익	100,000		
자기주식처분손실	50,000		

⑤ 11월 4일: 무상증자 금액 ₩5,000,000

(차) 주식발행초과금	4,500,000	(대) 보통주자본금	5,000,000
이익준비금	500,000		

⑥ 12월 31일: 당기순이익 ₩900,000

(차) 집합손익	900,000	(대) 미처분이익잉여금	900,000

(2) 20×2년 말의 각 자본항목의 금액은 다음과 같다(단위: 천원).

- 보통주자본금=₩4,500(기초)+₩2,500(유상증자)+₩5,000(무상증자)=₩12,000
- 주식발행초과금=₩3,000(기초)+₩3,500(유상증자)−₩4,500(무상증자)=₩2,000
- 이익준비금=₩1,000(기초)+₩600(적립)−₩500(무상증자)=₩1,100
- 사업확장적립금=₩800(기초)−₩300(이입)=₩500
- 미처분이익잉여금=₩800(기초)+₩300(이입)−₩600(적립)−₩400(현금배당)
  +₩900(당기순이익)=₩1,000

- 자기주식 = −₩800(기초) − ₩1,000(새로 취득) + ₩400(재발행) = −₩1,400
- 자기주식처분손익 = ₩100(기초) − ₩150(처분손실) = −₩50(처분손실)

위의 사항들을 정리하여 재무상태표의 자본 부분을 작성하면 다음과 같다.

재무상태표		
춘천상사(주)	20×1년 12월 31일	(단위: 천원)
자본		
1. 납입자본		₩14,000
(1) 보통주자본금	₩12,000	
(2) 주식발행초과금	2,000	
2. 이익잉여금		2,600
(1) 이익준비금	1,100	
(2) 사업확장적립금	500	
(3) 미처분이익잉여금	1,000	
3. 기타자본항목		(1,450)
(1) 자기주식	(1,400)	
(2) 자기주식처분손실	(50)	
자본합계		₩15,150

(3) 자본의 변동내역을 발생일별로 살펴보면 다음과 같다(단위: 천원).

① 자기주식 취득(1/21) ₩1,000 → 기타자본항목 ₩1,000 감소
② 유상증자(3/4) ₩6,000 → 납입자본 ₩6,000 증가
③ 주주총회 결의사항(3/22):
- 사업확장적립금 이입 ₩300 → 이익잉여금 내 재분류로 변동 없음
- 이익준비금 적립 ₩600 → 이익잉여금 내 재분류로 변동 없음
- 현금배당 ₩400 → 이익잉여금 ₩400 감소

④ 자기주식 처분(9/22) ₩250 → 기타자본항목 ₩250 증가
⑤ 무상증자(11/4) ₩5,000 → 납입자본 ₩500 증가, 이익잉여금 ₩500 감소
⑥ 당기순이익(12/31) ₩900 → 미처분이익잉여금 ₩900 증가

위의 사항들을 정리하면 다음과 같은 자본변동표가 작성된다.

자본변동표

춘천상사(주)	20×2년 1월 1일부터 20×2년 12월 31일까지			(단위: 천원)
구분	납입자본	이익잉여금	기타자본항목	총계
20×2/1/1(기초잔액)	₩7,500	₩2,600	₩(700)	₩9,400
① 자기주식 취득			(1,000)	(1,000)
② 유상증자	6,000			6,000
③ 현금배당		(400)		(400)
④ 자기주식 처분			250	250
⑤ 무상증자	500	(500)		0
⑥ 당기순이익		900		900
20×2/12/31(기말잔액)	₩14,000	₩2,600	₩(1,450)	₩15,150

위의 자본변동표에서 마지막 행의 기말(20×2/12/31) 금액은 물음 (2)의 풀이에서 제시한 기말 재무상태표의 각 자본항목별 합계금액과 일치해야 한다. 만일 일치하지 않으면 작성과정에서 오류가 발생한 것이다.

익힘문제

1. 타인자본과 자기자본에 의한 자본조달의 차이점을 설명하라.

2. 보통주와 우선주의 차이를 설명하라.

3. 발행주식수와 유통주식수의 차이를 설명하라.

4. 주식 발행에 의한 자금조달은 재무상태표에 어떻게 표시되는지 설명하라.

5. 납입자본과 기타자본구성요소의 차이를 설명하라.

6. 미처분이익잉여금과 일반적립금의 차이를 설명하라.

7. 법정적립금과 임의적립금의 차이를 설명하라.

8. 이익잉여금의 적립 및 이입의 차이를 설명하라.

9. 미처분이익잉여금을 증가시키는 원인과 감소시키는 원인을 각각 설명하라.

10. 자기주식을 재취득하면 재무상태표에 어떻게 표시되는지 설명하라.

11. 자기주식의 소각은 어떻게 회계처리하는지 설명하라.

12. 무상증자를 실시하면 어떻게 분개하는지 설명하라.

13. 주식배당을 실시하면 어떻게 분개하는지 설명하라.

14. 자본변동표는 어떤 정보를 제공하는지 설명하라.

연습문제

10-1 기본개념의 이해

아래 문장이 맞으면 O, 틀리면 X를 표시하여라.

(1) 주식회사의 주주는 유한책임을 부담한다. 즉, 회사에 손실이 발행하는 경우 주주는 자신의 투자액 범위 내에서만 손해를 부담하며 그 이상의 책임은 지지 않는다. ( )

(2) 일반적으로 주식 발행에 의해 조달된 자금은 상환 만기가 존재하지 않으며, 기업은 이자와 같은 확정 대가를 지급할 의무가 없다. ( )

(3) 우선주는 보통주에 비해 의결권의 행사 및 배당의 지급에 있어 우선적인 권리를 갖는다. ( )

(4) 주식회사의 자본금은 주식 발행 시 납입된 금액과 일치한다. ( )

(5) 주식이 할증발행되는 경우에도 자본금은 주식의 액면금액으로 표시한다. ( )

(6) 주식발행비가 지출된 경우 납입자본은 이를 차감한 금액으로 표시한다. ( )

(7) 미처분이익잉여금을 각종 적립금으로 재분류하는 것을 이입이라고 부른다. ( )

(8) 미처분이익잉여금을 이익준비금으로 적립하면 재무상태표의 이익잉여금 합계는 증가한다. ( )

(9) 기업이 자기주식을 취득한 경우 자본금에서 직접 차감하는 방식으로 표시한다. ( )

(10) 자기주식을 소각할 때 발생하는 감자차익은 미처분이익잉여금에 반영되므로 배당에 이용할 수 있다. ( )

(11) 주식배당을 실시하는 경우 자본총액의 감소가 발생하지만, 무상증자를 실시하는 경우에는 자본 총액에 변화가 없다. ( )

(12) 기업이 액면분할을 실시하는 경우에는 별도의 회계처리가 필요하지 않다. ( )

(13) 포괄손익계산서는 일정 회계기간 동안의 자본항목의 변동사항을 요약한 재무제표이다. ( )

10-2 자본의 분류

다음은 파주상사(주)의 20×1년도 재무상태표에 포함된 계정과목들이다. 납입자본으로 분류되는 것은 A, 이익잉여금은 B, 기타포괄손익누계액은 C, 기타자본항목은 D를 기입하라.

(1) 재평가잉여금	(　　)	(2) 보통주자본금	(　　)
(3) 미처분이익잉여금	(　　)	(4) 사업확장적립금	(　　)
(5) 이익준비금	(　　)	(6) 자기주식	(　　)
(7) 우선주자본금	(　　)	(8) 미교부주식배당금	(　　)
(9) 자기주식처분손실	(　　)	(10) 주식발행초과금	(　　)

10-3 보통주와 우선주의 발행

양평기업(주)는 주당 액면금액 ₩10,000인 보통주 100주를 ₩15,000씩 발행하였고, 아울러 주당 액면금액 ₩10,000인 우선주 50주를 ₩12,000씩 발행하였다. 보통주와 우선주 발행에는 주식발행비가 각각 ₩100,000이 지급되었다.

| 물음 |

(1) 위의 주식발행을 분개하라.
(2) 재무상태표의 자본금 합계는 (₩　　　)이고, 주식발행초과금은 (₩　　　)으로 표시된다. 단, 다른 항목은 없다고 가정한다.

10-4 주식발행

다음은 춘천상사(주)의 주식 발행에 관한 자료이다.

〈자료 1〉 20×0년 12월 31일의 재무상태표의 보통주자본금은 ₩700,000, 주식발행초과금은 ₩70,000이었다.
〈자료 2〉 20×1년 2월 8일에 액면금액 ₩5,000의 보통주 100주를 주당 ₩5,800에 발행하였다.
〈자료 3〉 20×1년 10월 20일에 액면금액 ₩5,000의 보통주 200주를 주당 ₩5,600에 발행하였다.

| 물음 |

(1) 20×1년 2월 8일의 보통주 발행을 분개하라.
(2) 20×1년 10월 20일의 보통주 발행을 분개하라.
(3) 다른 변동이 없다면, 20×1년 12월 31일의 춘천상사(주)의 재무상태표의 납입자본 합계는 얼마인가?

10-5 이익잉여금의 처분과 변동 (I)

다음은 20×0년 12월 31일의 안동상사(주) 재무상태표의 이익잉여금 구성자료이다.

안동상사(주)	부분재무상태표(20×0/12/31)		
이익잉여금			
	일반적립금:	이익준비금	₩3,000,000
		사업확장적립금	2,000,000
	미처분이익잉여금:		1,000,000
	합계		₩6,000,000

20×1년도 안동상사(주)의 이익잉여금 관련 거래는 다음과 같다.

① 20×1년 3월 28일의 주주총회에서 사업확장적립금 ₩2,000,000을 이입하기로 결의하였다.

② 20×1년 3월 28일의 주주총회에서 이익준비금 ₩200,000을 적립하기로 결의하였다.

③ 20×1년 3월 28일의 주주총회에서 현금배당 ₩2,000,000을 지급하기로 결의한 후 곧 현금으로 지급하였다.

④ 20×1년 말에 보고된 당기순이익은 ₩1,000,000이다.

| 물음 |

(1) 20×1년도에 발생한 거래 ①~④를 각각 분개하라.

(2) 20×1년 12월 31일의 안동상사(주)의 재무상태표의 일반적립금 및 미처분이익잉여금 장부금액은 얼마인가(괄호 안에 적절한 숫자를 기입하라)?

일반적립금:	이익준비금	( )
	사업확장적립금	( )
미처분이익잉여금:		( )
합계		( )

10-6 이익잉여금의 처분과 변동 (II)

다음은 20×1년에 영업을 개시한 용산상사(주)의 이익잉여금 변동에 관한 자료이다. 용산상사(주)의 결산일은 12월 31일이다.

〈자료 1〉 20×1년도 당기순이익은 600,000원이었다.

〈자료 2〉 20×2년 3월에 개최된 주주총회에서는 다음과 같이 전기 이익 처분을 결의하였다.

현금배당	200,000원(즉시 현금 지급)
이익준비금 적립	60,000
배당평균적립금 적립	100,000

〈자료 3〉 20×2년도 당기순이익은 200,000원이었다.

〈자료 4〉 20×3년 3월에 개최된 주주총회에서는 다음과 같이 전기 이익 처분을 결의하였다.

배당평균적립금 이입	100,000원

	현금배당	200,000 (즉시 현금 지급)
	이익준비금 적립	60,000
〈자료 5〉	20×3년도 당기순이익은 500,000원이었다.	

| 물음 |

(1) 20×1년도 당기순이익 발생을 분개하라(〈자료 1〉 참조).

(2) 20×2년 3월 전기 이익 처분과 20×2년 기말의 당기순이익 발생을 각각 분개하라(〈자료 2〉 및 〈자료 3〉 참조).

(3) 20×2년도 재무상태표의 이익잉여금 합계는 얼마인가?

(4) 20×3년 3월의 전기 이익 처분과 20×3년 기말의 당기순이익 발생을 각각 분개하라(〈자료 4〉 및 〈자료 5〉 참조)

(5) 20×3년도 재무상태표의 이익잉여금 합계는 얼마인가?

10-7 현금배당과 주식배당

수원상사(주)의 20×1년 12월 31일 보통주자본금은 ₩5,000,000(주당 액면금액 ₩5,000, 발행주식수 1,000주), 그리고 미처분이익잉여금은 ₩3,000,000이었다.

| 물음 |

(1) 20×2년 3월 20일의 주주총회에서 1주당 ₩1,000의 현금배당을 지급하기로 결의하였다. 이에 대한 분개는?

(2) 20×2년 4월 21일에 위의 현금배당을 실제로 지급하였다. 이에 대한 분개는?

(3) 또한 같은 주주총회에서 1주당 0.2주의 주식배당을 실시하기로 결의하였다. 이에 대한 분개는?

(4) 20×2년 4월 21일에 위 주식배당의 주식을 교부하였다. 이에 대한 분개는?

(5) 현금배당과 주식배당을 실시한 후의 보통주자본금은 (₩)이 되며, 미처분이익잉여금은 (₩)이 된다.

10-8 자기주식의 취득과 유통주식수

광주기업(주)의 발행주식수는 2,000주이고, 주당 액면금액은 ₩1,000, 보통주자본금은 ₩2,000,000, 주식발행초과금은 ₩8,000,000이다. 광주기업(주)는 20×1년 7월 31일에 자기주식 100주를 주당 ₩10,000씩 현금을 지급하고 취득하였다.

| 물음 |

(1) 광주기업(주)의 자기주식 취득을 분개하라.

(2) 취득한 자기주식은 재무상태표의 [비유동자산, 기타자본항목]에 [플러스, 마이너스]로 표시된다. 따라서 자기주식을 취득하면 자본 합계는 [증가한다, 감소한다]. 위의 3개의 [ ] 속에 예시된 것 중에서 적절한 것을 각각 고른다면?

(3) 자기주식 취득 후의 광주기업(주)의 유통주식수 몇 주인가?

10-9 자기주식의 취득, 재발행 및 소각

다음은 진주상사(주)의 자기주식 거래에 대한 자료이다.

〈자료 1〉 20×0년 12월 31일의 재무상태표의 보통주자본금은 ₩10,000,000(액면금액 ₩5,000), 주식발행초과금은 ₩5,000,000, 감자차익은 ₩10,000, 그리고 자기주식 및 자기주식처분손익 각각 ₩0이었다.
〈자료 2〉 20×1년 2월 8일에 자기주식 50주를 주당 ₩8,000에 취득하였다.
〈자료 3〉 20×1년 4월 1일에 자기주식 10주를 주당 ₩9,000에 재발행하였다.
〈자료 4〉 20×1년 7월 10일에 자기주식 10주를 주당 ₩6,500에 재발행하였다.
〈자료 5〉 20×1년 11월 30일에 자기주식 10주를 소각하기로 결정하였다.

| 물음 |

(1) 20×1년 2월 8일의 자기주식 취득을 분개하라(〈자료 2〉 참조).
(2) 20×1년 4월 1일의 자기주식 재발행을 분개하라(〈자료 3〉 참조).
(3) 20×1년 7월 10일의 자기주식 재발행을 분개하라(〈자료 4〉 참조).
(4) 20×1년 11월 30일의 자기주식 소각 결정을 분개하라(〈자료 5〉 참조).

10-10 주식분할과 무상증자

다음은 20×1년 말의 대전상사(주)의 재무상태표의 자본 부분이다.

재무상태표		
대전상사(주)	20×1년 12월 31일	(단위: 원)
자본		
납입자본:	보통주자본금*	₩5,000,000
	주식발행초과금	2,700,000
이익잉여금:	이익준비금	2,000,000
	미처분이익잉여금	4,000,000
자본총계		₩13,700,000

* 주당 액면금액: ₩5,000

| 물음 |

(1) 20×1년 말의 대전상사(주)의 발행주식수는 몇 주인가?
(2) 20×2년 중에 대전상사(주)는 1주당 5주를 분배하는 무상증자를 실시하였다. 무상증자 후 발행주식수는 (　　)주가 되며, 보통주자본금은 (₩　　)이 된다.
(3) 무상증자가 결정되기 직전에 대전상사(주)의 주가는 1주당 ₩200,000이었다. 다른 사항은 변동이 없다고 가정할 경우, 무상증자 후의 1주당 주가는 얼마로 변화하겠는가?

(4) 대전상사(주)는 그 다음 연도인 20×3년에 다시 1대 10으로 액면분할을 실시하였다. 대전상사(주)의 액면분할을 분개하라.

(5) 액면분할 후 대전상사(주)의 발행주식수는 ( )주이며, 1주당 액면금액은 (₩)이다.

10-11 자본변동표

다음은 울진상사(주)의 20×2년도 자본 항목별 변동내역이다.

	20×2	20×1	증감
납입자본	₩1,500,000	₩1,000,000	₩500,000
이익잉여금	600,000	300,000	300,000
기타자본항목	(200,000)	0	(200,000)
자본총계	₩1,900,000	₩1,300,000	₩600,000

그리고 20×2년도 울진상사(주)의 거래내역은 다음과 같다.

① 납입자본 ₩500,000의 증가는 유상증자(즉, 주식 발행)에 의한 것이다.

② 20×2년 중 당기순이익 ₩800,000의 발생, 현금배당 ₩500,000의 지급, 이익준비금 ₩50,000 적립, 그리고 사업확장적립금 ₩500,000 적립이 이루어졌다.

③ 20×2년 중 자기주식 10주를 주당 ₩20,000에 취득하였다.

| 물음 |

위의 자료에 근거하여 20×2년도 울진상사(주)의 자본변동표를 작성하라(아래 자본변동표의 형식을 이용하라).

울진상사(주) **자본변동표** (단위: 원)

구분		납입자본	이익잉여금	기타자본항목	합계
기초잔액		₩1,000,000	₩300,000	₩0	₩1,300,000
변동내역					
기말잔액					

10-12 종합문제: 재무제표 작성

다음은 서울기업(주)의 20×1년 12월 31일 재무상태표의 자본 부분이다.

재무상태표

서울기업(주)	20×1년 12월 31일	(단위: 천원)
자본		
1. 납입자본:		
(1) 보통주자본금	₩30,000	
(2) 주식발행초과금	10,000	₩40,000
2. 이익잉여금:		
(1) 일반적립금: 이익준비금	5,000	
배당평균적립금	3,000	
(2) 미처분이익잉여금	25,000	33,000
3. 기타자본항목:		
(1) 자기주식(200주, 주당 취득원가 ₩9,000)	(1,800)	
(2) 자기주식처분손실	(100)	(1,900)
자본 합계		₩71,100

20×2년도 서울기업(주)의 거래내역은 다음과 같다.

① 3월 7일: 보통주 2,000주(주당 액면금액 ₩10,000)를 주당 ₩12,000에 발행하였다.

② 3월 26일 주주총회 결의사항: 이익준비금으로 ₩2,000,000을 적립하고, 배당평균적립금으로 ₩1,500,000을 적립하기로 결의하였다. 그리고 현금배당 ₩20,000,000을 지급하기로 결의하고 즉시 지급하였다.

③ 4월 2일: 자기주식 500주를 주당 ₩11,000에 추가적으로 취득하였다.

④ 10월 9일: 자기주식 300주를 주당 ₩15,000씩 재발행하였다. 자기주식의 거래는 선입선출법을 적용한다.

⑤ 12월 31일: 20×2년도 당기순이익은 ₩30,000,000이었다.

| 물음 |

(1) 20×2년도의 자본거래 ①~⑤를 각각 분개하라.

(2) 20×2년 12월 31일 재무상태표상의 자본 부분을 작성하라(다음 표의 괄호 안에 적절한 숫자를 기입하라).

재무상태표

서울기업(주)	20×2년 12월 31일		(단위: 천원)
자본			
1. 납입자본:			
(1) 보통주자본금		(　　)	
(2) 주식발행초과금		(　　)	(　　)
2. 이익잉여금:			
(1) 일반적립금: 이익준비금		(　　)	
배당평균적립금		(　　)	
(2) 미처분이익잉여금		(　　)	(　　)
3. 기타자본항목:			
(1) 자기주식(400주, 주당 취득원가 ₩11,000)		(　　)	
(2) 자기주식처분이익		(　　)	(　　)
자본 합계			(　　)

(3) 위의 자료에 근거하여 20×2년도 자본변동표를 작성하라.

자본변동표

서울기업(주) 20×2년 1월 1일부터 20×2년 12월 31일까지 (단위: 천원)

구분	납입자본	이익잉여금	기타자본항목	총계
20×2/1/1 (기초잔액)	₩40,000	₩33,000	₩(1,900)	₩71,100
① 유상증자	(　　)	(　　)	(　　)	(　　)
② 현금배당	(　　)	(　　)	(　　)	(　　)
③ 자기주식 취득	(　　)	(　　)	(　　)	(　　)
④ 자기주식 재발행	(　　)	(　　)	(　　)	(　　)
⑤ 당기순이익	(　　)	(　　)	(　　)	(　　)
20×2/12/31 (기말잔액)	(　　)	(　　)	(　　)	(　　)

제11장

금융자산II: 지분증권과 채무상품

금융자산은 현금, 수취채권, 금융상품 등으로 구성된다. 이 중에서 현금 및 현금성자산과 수취채권은 제6장에서 이미 설명하였다. 본 장에서는 금융상품으로서 지분상품(주식)과 채무상품(채권)에 대해 설명한다. 회계에서는 기업이 취득한 금융자산을 상품의 특성과 보유목적에 따라 상각후원가측정금융자산, 기타포괄손익-공정가치측정금융자산, 당기손익-공정가치측정금융자산으로 분류하며, 이들 각각의 취득, 기말평가, 처분에 대해 서로 다른 회계처리방법을 규정하고 있다.

금융자산 II : 지분증권과 채무상품

- 금융자산의 회계적 분류
  - 금융상품의 분류
  - 관계기업투자와 종속기업투자
- 채무상품의 회계처리
  - AC금융자산
  - FVOCI금융자산(채무상품)
  - FVPL금융자산(채무상품)
- 지분상품의 회계처리
  - FVOCI금융자산(지분상품)
  - FVPL금융자산(지분상품)

제1절 금융자산의 회계적 분류

회계에서 금융자산(financial assets)은 현금 및 현금성자 산, 수취채권, 다른 기업이 발행한 주식이나 채권 등을 총칭하는 자산개념이다. 금융자산 중 현금 및 현금성자산과 수취채권 등에 관한 회계처리는 제6장에서 다루었으므로, 본 장에서는 이들을 제외한 금융자산의 취득과 보유 및 처분에 관한 회계주제를 설명한다.

기업은 자금이 부족하면 주식발행이나 차입을 통하여 외부에서 조달하지만, 반대로 여유자금이 있을 때에는 투자수익(예: 시세차익, 이자수익, 배당수익 등)을 얻기 위하여 다른 기업이나 실체(예: 정부, 금융기관 등)가 발행한 금융상품(financial instruments)에 투자한다. 여기서 투자대상 금융상품은 크게 지분형 금융상품(지분상품)과 채무형 금융상품(채무상품)으로 구분할 수 있다. 지분형 금융상품의 대표적인 예는 다른 기업이 발행한 주식이다. 주식을 보유하면 발행기업에 대한 경영참여권을 가지며 배당금을 받을 수 있다. 이에 비하여 채무형 금융상품은 (회)사채 및 국채 등과 같이 다른 기업이나 실체가 발행한 채권이 대표적이다. 채권을 보유하면 원금과 이자를 받을 수 있는 확정적 권리를 얻는다.

우리는 제9장(사채발행)과 제10장(주식발행)에서 채무상품과 지분상품을 발행한 기업의 회계주제를 다루었다. 본 장에서는 기업이 다른 실체의 채무상품과 지분상품에 투자한 경우의 회계주제를 다룬다.

1.1 금융상품의 분류

현금 및 현금성자산을 제외한 금융자산을 투자수익(시세차익, 이자수익, 배당수익 등)을 얻기 위한 목적으로 취득하였다면, K-IFRS에서는 다음과 같이 세 가지 항목으로 분류한다.

① 상각후원가측정금융자산(AC금융자산)
② 기타포괄손익-공정가치측정금융자산(FVOCI금융자산)
③ 당기손익-공정가치측정금융자산(FVPL금융자산)

위 분류는 기업이 금융상품을 취득하여 보유하는 목적과[1] 금융상품의 계약상 현금흐름 특성(원금과 이자의 지급만으로 구성된 현금흐름)이라는 두 가지 구분 기준에 따라서 결정된다. 그리고 어떤 항목으로 분류되느냐에 따라서 매 기말에 금융자산을 측정하는 방법과 평가손익을 회계처리하는 방법이 달라진다.

먼저, 상각후원가측정금융자산(financial assets carried at amortized cost, AC금융자산)은 계약상 현금흐름(원금과 이자)을 수취하기 위한 목적으로 보유하는 금융자산이다. 예를 들어, 기업이 다른 실체가 발행한 채권을 취득하여 만기까지 보유하고자 한다면, 기업은 채권의 만기일까지 일정한 이자를 수취하며 만기에는 원금을 지급받을 수 있다. 이 경우에 기업은 해당 채권을 상각후원가측정금융자산으로 분류한다. 금융자산을 상각후원가측정금융자산으로 분류하면 기말 재무상태표에 상각후원가(amortized cost)[2]로 측정하고 유효이자율법에 따른 이자수익을 당기손익으로 인식한다.

다음, 기타포괄손익-공정가치측정금융자산(financial assets at fair value through other comprehensive income, FVOCI금융자산)은 계약상 현금흐름(원금과 이자)의 수취뿐만 아니라, 필요에 따라서는 금융자산을 매도하려는 목적으로 보유하는 금융자산이다. 예를 들어, 기업이 채권을 취득하여 보유하는 동안 이자를 수취하다가 일정 시점에 매각하여 시세차익을 얻고자 한다면, 기업은 해당 채권을 기타포괄손익-공정가치측정금융자산으로 분류한다. 금융자산을 기타포괄손익-공정가치측정금융자산으로 분류하면 매 기말 공정가치로 측정하고 그 공정가치 변동(금융자산평가손익)은 기타포괄손익으로 인식한다. 여기서 공정가치(fair value)는 시장참여자 사이의 정상거래에서 수취할 수 있는 가치(금액)이다. 구체적으로 증권거래소와 같이 시장이 존재하는 경우는 그 시장가격(또는 시가)이 바로 공정가치이며, 시가가 존재하지 않는 경우는 전문가의 감정이나 가치평가기법 등을 적용하여 공정가치를 추정해야 한다.

마지막으로, 당기손익-공정가치측정금융자산(financial assets at fair value through profit or loss, FVPL금융자산)은 위의 두 가지 항목에 해당하지 않는 금융자산이다. 예를 들어, 기업이 시세차익을 얻기 위해 단기매매목적으로 채권을 취득하였다면, 기업은 해당 채권을 당기손익-공정가치측정금융자산으로 분류한다. 금융자산을 당기손익-공정가치측

1) K-IFRS는 이 조건을 '금융자산의 관리를 위한 사업모형'으로 표현하고 있다. 회사가 금융상품을 취득하여 보유하는 목적은 크게 계약상 현금흐름의 수취, 계약상 현금흐름의 수취와 중도매각, 단기매매투자 등으로 나눌 수 있다.

2) 상각후원가(amortised cost)란 당해 금융자산의 최초 인식금액(취득원가)에 유효이자율법에 따라 계산한 상각누계액(예: 현재가치할인차금)을 가감한 금액을 말한다.

정금융자산으로 분류하면 매 기말 공정가치로 측정하고 그 공정가치 변동(금융자산평가손익)은 당기손익으로 인식한다.

금융자산의 세부 계정과목명은 해당 금융자산의 측정기준과 평가손익 인식방법을 표현하고 있어 비교적 긴 특징이 있다. 본서에서는 편의상 상각후원가측정금융자산을 AC금융자산으로, 기타포괄손익-공정가치측정금융자산을 FVOCI금융자산으로, 당기손익-공정가치측정금융자산을 FVPL금융자산으로 표현하기로 한다.[3)]

〈표 11-1〉 금융상품의 분류와 기말 회계처리

구분	분류기준		기말 회계처리
	채무상품	지분상품	
AC금융자산	계약상 현금흐름 수취	해당사항 없음	상각후원가로 표시하고 유효이자율법에 따른 이자수익 인식
FVOCI금융자산	계약상 현금흐름 수취와 금융자산 매도	최초 인식시점에 선택 가능	공정가치로 표시하고 평가손익을 기타포괄손익으로 인식
FVPL금융자산	나머지 모두	원칙적으로 모든 지분상품	공정가치로 표시하고 평가손익을 당기손익으로 인식

이론적으로 보면, 채무상품은 세 가지 금융자산으로 분류가 모두 가능하다. 다만 단기 시세차익을 목적으로 채권을 매수하는 경우는 흔하지 않으므로 대부분 AC금융자산이나 FVOCI금융자산으로 분류된다. 이에 비하여 지분상품은 보유기간 중에 정해진 현금흐름이 없기 때문에 원칙적으로 FVPL금융자산으로 분류된다. 다만 지분상품을 단기매매목적으로 취득한 것이 아니라면 후속적인 공정가치 변동을 기타포괄손익으로 표시하도록 최초 인식시점에 FVOCI금융자산으로 선택하여 분류할 수 있다.[4)]

3) 이러한 약칭 표현은 본서를 포함한 회계학 교재뿐만 아니라 실무에서도 널리 사용되고 있다.
4) 후속적인 공정가치 변동을 기타포괄손익으로 표시할 목적이기 때문에 대체로 장기 투자목적으로 지분상품 취득하는 경우에 선택된다.

1.2 관계기업투자와 종속기업투자

지분형 금융상품으로서 보통주는 의결권이 있기 때문에, 다른 기업이 발행한 보통주를 많이 보유하면 그 기업의 경영 의사결정에 참여하여 중대한 영향력(significant influence)을 행사할 수 있다. 즉 임원의 교체, 주요 투자안의 승인, 배당지급액의 결정 등에 참여하여 기업이 보유하고 있는 지분율만큼 영향력을 행사할 수 있는 것이다. 이와 같이, 다른 기업의 경영 의사결정에 참여하거나 경영권을 획득하기 위한 목적으로 지분상품을 다량 취득하는 경우에는 앞서 설명한 금융자산의 세 가지 분류를 적용하지 않고 관계기업투자나 종속기업투자로 분류한다.

K-IFRS는 다른 기업의 의결권 있는 지분증권(보통주식)을 20% 이상 보유하면 그 기업에 대한 중대한 영향력을 행사할 수 있는 지분율이라고 간주한다. 따라서 20% 이상의 지분율을 보유한 경우에는 그 지분증권을 '금융자산'이 아닌 '관계기업투자(investments in associates)'로 분류하고 지분법(equity method)에 의한 회계처리를 수행한다.

더 나아가 다른 기업의 경영권을 지배할 수 있는 충분한 지분증권(예를 들어, 50% 초과 보유)을 보유한 경우에는 해당 지분증권을 종속기업투자(investments in subsidiaries)로 분류한다. 이 경우에는 지배기업(parent company)이 종속기업(subsidiary)의 재무제표까지 포함하는 연결재무제표(consolidated financial statements)를 작성하여야 한다. 관계기업투자 계정에 대한 지분법 회계처리와 연결재무제표의 회계처리 문제는 본서에서 다루지 않는다. 이에 대해서는 고급재무회계 교과서를 참고하기 바란다.

제2절 채무상품의 회계처리

본 절에서는 세 가지 금융자산으로 모두 분류가능한 채무상품을 대상으로, AC금융자산, FVOCI금융자산, FVPL금융자산의 구체적인 회계처리 사례를 살펴보자.

2.1 AC금융자산

기업이 다른 실체가 발행한 채무상품을 취득한 경우, 다음의 두 가지 조건을 모두 충족하면 AC금융자산으로 분류한다.

① 금융자산의 계약상 현금흐름이 원금과 이자만으로 구성되고,
② 그 계약상 현금흐름의 수취를 목적으로 보유한다.

예를 들어, 기업이 만기까지 보유할 목적으로 다른 기업이 발행한 사채를 취득하면 이 사채를 AC금융자산으로 분류한다.

(1) AC금융자산의 취득

기업이 AC금융자산을 처음 인식할 때에는 공정가치(일반적으로 거래가격)로 측정한다.[5] 이때, 금융자산의 취득에 직접 관련된 거래원가(거래수수료, 세금 등)는 취득원가에 포함시킨다.

- AC금융자산의 취득원가 = 공정가치(거래가격) + 거래원가

대전상사(주)는 다음과 같이 충남기업(주)이 발행한 사채를 만기까지 보유하면서 원금과 이자를 수취할 목적으로 현금 취득하고, 동 사채를 AC금융자산으로 분류하였다고 가정하자.

- 발행기업: 충남기업(주)
- 액면이자율: 연 10%
- 취득일: 20×1년 1월 1일
- 만기: 3년
- 액면금액: ₩100,000
- 이자지급조건: 매년 말에 지급
- 취득원가: ₩95,196

5) 일반적으로 채무상품의 거래금액에는 거래일까지 발생한 액면이자(경과이자)가 포함될 수 있다. 채무상품의 거래금액에 경과이자가 포함된 경우에는 해당 경과이자를 채무상품의 취득원가와 구분하여 미수이자 계정으로 별도 인식한다.

사채 취득기업인 대전상사(주)는 AC금융자산을 현금 ₩95,196에 취득하였으므로 다음과 같이 분개한다.

(차) AC금융자산	95,196	(대) 현금	95,196

재무상태표(20×1/1/1)

비유동자산:		
AC금융자산	95,196	

AC금융자산의 표시방법은 사채를 발행할 때의 표시방법과 조금 다르다. 사채를 발행한 충남기업(주) 입장이라면 사채(액면금액)와 사채할인발행차금(=액면금액-발행금액)이라는 두 가지 계정과목으로 사용하여 2단계로 표시하지만(제9장 참조), 그 사채를 취득하여 AC금융자산으로 분류한 대전상사(주) 입장에서는 2단계로 표시하지 않고 취득원가를 직접 표시한다. 또한, 사채를 취득한 경우는 취득시점에 그 취득원가(=공정가치+직접거래원가)와 만기까지의 현금흐름을 일치시키는 유효이자율을 계산해야 한다. 유효이자율의 계산방법은 사채발행의 경우와 동일하게(제9장 4.2절 참조), 유효이자율을 r로 놓고 다음의 방정식을 풀면 된다.

$$₩95,196 = \frac{₩10,000}{(1+r)} + \frac{₩10,000}{(1+r)^2} + \frac{₩10,000}{(1+r)^3} + \frac{₩100,000}{(1+r)^3}$$

위의 방정식에서 ₩95,196은 AC금융자산의 취득원가이고, 분자의 ₩10,000은 사채의 연간 현금이자(=액면금액×액면이자율)이며, ₩100,000은 3년 후의 만기일에 회수할 액면금액이다. 위의 방정식을 풀면, $r=12\%$이다. 이같이 유효이자율을 계산하는 것은 다음에 설명할 AC금융자산의 이자수익을 계산하기 위한 것이다.

(2) AC금융자산의 이자수익 인식과 만기회수

AC금융자산을 보유한 투자자 입장에서는 금융자산을 만기까지 보유할 것이므로 공정가치가 변한다고 하더라도 만기까지의 현금흐름에는 영향을 받지 않는다. 그래서 공정가치의 변동을 평가손익으로 인식하지 않는다. 대신 매 기말에 유효이자율법에 따른 이자수익을 인식하여 장부금액을 조정하는 상각후원가법을 적용한다. 여기서 상각후원가(amortized costs)는 이자수익을 인식(유효이자율법 적용)한 후의 AC금융자산의 장부금액이다.

우리는 제9장에서 사채발행과 이자비용의 인식방법을 공부하였다. 여기서는 사채를 투자목적으로 취득하였기 때문에 이자비용이 아니라 이자수익을 인식하며, 사채발행과는 대칭적인 회계처리를 수행한다.

- 유효이자율법에 의한 이자수익 계산:

  연간 이자수익 = 기초시점의 금융자산 장부금액 × 유효이자율

  연간 현금이자 = 액면금액 × 액면이자율

그러면 제9장의 사채발행에서 설명하였던 사채발행차금 상각표를 응용하여 대전상사(주)가 보유한 AC금융자산(사채)에 대한 이자수익 계산표(유효이자율법에 따른 상각표)를 만들어 보자.

일자	연간 이자수익 (A)	연간 현금이자 (B)	장부금액의 증가 (C)	장부금액 (D)
	기초 D×12%	100,000×10%	A−B	기초 D+C
20×1/1/1	−	−	−	₩95,196
20×1/12/31	₩11,424	₩10,000	₩1,424	96,620
20×2/12/31	11,594	10,000	1,594	98,214
20×3/12/31	11,786	10,000	1,786	100,000

① 1차연도의 이자수익 인식: 1차연도 말에 인식해야 할 연간 이자수익은 ₩11,424이며(위 상각표 참조), 실제로 현금으로 수취하는 이자는 ₩10,000(=₩100,000×10%)이다. 따라서 이자수익 인식액과 현금수취액의 차이인 ₩1,424만큼 AC금융자산의 장부금액을 높여주어야 한다. 이는 사채의 할인발행 회계처리에서 사채할인발행차금을 상각하여 사채 장부금액을 높이는 것과 동일한 논리이다(제9장 4.4절 참조).

(차) 현금	10,000	(대) 이자수익	11,424
AC금융자산	1,424		

위 분개를 반영하면 재무상태표의 AC금융자산은 취득원가보다 ₩1,424만큼 증가한 ₩96,620이 되고, 포괄손익계산서에는 이자수익 ₩11,424이 표시된다. 여기서 ₩96,620이 20×1년 말 현재 AC금융자산의 상각후원가 또는 장부금액이다.

재무상태표(20×1/12/31)		포괄손익계산서(20×1년도)	
비유동자산:		금융수익:	
AC금융자산	96,620	이자수익	11,424

② 2차연도와 3차연도의 이자수익 인식: 2차연도 말과 3차연도 말에 유효이자율법을 적용한 연간 이자수익은 각각 ₩11,594과 ₩11,786이다(위 상각표 참조). 그리고 매 연도의 현금이자 수취액은 계속 ₩10,000이기 때문에 분개는 다음과 같다.

• 20×2년 12월 31일

(차) 현금	10,000	(대) 이자수익	11,594
AC금융자산	1,594		

재무상태표(20×2/12/31)		포괄손익계산서(20×2년도)	
비유동자산:		금융수익:	
AC금융자산	98,214	이자수익	11,594

• 20×3년 12월 31일

(차) 현금	10,000	(대) 이자수익	11,786
AC금융자산	1,786		

재무상태표(20×3/12/31)		포괄손익계산서(20×3년도)	
비유동자산:		금융수익:	
AC금융자산	100,000	이자수익	11,786

매년 유효이자율법에 의한 이자수익 인식을 반복적으로 적용하면 3년이 지난 만기일에는 AC금융자산의 장부금액이 정확히 ₩100,000(액면금액)으로 변화한다.

③ AC금융자산의 만기 회수: 만기일에 충남기업(주)로부터 액면금액 ₩100,000을

현금으로 지급받으면 대전상사(주)는 아래와 같이 분개한다.

(차) 현금	100,000	(대) AC금융자산	100,000

이제까지 설명한 AC금융자산의 회계처리는 제9장에서 논의한 사채발행의 회계처리와 거의 대칭적이다. 따라서 제9장의 내용과 비교해 보면 본 절의 내용을 이해하는 데 도움이 될 것이다. 다음의 [예제 11－1]을 통해 AC금융자산의 회계처리를 한 번 더 살펴보자.

예제 11-1

(주)동대문은 20×1년 1월 1일에 (주)서대문이 동일자에 발행한 사채를 취득하였다. 사채의 액면금액은 ₩1,000,000이고 액면이자율은 연 5%, 이자는 매년 말 수령한다. 사채발행일 시점의 유효이자율은 연 8%이다. 만기는 20×3년 12월 31일이다. (주)동대문은 이 사채를 AC금융자산으로 분류하였다.

| 물음 |

(1) 20×1년 1월 1일 취득시점의 분개를 하라.
(2) 취득일부터 만기까지 AC금융자산의 유효이자율법에 따른 상각표를 작성하라.
(3) 20×3년 1월 1일 (주)동대문이 이 AC금융자산을 ₩980,000에 처분하였을 때의 분개를 하라.

| 풀이 |

(1) AC금융자산의 최초 측정금액은 다음과 같이 구한다.
₩50,000×2.5771(3년, 8%, 연금의 현가계수)＋₩1,000,000×0.7938(3년, 8%, 현가계수)
＝₩922,655
따라서 취득시점의 분개는 다음과 같다.

(차) AC금융자산	922,655	(대) 현금	922,655

(2) AC금융자산의 장부금액과 이자수익을 계산하기 위한 유효이자율법에 따른 상각표는 다음과 같다.

일자	연간 이자수익 (A)	연간 현금이자 (B)	장부금액의 증가 (C)	장부금액 (D)
	기초 D×8%	1,000,000×5%	A−B	기초 D+C
20×1/1/1	−	−	−	₩922,655
20×1/12/31	₩73,812	₩50,000	₩23,812	946,467
20×2/12/31	75,717	50,000	25,717	972,184
20×3/12/31	77,816	50,000	27,816	1,000,000

매년 인식하는 현금과 이자수익은 위의 표를 이용한다. 예를 들어, 20×1년 말에 해야 할 분개는 다음과 같다.

(차) 현금	50,000	(대) 이자수익	73,812
AC금융자산	23,812		

(3) 20×2년 말 AC금융자산의 장부금액이 ₩972,184이므로, 20×3년 초 ₩980,000에 처분한다면 다음과 같은 분개를 한다.

(차) 현금	980,000	(대) AC금융자산	972,184
		금융자산처분이익	7,816

계약상 현금흐름(원금 및 이자)을 수취하기 위한 목적으로 취득하였다고 해서 AC금융자산을 만기 이전에 처분하는 것이 불가능한 것은 아니다.

2.2 FVOCI금융자산(채무상품)

FVOCI금융자산은 계약상 정해진 원금과 이자를 수취하려는 목적(현금흐름 수취목적)과 금융자산을 매도하려는 목적(매도목적), 둘 모두를 위해 보유하는 금융자산이다. 예를 들어, 기업이 채권을 취득하여 보유하는 동안에는 이자를 수취하다가 공정가치가 변동하면 매각하여 투자이익을 얻으려고 한다면 기업은 이 채권을 FVOCI금융자산으로 분류한다.

(1) FVOCI금융자산(채무상품)의 취득

기업이 FVOCI금융자산을 처음 인식할 때에는 공정가치로 측정한다. 또한 AC금융자산과 마찬가지로, 취득과정에서 직접적으로 발생한 거래원가는 취득원가에 가산한다. 이후 매 기말에 FVOCI금융자산의 공정가치를 측정하여 재무상태표에 표시하고, 공정가치의 변동(FVOCI금융자산평가손익)은 기타포괄손익으로 인식한다.

앞 절에서 AC금융자산의 사례로 사용되었던 대전상사(주)의 채권을 다시 살펴보자. 대전상사(주)는 20×1년 1월 1일에 충남기업(주)가 발행한 액면금액 ₩100,000(액면이자율 10%, 만기 3년, 이자는 매년 말에 지급)의 사채를 ₩95,196에 현금으로 취득하였다. 대전상사(주)가 이 사채를 AC금융자산이 아닌 FVOCI금융자산으로 분류하였다고 가정하면, 취득시점에 다음과 같이 분개한다.

(차) FVOCI금융자산	95,196	(대) 현금	95,196

(2) FVOCI금융자산(채무상품)의 후속측정

FVOCI금융자산으로 분류된 채무상품의 취득 후 회계처리는 AC금융자산의 회계처리보다 조금 더 복잡하다. 왜냐하면 이자수익의 인식(유효이자율법 적용)과 공정가치 평가라는 두 가지 회계처리가 필요하기 때문이다. 구체적으로, AC금융자산과 동일하게 유효이자율법에 의한 이자수익을 먼저 인식하고, 추가적으로 공정가치로 후속측정하여 평가손익을 인식한다.

대전상사(주)가 보유한 FVOCI금융자산의 유효이자율법에 따른 상각표를 다시 살펴보자.

일자	연간 이자수익 (A)	연간 현금이자 (B)	장부금액의 증가 (C)	장부금액 (D)
	기초 D×12%	100,000×10%	A−B	기초 D+C
20×1/1/1	−	−	−	₩95,196
20×1/12/31	₩11,424	₩10,000	₩1,424	96,620
20×2/12/31	11,594	10,000	1,594	98,214
20×3/12/31	11,786	10,000	1,786	100,000

1차연도 말인 20×1년 12월 31일에 대전상사(주)는 FVOCI금융자산에 대해 AC금융자산과 동일한 방법으로 유효이자율법을 적용하여 이자수익을 인식한다.

(차) 현금	10,000	(대) 이자수익	11,424
FVOCI금융자산	1,424		

이자수익을 인식한 후의 FVOCI금융자산의 기말 장부금액은 ₩96,620이다. 그런데 이 사채의 기말 공정가치가 ₩95,000이라고 가정하자. 즉 평가손실이 ₩1,620 발생한 것이다. 그러면 FVOCI금융자산을 공정가치로 평가하는 분개는 다음과 같이 수행한다.

(차) FVOCI금융자산평가손실	1,620	(대) FVOCI금융자산	1,620

위 분개에서 인식한 FVOCI금융자산평가손실(기타포괄손익)은 재무상태표의 기타포괄손익누계액(accumulated other comprehensive income)에 매년 누적시킨다(제10장 2절 참조). 따라서 위 분개를 모두 반영하면, 재무상태표의 FVOCI금융자산은 기말시점의 공정가치인 ₩95,000으로 표시되고, 자본 부분의 기타포괄손익누계액에는 FVOCI금융자산평가손실 ₩1,620이 표시되며, 포괄손익계산서에는 이자수익(당기이익) ₩11,424과 FVOCI금융자산평가손실(기타포괄손익) ₩1,620이 표시된다.

재무상태표(20×1/12/31)			
비유동자산:		기타포괄손익누계액:	
FVOCI금융자산	95,000	FVOCI금융자산평가손실	(1,620)

포괄손익계산서(20×1년도)	
금융수익:	
이자수익	11,424
기타포괄손익:	
FVOCI금융자산평가손실	(1,620)

FVOCI금융자산평가손익은 재무상태표의 기타포괄손익누계액에 매년 누적되므로, 그 누적액이 양(+)의 값을 가지면 FVOCI금융자산평가이익으로 표시하고, 반대로 음(−)의 값을 가지면 FVOCI금융자산평가손실로 표시한다. 위의 경우에는 FVOCI금융자산평가손익이 음수(₩1,620)이기 때문에 재무상태표의 기타포괄손익누계액에 FVOCI금융자산평가손실로 표시되었다.

2차연도 이후 기말시점에서의 이자수익 인식과 평가 역시 위에서 설명한 대로, 먼저 상각후원가법을 독립적으로 적용하여 이자수익을 인식한 후, 공정가치와의 비교를 통하여 평가손익을 인식한다.

여기서 주의할 사항이 하나 있다. FVOCI금융자산의 이자수익은 전년도 기말 평가금액(공정가치)에 유효이자율을 곱하여 계산하는 것이 아니라, 전년도 기말 상각후원가에 유효이자율을 곱하여 계산해야 한다. 앞의 예에서 2차연도 이자수익은 ₩96,620× 12% =₩11,594이다. 다시 말하면, 취득원가에 기초하여 유효이자율법으로 계산된 이자수익을 매년 인식하는 한편 이자수익 인식을 통해 수정된 장부금액과 기말시점의 공정가치를 비교하여 FVOCI평가손익을 인식하는 것이다. 2차연도 이후의 이자수익 인식과 기말평가에 대해서는 본 장의 종합예제를 참고하기 바란다.

(3) FVOCI금융자산(채무상품)의 처분

FVOCI금융자산을 처분하는 경우에는 먼저 처분시점까지의 이자수익을 인식하고 처분시점의 공정가치로 장부금액을 재측정(기타포괄손익 인식)한 다음, 재측정된 FVOCI 금융자산의 장부금액을 제거하면서 수취한 현금을 기록한다.

그리고 처분시점까지 인식한 FVOCI금융자산평가손익누적액(기타포괄손익누계액)은 자본에서 당기손익으로 재분류시킨다. 이렇게 회계처리하면 FVOCI금융자산을 처분하는 경우에 인식되는 당기손익은 AC금융자산을 처분하는 경우에 인식되는 당기손익과 같은 금액이 된다. 다음의 예제를 이용하여 FVOCI금융자산의 처분에 관한 회계처리를 살펴보자.

예제 11-2

(주)동대문은 20×1년 1월 1일에 (주)서대문이 동일자에 발행한 사채를 취득하였다. 사채의 액면금액은 ₩1,000,000이고 액면이자율은 연 5%, 이자는 매년 말 수령한다. 사채발행일 시점의 유효이자율은 연 8%이다. 만기는 20×3년 12월 31일이다([예제 11－1]과 동일). (주)동대문은 이 사채를 FVOCI금융자산으로 분류하였다. 한편, 매년 말 사채의 공정가치는 다음과 같다.

20×1년 말: ₩965,700
20×2년 말: ₩954,520

| 물음 |

(1) 20×1년 1월 1일 취득시점의 분개를 하라.
(2) 20×1년 말과 20×2년 말 해야 할 분개를 하라.
(3) 20×3년 1월 1일 이 FVOCI금융자산을 ₩980,000에 처분하였을 때의 분개를 하라.

| 풀이 |

(1) FVOCI금융자산의 최초 측정금액은 [예제 11－1]의 AC금융자산과 동일하게 다음과 같이 계산한다.
₩50,000×2.5771(3년, 8%, 연금의 현가계수)＋₩1,000,000×0.7938(3년, 8%, 현가계수)
＝₩922,655
따라서 취득시점의 분개는 다음과 같다.

(차) FVOCI금융자산	922,655	(대) 현금	922,655

(2) 매년 말 수행해야 할 분개는 다음과 같다([예제 11－1]의 유효이자율법에 따른 상각표 참고).
20×1년 말:

(차) 현금	50,000	(대) 이자수익	73,812
FVOCI금융자산	23,812		

FVOCI금융자산은 공정가치 변동분을 기타포괄손익누계액에 반영하므로 다음과 같이 분개한다. FVCOI금융자산평가이익 ₩19,233은 20×1년 말의 공정가치인 ₩965,700과 20×1년 말 공정가치 평가 전 장부금액인 ₩946,467의 차이이다.

(차) FVOCI금융자산	19,233	(대) FVOCI금융자산평가이익	19,233

20×2년 말:
FVOCI금융자산의 이자수익 인식은 AC금융자산으로 분류되었을 경우와 동일하게 다음과 같이 인식한다.

(차) 현금	50,000	(대) 이자수익	75,717
FVOCI금융자산	25,717		

공정가치 평가 전 장부금액은 ₩965,700＋₩25,717＝₩991,417이다. 따라서 20×2년 말의 공정가치인 ₩954,520과 ₩991,417의 차이 ₩36,897을 FVOCI금융자산에서 차감한다. 이때, 재무상태표에 계상되어 있는 FVOCI금융자산평가이익 ₩19,233을 우선 차감하고 잔액인 ₩17,664을 FVOCI금융자산평가손실로 인식한다.

(차) FVOCI금융자산평가이익	19,233	(대) FVOCI금융자산	36,897
FVOCI금융자산평가손실	17,664		

(3) 20×3년 초 ₩980,000에 처분 시의 분개는 다음과 같다.

(차) 현금	980,000	(대) FVOC금융자산	954,520
		FVOCI금융자산평가손실	17,664
		금융자산처분이익 (당기손익)	7,816

위 (3) 분개와 같이, 처분시점의 재무상태표에 계상된 FVOCI금융자산평가손실 ₩17,664을 제거하면서 금융자산처분이익(당기손익)을 인식하므로 기타포괄손익누계액을 당기손익으로 재분류하는 효과가 있다([예제 11-1]과 비교하면, AC금융자산으로 분류하는 경우와 FVOCI금융자산으로 분류하는 경우에 처분손익이 같음을 알 수 있다.)

2.3 FVPL금융자산(채무상품)

FVPL금융자산은 AC금융자산이나 FVOCI금융자산으로 분류되지 않은 금융자산을 가리킨다. 즉 금융자산을 취득한 후 단기간에 매도하여 시세차익을 얻기 위한 목적으로 보유하는 경우가 대표적이다. 따라서 FVPL금융자산은 매 기말에 공정가치로 평가하고 그 공정가치 변동을 당기손익으로 인식한다.

(1) FVPL금융자산(채무상품)의 취득

FVPL금융자산은 최초 인식시점에 공정가치(거래가격)로 측정한다. 다만 AC금융자산이나 FVOCI금융자산과는 달리, 취득에 직접 관련된 거래원가(중개수수료, 거래세금 등)를 취득원가에 가산하지 않고 당기비용으로 처리한다.[6]

예를 들어, 20×1년 1월 1일에 청주상사(주)는 단기차익을 목적으로 충북기업(주)가 발행한 사채(만기 2년)를 ₩30,000에 취득하고 거래수수료 ₩400을 별도로 지급했다고 가정하자. 그러면 취득시점에서 FVPL금융자산은 ₩30,000, 수수료비용은 ₩400이 표

6) FVPL금융자산의 경우에만 직접 거래원가를 취득원가에 포함시키지 않고 당기비용으로 처리한다. 그 이유는 거래가 빈번할 경우에 복잡한 여러 종류의 거래원가를 일일이 취득원가에 가산하기 어려운 경우가 있으며, 또한 기말에 공정가치로 평가하고 그 변동분을 당기손익에 반영하므로 거래원가를 취득원가에 포함시키거나 포함시키지 않는 방법이 당기순이익에 미치는 영향은 사실상 같기 때문이다.

시되도록 다음과 같이 분개한다.

(차) FVPL금융자산	30,000	(대) 현금	30,650
수수료비용	400		

재무상태표(20×1/1/1)		포괄손익계산서(20×1년도)	
유동자산:		기타비용:	
FVPL금융자산	30,000	수수료비용	(400)

(2) FVPL금융자산(채무상품)의 후속측정

기업이 채무상품을 보유하면 정기적으로 이자를 받게 된다. FVPL금융자산의 경우는 반드시 유효이자율법에 따른 이자수익을 인식해야 할 필요가 없으므로 현금으로 수취하는 액면이자를 포괄손익계산서의 금융수익에 포함시킨다.[7)]

예를 들어, 청주상사(주)는 20×1년 12월 31일에 충북기업(주)의 사채로부터 액면이자 ₩600을 현금으로 받았다고 가정하자. 이자 수취는 다음과 같이 분개된다.

(차) 현금	600	(대) 이자수익	600

FVPL금융자산은 회계기말에 공정가치로 평가하여 재무상태표의 장부금액을 공정가치로 변경시키고, 그 차이를 FVPL금융자산평가이익 또는 FVPL금융자산평가손실로 포괄손익계산서에 보고한다.

예를 들어, 20×1년 12월 31일에 청주상사(주)가 보유한 충북기업(주) 사채의 시가가 ₩29,000이라고 가정하자(이자수익은 같은 날짜에 이미 인식하였음). 그러면 기말 재무상태표에서 FVPL금융자산의 장부금액 ₩30,000을 ₩29,000으로 수정하는 다음의 분개가 필요하다.

(차) FVPL금융자산평가손실	1,000	(대) FVPL금융자산	1,000

7) FVPL금융자산(채무상품)은 기말에 공정가치로 평가하고 그 변동분을 당기손익에 반영하므로 유효이자율법에 따른 이자수익을 인식하는 방법이나 액면이자를 이자수익으로 인식하는 방법이 당기순이익에 미치는 영향은 사실상 같다.

위 분개를 반영하면, 재무상태표에서 FVPL금융자산은 ₩29,000이 되고, 포괄손익계산서에는 이자수익 ₩600과 FVPL금융자산평가손실 ₩1,000이 추가된다.

재무상태표(20×1/12/31)	
유동자산:	
FVPL금융자산	29,000

포괄손익계산서(20×1년도)	
기타비용:	
수수료비용	(400)
FVPL금융자산평가손실	(1,000)
금융수익:	
이자수익	600

(3) FVPL금융자산(채무상품)의 처분

FVPL금융자산을 처분할 때에는 처분시점의 장부금액을 제거하면서 처분으로 수취한 대가(현금)와의 차이를 처분손익으로 인식한다.[8)]

예를 들어, 청주상사(주)는 충북기업(주)가 발행한 위 사채를 20×2년 1월 1일에 당시의 공정가치인 ₩29,500(1월 1일에 매각하였으므로 이자 부분 없음)에 처분하고 거래수수료 ₩300을 제외한 ₩29,200을 현금 수취하였다고 가정하자. 처분시점에 FVPL금융자산의 장부금액은 ₩29,000이며, 처분으로 수취한 대가는 ₩29,200이므로 ₩200을 FVPL금융자산처분이익으로 인식한다.

(차) 현금	29,200	(대) FVPL금융자산	29,000
		FVPL금융자산처분이익	200

8) FVPL금융자산을 처분하기 전에 먼저 처분시점의 공정가치로 재측정하여 평가손익을 인식한 후, 공정가치로 측정된 장부금액과 처분으로 수취한 대가와의 차이를 처분손익으로 인식하는 회계처리도 가능하다. 다만 FVPL금융자산은 공정가치 변동에 따른 평가손익을 당기손익으로 인식하기 때문에 처분일에 공정가치로 재측정하는 경우나 재측정하지 않는 경우(처분손익에 반영)에 당기손익에 미치는 영향은 동일하다. 일반적으로 FVPL금융자산은 제거일에 재측정하지 않고 바로 처분손익을 인식하는 회계처리를 많이 한다.

제3절 지분상품의 회계처리

지분상품은 취득하여 보유하는 기간 중에 정해진 현금흐름이 없기 때문에 원칙적으로 FVPL금융자산으로 분류되고 매 기말 공정가치로 평가되어야 한다. 다만 기업이 지분상품을 단기매매목적으로 취득한 것이 아니라면 FVOCI선택금융자산(이하 'FVOCI금융자산')으로 분류하여 후속적인 공정가치 변동을 당기손익이 아닌 기타포괄손익에 표시할 수 있다.

K-IFRS가 지분상품의 평가손익을 기타포괄손익에 표시할 수 있도록 선택권을 부여한 이유는 다음과 같다. 기업이 전략적 목적으로 장기간 보유하는 지분상품은 그 투자금액이 큰 경우가 많아서 주가변동에 따른 거액의 평가손익이 발생할 수 있다. 그런데 가까운 미래에 처분할 가능성이 없는 지분상품에서 거액의 평가이익이나 평가손실이 번갈아 가며 나타나고 이들이 각 기간의 당기손익에 포함된다면 기업의 연간 경영성과를 파악하는 데에는 오히려 왜곡된 정보를 제공할 수 있을 것이다. 따라서 시세차익을 얻기 위한 목적으로 취득한 지분상품이 아닌 경우에는 해당 공정가치평가손익을 당기손익이 아닌 기타포괄손익에 표시할 수 있도록 선택권을 허용하는 것이다. 다만 최초 인식시점에 한 번 선택하면 이를 취소할 수 없으며, 재무상태표에 누적된 기타포괄손익누계액(FVOCI금융자산평가손익)은 해당 지분상품을 처분하는 경우에도 당기손익으로 재분류하지 않는다.

본 소절에서는 FVOCI금융자산 및 FVPL금융자산으로 분류된 지분상품의 구체적인 회계처리를 살펴본다.

3.1 FVOCI금융자산(지분상품)

금융회사가 아닌 기업이 단기 시세차익을 목적으로 다른 기업의 지분상품을 취득하는 경우는 흔하지 않으며, 경영전략상의 목적 등에 따라 취득하고 장기간 보유하는 것이 일반적이다. 따라서 기업들은 보유하고 있는 지분상품의 상당수를 FVOCI금융자산으로 선택하여 회계처리하고 있다.

(1) FVOCI금융자산(지분상품)의 취득과 후속측정

대전상사(주)는 20×1년 초에 세종기업(주)의 주식(지분상품)을 장기투자목적으로 ₩29,500에 취득하고 수수료비용으로 ₩500을 지급한 후, 이를 FVOCI금융자산으로 분류하기로 선택하였다고 가정하자. 그러면 대전상사(주)는 다음과 같이 분개한다.

(차) FVOCI금융자산	30,000	(대) 현금	30,000

재무상태표(20×1/1/1)

비유동자산:		
FVOCI금융자산	30,000	

대전상사(주)는 위 주식을 최초 인식시점에 FVOCI금융자산으로 분류하기로 결정하였으므로 기말에 공정가치(시장가격)로 평가하고 평가손익은 포괄손익계산서에 당기손익이 아닌 기타포괄손익(other comprehensive income)으로 표시한다. 예를 들어, 20×1년 12월 31일(기말)에 대전상사(주)가 보유한 세종기업(주) 주식의 공정가치가 ₩31,500이라면, 기말 평가손익을 인식하기 위한 수정분개는 다음과 같다.

(차) FVOCI금융자산	1,500	(대) FVOCI금융자산평가이익 (기타포괄손익)	1,500

위 분개에서 인식한 FVOCI금융자산평가손익(기타포괄손익)은 재무상태표의 기타포괄손익누계액(accumulated other comprehensive income)에 매년 누적시킨다. 위 분개를 재무상태표와 포괄손익계산서에 표시하면 다음과 같다.

재무상태표(20×1/12/31)

비유동자산:		기타포괄손익누계액:	
FVOCI금융자산	31,500	FVOCI금융자산평가이익	1,500

포괄손익계산서(20×1년도)

기타포괄손익:	
FVOCI금융자산평가이익	1,500

1년 후인 20×2년 12월 31일(기말)에 세종기업(주) 주식의 시가가 ₩29,000로 떨어졌다고 가정하자. 이를 전년 말의 장부금액 ₩31,500과 비교하면 ₩2,500의 평가손실이

발생한 것이다. 이러한 평가손실은 다음과 같이 분개한다.

(차) FVOCI금융자산평가이익	1,500	(대) FVOCI금융자산	2,500
FVOCI금융자산평가손실	1,000		

재무상태표의 기타포괄손익누계액에 표시되는 FVOCI금융자산평가이익과 평가손실은 두 개의 별도 계정이 아닌 하나의 계정으로 운영된다. 따라서 기존에 존재하던 FVOCI금융자산평가이익 ₩1,500을 전액 제거하고(차변), 이를 초과하는 평가손실은 FVOCI금융자산평가손실 ₩1,000으로 표시한다. 다만 포괄손익계산서의 기타포괄손익 항목에는 당기에 발생한 평가손실 ₩2,500을 전액 보고한다. 이는 동일한 금융상품에 대해 FVOCI금융자산평가이익 ₩1,500이 감소한 것과 FVOCI금융자산평가손실 ₩1,000이 증가한 것을 구분하여 표시할 실익이 없기 때문이다.

재무상태표(20×2/12/31)		포괄손익계산서(20×2년도)
비유동자산:	기타포괄손익누계액:	기타포괄손익:
FVOCI금융자산 29,000	FVOCI금융자산평가손실 (1,000)	FVOCI금융자산평가손실 (2,500)

위 재무상태표 이용자들은 FVOCI금융자산의 (누적)평가손실이 ₩1,000이며, FVOCI금융자산의 기말 공정가치는 ₩29,000이라는 사실을 알게 된다. 또한 투자자들은 이 정보에 근거하여 FVOCI금융자산의 최초 취득원가가 ₩30,000(=₩29,000+₩1,000)이었다는 사실도 유추할 수 있다.

(2) FVOCI금융자산(지분상품)의 처분

FVOCI금융자산을 처분하는 경우에는 먼저 처분시점에 금융자산을 공정가치로 재측정하고 평가손익을 기타포괄손익으로 인식(기타포괄손익누계액에 누적)한다. 그리고 공정가치로 측정된 FVOCI금융자산의 장부금액을 제거하면서 수취한 현금을 기록한다. 만약 거래비용 등이 발생하여 공정가치와 수취한 현금 사이에 차이가 있다면, 그 차이 금액은 금융자산처분손익(당기손익 항목)으로 인식한다.

- FVOCI금융자산(지분상품)의 평가손익(기타포괄손익)과 처분손익(당기손익)
  - FVOCI금융자산평가손익 = 재측정일 공정가치 − 평가전 장부금액
  - FVOCI금융자산처분손익 = 현금수취액 − 처분시점의 공정가치

재무상태표의 기타포괄손익누계액에 누적되어 있는 FVOCI금융자산평가손익(=처분일의 공정가치−취득원가)은 처분시점에 당기손익으로 재분류시키지 않는다. 다만 자본 내에서 이전은 가능하므로 당기손익을 거치지 않고 이익잉여금(미처분이익잉여금)으로 직접 대체할 수 있다.

예를 들어, 대전상사(주)는 20×3년 4월 1일에 세종기업(주) 주식을 처분시점의 공정가치인 ₩28,300에 모두 처분하고, 거래수수료 ₩300을 차감한 ₩28,000을 현금으로 수취하였다고 가정하자. 그러면 먼저 전년 말의 장부금액 ₩29,000을 처분시점의 공정가치 ₩28,300으로 재측정한 후에 금융자산 처분에 관한 분개를 한다. 그리고 남아 있는 FVOCI금융자산평가손실 누적액은 그대로 기타포괄손익누계액에 남겨 두거나 이익잉여금으로 대체한다. 처분시점의 분개를 제시하면 다음과 같다.

- 처분일의 공정가치로 측정

(차) FVOCI금융자산평가손실	700	(대) FVOCI금융자산	700

- 처분 회계처리

(차) 현금	28,000	(대) FVOCI금융자산	28,300
FVOCI금융자산처분손실	300		

- 평가손익 누적액을 자본 내에서 이전 − 선택사항

(차) 미처분이익잉여금	1,700	(대) FVOCI금융자산평가손실	1,700

위 분개를 재무제표에 반영하면 재무상태표에는 해당 FVOCI금융자산과 직접 관련된 항목들이 모두 사라지고, 포괄손익계산서에는 FVOCI금융자산평가손실 ₩700(기타포괄손익 항목)과 FVOCI금융자산처분손실 ₩300(당기손익 항목)이 표시된다.

재무상태표(20×3/4/1)				포괄손익계산서(20×3년도)	
유동자산:		기타포괄손익누계액:		기타비용:	
현금	+28,000	FVOCI금융자산평가손실	0	FVOCI금융자산처분손실	(300)
비유동자산:		이익잉여금		기타포괄손익:	
FVOCI금융자산	0	미처분이익잉여금	−1,700	FVOCI금융자산평가손실	(700)

3.2 FVPL금융자산(지분상품)

FVPL금융자산으로 분류된 지분상품의 회계처리는 앞서 2.3절에서 살펴본 FVPL금융자산으로 분류된 채무상품의 회계처리와 기본적으로 동일하다. 즉, 최초 인식시점에 공정가치(거래가격)로 측정하며, 취득에 직접 관련된 거래원가(중개수수료, 거래세금 등)는 취득원가에 가산하지 않고 당기비용으로 처리한다.

기업이 채무상품을 보유하는 경우에는 정기적으로 이자를 받는 한편 지분상품을 보유하는 경우에는 배당금을 받을 수 있다. 기업이 지분상품을 보유하는 기간 중에 배당금을 받게되면 수취한 금액을 배당금수익으로 인식하여 금융수익에 포함시킨다. 그리고 매 기말에는 FVPL금융자산을 공정가치로 평가하고 공정가치 변동은 당기손익으로 인식한다.

다음의 예제를 이용하여 FVPL금융자산으로 분류된 지분상품의 회계처리를 살펴보자.

예제 11-3

충주상사(주)는 20×1년 10월 1일에 세종기업(주)의 보통주식 100주를 취득하고, FVPL금융자산으로 분류하였다. 다음은 충주상사(주)의 FVPL금융자산 거래 자료이다. 취득과 처분에 대한 거래수수료는 없다고 가정한다.

	20×1/10/1(취득시점)	20×1/12/31(기말시점)	20×2/4/1(처분시점)
거래금액(또는 공정가치)	주당 ₩300	주당 ₩250	주당 ₩330

| 물음 |

(1) 20×1년 10월 1일 충주상사(주)의 FVPL금융자산 취득에 대한 분개는?

(2) 20×1년 12월 31일 FVPL금융자산의 기말평가와 관련된 분개는?

(3) 다음 연도인 20×2년 2월 28일에 충주상사(주)는 세종기업(주)로부터 주당 배당금 ₩20을 현금으로 수령하였다. 이에 대한 분개는?

(4) 20×2년 4월 1일 FVPL금융자산의 처분과 관련된 분개는? 처분대금은 모두 현금으로 수령하였다.

| 풀이 |

(1) FVPL금융자산 취득액=₩300×100주=₩30,000

(차) FVPL금융자산	30,000	(대) 현금	30,000

(2) 기말 공정가치=₩250×100주=₩25,000. 따라서 ₩5,000의 FVPL금융자산평가손실(당기손익 항목)을 인식해야 한다.

(차) FVPL금융자산평가손실	5,000	(대) FVPL금융자산	5,000

(3) 배당금 수취액 ₩2,000(=₩20×100주)을 배당금수익(당기손익)으로 인식한다.

(차) 현금	2,000	(대) 배당금수익	2,000

(4) 처분일의 현금수취액=₩330×100주=₩33,000. 따라서 처분 당시 FVPL금융자산의 장부금액 ₩25,000과의 차이금액인 ₩8,000을 FVPL금융자산처분이익으로 인식하여 당기손익에 반영한다.

(차) 현금	33,000	(대) FVPL금융자산	25,000
		FVPL금융자산처분이익	8,000

종합예제

FVOCI금융자산(채무상품)의 취득, 기말평가 및 처분

다음은 12월 31일이 결산일인 부여상사(주)가 보유한 FVOCI금융자산에 관한 자료이다.

① 20×1년 1월 1일: 공주기업(주)가 발행한 사채를 ₩9,475에 취득하였다(액면금액=₩10,000, 액면이자율 5%, 유효이자율 7%, 만기 3년). 부여상사(주)는 이를 FVOCI금융자산으로 분류하였다.

② 20×1년 12월 31일: 공주기업(주)로부터 사채이자 ₩500을 현금으로 수령하였다.

③ 20×1년 12월 31일: 공주기업(주) 사채의 공정가치는 ₩9,750이었다.

④ 20×2년 12월 31일: 공주기업(주)로부터 사채이자 ₩500을 현금으로 수령하였다.

⑤ 20×2년 12월 31일: 공주기업(주) 사채의 공정가치는 ₩9,500이었다.

⑥ 20×3년 1월 1일: 공주기업(주) 사채를 공정가치인 ₩9,500에 처분하였다. 처분대가는 모두 현금으로 수취하였다.

| 물음 |

(1) 부여상사(주)가 취득한 FVOCI금융자산에 대한 이자수익 계산표(유효이자율법에 따른 상각표)를 작성하라.

(2) 20×1년 1월 1일에 부여상사(주)의 FVOCI금융자산 취득을 분개하라.

(3) 20×1년 12월 31일에 FVOCI금융자산의 이자수익 인식과 관련된 분개는?

(4) 20×1년 12월 31일에 FVOCI금융자산의 평가와 관련된 분개는?

(5) 20×2년 12월 31일에 FVOCI금융자산의 이자수익 인식과 관련된 분개는?

(6) 20×2년 12월 31일에 FVOCI금융자산의 평가와 관련된 분개는?

(7) 20×3년 1월 1일에 공주기업(주) 사채를 처분한 거래를 분개하라.

| 풀이 |

(1) 유효이자율법에 따른 이자수익을 연도별로 계산한 표는 다음과 같다.

일자	연간 이자수익 (유효이자율 7%)	연간 현금이자 (액면이자율 5%)	장부금액 증가	장부금액
20×1/1/1	–	–	–	₩9,475
20×1/12/31	₩663	₩500	₩163	9,638
20×2/12/31	675	500	175	9,813
20×3/12/31	687	500	187	10,000

(2) FVOCI금융자산 취득일의 분개

(차) FVOCI금융자산	9,475	(대) 현금	9,475

(3) 유효이자율법을 적용한 이자수익은 ₩663(=₩9,475 × 7%), 그리고 현금이자 수취액은 ₩500(=10,000×5%)이다. 따라서 1차연도의 이자수익을 인식하는 분개는 다음과 같다.

(차) 현금	500	(대) 이자수익	663
FVOCI금융자산	163		

(4) 채무상품은 이자수익을 먼저 인식한 후 공정가치로 측정한다. 위 (3)의 분개를 반영하면 20×1년 말 FVOCI금융자산의 장부금액은 ₩9,638이다. 따라서 FVOCI금융자산의 공정가치인 ₩9,750과의 차이금액 ₩112(=₩9,750−₩9,638)을 FVOCI금융자산평가이익(기타포괄손익 항목)으로 인식한다.

(차) FVOCI금융자산	112	(대) FVOCI금융자산평가이익	112

위의 분개를 반영하면 재무상태표의 FVOCI금융자산의 장부금액은 ₩9,750이 되고, 기타포괄손익누계액에 FVOCI금융자산평가이익 ₩112이 표시된다. 그리고 포괄손익계산서의 기타포괄손익에도 FVOCI금융자산평가이익 ₩112이 기록된다.

재무상태표(20×1/12/31)

비유동자산:		기타포괄손익누계액:	
FVOCI금융자산	9,750	FVOCI금융자산평가이익	112

포괄손익계산서 (20×1년도)

금융수익:	
이자수익	663
기타포괄손익:	
FVOCI금융자산평가이익	112

(5) 채무상품은 FVOCI금융자산으로 분류하더라도 이자수익 인식은 AC금융자산과 동일하게 유효이자율법을 적용해야 한다. 따라서 이자수익 계산표를 참조하여 20×2년 말 이자수익 ₩675(=₩9,638 × 7%)을 인식한다.

(차) 현금	500	(대) 이자수익	675
FVOCI금융자산	175		

위의 분개를 반영하면 FVOCI금융자산의 장부금액은 ₩9,750(물음 4)에서 ₩175 증가하여 ₩9,925이 된다.

재무상태표(20×2/12/31, 공정가치 평가 전)

비유동자산:		기타포괄손익누계액:	
FVOCI금융자산	9,925	FVOCI금융자산평가이익	112

포괄손익계산서(20×2년도)

금융수익:	
이자수익	675

(6) 2차연도 기말시점의 FVOCI금융자산의 공정가치는 ₩9,500으로 하락하였다. 따라서 ₩425 (=9,925−9,500)의 FVOCI금융자산평가손실이 발생하였다. 그런데 재무상태표의 기타포괄손익 누계액에 FVOCI금융자산평가이익 ₩112이 있으므로 이를 당기의 FVOCI금융자산평가손실 ₩425과 상계처리하는 분개가 필요하다.

(차) FVOCI금융자산평가이익	112	(대) FVOCI금융자산	425
FVOCI금융자산평가손실	313		

위 분개로 인하여 재무상태표의 FVOCI금융자산은 ₩9,500으로 수정되고, 기타포괄손익누계액에는 FVOCI금융자산평가손실 ₩313으로 표시된다. 그리고 포괄손익계산서에는 FVOCI금융자산평가손실 ₩425이 기타포괄손익 부문에 표시된다.

재무상태표(20×2/12/31, 공정가치 평가 후)

비유동자산:	기타포괄손익누계액:
FVOCI금융자산 9,500	FVOCI금융자산평가손실 (313)

포괄손익계산서(20×2년도)

금융수익:	
이자수익	675
기타포괄손익:	
FVOCI금융자산평가손실	(425)

(7) 20×3년 1월 1일에 공주기업(주) 사채를 처분했을 때는 현금유입 ₩9,500을 기록하고(차변), FVOCI금융자산 ₩9,500을 제거한다(대변). 그리고 처분시점까지 인식한 FVOCI금융자산평가손실(기타포괄손익누계액)을 자본에서 당기손익으로 재분류한다.

(차) 현금	9,500	(대) FVOCI금융자산	9,500
(차) FVOCI금융자산처분손실 (당기손익)	313	(대) FVOCI금융자산평가손실 (재분류조정)	313

포괄손익계산서(20×3년도)

기타비용:	
FVOCI금융자산처분손실	(313)
기타포괄손익:	
재분류조정(FVOCI금융자산평가손익)	313

익힘문제

1. 금융자산의 의의와 회계적 분류방법에 대해 설명하라.

2. AC금융자산, FVOCI금융자산, FVPL금융자산의 의의를 각각 설명하라.

3. AC금융자산의 회계처리와 사채발행의 회계처리는 어떤 차이가 있는지 설명하라.

4. FVOCI금융자산평가손익은 재무제표에 어떻게 표시되는지 설명하라.

5. FVOCI금융자산으로 분류된 채무상품의 처분손익은 어떻게 계산하는지 설명하라.

6. FVPL금융자산의 취득원가는 어떻게 산정하는지 설명하라.

7. FVPL금융자산의 기말평가방법을 설명하라.

8. FVPL금융자산의 처분손익은 어떻게 계산하는지 설명하라.

9. FVOCI금융자산(채무상품)의 기말평가방법과 FVOCI금융자산(지분상품)의 기말평가방법을 각각 설명하라.

10. FVOCI금융자산으로 분류된 지분상품의 처분손익은 어떻게 계산하는지 설명하라.

연습문제

11-1 기본개념의 이해

아래 문장이 맞으면 ○, 틀리면 ×를 표시하라.

(1) 금융상품은 계약상 현금흐름 특성이라는 단일 기준에 따라 AC금융자산, FVOCI금융자산, FVPL금융자산으로 분류된다. ( )

(2) 다른 기업이 발행한 사채를 만기까지 보유하면서 원금과 이자를 수취할 목적으로 취득하는 경우에 AC금융자산으로 분류한다. ( )

(3) AC금융자산은 공정가치 변동을 기타포괄손익으로 분류한다. ( )

(4) FVOCI금융자산은 기말에 공정가치로 표시하고 평가손익을 기타포괄손익으로 인식한다. ( )

(5) FVOCI금융자산으로 분류된 채무상품을 처분하는 경우에 FVOCI금융자산처분손익(현금수취액과 처분시점 공정가치의 차이액)은 기타포괄손익으로 인식한다. ( )

(6) FVOCI금융자산으로 분류된 채무상품은 기말에 공정가치로 평가한 후, 유효이자율법에 따른 이자수익을 인식해야 한다. ( )

(7) 기업이 단기 시세차익을 얻기 위하여 시장에서 활발히 거래되고 있는 금융자산을 취득하였다면 그 금융자산은 FVPL금융자산으로 분류한다. ( )

(8) 다른 기업의 주식을 ₩10,000에 취득하고 중개수수료 ₩1,000을 지급한 경우, 이 금융상품을 FVPL금융자산으로 분류하면 취득원가는 ₩10,000으로 기록되고, FVOCI금융자산으로 분류하면 취득원가는 ₩11,000으로 기록된다. ( )

(9) FVPL금융자산의 처분손익은 당기손익으로 인식한다. ( )

(10) 다른 기업이 발행한 보통주식을 대량으로 취득하여 그 지분율이 20% 이상이면, 그 주식을 종속기업투자주식계정으로 분류한다. ( )

11-2 금융자산의 분류

다음은 20×1년 말에 순천상사(주)가 보유한 금융자산의 종류이다. AC금융자산은 A, FVOCI 금융자산은 F, FVPL금융자산은 P, 그리고 관계기업투자는 S, 기타에는 O 자를 기입하라.

(1) 순천상사(주) 자신이 발행한 주식 ( )

(2) 의결권 주식의 30%에 해당되는 광주상사(주) 주식의 보유 ( )

(3) 금융기관이 취급하는 시장성 있는 금융상품(취득 당시 만기까지의 기간 2개월) ( )

(4) 단기 시세차익 목적의 국채(취득 당시 만기까지의 기간 6개월) ( )

(5) 단기 시세차익 목적의 춘천상사(주) 주식 ( )

(6) 기말 평가손익을 기타포괄손익으로 분류하는 충주상사(주)의 주식(지분율 5%) ( )

(7) 기말 평가손익을 기타포괄손익으로 분류하는 전주상사(주)가 발행한 회사채 ( )

(8) 만기까지 보유할 목적의 서울상사(주) 회사채 ( )

11-3 AC금융자산: 취득과 만기회수(I)

12월 31일이 결산일인 영월상사(주)는 20×1년 1월 1일에 정선기업(주)가 발행한 사채를 만기까지 보유하면서 원금과 이자를 수취할 목적으로 취득하였다. 정선기업(주)가 발행한 사채의 조건은 다음과 같다.

• 취득금액: ₩9,520	• 액면금액: ₩10,000
• 유효이자율: 연 12%	• 액면이자율: 연 10%
• 만기: 3년	• 이자지급조건: 매년 말 1회 지급

| 물음 |

(1) 영월상사(주)는 정선기업(주)로부터 만기일까지 매년 현금이자 (₩)을 수령하며, 만기일인 20×3년 12월 31일에 원금 (₩)을 수령할 예정이다.

(2) 사채(AC금융자산) 취득시점(20×1년 1월 1일)에서의 분개는?

(3) 1차연도 말(20×1/12/31)에 보유 사채의 이자수익 인식(유효이자율법 적용)과 현금이자 수령을 분개하라.

(4) 1차연도 말(20×1/12/31)의 재무상태표의 AC금융자산 장부금액은?

(5) 2차연도 말(20×2/12/31)의 이자수익 인식과 현금이자 수령을 분개하라.

(6) 2차연도 말(20×2/12/31)의 재무상태표의 AC금융자산 장부금액은?

(7) 3차연도 말(20×3/12/31)의 이자수익 인식과 현금이자 수령을 분개하라.

(8) 20×3년 12월 31일에서의 AC금융자산의 원금 회수를 분개하라.

(9) 위의 AC금융자산의 장부금액은 만기가 가까워질수록 [증가, 감소]한다. [ ]에 예시된 것 중에서 적절한 것을 고른다면?

11-4 AC금융자산: 취득과 처분(II)

전남상사(주)는 20×1년 1월 1일에 광주상사(주)가 발행한 사채(액면금액 ₩1,000,000, 만기 4년, 액면이자율 연 5%, 이자지급일 매년 12월 31일 후급)를 현금으로 취득하였다. 전남상사(주)는 광주상사(주)가 발행한 사채를 AC금융자산으로 분류하였으며, 유효이자율을 연 10%로 결정하였다.

| 물음 |

(1) 전남상사(주) 입장에서 사채의 취득금액이 얼마이었는지를 계산하라.

(2) 전남상사(주) 입장에서, 20×1년 1월 1일의 사채 취득을 분개하라.

(3) 전남상사(주)가 취득한 AC금융자산에 대해 향후 4년간 유효이자율법에 따른 연간 이자수익 계산표를 작성하라.
(4) 1차연도 말(20×1/12/31)에서의 AC금융자산의 이자수익 인식 및 이자 수령을 분개하라.
(5) 2차연도 말(20×2/12/31)에서의 AC금융자산의 이자수익 인식 및 이자 수령을 분개하라.
(6) 3차연도 말(20×3/12/31)에서의 AC금융자산의 이자수익 인식 및 이자 수령을 분개하라.
(7) 3차연도 말(20×3/12/31)에 보유하고 있던 광주상사(주)의 사채를 ₩954,000에 현금으로 처분하였다. 전남상사(주) 입장에서 AC금융자산의 처분을 분개하라.

11-5 FVOCI금융자산(채무상품)의 취득과 평가

다음은 [문제 11－3]과 동일한 자료이다. 영월상사(주)는 이 사채를 FVOCI금융자산으로 분류하였다.

• 취득금액: ₩9,520	• 액면금액: ₩10,000
• 유효이자율: 연 12%	• 액면이자율: 연 10%
• 만기: 3년	• 이자지급조건: 매년 말 1회 지급

| 물음 |

(1) 사채(FVOCI금융자산) 취득시점(20×1년 1월 1일)에서의 분개는?
(2) 향후 3년간 유효이자율법에 따른 연간 이자수익 계산표를 작성하라.
(3) 1차연도 말(20×1/12/31)에 보유 사채의 이자수익 인식과 현금이자 수령을 분개하라.
(4) 1차연도 말(20×1/12/31)에 보유 사채의 공정가치가 ₩9,700이었다고 가정하자. 이 FVOCI금융자산의 기말평가를 분개하라.
(5) 2차연도 말(20×2/12/31)에 보유 사채의 이자수익 인식과 현금이자 수령을 분개하라.
(6) 2차연도 말(20×2/12/31)에 사채의 공정가치가 ₩9,800이었다고 가정하자. 이 FVOCI금융자산의 기말평가를 분개하라.
(7) 영월상사(주)의 20×2년 말 재무상태표의 기타포괄손익누계액에는 [FVOCI금융자산평가손실, FVOCI금융자산평가이익]이 (₩)으로 표시된다. ( )에 적절한 숫자를 기입하고 [ ]에 예시된 것 중에서 하나를 고른다면?

11-6 FVOCI금융자산(채무상품)의 취득, 평가 및 처분

청주상사(주)는 20×1년 1월 1일에 장기투자 목적으로 속리상사(주)가 발행한 사채(액면 ₩1,000,000, 만기 4년, 액면이자율 연 5%, 이자지급일은 매년 12월 31일 후급)를 현금 ₩841,495을 지급하고 취득하였다(취득수수료는 0으로 가정). 취득 당시의 유효이자율은 연 10%로 계산되었다. 청주상사(주)는 속리상사(주)의 사채를 FVOCI금융자산으로 분류하였으며 결산일은 12월 31일이다.

| 물음 |

(1) 20×1년 1월 1일의 사채 취득을 분개하라.

(2) 청주상사(주)가 취득한 FVOCI금융자산(채무상품)의 향후 4년간 연간 이자수익 계산표를 작성하라(유효이자율법 적용).
(3) 1차연도 말(20×1/12/31)의 FVOCI금융자산의 이자수익 인식 및 이자 수령을 분개하라.
(4) 1차연도 말(20×1/12/31)의 FVOCI금융자산의 공정가치는 ₩860,000으로 평가되었다. 이에 대한 분개는?
(5) 2차연도 말(20×2/12/31)의 FVOCI금융자산의 이자수익 인식 및 이자 수령을 분개하라.
(6) 2차연도 말(20×2/12/31)의 FVOCI금융자산의 공정가치는 ₩800,000으로 하락하였다. 이 같은 사실을 분개하라.
(7) 3차연도 말(20×3/12/31)의 FVOCI금융자산의 이자수익 인식 및 이자 수령을 분개하라.
(8) 3차연도 말(20×3/12/31)의 FVOCI금융자산의 공정가치는 ₩950,000으로 다시 상승하였다. 이 같은 사실을 분개하라.
(9) 4차연도 초(20×4/1/1)에 청주상사(주)는 속리상사(주) 사채를 전부 ₩945,000에 처분하였다. 이 같은 사실을 분개하라.

11-7 FVPL금융자산(채무상품)

결산일이 12월 31일인 여수상사(주)의 20×1년 및 20×2년도 FVPL금융자산 거래는 다음과 같다.

① 20×1년 1월 1일: 나주물산(주)이 발행한 사채(액면금액은 ₩10,000이며, 매년 12월 31일에 연 8%의 이자 지급) 500권을 권당 ₩9,900씩 취득하였다.
② 20×1년 12월 31일: 나주물산(주) 사채로부터 이자를 현금으로 받았다.
③ 20×1년 12월 31일: 나주물산(주) 사채의 시가는 권당 ₩9,850이었다.
④ 20×2년 1월 2일: 나주물산(주) 사채를 권당 ₩9,900에 처분하였다.

| 물음 |

위의 FVPL금융자산 거래 및 평가사항 ①~④를 각각 분개하라.

11-8 FVOCI금융자산(지분상품)의 취득과 평가

결산일이 12월 31일인 익산상사(주)는 20×1년 5월 8일에 하위상사(주)가 발행한 보통주 50주를 1주당 ₩7,000(합계 ₩350,000)에 현금을 지급하고 취득한 후 FVOCI금융자산으로 분류하는 것을 선택하였다. 다음은 하위상사(주) 주식에 관한 자료이다.

〈자료 1〉 20×1년 12월 31일의 하위상사(주)의 1주당 주가는 ₩6,000이었다.
〈자료 2〉 20×2년 4월 25일에 하위상사(주)로부터 주당 배당금 ₩1,000을 현금으로 수령하였다.
〈자료 3〉 20×2년 12월 31일의 하위상사(주)의 1주당 주가는 ₩9,000이었다.
〈자료 4〉 20×3년 5월 20일에 하위상사(주) 주식을 1주당 공정가치인 ₩9,200에 모두 처분하였다.

| 물음 |

(1) 20×1년 5월 8일에 하위상사(주) 주식의 취득에 관한 익산상사(주)의 분개는?

(2) 20×1년 12월 31일에 하위상사(주) 주식의 기말평가에 관한 분개는?

(3) FVOCI금융자산평가손익으로 인하여 익산상사(주)의 자본 총계는 [증가한다, 감소한다]. [ ]에 예시된 것 중에서 적절한 것을 고른다면?

(4) 20×2년 4월 25일의 배당금 수령을 분개하라.

(5) 20×2년 12월 31일에 하위상사(주) 주식의 기말평가에 관한 분개는?

(6) 익산상사(주)의 20×2년 말 재무상태표의 기타포괄손익누계액에는 [FVOCI금융자산평가손실, FVOCI금융자산평가이익]이 (₩)으로 표시된다. ( )에 적절한 숫자를 기입하고 [ ]에 예시된 것 중에서 하나를 고른다면?

(7) 20×3년 5월 20일의 하위상사(주) 주식의 처분을 분개하라.

11-9 FVOCI금융자산(지분상품)의 취득, 평가 및 처분

강원상사(주)는 20×1년 중에 한라상사(주)가 발행한 주식을 ₩209,000에 취득(취득수수료 ₩1,000은 별도로 현금 지급)하였다. 취득 후의 한라상사(주)의 연간 주가(공정가치) 변동 자료는 다음과 같다. 강원상사(주)는 한라상사(주) 주식 보유를 FVOCI금융자산으로 분류하였으며, 결산일은 12월 31일이다.

20×1. 12. 31	20×2. 12. 31	20×3. 12. 31
₩190,000	₩220,000	₩170,000

| 물음 |

(1) 20×1년 중의 한라상사(주) 주식의 취득을 분개하라.

(2) 20×1년 12월 31일에 한라상사(주)의 주가변동(₩190,000으로 하락)을 반영하는 분개는?

(3) 20×2년 12월 31일에 한라상사(주)의 주가변동(₩220,000으로 상승)을 반영하는 분개는?

(4) 20×3년 12월 31일에 한라상사(주)의 주가변동(₩170,000으로 하락)을 반영하는 분개는?

(5) 만약 강원상사(주)가 20×4년 중에 한라상사(주) 주식 전체를 공정가치인 ₩180,000에 처분하였다면 강원상사(주)는 어떤 분개를 해야 하나?

11-10 FVPL금융자산(지분상품)

결산일이 12월 31일인 경기상사(주)는 단기 시세차익 획득을 목적으로 20×1년 5월 11일에 아래와 같은 네 개의 상장주식을 취득하였다. 이들 금융자산의 거래와 결산일에서의 시가 자료는 다음과 같다.

종류	취득원가	20×1/12/31 시가	20×2년 총 처분액	20×2/12/31 시가
갑	₩1,250	₩1,100	–	₩1,000
을	1,530	1,620	₩1,600	–
병	1,220	1,090	–	1,160
정	1,500	1,750	1,840	–
합계	₩5,500	₩5,560	₩3,440	₩2,160

| 물음 |

(1) 20×1년 5월 11일의 FVPL금융자산 취득을 분개하라.

(2) 20×1년 12월 31일의 FVPL금융자산 평가를 분개하라.

(3) 경기상사(주)의 20×1년도 재무상태표에는 FVPL금융자산이 (₩)으로 표시되며, 포괄손익계산서에는 FVPL금융자산평가이익이 (₩)으로 표시된다. ( )에 적절한 숫자를 기입하라.

(4) 위의 자료와 같이, 경기상사(주)는 20×2년 중에 을과 정의 주식을 ₩3,440에 현금으로 처분하였다. 이에 대한 분개는?

(5) 20×2년 12월 31일의 FVPL금융자산 평가를 분개하라.

(6) 경기상사(주)의 20×2년도 재무상태표에는 FVPL금융자산이 (₩)으로 표시되며, 포괄손익계산서에는 금융자산처분이익 (₩)과 FVPL금융자산평가손실 (₩)이 표시된다.

11-11 종합문제: 재무제표 작성

다음은 결산일이 12월 31일인 용인상사(주)의 20×1년도 부분 재무상태표이다.

재무상태표

용인상사(주) 20×1년 12월 31일 (단위: 원)

자산		·····	
유동자산			
현금	₩20,000	자본	
FVPL금융자산	140,000	FVOCI금융자산평가이익	30,100
비유동자산			
AC금융자산	455,920		
FVOCI금융자산(지분상품)	300,000		
FVOCI금융자산(채무상품)	283,350		

위 재무상태표에서 FVOCI금융자산(채무상품)은 용인상사(주)가 20×1년 말에 취득한 S사채이며 취득원가로 표시되어 있다. 또한 자본에 계상되어 있는 FVOCI금융자산평가이익은 모두 FVOCI금융자산(지분상품)에 관련된 금액이다.

용인상사(주)의 20×2년도 거래 내역은 다음과 같다. 다른 거래는 없다고 가정한다.

① 1월 3일: FVPL금융자산의 일부인 J사채를 ₩90,000에 처분하였다. 처분된 J사채의 전년 말 장부금액은 ₩94,000이었다.

② 3월 10일: FVPL금융자산의 보유로 인하여 배당금 ₩10,000과 이자 ₩5,000을 현금으로 수령하였다.

③ 4월 22일: FVOCI금융자산으로 분류된 주식으로부터 배당금 ₩30,000을 현금으로 수령하였다.

④ 12월 31일: AC금융자산으로 분류된 채권의 유효이자율은 8%이며, 현금이자 수령액은 ₩35,000이었다.

⑤ 12월 31일: AC금융자산의 기말 공정가치는 ₩450,000으로 하락하였다.

⑥ 12월 31일: FVOCI금융자산(지분상품)의 기말 공정가치는 ₩250,000이었다.

⑦ 12월 31일: FVOCI금융자산(채무상품)의 유효이자율은 12%이며, 현금이자 수령액은 ₩30,000이었다.

⑧ 12월 31일: FVOCI금융자산(채무상품)의 기말 공정가치는 ₩290,000이었다.

⑨ 12월 31일: FVPL금융자산의 기말 공정가치는 ₩45,000이었다.

| 물음 |

(1) 용인상사(주)의 20×2년도 거래 및 기말평가 사항 ①~⑨를 각각 분개하라.

(2) 용인상사(주)의 20×2년도 부분 재무상태표와 부분 포괄손익계산서를 작성하라(아래 재무제표의 괄호 속에 적절한 숫자를 기입하라).

재무상태표

용인상사(주) 20×2년 12월 31일 (단위: 원)

자산		.....	
유동자산	(　　)		
현금	(　　)	자본	
FVPL금융자산	(　　)	FVOCI금융자산평가이익	(　　)
비유동자산			
AC금융자산	(　　)		
FVOCI금융자산(지분상품)	(　　)		
FVOCI금융자산(채무상품)	(　　)		

포괄손익계산서		
용인상사(주)	20×2년 1월 1일~20×2년 12월 31일	(단위: 원)
…		
당기손익:	이자수익	(　　)
	배당금수익	(　　)
	FVPL금융자산평가이익	(　　)
	금융자산처분이익	(　　)
	…	
	이자비용	(　　)
	FVPL금융자산평가손실	(　　)
	금융자산처분손실	(　　)
	…	
기타포괄손익:		
	FVOCI금융자산평가손익	(　　)

제4부

현금흐름표와 재무제표분석

제12장

현금흐름표

현금은 기업의 혈액으로서 기업의 생명력 유지에 필수적인 요소이다. 장부상으로 이익을 많이 내더라도 현금이 없으면 기업은 지급불능상태에 빠져 영업활동을 중지할 수밖에 없다. 현금은 기업의 생존에 필수적인 자산이기 때문에 어디서 얼마의 현금이 조달되었고 어디에 얼마의 현금이 사용되었는지에 관한 정보는 기업 이해관계자에게 매우 중요하다.

현금은 기업활동에 필요한 원자재 · 노동력 · 설비자산의 취득, 채무의 지급, 이자 · 배당의 지급 등의 용도로 외부로 유출되는 반면, 상품의 판매, 수취채권의 회수, 이자 · 배당의 수취 등의 원천으로 내부로 유입된다. 정보이용자는 현금의 유 · 출입(즉, 현금흐름) 상황을 분석함으로써 기업의 미래 수익성과 장 · 단기지급능력에 관한 정보를 얻을 수 있다. 본 장에서는 현금흐름표의 작성방법과 유용성에 대하여 논의한다.

- 현금흐름표
  - 현금흐름표의 의의와 구조
  - 현금흐름의 유형
    - 영업활동현금흐름
    - 투자활동현금흐름
    - 재무활동현금흐름
  - 현금흐름표의 작성
    - 영업활동현금흐름의 측정
    - 투자활동현금흐름의 측정
    - 재무활동현금흐름의 측정

제1절 현금흐름표의 의의와 구조

제2장에서 재무보고의 목적은 회계정보이용자들의 의사결정에 유용한 정보를 제공하는 것이며, 기업의 재무상태와 경영성과 등에 관한 정보는 정보이용자들이 기업의 미래 현금창출능력을 평가하는 데 유용하게 사용될 수 있다고 설명하였다. 이에 지금까지 우리는 재무상태표와 포괄손익계산서를 중심으로 주요 회계처리와 보고방법을 살펴보았다.

하지만 발생기준 회계를 적용하는 재무상태표와 포괄손익계산서는 기업의 재무상태와 경영성과에 관한 정보는 충실하게 제공할 수 있지만 기업의 현금흐름에 관한 정보는 제공하지 못한다. 예를 들어, 재무상태표는 기말 현재 기업이 보유하고 있는 현금잔액만 표시할 뿐이며, 포괄손익계산서의 수익과 비용도 발생기준 회계에 따른 영업성과를 보여줄 뿐 당기에 얼마만큼의 현금이 기업으로 들어오고, 어떤 목적으로 얼마나 지출되었는지(즉, 현금흐름)에 대한 정보는 제공하지 못한다. 현금흐름표(statement of cash flows)는 일정 기간(회계기간) 동안 기업의 현금유입액과 현금유출액에 대한 재무정보를 제공하는 재무제표이다. 즉, 기업의 경영활동을 영업활동, 투자활동, 재무활동의 세 가지로 구분하여 각 활동별 현금유입과 유출내역을 보여줌으로써 기업의 현금흐름창출과 배분, 그리고 자금조달에 관한 정보를 제공하는 재무제표이다.

현금흐름표의 기본적인 양식은 〈표 12－1〉과 같다.[1)]

1) 현금흐름표에서 현금은 제6장에서 설명한 '현금 및 현금성자산'을 의미한다.

〈표 12-1〉 현금흐름표 양식

현금흐름표		
○○회사 20×1년 1월 1일부터 20×1년 12월 31일까지		(단위: 원)
Ⅰ. 영업활동현금흐름		×××
1. 현금유입액	×××	
2. 현금유출액	×××	
Ⅱ. 투자활동현금흐름		×××
1. 현금유입액	×××	
2. 현금유출액	×××	
Ⅲ. 재무활동현금흐름		×××
1. 현금유입액	×××	
2. 현금유출액	×××	
Ⅳ. 현금의 증가(감소)(Ⅰ+Ⅱ+Ⅲ)		×××
Ⅴ. 기초의 현금		×××
Ⅵ. 기말의 현금(Ⅳ+Ⅴ)		×××

제2절 현금흐름의 유형

기업의 경영활동을 성격별로 구분하면 크게 영업활동, 투자활동, 재무활동으로 구분할 수 있다. 영업활동(operating activities)은 기업의 설립목적에 해당하는 활동으로 재화를 생산하여 판매하거나 용역을 제공하는 활동이다. 투자활동(investing activities) 은 기업이 영업활동을 수행하는 데 필요한 유·무형자산을 취득하거나 여유자금을 운용하는 활동이며, 재무활동(financing activities)은 영업 및 투자활동에 필요한 자금을 조달하거나 상환하는 활동이다. 이에 현금흐름표는 기업의 현금흐름을 각 활동별로 구분하여 영업활동현금흐름, 투자활동현금흐름, 그리고 재무활동현금흐름으로 표시한다.

(1) 영업활동현금흐름

영업활동현금흐름(operating cash flow)은 원재료, 제품, 상품 등의 구매 및 판매와 용역의 제공과 같이 기업의 주요 수익창출활동으로부터 발생한 현금흐름이다. 영업활동

현금흐름은 일반적으로 당기순손익의 결정에 영향을 미치는 거래나 기타 사건의 결과로 발생한다. 영업활동에 따른 현금의 유입과 유출의 예는 다음과 같다.

영업활동 현금유입의 예	영업활동 현금유출의 예
• 재화의 판매와 용역의 제공에 따른 현금유입 • 로열티, 수수료, 중개료 등 기타수익에 따른 현금유입	• 원재료 등의 구입에 따른 현금유출 • 종업원에 대한 현금유출 • 판매비 및 일반관리비의 지출 • 법인세의 지급

(2) 투자활동현금흐름

투자활동현금흐름(investing cash flow)은 영업활동을 수행하기 위해 비유동자산(토지, 건물, 기계장치, 차량운반구 등)을 취득하거나 처분하는 활동, 현금의 대여와 회수활동 등으로 인한 현금흐름이다. 투자활동에 따른 현금의 유입과 유출의 예는 다음과 같다.

투자활동 현금유입의 예	투자활동 현금유출의 예
• 대여금의 회수 • 유 · 무형자산의 처분에 따른 현금유입 • 다른 기업의 지분상품이나 채무상품의 처분에 따른 현금유입	• 현금의 대여 • 유 · 무형자산의 취득에 따른 현금유출 • 다른 기업의 지분상품이나 채무상품의 취득에 따른 현금유출

(3) 재무활동현금흐름

재무활동현금흐름(financing cash flow)은 현금의 차입과 상환활동, 주식의 발행과 같이 차입부채 및 자본계정에 영향을 미치는 거래로부터 발생한 현금흐름이다. 재무활동에 따른 현금의 유입과 유출의 예는 다음과 같다.

재무활동 현금유입의 예	재무활동 현금유출의 예
• 은행차입이나 사채발행을 통한 현금유입 • 주식 발행으로 인한 현금유입 • 자기주식 처분에 따른 현금유입	• 차입금이나 사채상환에 따른 현금유출 • 주식의 소각에 따른 현금유출 • 자기주식 취득에 따른 현금유출

한편 K-IFRS에 따르면, 이자나 배당금의 수취로 인한 현금유입은 영업활동 또는 투

자활동 중에서 기업이 선택할 수 있으며, 이자나 배당금의 지급으로 인한 현금유출은 영업활동 또는 재무활동 중에서 기업이 선택할 수 있다.

이자나 배당금의 수취는 금융자산 투자에 대한 수익이므로 투자활동현금흐름으로 분류하는 것이, 이자나 배당금의 지급은 외부에서 자금을 조달한 대가이므로 재무활동현금흐름으로 분류하는 것이 개념적으로 보다 적절한 표시방법이다. 다만 K-IFRS는 이자의 수취와 지급 및 배당금 수취를 영업활동현금흐름으로 분류해 오던 오랜 관행을 존중하고, 재무제표이용자들이 이자나 배당금을 지급할 수 있는 기업의 능력을 판단하는 데 도움이 될 수 있다는 이유로 이들 현금흐름을 영업활동현금흐름으로 분류하는 것을 허용하고 있다. 본서에서는 각 현금흐름의 특성에 부합하도록 이자와 배당금의 수취는 투자활동으로, 이자와 배당금의 지급은 재무활동으로 분류하기로 한다.

예제 12-1

다음은 20×1년도에 제주상사(주)에서 발생한 현금흐름이다.

(1) 대여금의 회수	(2) 정기예금 이자 수취
(3) 주주에 대한 배당금 지급	(4) 상품판매에 따른 현금 수입
(5) 장기금융자산의 취득	(6) 종업원에 대한 급여 지급
(7) 사채발행에 의한 현금 조달	(8) 원재료 취득에 따른 현금 지급
(9) 광고선전비 지급	(10) 건물의 현금 처분
(11) 단기차입금 상환	(12) 주식발행을 통한 현금 조달
(13) 자기주식의 취득	(14) 법인세 지급
(15) 기계장치의 현금 취득	(16) 매출채권의 현금 회수

| 물음 |

위의 각 거래로 인한 현금흐름을 (A) 영업활동현금흐름(유입 또는 유출), (B) 투자활동현금흐름(유입 또는 유출), 또는 (C) 재무활동현금흐름(유입 또는 유출)으로 분류하라. 단, 이자와 배당금의 수취는 투자활동으로 분류하고, 이자와 배당금의 지급은 재무활동으로 분류한다.

| 풀이 |

(A) 영업활동현금흐름 유입: 4, 16 유출: 6, 8, 9, 14
(B) 투자활동현금흐름 유입: 1, 2, 10 유출: 5, 15
(C) 재무활동현금흐름 유입: 7, 12 유출: 3, 11, 13

기업의 선택에 따라 (2) 이자수취와 (3) 배당금지급을 영업활동현금흐름으로 분류할 수도 있다.

제3절 현금흐름표의 작성

현금흐름표는 재무상태표나 포괄손익계산서와 달리 현금기준 회계가 적용된다. 따라서 발생기준 회계가 적용된 수정후시산표로부터 직접 작성할 수 없으며, 다음의 세 가지 원천으로부터 정보 입수가 필요하다.

① 비교표시 재무상태표
비교표시 재무상태표 정보는 자산, 부채 및 자본의 기중 변동액을 파악하는 데 이용된다.

② 당기 포괄손익계산서
당기 포괄손익계산서 정보는 당기에 영업활동에서 창출되거나 사용된 현금을 파악하는 데 이용된다.

③ 추가 정보
추가 정보에는 당기에 현금이 어떻게 창출되었으며, 어떻게 사용되었는지를 파악하는 데 필요한 거래 자료가 포함된다.

또한 현금흐름표를 작성하기에 앞서 기업에서 발생하는 거래나 사건이 수익·비용에 영향을 미치는 시점과 현금흐름에 영향을 미치는 시점을 이해할 필요가 있다. 예를 들면, 다음과 같다.

- 상품을 현금으로 매입할 때는 현금은 유출되지만 비용(매출원가)은 발생하지 않는다.
- 상품을 신용으로 매입하더라도 매입채무의 지급시점과 비용(매출원가)의 발생시점이 일치하지 않는다. 매입채무가 지급될 때 현금은 유출되지만 비용은 발생하지 않는다. 제품이 판매될 때 비로소 비용이 발생한다.
- 상품을 현금으로 판매할 때는 수익(매출)의 발생과 현금의 유입이 동시에 나타난다. 그러나 신용으로 판매할 때는 수익(매출)은 발생하지만 현금은 유입되지 않는다. 추후 매출채권이 회수될 때 비로소 현금이 유입된다.
- 매출채권(불량채권)에 기대신용손실이 발생한 경우 대손상각비(비용)가 인식되지만 현금의 유출은 나타나지 않는다.

- 유형자산이나 무형자산은 취득시점에 현금의 유출이 나타나지만 비용(감가상각비나 상각비)은 매 회계기간의 기말에 인식된다.

아래에서는 각 활동별로 현금흐름표 작성절차를 설명한다.[2)]

3.1 영업활동현금흐름의 측정

K-IFRS에 따르면, 영업활동현금흐름은 직접법 또는 간접법을 사용하여 표시할 수 있다. 직접법(direct method)은 현금유입과 현금유출을 영업활동의 각 세부항목별로 총액으로 표시하는 방법이며, 간접법(indirect method)은 당기순이익으로부터 현금흐름에 영향이 없는 손익항목(예, 감가상각비, 대손상각비 등)과 투자 및 재무활동에 해당하는 손익항목(예, 유형자산처분손익, 지분법손익 등)을 제거하고, 영업활동으로 인한 자산·부채의 변동(예, 매출채권의 증가, 재고자산의 감소 등)이 현금흐름에 미치는 영향을 조정함으로써 영업활동현금흐름을 계산하는 방법이다.

직접법은 현금흐름의 발생원천과 사용용도를 직접적으로 밝혀 주기 때문에 간접법보다 이해하기 쉽고 더 많은 정보를 제공할 수 있다는 장점이 있다. 이에 비해, 간접법은 계산방법이 상대적으로 간단하다는 장점이 있다. 〈표 12－2〉는 직접법과 간접법에 따른 영업활동현금흐름의 표시양식을 비교하고 있다.

〈표 12-2〉 직접법과 간접법의 표시양식

직접법	간접법
Ⅰ. 영업활동현금흐름 1. 고객으로부터의 유입 2. 매입에 대한 유출 3. 종업원에 대한 유출 4. 판매비와 관리비의 지급 5. · · ·	Ⅰ. 영업활동현금흐름 1. 당기순이익 2. 현금유출이 없는 비용과 투자 및 재무활동으로 인한 비용의 가산 3. 현금유입이 없는 수익과 투자 및 재무활동으로 인한 수익의 차감 4. 영업활동으로 인한 자산·부채의 변동

2) 본 절에서는 회계원리 수준에서의 현금흐름표 작성원리를 간단히 설명하기로 한다. K-IFRS에 따른 구체적인 현금흐름표 작성방법은 중급재무회계 교재를 참고하기 바란다.

(1) 직접법

직접법은 현금흐름을 수반하는 수익과 비용을 각 항목별로 총액으로 표시하는 방법이다. 따라서 가장 원초적인 방법은 현금계정의 차변(현금증가)과 대변(현금감소)에 기록된 내역을 세부 항목별로 구분하여 집계하면 된다. 하지만 이 방법은 현금계정의 분석에 많은 시간과 노력이 투입되기 때문에 실무적으로 유용하지 않다. 대신 발생기준에 따라 작성된 포괄손익계산서의 수익과 비용에 일정한 항목을 가감조정하여 현금기준의 수익(현금유입)과 비용(현금유출)으로 전환하는 방식을 사용한다.

구체적으로, 발생기준 포괄손익계산서의 수익항목과 비용항목에 '관련 자산 및 부채의 증감'과 '현금유출이 없는 비용'을 가감조정하여 주요 항목별 영업활동현금 흐름을 구한다. 세부항목별로 계산방법을 살펴보면 다음과 같다.

① 고객으로부터의 현금유입

고객으로부터의 현금유입액은 매출 등 수익활동으로부터의 현금유입액을 의미한다. 따라서 당기에 현금으로 매출한 금액(현금매출액)과 전기 및 당기에 외상으로 매출한 금액 중에서 당기에 현금으로 회수한 금액(매출채권 회수액)의 합계액으로 산출할 수 있다.

$$\text{고객으로부터의 현금유입액} = \text{현금매출액} + \text{매출채권 회수액} \quad (1)$$

위 식에서 매출채권 회수액은 매출채권계정을 분석하면 쉽게 파악할 수 있다.

매출채권

기초(전기이월)	2,000	매출채권 회수액	11,000
당기 외상매출액	12,000	기말(차기이월)	3,000

위 매출채권계정의 차변합계(₩14,000)과 대변합계(₩14,000)는 동일하므로 매출채권 회수액에 대해 전개하면 다음과 같다.

$$\begin{aligned}\text{매출채권 회수액} &= \text{매출채권 기초금액} + \text{당기 외상매출액} - \text{매출채권 기말금액} \\ &= \text{당기 외상매출액} - \text{매출채권 변동액}(= \text{기말금액} - \text{기초금액})\end{aligned} \quad (2)$$

₩11,000 = ₩12,000 − (₩3,000 − ₩2,000)

즉, 당기의 외상매출액에서 매출채권계정의 변동액(=기말금액－기초금액)을 차감한 금액이 매출채권 회수액이다. 이제 식 (1)과 식 (2)를 결합하여, 고객으로부터의 현금유입액을 계산하는 식을 제시하면 다음과 같다.

고객으로부터의 현금유입액 = 현금매출액 + 매출채권 회수액
= (현금매출액 + 외상매출액) – 매출채권 변동액
= 매출액(I/S) – △매출채권(= 기말금액 – 기초금액)

위 식에서 볼 수 있듯이, 고객으로부터의 현금유입액은 포괄손익계산서상의 매출액에서 매출채권 변동액(=기말금액－기초금액)을 차감한 것과 같다. 즉, 기초시점의 매출채권 대비 기말시점의 매출채권 금액이 증가하였다면 당기에 발생한 매출액에서 그 증가분만큼을 현금으로 회수하지 못하였음을 의미한다.

② 매입에 대한 현금유출

매입에 대한 현금유출은 당기에 현금으로 매입한 금액(현금매입액)과 전기 및 당기에 외상으로 매입한 대금을 당기에 현금으로 지급한 금액(매입채무 지급액)의 합계액으로 산출할 수 있다.

매입에 대한 현금유출액＝현금매입액＋매입채무 지급액 (3)

앞서 매출채권 회수액을 구하는 방법과 유사하게, 매입채무계정의 분석을 통해 매입채무 지급액을 전개하면 다음과 같다.

매입채무

매입채무 지급액	10,000	기초(전기이월)	4,000
기말(차기이월)	2,000	당기 외상매입액	8,000

매입채무 지급액＝매입채무 기초금액＋당기 외상매입액－매입채무 기말금액
＝당기 외상매입액－매입채무 변동액(＝기말금액－기초금액) (4)

₩10,000＝₩8,000－(₩2,000－₩4,000)

식 (3)과 식 (4)를 결합하여 매입에 대한 현금유출액을 계산하면 다음과 같다.

매입에 대한 현금유출액 = 현금매입액 + 매입채무 지급액
= (현금매입액 + 외상매입액) − 매입채무 변동액
= 당기매입액 − △매입채무(= 기말금액 − 기초금액) (5)

그런데 위 식에서 당기매입액은 포괄손익계산서에서 직접 얻을 수 있는 정보가 아니다. 포괄손익계산서에는 당기에 판매된 상품의 발생기준 매출원가가 보고되어 있기 때문이다. 따라서 당기매입액과 매출원가의 관계를 이용한 계산과정이 한 번 더 필요하다. 제5장에서 설명한 바와 같이, 당기매입과 매출원가는 다음의 관계에 있다.

기초 재고금액 + 당기매입액 = 매출원가 + 기말 재고금액
당기매입액 = 매출원가 + 기말 재고금액 − 기초 재고금액
= 매출원가 + △재고자산(= 기말금액 − 기초금액) (6)

즉, 당기매입액은 당기 매출원가에서 재고자산계정의 변동액(= 기말금액 − 기초금액)을 가산하여 산출할 수 있다. 이제 식 (5)와 식 (6)을 결합하여, 매입에 대한 현금유출액을 계산하는 식을 제시하면 다음과 같다.

> 매입에 대한 현금유출액 = 당기매입액 − △매입채무(= 기말금액 − 기초금액)
> = 매출원가(I/S) + △재고자산 − △매입채무

위 식에서 볼 수 있듯이, 매입에 대한 현금유출액은 포괄손익계산서상의 매출원가에서 재고자산 변동액(= 기말금액 − 기초금액)을 가산하고, 매입채무 변동액(= 기말금액 − 기초금액)을 차감한 것과 같다.

예제 12-2

다음은 제주상사(주)의 상품매입과 판매에 관련된 계정의 기초와 기말금액 자료이다.

	기초금액	기말금액
매출채권	₩65,000	₩55,000
재고자산	73,000	67,000
매입채무	42,000	54,000

제주상사(주)의 당기 포괄손익계산서의 매출액은 ₩250,000이며, 매출원가는 ₩185,000이다. 또한 매출채권에 대한 대손확정액은 ₩3,000이다.

| 물음 |

(1) 고객으로부터의 현금유입액을 계산하라.

(2) 매입에 대한 현금유출액을 계산하라.

| 풀이 |

(1) 고객으로부터의 현금유입액
=₩250,000(매출액)+₩10,000(매출채권 감소액)−₩3,000(대손확정액)
=₩257,000

(2) 매입에 대한 현금유출액
=₩185,000(매출원가)−₩6,000(재고자산 감소액)−₩12,000(매입채무 증가액)
=₩167,000

③ 종업원에 대한 현금유출

종업원에 대한 현금유출액은 현금기준 급여이다. 종업원급여에 관련되는 재무상태표계정은 미지급급여이므로 가감조정방법에 따라서 다음과 같이 산출할 수 있다.

종업원에 대한 현금유출 = 종업원급여(I/S) − △미지급급여(= 기말금액 − 기초금액)

미지급급여는 종업원급여(비용)가 발생할 때 증가하고, 현금으로 지급할 때 감소한다. 따라서 미지급급여계정의 증가액(감소액)은 종업원에 대한 현금유출액을 감소(증가)시킨다.

④ 판매비와 관리비(급여 제외)의 현금유출

판매비와 관리비에 관련되는 재무상태표계정은 미지급비용(미지급급여 제외)과 선급비용이다. 또한 판매비와 관리비 중에는 감가상각비, 무형자산상각비, 대손상각비 등과 같이 현금의 유출을 수반하지 않는 비용(비현금비용)이 있다. 따라서 판매비와 관리비의 현금유출액을 계산할 때는 선급비용과 미지급비용의 증감액을 가감조정한 후 이들 비현금비용을 모두 차감해야 한다. 왜냐하면 비현금비용은 현금유출을 동반하지 않기 때문이다.

> 판매비와 관리비(급여 제외)의 현금유출
> = 판매비와 관리비(I/S) + △선급비용 − △미지급비용 − 비현금비용(감가상각비 등)

예제 12-3

다음은 제주상사(주)의 판매비와 관리비에 관련된 계정의 기초와 기말금액 자료이다.

	기초금액	기말금액
선급비용	₩12,000	₩6,000
미지급비용	20,000	10,000

기초와 기말시점의 선급비용은 모두 선급보험료이며, 미지급비용은 모두 종업원에 대한 미지급급여이다. 제주상사(주)의 당기 포괄손익계산서상 판매비와 관리비는 ₩245,000이며, 이 중에는 종업원급여 ₩65,000, 감가상각비 ₩18,000, 대손상각비 ₩3,000이 포함되어 있다.

| 물음 |

(1) 종업원에 대한 현금유출액을 계산하라.

(2) 판매비와 관리비(종업원급여 제외)의 현금유출액을 계산하라.

| 풀이 |

(1) 종업원에 대한 현금유출액
= ₩65,000(종업원급여) + ₩10,000(미지급급여 감소액) = ₩75,000

(2) 판매비와 관리비의 현금유출액
= ₩180,000(종업원급여를 제외한 판매비와 관리비) − ₩6,000(선급비용 감소액)
− ₩18,000(감가상각비) − ₩3,000(대손상각비) = ₩153,000

지금까지 설명한 직접법에 의한 영업활동현금흐름의 산출방법을 요약하면 〈표 12-3〉과 같다.

〈표 12-3〉 직접법에 의한 영업활동현금흐름의 산출방법

(1) 고객으로부터의 현금유입액	=매출액(I/S)-△매출채권
(2) 매입에 대한 현금유출액	=매출원가(I/S)+△재고자산-△매입채무
(3) 종업원에 대한 현금유출액	=종업원급여(I/S)-△미지급급여
(4) 판매비와 관리비의 현금유출액 (종업원급여 제외)	=판매비와 관리비(I/S)+△선급비용 -△미지급비용-비현금비용(감가상각비 등)

〈표 12-3〉의 현금흐름 산출방법에서 가장 어려운 점은 관련 자산·부채계정(증가 또는 감소)의 부호(sign)에 관한 사항이다. 일반적으로 자산계정의 증가(감소)는 현금유출(현금유입)과 관련되어 있고, 부채계정의 증가(감소)는 현금유입(현금유출)과 관련되어 있다. 예를 들어, 매입에 대한 현금유출액 산식에서 재고자산의 증가는 현금유출과 관련되므로 매입에 대한 현금유출액을 증가시키는 한편 매입채무의 증가는 현금유입과 관련되므로 매입에 대한 현금유출액을 감소시킨다.

(2) 간접법

영업활동에 관련된 모든 수익·비용의 발생시점과 현금의 유입·유출시점이 동일하다면 포괄손익계산서의 당기순이익과 현금흐름표의 영업활동현금흐름은 일치한다. 그러나 일반적으로 수익과 비용의 발생시점은 현금의 유입·유출시점과 일치하지 않기 때문에 당기순이익과 영업활동현금흐름은 일치하지 않는다.

따라서 영업활동현금흐름을 산출하기 위해서는 당기순이익 계산에 포함된 항목 중에서 현금의 유·출입을 수반하지 않은 항목들을 분리하여 조정할 필요가 있다. 간접법(indirect method)은 당기순이익에 특정 항목을 가감하여 영업활동현금흐름을 산출하는 방법이다. 특정 항목으로는 ① 현금유출이 없는 비용(투자활동 및 재무활동으로 인한 비용 포함), ② 현금유입이 없는 수익(투자활동 및 재무활동으로 인한 수익 포함), ③ 영업 활동으로 인한 자산·부채의 변동 등이 있다. 이 중 ①은 가산항목인 반면, ②는 차감 항목이다. 그리고 ③은 가산 혹은 차감항목이다.

① 현금유출이 없는 비용 등의 가산

비용은 이익을 감소시키는 요소이지만 비용이면서 현금유출을 수반하지 않는 것들이 있다. 예를 들어, 감가상각비는 비용이지만 현금의 유출을 수반하지 않는다. 따라서 현금기준 영업활동 순이익을 산출하기 위해서는 당기순이익에 포함된 감가상각비를 제외(가산)하여야 한다.

또한, 투자 및 재무활동에 관련된 각종 손실항목(예, 유형자산처분손실, 사채상환손실 등)은 포괄손익계산서의 당기순이익 계산에 이미 반영되어 있다. 하지만 이들 항목은 영업활동에 해당하지 않으며, 일부 항목은 현금의 유출과도 무관하다. 예를 들어, 취득원가가 ₩10,000(감가상각누계액 ₩7,000)인 기계장치를 ₩1,000에 현금으로 매각하였다고 하자. 이 거래에 대한 분개는 다음과 같을 것이다.

(차)	현금	1,000	(대) 기계장치	10,000
	감가상각누계액	7,000		
	유형자산처분손실	2,000		

위 거래에서 처분된 기계장치의 장부금액 ₩3,000 중에서 ₩1,000은 현금으로 회수되었고, ₩2,000은 유형자산처분손실로 인식되었다. 현금흐름표에서 현금유입액 ₩1,000은 투자활동현금흐름으로 보고된다(다음 절에서 논의). 따라서 당기순이익에 포함된 유형자산처분손실을 제외(가산)하여야 영업활동현금흐름을 산출할 수 있다. 현금유출이 없는 비용과 투자 및 재무활동으로 인한 비용을 예시하면 다음과 같다.

현금유출이 없는 비용	투자 및 재무활동으로 인한 비용
• 감가상각비, 무형자산상각비 • 대손상각비 • 당기손익인식금융자산평가손실	• 유형자산처분손실 • 사채상환손실 • 이자비용*

* 기업의 선택에 따라서 영업활동현금흐름으로 분류할 수도 있다.

② 현금유입이 없는 수익 등의 차감

현금유출이 없는 비용을 당기순이익에 가산하듯이, 현금유입이 없는 수익은 당기순이익에서 차감하여야만 현금기준 영업활동 순이익을 산출할 수 있다. 또한 투자 및 재무활동에 관련된 이익항목도 영업활동현금흐름과 무관하므로 당기순이익에서 제외(차감)하여야 한다. 현금유입이 없는 수익과 투자 및 재무활동으로 인한 수익을 예시하면 다음과 같다.

현금유입이 없는 수익	투자 및 재무활동으로 인한 수익
• 대손충당금환입 • 당기손익인식금융자산평가이익	• 유형자산처분이익 • 사채상환이익 • 이자수익*, 배당금수익*

* 기업의 선택에 따라서 영업활동현금흐름으로 분류할 수도 있다.

③ 영업활동으로 인한 자산·부채의 변동

앞 절에서는 당기순이익에 가산할 '현금유출이 없는 비용'과 당기순이익에서 차감될 '현금유입이 없는 수익'을 살펴보았다. 그런데 영업활동현금흐름을 산출하기 위해서는 이들 비용요소와 수익요소의 가감조정만으로는 불충분하다. 영업활동으로 인해 발생한 것으로서 발생기준에서는 수익·비용으로 인식되지만 현금기준에서는 수익·비용으로 인식될 수 없는 항목(예, 매출채권, 미수수익 등의 변화)과 그 반대의 항목(예, 매입채무, 미지급비용 등의 변화)을 당기순이익에 추가로 가감조정을 해야 비로소 영업활동현금흐름을 산출할 수 있다. 이러한 항목을 '영업활동으로 인한 자산·부채의 변동'이라 한다. 영업활동으로 인한 자산·부채의 변동을 열거하면 다음과 같다.

가산항목*	차감항목*
• 영업활동으로 인한 자산의 감소 - 매출채권 감소, 재고자산 감소, 선급비용 감소, 미수수익 감소 등 • 영업활동으로 인한 부채의 증가 - 매입채무 증가, 미지급비용 증가, 선수수익 증가 등	• 영업활동으로 인한 자산의 증가 - 매출채권 증가, 재고자산 증가, 선급비용 증가, 미수수익 증가 등 • 영업활동으로 인한 부채의 감소 - 매입채무 감소, 미지급비용 감소, 선수수익 감소 등

* 자산·부채의 변동 중에서 이자비용, 이자수익, 배당금수익에 관련된 변동항목은 제외한다.

위 항목은 결국 직접법에서 가감항목으로 제시된 자산·부채계정의 증가 또는 감소들을 모아 놓은 것이다. 다만, 표에서 보는 바와 같이 현금유입을 초래하는 가산항목은 자산의 감소와 부채의 증가 항목이며, 반대로 현금유출을 초래하는 차감항목은 자산의 증가와 부채의 감소 항목이다. 왜냐하면 자산이 감소(예, 매출채권 회수)하고 부채가 증가(예, 선수수익 발생)하면 그 대가로 기업 내로 현금이 유입되기 때문이다. 또한 반대로 자산이 증가(예, 재고자산 취득)하고 부채가 감소(예, 매입채무 지급)하면 그 대가로 기업 밖으로 현금이 유출되기 때문이다.

간접법에 따라 영업활동현금흐름을 측정하는 과정을 요약하면 [그림 12-1]과 같다.

[그림 12-1] 간접법에 의한 영업활동현금흐름 측정과정

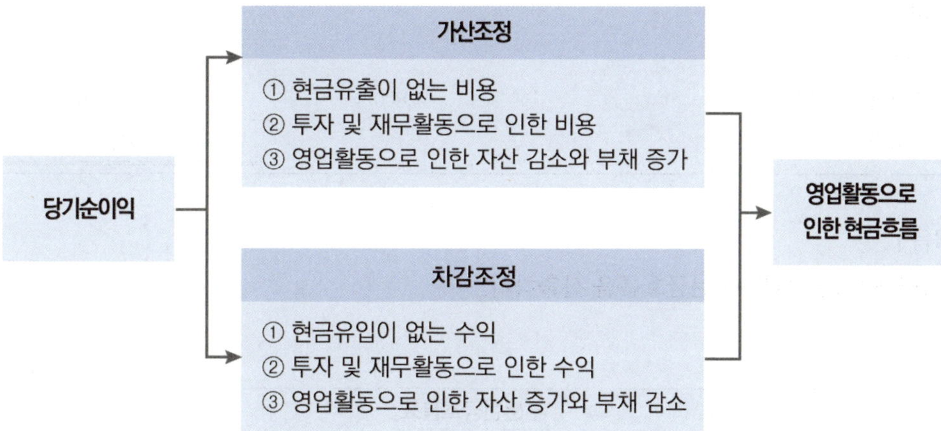

예제 12-4

다음은 제주상사(주)의 20×2년도 부분재무상태표와 포괄손익계산서이다.

부분재무상태표

제주상사(주) 20×2년 12월 31일 (단위: 억원)

	20×2	20×1		20×2	20×1
자산			부채		
현금	₩48,500	₩27,000	매입채무	₩124,000	₩136,000
매출채권	175,000	150,000	미지급급여	10,000	5,000
선급보험료	15,300	28,000	· · ·		
재고자산	243,000	285,000			
· · ·					

포괄손익계산서		
제주상사(주) 20×2년 1월 1일~20×2년 12월 31일		(단위: 원)
매출액		₩854,000
매출원가		562,500
매출총이익		291,500
판매비와 관리비		
급여	₩120,000	
감가상각비	26,000	
기타판매관리비	58,000	204,000
영업이익		87,500
기타수익		
유형자산처분이익	7,800	7,800
당기순이익		₩95,300

| 물음 |

간접법에 따른 영업활동현금흐름을 산출하라.

| 풀이 |

부분현금흐름표		
제주상사(주) 20×2년 1월 1일부터 20×2년 12월 31일까지		(단위: 원)
Ⅰ. 영업활동현금흐름		
1. 당기순이익		₩95,300
2. 현금유출이 없는 비용 등의 가산		26,000
감가상각비	₩26,000	
3. 현금유입이 없는 수익 등의 차감		(7,800)
유형자산처분이익	(7,800)	
4. 영업활동으로 인한 자산 · 부채의 변동		22,700
매출채권의 증가	(25,000)	
선급보험료의 감소	12,700	
재고자산의 감소	42,000	
매입채무의 감소	(12,000)	
미지급급여의 증가	5,000	
		₩136,200

참고로, 직접법에 의한 영업활동현금흐름을 산출하면 다음과 같다.

(1) 고객으로부터의 현금유입액
=₩854,000(매출액)－₩25,000(매출채권 증가액)＝₩829,000

(2) 매입에 대한 현금유출액
=₩562,500(매출원가)－₩42,000(재고자산 감소액)＋₩12,000(매입채무 감소액)
=₩532,500

(3) 종업원에 대한 현금유출액
=₩120,000(종업원급여)－₩5,000(미지급급여 증가액)＝₩115,000

(4) 판매비와 관리비의 현금유출액
=₩58,000(기타판매비와 관리비)－₩12,700(선급보험료 감소액)＝₩45,300

부분현금흐름표

제주상사(주)	20×2년 1월 1일부터 20×2년 12월 31일까지	(단위: 원)
Ⅰ. 영업활동현금흐름		₩136,200
(1) 고객으로부터의 현금유입	₩829,000	
(2) 매입에 대한 현금유출	(532,500)	
(3) 종업원에 대한 현금유출	(115,000)	
(4) 판매비와 관리비의 현금유출	(45,300)	

간접법이든 직접법이든 영업활동현금흐름은 동일한 금액(₩136,200)으로 산출됨을 확인할 수 있다.

3.2 투자활동현금흐름의 측정

기업은 영업활동 등에 사용할 목적으로 유형 및 무형자산을 취득하거나, 배당수익, 이자수익, 시세차익 등을 획득하기 위하여 금융상품(주식, 채권 등) 등에 자금을 투자한다. 한편 경제적 내용연수가 종료되었거나 사용에 부적합한 유형 및 무형자산은 처분하고, 보유목적이 충족되었거나 보유기간이 종료된 금융상품 등은 매각함으로써 투자자금을 회수한다. 투자활동으로 인한 현금유입과 현금유출의 예는 다음과 같이 요약할 수 있다.

투자활동으로 인한 현금유입	투자활동으로 인한 현금유출
• 장・단기대여금 회수 • 장기금융상품 처분 • 유형 및 무형자산 처분 • 이자 또는 배당금 수취*	• 현금의 장・단기대여 • 장기금융상품 취득 • 유형 및 무형자산 취득

* 기업의 선택에 따라서 영업활동현금흐름으로 분류할 수도 있다.

예제 12-5

제주상사(주)는 취득원가가 ₩250,000, 감가상각누계액이 ₩175,000인 기계장치를 ₩60,000에 매각하였다. 유형자산처분손실 ₩15,000은 포괄손익계산서의 기타비용으로 보고되었다.

| 물음 |

위 거래는 현금흐름표에 어떻게 보고되는가?

| 풀이 |

유형자산의 매각대금 ₩60,000은 '투자활동으로 인한 현금유입액'에 포함시켜 보고한다. 또한 영업활동현금흐름을 간접법으로 작성하는 경우에는 유형자산처분손실 ₩15,000을 영업활동현금흐름 중 '현금의 유출이 없는 비용 등의 가산'에 포함시켜 보고한다.

3.3 재무활동현금흐름의 측정

기업은 경영활동에 필요한 자금을 주주나 채권자로부터 조달(현금유입)하며, 그 대가로 배당금과 이자를 지급(현금유출)한다. 또한 채권의 만기가 도래하면 원금을 상환(현금유출)한다. 즉, 차입금의 차입 및 상환, 사채의 발행 및 상환, 주식의 발행이나 배당금 지급, 자기주식의 취득이나 처분 등의 재무활동을 통해 현금 유・출입이 발생한다. 재무활동으로 인한 현금유입과 현금유출의 예는 다음과 같이 요약할 수 있다.

재무활동으로 인한 현금유입	재무활동으로 인한 현금유출
• 현금의 장・단기차입 • 사채의 발생 • 주식의 발행 • 자기주식의 처분	• 장・단기차입금의 상환 • 사채의 상환 • 자기주식의 취득 • 이자 및 배당금의 지급*

* 기업의 선택에 따라서 영업활동현금흐름으로 분류할 수도 있다.

예제 12-6

제주상사(주)의 20×1년 말 재무상태표에는 사채 ₩9,800(액면금액 ₩10,000, 사채할인발행차금 ₩200)이 계상되어 있다. 20×2년 1월 1일에 제주상사(주)는 이 사채를 ₩9,900에 매입상환하였다.

| 물음 |

위 사채의 상환거래는 현금흐름표에 어떻게 보고되는가?

| 풀이 |

(1) 20×2년 1월 1일의 사채상환거래의 분개는 다음과 같이 기록되었을 것이다.

(차) 사채	10,000	(대) 사채할인발행차금	200*
사채상환손실	100	현금	9,900

(2) 사채의 상환금액 ₩9,900은 '재무활동으로 인한 현금유출액'에 포함시켜 보고한다. 또한 영업활동현금흐름을 간접법으로 작성하는 경우에는 사채상환손실 ₩100을 영업활동현금흐름 중의 '현금의 유출이 없는 비용 등의 가산'에 포함시켜 보고한다.

종합예제

다음은 중문상사(주)의 20×2년도 재무상태표, 포괄손익계산서 및 추가정보이다.

재무상태표

중문상사(주) 20×2년 12월 31일 (단위: 원)

	20×2	20×1		20×2	20×1
자산			부채		
현금 및 현금성자산	₩113,000	₩74,000	매입채무	₩46,000	₩80,000
매출채권	136,000	52,000	미지급급여	10,000	0
선급비용	8,000	12,000	미지급이자	15,000	28,000
재고자산	114,000	106,000	장기차입금	220,000	110,000
토지	200,000	240,000	자본		
건물	260,000	200,000	자본금	200,000	200,000
감가상각누계액	(135,000)	(110,000)	이익잉여금	205,000	156,000
자산총계	₩696,000	₩574,000	부채와 자본총계	₩696,000	₩574,000

포괄손익계산서

중문상사(주) 20×2년 1월 1일~20×2년 12월 31일 (단위: 원)

매출액		₩1,413,000
매출원가		(930,000)
매출총이익		483,000
판매비와 관리비		
종업원급여	₩216,000	
감가상각비	25,000	
기타판매관리비	123,000	(364,000)
영업이익		119,000
기타수익		
유형자산처분이익	5,000	5,000
기타비용		
이자비용	30,000	(30,000)
당기순이익		₩94,000

〈추가정보〉

① 재무상태표의 선급비용은 기타판매관리비와 관련되어 있다.

② 당기 중에 ₩60,000을 지급하고 건물을 취득하였으며, 장부금액 ₩40,000의 토지를 ₩45,000에 현금 매각하였다.

③ 거래은행으로부터 ₩110,000을 신규 차입하였다. 상환만기일은 20×4년 말이다.

④ 20×2년 중에 ₩45,000의 현금배당을 실시하였다.

| 물음 |

(1) 직접법에 따른 현금흐름표를 작성하라.

(2) 영업활동현금흐름을 간접법에 따라 작성하라.

| 풀이 |

(1) 직접법에 따른 현금흐름표

현금흐름표

중문상사(주) 20×2년 1월 1일부터 20×2년 12월 31일까지 (단위: 원)

Ⅰ. 영업활동현금흐름		₩32,000
고객으로부터의 현금유입1)	₩1,329,000	
매입에 대한 현금유출2)	(972,000)	
종업원에 대한 현금유출3)	(206,000)	
판매비와 관리비 지급4)	(119,000)	
Ⅱ. 투자활동현금흐름		(15,000)
토지의 처분	45,000	
건물의 취득	(60,000)	
Ⅲ. 재무활동현금흐름		22,000
장기차입금의 차입	110,000	
이자의 지급5)	(43,000)	
배당금의 지급	(45,000)	
Ⅳ. 현금의 증가(감소)(Ⅰ+Ⅱ+Ⅲ)		39,000
Ⅴ. 기초의 현금		74,000
Ⅵ. 기말의 현금(Ⅳ+Ⅴ)		₩113,000

1) 고객으로부터의 현금유입액＝₩1,413,000(매출액)－₩84,000(매출채권 증가)＝₩1,329,000

2) 매입에 대한 현금유출액＝₩930,000(매출원가)＋₩8,000(재고자산 증가)＋₩34,000(매입채무 감소)
＝₩972,000

3) 종업원에 대한 현금유출액＝₩216,000(종업원급여)－₩10,000(미지급급여 증가)＝₩206,000

4) 판매비와 관리비 지급액＝₩123,000(기타판매관리비)－₩4,000(선급비용 감소)＝₩119,000

5) 이자지급액＝₩30,000＋₩13,000(미지급이자 감소)＝₩43,000

(2) 간접법에 따른 영업활동현금흐름

현금흐름표		
중문상사(주) 20×2년 1월 1일부터 20×2년 12월 31일까지		(단위: 원)
Ⅰ. 영업활동현금흐름		
1. 당기순이익		₩94,000
2. 현금유출이 없는 비용 등의 가산		55,000
감가상각비	25,000	
이자비용	30,000	
3. 현금유입이 없는 수익 등의 차감		(5,000)
유형자산처분이익	5,000	
4. 영업활동으로 인한 자산 · 부채의 변동		(112,000)
매출채권의 증가	(84,000)	
선급비용의 감소	4,000	
재고자산의 증가	(8,000)	
매입채무의 감소	(34,000)	
미지급급여의 증가	10,000	
		₩32,000

익힘문제

1. 현금흐름표를 주요 재무제표의 하나로 작성해야 하는 이유는 무엇인가?

2. 현금흐름표를 구성하는 세 가지 현금흐름의 유형을 제시하고 각각을 정의하라.

3. 영업활동현금흐름(직접법 적용)의 주요 구성항목을 열거하라.

4. 직접법에 따라서 영업활동현금흐름을 계산하는 방법을 설명하라.

5. 고객으로부터의 현금유입액은 포괄손익계산서와 재무상태표의 관련항목을 이용하여 측정할 수 있다. 구체적으로 어떻게 측정하는가?

6. 매입에 대한 현금유출액은 포괄손익계산서와 재무상태표의 관련항목을 이용하여 측정할 수 있다. 구체적으로 어떻게 측정하는가?

7. 종업원에 대한 유출액은 포괄손익계산서와 재무상태표의 관련항목을 이용하여 측정할 수 있다. 구체적으로 어떻게 측정하는가?

8. 판매비와 관리비(인건비 제외)의 지급은 포괄손익계산서와 재무상태표의 관련항목을 이용하여 측정할 수 있다. 구체적으로 어떻게 측정하는가?

9. 간접법에 따라 영업활동현금흐름을 산출하는 방법을 설명하라.

10. 현금유출이 없는 비용과 현금유입이 없는 수익의 예를 들어라.

11. 투자활동현금흐름에서 현금 유입과 유출을 나타내는 거래의 예를 들어라.

12. 재무활동현금흐름에서 현금 유입과 유출을 나타내는 거래의 예를 들어라.

연습문제

12-1 기본개념의 이해

아래 문장이 맞으면 ○, 틀리면 ×를 표시하라.

(1) 재무상태표와 포괄손익계산서만으로도 기업의 현금흐름에 관한 정보를 충분히 얻을 수 있다. ( )
(2) 모든 매입과 매출에 관련된 영업활동이 현금으로 이루어진다면 당기순이익과 현금흐름표상의 영업활동 현금흐름은 일치한다. ( )
(3) 현금흐름표의 작성기준이 되는 현금에는 취득시점으로부터 3개월 이내에 상환일이 도래하는 환매채가 포함된다. ( )
(4) 기업의 경영활동은 크게 영업활동, 투자활동, 재무활동으로 구분할 수 있다. ( )
(5) 영업활동현금흐름은 영업활동을 수행하기 위해 비유동자산을 취득하거나 처분하는 활동, 현금의 대여와 회수활동 등으로 인한 현금흐름이다. ( )
(6) K-IFRS에 따르면, 영업활동현금흐름은 직접법을 이용하여 작성하여야 한다. ( )
(7) 직접법(direct method)은 당기순이익에 특정 항목을 가감하여 영업활동현금흐름을 산출하는 방법이다. ( )
(8) 간접법(indirect method)은 현금흐름을 수반하는 수익과 비용을 각 항목별로 총액을 표시하는 방법이다. ( )
(9) 유형자산이나 무형자산의 상각비와 같이 현금지출을 수반하지 않는 비용은 당기순이익에서 출발하여 영업활동 현금흐름을 구하는 과정에서 당기순이익에 가산시킨다. ( )
(10) 직접법은 현금흐름의 발생원천과 사용용도를 밝혀주기 때문에 간접법보다 더 많은 정보를 제공할 수 있다. ( )
(11) 매출채권, 재고자산, 유형자산의 증감은 영업활동과 관련되기 때문에 이들 항목의 증감은 영업활동 현금흐름으로 표시한다. ( )
(12) K-IFRS에 따르면, 이자의 수취 및 지급과 배당금의 수취로 인한 현금흐름은 영업활동, 투자활동 또는 재무활동 중에서 기업이 선택할 수 있다. ( )
(13) 사채의 발행 및 상환, 주식의 발행은 재무활동 현금흐름에 해당한다. ( )

12-2 현금흐름의 유형(Ⅰ)

제조기업인 경주기업(주)의 20×1년 1월 중 거래는 다음과 같다.

(1) 액면금액 ₩1,000인 보통주 5,000주를 ₩6,000,000에 발행하였다.
(2) 낙동강은행으로부터 만기 3년, 이자율 연 8%, 이자 지급일이 6월 30일과 12월 31일인 조건으로 현금 ₩5,000,000을 차입하였다.

(3) 제품 조립용 기계장치 1대를 ₩3,000,000에 현금으로 취득하였다.
(4) 1월분 종업원 급여로 ₩1,000,000을 현금으로 지급하였다.
(5) 제품을 판매하고 판매대금 ₩5,000,000을 현금으로 수취하였다.

| 물음 |

위의 각 거래에 수반된 현금흐름의 유형을 K-IFRS에 따라 영업활동, 투자활동, 재무활동으로 분류하라.

12-3 현금흐름의 유형(Ⅱ)

다음 자료는 인천상사(주)의 20×1년도 현금유출입을 수반한 거래들이다.

① 광고비의 선급	② 신주의 발행
③ 상품의 현금 매출	④ 사채의 만기상환
⑤ 토지 취득대가의 지급	⑥ 매출채권의 회수
⑦ 매입채무의 지급	⑧ 건물 매각대금의 수취
⑨ 장기차입금의 조달	⑩ 차입금이자의 지급
⑪ 자기주식 취득대가의 지급	⑫ 소모품 구입대금의 지급
⑬ 사채이자의 수입	⑭ 배당금의 지급
⑮ 배당금의 수취	⑯ 미지급보험료의 지급
⑰ 기계 임차료의 지급	⑱ 종업원급여의 지급

| 물음 |

K-IFRS에 따라 현금유출입거래를 분류할 경우 다음 물음에 답하라.
(1) 영업활동현금흐름에 속하는 항목은 어느 것인가?
(2) 투자활동현금흐름에 속하는 항목은 어느 것인가?
(3) 재무활동현금흐름에 속하는 항목은 어느 것인가?

12-4 현금흐름표 형식

다음은 남원상사(주)의 20×2년도 현금유입 및 현금유출 항목이다.

(단위: 원)

• 상품의 현금매출	₩400,000	• 매출채권 회수	₩500,000
• 종업원에 대한 급여지급	50,000	• 장기차입금 상환	150,000
• 차입금에 대한 이자지급	10,000	• 차량운반구의 현금취득	100,000
• 판매비와 관리비 지급	30,000	• 상품의 현금매입	200,000
• 매입채무의 지급	250,000	• 주주에게 현금배당	50,000
• 단기차입금 조달	100,000	• 토지의 현금처분	200,000
• 배당금 수입	20,000		

| 물음 |

위에서 제시한 현금유입 및 현금유출 항목 이외에 다른 항목은 없다고 가정하고 20×2년도 현금흐름표(직접법)를 작성하라. 단, 기초 현금은 ₩50,000이었다고 가정한다.

현금흐름표

남원상사(주) 20×2년 1월 1일부터 20×2년 12월 31일까지 (단위: 원)

Ⅰ. 영업활동현금흐름		(　　)
고객으로부터의 현금유입	(　　)	
매입에 대한 현금유출	(　　)	
종업원에 대한 현금유출	(　　)	
판매비와 관리비 지급	(　　)	
Ⅱ. 투자활동현금흐름		(　　)
토지의 처분	(　　)	
차량운반구의 취득	(　　)	
배당금의 수입	(　　)	
Ⅲ. 재무활동현금흐름		(　　)
장기차입금의 상환	(　　)	
단기차입금의 조달	(　　)	
이자의 지급	(　　)	
배당금의 지급	(　　)	
Ⅳ. 현금의 증가(감소)(Ⅰ+Ⅱ+Ⅲ)		(　　)
Ⅴ. 기초의 현금		50,000
Ⅵ. 기말의 현금(Ⅳ+Ⅴ)		(　　)

12-5 영업활동현금흐름(Ⅰ)

다음 자료는 여수상사(주)의 20×1년도 재무자료이다.

• 매출액: ₩300,000	• 매출원가: ₩240,000
• 매출채권 기초잔액: 60,000	• 매출채권 기말잔액: 80,000
• 재고자산 기초잔액: 15,000	• 재고자산 기말잔액: 30,000
• 선급금 기초잔액: 30,000	• 선급금 기말잔액: 10,000
• 매입채무 기초잔액: 50,000	• 매입채무 기말잔액: 40,000
• 선수금 기초잔액: 15,000	• 선수금 기말잔액: 20,000

| 물음 |

위의 자료를 이용하여 (1) 고객으로부터의 현금유입액, (2) 매입에 대한 현금유출액을 각각 계산하라. 단, 선수금은 모두 매출과 관련되며, 선급금은 모두 재고자산 매입과 관련되어 있다.

12-6 영업활동현금흐름(Ⅱ)

다음은 대구상사(주)의 20×1년도 비교 표시 재무상태표와 포괄손익계산서에서 추출한 회계자료이다.

• 당기순이익	₩3,500,000	• 감가상각비	₩1,200,000
• 무형자산상각비	200,000	• 이자비용	1,800,000
• 이자수익	400,000	• 유형자산처분손실	100,000
• 유형자산처분이익	800,000	• 매출채권 증가액	1,300,000
• 재고자산 증가액	600,000	• 매입채무 감소액	600,000
• 선급비용 증가액	200,000	• 선수수익 증가액	400,000
• 미지급이자 감소액	200,000	• 미수이자 증가액	100,000

| 물음 |

위의 자료에서 선급비용은 판매비 및 관리비와 관련되며, 선수수익은 임대료(수익)과 관련된 항목이다. 위에서 제시한 자료 이외에 다른 항목이 없다고 가정하고 20×1년도 '영업활동으로 인한 현금흐름(간접법)'을 계산하라.

12-7 영업활동현금흐름(Ⅲ)

울릉기업(주)의 20×2년도 비교 표시 재무상태표와 포괄손익계산서는 다음과 같다.

재무상태표

울릉기업(주) 20×2년 12월 31일 (단위: 원)

	20×2	20×1		20×2	20×1
자산			부채		
현금 및 현금성자산	₩1,800	₩3,000	매입채무	₩109,000	₩193,000
매출채권(순액)	54,000	81,000	미지급급여	15,000	18,000
선급비용	5,100	6,000	미지급이자	45,000	14,400
재고자산	61,500	48,000			
토지	180,000	220,500	자본		
건물	129,000	92,700	자본금	90,000	60,000
감가상각누계액	(65,400)	(58,200)	이익잉여금	107,000	107,600
자산총계	₩366,000	₩393,000	부채와 자본총계	₩366,000	₩393,000

* 선급비용은 모두 판매비와 관리비 관련 지급액이다.

포괄손익계산서	
울릉기업(주) 20×2년 1월 1일~20×2년 12월 31일	(단위: 원)
매출액	₩300,000
매출원가	159,000
매출총이익	141,000
판매비와 관리비	(105,600)*
기타수익	
금융자산처분이익	1,800
기타비용	
유형자산처분손실	(1,200)
당기순이익	₩36,000

* 판매비와 관리비에는 감가상각비 ₩15,000이 포함되어 있다.

| 물음 |

(1) 간접법을 적용하여 20×2년의 영업활동현금흐름을 계산하라.

(2) 직접법을 적용하여 20×2년의 영업활동현금흐름을 계산하라.

12-8 투자활동현금흐름

거제상사(주)는 20×1년 1월 1일에 기존에 사용하던 건물을 매각하고, 새로운 건물을 취득하였다. 이 두 거래와 관련된 재무자료는 다음과 같다.

• 구)건물의 취득원가	₩300,000,000	• 구)건물 감가상각누계액	₩140,000,000
• 건물 처분이익	40,000,000	• 신)건물 취득원가	400,000,000
• 건물의 취득대가 지급액	250,000,000	• 3개월 만기 약속어음 발행	150,000,000

| 물음 |

(1) 건물의 매각 및 취득거래를 분개하라.

(2) 투자활동현금흐름을 계산하라. 단, 다른 거래는 없다고 가정한다.

12-9 재무활동현금흐름

제주기업(주)는 20×2년 중에 액면금액이 ₩1,000인 보통주 5,000주를 발행하여 현금 ₩8,000,000을 조달하였다. 또한 장부금액이 ₩2,500,000인 사채를 조기 상환하였는데 상환이익 ₩500,000이 발생하였다. 그리고 자기주식 1,000주를 주당 ₩1,000에 현금으로 취득하였다.

| 물음 |

(1) 각 거래를 분개하라.

(2) 재무활동현금흐름을 계산하라.

12-10 현금흐름표 작성 (I)

20×1년 1월 1일에 설립된 진도상사(주)의 20×2년도 비교 표시 재무상태표, 포괄손익계산서 및 추가 정보는 다음과 같다.

재무상태표		
진도상사(주)	20×2년 12월 31일	(단위: 원)
	20×2년	20×1년
자산		
현금	₩257,000	₩168,000
미수용역수익	40,000	60,000
선급임차료	0	30,000
선급보험료	22,000	10,000
토지	188,000	0
건물	320,000	0
감가상각누계액(건물)	(32,000)	0
비품	100,000	50,000
감가상각누계액(비품)	(20,000)	(10,000)
자산 총계	₩875,000	₩308,000
부채와 자본		
미지급급여	₩60,000	₩42,000
미지급광고비	50,000	0
미지급이자	30,000	0
사채	260,000	0
자본금	100,000	100,000
이익잉여금	375,000	166,000
부채와 자본 총계	₩875,000	₩308,000

포괄손익계산서		
진도상사(주)	20×2년 1월 1일부터 20×2년 12월 31일까지	(단위: 원)
용역수익		₩1,014,000
급여	₩440,000	
감가상각비	42,000	
기타 판매비와 관리비	170,000	
이자비용	40,000	692,000
당기순이익		₩322,000

〈추가 정보〉

① 20×2년에는 현금배당 ₩113,000을 결의한 후 지급하였다.

② 사채를 ₩260,000에 액면발행하여 이 자금으로 토지를 취득하였다.

③ 건물을 ₩320,000에, 비품을 ₩50,000에 각각 현금취득하였다.

| 물음 |

(1) 직접법에 따라 영업활동현금흐름을 계산하라.

(2) 간접법에 의한 현금흐름표를 작성하라.

12-11 현금흐름표 작성 (II)

목포상사(주)의 20×1년도 기초 및 기말의 비교 표시 수정후시산표는 다음과 같다. 다음의 자료를 이용하여 물음에 답하라.

목포상사(주) 수정후시산표 (단위: 원)

항목	20×1.12.31		20×1.1.1	
	차변	대변	차변	대변
현금 및 현금성자산	₩342,000		₩400,000	
매출채권	170,000		130,000	
대손충당금	(18,000)		(10,000)	
재고자산	220,000		240,000	
선급보험료	4,000		5,000	
토지	250,000		250,000	
기계장치	250,000		200,000	
감가상각누계액	(85,000)		(80,000)	
매입채무		₩295,000		₩280,000
선수금		8,000		10,000
선수임대료		9,000		12,000
미지급비용		15,000		10,000
자본금		600,000		600,000
이익잉여금		223,000		223,000
매출원가	785,000			
판매비와 관리비*	458,000			
유형자산처분손실	10,000			
매출액		1,206,000		
임대료		30,000		
합계	₩2,386,000	₩2,386,000	₩1,135,000	₩1,135,000

* 판매비와 관리비에는 감가상각비 ₩7,000과 대손상각비 ₩19,960이 포함되어 있다.

〈추가자료〉

① 취득원가 ₩80,000의 기계장치를 현금으로 취득하였다.

② 포괄손익계산서의 당기순손실은 ₩17,000이다.

| 물음 |

(1) 고객으로부터의 현금유입액, 공급자 및 종업원에 대한 현금유출액, 기타수익으로부터의 현금유입액, 투자 및 재무활동으로 인한 현금흐름을 각각 계산하라.

(2) 간접법에 의한 현금흐름표를 작성하라.

제13장

재무제표분석

지금까지는 거래의 인식과 측정을 통해 재무제표를 작성하는 방법을 살펴보았다. 본 장에서는 회계정보 이용자 입장에서 재무제표와 회계정보를 활용하기 위한 분석방법을 논의한다. 재무제표에 담겨 있는 정보를 분석하는 것은 정보이용자들이 경제적 의사결정을 내리기 위해 수행해야 할 필수적 절차이다. 이를 위해, 본 장의 제2절에서는 재무제표 수치의 추세를 파악하고 다른 기업의 수치와 비교하는 방법을 논의하며, 제3절에서는 기업의 수익성과 재무위험을 평가하기 위한 다양한 재무비율을 소개한다.

- 재무제표분석
  - 재무제표분석의 의의
    - 재무제표분석이란
    - 재무제표분석의 목적
    - 재무제표분석에서 파악해야 할 주요 내용
  - 추세분석과 기업 간 비교분석
    - 추세분석: 성장성 분석
    - 공통형 재무제표와 기업 간 비교
  - 재무비율 분석
    - 수익성 분석
    - 재무위험 분석
    - 활동성 분석
    - 종합분석
  - 재무제표분석의 한계점

제1절 재무제표분석의 의의

1.1 재무제표분석이란

회계시스템은 기업의 활동을 측정·기록하여 회계정보를 산출하며, 회계정보가 집계된 요약보고서가 곧 재무제표(financial statements)이다. 재무제표는 기업이 공시하는 연차보고서나 중간보고서(예: 분기 또는 반기보고서)에 포함되어 감사보고서 등과 함께 제공된다. 기업은 재무제표 이외에도 여러 기업정보를 외부에 공시하는데, 이들 정보는 금융감독원이 운영하는 전자공시시스템(DART, http://dart.fss.or.kr)에 서 찾을 수 있다.

기업이 작성·공시하는 재무제표에는 기업의 재무상태와 경영성과 등에 관한 정보가 담겨 있다. 그런데 실제 이용자가 이러한 정보를 얻기 위해서는 재무제표에서 필요한 정보를 찾아 해석하는 과정이 필요하다. 재무제표 자료에 근거하여 기업의 재무상태와 경영성과를 파악하고 분석하는 일련의 정보 해석과정을 재무제표분석(financial statements analysis)이라고 한다.

한편 실무에서 자주 사용하는 용어 중에는 재무분석(financial analysis)이 있다. 재무분석은 재무제표 이외에 기업의 기타 재무자료나 증권시장 자료에 대한 분석을 포함한다. 또한 경영분석(business analysis)은 기업의 가치창출활동(예, 구매, 생산, 판매, 재무, 인사 등)이 효율적으로 운용되고 있는지의 여부, 산업 내 경쟁상황이나 국내·외 경제동향 등을 좀 더 포괄적으로 분석한다. 재무제표분석은 재무제표를 활용한 계량적(quantitative) 분석으로서 기업 관련 분석에서 가장 기본적인 역할을 담당하고 있다.

[그림 13-1] 기업분석의 범위

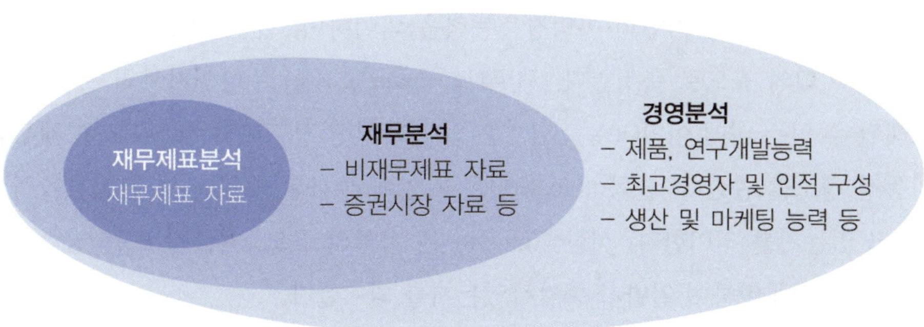

1.2 재무제표분석의 목적

기업의 재무제표를 활용하는 대표적 외부이용자는 주식투자자와 채권자이며, 대표적 내부이용자는 경영자이다. 이들 두 그룹의 재무제표 분석목적은 다음과 같다. 먼저, 주식투자자들은 기업의 주식가치를 평가하기 위하여 분석을 수행한다. 이들은 재무제표 등의 정보에 근거하여 기업의 주식가치를 평가하고 이를 시장가격과 비교하여 주식의 매입(또는 매각) 여부를 결정한다. 이를 투자분석(investment analysis)이라고 부른다. 또한 은행 및 채권자들은 자금대여 여부를 결정하기 위하여 분석을 수행한다. 이들은 기업에 자금을 대여할 경우 그 원금 및 이자를 무사히 상환받을 수 있는지에 관심이 많기 때문에 기업의 수익성과 재무위험, 그리고 현금창출능력 등에 초점을 맞추어 분석한다. 이를 신용분석(credit analysis)이라고 한다. 한편 자본시장에서 다양한 정보를 수집하여 분석하는 전문적 애널리스트(analysts) 역시 대표적인 외부이용자 그룹이다. 이들은 주식평가에 관한 정보를 전문 펀드매니저나 일반 투자자들에게 제공하기 위해 기업의 재무제표뿐만 아니라 산업 동향이나 거시경제 정보 등을 분석한다.

다음으로, 내부이용자인 경영자들은 향후 자사의 경영계획 수립 및 경영의사결정(예: 기업확장 여부)을 위하여 분석을 수행한다. 경영자들은 재무제표뿐만 아니라 외부에 공시되지 않는 기업 내의 여러 자료를 확보할 수 있기 때문에 좀 더 심도 있는 분석이 가능하다.

1.3 재무제표분석에서 파악해야 할 주요 내용

재무제표분석의 목적은 다양하지만 재무제표에서 파악해야 할 가장 기본적인 정보 내용으로는 기업의 수익성, 재무위험, 활동성, 성장성 등에 관한 정보를 들 수 있다.

수익성(profitability)은 기업의 이익창출능력을 의미하며, 일반적으로 투입된 자원 대비 창출된 이익의 규모로 측정한다. 재무위험(financial risk)은 타인자본의 사용으로 인해 초래될 수 있는 미래 이익(또는 현금흐름)의 불확실성 정도, 또는 그로 인한 채무불이행 가능성 정도를 말한다. 활동성(activity)은 기업에 투하된 자원이 얼마나 효율적으로 사용되고 있는지를 의미한다. 성장성(growth)은 기업의 규모, 매출액 또는 영업성과가 전년(또는 과거)에 비하여 얼마나 증감하였는지를 의미한다.

[그림 13-2] 재무제표분석에서 파악해야 할 주요 내용

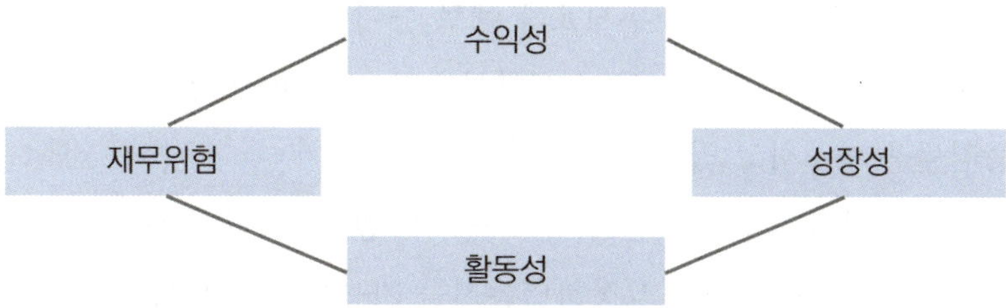

제2절 추세분석과 기업 간 비교분석

하나의 수치만으로는 그 값의 높고 낮음을 분별하기 어려우므로 대부분의 분석은 비교에서 출발한다. 예를 들어, 특정 기업의 특정 연도 재무제표만을 가지고 그 기업의 재무상태를 분석한다고 가정해 보자. 비교자료가 없다면 매우 난감할 것이지만, 비교자료가 수집되면 분석은 훨씬 쉬워지고 정확해질 수 있다.

비교자료는 특정 기업의 과거연도 재무제표가 될 수도 있고 경쟁기업의 동일연도 재무제표가 될 수도 있다. 특정 기업의 재무제표 수치가 시간에 따라 어떻게 변화되었는지를 분석하는 것을 추세분석(trend analysis) 또는 시계열분석(time-series analysis)이라 부른다. 이에 비해, 특정 기업의 재무제표 수치를 유사한 다른 기업들과 비교하는 분석을 횡단분석(cross-sectional analysis)이라고 부른다. 아래에서는 추세비교와 횡단비교를 통하여 재무제표 수치를 해석하고 이를 바탕으로 기업의 재무상태와 경영성과를 파악하는 방법을 설명한다.

2.1 추세분석: 성장성 분석

일반적으로 기업이 공시하는 재무제표는 기간별 비교가능성을 높이기 위해 전기 재무제표와 당기 재무제표를 비교하는 형식으로 보고된다. 이를 비교표시 재무제표라고 부른다. 추세분석은 비교표시 재무제표 등으로부터 주요 항목의 증감액(또는 증감률)을 계산하여 추세를 파악하는 분석으로서 기업의 성장성에 관한 정보를 제공한다.

(1) 재무상태표 분석

본 절에서는 꽃샘기업(주)의 재무제표를 예로 들어 설명한다. 〈표 13−1〉은 꽃샘기업(주)의 20×1년과 20×2년의 비교표시 재무상태표이다. 표의 오른쪽 부분에는 항목별 증감액과 증감률을 제시하고 있다.

재무상태표에서 자산총계는 기업의 규모를 나타낸다. 따라서 총자산증가율은 기업의 규모가 전년에 비하여 얼마나 성장하였는지를 가늠하는 지표이다. 총자산증가율은 아래와 같이 계산한다.

$$\text{총자산증가(성장)율} = \frac{\text{20×2년 말 자산총계} - \text{20×1년 말 자산총계}}{\text{20×1년 말 자산총계}} \times 100$$

$$= \frac{1{,}107 - 822}{822} \times 100 = 34.7(\%)$$

꽃샘기업(주)의 총자산은 20×1년의 822억원에서 20×2년은 1,107억원으로 285억원이 증가하였으며, 연간 증가율이 34.7%인 고속성장 기업이다.

이제 부채와 자본을 나누어 계산하여 보자. 〈표 13−1〉에서 부채증가율은 62.7%(453억원에서 737억원으로 284억원 증가)인 데 비하여, 자기자본증가율은 0.3%(369억원에서 370억원으로 1억원 증가)에 그쳤다. 이는 자산의 증가가 대부분 부채로 조달되었음을 알 수 있다.

다음은 재무상태표의 세부항목별 증감내역을 파악하여 보자. 자산항목 중에서 연간 증가액이 큰 항목을 열거하면 매출채권(70억원), 재고자산(36억원), 토지(29억원), 건물(156억원) 등이며, 부채와 자본항목 중에서는 매입채무(38억원), 단기차입금(79억원), 사채(166억원), 납입자본(27억원)의 연간 증가액이 크다. 이와 같은 정보에 의하면, 꽃샘기업(주)은 주로 매입채무의 지급 연기, 단기차입과 사채 발행, 주식 발행(납입자본)을 통하여 자금을 조달하였으며, 이 자금을 재고자산, 토지 및 건물 등의 취득, 신용매출 확대 등에 투입한 것으로 파악할 수 있다.

〈표 13-1〉 꽃샘기업(주)의 비교표시 재무상태표

재무상태표

꽃샘기업(주) (단위: 억원)

계정과목	20×1년 말	20×2년 말	증감액	증감률(%)
자산				
(1) 유동자산				
현금 및 현금성자산	₩120	₩104	₩−16	−13.3
매출채권(순액)	176	246	70	39.8
재고자산	277	313	36	13.0
(2) 비유동자산				
금융자산	32	39	7	21.9
유형자산				
토지	114	143	29	25.4
건물 등(순액)	93	249	156	167.7
무형자산	10	13	3	30.0
자산총계	₩822	₩1,107	₩285	34.7
부채				
(1) 유동부채				
매입채무	₩88	₩126	₩38	43.2
단기차입금	99	178	79	79.8
(2) 비유동부채				
사채(순액)	252	418	166	65.9
퇴직급여부채	14	15	1	7.1
부채총계	453	737	284	62.7
자본				
(1) 납입자본	309	336	27	8.7
(2) 이익잉여금	49	36	−13	−26.5
(3) 기타포괄손익누계액	11	−2	−13	−118.2
자본총계	369	370	1	0.3
부채와 자본총계	₩822	₩1,107	₩285	34.7

(2) 포괄손익계산서 분석

〈표 13−2〉는 꽃샘기업(주)의 20×1년과 20×2년의 비교표시 포괄손익계산서이다. 표의 오른쪽 부분에는 항목별로 계산된 증감액과 증감률을 제시하고 있다.

〈표 13-2〉 꽃샘기업(주)의 비교표시 포괄손익계산서

포괄손익계산서

꽃샘기업(주) (단위: 억원)

계정과목	20×1년도	20×2년도	증감액	증감률(%)
1. 매출액	₩682	₩699	₩17	2.5
2. 매출원가	576	555	−21	−3.6
3. 매출총이익	106	144	38	35.8
4. 일반관리비	68	100	32	47.1
급여 등	29	36	7	24.1
임차료	3	6	3	100.0
감가상각비	24	44	20	83.3
무형자산상각비	2	3	1	50.0
기타일반관리비	10	11	1	10.0
5. 판매비	9	13	4	44.4
6. 영업이익	29	31	2	6.9
7. 기타수익	24	13	−11	−45.8
이자수익	6	5	−1	−16.7
유형자산처분이익	11	0	−11	−100.0
기타	7	8	1	14.3
8. 기타비용	29	55	26	89.7
이자비용	24	40	16	66.7
유형자산처분손실	0	6	6	−
기타	5	9	4	80.0
9. 법인세차감전이익	24	(11)	−35	−145.8
10. 법인세비용	4	0	−4	−100.0
11. 당기순이익(손실)	20	(11)	−31	−155.0
12. 기타포괄이익(손실)	22	(13)	−35	−159.1
13. 총포괄이익	₩42	₩(24)	₩−66	−157.1

포괄손익계산서의 매출액은 기업의 외형적 규모와 함께 영업활동의 활동성 정도를 나타낸다. 매출액증가율은 다음과 같이 계산한다.

$$\text{매출액증가(성장)율} = \frac{20\times2\text{년도 매출액} - 20\times1\text{년도 매출액}}{20\times1\text{년도 매출액}} \times 100$$

$$= \frac{699 - 682}{682} \times 100 = 2.5(\%)$$

〈표 13-2〉에서 꽃샘기업(주)의 연간 매출액증가율은 2.5%로서 총자산증가율(34.7%)에 비하면 매우 낮은 수준을 보이고 있다. 다시 말하면, 꽃샘기업(주)은 20×2년도에 대규모 유형자산 투자와 신용매출을 확대하였음에도 불구하고 매출액은 답보상태에 머물렀음을 의미한다.

다음은 이익의 종류별로 증감률을 살펴보자. 먼저 매출총이익증가율은 35.8%(106억원에서 144억원으로 38억원 증가)로서 매출총이익이 크게 증가하였음을 나타낸다. 이는 매출액의 소폭 증가와 더불어 매출원가를 현저히 낮추었기 때문으로 보인다.

〈표 13-2〉의 비교표시 포괄손익계산서에서, 영업이익(=매출총이익-일반관리비-판매비)은 20×1년의 29억원에서 20×2년의 31억원으로 2억원이 증가하였다. 매출총이익률은 큰 폭(35.8%)으로 증가한 데 비하여 영업이익증가율은 6.9%(29억원에서 31억원으로 2억원 증가)에 그치고 있다. 이는 꽃샘기업(주)의 일반관리비가 큰 폭으로 증가(68억원에서 100억원으로 32억원 증가)한 데서 연유한다. 특히 감가상각비가 크게 증가하였는데, 이는 재무상태표 분석에서 확인했듯이 건물 등의 유형자산을 많이 취득한 결과이다. 이에 비하여, 법인세차감전순이익과 당기순이익은 큰 폭으로 하락(24억원에서 -11억원으로 35억원 감소)하였으며 당기순이익에서 당기순손실로 전환된 모습이 나타난다. 이는 이자비용과 기타비용이 전년과 대비하여 크게 증가하였기 때문이다. 특히 이자 비용의 증가(24억원에서 40억원으로 16억원 증가)가 당기순이익의 감소에 크게 기여하고 있는데, 이는 재무상태표 분석에서 확인했듯이 차입금의 대규모 증가에 기인한 결과이다.

2.2 공통형 재무제표와 기업 간 비교

기업 중에는 규모가 큰 대기업이 있고 규모가 작은 중소기업이 있다. 이렇게 규모가 다른 기업들을 서로 비교하기 위해서는 규모의 차이를 조정하는 것이 필요하다. 예를 들어, A기업의 부채총액은 5억원이고, B기업의 부채총액은 20억원이라고 가정하자. 두 기업의 부채부담 정도를 단순히 부채총액만으로 비교하여 B기업이 A기업보다 부채부담이 크다고 말할 수 없다. 만약 A기업의 총자산이 10억원이고 B기업의 총자산이 100억원이라면, 총자산 대비 부채 규모는 B기업보다 A기업이 크기 때문이다. 기업규모를 감안하여 기업 간 재무제표를 비교분석하는 대표적 방법은 일반 재무제표를 공통형 재무제표(common-size financial statements)로 변환하는 것이다. 즉, 재무상태표의 각 항목은 자산총계로 나누어 백분율(%)로 표시하고, 포괄손익계산서의 각 항목은 매출액으로 나누어 백분율로 표시하는 것이다. 따라서 공통형 재무제표를 백분율 재무제표라고도 부른다. 공통형 재무제표는 재무제표의 각 항목이 총액에서 차지하는 비중과 구조를 파악하는 데 유용하다.

(1) 공통형 재무상태표

〈표 13-3〉은 꽃샘기업(주)의 재무상태표 중 주요 항목을 자산총계로 나누어 백분율로 표시한 공통형 재무상태표이다. 꽃샘기업(주)의 자산구조를 살펴보면, 20×1년도 현금 및 현금성자산은 총자산 대비 14.6%, 매출채권은 21.4%, 재고자산은 33.7%, 유형자산은 25.2% 등을 점하고 있다. 유사한 방법으로 부채구조와 자기자본구조를 파악할 수 있다.

이제 꽃샘기업(주)의 자산・부채・자본구조를 다른 기업과 비교하여 보자. 경쟁기업이나 모범기업이 있다면 그 기업의 비율과 비교할 수 있으며, 특별히 비교대상 기업이 없다면 우리나라 기업들의 평균비율(예: 분석대상기업이 속한 산업의 평균비율)과 비교하는 것이 좋다.[1)]

〈표 13-3〉에 의하면, 꽃샘기업(주)의 총자산 대비 부채비중은 20×1년의 55.1%에서 20×2년의 66.6%로 크게 높아졌으나 산업평균(81.9%)보다는 낮은 수준이다. 유사한 분석방법을 적용하여 꽃샘기업(주)의 자산구조를 살펴보면, 매출채권과 유형자산의 비중은 산업평균보다 높으나 금융자산의 비중은 낮다. 그리고 부채구조에서는 차입성 부채(단기차입금 및 사채 등)의 비중이 산업평균보다 크게 높으며, 자기자본구조에서는 납입자본의 비중이 상대적으로 높은 것을 알 수 있다.

1) 한국산업은행(http://kdb.co.kr)이 발행하는 통계연감인 「기업재무분석」에는 재무제표 주요 구성 항목의 백분율에 대한 산업평균치가 산업별/기업규모별로 수록되어 있다.

〈표 13-3〉 꽃샘기업(주)의 공통형 재무상태표

공통형 재무상태표

꽃샘기업(주) (단위: 억원, %)

계정과목	20×1년 12월 31일			20×2년 12월 31일		
	금액	백분율	산업평균	금액	백분율	산업평균
자산						
현금 및 현금성자산	₩120	14.6	8.1	₩104	9.4	7.9
매출채권(순액)	176	21.4	15.8	246	22.2	16.1
재고자산	277	33.7	26.1	313	28.3	28.0
금융자산	32	3.9	12.0	39	3.5	12.8
유형자산	207	25.2	28.1	392	35.2	26.3
무형자산	10	1.2	0.9	13	1.2	0.9
자산총계	₩822	100.0	100.0	₩1,107	100.0	100.0
부채						
매입채무	₩88	10.7	14.8	₩126	11.4	15.0
차입성부채	351	42.7	24.3	596	53.9	25.7
퇴직급여부채	14	1.7	–	15	1.4	–
부채총계	453	55.1	80.5	737	66.6	81.9
자본						
납입자본	309	37.6	16.6	336	30.4	15.1
이익잉여금	49	6.0	2.9	36	3.3	3.0
기타포괄손익누계액	11	1.3	–	−2	−0.2	–
자본총계	369	44.9	19.5	370	33.4	18.1
부채와 자본총계	₩822	100.0	100.0	₩1,107	100.0	100.0

(2) 공통형 포괄손익계산서

〈표 13−4〉는 꽃샘기업(주)의 포괄손익계산서 중 주요 항목을 매출액으로 나누어 백분율로 표시한 공통형 포괄손익계산서이다. 표에 의하면, 20×1년도 포괄손익계산서의 매출원가는 매출액 대비 84.5%, 일반관리비는 10.0% 등을 점하고 있다. 이렇게 공통형 포괄손익계산서를 작성하면 기업의 손익구조를 개략적으로 파악할 수 있다.

〈표 13-4〉 꽃샘기업(주)의 공통형 포괄손익계산서

공통형 포괄손익계산서

꽃샘기업(주) (단위: 억원, %)

계정과목	20×1년			20×2년		
	금액	백분율	산업평균	금액	백분율	산업평균
매출액	₩682	100.0	100.0	₩699	100.0	100.0
매출원가	576	84.5	79.1	555	79.4	77.8
매출총이익	106	15.5	20.9	144	20.6	22.2
일반관리비	68	10.0	15.1	100	14.3	15.2
급여	29	4.3	6.0	36	5.2	6.0
감가상각비	24	3.5	1.1	44	6.3	1.1
판매비	9	1.3	0.8	13	1.9	0.7
영업이익	29	4.3	6.0	31	4.4	6.3
이자비용	24	3.5	5.0	40	5.7	4.9
당기순이익(손실)	₩20	2.9	0.8	₩-11	-1.6	1.0

공통형 포괄손익계산서의 주요 항목의 비율 역시 산업평균과 비교가 가능하다. 같은 업종에 속한 다른 기업의 손익구조는 특히 내부 경영자들에게 주요 관심사 중의 하나이다.

〈표 13-4〉에 의하면, 꽃샘기업(주)의 매출액 대비 매출원가의 비중은 감소하였으나, 여전히 산업평균보다 높다. 반면에 일반관리비의 비중은 20×1년의 10.0%에서 20×2년에는 14.3%로 크게 증가하였다. 이는 일반관리비가 꽃샘기업(주)의 비용상승을 주도한 것으로 해석할 수 있으며, 이로 인하여 꽃샘기업(주)의 영업이익 비중은 산업평균보다 낮은 수준을 보이고 있다. 그리고 이자비용의 비중이 높아짐에 따라 당기순이익이 당기순손실로 반전되는 결과를 초래하였다.

추세분석과 공통형 재무제표는 분리하여 분석하기보다는 서로를 연계하여 분석하는 것이 바람직하다. 예를 들어, 추세분석에서 먼저 특이하게 변화한 항목들을 추출한 다음, 공통형 재무제표에서 이들 항목의 변화가 그 산업의 일반적인 경향인지, 아니면 그 기업에만 국한된 상황인지를 분석하는 것이다.

제3절 재무비율 분석

재무비율(financial ratio)이란 재무제표 항목 중에서 서로 관련성이 있는 두 개 이상의 항목을 대응시킨 상호관계 비율이다. 앞서 설명한 공통형 재무제표는 재무제표의 각 항목을 총자산 또는 매출액으로 나누어 비율로 바꾼 것으로서 재무비율의 한 형태라고 말할 수 있다.

재무비율을 활용하여 기업의 영업실적과 재무상태를 파악하는 분석방법은 실무에서 널리 이용되어 온 전통적 방법이다. 본 절에서는 대표적으로 수익성 비율, 재무위험 비율, 활동성 비율을 소개한다.

3.1 수익성 분석

수익성 분석은 기업의 이익창출능력을 평가하는 것이기 때문에 재무제표분석에서 가장 중요하게 여겨진다. 기업의 이익창출능력은 현금창출능력과 높은 상관성이 있으므로 투자자들의 주식투자 의사결정과 채권자들의 자금대여 의사결정은 물론 내부 경영자들의 경영계획 수립 및 경영의사결정에 중대한 영향을 준다.

수익성 분석을 위한 비율은 기본적으로 '기업에 투입된 자본에 비하여 어느 정도의 이익을 실현하였는지'로 측정한다. 대표적인 수익성 비율을 소개하면 다음과 같다.

(1) 자기자본이익률(ROE)

자기자본이익률(ROE, return on equity)은 당기순이익을 자기자본으로 나누어 계산한다. 당기순이익은 회계기간 동안 기업의 경영성과를 나타내는 측정치이자 기업의 소유주(주주)에게 직접적으로 귀속되는 이익이다. 따라서 ROE는 기업의 주주 입장에서 투입한 자본(자기자본)의 이익창출능력을 평가하는 지표가 된다.

ROE 계산에 분모로 사용되는 자기자본은 기초시점의 자기자본(자본총계)을 사용하는 것이 이익률 계산 측면에서 바람직하다. 하지만 회계기간 중에 추가적인 출자(예, 유상증자)나 감자가 있었다면 투자액이 변동된 것을 반영하기 위해 평균 자기자본을 사용하는 것이 적절할 것이다. 이에 실무에서는 계산의 편의성으로 인해 평균 자기자본을 많이 사용하고 있다.

$$\text{자기자본이익률(ROE)} = \frac{\text{당기순이익}}{\text{기초 자기자본(또는 평균 자기자본)}} \times 100$$

위의 계산식(평균 자기자본 이용)에 의하여 꽃샘기업(주)의 20×2년도 자기자본이익률을 계산하여 보자. 〈표 13－1〉의 비교표시 재무상태표에서 20×2년의 기초자본(즉, 20×1년 기말자본)은 369억원, 기말자본은 370억원이며, 〈표 13－2〉의 비교표시 포괄손익계산서에서 20×2년의 당기순이익은 －11억원이다.

$$\text{자기자본이익률(ROE)} = \frac{-11}{(369+370)/2} \times 100 = -3.0\%$$

이론적으로 자기자본이익률은 적어도 주주가 기대하는 수익률 이상을 달성해야 성공적인 경영이라고 평가할 수 있다. 기업에 투자한 주주는 투자위험을 부담하므로 최소한 은행에 정기예금하는 것보다 높은 수익률을 기대한다. 이 같은 주장에 근거하면 꽃샘기업(주)의 자기자본이익률 －3.0%는 매우 저조한 실적이다.

(2) 총자산이익률(ROA)

자기자본이익률은 기업활동에 투입된 자본을 자기자본에 한정하여 정의한 반면, 총자산이익률(ROA, return on assets)은 투자자본을 총자산으로 정의함으로써, 기업에 투입된 총자본이 얼마나 많은 이익을 획득하였는지를 분석하는 지표이다.

총자산이익률의 분모는 부채와 자본의 합계이기 때문에 이와 대응하여 분자 역시 '당기순이익＋이자비용'으로 설정하는 것이 적절하다. 왜냐하면 당기순이익은 주주(자기자본)의 몫이고 이자비용은 채권자(부채)에 귀속되므로 기업에 투자한 주주 및 채권자의 투자합계액에 대한 운영성과를 측정하기에 적정한 수치가 될 수 있기 때문이다. 한편 실무적으로는 '당기순이익＋이자비용'의 대용치로서 영업이익을 사용하기도 한다.

$$총자산이익률(ROA) = \frac{당기순이익 + 이자비용\ (또는\ 영업이익)}{평균\ 총자산} \times 100$$

위의 계산식에 의하여 꽃샘기업(주)의 20×2년의 총자산이익률을 계산하여 보자. 비교표시 재무상태표에서 20×2년의 기초총자산은 822억원, 기말총자산은 1,107억원이며, 비교표시 포괄손익계산서에서 20×2년의 당기순이익은 −11억원, 이자비용은 40억원, 영업이익은 31억원이다. 따라서 총자산이익률은 다음과 같다.

$$총자산이익률(ROA) = \frac{(-11+40)}{(822+1,107)/2} \times 100 = 3.0\%\ 또는$$

$$= \frac{31}{(822+1,107)/2} \times 100 = 3.2\%$$

3.2 재무위험 분석

재무위험(financial risk)은 기업이 타인자본을 사용함에 따른 이자비용과 부채원금을 상환하지 못할 위험으로 기업의 안정적인 존속을 위협하는 요인이다. 재무위험 분석에는 장기적 채무불이행 위험을 평가하는 부채비율(타인자본 의존도)과 단기적 현금지급 능력을 의미하는 유동성비율 등이 널리 활용된다.

(1) 부채비율

타인자본을 많이 사용하는 기업은 이자부담이 높기 때문에 기업의 영업활동이 부진하면 자금 부족으로 인하여 이자 및 원금을 상환하지 못할 위험이 높아지게 된다. 따라서 기업에 자금을 제공하는 은행은 물론 주식 및 채권투자자들은 기업의 재무위험이 어느 정도인지에 대하여 많은 관심을 가진다. 부채비율(liabilities-to-equity ratio)은 자기자본 대비 타인자본의 비중을 평가하는 대표적인 비율로서 재무제표분석에서 가장 중요하게 분석되는 지표 중 하나이다.

$$부채비율 = \frac{타인자본\ (부채총계)}{자기자본\ (자본총계)} \times 100$$

부채비율과 유사한 비율로는 자기자본비율(equity ratio)이 있다. 자기자본비율은 '자기자본/총자산'으로 측정되며 은행들의 대출심사기준에 자주 포함되는 비율로서 부채비율과 대체로 역의 관계에 있다.

〈표 13-1〉의 꽃샘기업(주)의 비교표시 재무상태표에 의하면, 20×2년 말의 부채총계는 737억원, 자본총계(자기자본)는 370억원이었다. 따라서 부채비율은 다음과 같다.

$$부채비율 = \frac{737}{370} \times 100 = 199.2\%$$

(2) 이자보상비율

부채비율은 자기자본 대비 부채규모의 정도(부채의존도)만을 보여 주는 반면, 실제로 기업의 이자지급능력은 '이자비용을 상회할 만큼의 충분한 이익을 창출하고 있는지'의 여부로 평가할 수 있다. 이를 위해서 개발된 지표가 이자보상비율(interest coverage ratio)이다.

$$이자보상비율 = \frac{이자\ 및\ 법인세\ 차감\ 전\ 순이익(EBIT)}{이자비용}$$

$$= \frac{당기순이익 + 이자비용 + 법인세비용}{이자비용}$$

이자보상비율은 '이자 및 법인세 차감 전의 순이익(EBIT, earnings before interests and taxes)'이 이자비용의 몇 배수인지를 측정하는 지표로서 수익성 지표와 재무위험 지표가 결합된 비율이다.

〈표 13-2〉의 꽃샘기업(주)의 비교표시 포괄손익계산서에 의하면, 20×2년도 이자비용은 40억원, 법인세비용은 0, 그리고 순이익은 −11억원이었다. 따라서 꽃샘기업(주)의 이자보상비율은 다음과 같다.

$$\text{이자보상비율} = \frac{-11+40}{40} = 0.73\text{배}$$

이자보상비율이 1보다 작은 것은 이자비용도 지급하지 못할 정도로 수익성이 나쁘다는 것을 의미한다.

(3) 유동성비율

단기자금을 제공하는 은행이나 외상으로 상품을 공급하는 협력업체들은 기업의 단기지급능력에 큰 관심을 갖고 있다. 유동비율(current ratio)은 유동부채 상환에 대비하여 어느 정도의 현금화 가능자산(유동자산)을 보유하고 있는지를 판단하는 지표이다. 유동비율이 높을수록 단기채권자의 안전도는 높다고 판단한다.

$$\text{유동비율} = \frac{\text{유동자산}}{\text{유동부채}} \times 100$$

그러나 유동자산 중에서 재고자산은 현금화가 쉽지 않은 자산이다. 따라서 단기지급능력을 엄격하게 평가하기 위해서는 유동자산 중에서 현금화가 비교적 쉬운 당좌자산만을 분자로 사용하기도 한다. 이를 당좌비율(quick ratio)이라 부르며 유동비율의 보조지표로 자주 사용된다.

$$\text{당좌비율} = \frac{\text{유동자산} - \text{재고자산}}{\text{유동부채}} \times 100$$

〈표 13-5〉는 꽃샘기업(주)의 비교표시 재무제표에 근거한 유동성 비율과 해당 산업 평균비율을 제시하고 있다.

〈표 13-5〉 꽃샘기업(주)의 유동성 비율과 산업평균

	20×1년		20×2년	
	꽃샘기업(주)	산업평균	꽃샘기업(주)	산업평균
유동비율	$\frac{573}{187} \times 100 = 306\%$	108%	$\frac{663}{304} \times 100 = 218\%$	109%
당좌비율	$\frac{296}{187} \times 100 = 158\%$	61%	$\frac{350}{304} \times 100 = 115\%$	56%

꽃샘기업(주)의 유동비율과 당좌비율은 모두 산업평균보다 높은 수준을 보이고 있어 양호한 것으로 판단된다. 다만, 유동비율에 비해 당좌비율이 현저히 낮다는 점에서 재고자산을 과도하게 보유하고 있다는 문제점이 지적될 수 있다.

3.3 활동성 분석

활동성 비율은 기업에 투하된 자본에 비하여 영업활동(예: 매출활동)이 얼마나 활발하였는지를 평가하는 지표이다.

(1) 총자산회전율

대표적 활동성 비율은 총자산회전율(assets turnover ratio)이다. 총자산회전율은 기업에 투입된 총자산 규모에 비하여 매출액 규모가 몇 배수인지(또는 매출액을 실현하기 위하여 총자산이 연간 몇 번 회전하였는지)를 측정하는 비율이다.

$$\text{총자산회전율} = \frac{\text{매출액}}{\text{기초자산과 기말자산의 평균}}$$

총자산회전율은 산업에 따라 큰 차이를 보이고 있다. 일반적으로 설비 및 기계장치가 많은 중공업의 경우는 자산규모(분모)가 상대적으로 크기 때문에 총자산회전율이 낮으나, 경공업 및 서비스산업의 경우는 반대이다.

또한 중요한 것은 총자산회전율은 대표적 수익성비율인 총자산이익률(ROA)의 결정요인이라는 사실이다. 이는 다음과 같은 식으로 설명할 수 있다(편의상, 총자산이익률 계

산식에서 분자는 영업이익을 사용함).

$$\text{총자산이익률(ROA)} = \frac{\text{영업이익}}{\text{기초 및 기말의 평균 총자산}}$$
$$= \frac{\text{영업이익}}{\text{매출액}} \times \frac{\text{매출액}}{\text{평균 총자산}}$$
$$= \text{매출액영업이익률} \times \text{총자산회전율}$$

위 식에서 볼 수 있듯이, ROA는 매출액영업이익률과 총자산회전율의 곱으로 표현할 수 있다. 여기에서, 매출액영업이익률은 매출액 ₩1당 영업이익이 얼마나 획득되었는가를 나타내는 비율로서 기업의 영업비용 발생정도에 대한 평가지표이다. 따라서 기업이 ROA를 높이고자 한다면, 자산운용의 효율성(총자산회전율)을 높이거나 기업의 손익구조(매출액영업이익률)를 개선해야 할 것이다. 위의 계산식을 꽃샘기업(주)에 적용하면 다음과 같다.

$$\text{총자산이익률(ROA)} = \frac{31}{(822+1,107)/2} = \frac{31}{699} \times \frac{699}{(822+1,107)/2}$$
$$= 3.2\% \quad = 4.4\% \times 0.72\text{회}$$

예제 13-1

서울중공업(주)의 20×1년도 평균 총자산은 1,200억원, 매출액은 800억원이다. 반면에 부산경공업(주)의 20×1년도 평균 총자산은 600억원, 매출액은 800억원이다.

| 물음 |

두 기업은 모두 총자산이익률 목표를 5%로 정하였다고 가정하자. 이를 달성하기 위해서는 매출액 영업이익률 목표를 각각 얼마로 설정해야 하나? 현재의 시장상황에 비추어 위의 금액들은 단기적으로 변화가 없을 것으로 가정한다.

| 풀이 |

총자산이익률과 총자산회전율의 관계식에서 매출액영업이익률을 X로 놓고 풀면,

서울중공업(주): $0.05 = X \times (800/1,200)$

따라서 $X = 0.05 \times (1,200/800) = 0.075$ (또는 7.5%)

부산경공업(주): $0.05 = X \times (800/600)$

따라서 $X = 0.05 \times (600/800) = 0.0375$ (또는 3.75%)

서울중공업(주)은 매출액영업이익률 목표를 7.5%로 설정하고, 부산경공업(주)은 3.75%로 설정하면 된다. 즉, 총자산회전율이 낮은 서울중공업(주)이 동일 수준의 총자산이익률을 실현하려면 매출액영업이익률을 높여야 한다. 이와 같은 방법으로 경영자는 산업의 특성을 감안하여 이익극대화 전략을 채택해야 한다.

총자산회전율은 기업의 투하자본을 총자산으로 정의한 비율이다. 총자산 대신에 유형자산, 재고자산, 매출채권, 운전자본 등으로 대체하면 유형자산회전율, 재고자산회전율, 매출채권회전율, 운전자본회전율 등의 비율이 된다. 여기서 운전자본(working capital)은 유동자산과 유동부채의 차이를 의미한다.

위와 같은 회전율 지표는 특정 자산항목(예: 유형자산, 재고자산 등)이 얼마나 효율적으로 운용되고 있는지를 측정하기 위한 목적으로 사용된다. 즉 '매출액을 실현하기 위하여 특정 자산이 얼마나 효율적으로 운영되었는지' 또는 '그 특정 자산을 과대(또는 과소)하게 보유하고 있는지'를 판단하는 지표로 해석할 수 있다. 이 같은 의미에서 활동성 비율을 효율성 비율이라고도 부른다.

회전율 개념은 기업 내부의 경영분석에서도 자주 적용된다. 예를 들어, 신용매출을 어느 정도 허용해야 하는지는 기업의 중요한 정책 중의 하나이다. 외상매출을 너무 많이 허용하면 그로 인하여 현금 부족사태가 발생할 수 있으나, 외상매출을 너무 적게 허용하면 판매부진으로 인하여 수익성이 악화될 가능성이 있기 때문이다. 이 같은 양면성 때문에 매출채권회전율을 경쟁기업 또는 산업평균비율과 비교함으로써 매출채권의 과다(또는 과소) 허용 여부를 판단하는 방법이 널리 이용된다. 이 같은 판단방법은 유형자산회전율, 재고자산회전율, 운전자본회전율 등에도 적용할 수 있다.

(2) 매출채권 평균회수기간

매출채권회전율 개념을 이해하기 쉽게 변형시킨 지표가 매출채권 평균회수기간이다. 이는 외상판매대금이 평균적으로 며칠 만에 회수되는지를 평가해 주며 다음과 같이 계산한다. 회수기간은 회전율과 역의 관계에 있으며, 회수기간이 짧을수록 기업의 자금사정은 양호해진다.

$$\text{매출채권 평균회수기간} = \frac{365\text{일}}{\text{매출채권회전율}} = \frac{\text{매출채권}}{\text{1일 평균 매출액}}$$

〈표 13－1〉의 비교표시 재무상태표에 의하면, 꽃샘기업(주)의 20×2년도 기초매출채권은 176억원, 기말매출채권은 246억원이다. 그리고 〈표 13－2〉의 비교표시 포괄손익계산서에서 20×2년도 매출액은 699억원이다. 따라서 꽃샘기업(주)의 20×2년도 매출채권회전율과 매출채권 평균회수기간은 다음과 같다.

$$\text{매출채권회전율} = \frac{699}{(176+246)/2} = 3.31\text{회}$$

$$\text{매출채권 회수기간} = \frac{365}{3.31} = 110\text{일}$$

3.4 종합분석

재무제표의 구성항목은 매우 많기 때문에 이들 사이의 재무비율 역시 매우 다양하게 만들 수 있다. 따라서 분석자는 각자의 분석목적에 따라 다른 비율을 이용할 수 있으며, 어떤 비율을 선택해야 하는지는 분석자가 결정해야 한다.

재무제표분석에서는 1～2개의 재무비율에 의존하여 기업 전체의 재무상태를 판단하기보다는 다양한 범주의 비율에 의하여 종합적으로 분석하는 것이 중요하다. 이는 마치 병원에서 건강진단을 받을 때 여러 종류의 검사를 실시하는 것과 같다. 다만 여러 가지의 재무비율 분석결과를 종합하여 단일 평가치(예: 점수)로 나타낼 수 없는 문제점이 있다. 예를 들어, 재무위험도는 양호하나 수익성이 부실한 기업의 경영상태는 종합적으로 어떻게 평가해야 하는지의 문제이다. 이를 위하여 실무에서는 여러 가지 재무비율을 동시에 고려하는 평점표(scoring system)[2)]를 도입하거나 통계분석에 의한 평가방법(예: 파산위험이나 회계부정 가능성 등을 평가)을 시도하고 있다.

2) 평점표에 의한 평가는 ① 분석목적에 따라 포함시켜야 할 주요 재무비율을 선정하고, ② 선정된 비율에 대하여 배점을 부여한 다음, ③ 해당 기업의 자료를 대입하여 종합점수를 계산하는 방법이다. 평점표에는 비계량적인 평가요소까지 포함시킬 수 있다.

제4절 재무제표분석의 한계점

이제까지 공부한 재무제표분석은 기업의 재무상태와 경영성과에 관한 주요 정보를 간편하게 얻을 수 있는 장점이 있지만, 다음과 같은 한계점이 있기 때문에 결과의 해석에 신중해야 한다.

첫째, 재무제표분석은 계량화가 곤란한 사항, 예를 들면, 경영자 및 종업원의 능력, 조직의 효율성, 기술개발력 등과 같은 정성적(qualitative) 정보를 고려하지 못한다. 미국의 유명한 재무분석가인 Brilloff는 "재무제표분석은 좋은 향수와 같아서, 코로 냄새만 맡지 삼켜서는 안 된다"라고 언급한 바 있다. 이는 재무제표를 중심으로 한 계량적 평가에 의해 기업의 재무상태를 속단해서는 안 된다는 사실을 경고한 것이다. 이 같은 약점은 재무제표 이외의 정보(예, 주가 정보, 제품시장 정보, 기타 비계량 정보)들을 추가로 분석하여 보완할 수 있다.

둘째, 재무제표분석은 과거의 회계자료에 근거한 분석이기 때문에 기업의 미래상태를 예측하는 데는 충분하지 않다. 이 같은 약점을 보완하기 위해서는 전문적인 재무분석가들의 예측치를 수집하여 참고하거나, 또는 통계적인 예측방법을 동원하여 추정재무제표를 작성한 후에 분석한다.

셋째, 재무비율의 계산식은 분석자마다 각기 다르게 정의될 수 있다. 예를 들어, 부채비율은 부채/자기자본, 부채/총자산, 또는 차입부채/자기자본 등과 같이 분석자마다 다른 방법으로 계산되기도 한다. 따라서 재무비율을 언급할 때는 어떻게 정의한 비율인지를 명확히 밝혀야 비교분석이 적절히 수행된다.

넷째, 기업마다 또는 기간에 따라 다른 회계처리방법이 적용되었을 경우 비교상의 어려움이 존재한다. 예를 들어, 감가상각방법이나 재고자산평가방법 등 회계처리방법이 상이할 경우 기간별 또는 기업 간의 비교분석은 의미가 적어진다. 또한 결산시점의 재무상태를 표시하는 재무상태표는 계절적 변동요인을 고려하지 못하기 때문에 분석결과가 왜곡될 수 있다. 예를 들어, 6월 말이 결산일인 청량음료회사의 재고자산회전율은 상대적으로 과소평가될 가능성이 있다.

다섯째, 표준비율의 선정이 어렵다. 비교기준치로서 산업평균을 많이 사용하지만 소속업종의 정확한 분류가 여의치 않을 수 있으며, 산업평균치가 과연 표준이 될 수 있는지도 의문이다. 특히 영업활동이 다각화되어 있는 기업을 어떤 산업으로 분류해야 하는지도 어려운 과제이다.

마지막으로, 재무비율의 해석에는 주관성이 크게 작용한다. 가령 높은 유동비율은 단기 채무상환능력이 뛰어남을 의미하지만, 한편으로는 현금성자산의 과다보유라는 점에서 부정적인 측면도 있다. 또한 각종 비율의 판정이 서로 엇갈릴 경우 기업의 경영상태에 대한 종합적 판단이 어려워진다.

종합예제

재무비율의 계산

다음은 광주전자(주)의 20×1년과 20×2년의 비교표시 재무상태표와 포괄손익계산서이다.

재무상태표(요약)

광주전자(주) (단위: 억원)

	20×1년 말	20×2년 말		20×1년 말	20×2년 말
현금 및 현금성자산	₩958	₩1,054	매입채무	₩1,823	₩1,867
매출채권	1,322	1,497	미지급비용	2,596	2,918
재고자산	3,154	2,909	기타유동부채	4,302	3,560
기타유동자산	8,514	8,763	사채	99	96
금융자산(비유동)	9,419	10,930	기타비유동부채	2,125	867
유형자산	20,050	24,919	납입자본	2,297	3,865
무형자산	400	467	이익잉여금	30,575	37,366
자산총계	₩43,817	₩50,539	부채와 자본총계	₩43,817	₩50,539

포괄손익계산서(요약)

광주전자(주) (단위: 억원)

	20×1년도	20×2년도
매출액	₩57,633	₩57,458
매출원가	(37,280)	(40,158)
판매비와 관리비	(8,336)	(9,240)
기타수익	2,137	2,671
기타비용	(863)	(1,719)
이자비용	(166)	(142)
법인세비용	(2,338)	(1,230)
당기순이익	₩10,787	₩7,640

| 물음 |

(1) 광주전자(주)의 20×2년도 매출액증가율은 몇 %인가?

(2) 20×2년도 자기자본이익률(ROE)과 총자산이익률(ROA)은 각각 몇 %인가?

(3) 20×2년도 부채비율 및 유동비율은 각각 몇 %이고, 이자보상비율은 몇 배수인가?

(4) 20×2년도 총자산회전율과 매출채권회전율은 각각 몇 회인가?

| 풀이 |

(1) $\text{매출액 증가율} = \dfrac{57{,}458 - 57{,}633}{57{,}633} \times 100 = -0.3\%$

(2) 평균 자기자본 = {(2,297 + 30,575) + (3,865 + 37,366)}/2 = 37,051.5(억원)

$\text{자기자본이익률(ROE)} = \dfrac{7{,}640}{37{,}051.5} \times 100 = 20.6\%$

$\text{총자산이익률(ROA)} = \dfrac{7{,}640 + 142}{(43{,}817 + 50{,}539)/2} \times 100 = 16.5\%$

(3) 20×2년 말 부채총계 = 1,867 + 2,918 + 3,560 + 96 + 867 = 9,308(억원)
20×2년 말 자기자본 = 3,865 + 37,366 = 41,231(억원)
20×2년 말 유동자산 = 1,054 + 1,497 + 8,763 + 2,909 = 14,223(억원)
20×2년 말 유동부채 = 1,867 + 2,918 + 3,560 = 8,345(억원)

$\text{부채비율} = \dfrac{9{,}308}{41{,}231} \times 100 = 22.6\%$

$\text{유동비율} = \dfrac{14{,}223}{8{,}345} \times 100 = 170.4\%$

$\text{이자보상비율} = \dfrac{142 + 1{,}230 + 7{,}640}{142} = 63.5\text{배}$

(4) $\text{총자산회전율} = \dfrac{57{,}458}{(43{,}817 + 50{,}539)/2} = 1.22\text{회}$

$\text{매출채권회전율} = \dfrac{57{,}458}{(1{,}332 + 1{,}497)/2} = 40.6\text{회}$

익힘문제

1. 기업 외부의 대표적 재무제표이용자인 주식투자자 및 채권자(또는 은행)들이 재무제표분석을 통하여 얻으려는 정보는 각각 무엇인가?

2. 기업 내부의 대표적 재무제표이용자인 경영자들이 재무제표분석을 통하여 얻으려는 정보는 무엇인가?

3. 공통형 재무제표 및 공통형 포괄손익계산서를 작성하는 이유를 각각 설명하라.

4. 재무비율이 무엇을 의미하는지 설명하라.

5. 자기자본이익률이란 무엇이며, 어떻게 계산하는지 설명하라.

6. 총자산이익률(또는 총자본이익률)이란 무엇이며, 어떻게 계산하는지 설명하라.

7. 기업의 타인자본의존도를 분석하는 데 적합한 재무비율은 무엇인지 설명하라.

8. 이자보상비율이란 무엇이며, 어떻게 계산하는지 설명하라.

9. 유동성 비율을 계산하는 이유는 무엇이며, 어떤 비율들이 포함되는지 설명하라.

10. 활동성 비율이 무엇을 평가하기 위한 지표인지를 설명하라.

11. 총자산회전율과 총자산이익률의 관계를 설명하라.

12. 재무제표분석의 한계점으로 정성적 정보(또는 비계량 정보)에 대한 분석이 미흡하다고 자주 지적받고 있다. 정성적 정보란 무엇이며 어떤 것들이 있는지 설명하라.

연습문제

13-1 기본개념의 이해

아래 문장이 맞으면 ○, 틀리면 ×를 표시하라.

(1) 재무제표 자료는 과거의 정보를 나타내고 있는 것이므로 경영성과를 측정하거나 미래를 예측하는 데 유용하지 않다. ( )

(2) 경영자는 재무제표의 주요 이용자가 아니므로 경영자가 경영계획 수립 및 경영의사 결정을 위해 재무제표를 분석하는 것은 비효율적이다. ( )

(3) 수익성은 기업의 이익창출능력을 의미하며, 일반적으로 투입된 자원 대비 창출된 이익의 규모로 측정한다. ( )

(4) 공통형 재무제표는 재무제표의 각 항목이 총액에서 차지하는 비중과 구조를 파악하는 데 유용하다. ( )

(5) 재무비율이란 재무제표 항목 중에서 서로 관계가 있는 두 개 이상의 항목을 대응시킨 상호관계 비율을 의미한다. ( )

(6) 기업의 가치평가에 있어서 가장 핵심이 되는 내용은 수익성이므로 재무제표분석은 수익성만을 평가하는 데 이용된다. ( )

(7) 자기자본이익률(ROE)은 기업의 주주 입장에서 투입한 자본의 이익창출능력을 평가하는 지표가 된다. ( )

(8) 재무위험은 기업이 타인자본을 사용함에 따라 발생되는 것이므로 부채비율을 분석하는 것만으로 재무위험의 크기를 측정할 수 있다. ( )

(9) 이자보상비율은 당기순이익에 이자비용을 더한 것을 이자비용으로 나누어 계산한다. ( )

(10) 유동비율이 높을수록 기업이 현금화할 수 있는 자산이 많으므로 단기채권자의 안전도가 높다고 판단할 수 있다. ( )

(11) 매출채권회전율이 높을수록 매출채권회수기간은 길어진다. ( )

(12) 특정 자산의 회전율 지표는 해당 자산이 얼마나 효율적으로 운용되고 있는지를 측정하기 위한 목적으로 사용된다. ( )

(13) 재무제표분석을 통해 정량적(quantitative)인 정보뿐 아니라 정성적(qualitative)인 정보까지 모두 고려할 수 있다. ( )

(14) 기업 또는 기간 간에 따라 다른 회계처리 방식이 적용된 경우 재무제표의 비교를 통한 비교분석은 의미가 적어진다. ( )

13-2 비교 표시 재무상태표: 증감액 및 증감률 분석

아래에 제시된 서울전자(주)의 비교 표시 재무상태표를 보고 물음에 답하라.

재무상태표

서울전자(주) (단위: 억원)

항목	20×1/12/31	20×2/12/31	20×1년 대비 20×2년의 증감	
			증감액	증감률(%)
자산				
현금 및 현금성자산	₩958	₩1,054	₩96	10.0
매출채권(순액)	1,332	1,497	(　　)	(　　)
재고자산	3,154	2,909	(　　)	(　　)
기타유동자산	8,514	8,763	249	2.9
금융자산(비유동)	9,419	10,930	1,511	16.0
유형자산	20,040	24,919	(　　)	(　　)
무형자산	400	467	67	16.8
자산 총계	₩43,817	₩50,539	₩6,722	15.3
부채				
매입채무	₩1,823	₩1,867	(　　)	(　　)
단기차입금	2,596	2,918	(　　)	(　　)
기타유동부채	4,302	3,560	−742	−17.2
사채(순액)	99	96	−3	−3.0
기타비유동부채	2,125	867	−1,258	−59.2
부채 총계	10,945	9,308	−1,637	−15.0
자본				
납입자본	2,297	3,865	(　　)	(　　)
이익잉여금	30,575	37,366	(　　)	(　　)
자본 총계	32,872	41,231	8,539	25.4
부채와 자본 총계	₩43,817	₩50,539	₩6,722	15.3

| 물음 |

(1) 서울전자(주)의 비교 표시 재무상태표에 항목별 증감액과 증감률을 괄호 속에 계산하라.

(2) 서울전자의 20×2년의 총자산은 20×1년에 비하여 6,722억원 증가하였다. 금액 면에서 가장 큰 증가를 보인 두 가지 자산 항목은 무엇인가?

(3) 부채와 자본 중에서 가장 크게 증가한(금액 면에서) 두 가지 항목은 무엇인가?

13-3 공통형 비교재무상태표

다음은 문제 [13-2]에서 주어진 서울전자(주)의 비교 표시 재무상태표를 공통형 재무상태표로 변환 중에 있는 자료이다.

공통형 재무상태표

서울전자(주) (단위: 억원)

항목	20×1년 12월 31일		20×2년 12월 31일	
	금액	백분율(%)	금액	백분율(%)
자산				
현금 및 현금성자산	₩958	2.2	₩1,054	2.1
매출채권(순액)	1,332	(　)	1,497	(　)
재고자산	3,154	(　)	2,909	(　)
기타유동자산	8,514	19.4	8,763	17.3
금융자산(비유동)	9,419	21.5	10,930	21.6
유형자산	20,040	(　)	24,919	(　)
무형자산	400	0.9	467	1.0
자산 총계	₩43,817	100.0	₩50,539	100
부채				
매입채무	₩1,823	(　)	₩1,867	(　)
단기차입금	2,596	(　)	2,918	(　)
기타유동부채	4,302	9.8	3,560	7.0
사채(순액)	99	0.2	96	0.2
기타비유동부채	2,125	4.8	867	1.7
부채 총계	10,945	(　)	9,308	(　)
자본				
납입자본	2,297	(　)	3,865	(　)
이익잉여금	30,575	(　)	37,366	(　)
자본 총계	32,872	(　)	41,231	(　)
부채와 자본 총계	₩43,817	100.0	₩50,539	100.0

| 물음 |

(1) 서울전자(주)의 비교 표시 재무상태표의 각 항목의 백분율을 괄호 속에 계산하라.

(2) 서울전자의 자산항목 중에서 20×1년에 비하여 20×2년의 백분율 증가가 가장 큰 항목은 무엇이며, 백분율 감소가 가장 큰 항목은 무엇인가?

(3) 부채와 자본 중에서 백분율의 증가가 가장 큰 항목은 무엇이며, 백분율의 감소가 가장 큰 항목은 무엇인가?

13-4 공통형 비교포괄손익계산서

다음은 서울전자(주)의 20×1~20×2년도 비교 표시 포괄손익계산서를 공통형 포괄손익계산서로 변환 중에 있는 자료이다.

공통형 포괄손익계산서

서울전자(주) (단위: 억원)

항목	20×1년 1월 1일~12월 31일		20×2년 1월 1일~12월 31일	
	금액	백분율(%)	금액	백분율(%)
매출액	₩57,633	100.0	₩57,458	100.0
매출원가	37,280	(　)	40,158	(　)
매출총이익	20,353	35.3	17,300	30.1
일반관리비	8,336	(　)	9,240	(　)
영업이익	12,017	20.9	8,060	14.0
기타수익	2,137	(　)	2,671	(　)
이자비용	166	(　)	142	(　)
기타비용	863	(　)	1,719	(　)
법인세 차감 전 이익	13,125	22.8	8,870	15.4
법인세비용	2,338	(　)	1,230	(　)
당기순이익	₩10,787	18.7	₩7,640	13.3

| 물음 |

(1) 서울전자(주)의 비교 표시 포괄손익계산서의 각 항목의 백분율을 괄호 속에 계산하라.

(2) 서울전자의 비용항목 중에서 20×1년에 비하여 20×2년의 백분율 증가가 가장 큰 두 가지 항목은 무엇이며, 백분율 감소가 가장 큰 항목은 무엇인가?

(3) 서울전자의 20×2년도 당기순이익이 20×1년에 비하여 감소한 주된 원인은 무엇인가?

13-5 듀퐁의 분해공식(Du Pont Formula)

미국의 듀퐁(주)은 자기자본이익률(ROE) 극대화를 기업의 목표로 설정하고, 이를 추진하기 위하여 다음과 같이 ROE를 여러 구성요소로 분해하여 전략을 수립하였다. 이를 듀퐁의 분해공식이라고 부른다.

$$\frac{\text{순이익}}{\text{자기자본}} = \frac{\text{순이익}}{\text{매출액}} \times \frac{\text{매출액}}{\text{총자산}} \times \frac{\text{총자산}}{\text{자기자본}}$$

위의 공식에 의하면, 자기자본이익률을 높이기 위한 전략은 세 가지이다. 첫째, 매출액에 비하여 이익을 많이 내는 전략(매출액이익률 증대), 둘째, 총자산에 비하여 매출액을 높이는 전략(총자산회전율 증대), 그리고 총자산 중에서 자기자본을 얼마나 투입할 것인지의 전략(자기자본비율의 결정)이다.

서울중공업(주)은 내년도에 총자산 1,200억원, 자기자본 360억원, 매출액 800억원을 예상하였으며, 반면에 부산경공업(주)은 내년도에 총자산 600억원, 자기자본 180억원, 매출액 800억원을 예상하였다.

| 물음 |

두 기업은 모두 자기자본이익률 목표를 20%로 설정하였다. 이를 달성하기 위해서 두 기업은 매출액이익률 목표를 각각 얼마로 설정해야 하나?

13-6 수익성 분석

광주상사(주)의 20×1년 12월 31일로 종료하는 회계연도의 재무자료는 다음과 같다.

• 매출액: ₩5,000,000	• 기초자산총액: ₩10,000,000
• 기초부채총액: ₩4,000,000	• 당기순이익: ₩2,000,000
• 기말자산총액: ₩15,000,000	• 기말부채총액: ₩5,000,000

| 물음 |

(1) 20×1년도 매출액순이익률은 몇 %인가?
(2) 20×1년도 자기자본이익률(ROE)은 몇 %인가?
(3) 20×1년도 총자산이익률(ROA)은 몇 %인가?

13-7 재무위험 분석

다음은 대구기업(주)의 비교재무제표이다.

재무상태표

대구기업(주) 20×2년 12월 31일 (단위: 천원)

	20×2	20×1		20×2	20×1
자산			부채		
현금 및 현금성자산	₩5,000	₩2,000	매입채무	₩5,000	₩6,000
매출채권(순액)	2,000	1,000	미지급급여	3,000	1,500
선급비용	3,000	2,500	미지급이자	2,000	1,000
재고자산	2,500	3,000	자본		
토지	5,000	3,500	자본금	10,000	8,000
건물	10,000	10,000	이익잉여금	5,000	3,500
감가상각누계액	(2,500)	(2,000)			
자산총계	₩25,000	₩20,000	부채와 자본총계	₩25,000	₩20,000

포괄손익계산서

대구기업(주) (단위: 천원)

	20×2.1.1～12.31	20×1.1.1～12.31
매출액	₩10,000	₩8,000
매출원가	(6,000)	(4,800)
매출총이익	4,000	3,200
판매비와 관리비	(500)	(300)
영업이익	3,500	2,900
기타수익	1,500	1,000
이자비용	(1,000)	(1,000)
기타비용	(500)	(1,500)
법인세 차감 전 이익	3,500	1,400
법인세비용	(500)	(200)
당기순이익	₩3,000	₩1,200

| 물음 |

(1) 대구기업(주)의 2년간 부채비율과 유동비율은 각각 몇 %인가(소수점 둘째 자리까지 표시하시오)?

(1) 대구기업(주)의 2년간 이자보상비율은 몇 배수인가? 이를 비교하여 그 의미를 작성하여라.

13-8 활동성 비율

20×2년도 부천상사(주)의 재무자료는 다음과 같다.

- 평균총자산: ₩20,000,000
- 매출: ₩5,000,000
- 평균매출채권: ₩2,500,000
- 당기순이익: ₩2,000,000

| 물음 |

(1) 부천상사(주)의 20×2년 총자산회전율과 매출채권회전율은 각각 몇 %인가?

(2) 부천상사(주)의 20×2년 총자산이익률(ROA)을 매출액순이익률과 총자산회전율로 표시하여라.

(3) 부천상사(주)의 20×2년 매출채권평균회수기간은 며칠인가?

13-9 재무비율 간의 관계

다음은 나주기업(주)의 20×1년 자료이다.

• 유동비율: 230%	• 재고자산회전율: 6회
• 당좌비율: 80%	• 20×0년 재고자산: 170억원
• 유동부채: 100억원	

| 물음 |

위 자료를 이용하여 나주기업(주)의 20×1년 매출액을 추정하라. 단, 나주기업(주)의 유동자산은 당좌자산과 재고자산으로만 구성되어 있다고 가정한다.

부록

Ⅰ. 연습문제 해답

Ⅱ. 현가계산표

부록 Ⅰ. 연습문제 해답

제1장 회계의 기초개념

1-1 기본개념의 이해

(1) O (2) O (3) O (4) × (5) O (6) × (7) × (8) O (9) O (10) ×
(11) O (12) O

| 해설 |

(4) 경영자는 회계정보의 공급자이자 이용자이다.
(6) 기업 외부정보이용자의 의사결정에 유용한 정보를 보고하는 회계는 재무회계이다.
(7) 이해관계자들이 원하는 정보가 서로 다르고 때로는 상충될 수 있으므로 일반목적의 재무제표를 제공한다.
(10) 우리나라의 비상장기업은 원칙적으로 일반기업회계기준을 사용한다.

제2장 재무재표의 이해

2-1 기본개념의 이해

(1) O (2) O (3) × (4) × (5) × (6) × (7) O (8) × (9) × (10) ×
(11) O (12) O (13) × (14) O (15) O

| 해설 |

(3) 보강적 질적 특성으로는 비교가능성, 검증가능성, 적시성 및 이해가능성이 있다.
(4) 보강적 질적 특성만으로는 해당 정보를 유용하게 만들 수 없다.
(5) 계속기업의 가정이란 '기업이 예상 가능한 미래기간 동안 영업을 계속할 것이라는 가정'이다.
(6) 대부분의 자산은 법적 소유권과 결부되어 있으나, 소유권이 없는 자산도 회계적 자산으로 분류할 수 있다.
(8) 자산이나 부채는 과거 거래나 사건에 의해 발생된 것이어야 한다.
(9) 단, 자본청구권 보유자의 출자와 관련된 것은 제외하여야 한다.
(10) 재무제표에 기록(계상)하는 것을 인식(recognition)이라고 하며, 재무제표 요소의 화폐금액을 결정하는 것을 측정(measurement)이라고 한다.
(13) 유동자산에 대한 설명이다.

2-2 유용한 회계정보의 질적 속성

(1) c (2) e (3) a (4) b (5) f (6) d

2-3 재무제표의 요소

(1) c (2) a (3) e (4) b (5) d

2-4 재무제표의 종류

(1) b (2) d (3) e (4) a (5) c

2-5 회계등식(Ⅰ)

서울(주): ₩20,000 + ① + 200,000 + 500,000 = 250,000 + 300,000 + 500,000
∴ ① = ₩330,000
부천(주): ₩25,000 + 350,000 + 500,000 + 350,000 = 150,000 + 400,000 + ②
∴ ② = ₩675,000
성남(주): ₩100,000 + 600,000 + 350,000 + 1,200,000 = 450,000 + ③ + 1,000,000
∴ ③ = ₩800,000

| 해설 |

회계등식 '자산 = 부채 + 자본'

2-6 회계등식(Ⅱ)

| 해설 |

회계등식 '자산 = 부채 + 자본'

	자산	=	부채	+ 자본
안양전자(주)	400,000	=	200.000	① 200,000
수원전자(주)	② 550,000	=	300,000	250,000
성남전자(주)	375,000	=	③ 165,000	210,000

2-7 재무제표

20×1년: ₩42,300 − 28,900 = ① ∴ ① = ₩13,400
₩62,400 = 17,200 + ③ ∴ ③ = ₩45,200
20×2년: ₩58,400 − ② = 29,800 ∴ ② = ₩28,600
④ = ₩20,100 + 60,600 ∴ ④ = ₩80,700

| 해설 |

당기순이익 = 수익 − 비용, 자산 = 부채 + 자본

2-8 자산, 부채, 자본 요소의 구분

(1) 자산합계액 = ₩31,400(현금) + 150,000(토지) + 14,200(비품) + 300,000(건물) + 67,200(매출채권) + 32,000(상품) + 210,000(차량운반구) = ₩804,800
부채합계액 = ₩57,200(매입채무) + 42,800(미지급비용) + 154,000(장기차입금) = ₩254,000

자본합계액 = ₩804,800(자산) − 254,000(부채) = ₩550,800

(2) ₩550,800(자본) = 자본금(?) + 250,800(이익잉여금)　　∴ 자본금 = ₩300,000

(3) 재무상태표

재무상태표			
부산상사(주)	20×1년 12월 31일		(단위: 원)
자산		부채	
유동자산		유동부채	
현금	₩31,400	외상매입금	₩57,200
외상매출금	67,200	미지급비용	42,800
상품	32,000	비유동부채	
비유동자산		장기차입금	154,000
토지	150,000		
비품	14,200	자본	
건물	300,000	자본금	300,000
차량운반구	210,000	이익잉여금	250,800
자산총계	₩804,800	부채 및 자본총계	₩804,800

2-9 재무상태표의 작성

| 해설 |

(1) 자산: 현금(150,000) + 차량운반구(40,000) + 건물(100,000) + 기계장치(80,000) + 외상매출금(60,000) + 단기금융자산(10,000) + 상품(20,000) + 토지(55,000) = 515,000

부채: 미지급운임(30,000) + 미지급급여(120,000) + 미지급법인세(25,000) + 퇴직급여채무(110,000) + 단기차입금(60,000) + 장기차입금(70,000) = 415,000

자본: 이익잉여금(50,000) + 자본금(50,000) = 100,000

(2)

재무상태표			
안양상사(주)	20×1년 12월 31일		(단위: 원)
자산	515,000	부채	415,000
현금	150,000	미지급운임	30,000
상품	20,000	미지급급여	120,000
외상매출금	60,000	미지급법인세	25,000
단기금융자산	10,000	단기차입금	60,000
건물	100,000	장기차입금	70,000
기계장치	80,000	퇴직급여채무	110,000
차량운반구	40,000	자본	100,000
		자본금	50,000
		이익잉여금	50,000
자산총계	515,000	부채 및 자본 총계	515,000

2-10 수익과 비용의 구분(Ⅰ)

(1) 수익합계액 = ₩327,000(용역수익) + 11,420(이자수익) + 17,300(유형자산처분이익)
= ₩355,720

(2) 비용합계액 = ₩98,200(원재료비) + 43,400(종업원급여) + 9,700(통신비) +
37,200(광고선전비)+ 22,400(운송비) + 19,000(임차료) +
50,000(감가상각비) + 17,280(이자비용) + 10,000(법인세비용) = ₩307,180

(3) 당기순이익 = 수익 − 비용 = ₩355,720 − 307,180 = ₩48,540

(4) 포괄손익계산서

포괄손익계산서

남원상사(주) 20×1년 9월 1일부터 20×1년 9월 30일까지 (단위: 원)

Ⅰ. 수익		
용역수익	₩327,000	
이자수익	11,420	
유형자산처분이익	17,300	₩355,720
Ⅱ. 비용		
원재료비	98,200	
종업원급여	43,400	
통신비	9,700	
광고선전비	37,200	
운송비	22,400	
임차료	19,000	
감가상각비	50,000	
이자비용	17,280	
법인세비용	10,000	(307,180)
Ⅲ. 당기순이익		₩48,540

2-11 수익과 비용의 구분(Ⅱ)

| 해설 |

(1) 300,000(시멘트판매수익) + 50,000(이자수익) = 350,000

(2) 20,000(근로비용) + 140,000(매출원가) + 30,000(이자비용) + 10,000(세금과공과)
+ 15,000(보험료) + 20,000(광고선전비) + 21,000(유형자산처분손실) = 256,000

(3) 당기순이익 = 총수익 − 총비용 = 94,000

2-12 유동과 비유동 구분

(1) 유동자산: 현금 및 현금성자산, 단기금융상품, 선급금, 재고자산, 매출채권

(2) 유동부채: 매입채무, 선수금

2-13 재무제표의 연계성(Ⅰ)

(1) ₩1,000,000(기초자본) + 2,500,000(총수익) − 1,950,000(총비용) = x(기말자본)
∴ x = ₩1,550,000

(2) x(기초자본) + 1,500,000(총수익) − 1,750,000(총비용) = ₩600,000(기말자본)
∴ x = ₩850,000

(3) ₩2,000,000(기초자본) + 1,200,000(당기순이익) − 700,000(배당금) = x(기말자본)
∴ x = ₩2,500,000

(4) ₩1,500,000(기초자본) + 350,000(당기순이익) + 500,000(추가출자액) = x(기말자본)
∴ x = ₩2,350,000

(5) ₩1,080,000(기초자본) + 750,000(총수익) − 830,000(총비용) + 360,000(추가출자액)
= x(기말자본)　∴ x = ₩1,360,000

(6) ₩700,000(기초자본) + 600,000(총수익) − 400,000(총비용) + 300,000(추가출자액)
− 120,000(배당금) = x(기말자본)　∴ x = ₩1,080,000

(7) 500,000(기초자산) − 200,000(기초자본) + 150,000(기중부채증가) = 450,000(기말부채)
200,000(기초자본) + 300,000(기중자산증가) − 150,000(기중부채증가) = 350,000(기말자본)

2-14 재무제표의 연계성(Ⅱ)

충주(주): (6,400 − 4,600) + (3,500 − 1,900) − 300 = (6,800 − ①)
∴ ① = 3,700(천원)

청주(주): (② − 3,000) + (4,000 − 2,600) − 500 = (8,200 − 3,400)
∴ ② = 6,900(천원)

성남(주): (6,800 − 3,200) + (③ − 4,200) − 0 = (3,500 − 2,200)
∴ ③ = 1,900(천원)

제3장 거래의 기록

3-1 기본개념의 이해

(1) O　(2) O　(3) ×　(4) O　(5) ×　(6) ×　(7) ×　(8) ×　(9) ×　(10) O
(11) ×　(12) O　(13) O　(14) O

| 해설 |

(3) 미이행계약은 재무제표에 표시하지 않는다.
(5) 손익거래에 대한 설명이다.
(6) 대변은 장부의 오른쪽을 의미하고, 차변은 장부의 왼쪽을 의미한다.
(7) 자산이 증가하는 경우 부채가 감소할 수 없다. 즉, 차변계정의 기록이 동시에 존재할 수 없다.
(8) 현금이 감소, 건물이 증가하므로 자산을 변동시키지 않는다.
(9) 자산이 감소, 부채가 감소하므로 자본은 변하지 않는다.

(11) 은행 차입은 교환거래이다. 교환거래는 수익, 비용의 발생 없이 자산, 부채 또는 자본에 변동을 가져오는 거래이다.

3-2 거래의 식별

회계거래가 아닌 항목: ②, ③, ④, ⑨, ⑫

| 해설 |

(2) 임차계약시점에서는 아직 미이행계약이다. 임차기간의 경과에 따라 비용이 발생한다.

(3) 종업원 채용계약은 아직 미이행계약이다. 종업원이 근로용역을 제공할 때 비용이 발생한다.

(4) 부동산매물을 찾아보려고 한 것은 계획이며, 실행된 일이 없는 결심이다. 사건이 발생하지 않았기 때문에 식별할 거래가 존재하지 않는다.

(7) 컴퓨터를 실제로 폐기처분하는 시점에 관련 처분손실을 비용으로 인식한다.

(9) 제품을 주문받은 시점에는 거래당사자가 이행해야 할 중요한 경제적 의무를 이행하지 않았기 때문에 회계상의 거래로 볼 수 없다.

3-3 거래의 분석

(1) a, f (2) a, d (3) a, b, d (4) b, g (5) b, g (6) b, g (7) b, g (8) b, c (9) a, b
(10) a, d (11) a, b (12) b, c (13) b, g (14) b, e (15) a, b, g, h (16) a, f

3-4 거래의 분개

6월 1일	(차) 현금	500,000	(대) 자본금	500,000
6월 4일	분개 없음			
6월 9일	분개 없음			
6월 13일	분개 없음			
6월 16일	분개 없음			
6월 17일	(차) 소모품	30,000	(대) 현금	10,000
			미지급금	20,000
6월 18일	(차) 매출채권	150,000	(대) 매출수익	150,000
6월 19일	(차) 현금	80,000	(대) 차입금	80,000
6월 22일	(차) 현금	120,000	(대) 용역수익	120,000
6월 23일	(차) 광고선전비	200,000	(대) 미지급비용	200,000
6월 25일	(차) 종업원급여	40,000	(대) 현금	40,000
6월 28일	(차) 현금	12,000	(대) 이자수익	12,000
6월 30일	(차) 임차료	10,000	(대) 현금	10,000

3-5 거래의 분개와 전기(Ⅰ)

(1) 거래의 분개

① 7월1일	(차) 현금	300,000	(대) 자본금	300,000

②7월2일	(차) 건물	50,000	(대) 현금	20,000
			미지급금	30,000
③7월4일	(차) 차량운반구	20,000	(대) 현금	20,000
④7월10일	(차) 현금	40,000	(대) 차입금	40,000
⑤7월13일	(차) 현금	4,000	(대) 용역수익	4,000
⑥7월16일	(차) 매출채권	7,000	(대) 용역수익	7,000
⑦7월19일	(차) 유류비	1,000	(대) 현금	1,000
⑧7월22일	(차) 소모품	2,000	(대) 현금	2,000
⑨7월25일	(차) 현금	5,000	(대) 매출채권	5,000
⑩7월30일	(차) 미지급금	20,000	(대) 현금	20,000
⑪7월30일	(차) 종업원급여	4,000	(대) 현금	4,000

(2) 원장에 전기

현금

7/1	300,000	7/2	20,000
7/10	40,000	7/4	20,000
7/13	4,000	7/19	1,000
7/25	5,000	7/22	2,000
		7/30	20,000
		7/30	4,000

건물

7/2	50,000		

매출채권

7/16	7,000	7/25	5,000

차량운반구

7/4	20,000		

차입금

		7/10	40,000

소모품

7/22	2,000		

미지급금

7/30	20,000	7/2	30,000

자본금

		7/1	300,000

용역수익

		7/13	4,000
		7/16	7,000

종업원급여

7/30	4,000		

유류비

7/19	1,000		

7월 31일 현재 각 계정의 잔액

- 현금: ₩282,000
- 건물: ₩50,000
- 매출채권: ₩2,000
- 차량운반구 ₩20,000
- 차입금: ₩40,000
- 소모품: ₩2,000
- 미지급금: ₩10,000
- 자본금: ₩300,000
- 용역수익: ₩11,000
- 종업원급여: ₩4,000
- 유류비: ₩1,000

3-6 거래의 분개와 전기(Ⅱ)

(1) 거래의 분개

1월 1일	(차) 현금	500,000	(대) 자본금	500,000
1월 2일	(차) 기계장치	60,000	(대) 미지급금	60,000

날짜	차변	금액	대변	금액
1월 2일	(차) 보험료	5,000	(대) 현금	5,000
1월 4일	(차) 소모품	30,000	(대) 미지급금	30,000
1월 4일	(차) 차량운반구	120,000	(대) 미지급금	120,000
1월 9일	(차) 임차료	36,000	(대) 현금	36,000
1월 12일	(차) 유류비	4,000	(대) 현금	4,000
1월 13일	(차) 현금	240,000	(대) 용역수익	240,000
1월 14일	(차) 미지급금	60,000	(대) 현금	60,000
1월 15일	(차) 수도광열비	5,000	(대) 현금	5,000
1월 18일	(차) 광고선전비	9,000	(대) 현금	9,000
1월 21일	(차) 종업원급여	45,000	(대) 현금	45,000
1월 24일	(차) 매출채권	10,000	(대) 용역수익	10,000
1월 26일	(차) 접대비	5,400	(대) 현금	5,400
1월 28일	(차) 통신비	6,000	(대) 현금	6,000

(2) 원장에 전기

현금

1/1	500,000	1/2	5,000
1/13	240,000	1/9	36,000
		1/12	4,000
		1/14	60,000
		1/15	5,000
		1/18	9,000
		1/21	45,000
		1/26	5,400
		1/28	6,000

기계장치

1/2	60,000		

광고선전비

1/18	9,000		

매출채권

1/24	10,000		

차량운반구

1/4	120,000		

수도광열비

1/15	5,000		

소모품

1/4	30,000		

미지급금

1/14	60,000	1/2	60,000
		1/4	30,000
		1/4	120,000

자본금

		1/1	500,000

용역수익

		1/13	240,000
		1/24	10,000

임차료

1/9	36,000		

보험료

1/2	5,000		

유류비

1/12	4,000		

종업원급여

1/21	45,000		

접대비

1/26	5,400		

통신비

1/18	6,000		

3-7 분개오류의 수정

(1) 집기비품의 외상구입은 매입채무계정이 아닌 미지급금계정에 기록한다.

(차) 집기비품	50,000	(대) 미지급금	50,000

(2) 용역의 제공은 기업의 주요 영업활동에서 발생한 것이므로 용역대금 미수액은 매출 채권계정에 기록한다.

(차) 매출채권	200,000	(대) 용역수익	200,000

(3) 비용의 발생은 차변에 기록하고, 자산의 감소는 대변에 기록한다.

(차) 임차료비용	500,000	(대) 현금	500,000

(4) 용역을 제공하였으므로 용역수익을 인식해야 한다.

(차) 현금	150,000	(대) 용역수익	150,000

(5) 집기비품을 매각하고 대금은 1개월 후에 받기로 하였으므로 미수금계정에 기록한다.

(차) 미수금	200,000	(대) 집기비품	200,000

(6) 미이행계약이기 때문에 거래를 기록하지 않는다(즉, 분개 없음).

(7) 자산과 자본의 증가로 차변과 대변을 반대로 기입하여야 한다.

(차) 현금	300,000	(대) 자본금	300,000

(8) 미이행계약이기 때문에 거래를 기록하지 않는다(즉, 분개 없음).

(9) 받지 못한 현금은 매출채권과 용역수익으로 기입하여야 한다.

(차) 현금	40,000	(대) 용역수익	120,000
매출채권	80,000		

3-8 거래의 추정

(1) 소모품(자산) ₩500,000을 외상으로 구매하였다.

(2) 광고선전비(비용) ₩100,000을 현금으로 지급하였다.

(3) 매출채권 중 ₩700,000을 현금으로 회수하였다.

(4) 종업원의 출장비(여비교통비)로 현금 ₩120,000을 지급하였다.

(5) 미지급금 중 ₩400,000을 현금으로 지급하였다.

(6) 종업원급여 ₩450,000을 현금으로 지급하였다.

(7) 은행에서 현금 ₩300,000을 단기로 차입하였다.

(8) 건물을 ₩800,000에 구입하고 대금은 나중에 지급하기로 합의하였다.

(9) 장부금액이 ₩550,000인 특허권을 ₩550,000에 현금 매각하였다.

(10) 수도광열비(전기료, 수도료)로 현금 ₩100,000을 지급하였다.

(11) 유상증자를 통해 300,000 현금으로 주식을 액면가에 발행하였다.

(12) 매출이 ₩200,000 발생하였는데 그중 현금으로 ₩130,000을 수취하였고 나머지 ₩70,000은 다음에 받기로 하였다.

(13) 지불하기로 했던 매입에 대한 채무를 현금으로 지불하였다.

제4장 회계순환과 재무제표 작성

4-1 기본개념의 이해

(1) O (2) × (3) O (4) O (5) × (6) × (7) O (8) × (9) × (10) O
(11) O (12) × (13) O (14) O (15) × (16) O (17) ×

| 해설 |

(2) 시산표의 차변합계와 대변합계가 일치한다 하더라도 오류가 존재할 수 있다.
(5) (차)종업원급여 (대)미지급급여로 수정분개하므로 부채는 증가하고, 자산은 감소하지 않는다.
(6) (차)선수금 (대)매출로 수정분개하므로 부채는 감소한다.
(8) 미지급비용을 수정분개하지 않으면 비용과 부채(미지급비용)는 과소표시된다.
(9) 선수수익에 대한 수정분개를 하지 않으면 부채(선수수익)가 과대표시되고, 수익(용역수익)이 과소표시된다.
(12) 수익과 비용계정을 임시계정이라고 부르고, 자산, 부채, 자본계정을 영구계정이라고 부른다.
(15) 이익잉여금계정은 임시계정이 아니다.
(17) 정산표는 재무제표 작성을 위한 일시적 작업도구이지 공식적인 재무보고서는 아니다.

4-2 시산표 작성(Ⅰ)

수정전시산표

공주택배(주) 20×1년 12월 31일 현재 (단위: 원)

차변	계정과목	대변
₩130,000	현금	
2,600,000	토지	
40,000	소모품	
300,000	차량운반구	
400,000	미수수익	
48,000	선급비용	
	장기차입금	₩1,600,000
	미지급금	100,000
	자본금	500,000
	이익잉여금	800,000
	용역수익	1,500,000
400,000	급여	
30,000	수도광열비	
512,000	유류비	
40,000	광고선전비	
₩4,500,000	합계	₩4,500,000

차변합계와 대변합계가 일치해야 하므로 이익잉여금은 ₩800,000이다.

4-3 시산표 작성(Ⅱ)

(1) 시산표 기록오류

① 소모품계정의 정확한 잔액은 6,500원이 아닌 5,600원이다.

② 미지급계정의 정확한 잔액은 3,400원이 아닌 2,400원이다.

③ 시산표의 합계액 계산이 틀렸다. 122,400원으로 기록되어야 할 것이 123,400원으로 기록되어 있다.

(2) 정확한 시산표 작성

시산표

남원컨설팅(주) 20×1년 5월 31일 현재 (단위: 원)

차변	계정과목	대변
₩74,400	현금	
12,000	미수수익	
5,600	소모품	
25,000	비품	
	미지급금	2,400
	자본금	100,000
	용역수익	20,000
4,000	급여	
1,400	소모품비	
₩122,400	합계	₩122,400

4-4 미수, 미지급, 선수, 선급계정의 식별

자산: 미수수익, 미수금, 선급비용, 선급금

부채: 미지급비용, 선수수익, 미지급금, 선수금

4-5 기말수정분개(Ⅰ)

(1) 수정분개

① (차) 보험료비용	16,000	(대) 선급비용	16,000

| 해설 |

(1) 보험료비용 = ₩48,000×(4/12) = ₩16,000

② (차) 소모품비	30,000	(대) 소모품	30,000
③ (차) 용역수익	200,000	(대) 선수수익	200,000
④ (차)급여	60,000	(대) 미지급비용	60,000
⑤ (차) 감가상각비	60,000	(대) 차량운반구	60,000

(2) 수정후시산표

수정후시산표

공주택비(주) 20×1년 12월 31일 현재 (단위: 원)

차변	계정과목	대변
₩130,000	현금	
2,600,000	토지	
10,000	소모품	
240,000	차량운반구	
400,000	미수수익	
32,000	선급비용	
	장기차입금	₩1,600,000
	미지급금	100,000
	미지급비용	60,000
	선수수익	200,000
	자본금	500,000
	이익잉여금	800,000
	용역수익	1,300,000
460,000	급여	
30,000	수도광열비	
512,000	유류비	
40,000	광고선전비	
16,000	보험료비용	
30,000	소모품비	
60,000	감가상각비	
₩4,560,000	합계	₩4,560,000

4-6 기말수정분개(II)

① 보험료 선급액 중에서 기간경과분인 ₩100,000을 당기비용으로 인식하다.
② 임대료 선수액 중에서 기간경과분인 ₩200,000을 당기수익으로 인식하다.
③ 이자수익 발생액(현금 미수취액) ₩80,000을 당기수익으로 인식하다.
④ 이자비용 발생액(현금 미지급액) ₩120,000을 당기비용으로 인식하다.
⑤ 당기 중 소모품 사용액 ₩50,000을 당기비용으로 인식하다.

4-7 기말수정분개(III)

(1) 당기순이익에 미치는 영향

① 과대표시 ② 과소표시 ③ 과대표시 ④ 과소표시

(2) 정확한 당기순이익 = ₩4,000,000 − 1,200,000 + 400,000 − 600,000 + 900,000
= ₩3,500,000

4-8 기말수정분개(Ⅳ)

(1) 제공하지 않은 용역수익의 수정

(차) 용역수익	100,000	(대) 선수수익	100,000

(2) 선급보험료의 인식

(차) 선급비용	250,000	(대) 보험료	250,000

(3) 소모품비의 인식

(차) 소모품비	160,000	(대) 소모품	160,000

(4) 미지급임차료의 인식

(차) 임차료	100,000	(대) 미지급비용	100,000

(5) 미수이자의 인식

(차) 미수수익	40,000	(대) 이자수익	40,000

4-9 기말수정분개(Ⅴ)

(1) 보험료

(차) 보험료	350	(대) 선급비용	350

* 보험료비용 = ₩8,400 / 24개월 = ₩350

(2) 이자비용

(차) 이자비용	175	(대) 미지급비용	175

* 이자비용 = ₩35,000 × 6% × 1/12 = ₩175

(3) 용역수익

(차) 선수수익	2,000	(대) 용역수익	2,000

* 용역수익 = ₩12,000 / 6개월 = ₩2,000

(4) 용역수익

(차) 미수수익	3,000	(대) 용역수익	3,000

※ 미수수익은 수익이 발생하였으나 현금을 수취하지 못한 경우에 인식하는 계정이며, 매출채권은 상품이나 용역을 제공하고 대금을 수취하지 못한 경우에 인식하는 계정이다. 청소용역을 제공하는 태백크리닝(주)의 경우 미수 용역수익을 매출채권계정으로 인식할 수도 있다.

4-10 재무제표 작성과 마감분개

(1) 포괄손익계산서

포괄손익계산서		
공주택배(주) 20×1년 1월 1일~20×1년 12월 31일		(단위: 원)
용역수익		₩1,300,000
비용		1,148,000
급여	460,000	
수도광열비	30,000	
유류비	512,000	
광고선전비	40,000	
보험료비용	16,000	
소모품비	30,000	
감가상각비	60,000	
당기순이익		152,000
기타포괄손익		0
총포괄손익		₩152,000

(2) 재무상태표 작성

재무상태표			
공주택배(주) 20×1년 12월 31일			(단위: 원)
자산		부채	
현금	₩130,000	장기차입금	₩1,600,000
토지	2,600,000	미지급금	100,000
소모품	10,000	미지급비용	60,000
차량운반구	240,000	선수수익	200,000
미수수익	400,000	부채총계	1,960,000
선급비용	32,000	자본	
		자본금	500,000
		이익잉여금	952,000
		자본총계	1,452,000
자산총계	₩3,412,000	부채와 자본총계	₩3,412,000

(3) 마감분개

① 수익계정의 마감

(차) 용역수익	1,300,000	(대) 집합손익	1,300,000

② 비용계정의 마감

(차) 집합손익	1,148,000	(대) 급여	460,000
		수도광열비	30,000
		유류비	512,000
		광고선전비	40,000
		보험료비용	16,000
		소모품비	30,000
		감가상각비	60,000

③ 집합손익계정의 마감

(차) 집합손익	152,000	(대) 이익잉여금	152,000

4-11 재무제표 작성 종합(Ⅰ)

(1) 기말수정분개

① 보험료의 비용 인식

(차) 보험료	4,000	(대) 선급비용	4,000

② 임차료의 비용 인식

(차) 임차료	12,000	(대) 미지급비용	12,000

③ 지급이자의 비용 인식

(차) 이자비용	200	(대) 미지급비용	200

④ 컨설팅용역 대가의 수익 인식

(차) 매출채권	20,000	(대) 용역수익	20,000

⑤ 광고선전비 지출의 비용 인식

(차) 광고선전비	10,000	(대) 미지급비용	10,000

⑥ 이자수익 인식

(차) 미수수익	500	(대) 이자수익	500

⑦ 임대료수익의 인식

(차) 선수수익	1,000	(대) 임대료수익	1,000

(2) 수정후시산표

수정후시산표

울산투자자문(주) 20×1년 11월 30일 현재 (단위: 원)

차변	계정과목	대변
₩136,000	현금	
32,000	매출채권	
500	미수수익	
44,000	선급비용	
10,000	장기금융상품	
	단기차입금	₩20,000
	미지급금	30,000
	선수수익	5,000
	미지급비용	22,200
	자본금	100,000
	용역수익	99,000
	이자수익	500
	임대료수익	1,000
20,000	급여	
4,000	통신비	
5,000	소모품비	
4,000	보험료	
12,000	임차료	
200	이자비용	
10,000	광고선전비	
₩277,700	합계	₩277,700

(3) 포괄손익계산서

포괄손익계산서		
울산투자자문(주) 20×1년 11월 1일~20×1년 11월 30일 (단위: 원)		
수익		₩100,500
용역수익	₩99,000	
이자수익	500	
임대료수익	1,000	
비용		55,200
급여	20,000	
통신비	4,000	
소모품비	5,000	
보험료	4,000	
임차료	12,000	
이자비용	200	
광고선전비	10,000	
당기순이익		45,300
기타포괄손익		0
총포괄손익		₩45,300

(4) 재무상태표

재무상태표			
울산투자자문(주) 20×1년 11월 30일 (단위: 원)			
자산		부채	
현금	₩136,000	단기차입금	₩20,000
매출채권	32,000	미지급금	30,000
미수수익	500	선수수익	5,000
선급비용	44,000	미지급비용	22,200
장기금융상품	10,000	부채총계	77,200
		자본	
		자본금	100,000
		이익잉여금	45,300
		자본총계	145,300
자산총계	₩222,500	부채와 자본총계	₩222,500

(5) 마감분개

① 수익계정의 마감

(차) 용역수익	99,000	(대) 집합손익	100,500
이자수익	500		
임대료수익	1,000		

② 비용계정의 마감

(차) 집합손익	55,200	(대) 급여	20,000
		통신비	4,000
		소모품비	5,000
		보험료	4,000
		임차료	12,000
		이자비용	200
		광고선전비	10,000

③ 집합손익계정의 마감

(차) 집합손익	45,300	(대) 이익잉여금	45,300

4-12 재무제표 작성 종합(Ⅱ)

(1) 기말수정분개

① (차) 이자비용	800	(대) 미지급비용	800
② (차) 미수수익	600	(대) 이자수익	600
③ (차) 보험료비용	360	(대) 선급비용	360
④ (차) 선수수익	400	(대) 임대료수익	400

(2) 정산표

정산표										
여주크리닝(주)	20×1년 1월 1일~20×1년 12월 31일									(단위: 원)
계정과목	수정전시산표		수정분개		수정후시산표		포괄손익계산서		재무상태표	
	차변	대변	차변	대변	차변	대변	차변	대변	차변	대변
현금	5,000				5,000				5,000	
매출채권	6,000				6,000				6,000	
소모품	2,000				2,000				2,000	
선급비용	480			360	120				120	
장기금융상품	10,000				10,000				10,000	
토지	18,000				18,000				18,000	
미지급금		3,000				3,000				3,000
선수수익		600	400			200				200
장기차입금		12,000				12,000				12,000
자본금		20,000				20,000				20,000
용역수익		15,150				15,150		15,150		
급여	8,000				8,000		8,000			
수도광열비	500				500		500			
통신비	320				320		320			
광고선전비	450				450		450			
합계	50,750	50,750								
이자비용			800		800		800			
미지급비용				800		800				800
이자수익				600		600		600		
미수수익			600		600				600	
보험료비용			360		360		360			
임대료수익				400		400		400		
합계			2,160	2,160	52,150	52,150	10,430	16,150	41,720	36,000
당기순이익							5,720			5,720
							16,150	16,150	41,720	41,720

제5장 상품매매기업의 회계순환

5-1 기본개념의 이해

(1) O (2) O (3) O (4) × (5) O (6) × (7) × (8) × (9) O (10) O
(11) O (12) × (13) ×

| 해설 |

(4) 계속기록법에 대한 설명이다.
(6) 실지재고조사법에 대한 설명이다.
(7) 상품판매의 경우 현금을 수취하는 시점이 아니라 상품을 판매하는 시점에 수익으로 인식한다.
(8) 판매자가 판매상품의 운임을 부담하면 포괄손익계산서상에 판매비와 관리비로 처리한다.
(12) 구매자가 매입대금의 조기지급을 통해 할인혜택을 받는다면 이를 매입할인이라 부른다.
(14) '2/10'조건은 10일 이내에 대금을 지급하면 2%의 할인 혜택이 있음을 의미한다.

5-2 계정과목의 이해

① 미수수익 ② 매출채권 ③ 미지급비용 ④ 미지급금 ⑤ 매입채무
⑥ 미수금 ⑦ 선급비용 ⑧ 선수수익 ⑨ 선급금 ⑩ 선수금

5-3 매출원가와 매출총이익의 계산

(1) 판매가능상품액 = ₩4,500(기초재고액) + 21,500(당기매입액) = ₩26,000
(2) 매출원가 = ₩26,000(판매가능상품액) - 6,000(기말재고액) = ₩20,000
(3) 매출총이익 = ₩31,000(매출액) - 20,000(매출원가) = ₩11,000

5-4 상품매매기업의 포괄손익계산서

(1) 매출총이익 = ₩1,300,000 - 740,000 = ₩560,000
(2) 포괄손익계산서 작성

포괄손익계산서		
포천(주)	20×1년 1월 1일~20×1년 12월 31일	(단위: 원)
매출액		₩1,300,000
매출원가		(740,000)
매출총이익		560,000
판매비와 관리비		
급여	160,000	
수도광열비	25,000	
보험료	40,000	
소모품비	20,000	
임차료	100,000	(345,000)
기타비용		
이자비용	45,000	(45,000)
당기순이익		170,000

5-5 포괄손익계산서의 구조(Ⅰ)

① 기초재고액 = ₩3,800(매출원가) + 720(기말재고액) - 3,200(당기매입액) = ₩1,320
② 매출원가 = ₩4,600(매출액) - 800(매출총이익) = ₩3,800
③ 영업이익 = ₩800(매출총이익) - 480(판매비와 관리비) = ₩320
④ 매출액 = ₩2,560(매출원가) + 560(매출총이익) = ₩3,120
⑤ 기말재고액 = ₩360(기초재고액) + 2,600(당기매입액) - 2,560(매출원가) = ₩400
⑥ 판매비와 관리비 = ₩560(매출총이익) - 200(영업이익) = ₩360
⑦ 당기매입액 = ₩2,640(매출원가) + 520(기말재고액) - 480(기초재고액) = ₩2,680
⑧ 매출원가 = ₩3,200(매출액) - 560(매출총이익) = ₩2,640
⑨ 매출총이익 = ₩160(영업이익) + 400(판매비와 관리비) = ₩560

5-6 포괄손익계산서의 구조(Ⅱ)

(1) 289,400	(2) 126,800	(3) 147,300	(4) 121,800	(5) 167,600	(6) 162,000
(7) 590,000	(8) 580,600	(9) 366,500	(10) 411,000	(11) 357,000	(12) 206,800

5-7 매입할인

(1) 현금할인액

A: (₩400,000 - 50,000) × 2% = ₩7,000

B: (₩600,000 - 40,000) × 1% = ₩5,600

C: ₩200,000 × 2% = ₩4,000

D: (₩1,000,000 - 100,000) × 1% = ₩9,000

(2) 현금지급액

A: ₩400,000 - 50,000 - 7,000 + 20,000 = ₩363,000

B: ₩600,000 - 40,000 - 5,600 = ₩554,400

C: ₩200,000 - 4,000 + 15,000 = ₩211,000

D: ₩1,000,000 - 100,000 - 9,000 + 40,000 = ₩931,000

5-8 거래의 기록(Ⅰ) - 계속기록법과 실지재고조사법의 회계처리

(1) 기말상품재고의 수량 및 금액

① 수량: 100개(기초수량) + 600(매입수량) - 400(매출수량) = 300개

② 금액: ₩10,000(기초재고액) + 60,000(매입액) - 40,000(매출원가) = ₩30,000

(2) 계속기록법을 적용

① 분개

(차) 상품	60,000	(대) 현금	60,000
(차) 현금	80,000	(대) 매출	80,000
(차) 매출원가	40,000	(대) 상품	40,000

② 매출액: 400개 × ₩200 = ₩80,000
매출원가: 400개 × ₩100 = ₩40,000
매출총이익: ₩80,000 − 40,000 = ₩40,000

(3) 실지재고조사법을 적용

① 분개

(차) 매입	60,000	(대) 현금	60,000
(차) 현금	80,000	(대) 매출	80,000
(차) 상품(기말)	30,000	(대) 상품(기초)	10,000
매출원가	40,000	매입	60,000

② 매출액: 400개 × ₩200 = ₩80,000
매출원가: ₩10,000(기초재고자산) + 60,000(매입) − 30,000(기말재고자산) = ₩40,000
매출총이익: ₩80,000 − 40,000 = ₩40,000

5-9 거래의 기록(Ⅱ) - 계속기록법

(1) 상품매입액 = ₩80,000(10/10) + 120,000(10/28) = ₩200,000

(2) 분개

10월 3일	(차) 현금	180,000	(대) 매출	180,000
	매출원가	120,000	상품	120,000
10월 8일	(차) 수리비	80,000	(대) 현금	80,000
10월 10일	(차) 상품	80,000	(대) 매입채무	80,000
10월 13일	(차) 매입채무	120,000	(대) 현금	120,000
10월 18일	(차) 매출채권	240,000	(대) 매출	240,000
	매출원가	160,000	상품	160,000
10월 20일	(차) 현금	200,000	(대) 매출채권	200,000
10월 23일	(차) 급여	60,000	(대) 현금	60,000
10월 28일	(차) 상품	120,000	(대) 매입채무	120,000

(3) 기말상품재고액 = ₩300,000 + 80,000 + 120,000 − 120,000 − 160,000 = ₩220,000

(4) 매출총이익 = (₩180,000 + 240,000) − 280,000(매출원가) = ₩140,000
* 매출원가 = ₩120,000 + 160,000 = ₩280,000

5-10 거래의 기록(Ⅲ) - 실지재고조사법

(1) 분개

10월 3일	(차) 현금	180,000	(대) 매출	180,000
10월 8일	(차) 수리비	80,000	(대) 현금	80,000
10월 10일	(차) 매입	80,000	(대) 매입채무	80,000
10월 13일	(차) 매입채무	120,000	(대) 현금	120,000

10월 18일	(차) 매출채권	240,000	(대) 매출	240,000
10월 20일	(차) 현금	200,000	(대) 매출채권	200,000
10월 23일	(차) 급여	60,000	(대) 현금	60,000
10월 28일	(차) 매입	120,000	(대) 매입채무	120,000

(2) 매출원가 = ₩300,000(기초상품재고) + 200,000(당기매입액) − 220,000(기말상품재고액)
= ₩280,000

10월 31일	(차) 매출원가	280,000	(대) 재고자산(기초)	300,000
	재고자산(기말)	220,000	매입	200,000

5-11 거래의 기록과 재무제표 작성

(1) 분개

10월 5일	(차) 매입	200,000	(대) 현금	200,000
10월 12일	(차) 현금	250,000	(대) 매출	250,000
10월 20일	(차) 매입	300,000	(대) 매입채무	300,000
10월 25일	(차) 매출채권	750,000	(대) 매출	750,000

(2) 기말수정분개와 마감분개

① 재고자산 기말수정분개

(차) 상품(기말)	250,000	(대) 상품(기초)	150,000
매출원가	400,000	매입	500,000

② 마감분개

(차) 매출	1,000,000	(대) 집합손익	1,000,000
(차) 집합손익	400,000	(대) 매출원가	400,000
(차) 집합손익	600,000	(대) 이익잉여금	600,000

(3) ① 포괄손익계산서

포괄손익계산서

부산기업(주) 20×1년 10월 1일~20×1년 10월 31일 (단위: 원)

수익	
매출액	₩1,000,000
비용	
매출원가	400,000
당기순이익	600,000
기타포괄손익	0
총포괄손익	₩600,000

② 재무상태표

재무상태표

부산기업(주) 20×1년 10월 31일 (단위: 원)

자산		부채	
현금	₩350,000	매입채무	₩650,000
매출채권	1,190,000	부채총계	650,000
상품	250,000	자본	
		자본금	400,000
		이익잉여금	740,000
		자본총계	1,140,000
자산총계	₩1,790,000	부채와 자본총계	₩1,790,000

5-12 상품매매기업의 결산

(1) 수정분개

	차변	금액	대변	금액
①	(차) 상품(기말)	200,000	(대) 상품(기초)	75,000
	매출원가	300,000	매입	425,000
②	(차) 보험료	10,000	(대) 선급비용	10,000
③	(차) 광고선전비	50,000	(대) 미지급비용	50,000
④	(차) 단기대여금	50,000	(대) 현금	50,000

(2) 정산표

정산표

전주마트(주) 20×1년 1월 1일~20×1년 12월 31일 (단위: 원)

계정과목	수정전시산표		수정분개		수정후시산표		포괄손익계산서		재무상태표	
	차변	대변	차변	대변	차변	대변	차변	대변	차변	대변
현금	235,000			50,000	185,000				185,000	
매출채권	50,000				50,000				50,000	
상품	75,000		125,000		200,000				200,000	
선급비용	40,000			10,000	30,000				30,000	
매입채무		100,000				100,000				100,000
자본금		300,000				300,000				300,000
이익잉여금		25,000				25,000				25,000
매출		475,000				475,000		475,000		
매입	425,000			425,000						
급여	40,000		50,000		40,000		40,000			
광고선전비	25,000				75,000		75,000			
통신비	10,000				10,000		10,000			
합계	900,000	900,000								
매출원가			300,000		300,000		300,000			
보험료			10,000		10,000		10,000			
미지급비용				50,000		50,000				50,000
단기대여금			50,000		50,000				50,000	
합계			535,000	535,000	950,000	950,000	435,000	475,000	515,000	475,000
							40,000			40,000
당기순이익							475,000	475,000	515,000	515,000

(3) ① 포괄손익계산서

포괄손익계산서

전주마트(주) 20×1년 10월 1일~20×1년 10월 31일 (단위: 원)

매출액		₩475,000
매출원가		300,000
매출총이익		175,000
판매비와 관리비		
급여	40,000	
광고선전비	75,000	
통신비	10,000	
보험료	10,000	(135,000)
당기순이익		40,000
기타포괄손익		0
총포괄손익		₩40,000

② 재무상태표

재무상태표

전주마트(주) 20×1년 12월 31일 (단위: 원)

자산		부채	
현금	₩185,000	매입채무	₩100,000
매출채권	50,000	미지급비용	50,000
상품	200,000	부채총계	150,000
선급비용	30,000	자본	
단기대여금	50,000	자본금	300,000
		이익잉여금	65,000
		자본총계	365,000
자산총계	₩515,500	부채와 자본총계	₩515,500

(4) 마감분개

① 수익계정의 마감

(차) 매출	475,000	(대) 집합손익	475,000

② 비용계정의 마감

(차) 집합손익	435,000	(대) 매출원가	300,000
		급여	40,000
		광고선전비	75,000
		통신비	10,000
		보험료	10,000

③ 집합손익계정의 마감

(차) 집합손익	40,000	(대) 이익잉여금	40,000

5-13 재무제표의 작성

(1) ① 포괄손익계산서 작성

포괄손익계산서		
청주전자(주) 20×1년 1월 1일~20×1년 12월 31일		(단위: 원)
매출액		₩10,736,000
매출원가		(7,268,000)
매출총이익		3,468,000
기타수익		
이자수익	50,000	50,000
판매비와 관리비		
급여	1,120,000	
운반비	152,000	
임차료	480,000	
수도광열비	360,000	
보험료	90,000	
광고선전비	240,000	(2,442,000)
기타비용		
이자비용	72,000	72,000
당기순이익		1,004,000

② 자본: 차변총계 - 자본금을 제외한 대변총계 = 1,146,000

③ 재무상태표 작성

재무상태표			
청주전자(주)	20×1년 12월 31일		(단위: 원)
자산		부채	
현금	₩290,000	매입채무	₩712,000
매출채권	222,000	부채총계	712,000
상품	580,000	자본	
선급비용	50,000	자본금	1,146,000
토지	1,900,000	이익잉여금	1,184,000
		자본총계	2,330,000
자산총계	₩3,042,000	부채와 자본총계	₩3,042,000

제6장 금융자산 Ⅰ: 현금 및 수취채권

6-1 기본개념의 이해

(1) O (2) × (3) × (4) × (5) × (6) × (7) × (8) O (9) O (10) O
(11) O (12) × (13) O

| 해설 |

(2) 당좌차월을 유동부채로 기록한다.

(3) 성주상사(주)의 재무상태표에는 매출채권이 아니라 미수금이라는 유동자산이 기록된다.

(4) 선급금은 재화나 용역을 구매하기 위해 선지급한 금액이므로 금융자산에 해당하지 않는다.

(5) 재고자산의 외상판매대금은 매출채권으로 기록된다.

(6) 채무불이행이 발생할 확률과 채무불이행으로 인해 회수할 수 없을 것으로 예상되는 금액을 곱한 금액을 모두 합하여 기대신용손실 총액을 추정한다.

(7) 만기일 전에 발생한 이자는 미수이자로 기록한다.

(12) 양도를 통해 매출채권 소유에 따른 위험과 보상이 대부분 이전된 경우에는 매출채권을 제거하며 매출채권처분손익을 인식한다.

6-2 현금 및 현금성자산의 분류

(1) × (소모품) (2) × (장기금융자산) (3) O (4) × (단기금융자산) (5) O

(6) O (7) × (장기금융자산) (8) O (9) × (단기금융자산) (10) O (11) O

6-3 소액현금제도

(차) 소모품비	150,000	(대) 현금	1,450,000
통신비	320,000		
수리비	300,000		
여비교통비	150,000		
복리후생비	500,000		
잡손실	30,000		

6-4 매출채권(받을어음)의 회계처리

(1) (차) 매출채권	100,000	(대) 매출	100,000
매출원가	70,000	상품	70,000
(2) (차) 미수수익	2,000	(대) 이자수익	2,000

| 해설 |

이자수익 = ₩100,000 × 12% × (2/12) = ₩2,000

(3) (차) 이자비용	2,000	(대) 미지급비용	2,000
(4) (차) 현금	103,000	(대) 매출채권	100,000
		미수수익	2,000
		이자수익	1,000

| 해설 |

20×2년도 이자수익 = ₩100,000 × 12% × (1/12) = ₩1,000

(5) (차) 매입채무	100,000	(대) 현금	103,000
미지급비용	2,000		
이자비용	1,000		

6-5 연령분석법에 의한 수취채권의 기대신용손실추정

(1) 기대신용손실 = ₩200,000 × 2% + ₩150,000 × 6% + ₩750,00 × 10% + ₩150,00 × 15% + ₩100,000 × 30% = ₩52,750 따라서 ₩52,750 - 50,000 = ₩2,750

(차) 대손상각비	2,750	(대) 대손충당금	2,750

(2) ① ₩540,000, ② (₩52,750)

6-6 수취채권의 손상 (I)

(1) (차) 대손충당금	180,000	(대) 매출채권	180,000

(2) ₩0, ₩0

| 해설 |

대손충당금 내에서의 회수불능판단은 당기순이익과 순매출채권에 영향을 미치지 않는다.

(3) (차) 현금	10,000	(대) 대손충당금	10,000

(4) (₩3,000,000×80%×5%) + (₩3,000,000×20%×20%) = ₩240,000

(5) (차) 대손상각비	210,000	(대) 대손충당금	210,000

| 해설 |

수정 전 대손충당금 = ₩200,000 − 180,000 + 10,000 = ₩30,000

6-7 수취채권의 손상 (II)

(1) (차) 대손충당금	1,000	(대) 매출채권	1,000
(2) (차) 대손충당금	9,000	(대) 매출채권	12,000
대손상각비	3,000		
(3) (차) 현금	4,000	(대) 대손충당금	4,000
(4) (차) 대손상각비	16,000	(대) 대손충당금	16,000

| 해설 |

수정 전 대손충당금 = ₩10,000−1,000−9,000+4,000 = ₩4,000

(5) 대손충당금은 (₩20,000)이고, 대손상각비는 (₩19,000)이다.

6-8 수취채권의 손상 (III)

(1) (차) 대손충당금	5,000	(대) 매출채권	5,000

(2) 분개 없음

| 해설 |

대손확정 판단 매출채권 ₩5,000을 제거한 후의 대손충당금 잔액은 ₩4,000이다. 그런데 기말에 재무상태표에 표시해야 할 대손충당금이 ₩4,000이기 때문에 수정분개가 필요 없다.

(3) 매출채권(총액) = ₩130,000
대손충당금 = ₩4,000

6-9 매출채권의 회수와 현금흐름

(1) 20×1년도 매출채권과 관련된 현금회수액 = ₩101,400

| 해설 |

기초 매출채권(₩14,000) + 20×1년도 외상매출액(₩100,000) − 대손확정 판단액(₩1,600)
− 기중 매출채권 현금회수액(*x*) = 기말 매출채권(₩11,000)
∴ *x* = ₩101,400

(2) 20×1년도 대손상각비 인식액 = ₩1,350

| 해설 |

기초 대손충당금(₩750) − 대손확정 판단액(₩1,600) + 당기 인식액(*x*) = 기말 대손충당금(₩500)
∴ *x* = ₩1,350

6-10 수취채권의 양도

	차변	금액	대변	금액
(1)	(차) 현금	388,000	(대) 매출채권	400,000
	매출채권처분손실	12,000		
(2)	(차) 현금	505,000	(대) 매출채권	500,000
	매출채권처분손실	5,000	이자수익	10,000

| 해설 |

이자수익 = ₩500,000×12%×(2/12) = ₩10,000

6-11 종합문제: 재무상태표 작성

(1) (차) 대손상각비 980 (대) 대손충당금 980

| 해설 |

대손상각비 = ₩44,000×3% − 340 = ₩980

(2) (차) 미수이자 60 (대) 이자수익 60

| 해설 |

이자수익 = ₩6,000×12%×(1/12) = ₩60

(3) 포항상사(주)의 재무상태표

포항상사(주)	재무상태표 20×1년 12월 31일	(단위: 원)
유동자산		
현금 및 현금성자산		₩13,600
단기금융상품		10,000
매출채권	44,000	
대손충당금	(1,320)	42,680
미수금		6,000
미수수익		60
합계		₩72,340

| 해설 |

현금 및 현금성자산 = ① ₩13,200 + ② ₩400 = ₩13,600

제7장 재고자산

7-1 기본개념의 이해

(1) × (2) O (3) O (4) O (5) × (6) × (7) × (8) × (9) O (10) × (11) ×
(12) O

| 해설 |

(1) 자신이 만든 완성품을 제품, 다른 기업의 완성품을 매입한 것을 상품이라고 한다.

(5) 도착지인도기준의 미착상품은 판매자의 재고자산으로, 선적지인도기준의 미착상품은 매입자의 재고자산으로 분류된다.

(6) 실지재고조사법에 대한 설명이다.

(7) 선입선출법과 후입선출법에 대한 설명이 뒤바뀌었다.

(8) 계속기록법을 적용하면서 평균법으로 회계처리하는 것은 이동평균법이라고 부른다.

(10) 물가가 상승하는 기간에 평균법은 선입선출법에 비하여 재무상태표의 재고자산을 작게 보고한다.

(11) 기말재고자산을 과대평가한 경우, 매출총이익은 그만큼 높아진다.

7-2 재고자산의 취득원가

(1) 순매입액 = ₩200,000 + 2,000 − 3,000 = ₩199,000

순매출액 = ₩300,000 − 5,000 = ₩295,000 (판매운임은 판매비로 별도 처리)

(2) 매출원가 = ₩40,000(기초재고) + 199,000(당기 순매입) − 50,000(기말재고)

= ₩189,000

(3) 매출총이익 = ₩295,000(순매출액) − 189,000(매출원가) = ₩106,000

7-3 기말재고자산 오류보고의 영향

(1) ₩2,000,000 + ① 200,000(선적지 인도조건 수입) + ③ 50,000(위탁상품) = ₩2,250,000

(2) 기말재고자산이 ₩250,000만큼 과소계상되므로 매출원가는 ₩250,000만큼 과대계상되고, 따라서 당기이익은 ₩250,000만큼 과소계상된다.

7-4 재고자산 원가흐름 가정과 회계처리: 계속기록법 적용

(1) 기말재고자산 = 70개×₩140(7/15 매입단가) = ₩9,800
매출원가 = (100개×₩100) + (200개×₩130) + (230개×₩140) = ₩68,200

(2) 기말재고자산 = (50개×₩100) + (20개×₩140) = ₩7,800
매출원가 = (50개×₩100) + (200개×₩130) + (280개×₩140) = ₩70,200

(3) ① 5월 10일 판매분의 단위당 취득원가 = (₩10,000+26,000)/(100+200) = ₩120
따라서 매출원가 = 250개×₩120 = ₩30,000
② 12월 20일 판매분 단위당 취득원가 = (₩6,000+42,000)/(50+300)= ₩137.143
따라서 매출원가 = 280개×₩137.143 = ₩38,400
매출원가 = ₩30,000 + 38,400 = ₩68,400
기말재고자산 = 70개 × ₩137.143 = ₩9,600

(4) 거래 일자별 분개는 다음과 같다.

3/17:	(차) 상품(재고자산)	26,000	(대) 현금		26,000
5/10:	(차) 현금	50,000	(대) 매출		50,000
	매출원가	30,000	상품(재고자산)		30,000
7/15:	(차) 상품(재고자산)	42,000	(대) 현금		42,000
12/10:	(차) 현금	61,600	(대) 매출		61,600
	매출원가	38,400	상품(재고자산)		38,400

(5) 당기순이익은 [높아지며], 기말재고자산 금액은 [커진다].

7-5 재고자산 원가흐름 가정과 회계처리: 실지재고조사법 적용

(1) 기말재고자산 = (10,000개×₩4.60) + (4,000개×₩4.25) = ₩63,000
매출원가 = ₩36,000(기초재고) + 378,500(당기매입) − 63,000(기말재고) = ₩351,500

(2)

2/20:	(차) 매입	205,000	(대) 현금	205,000
7/10:	(차) 매입	127,500	(대) 현금	127,500
11/4:	(차) 매입	46,000	(대) 현금	46,000
매출:	(차) 현금	510,000	(대) 매출	510,000
12/31:	(차) 매출원가	36,000	(대) 재고자산(기초)	36,000
	매출원가	378,500	매입	378,500
	재고자산(기말)	63,000	매출원가	63,000

(3) 기말재고자산 = (9,000개×₩4.00) + (5,000개×₩4.10) = ₩56,500

매출원가 = ₩36,000(기초재고) + 378,500(당기매입) − 56,500(기말재고) = ₩358,000

(4) 기말재고자산 = 14,000개 × ₩4.187(총평균단가) = ₩58,618

매출원가 = ₩36,000(기초재고) + 378,500(당기매입) − 58,618(기말재고) = ₩355,882

| 해설 |

총평균단가 = (₩36,000+378,500)/120,000개 = ₩4.187

7-6 선입선출법 적용 시의 계속기록법과 실지재고조사법

(1) 계속기록법을 적용하는 경우,

20일 매출원가=600개(기초)×₩400=₩240,000

24일 매출원가=200개(기초)×₩400+600개(12일)×₩500=₩380,000

∴매출원가=₩240,000+₩380,000=₩620,000

기말재고=₩320,000+₩300,000+₩400,000−₩620,000=₩400,000

(2) 실지재고조사법을 적용하는 경우,

매출원가 = 800개(기초) × ₩400 + 600개(12일) × ₩500 = ₩620,000

기말재고=500개×₩800=₩400,000

| 해설 |

선입선출법의 경우, 기말재고자산과 매출원가는 계속기록법과 실지재고조사법 사이에 차이가 없다.

7-7 선입선출법과 평균법의 차이

① 평균법을 적용한 경우, 다음과 같은 매출원가 추정공식이 성립한다.

	기초재고자산	+	당기매입액	−	기말재고자산	=	매출원가
20×1년(평균법):	₩0	+	X	−	10,000	=	48,000
20×2년(평균법):	₩10,000	+	Y	−	12,000	=	55,000

따라서, X(20×1년 당기매입액) = ₩58,000, Y(20×2년 당기매입액) = ₩57,000

② 선입선출법을 적용하는 경우에도 매출원가 추정공식이 동일하게 적용된다.

20×1년(선입선출법): ₩0 + 58,000 − 15,000 = ₩43,000

20×2년(선입선출법): ₩15,000 + 57,000 − 18,000 = ₩54,000

따라서, 20×1년도 매출원가는 ₩43,000원, 20×2년도 매출원가는 ₩54,000이다.

7-8 재고자산의 회계처리와 법인세 효과

(1)

구분	선입선출법 적용 시	평균법 적용 시
매출액	₩1,500,000	₩1,500,000
매출원가	570,000	640,000
매출총이익	930,000	860,000
법인세지급액(세율: 30%)	279,000	258,000
법인세 지급 후 이익	651,000	602,000

| 해설 |

선입선출법을 적용 시, 기말재고자산(50,000개) 금액은 ₩390,000(= 40,000개 × ₩8 + 10,000개 × ₩7)이며, 평균법을 적용하면 ₩320,000(= 50,000개 × ₩6.40)이다.

(2)

구분	선입선출법 적용 시	평균법 적용 시
매출로 인한 현금수입액	₩1,500,000	₩1,500,000
매입으로 인한 현금지급액	880,000	880,000
법인세 지급액	279,000	258,000
현금창출액	341,000	362,000

(3) 회계이익은 [높아지며], 현금창출액은 [적어진다].

7-9 재고자산의 기말평가와 회계처리

(1) (차) 매출원가(재고자산평가손실) 2,400 (대) 재고자산평가충당금 2,400

| 해설 |

재고자산평가손실 = ₩800(A) + 600(B) + 1,000(D) = ₩2,400

(2) (차) 재고자산평가충당금 1,600 (대) 매출원가(재고자산평가충당금환입)1,600

| 해설 |

20×2년 말에는 ₩800의 재고자산평가충당금이 존재해야 한다. 그런데 기초 시점의 재고자산평가충당금이 ₩2,400이었으므로 오히려 ₩1,600을 환입시킨다.

7-10 재고자산평가손실과 재고자산감모손실의 회계처리

(1)	(차) 매입	150,000	(대) 현금	150,000
	현금	250,000	매출	250,000
(2)	(차) 매출원가	130,000	(대) 재고자산(기초)	20,000
	재고자산(기말)	40,000	매입	150,000
(3)	(차) 매출원가(재고자산감모손실)	4,000	(대) 재고자산	10,000
	재고자산감모손실(기타비용)	6,000		

| 해설 |

재고자산감모손실 중에서 정상적 감모손실 ₩4,000은 매출원가에 가산하고, 비정상적 감모손실 ₩6,000은 '재고자산감모손실'이라는 계정을 설정하여 기타비용으로 인식한다.

(4) (차) 매출원가(재고자산평가손실) 8,000 (대) 재고자산평가충당금 8,000

(5) 재고자산 = ₩30,000 재고자산평가충당금 = ₩8,000 매출액 = ₩250,000
매출원가 = ₩142,000 기타비용(재고자산감모손실) = ₩6,000

7-11 기말재고자산의 추정

(1) 매출원가(x) × (1+0.3) = 매출액(₩9,100,000)
∴ 매출원가(x) = ₩7,000,000

(2) 매출원가 = 기초재고자산 + 당기 매입액 − 기말재고자산(y)
∴ 기말재고자산(y) = ₩2,000,000 + 6,000,000 − 7,000,000 = ₩1,000,000

(3) (차) 재해손실(기타비용) 1,000,000 (대) 재고자산 1,000,000

7-12 매출총이익률법

매출액(160억원)×(1-0.35)=매출원가(104억원)
기초재고(20억원)+매입(130억원)−기말재고=매출원가(104억원)
따라서 기말재고는 46억원이다.

7-13 종합문제: 재무제표 작성

(1) 일자별 분개

3/15:	(차) 재고자산	99,000	(대) 현금	99,000
5/22:	(차) 현금	160,000	(대) 매출	160,000
	매출원가	85,000	재고자산	85,000

| 해설 |

매출원가= (100개 × ₩80) + (700개 × ₩110) = ₩85,000

8/3:	(차) 매출원가(재고자산감모손실)	1,100	(대) 재고자산	1,100
9/10:	(차) 재고자산	105,000	(대) 현금	105,000
10/23:	(차) 재고자산감모손실(기타비용)	11,000	(대) 재고자산	11,000

| 해설 |

재고자산감모손실 = 100개 × ₩110(3/15 매입분으로 가정) = ₩11,000

12/10:	(차) 현금	150,000	(대) 매출	150,000
	매출원가	86,400	재고자산	86,400

| 해설 |

매출원가 = (90개 × ₩110) + (510개 × ₩150) = ₩86,400

12/31:	(차) 매출원가(재고자산평가손실)	3,500	(대) 재고자산평가충당금	3,500

| 해설 |

기말평가 전 재고자산 금액은 ₩28,500(=190개 × ₩150)이므로, 재고자산평가손실 ₩3,500을 매출원가에 가산함.

(2)

재무상태표(20×1년 12월 31일)

재고자산	28,500	
재고자산평가충당금	(3,500)	
	25,000	

포괄손익계산서(20×1년도)

매출액	310,000
매출원가(합계)	176,000
기타비용	
재고자산감모손실	11,000

제8장 유형자산과 무형자산

8-1 기본개념의 이해

(1) × (2) × (3) × (4) O (5) O (6) × (7) O (8) × (9) O (10) ×
(11) × (12) O (13) × (14) O (15) ×

| 해설 |

(1) 토지의 정지비용은 토지의 취득원가에 포함한다.
(2) 기계장치를 외상으로 구입하였다면, 대변에 기입할 계정과목은 미지급금이다.
(3) 기계장치의 취득원가는 700,000원이다.
(6) 정액법을 적용한 경우 감가상각 초기에 정률법에 비해 높은 이익을 보고하여 더 많은 세금을 납부하게 되므로 법인세 측면에서 불리하다.
(8) 일상적 수리비와 같이 해당 유형자산의 원상회복 또는 능률유지 목적으로 지출한 것을 수익적 지출이라고 부른다.
(10) 유형자산의 손상차손은 회수가능액을 기준으로 그 차이를 인식하는 것이고, 재평가손익은 공정가치를 기준으로 그 차이를 인식하는 것이다.
(11) 유형자산처분손익은 포괄손익계산서상 기타비용으로 인식한다.
(13) 무형자산의 경우 유형자산과 다르게 감가상각누계액이라는 평가계정을 사용하지 않고 취득원가에서 직접 차감하는 방식을 채택한다.
(15) 내용연수가 비한정인 무형자산은 상각하지 않고 매년 손상검사를 수행하여 손상차손을 인식한다.

8-2 유형자산의 취득원가

(1) 토지의 취득원가 = 취득가격 + 중개수수료 및 등기비용 + 조경공사비
= 5,000 + 100 + 200 = 5,300(만원)

(2) 건물의 취득원가 = 취득가격 + 리모델링 지출 = 500 + 600 = 1,100(만원)

(3)

(차) 토지	53,000,000	(대) 현금	64,000,000
건물	11,000,000		

8-3 정액법에 의한 감가상각과 회계처리

(1) (차) 감가상각비 3,000 (대) 감가상각누계액 3,000

| 해설 |

감가상각비 = (₩16,000−1,000)/5년 = ₩3,000

(2) (차) 감가상각비 3,000 (대) 감가상각누계액 3,000

(3) 취득원가 = ₩16,000

감가상각누계액 = ₩3,000×5년 = ₩15,000

8-4 생산량비례법에 의한 감가상각과 회계처리

(1) (차) 감가상각비 7,500,000 (대) 감가상각누계액 7,500,000

| 해설 |

km당 감가상각비 = (3,000−500)/100,000km = 0.025(만원)

20×1년도 감가상각비 = 0.025 × 30,000km = 750(만원)

(2) (차) 감가상각비 10,000,000 (대) 감가상각누계액 10,000,000

(3) 취득원가는 3,000만원, 감가상각누계액은 1,750만원이므로, 장부금액은 1,250만원이다.

8-5 정률법에 의한 감가상각과 회계처리

(1) 20×1년 연간 감가상각비 = ₩500,000×0.6 = ₩300,000

20×2년 연간 감가상각비 = (₩500,000 − 300,000)×0.6 = ₩120,000

20×3년 연간 감가상각비 = (₩500,000 − 300,000 − 120,000)×0.6 = ₩48,000

20×4년 연간 감가상각비 = (₩500,000 − 300,000 − 120,000 − 48,000) = ₩32,000

(2) (차) 감가상각비 300,000 (대) 감가상각누계액 300,000

(3) (차) 감가상각비 120,000 (대) 감가상각누계액 120,000

(4) 취득원가는 ₩500,000, 감가상각누계액은 ₩468,000(=₩300,000+120,000+48,000)이므로 장부금액은 ₩32,000이다.

8-6 연수합계법에 의한 감가상각과 회계처리

(1) 연간 감가상각비 계산표

연도	감가상각대상금액 (A)	상각률 (B)	연간 감가상각비 = A×B	감가상각누계액
1	₩200,000	4/10	₩80,000	₩80,000
2	200,000	3/10	60,000	140,000
3	200,000	2/10	40,000	180,000
4	200,000	1/10	20,000	200,000
합계			₩200,000	

(2) (차) 감가상각비	80,000	(대) 감가상각누계액	80,000
(3) (차) 감가상각비	60,000	(대) 감가상각누계액	60,000

(4) 취득원가는 ₩220,000, 감가상각누계액은 ₩180,000이므로 장부금액은 ₩40,000이다.

8-7 정액법과 연수합계법의 비교

(1) 정액법

연간 감가상각비 = (₩420,000 − ₩20,000)/4 = ₩100,000

따라서 20×2, 20×2, 20×3년에 인식할 감가상각비는 매년 ₩100,000로 동일하다.

취득 후 3년이 경과한 20×3년 말의 감가상각누계액 = ₩100,000×3년=₩300,000,

장부금액= ₩420,000-₩300,000=₩120,000

20x4년 초 처분 시의 분개는 다음과 같다.

(차) 현금	70,000	(대) 기계장치	420,000
감가상각누계액	300,000		
유형자산처분손실	50,000		

(2) 연수합계법

연수합계법을 적용할 경우의 연도별 감가상각비는 다음과 같다.

1차 연도 = (₩420,000 − ₩20,000) × (4/10) = ₩160,000

2차 연도 = (₩420,000 − ₩20,000) × (3/10) = ₩120,000

3차 연도 = (₩420,000 − ₩20,000) × (2/10) = ₩80,000

따라서 취득 후 3년이 경과한 20x3년 말의

감가상각누계액= ₩160,000+₩120,000+₩80,000=₩360,000,

장부금액=₩420,000-₩360,000=₩60,000이다.

20x4년 초 처분 시의 분개는 다음과 같다.

(차) 현금	70,000	(대) 기계장치	420,000
감가상각누계액	360,000	유형자산처분이익	10,000

연수합계법은 정액법에 비해 감가상각 초반에 더 많은 금액을 상각한다. 20×3년 말의 장부금액은 정액법이 ₩120,000로 연수합계법 ₩60,000보다 더 크다.

8-8 회계기간 중에 취득한 유형자산의 감가상각

(1) 연간 감가상각비는 연습문제 8-6의 (1)과 같다. 다만, 10월 1일에 취득하였으므로 다음과 같이 매 연도별 감가상각비를 계산한다.

20×1년도 감가상각비 = ₩80,000 × (3/12) = ₩20,000

20×2년도 감가상각비 = ₩80,000 × (9/12) + 60,000 × (3/12) = ₩75,000

20×3년도 감가상각비 = ₩60,000 × (9/12) + 40,000 × (3/12) = ₩55,000

20×4년도 감가상각비 = ₩40,000 × (9/12) + 20,000 × (3/12) = ₩35,000

20×5년도 감가상각비 = ₩20,000 × (9/12) = ₩15,000

(2) (차) 감가상각비 20,000 (대) 감가상각누계액 20,000

(3) (차) 감가상각비 75,000 (대) 감가상각누계액 75,000

(4) 취득원가는 ₩220,000, 감가상각누계액은 ₩150,000(=₩20,000+75,000+55,000)이므로, 장부금액은 ₩70,000이다.

8-9 유형자산의 내용연수 및 잔존가치의 변경

(1) 연간 감가상각비 = (₩1,600−0)/20년 = 80(만원)

(2) 2×10년의 장부금액 = ₩1,600 − (80 × 10년) = 800(만원)

(3) 2×10년 말 현재 건물의 장부금액은 800만원이다. 따라서 잔여내용연수가 20년이고 추정 잔존가치가 200만원이므로, 연간 감가상각비는 30만원(=600만원/20년)이다.

8-10 유형자산의 수리, 개량 및 처분

(1) (₩16,000−1,000)/5년 = ₩3,000

(2) 부품 교체는 기계장치 계정에 자본화하고, 수리비 지출은 당기 비용으로 처리한다.

(차) 기계장치	6,000	(대) 현금	6,000
수리비	1,000	현금	1,000

(3) 부품교체를 자본화시켰으므로 20×3년부터의 연간 감가상각비는 다음과 같다.

연간 감가상각비 = (₩16,000−1000)/5년 + 6,000/3년 = ₩5,000

(차) 감가상각비	5,000	(대) 감가상각누계액	5,000

(4) ① 기계장치의 취득원가 = ₩16,000 + 6,000 = ₩22,000

② 기계장치의 감가상각누계액 = (₩3,000 × 2년)+(5,000 × 2년) = ₩16,000

(5) 기계장치처분손익 = 처분액 − (취득원가 − 감가상각누계액)

= ₩4,000 - (22,000 - 16,000) = (손실) ₩2,000

(차) 현금	4,000	(대) 기계장치	22,000
감가상각누계액	16,000		
유형자산처분손실	2,000		

8-11 유형자산의 처분

(1) 연간 감가상각비 = (1,100 − 100)/10년 = 100(만원) 20×1년도 감가상각비

= 100 × (6/12) = 50(만원)

(2) 취득일부터 20×7년 12월 31일까지의 기간은 6년 6개월이다.

따라서, 감가상각누계액 = 100 × 6.5년 = 650(만원)

(3) 3개월간의 감가상각비 = 100 × (3/12) = 25(만원)

(차) 감가상각비	250,000	(대) 감가상각누계액	250,000

(4) 처분시점에서 건물의 취득원가는 1,100만원이고, 감가상각누계액은 675만원(= 650+25)이다. 따라서 처분 당시 건물의 장부금액은 425만원(=1,100-675)이다.

(5) 건물처분손익 = 처분금액 - 장부금액 = 500 − 425 = 75(만원) 이익

(6)

(차)		(대)	
현금	5,000,000	건물	11,000,000
감가상각누계액	6,750,000	유형자산처분이익	750,000

8-12 외부구입 무형자산의 회계처리

(1) 취득 시 회계처리 (단위: 백만원)

(차)		(대)	
어업권	100	현금	100

20×2년 말 수정분개

(차)		(대)	
어업권상각비	20	어업권	20

(2)

(차)		(대)	
브랜드개발비(당기비용)	50	현금	50

| 해설 |

내부적으로 개발한 브랜드는 무형자산으로 인식하지 않는다.

(3) 영업권 = 인수대가 − 피합병기업의 순자산 공정가치 = 12억원 − 10억원 = 2억원

8-13 소프트웨어의 취득과 상각

(1) 취득 시 회계처리

(차)		(대)	
소프트웨어(무형자산)	500,000	현금	530,000

상각 시 회계처리

(차)		(대)	
소프트웨어상각비	125,000	소프트웨어(무형자산)	125,000

(2) 무형자산은 회계처리 시 상각누계액을 설정하지 않기 때문에, 아래와 같이 무형자산에서 상각액이 직접 차감된다.

재무상태표(20×1/12/31)		포괄손익계산서(20×1년도)	
무형자산:			
컴퓨터 소프트웨어	① 375,000	소프트웨어상각비	② 125,000

8-14 연구개발투자의 회계처리

(1)

(차)		(대)	
연구비	10,000	현금	58,000
경상개발비	30,000		
개발비	18,000		

| 해설 |

기초연구 투자(B)는 '연구비'(비용), 자산성이 없는 신제품개발 투자(A)는 '경상개발비'(비용), 자산성이 있는 신제품개발 투자(C)는 '개발비'(무형자산)로 인식한다.

(2)

(차)		(대)	
개발비손상차손	2,000	개발비	2,000

| 해설 |

비한정 내용연수의 무형자산은 상각하지 않으며 손상차손을 인식한다. 20×2년 말 손상차손 = 장부금액 - 회수가능액 = ₩18,000 - 16,000 = ₩2,000

	차변	금액	대변	금액
(3)	(차) 특허권	2,000	(대) 현금	2,000
	(차) 특허권상각비	200	(대) 특허권	200

| 해설 |

특허권 취득금액 = ₩2,000

20×2년 특허권상각비 = ₩2,000/10년 = ₩200

8-15 종합문제: 재무제표 작성

(1) 각 거래별 분개

	차변	금액	대변	금액
①	(차) 현금	90,000	(대) 토지	50,000
			토지처분이익	40,000
②	(차) 현금	2,000	(대) 건물	12,000
	감가상각누계액	8,000		
	건물처분손실	2,000		
③	(차) 건물	10,000	(대) 현금	10,000
④	(차) 개발비	8,000	(대) 현금	13,000
	경상개발비	5,000		
⑤	(차) 감가상각비	5,000	(대) 감가상각누계액	5,000
	개발비상각비	4,000	개발비	4,000
⑥	(차) 건설 중인 자산	20,000	(대) 현금	20,000

| 해설 |

건설 중인 자산은 감가상각하지 않는다.

(2)

재무상태표

강원기업(주)	20×2년 12월 31일	(단위: 원)
유동자산		
현금 및 현금성자산		₩79,000
유형자산		
토지		50,000
건설 중인 자산		20,000
건물	48,000	
감가상각누계액	(19,000)	29,000
무형자산		
개발비		16,000

포괄손익계산서	
강원기업(주) 20×2년 1월 1일~20×2년 12월 31일	(단위: 원)
판매비와 관리비	
감가상각비	₩5,000
개발비상각비	4,000
경상개발비	5,000
기타수익	
토지처분이익	40,000
기타비용	
건물처분손실	2,000

제9장 부채

9-1 기본개념의 이해

(1) × (2) O (3) × (4) × (5) × (6) O (7) O (8) × (9) × (10) ×
(11) × (12) O (13) × (14) O (15) ×

| 해설 |

(1) 선수금, 선수수익은 미래에 현금지급을 통해 소멸되는 의무가 아니므로 금융부채에 해당하지 않는다.

(3) 예수금은 제3자에게 지급할 금액을 일시적으로 보관하기 위한 계정과목으로 유동부채이지만 미래에 용역을 공급해야 하는 의무는 아니다.

(4) 화폐의 시간가치는 할인율과 미래현금유입액 모두에 영향을 받는다.

(5) 시장이자율이 아닌 액면이자율이 12%일 때 매년 ₩12,000의 현금 이자를 지급하게 된다.

(8) 할인율이 높을수록 사채 발행 시 유입되는 현금의 크기는 감소한다.

(9) 사채발행비용은 비용항목으로 분류하지 않으며, 사채발행가격에서 차감한다.

(10) 사채의 상환손익은 현금지급액과 사채의 장부금액의 비교를 통해 결정되는 것이므로 항상 발생하는 것은 아니다.

(11) 보고기간 말 현재 만기가 1년 이내인 경우 유동부채로 재분류한다.

(13) 자원의 유출가능성이 높고 유출금액의 추정가능성이 높을 때 재무제표에 금액을 표시한다.

(15) 확정급여제도에 대한 설명이다.

9-2 단기차입금의 회계처리

(1) 실질이자율 = 이자비용/현금수취액 = ₩120,000/880,000 = 약 13.64%

(2)	(차) 현금	880,000	(대) 단기차입금	1,000,000
	(차) 선급비용	120,000		
(3)	(차) 이자비용	30,000	(대) 선급비용	30,000
(4)	(차) 단기차입금	1,000,000	(대) 현금	1,000,000
	이자비용	90,000	선급비용	90,000

9-3 예수금

	차변	금액	대변	금액
(1)	(차) 급여	3,000,000	(대) 현금	2,600,000
			소득세예수금	300,000
			보험료예수금	100,000
(2)	(차) 현금	5,500,000	(대) 매출	5,000,000
			부가가치세예수금	500,000
	매출원가	3,000,000	상품	3,000,000
(3)	(차) 소득세예수금	300,000	(대) 현금	900,000
	보험료예수금	100,000		
	부가가치세예수금	500,000		

9-4 미지급법인세와 선급법인세

	차변	금액	대변	금액
(1)	(차) 선급법인세	50,000	(대) 현금	50,000
(2)	(차) 법인세비용	200,000	(대) 선급법인세	50,000
			현금	50,000
			미지급법인세	100,000

9-5 정상연금의 현재가치

매출액 = ₩3,000,000/(1+10%) + 3,000,000/(1+10%)^2 + 3,000,000/(1+10%)^3
+ 3,000,000/(1+10%)^4 + 3,000,000/(1+10%)^5 = ₩11,372,370

(또는) ₩3,000,000×3.7908(10%, 5년 정상연금) = ₩11,372,400

9-6 이상연금의 현재가치

매출액 = ₩3,000,000 + 3,000,000/(1+10%) + 3,000,000/(1+10%)^2 + 3,000,000/(1+10%)^3
+ 3,000,000/(1+10%)^4 = ₩12,509,610

(또는) ₩3,000,000 + 3,000,000×3.1699(10%, 4년 정상연금) = ₩12,509,700

9-7 사채 액면발행과 만기상환

(1) 사채의 액면이자율과 시장이자율이 동일하므로 사채발행가격은 ₩1,000,000이다.

사채발행가격 = ₩100,000/(1+10%) + 100,000/(1+10%)^2 + 100,000/(1+10%)^3
+ 1,000,000/(1+10%)^3 = ₩1,000,000

	차변	금액	대변	금액
(2)	(차) 현금	1,000,000	(대) 사채	1,000,000
(3)	(차) 이자비용	100,000	(대) 현금	100,000
(4)	(차) 이자비용	100,000	(대) 현금	100,000
(5)	(차) 이자비용	100,000	(대) 현금	1,100,000
	사채	1,000,000		

9-8 사채 할인발행과 만기상환

(1) ① 현금지급이자 = ₩1,000,000 × 10% = ₩100,000

② 원금 = 액면금액 = ₩1,000,000

(2) 사채발행금액 = $100,000/(1 + 12\%) + 100,000/(1 + 12\%)^2 + 100,000/(1 + 12\%)^3$

$+ 1,000,000/(1 + 12\%)^3$ = ₩951,963

(또는) ₩100,000×2.40183 + ₩1,000,000×0.71178 = ₩951,963

(3) (차) 현금	951,963	(대) 사채	1,000,000
사채할인발행차금	48,037		
(4) (차) 이자비용	114,236	(대) 현금	100,000
		사채할인발행차금	14,236

* 사채발행차금 상각표

일자	연간 이자비용 (12%)	연간 현금이자 (10%)	사채발행차금의 감소	사채 장부금액
20×1/1/1	-	-	-	₩951,963
20×1/12/31	₩114,236	₩100,000	₩14,236	966,199
20×2/12/31	115,944	100,000	15,944	982,143
20×3/12/31	117,857	100,000	17,857	1,000,000

(5) (차) 이자비용	115,944	(대) 현금	100,000
		사채할인발행차금	15,944
(6) (차) 이자비용	117,857	(대) 현금	100,000
		사채할인발행차금	17,857
(7) (차) 사채	1,000,000	(대) 현금	1,000,000

9-9 사채 할증발행과 조기상환

(1) 사채발행금액 = $100,000/(1+8\%) + 100,000/(1 + 8\%)^2 + 100,000/(1 + 8\%)^3$

$+ 1,000,000/(1 + 8\%)^3$ = ₩1,051,540

(또는) ₩100,000 × 2.57710 + ₩1,000,000 × 0.79383 = ₩951,963= ₩1,051,540

(2) 사채발행차금 상각표

일자	연간 이자비용 (8%)	연간 현금이자 (10%)	사채발행차금의 감소	사채 장부금액
20×1/1/1	-	-	-	₩1,051,540
20×1/12/31	₩84,123	₩100,000	₩15,877	1,035,663
20×2/12/31	82,853	100,000	17,147	1,018,516
20×3/12/31	81,484	100,000	18,516	1,000,000

(3) (차) 이자비용	84,123	(대) 현금	100,000
사채할증발행차금	15,877		

(4) (차) 이자비용 82,853 (대) 현금 100,000
사채할증발행차금 17,147

(5) (차) 이자비용 81,484 (대) 현금 100,000
사채할증발행차금 18,516

(6) (차) 사채 1,000,000 (대) 현금 1,000,000

(7) ① 감소, ② 감소

(8) (차) 사채 1,000,000 (대) 현금 1,020,000
사채할증발행차금 18,516
사채상환손실 1,484

| 해설 |

2차연도 말(20×2/12/31)의 사채 장부금액은 ₩1,018,516이다. 이 사채를 ₩1,020,000에 조기상환하면 사채상환손실이 ₩1,484(=₩1,020,000 − 1,018,516) 발생한다.

9-10 사채 할인발행과 조기상환

(1) 사채발행으로 현금수취액과 미래현금흐름 간에는 아래의 관계가 성립한다.

₩179,893 = ₩24,000/(1 + r%) + 24,000/(1 + r%)^2 + 24,000/(1 + r%)^3
+ 24,000/(1 + r%)^4 + 224,000/(1 + r%)^5

(2) 유효이자율

(3) (차) 현금 179,893 (대) 사채 200,000
사채할인발행차금 20,107

(4) 사채발행차금 상각표

일자	연간 이자비용 (15%)	연간 현금이자 (12%)	사채발행차금의 감소	사채 장부금액
20×1/1/1	-	-	-	₩179,893
20×1/12/31	₩26,984	₩24,000	₩2,984	182,877
20×2/12/31	27,432	24,000	3,432	186,309
20×3/12/31	27,946	24,000	3,946	190,255
20×4/12/31	28,538	24,000	4,538	194,793
20×5/12/31	29,207	24,000	5,207	200,000

(5) 3차연도 말의 사채 장부금액이 ₩190,255이므로 사채상환이익 ₩255이 발생한다.

(차) 사채 200,000 (대) 현금 190,000
사채할인발행차금 9,745
사채상환이익 255

9-11 제품보증충당부채 (Ⅰ)

(1) (차) 현금 5,000,000 (대) 매출 5,000,000
제품보증비 100,000 현금 100,000

(2) (차) 제품보증비	50,000	(대) 제품보증충당부채	50,000

| 해설 |

제품보증충당부채 설정액 = 매출액의 3%(₩150,000) - 20×1년도 지출액(100,000)

(3) 제품보증충당부채 = ₩50,000

제품보증비 = ₩100,000 + 50,000 = ₩150,000

9-12 제품보증충당부채 (II)

(1) (차) 현금	10,000,000	(대) 매출	10,000,000
제품보증비	210,000	현금	210,000
(2) (차) 제품보증비	290,000	(대) 제품보증충당부채	290,000

| 해설 |

판매된 자동차에 대해 2년간 ₩500,000의 지출을 예상하고 있으며, 이 중 ₩210,000은 20×1년 중 지출하였으므로 나머지 금액을 수정분개를 통해 추가적으로 제품보증충당부채로 인식한다.

기말 제품보증충당부채 설정액 = 20×1년도 매출액의 5%(₩500,000) −
20×1년도 제품보증 관련된 지출(₩210,000) = ₩290,000

(3) ① 제품보증충당부채 = ₩290,000

② 제품보증비 = 210,000 + 290,000 = ₩500,000

(4) ① 매출 인식

(차) 현금	12,000,000	(대) 매출	12,000,000

② 제품보증 관련 당기 지출 590,000원 중에서 290,000원은 전년도 말 잔여 제품보증충당부채로 처리. 그리고 나머지 300,000원은 당기 제품보증비로 처리.

(차) 제품보증충당부채	290,000	(대) 현금	590,000
제품보증비	300,000		

(5) (차) 제품보증비 300,000 (대) 제품보증충당부채 300,000

| 해설 |

기말 제품보증충당부채 설정액 = 20×2년도 매출액의 5%(₩600,000) −
당기 제품보증비 인식액(₩300,000) = ₩300,000

(6) ① 제품보증충당부채 = ₩300,000

② 제품보증비= 300,000 + 300,000 = ₩600,000

| 해설 |

20x1년과 20x2년도에 인식해야 할 제품보증충당부채의 총액은 (₩10,000,000+₩12,000,000) × 5% = ₩1,100,000이다. 이 중, 지출된 금액은 20x1년에 ₩210,000, 20x2년에 ₩590,000이므로, 잔액인 ₩300,000이 20x2년도 재무상태표에 계상되어 있을 것이다.

9-13 우발부채와 충당부채

(1) 우발상황의 분개

① 경영자와 변호사가 판단한 손실보상금 20억원을 충당부채로 인식한다.

(차) 손해배상손실	20억원	(대) 손해배상충당부채	20억원

② 회계담당자의 합리적인 판단금액인 5억원을 충당부채로 인식한다.

(차) 손해배상손실	5억원	(대) 손해배상충당부채	5억원

③ 채무보증으로 인한 지급가능성이 높은 15억원을 충당부채로 인식한다.

(차) 채무보증손실	15억원	(대) 채무보증충당부채	15억원

(2) 충당부채 합계 = 40억원

포괄손익계산서상의 기타비용 합계 = 40억원

(3)	(차) 손해배상충당부채	25억원	(대) 현금	26억원
	손해배상손실	1억원		
(4)	(차) 채무보증충당부채	15억원	(대) 현금	10억원
			채무보증충당부채환입	5억원

| 해설 |

손해배상충당부채 15억원을 전부 제거하고, 남은 5억원은 환입(당기이익)한다.

9-14 종합문제: 재무제표 작성

(1) 각 거래별 분개

①	(차) 유동성장기차입금	20,000	(대) 현금	20,000
②	(차) 현금	20,000,000	(대) 매출	20,000,000
③	(차) 제품보증충당부채	40,000	(대) 현금	380,000
	제품보증비	340,000		
	(차) 제품보증비	70,000	(대) 제품보증충당부채	70,000

| 해설 |

제품보증 관련 당기지출 ₩380,000 중에서 ₩40,000은 전년도 말 제품보증충당부채로 처리하고, 나머지 ₩340,000은 당기 제품보증비로 처리한다. 그리고 기말에 제품보증충당부채 ₩70,000 (=₩400,000-330,000)원을 추가로 설정한다.

④	(차) 손해배상충당부채	25,000	(대) 현금	18,000
			손해배상충당부채환입	7,000
⑤	(차) 채무보증손실	35,000	(대) 채무보증충당부채	35,000
⑥	(차) 장기차입금	30,000	(대) 유동성장기차입금	30,000
⑦	(차) 이자비용	15,628	(대) 현금	12,000
			사채할인발행차금	3,628

| 해설 |

이자비용 = 전기 말 사채 장부금액×유효이자율 = ₩195,347×8% = ₩15,628

(2) 현금 = ₩30,000 − 20,000 + 20,000,000 − 380,000 − 18,000 − 12,000 = ₩19,600,000
제품보증충당부채 = ₩40,000 − 40,000 + 70,000 = ₩70,000
채무보증충당부채 = ₩35,000
손해배상충당부채 = ₩25,000 − 25,000 = ₩0
유동성장기차입금 = ₩20,000 − 20,000 + 30,000 = ₩30,000
장기차입금 = ₩80,000 − 30,000 = ₩50,000
사채 = ₩200,000
사채할인발행차금 = ₩4,653 − 3,628 = ₩1,025
매출액 = ₩20,000,000
손해배상충당부채환입 = ₩7,000
제품보증비 = 340,000 + 70,000 = ₩410,000
채무보증손실 = ₩35,000
이자비용 = ₩15,628

제10장 자본

10-1 기본개념의 이해

(1) O (2) O (3) × (4) × (5) O (6) O (7) × (8) × (9) × (10) ×
(11) × (12) O (13) ×

| 해설 |

(3) 우선주는 의결권을 행사하지 않는다.
(4) 주식회사의 자본금은 발행주식수에 액면금액을 곱하여 계산한다.
(7) 미처분이익잉여금을 각종 적립금으로 재분류하는 것을 적립이라고 부른다.
(8) 이익잉여금 합계는 변하지 않는다.
(9) 자기주식은 자본금에서 직접 차감하지 않고 기타자본항목(또는 자본조정)에서 차감항목으로 표시한다.
(10) 감자차익은 미처분이익잉여금이 아닌 기타자본항목(또는 자본잉여금)에 반영한다.
(11) 주식배당과 무상증자 모두 자본 총액에는 변화를 일으키지 않는다.
(13) 자본변동표는 일정 회계기간 동안의 자본항목의 변동사항을 요약한 재무제표이다.

10-2 자본의 분류

(1) C (2) A (3) B (4) B (5) B (6) D (7) A (8) D (9) D (10) A

10-3 보통주와 우선주의 발행

	차변	금액	대변	금액
(1)	(차) 현금	1,900,000	(대) 보통주자본금	1,000,000
			우선주자본금	500,000
			주식발행초과금	400,000

(2) 자본금 = ₩1,500,000
　주식발행초과금 = ₩400,000

10-4 주식발행

	차변	금액	대변	금액
(1)	(차) 현금	580,000	(대) 보통주자본금	500,000
			주식발행초과금	80,000
(2)	(차) 현금	1,120,000	(대) 보통주자본금	1,000,000
			주식발행초과금	120,000

(3) 보통주자본금 = ₩700,000(기초) + 500,000 + 1,000,000 = ₩2,200,000
　주식발행초과금 = ₩70,000(기초) + 80,000 + 120,000 = ₩270,000
　따라서 납입자본 = ₩2,200,000 + 270,000 = ₩2,470,000

10-5 이익잉여금의 처분과 변동 (I)

	차변	금액	대변	금액
(1) ①	(차) 사업확장적립금	2,000,000	(대) 미처분이익잉여금	2,000,000
②	(차) 미처분이익잉여금	200,000	(대) 이익준비금	200,000
③	(차) 미처분이익잉여금	2,000,000	(대) 현금	2,000,000
④	(차) 집합손익	1,000,000	(대) 미처분이익잉여금	1,000,000

(2) 이익준비금 = ₩3,000,000 + 200,000 = ₩3,200,000
　사업확장적립금 = ₩2,000,000 − 2,000,000 = ₩0
　미처분이익잉여금 = ₩1,000,000 + 2,000,000(이입) − 200,000(적립)
　　− 2,000,000(현금배당) + 1,000,000(순이익) = ₩1,800,000

10-6 이익잉여금의 처분과 변동 (II)

	차변	금액	대변	금액
(1)	(차) 집합손익	600,000	(대) 미처분이익잉여금	600,000
(2)	(차) 미처분이익잉여금	360,000	(대) 현금	200,000
			이익준비금	60,000
			배당평균적립금	100,000
	(차) 집합손익	200,000	(대) 미처분이익잉여금	200,000

(3) 이익준비금 = ₩60,000
　배당평균적립금 = ₩100,000
　미처분이익잉여금 = 600,000(전기 말) − 360,000(당기 처분, 주주총회) +
　　200,000(당기 증가, 당기순이익) = ₩440,000

따라서 이익잉여금 합계 = 60,000 + 100,000 + 440,000 = ₩600,000

(4)	(차) 배당평균적립금	100,000	(대) 현금	200,000
	미처분이익잉여금	160,000	이익준비금	60,000
	(차) 집합손익	500,000	(대) 미처분이익잉여금	500,000

(5) 이익준비금 = 60,000(전기 말) + 60,000(당기 증가) = ₩120,000
배당평균적립금 = 100,000(전기 말) − 100,000(당기 감소) = ₩0
미처분이익잉여금 = 440,000(전기 말) − 160,000(당기 감소, 주주총회) + 500,000(당기 증가, 당기순이익) = ₩780,000
따라서 이익잉여금 합계 = 이익준비금(120,000) + 배당평균적립금(0) + 미처분이익잉여금(780,000) = ₩900,000

10-7 현금배당과 주식배당

(1)	(차) 미처분이익잉여금	1,000,000	(대) 미지급배당금	1,000,000
(2)	(차) 미지급배당금	1,000,000	(대) 현금	1,000,000
(3)	(차) 미처분이익잉여금	1,000,000	(대) 미교부주식배당금	1,000,000

| 해설 |

주식배당액 = 1,000주 × 0.2주 × ₩5,000(액면금액) = ₩1,000,000

(4)	(차) 미교부주식배당금	1,000,000	(대) 보통주자본금	1,000,000

(5) 보통주자본금 = ₩5,000,000(기초) + 1,000,000(주식배당) = ₩6,000,000
미처분이익잉여금 = ₩3,000,000(기초) − 1,000,000 − 1,000,000 = ₩1,000,000

10-8 자기주식의 취득과 유통주식수

(1)	(차) 자기주식	1,000,000	(대) 현금	1,000,000

(2) 자본조정, 마이너스, 감소한다
(3) 유통주식수 = 발행주식수 − 자기주식 보유수 = 2,000 − 100 = 1,900주

10-9 자기주식의 취득, 재발행 및 소각

(1)	(차) 자기주식	400,000	(대) 현금	400,000
(2)	(차) 현금	90,000	(대) 자기주식	80,000
			자기주식처분이익	10,000
(3)	(차) 현금	65,000	(대) 자기주식	80,000
	자기주식처분이익	10,000		
	자기주식처분손실	5,000		
(4)	(차) 자본금	50,000	(대) 자기주식	80,000
	감자차익	10,000		
	감자차손	20,000		

10-10 주식분할과 무상증자

(1) 발행주식수 = ₩5,000,000/5,000 = 1,000주

(2) 무상증자 후 발행주식수 = 1,000주 + 5,000주 = 6,000주 보통주자본금 = 6,000주 × 5,000
= ₩30,000,000

(3) ₩200,000/(1주+5주) = ₩33,333

(4) 분개 없음

(5) 액면분할 후 발행주식수 = 6,000주 × 10 = 60,000주
1주당 액면금액 = ₩5,000/10주 = ₩500

10-11 자본변동표

자본변동표

울진상사(주) (단위: 원)

구분		납입자본	이익잉여금	기타자본항목	합계
기초잔액		₩1,000,000	₩300,000	₩0	₩1,300,000
변동내역	유상증자	500,000			500,000
	현금배당		(500,000)		(500,000)
	당기순이익		800,000		800,000
	자기주식 취득			(200,000)	(200,000)
기말잔액		₩1,500,000	₩600,000	₩(200,000)	₩1,900,000

10-12 종합문제: 재무제표 작성

(1) 각 거래의 분개

	차변	금액	대변	금액
①	(차) 현금	24,000,000	(대) 자본금	20,000,000
			주식발행초과금	4,000,000
②	(차) 미처분이익잉여금	23,500,000	(대) 이익준비금	2,000,000
			배당평균적립금	1,500,000
			현금	20,000,000
③	(차) 자기주식	5,500,000	(대) 현금	5,500,000
④	(차) 현금	4,500,000	(대) 자기주식	2,900,000
			자기주식처분손실	100,000
			자기주식처분이익	1,500,000
⑤	(차) 집합손익	30,000,000	(대) 미처분이익잉여금	30,000,000

(2) 보통주자본금 = ₩30,000,000 + 20,000,000 = ₩50,000,000
주식발행초과금 = ₩10,000,000 + 4,000,000 = ₩14,000,000
이익준비금 = ₩5,000,000 + 2,000,000 = ₩7,000,000
배당평균적립금 = ₩3,000,000 + 1,500,000 = ₩4,500,000

미처분이익잉여금 = ₩25,000,000 − 23,500,000 + 30,000,000 = ₩31,500,000

자기주식 = ₩1,800,000 + 5,500,000 − 2,900,000 = ₩4,400,000

자기주식처분이익 = (₩100,000) + 1,600,000 = ₩1,500,000

(3) 자본변동표 작성

자본변동표

서울기업(주) 20×2년 1월 1일부터 20×2년 12월 31일까지 (단위: 천원)

구분	납입자본	이익잉여금	기타자본항목	총계
20×2/1/1 (기초잔액)	₩40,000	₩33,000	₩(1,900)	₩71,100
① 유상증자	24,000			24,000
② 현금배당		(20,000)		(20,000)
③ 자기주식 취득			(5,500)	(5,500)
④ 자기주식 재발행			4,500	4,500
⑤ 당기순이익		30,000		30,000
20×2/12/31 (기말잔액)	₩64,000	₩43,000	₩(2,900)	₩104,100

제11장 금융자산 Ⅱ: 지분증권과 채무상품

11-1 기본개념의 이해

(1) × (2) O (3) × (4) O (5) × (6) × (7) O (8) O (9) O (10) ×

| 해설 |

(1) 기업이 금융상품을 취득하여 보유하는 목적과 금융상품의 계약상 현금흐름 특성이라는 두 가지 구분 기준에 따라서 결정된다.

(3) AC금융자산은 상각후원가로 측정하며, 공정가치 변동을 인식하지 않는다.

(5) FVOCI금융자산(채무상품)처분손익은 당기손익으로 인식한다.

(6) FVOCI금융자산(채무상품)은 유효이자율법에 따른 이자수익을 인식한 후에 공정가치 평가를 수행한다.

(10) 일반적으로 지분율이 20% 이상이면 관계기업투자주식계정으로 분류한다.

11-2 금융자산의 분류

(1) O (2) S (3) O (4) P (5) P (6) F (7) F (8) A

11-3 AC금융자산: 취득과 만기회수(Ⅰ)

(1) 현금이자 = ₩10,000 × 10% = ₩1,000 원금 = 액면금액 = ₩10,000

(2)	(차) AC금융자산	9,520	(대) 현금	9,520
(3)	(차) 현금	1,000	(대) 이자수익	1,142
	AC금융자산	142		

| 해설 |

1차연도 이자수익 = ₩9,520 × 12% = ₩1,142

(4) AC금융자산 장부금액 = 취득금액 + (금년도 이자수익 – 현금이자수입)
= ₩9,520 + (1,142 − 1,000) = ₩9,662

(5) (차) 현금	1,000	(대) 이자수익	1,159
AC금융자산	159		

| 해설 |

2차연도 이자수익 = ₩9,662 × 12% = ₩1,159

(6) AC금융자산 장부금액 = 전년도 말 장부금액 +(금년도 이자수익 – 현금이자수입)
= ₩9,662 + (1,159 – 1,000) = ₩9,821

(7) (차) 현금	1,000	(대) 이자수익	1,179
AC금융자산	179		

| 해설 |

3차연도 이자수익 = ₩9,821 × 12% = ₩1,179

(8) (차) 현금	10,000	(대) AC금융자산	10,000

(9) 증가

11-4 AC금융자산 취득과 처분(Ⅱ)

(1) 취득원가 = ₩50,000×3.1699 + 1,000,000×0.6830 = ₩841,495

(2) (차) AC금융자산	841,495	(대) 현금	841,495

(3) 유효이자율법에 따른 연간 이자수익 계산표

일자	연간 이자수익 (유효이자율 10%)	연간 현금이자 (액면이자율 5%)	장부금액 증가	장부금액
20×1/1/1	-	-	-	₩841,495
20×1/12/31	₩84,150	₩50,000	₩34,150	875,645
20×2/12/31	87,565	50,000	37,565	913,210
20×3/12/31	91,321	50,000	41,321	954,531
20×4/12/31	95,469	50,000	45,469	1,000,000

(4) (차) 현금	50,000	(대) 이자수익	84,150
AC금융자산	34,150		
(5) (차) 현금	50,000	(대) 이자수익	87,565
AC금융자산	37,565		
(6) (차) 현금	50,000	(대) 이자수익	91,321
AC금융자산	41,321		

(7) (차) 현금 954,000 (대) AC금융자산 954,531
AC금융자산처분손실 531

| 해설 |

3연말 AC금융자산의 장부금액은 ₩954,531이므로
AC금융자산처분손실 ₩531(=₩954,000 - 954,531)을 인식한다.

11-5 FVOCI금융자산(채무상품)의 취득과 평가

(1) (차) FVOCI금융자산 9,520 (대) 현금 9,520

(2) 유효이자율법에 따른 연간 이자수익 계산표

일자	연간 이자수익 (유효이자율 12%)	연간 현금이자 (액면이자율 10%)	장부금액 증가	장부금액
20×1/1/1	-	-	-	₩9,520
20×1/12/31	₩1,142	₩1,000	₩142	9,662
20×2/12/31	1,159	1,000	159	9,821
20×3/12/31	1,179	1,000	179	10,000

(3) (차) 현금 1,000 (대) 이자수익 1,142
FVOCI금융자산 142

| 해설 |

이자수익의 인식은 AC금융자산과 동일하게 유효이자율법을 적용한다.

(4) (차) FVOCI금융자산 38 (대) FVOCI금융자산평가이익 38

(5) (차) 현금 1,000 (대) 이자수익 1,159
FVOCI금융자산 159

(6) (차) FVOCI금융자산평가이익 38 (대) FVOCI금융자산 59
FVOCI금융자산평가손실 21

| 해설 |

FVOCI금융자산의 평가 전 장부금액= ₩9,700 + 159 =₩9,859
따라서 FVOCI금융자산평가손익 = ₩9,800−9,859 = ₩59(평가손실). 그런데 기타포괄손익누계액에 누적된 평가이익이 ₩38 있으므로, 먼저 평가이익 ₩38을 상계하고 나머지 평가손실 ₩21을 FVOCI금융자산평가손실로 인식한다.

(7) FVOCI금융자산평가손실, ₩21

11-6 FVOCI금융자산(채무상품)의 취득, 평가 및 처분

(1) (차) FVOCI금융자산 841,495 (대) 현금 841,495

(2) 연간 이자수익 계산표

일자	연간 이자수익 (유효이자율 10%)	연간 현금이자 (액면이자율 5%)	장부금액 증가	장부금액
20×1/1/1	-	-	-	₩841,495
20×1/12/31	₩84,150	₩50,000	₩34,150	875,645
20×2/12/31	87,565	50,000	37,565	913,210
20×3/12/31	91,321	50,000	41,321	954,531
20×4/12/31	95,469	50,000	45,469	1,000,000

(3) (차) 현금 50,000 (대) 이자수익 84,150
FVOCI금융자산 34,150
(4) (차) FVOCI금융자산평가손실 15,645 (대) FVOCI금융자산 15,645

| 해설 |

FVOCI금융자산평가손익 = ₩860,000 - 875,645 = ₩15,645(손실)

(5) (차) 현금 50,000 (대) 이자수익 87,565
FVOCI금융자산 37,565
(6) (차) FVOCI금융자산평가손실 97,565 (대) FVOCI금융자산 97,565

| 해설 |

FVOCI금융자산의 평가 전 장부금액 = ₩860,000 + 37,565 = ₩897,565
따라서 FVOCI금융자산평가손익 = ₩800,000 − 897,565 = ₩97,565(평가손실)

(7) (차) 현금 50,000 (대) 이자수익 91,321
FVOCI금융자산 41,321
(8) (차) FVOCI금융자산 108,679 (대) FVOCI금융자산평가손실 108,679

| 해설 |

FVOCI금융자산의 평가 전 장부금액= ₩800,000 + 41,321 = ₩841,321
따라서 FVOCI금융자산평가손익 = ₩950,000 − 841,321 = ₩108,679(평가이익).
그런데 기타포괄손익누계액에 누적된 평가손실이 ₩113,210(=₩15,645+97,565) 있으므로 ₩108,679만큼 상계하는 분개를 실시한다.

(9) (차) 현금 945,000 (대) FVOCI금융자산 950,000
FVOCI금융자산처분손실 9,531 FVOCI금융자산평가손실 4,531

| 해설 |

FVOCI금융자산을 제거하고, 처분시점까지 인식한 FVOCI금융자산평가손실(기타포괄손익누계액)을 자본에서 당기손익으로 재분류한다.

11-7 FVPL금융자산(채무상품)

	차변	금액	대변	금액
(1) ①	(차) FVPL금융자산	4,950,000	(대) 현금	4,950,000
②	(차) 현금	400,000	(대) 이자수익	400,000

| 해설 |

이자수익 = ₩10,000 × 500권 × 8% = ₩400,000.

FVPL금융자산은 현금이자를 이자수익으로 인식한다.

	차변	금액	대변	금액
③	(차) FVPL금융자산평가손실	25,000	(대) FVPL금융자산	25,000

| 해설 |

FVPL금융자산평가손익 = (500권×₩9,850) - 4,950,000 = ₩25,000(평가손실)

	차변	금액	대변	금액
④	(차) 현금	4,950,000	(대) FVPL금융자산	4,925,000
			FVPL금융자산처분이익	25,000

| 해설 |

FVPL금융자산처분손익 = (500권×₩9,900) - 4,925,000 = ₩25,000(이익)

11-8 FVOCI금융자산(지분상품)의 취득과 평가

	차변	금액	대변	금액
(1)	(차) FVOCI금융자산	350,000	(대) 현금	350,000
(2)	(차) FVOCI금융자산평가손실	50,000	(대) FVOCI금융자산	50,000

| 해설 |

FVOCI금융자산평가손익 = 50주×₩6,000 − 350,000 = ₩50,000(손실)

(3) 감소한다

	차변	금액	대변	금액
(4)	(차) 현금	50,000	(대) 배당금수익	50,000
(5)	(차) FVOCI금융자산	150,000	(대) FVOCI금융자산평가손실	50,000
			FVOCI금융자산평가이익	100,000

| 해설 |

FVOCI금융자산평가손익 = 50만 주×₩9,000 − 300,000 = ₩150,000(이익), 그런데 기타포괄손익누계액에 누적된 평가손실 ₩50,000이 있으므로 이를 먼저 상계한 후 나머지 ₩100,000을 FVOCI금융자산평가이익으로 인식한다.

(6) FVOCI금융자산평가이익, ₩100,000

	차변	금액	대변	금액
(7)	(차) FVOCI금융자산	10,000	(대) FVOCI금융자산평가이익	10,000
	(차) 현금	460,000	(대) FVOCI금융자산	460,000

| 해설 |

FVOCI금융자산을 처분시점의 공정가치로 평가한 후에 처분 회계처리를 수행한다. 기타포괄손익누계액에 누적된 FVOCI금융자산평가이익 ₩160,000은 이익잉여금으로 직접 대체할 수 있다.

11-9 FVOCI금융자산(지분상품)의 취득, 평가 및 처분

	차변	금액	대변	금액
(1)	(차) FVOCI금융자산	210,000	(대) 현금	210,000

| 해설 |

취득수수료를 취득원가에 포함한다.

	차변	금액	대변	금액
(2)	(차) FVOCI금융자산평가손실	20,000	(대) FVOCI금융자산	20,000

| 해설 |

FVOCI금융자산평가손익 = ₩190,000 − 210,000 = ₩20,000(손실)

	차변	금액	대변	금액
(3)	(차) FVOCI금융자산	30,000	(대) FVOCI금융자산평가손실	20,000
			FVOCI금융자산평가이익	10,000

| 해설 |

FVOCI금융자산평가손익 = ₩220,000 − 190,000 = ₩30,000(이익). 그런데 누적된 평가손실 ₩20,000이 있으므로 FVOCI금융자산평가손실을 먼저 상계한다.

	차변	금액	대변	금액
(4)	(차) FVOCI금융자산평가이익	10,000	(대) FVOCI금융자산	50,000
	FVOCI금융자산평가손실	40,000		

| 해설 |

FVOCI금융자산평가손익 = ₩170,000 − 220,000 = ₩50,000(손실). 그런데 누적된 평가이익 ₩10,000이 있으므로 FVOCI금융자산평가이익을 먼저 상계한다.

	차변	금액	대변	금액
(5)	(차) FVOCI금융자산	10,000	(대) FVOCI금융자산평가손실	10,000
	(차) 현금	180,000	(대) FVOCI금융자산	180,000

| 해설 |

FVOCI금융자산을 처분시점의 공정가치로 평가한 후에 처분 회계처리를 수행한다. 기타포괄손익누계액에 누적된 FVOCI금융자산평가손실 ₩30,000은 이익잉여금으로 직접 대체할 수 있다.

11-10 FVPL금융자산(지분상품)

	차변	금액	대변	금액
(1)	(차) FVPL금융자산	5,500	(대) 현금	5,500
(2)	(차) FVPL금융자산	60	(대) FVPL금융자산평가이익	60

(3) FVPL금융자산 = ₩5,560

FVPL금융자산평가이익 = ₩60

	차변	금액	대변	금액
(4)	(차) 현금	3,440	(대) FVPL금융자산	3,370
			FVPL금융자산처분이익	70
(5)	(차) FVPL금융자산평가손실	30	(대) FVPL금융자산	30

| 해설 |

FVPL금융자산평가손익 = ₩2,160 - 2,190 = ₩30(평가손실)

(6) FVPL금융자산 = ₩2,160
FVPL금융자산처분이익 = ₩70
FVPL금융자산평가손실 = ₩30

11-11 종합문제: 재무제표 작성

(1) ①	(차) 현금	90,000	(대) FVPL금융자산	94,000
	금융자산처분손실	4,000		
②	(차) 현금	15,000	(대) 배당금수익	10,000
			이자수익	5,000
③	(차) 현금	30,000	(대) 배당금수익	30,000
④	(차) 현금	35,000	(대) 이자수익	36,474
	AC금융자산	1,474		

| 해설 |
이자수익 = 기초 장부금액 × 유효이자율 = ₩455,920 × 8% = ₩36,474

⑤ 분개 없음.

| 해설 |
AC금융자산은 공정가치로 평가하지 않는다.

⑥	(차) FVOCI금융자산평가이익	30,100	(대) FVOCI금융자산	50,000
	FVOCI금융자산평가손실	19,900		
⑦	(차) 현금	30,000	(대) 이자수익	34,002
	FVOCI금융자산	4,002		

| 해설 |
이자수익 = 기초 장부금액×유효이자율 = ₩283,350×12% = ₩34,002

⑧	(차) FVOCI금융자산	2,648	(대) FVOCI금융자산평가손실	2,648

| 해설 |
FVOCI금융자산의 평가손익 = ₩290,000 - (283,350+4,002) = ₩2,648(평가이익). 그런데 기타포괄손익누계액에 누적된 평가손실이 ₩19,900 있으므로 ₩2,648만큼 상계한다.

⑨	(차) FVPL금융자산평가손실	1,000	(대) FVPL금융자산	1,000

| 해설 |
평가손익 = ₩45,000 - (140,000 - 94,000) = ₩1,000(평가손실)

(2) 부분 재무상태표와 부분 포괄손익계산서

재무상태표

용인상사(주) 20×1년 12월 31일 (단위: 원)

자산		…	
유동자산			
현금	220,000	자본	
FVPL금융자산	45,000	FVOCI금융자산평가손실	(17,252)
비유동자산			
AC금융자산	457,394		
FVOCI금융자산(지분상품)	250,000		
FVOCI금융자산(채무상품)	290,000		

포괄손익계산서

용인상사(주) 20×2년 1월 1일~20×2년 12월 31일 (단위: 원)

당기손익:	이자수익	75,476
	배당금수익	40,000
	FVPL금융자산평가이익	0
	금융자산처분이익	0
	…	
	이자비용	0
	FVPL금융자산평가손실	1,000
	금융자산처분손실	4,000
	…	
기타포괄손익:		
	FVOCI금융자산평가손실	47,352

제12장 현금흐름표

12-1 기본개념의 이해

(1) × (2) × (3) O (4) O (5) × (6) × (7) × (8) × (9) O (10) O
(11) × (12) O (13) O

| 해설 |

(1) 발생주의 회계에 따른 재무상태표와 포괄손익계산서는 현금흐름에 대한 정보를 얻기에 충분하지 않다.

(2) 감가상각비, 사채할인발행차금상각 등과 같이 현금의 유입과 유출이 수반되지 않는 항목이 있기 때문에 현금흐름을 계산하기 위해서는 이들 항목에 대해 조정이 필요하다.

(5) 영업활동현금흐름은 상품의 구매 및 판매와 같이 기업의 주요 수익창출활동으로부터 발생한 현금흐름이다.
(6) 영업활동현금흐름은 직접법 또는 간접법을 사용하여 표시할 수 있다.
(7) 간접법(indirect method)에 대한 설명이다.
(8) 직접법(direct method)에 대한 설명이다.
(11) 유형자산의 취득과 처분은 투자활동현금흐름으로 표시한다.

12-2 현금흐름의 유형(Ⅰ)

(1) 재무활동 (2) 재무활동 (3) 투자활동 (4) 영업활동 (5) 영업활동

12-3 현금흐름의 유형(Ⅱ)

(1) 영업활동현금흐름: ①, ③, ⑥, ⑦, ⑫, ⑯, ⑱
(2) 투자활동현금흐름: ⑤, ⑧, ⑬, ⑮, ⑰
(3) 재무활동현금흐름: ②, ④, ⑨, ⑩, ⑪, ⑭

12-4 현금흐름표 형식

고객으로부터의 현금유입 = ₩400,000 + 500,000 = ₩900,000
매입에 대한 현금유출 = ₩200,000 + 250,000 = ₩450,000
종업원에 대한 현금유출 = ₩50,000
판매비와 관리비 지급 = ₩30,000
영업활동현금흐름 = ₩900,000 − 450,000 − 50,000 − 30,000 = ₩370,000
투자활동현금흐름 = ₩200,000(토지의 처분) − 100,000(차량운반구의 취득)
+ 20,000(배당금의 수입) = ₩120,000
재무활동현금흐름 = (−)₩150,000(장기차입금의 상환) + 100,000(단기차입금의 조달)
− 10,000(이자의 지급) − 50,000(배당금 지급) = (−)₩110,000
현금의 증가 = ₩370,000 + 120,000 − 110,000 = ₩380,000
기말의 현금 = ₩50,000 + 380,000 = ₩430,000

12-5 영업활동현금흐름 (Ⅰ)

(1) 고객으로부터의 현금유입액
= ₩300,000(매출) − 20,000(매출채권의 증가) + 5,000(선수금의 증가) = ₩285,000
(2) 매입에 대한 현금유출액
= (−)₩240,000(매출원가) − 15,000(재고자산의 증가) + 20,000(선급금의 감소)
− 10,000(매입채무의 감소) = (−)₩245,000

12-6 영업활동현금흐름 (II)

1. 당기순이익		₩3,500,000
2. 현금유출이 없는 비용 등의 가산		3,300,000
감가상각비	₩1,200,000	
무형자산상각비	200,000	
유형자산처분손실	100,000	
이자비용	1,800,000	
3. 현금유입이 없는 수익 등의 차감		(1,200,000)
유형자산처분이익	800,000	
이자수익	400,000	
4. 영업활동으로 인한 자산·부채의 변동		(2,300,000)
매출채권의 증가	(1,300,000)	
선급비용의 증가	(200,000)	
재고자산의 증가	(600,000)	
매입채무의 감소	(600,000)	
선수수익의 증가	400,000	
영업활동현금흐름		₩3,300,000

12-7 영업활동현금흐름(III)

(1) 간접법에 의한 영업활동현금흐름

1. 당기순이익		₩36,000
2. 현금유출이 없는 비용 등의 가산		16,200
감가상각비	₩15,000	
유형자산처분손실	1,200	
3. 현금유입이 없는 수익 등의 차감		(1,800)
금융자산처분이익	1,800	
4. 영업활동으로 인한 자산·부채의 변동		(72,600)
매출채권의 감소	27,000	
선급비용의 감소	900	
재고자산의 증가	(13,500)	
매입채무의 감소	(84,000)	
미지급급여의 감소	(3,000)	
영업활동현금흐름		₩(22,200)

(2) 직접법에 의한 영업활동현금흐름

고객으로부터의 현금유입 = ₩300,000 + 27,000 = ₩327,000

매입에 대한 현금유출 = (-)₩159,000 - 13,500 - 84,000 = (-)₩256,500

종업원에 대한 현금유출 = (-)₩3,000

판매비와 관리비 지급 = (-)₩90,600 + 900 = (-)₩89,700

영업활동현금흐름 = ₩327,000 - 256,500 - 3,000 - 89,700 = (-)₩22,200

12-8 투자활동현금흐름

(1) 건물 매각 및 취득분개

(차) 현금	200,000,000	(대) 건물	300,000,000
감가상각누계액	140,000,000	유형자산처분이익	40,000,000
(차) 건물	400,000,000	(대) 현금	250,000,000
		미지급금	150,000,000

(2) 투자활동현금흐름 = ₩200,000,000 - 250,000,000 = (-)₩50,000,000(유출)

12-9 재무활동현금흐름

(1) 거래의 분개

(차) 현금	8,000,000	(대) 자본금	5,000,000
		주식발행초과금	3,000,000
(차) 사채	2,500,000	(대) 현금	2,000,000
		사채상환이익	500,000
(차) 자기주식	1,000,000	(대) 현금	1,000,000

(2) 재무활동현금흐름 = ₩8,000,000 - 2,000,000 - 1,000,000 = ₩5,000,000(유입)

12-10 현금흐름표 작성 (I)

(1) 직접법에 따른 영업활동현금흐름

고객으로부터의 현금유입 = ₩1,014,000 + 20,000 = ₩1,034,000

종업원에 대한 현금유출 = (-)₩440,000 + 18,000 = (-)₩422,000

판매비와 관리비 지급 = (-)₩170,000 + 30,000 - 12,000 + 50,000 = (-)₩102,000

영업활동현금흐름 = ₩1,034,000 - 422,000 - 102,000 = ₩510,000

(2) 현금흐름표

현금흐름표		
진도상사(주) 20×2년 1월 1일부터 20×2년 12월 31일까지		(단위: 원)
Ⅰ. 영업활동현금흐름		₩510,000
1. 당기순이익		322,000
2. 현금유출이 없는 비용 등의 가산		82,000
감가상각비	₩42,000	
이자비용	40,000	
3. 영업활동으로 인한 자산·부채의 변동		106,000
미수용역수익의 감소	20,000	
선급보험료의 증가	(12,000)	
선급임차료 감소	30,000	
미지급급여의 증가	18,000	
미지급광고비의 증가	50,000	
Ⅱ. 투자활동현금흐름		(558,000)
1. 토지의 취득	(260,000)	
2. 토지의 처분	72,000	
3. 건물의 취득	(320,000)	
4. 비품의 취득	(50,000)	
Ⅲ. 재무활동현금흐름		137,000
1. 이자의 지급	(10,000)	
2. 배당의 지급	(113,000)	
3. 사채의 조달	260,000	
Ⅳ. 현금의 증가(감소)(Ⅰ+Ⅱ+Ⅲ)		89,000
Ⅴ. 기초의 현금		168,000
Ⅵ. 기말의 현금(Ⅳ+Ⅴ)		₩257,000

12-11 현금흐름표 작성 (II)

1) 현금흐름의 계산

(1) 영업활동현금흐름

구분	계정과목	발생기준	가감조정		현금기준
고객으로부터의 현금유입액	매출액	1,206,000	매출채권의 증가(-)	40,000	1,152,040
			대손확정액(-)*	11,960	
			선수금의 감소(-)	2,000	
매입에 대한 현금유출액	매출원가	(785,000)	재고자산의 감소(+)	20,000	(750,000)
			매입채무의 증가(+)	15,000	
판매비와 관리비 현금지급액	판매비와 관리비	(458,000)	대손상각비(+)	19,960	(425,040)
			감가상각비(+)	7,000	
			선급보험료의 감소(+)	1,000	
			미지급비용의 증가(+)	5,000	
기타수익 현금유입액	임대료	30,000	선수임대료의 감소(-)	3,000	27,000
계		(7,000)			4,000

* 대손확정액의 계산은 다음과 같다.

대손충당금

대손확정액	**11,960**	기초잔액	10,000
기말잔액	18,000	대손상각비	19,960

(2) 투자 및 재무활동 현금흐름

기초 감가상각누계액은 ₩80,000이며 기중 인식한 감가상각비는 ₩7,000이다. 기말 감가상각누계액이 ₩85,000이므로, 감가상각누계액의 ₩2,000 감소분은 기계장치의 처분으로 인한 것이다.

감가상각누계액

기계장치	**2,000**	기초	80,000
기말	85,000	감가상각비	7,000

한편, 기계장치와 관련된 금액의 증감을 계산하면 다음과 같다. 기초 기계장치 장부금액은 ₩200,000이며, 당기 중 ₩80,000의 기계장치를 현금으로 취득하였다. 유형자산처분손실은 ₩10,000이며, 기말 기계장치 장부금액은 ₩250,000이다.

기계장치

기초	200,000	**처분**	**18,000**
취득	80,000	**감가상각누계액**	**2,000**
		처분손실	10,000
		기말	250,000

참고로, 기계장치의 처분 관련 분개는 다음과 같을 것이다.

(차) 현금	18,000	(대) 기계장치	30,000
감가상각누계액	2,000		
유형자산처분손실	10,000		

이상의 기계장치 관련 거래에서 발생한 현금흐름을 계산하면 다음과 같다.

투자활동현금흐름	
투자활동 현금유입액	
기계장치의 처분	₩18,000
투자활동 현금유출액	
기계장치의 취득	(80,000)
	₩(62,000)

한편, 재무활동으로 인한 현금흐름은 ₩0이다.

재무활동현금흐름	₩0

2) 간접법 현금흐름표의 작성

현금흐름표

목포상사(주) 20×1년 1월 1일부터 20×1년 12월 31일까지 (단위: 원)

Ⅰ. 영업활동현금흐름			4,000
1. 법인세비용차감전순이익		(17,000)	
2. 조정항목			
감가상각비	7,000		
유형자산처분손실	10,000		
매출채권의 증가	(32,000)		
재고자산 감소	20,000		
선급보험료 감소	1,000		
선수금 감소	(2,000)		
매입채무 증가	15,000		
미지급비용 증가	5,000		
선수임대료 감소	(3,000)	21,000	
Ⅱ. 투자활동현금흐름			(62,000)
1. 투자활동 현금유입액		18,000	
기계장치의 처분	18,000		
2. 투자활동 현금유출액		(80,000)	
기계장치의 취득	80,000		
Ⅲ. 재무활동현금흐름			0
Ⅳ. 현금의 증가			(58,000)
Ⅴ. 기초의 현금			400,000
Ⅵ. 기말의 현금			342,000

제13장 재무제표분석

13-1 기본개념의 이해

(1) × (2) × (3) O (4) O (5) O (6) × (7) O (8) × (9) × (10) O
(11) × (12) O (13) × (14) O

| 해설 |

(1) 재무제표 자료는 정보이용자들이 기업의 재무상태와 경영성과를 파악하고 이를 바탕으로 미래를 예측할 수 있는 정보를 제공한다.

(2) 경영자들은 향후 자사의 경영계획 수립 및 경영의사결정을 위하여 분석을 수행한다. 경영자들은 재무제표뿐만 아니라 외부에 공시되지 않는 기업 내의 여러 자료를 확보할 수 있기 때문에 좀 더 심도 있는 분석이 가능하다.

(6) 재무제표분석을 통해 수익성만을 평가하는 것이 아니라 재무위험, 활동성, 성장성 등도 평가한다.

(8) 재무위험 분석에는 부채비율뿐만 아닌 단기적 현금지급능력을 의미하는 유동성비율, 기업의 실제 이자지급능력 등을 평가하는 이자보상비율 등도 널리 활용된다.

(9) 이자보상비율은 '(당기순이익+법인세비용+이자비용)/이자비용'으로 구할 수 있다.

(11) 매출채권회전율이 높을수록 매출채권회수기간은 짧아진다.

(13) 재무제표분석은 계량화가 곤란한 사항, 즉 정성적인 정보를 고려하지 못하는 한계점을 갖는다.

13-2 비교 표시 재무상태표: 증감액 및 증감률 분석

(1) 매출채권: 증감액 = 1,497 − 1,332 = 165(억원)
증감률 = (165/1,332)×100 = 12.4%

재고자산: 증감액 = 2,909 − 3,154 = (−)245(억원)
증감률 = (−245/3,154)×100 = (−)7.8%

유형자산: 증감액 = 24,919 − 20,040 = 4,879(억원)
증감률 = (4,879/20,040)×100 = 24.3%

매입채무: 증감액 = 1,867 − 1,823 = 44(억원)
증감률 = (44/1,823)×100 = 2.4%

단기차입금: 증감액 = 2,918 − 2,596 = 322(억원)
증감률 = (322/2,596)×100 = 12.4%

납입자본: 증감액 = 3,865 − 2,297 = 1,568(억원)
증감률 = (1,568/2,297)×100 = 68.3%

이익잉여금: 증감액 = 37,366 − 30,575 = 6,791(억원)
증감률 = (6,791/30,575)×100 = 22.2%

(2) 유형자산 4,879억원 증가, 금융자산 1,511억원 증가

(3) 이익잉여금 6,791억원 증가, 납입자본 1,568억원 증가

13-3 공통형 비교재무상태표

(1) 백분율 계산

	20×1년	20×2년
매출채권:	(1,332/43,817)×100 = 3.0%,	(1,497/50,539)×100 = 3.0%
재고자산:	(3,154/43,817)×100 = 7.2%,	(2,909/50,539)×100 = 5.8%
유형자산:	(20,040/43,817)×100 = 45.7%,	(24,919/50,539)×100 = 49.3%
매입채무:	(1,823/43,817)×100 = 4.2%,	(1,867/50,539)×100 = 3.7%
단기차입금:	(2,596/43,817)×100 = 5.9%,	(2,918/50,539)×100 = 5.8%
부채 합계:	(10,945/43,817)×100 = 25.0%,	(9,308/50,539)×100 = 18.4%
납입자본:	(2,297/43,817)×100 = 5.2%,	(3,865/50,539)×100 = 7.6%
이익잉여금:	(30,575/43,817)×100 = 69.8%,	(37,366/50,539)×100 = 73.9%
자본 합계:	(32,872/43,817)×100 = 75.0%,	(41,231/50,539)×100 = 81.6%

(2) 백분율 증가가 가장 큰 항목: 유형자산
백분율 감소가 가장 큰 항목: 기타유동자산

(3) 백분율 증가가 가장 큰 항목: 이익잉여금
백분율 감소가 가장 큰 항목: 기타비유동부채

13-4 공통형 비교포괄손익계산서

(1) 백분율 계산

	20×1년	20×2년
매출원가:	(37,280/57,633)×100 = 64.7%,	(40,158/57,458)×100 = 69.9%
일반관리비:	(8,336/57,633)×100 = 14.5%,	(9,240/57,458)×100 = 16.1%
기타수익:	(2,137/57,633)×100 = 3.7%,	(2,671/57,458)×100 = 4.6%
이자비용:	(166/57,633)×100 = 0.3%,	(142/57,458)×100 = 0.2%
기타비용:	(863/57,633)×100 = 1.5%,	(1,719/57,458)×100 = 3.0%
법인세비용:	(2,338/57,633)×100 = 4.1%,	(1,230/57,458)×100 = 2.1%

(2) 백분율 증가가 가장 큰 두 가지 항목: 매출원가 그리고 일반관리비
백분율 감소가 가장 큰 항목: 법인세비용

(3) ① 매출액 증가의 저조
② 매출액 대비 매출원가, 그리고 일반관리비의 비중 증가(원가율의 감소)

13-5 듀퐁의 분해공식(Du Pont Formula)

듀퐁의 분해공식에서 매출액(순)이익률을 x로 놓으면,
서울중공업(주)의 자기자본이익률 = $x \times (800/1{,}200) \times (1{,}200/360) = 0.2$
따라서, $x = 0.2 \times (360/800) = 0.09$ (또는 9%)
부산경공업(주)의 자기자본이익률 = $x \times (800/600) \times (600/180) = 0.2$

따라서, x = 0.2 × (180/800) = 0.045 (또는 4.5%)

즉, 서울중공업(주)은 매출액이익률 목표를 9%로 설정하고, 부산경공업(주)은 4.5%로 설정하면 된다. 이 같은 차이는 기업특성(예: 자기자본비율의 차이) 및 산업특성(예: 총자산회전율의 차이)에 기인된다. 예를 들어, 대규모 설비투자가 필요한 중화학 공업은 경공업에 비하여 산업특성상 자산투자가 많이 필요하기 때문에, 총자산회전율(=매출액/총자산)이 상대적으로 낮으며, 따라서 동일 수준의 자기자본이익률을 실현하려면 매출액이익률을 높여야 한다. 이와 같이, 경영자는 산업 특성을 감안하여 이익극대화 전략을 채택해야 한다.

13-6 수익성분석

(1) 매출익순이익률 = 순이익/매출 = ₩2,000,000/5,000,000 = 0.4(40%)
(2) 자기자본이익률 = 순이익/평균자기자본총액 = ₩2,000,000/8,000,000 = 0.25(25%)
(3) 총자산이익률 = 순이익/평균총자산총액 = ₩2,000,000/12,500,000 = 0.16(16%)

13-7 재무위험 분석

(1) 20×1년의 부채비율 = ₩8,500,000/11,500,000 = 0.74(74%)
20×1년의 유동비율 = ₩8,500,000/8,500,000 = 1.00
20×2년의 부채비율 = ₩10,000,000/15,000,000 = 0.67(67%)
20×2년의 유동비율 = ₩12,500,000/10,000,000 = 1.25
(2) 20×1년의 이자보상비율 = (₩1,200,000+200,000+1,000,000)/1,000,000 = 2.4(배)
20×2년의 이자보상비율 = (₩3,000,000+500,000+1,000,000)/1,00,000 = 4.5(배)
20×2년의 이자보상비율이 더 높으므로 20×2년의 실제 이자지급능력이 더 높아졌다고 판단할 수 있다.

13-8 활동성 비율

(1) 총자산회전율 = ₩5,000,000/20,000,000 = 0.25회
매출채권회전율 = ₩5,000,000/2,500,000 = 2회
(2) 총자산이익률 (10%) = 매출액순이익률(40%) × 총자산회전율(0.25회)
₩2,000,000/20,000,000 = ₩2,000,000/5,000,000 × ₩5,000,000/20,000,000
(3) 매출채권평균회수기간 = 365/2 = 182.5일

13-9 재무비율 간의 관계

유동자산(20×1년) = 유동부채 × 유동비율 = 100억원 × 230% = 230억원
당좌자산(20×1년) = 유동부채 × 당좌비율 = 100억원 × 80% = 80억원
재고자산(20×1년) = 유동자산 − 당좌자산 = 230억원 − 80억원 = 150억원
매출액 = 연평균 재고자산 × 재고자산회전율
= [(150억원 + 170억원)/2] × 6회 = 960억원

부록 Ⅱ. 현가계산표

〈부표 1〉 단일금액 1원의 미래가치 $FV(n,\ r) = (1+r)^n$ 이자율(r)

기간(n)	1%	2%	3%	4%	5%	6%	7%	8%	9%	10%
1	1.0100	1.0200	1.0300	1.0400	1.0500	1.0600	1.0700	1.0800	1.0900	1.1000
2	1.0201	1.0404	1.0609	1.0816	1.1025	1.1236	1.1449	1.1664	1.1881	1.2100
3	1.0303	1.0612	1.0927	1.1249	1.1576	1.1910	1.2250	1.2597	1.2950	1.3310
4	1.0406	1.0824	1.1255	1.1699	1.2155	1.2625	1.3108	1.3605	1.4116	1.4641
5	1.0510	1.1041	1.1593	1.2167	1.2763	1.3382	1.4026	1.4693	1.5386	1.6105
6	1.0615	1.1262	1.1941	1.2653	1.3401	1.4185	1.5007	1.5869	1.6771	1.7716
7	1.0721	1.1487	1.2299	1.3159	1.4071	1.5036	1.6058	1.7138	1.8280	1.9487
8	1.0829	1.1717	1.2668	1.3686	1.4775	1.5938	1.7182	1.8509	1.9926	2.1436
9	1.0937	1.1951	1.3048	1.4233	1.5513	1.6895	1.8385	1.9990	2.1719	2.3579
10	1.1046	1.2190	1.3439	4.4802	1.6289	1.7908	1.9672	2.1589	2.3674	2.5937
11	1.1157	1.2434	1.3842	1.5395	1.7103	1.8983	2.1049	2.3316	2.5804	2.8531
12	1.1268	1.2682	1.4258	1.6010	1.7959	2.0122	2.2522	2.5182	2.8127	3.1384
13	1.1381	1.2936	1.4685	1.6651	1.8856	2.1329	2.4098	2.7196	3.0658	3.4523
14	1.1495	1.3195	1.5126	1.7317	1.9799	2.2609	2.5785	2.9372	3.3417	3.7975
15	1.1610	1.3459	1.5580	1.8009	2.0789	2.3966	2.7590	3.1722	3.6425	4.1772
16	1.1726	1.3728	1.6047	1.8730	2.1829	2.5404	2.9522	3.4259	3.9703	4.5950
17	1.1843	1.4002	1.6528	1.9479	2.2920	2.6928	3.1588	3.7000	4.3276	5.0545
18	1.1961	1.4282	1.7024	2.0258	2.4066	2.8543	3.3799	3.9960	4.7171	5.5599
19	1.2081	1.4568	1.7535	2.1068	2.5270	3.0256	3.6165	4.3157	5.1417	6.1159
20	1.2202	1.4859	1.8061	2.1911	2.6533	3.2071	3.8697	4.6610	5.6044	6.7275
21	1.2324	1.5157	1.8603	2.2788	2.7860	3.3996	4.1406	5.0338	6.1088	7.4002
22	1.2447	1.5460	1.9161	2.3699	2.9253	3.6035	4.4304	5.4365	6.6586	8.1403
23	1.2572	1.5769	1.9736	2.4647	3.0715	3.8197	4.7405	5.8715	7.2579	8.9543
24	1.2697	1.6084	2.0328	2.5633	3.2251	4.0489	5.0724	6.3412	7.9111	9.8497
25	1.2824	1.6406	2.0938	2.6658	3.3864	4.2919	5.4274	6.8485	8.6231	10.835
26	1.2953	1.6734	2.1566	2.7725	3.5557	4.5494	5.8074	7.3964	9.3992	11.918
27	1.3082	1.7069	2.2213	2.8834	3.7335	4.8223	6.2139	7.9881	10.245	13.110
28	1.3213	1.7410	2.2879	2.9987	3.9201	5.1117	6.6488	8.6271	11.167	14.421
29	1.3345	1.7758	2.3566	3.1187	4.1161	5.4184	7.1143	9.3173	12.172	15.863
30	1.3478	1.8114	2.4273	3.2434	4.3219	5.7435	7.6123	10.063	13.268	17.449
35	1.4166	1.9999	2.8139	3.9461	5.5160	7.6861	10.676	14.785	20.414	28.102
40	1.4889	2.2080	3.2620	4.8010	7.0400	10.286	14.974	21.725	31.409	45.259
45	1.5648	2.4379	3.7816	5.8412	8.9850	13.765	21.002	31.920	48.327	72.891
50	1.6446	2.6916	4.3839	7.1067	11.467	18.420	29.457	46.902	74.358	117.39
60	1.8167	3.2810	5.8916	10.520	18.679	32.988	57.946	101.26	176.03	304.48

이자율(r)

기간(n)	11%	12%	13%	14%	15%	16%	17%	18%	19%	20%
1	1.1100	1.1200	1.1300	1.1400	1.1500	1.1600	1.1700	1.1800	1.1900	1.2000
2	1.2321	1.2544	1.2769	1.2996	1.3225	1.3456	1.3689	1.3924	1.4161	1.4400
3	1.3676	1.4094	1.4429	1.4815	1.5209	1.5609	1.6016	1.6430	1.6852	1.7280
4	1.5180	1.5735	1.6305	1.6890	1.7490	1.8106	1.8739	1.9388	2.0053	2.0736
5	1.6851	1.7623	1.8424	1.9254	2.0114	2.1003	2.1924	2.2878	2.3864	2.4883
6	1.8704	1.9738	2.0820	2.1950	2.3131	2.4364	2.5652	2.6996	2.8398	2.9860
7	2.0762	2.2107	2.3526	2.5023	2.6600	2.8262	3.0012	3.1855	3.3793	3.5832
8	2.3045	2.4760	2.6584	2.8526	3.0590	3.2784	3.5115	3.7589	4.0214	4.2998
9	2.5580	2.7731	3.0040	3.2519	3.5179	3.8030	4.1084	4.4355	4.7854	5.1598
10	2.8394	3.1058	3.3946	3.7072	4.0456	4.4114	4.8068	5.2338	5.6947	6.1917
11	3.1518	3.4785	3.8359	4.2262	4.6524	5.1173	5.6240	6.1759	6.7767	7.4301
12	3.4985	3.8960	4.3345	4.8179	5.3503	5.9360	6.5801	7.2876	8.0642	8.9161
13	3.8833	4.3635	4.8980	5.4924	6.1528	6.8858	7.6987	8.5994	9.5964	10.699
14	4.3104	4.8871	5.5348	6.2613	7.0757	7.9875	9.0075	10.147	11.420	12.839
15	4.7846	5.4736	6.2543	7.1379	8.1371	9.2655	10.539	11.974	13.589	15.407
16	5.3109	6.1304	7.0673	8.1372	9.3576	10.748	12.330	14.129	16.172	18.488
17	5.8951	6.8660	7.9861	9.2765	10.761	12.468	14.427	16.672	19.244	22.186
18	6.5436	7.6900	9.0243	10.575	12.375	14.463	16.879	19.673	22.901	22.623
19	7.2633	8.6128	10.197	12.056	14.232	16.777	19.748	23.214	27.252	31.948
20	8.0623	9.6463	11.523	13.743	16.367	19.461	23.106	27.393	32.429	38.338
21	8.9492	10.804	13.021	15.668	18.822	22.574	27.034	32.324	38.591	46.005
22	9.9336	12.100	14.714	17.861	21.645	26.186	31.629	38.142	45.923	55.206
23	11.026	13.552	16.626	20.362	24.891	30.376	37.006	45.008	54.648	66.247
24	12.239	15.179	18.788	23.212	28.625	35.236	43.297	53.109	65.032	79.497
25	13.586	17.000	21.231	26.462	32.919	40.874	50.658	62.669	77.388	95.396
26	15.080	19.040	23.991	30.167	37.857	47.414	59.270	73.949	92.092	114.48
27	16.738	21.325	27.109	34.390	34.535	55.000	69.345	87.260	109.56	137.37
28	18.580	23.884	30.634	39.204	50.066	63.800	81.134	102.97	130.41	164.84
29	20.624	26.750	34.617	44.693	57.575	74.009	94.927	121.50	155.19	197.81
30	22.892	29.960	39.116	50.950	66.212	85.850	111.06	143.37	184.67	237.38
35	38.575	52.800	72.068	98.100	133.18	180.31	243.56	327.99	440.70	590.67
40	65.001	93.051	132.78	188.88	267.86	378.72	533.86	750.38	1051.6	1469.8
45	109.53	163.99	244.64	363.68	538.77	795.44	1170.5	1716.7	2509.6	3657.3
50	184.56	289.00	450.74	700.23	1083.7	1670.7	2566.2	3927.4	5988.9	9100.4
60	524.06	897.60	1530.1	2595.9	4384.0	7370.2	12335.	20555.	34105.	56347.

〈부표 2〉 단일금액 1원의 현재가치 $PV(n, r) = \frac{1}{(1+r)^n}$

이자율(r)

기간(n)	1%	2%	3%	4%	5%	6%	7%	8%	9%	10%
1	.9901	.9704	.9709	.9615	.9524	.9434	.9346	.9259	.9174	.9091
2	.9803	.9612	.9426	.9246	.9070	.8900	.8734	.8573	.8417	.8264
3	.9706	.9423	.9151	.8890	.8638	.8396	.8163	.7938	.7722	.7513
4	.9610	.9238	.8885	.8548	.8227	.7921	.7629	.7350	.7084	.6830
5	.9515	.9057	.8626	.8219	.7835	.7473	.7130	.6806	.6499	.6209
6	.9420	.8880	.8375	.7903	.7462	.7050	.6663	.6302	.5963	.5645
7	.9327	.8706	.8131	.7599	.7107	.6651	.6227	.5835	.5470	.5132
8	.9235	.8535	.7894	.7307	.6768	.6274	.5820	.5403	.5019	.4665
9	.9143	.8368	.7664	.7026	.6446	.5919	.5439	.5002	.4604	.4241
10	.9053	.8203	.7441	.6756	.6139	.5584	.5083	.4632	.4224	.3855
11	.8963	.8043	.7224	.6496	.5847	.5268	.4751	.4289	.3875	.3505
12	.8874	.7885	.7014	.6246	.5568	.4970	.4440	.3971	.3555	.3186
13	.8787	.7730	.6810	.6006	.5303	.4688	.4150	.3677	.3262	.2897
14	.8700	.7579	.6611	.5775	.5051	.4423	.3878	.3405	.2992	.2633
15	.8613	.7430	.6419	.5553	.4810	.4173	.3624	.3152	.2745	.2394
16	.8528	.7284	.6232	.5339	.4581	.3936	.3387	.2919	.2519	.2176
17	.8444	.7142	.6052	.5134	.4363	.3714	.3166	.2703	.2311	.1978
18	.8360	.7002	.5874	.4936	.4155	.3503	.2959	.2502	.2120	.1799
19	.8277	.6864	.5703	.4746	.3957	.3305	.2765	.2317	.1945	.1635
20	.8195	.6730	.5537	.4564	.3769	.3118	.2584	.2145	.1784	.1486
21	.8114	.6598	.5375	.4388	.3589	.2942	.2415	.1987	.1637	.1351
22	.8034	.6468	.5219	.4220	.3418	.2775	.2257	.1839	.1502	.1228
23	.7954	.6324	.5067	.4057	.3256	.2618	.2109	.1703	.1378	.1117
24	.7876	.6217	.4919	.3901	.3101	.2470	.1971	.1577	.1264	.1015
25	.7798	.6095	.4776	.3751	.2953	.2330	.1842	.1460	.1160	.0923
26	.7720	.5976	.4637	.3604	.2812	.2198	.1722	.1352	.1064	.0839
27	.7644	.5859	.4502	.3468	.2678	.2074	.1609	.1252	.0976	.0763
28	.7568	.5744	.4371	.3335	.2551	.1956	.1504	.1159	.0895	.0693
29	.7493	.5631	.4243	.3207	.2429	.1846	.1406	.1073	.0822	.0630
30	.7419	.5521	.4120	.3083	.2314	.1741	.1314	.0994	.0754	.0573
35	.7059	.5000	.3554	.2534	.1813	.1301	.0937	.0676	.0490	.0356
40	.6717	.4529	.3066	.2083	.1420	.0972	.0668	.0460	.0318	.0221
45	.6391	.4102	.2644	.1712	.1113	.0727	.0476	.0313	.0207	.0137
50	.6080	.3715	.2281	.1407	.0872	.0543	.0339	.0213	.0134	.0085
60	.5504	.3048	.1697	.0951	.0535	.0303	.0173	.0099	.0057	.0033

이자율(*r*)

기간(*n*)	11%	12%	13%	14%	15%	16%	17%	18%	19%	20%
1	.9009	.8929	.8850	.8772	.8696	.8621	.8547	.8475	.8403	.8333
2	.8116	.7972	.7831	.7695	.7561	.7432	.7305	.7182	.7062	.6944
3	.7312	.7118	.6931	.6750	.6575	.6407	.6244	.6086	.5934	.5787
4	.6587	.6355	.6133	.5921	.5718	.5523	.5337	.5158	.4987	.4323
5	.5935	.5674	.5428	.5194	.4972	.4761	.4561	.4371	.4190	.4019
6	.5346	.5066	.4803	.4556	.4323	.4104	.3898	.3704	.3521	.3349
7	.4817	.4523	.4251	.3996	.3759	.3538	.3332	.3139	.2959	.2791
8	.4339	.4039	.3762	.3506	.3269	.3050	.2848	.2660	.2487	.2326
9	.3909	.3606	.3329	.3075	.2843	.2630	.2434	.2255	.2090	.1938
10	.3522	.3220	.2946	.2697	.2472	.2267	.2080	.1911	.1756	.1615
11	.3173	.2875	.2607	.2366	.2149	.1954	.1773	.1619	.1476	.1346
12	.2858	.2567	.2307	.2076	.1869	.1685	.1520	.1372	.1240	.1122
13	.2575	.2292	.2042	.1821	.1625	.1452	.1299	.1163	.1042	.0935
14	.2320	.2046	.1807	.1597	.1413	.1252	.1110	.0985	.0876	.0779
15	.2090	.1827	.1599	.1401	.1229	.1079	.0949	.0835	.0736	.0649
16	.1883	.1631	.1415	.1229	.1069	.0930	.0811	.0708	.0618	.0541
17	.1696	.1456	.1252	.1073	.0929	.0802	.0693	.0600	.0520	.0451
18	.1523	.1300	.1103	.0946	.0803	.0691	.0592	.0508	.0437	.0376
19	.1377	.1161	.0981	.0829	.0703	.0596	.0506	.0431	.0367	.0313
20	.1240	.1037	.0863	.0723	.0611	.0514	.0433	.0365	.0303	.0261
21	.1117	.0926	.0768	.0633	.0531	.0443	.0370	.0309	.0259	.0217
22	.1007	.0326	.0680	.0560	.0462	.0382	.0316	.0262	.0218	.0181
23	.0907	.0738	.0601	.0491	.0402	.0329	.0270	.0222	.0183	.0151
24	.0817	.0659	.0532	.0431	.0349	.0284	.0231	.0188	.0154	.0126
25	.0736	.0588	.0471	.0378	.0304	.0245	.0197	.0160	.0129	.0105
26	.0663	.0525	.0417	.0331	.0264	.0211	.0169	.0135	.0109	.0087
27	.0597	.0469	.0369	.0291	.0230	.0182	.0144	.0115	.0091	.0073
28	.0538	.0419	.0325	.0255	.0200	.0157	.0123	.0097	.0077	.0061
29	.0485	.0374	.0289	.0224	.0174	.0135	.0105	.0082	.0064	.0051
30	.0437	.0334	.0256	.0196	.0151	.0116	.0090	.0070	.0054	.0042
35	.0259	.0189	.0139	.0102	.0075	.0055	.0041	.0030	.0023	.0017
40	.0154	.0107	.0075	.0053	.0037	.0026	.0019	.0013	.0010	.0007
45	.0091	.0061	.0041	.0027	.0019	.0013	.0009	.0006	.0004	.0003
50	.0054	.0035	.0022	.0014	.0009	.0006	.0004	.0003	.0002	.0001
60	.0019	.0011	.0007	.0004	.0002	.0001	.00008	.00005	.00003	.00002

〈부표 3〉 정상연금 1원의 미래가치 $FVA(n,\ r) = \dfrac{(1+r)^n - 1}{r}$

이자율(r)

기간(n)	1%	2%	3%	4%	5%	6%	7%	8%	9%	10%
1	1.0000	1.0000	1.0000	1.0000	1.0000	1.0000	1.0000	1.0000	1.0000	1.0000
2	2.0100	2.0200	2.0300	2.0400	2.0500	2.0600	2.0700	2.0800	2.0900	2.1000
3	3.0301	3.0604	3.0909	3.1216	3.1525	3.1836	3.2149	3.2464	3.2781	3.3100
4	4.0604	4.1216	4.1836	4.2465	4.3101	4.3746	4.4399	4.5061	4.5731	4.6410
5	5.1010	5.2040	5.3091	5.4163	5.5256	5.6371	5.7507	5.8666	5.9847	6.1051
6	6.1520	6.3081	6.4684	6.6330	6.8019	6.9753	7.1533	7.3359	7.5233	7.7156
7	7.2135	7.4343	7.6625	7.8983	8.1420	8.3938	8.6540	8.9228	9.2004	9.4872
8	8.2857	8.5830	8.8923	9.2142	9.5491	9.8975	10.260	10.637	11.028	11.436
9	9.3685	9.7546	10.159	10.583	11.027	11.491	11.978	12.488	13.021	13.579
10	10.462	10.950	11.464	12.006	12.578	13.181	13.816	14.487	15.193	15.937
11	11.567	12.169	12.808	13.486	14.207	14.972	15.784	16.645	17.560	18.531
12	12.683	13.412	14.192	15.026	15.917	16.870	17.888	18.977	20.141	21.384
13	13.809	14.680	15.618	16.627	17.713	18.882	20.141	21.495	22.953	24.523
14	14.947	15.974	17.086	18.292	19.599	21.015	22.550	24.215	26.019	27.975
15	16.097	17.293	18.599	20.024	21.579	23.276	25.129	27.152	29.361	31.772
16	17.258	18.639	20.157	21.825	25.657	25.673	27.888	30.324	33.003	35.950
17	18.430	20.012	21.762	23.698	25.840	28.213	30.840	33.750	36.974	40.545
18	19.615	21.412	23.414	25.645	28.132	30.906	33.999	37.450	41.301	45.599
19	20.811	22.841	25.117	27.671	30.539	33.760	37.379	41.446	46.018	51.159
20	22.019	24.297	26.870	29.778	33.066	36.786	40.995	45.762	51.160	57.275
21	23.239	25.783	28.676	31.969	35.719	39.993	44.865	50.423	56.765	64.002
22	24.472	27.299	30.537	34.248	38.505	43.392	49.006	55.457	62.873	71.403
23	25.716	28.845	32.453	36.618	41.430	46.996	53.436	60.893	69.532	79.543
24	26.973	30.422	34.426	39.083	44.502	50.816	58.177	66.765	76.790	88.497
25	28.243	32.030	36.459	41.646	47.727	54.865	63.249	73.106	84.701	98.347
26	29.526	33.671	38.553	44.312	51.113	59.156	68.676	79.954	93.324	109.18
27	30.821	35.344	40.710	47.084	54.669	63.706	74.484	87.351	102.72	121.10
28	32.129	37.051	42.931	49.968	58.403	68.528	80.698	95.339	112.97	134.21
29	33.450	38.792	45.219	52.966	62.323	73.640	87.347	103.97	124.14	148.63
30	34.785	40.568	47.575	56.085	66.439	79.058	94.461	113.28	136.31	164.49
35	41.660	49.994	60.462	73.652	90.320	111.43	138.24	172.32	215.71	271.02
40	48.886	60.402	75.401	95.026	120.80	154.76	199.64	269.06	337.88	442.59
45	56.481	71.893	92.720	121.03	159.70	212.74	285.75	386.51	525.86	718.90
50	64.463	84.579	112.80	152.67	209.35	290.34	406.53	573.77	815.08	1163.9
60	81.671	114.05	163.05	237.99	353.58	533.13	813.52	1253.2	1944.8	3034.8

이자율(r)

기간(n)	11%	12%	13%	14%	15%	16%	17%	18%	19%	20%
1	1.0000	1.0000	1.0000	1.0000	1.0000	1.0000	1.0000	1.0000	1.0000	1.0000
2	2.1100	2.1200	2.1300	2.1400	2.1500	2.1600	2.1700	2.1800	2.1900	2.2000
3	3.3421	3.3744	3.4069	3.4396	3.4725	3.5056	3.5389	3.5724	3.6061	3.6400
4	4.7097	4.7793	4.8498	4.9211	4.9934	5.0665	5.1405	5.2154	5.2913	5.3680
5	6.2278	6.3528	6.4803	6.6101	6.7424	6.8771	7.0144	7.1542	7.2966	7.4416
6	7.9130	8.1152	8.3230	8.5355	8.7537	8.9775	9.2068	9.4420	9.6830	9.9299
7	9.7830	10.089	10.405	10.730	11.067	11.414	11.772	12.142	12.523	12.916
8	11.859	12.300	12.757	13.233	13.727	14.240	14.773	15.327	15.902	16.499
9	14.163	14.776	15.416	16.085	16.786	17.519	18.285	19.086	19.923	20.799
10	16.722	17.549	18.419	19.337	20.304	21.321	22.393	23.521	24.709	25.959
11	19.561	20.655	21.814	23.045	24.349	25.733	27.199	28.755	30.404	32.150
12	22.713	24.133	25.650	27.271	29.002	30.850	32.823	34.931	37.180	39.581
13	26.211	28.029	29.984	32.089	34.352	36.786	39.404	42.219	45.244	48.497
14	30.095	32.393	34.883	37.581	40.505	43.672	47.103	50.818	54.841	59.196
15	34.405	37.280	40.418	43.842	47.580	51.660	56.110	60.965	66.261	72.035
16	39.199	42.753	46.672	50.980	55.717	60.925	66.649	72.939	79.850	87.442
17	44.501	48.884	53.739	59.118	65.075	71.673	78.979	87.068	96.022	105.93
18	50.396	55.750	61.725	68.394	75.836	84.141	93.406	103.74	115.26	128.12
19	56.939	63.440	70.749	78.969	88.212	98.603	110.29	123.41	138.16	154.74
20	64.203	70.052	80.947	91.025	102.44	115.38	130.03	146.63	165.42	186.69
21	72.265	81.699	92.469	104.77	118.81	134.84	153.14	174.02	197.85	225.03
22	81.214	92.503	105.49	120.44	137.63	157.41	180.17	206.34	236.44	271.03
23	91.148	104.60	120.20	138.30	159.28	183.60	211.80	244.49	282.36	326.24
24	102.17	118.16	136.83	158.66	184.17	213.98	248.81	289.49	337.01	392.48
25	114.41	133.33	155.62	181.87	212.79	249.21	292.10	342.60	402.04	471.98
26	127.99	150.33	176.85	208.33	245.71	290.09	342.76	405.27	497.43	567.38
27	143.08	169.37	200.84	238.50	283.57	337.50	402.03	479.22	571.52	681.85
28	159.82	190.70	227.95	272.89	327.10	392.50	471.38	566.48	681.11	819.22
29	178.39	214.58	258.58	312.09	377.17	456.30	552.51	669.45	811.52	984.07
30	199.02	241.33	293.19	356.79	434.75	530.31	647.44	790.95	966.71	1181.9
35	341.59	431.66	546.68	693.57	881.17	1120.7	1426.4	1816.7	2314.2	2948.3
40	581.83	767.09	1013.7	1342.0	1779.1	2360.8	3134.5	4163.2	5529.8	7343.9
45	986.64	1358.3	1874.2	2590.6	3585.1	4965.3	6879.2	9531.6	13203.	18281.
50	1668.7	2400.0	3459.5	4994.5	7217.7	10436.	15089.	21813.	31515.	45497.
60	4755.1	7471.6	11762.	18535.	29220.	46057.	72555.	114189.	179494.	281737.

〈부표 4〉 정상연금 1원의 현재가치 $PVA(n, r) = \frac{1-(1+r)^{-n}}{r}$

이자율(r)

기간(n)	1%	2%	3%	4%	5%	6%	7%	8%	9%	10%
1	0.9901	0.9804	0.9616	0.9615	0.9524	0.9434	0.9346	0.9259	0.9174	0.9091
2	1.9704	1.9416	1.9165	1.8861	1.8594	1.8334	1.8080	1.7833	1.7591	1.7355
3	2.9410	2.8839	2.8286	2.7751	2.7232	2.6730	2.6243	2.5771	2.5313	2.4868
4	3.9020	3.8077	3.7171	3.6299	3.5460	3.4651	3.3872	3.3121	3.2397	3.1699
5	4.8534	4.7135	4.5797	4.4518	4.3295	4.2124	4.1002	3.9927	3.8897	3.7908
6	5.7955	5.6014	5.4172	5.2421	5.0757	4.9173	4.7665	4.6229	4.4859	4.3553
7	6.7282	6.4720	6.2303	6.0021	5.7864	5.5824	5.3893	5.2064	5.0330	4.8684
8	7.6517	7.3255	7.0197	6.7327	6.4632	6.2098	5.9713	5.7466	5.5348	5.3349
9	8.5660	8.1622	7.7861	7.4353	7.1078	6.8017	6.5152	6.2469	5.9952	5.7590
10	9.4713	8.9826	8.5302	8.1109	7.7217	7.3601	7.0236	6.7101	6.4177	6.1446
11	10.368	9.7868	9.2526	8.7605	8.3064	7.8869	7.4987	7.1390	6.8052	6.4951
12	11.255	10.575	9.9540	9.3851	8.8633	8.3838	7.9427	7.5361	7.1607	6.8137
13	12.134	11.348	10.635	9.9856	9.3936	8.8527	8.3577	7.9038	7.4869	7.1034
14	13.004	12.106	11.296	10.563	9.8986	9.2950	8.7455	8.2442	7.7862	7.3667
15	13.865	12.849	11.938	11.118	10.380	9.7122	9.1079	8.5595	8.0607	7.6061
16	14.718	13.578	12.561	11.652	10.838	10.106	9.4466	8.8514	8.3136	7.8237
17	15.562	14.292	13.166	12.166	11.274	10.477	9.7632	9.1216	8.5436	8.0216
18	16.398	14.992	13.756	12.659	11.690	10.828	10.059	9.3719	8.7556	8.2014
19	17.226	15.679	14.324	13.134	12.085	11.158	10.336	9.6036	8.9501	8.3649
20	18.046	16.351	14.877	13.590	12.462	11.470	10.594	9.8181	9.1285	8.5136
21	18.857	17.011	15.415	14.029	12.821	11.764	10.835	10.017	9.2922	8.6487
22	19.660	17.658	15.937	14.451	13.163	12.042	11.061	10.201	9.4424	8.7715
23	20.456	18.292	16.444	14.857	13.489	12.303	11.272	10.371	9.5802	8.8832
24	21.243	18.914	16.935	15.247	13.799	12.550	11.469	10.529	9.7066	8.9847
25	22.023	19.524	17.413	15.622	14.094	12.783	11.654	10.675	9.8266	9.0770
26	22.795	21.121	17.877	15.983	14.375	13.003	11.826	10.810	9.9290	9.1609
27	23.560	20.707	18.327	16.330	14.643	13.210	11.987	10.935	10.027	9.2372
28	24.316	21.281	18.764	16.663	14.898	13.406	12.137	11.051	10.116	9.3066
29	25.066	21.844	19.188	16.984	15.141	13.591	12.278	11.158	10.198	9.3696
30	25.808	22.397	19.600	17.292	15.373	13.765	12.409	11.258	10.274	9.4269
35	29.409	24.999	21.487	18.665	16.374	14.498	12.948	11.655	10.567	9.6442
40	32.835	27.356	23.115	19.793	17.159	15.046	13.332	11.925	10.757	9.7791
45	36.095	29.490	24.519	20.720	17.774	15.456	13.605	12.108	10.881	9.8628
50	39.196	31.424	25.730	21.482	18.256	15.762	13.801	12.233	10.962	9.9148
60	44.955	34.761	27.676	22.623	18.929	16.161	14.039	12.376	11.048	9.9671

이자율(r)

기간(n)	11%	12%	13%	14%	15%	16%	17%	18%	19%	20%
1	0.9009	0.8929	0.8850	0.8772	0.8696	0.8621	0.8547	0.8475	0.8403	0.8333
2	1.7125	1.6901	1.6681	1.6467	1.6257	1.6052	1.5852	1.5656	1.5465	1.5278
3	2.4437	2.4018	2.3612	2.3216	2.2832	2.2459	2.2096	2.1743	2.1399	2.1065
4	3.1024	3.0373	2.9745	2.9137	2.8550	2.7982	2.7432	2.6901	2.6386	2.5887
5	3.6959	3.6048	3.5172	3.4331	3.3522	3.2743	3.1993	3.1272	3.0576	2.9906
6	4.2305	4.1114	3.9975	3.8887	3.7845	3.6847	3.5892	3.4976	3.4098	3.3255
7	4.7122	4.5638	4.4226	4.2883	4.1604	4.0386	3.9224	3.8115	3.7057	3.6046
8	5.1461	4.9676	4.7988	4.6389	4.4873	4.3436	4.2072	4.0776	3.9544	3.8372
9	5.5370	5.3282	5.1317	4.9464	4.7716	4.6065	4.4506	4.3030	4.1633	4.0310
10	5.8892	5.6502	5.4262	5.2161	5.0188	4.8332	4.6586	4.4941	4.3389	4.1925
11	6.2065	5.9377	5.6869	5.4527	5.2337	5.0286	4.8364	4.6560	4.4865	4.3271
12	6.4924	6.1944	5.9176	5.6603	5.4206	5.1971	4.9884	4.7932	4.6105	4.4392
13	6.7499	6.4235	6.1218	5.8424	5.5831	5.3423	5.1183	4.9095	4.7147	4.5327
14	6.9819	6.6282	6.3025	6.0021	5.7245	5.4675	5.2293	5.0081	4.8023	4.6106
15	7.1909	6.8109	6.4624	6.1422	5.8474	5.5755	5.3242	5.0916	4.8759	4.6755
16	7.3792	6.9740	6.6039	6.2651	5.9542	5.6685	5.4053	5.1624	4.9377	4.7296
17	7.5488	7.1196	6.7291	6.3729	6.0472	5.7487	5.4746	5.2223	4.9897	4.7746
18	7.7016	7.2497	6.8399	6.4674	6.1280	5.8178	5.5339	5.2732	5.0333	4.8122
19	7.8393	7.3658	6.9380	6.5504	6.1982	5.8775	5.5845	5.3162	5.0700	4.8435
20	7.9633	7.4694	7.0248	6.6231	6.2593	5.9288	5.6278	5.3527	5.1009	4.8696
21	8.0751	7.5620	7.1015	6.6870	6.3125	5.9731	5.6648	5.3837	5.1263	4.8913
22	8.1757	7.6446	7.1695	6.7429	6.3587	6.0113	5.6964	5.4099	5.1486	4.9094
23	8.2664	7.7184	7.2297	6.7921	6.3988	6.0442	5.7234	5.4321	5.1668	4.9245
24	9.3481	7.7843	7.2829	6.8351	6.4338	0.0726	6.7465	5.4509	5.1822	4.9371
25	8.4217	7.8431	7.3300	6.8729	6.4641	6.0971	5.7662	5.4669	5.1951	4.9476
26	8.4881	7.8957	7.3717	6.9061	6.4906	6.1182	5.7831	5.4804	5.2060	4.9563
27	8.5478	7.9426	7.4086	6.9352	6.5135	6.1364	5.7975	5.4919	5.2151	4.9636
28	8.6016	7.9844	7.4412	6.9607	6.5335	6.1520	5.8099	5.5016	5.2223	4.9697
29	8.6501	8.0218	7.4701	6.9830	6.5509	6.1656	5.8024	5.5093	5.2292	4.9747
30	8.6938	8.0552	7.4957	7.0027	6.5660	6.1772	5.8294	5.5168	5.2347	4.9789
35	8.8552	8.1755	7.5856	7.0700	6.6166	6.2153	5.8582	5.5386	5.2512	4.9915
40	8.9511	8.2433	7.6344	7.1050	6.6418	6.2335	5.8713	5.5482	5.2582	4.9966
45	9.0079	8.2825	7.6609	7.1232	6.6543	6.2421	5.8773	5.5523	5.2611	4.9986
50	9.0417	8.3045	7.6572	7.1327	6.6605	6.2463	5.8801	5.5541	5.2623	4.9995
60	9.0736	8.3240	7.6873	7.1401	6.6651	6.2491	5.8819	5.5553	5.2630	4.9999

찾아보기

『 ㄱ 』

『 ㄴ 』

『ㄷ』

『ㅁ』

『ㅂ』

『ㅈ』

『 ㅊ 』

저자 약력

정혜영 서울대학교 경영대학 졸업
캘리포니아대학교(Berkeley) 회계학 박사

한국회계학회 '학술상' 수상
한국회계학회 「회계학연구」 편집위원장
한국회계학회 부회장
경희대학교 부총장
경희대학교 회계·세무학과 명예교수

〈저서〉
자본시장과 회계정보(양영각, 1993, 공저)
CEO를 위한 신경영학 Ⅰ, Ⅱ, Ⅲ(무역경영사, 2001, 공저)
현대회계학원론(법문사, 2002, 공저)
경영·경제수학(무역경영사, 2014, 공저)

황문호 경희대학교 정경대학 졸업
고려대학교 경영학 박사

한국공인회계사(삼일회계법인 근무)
대전대학교 회계학과 조교수
한국회계학회 '우수논문상' 수상
K-IFRS 질의·회신연석회의 위원
현 경희대학교 회계·세무학과 교수

〈저서〉
K-IFRS 현대회계학개론(신영사, 2012, 공저)
K-IFRS 고급재무회계(신영사, 2019, 공저)

이준일 서울대학교 경영대학 졸업
서울대학교 경영학 박사

한국회계학회 이사
한국회계정책학회 이사
한국회계학회 '우수논문상' 수상
현 경희대학교 회계·세무학과 부교수

〈저서〉
주식회사 이야기 (이콘, 2023)

〈논문〉
언론의 '사내유보금' 용어 오용 및 보도 양태(회계학연구, 2020, 공저)
The Accrual Anomaly and Mutual Funds: Korean Evidence(Pacific-Basin Finance Journal, 2017, 공저)
The Effect of Human Resource Investment in Internal Control on the Disclosure of Internal Control Weaknesses(Auditing: A Journal of Practice & Theory, 2013, 공저)

최승욱 고려대학교 공학사/경영학사
고려대학교 경영학 박사

한국회계학회, 한국경영학회, 한국회계정책학회 이사
한국회계학회 '우수논문상' 수상
한국공인회계사회 '우수논문상' 수상
현 경희대학교 회계·세무학과 부교수

〈논문〉
Audit hours and unit audit price of industry specialist auditors: Evidence from Korea(Contemporary Accounting Research, 2016, 공저)
Auditors and client investment efficiency(The Accounting Review, 2017, 공저)
Auditors' fee premiums and low-quality internal controls(Contemporary Accounting Research, 2021, 공저)

K-IFRS 회계원리(제3판)

2018년 2월 10일 1판 1쇄 발행
2020년 2월 28일 1판 2쇄 발행
2022년 3월 25일 2판 1쇄 발행
2024년 2월 25일 3판 1쇄 발행
2025년 7월 25일 3판 2쇄 발행

저 자 : 정혜영 황문호 이준일 최승욱
발행인 : 한 정 주
발행처 : 교 육 과 학 사

저자와의 협의하에 인지생략

경기도 파주시 광인사길 71
전화 (031)955-6956~8 / 팩스 (031)955-6037
Home-page : www.kyoyookbook.co.kr
E-mail : kyoyookbook@daum.net
등록 : 1970년 5월 18일 제2-73호

낙장·파본은 교환해 드립니다.
Printed in Korea.

정가 30,000원
ISBN 978-89-254-1876-6